**Kauderwelsch plus
Band 13**

©RK

Impressum

Kauderwelsch plus

Richard H. Kölbl
Isländisch — Wort für Wort
plus
Wörterbuch Isländisch

erschienen im
Reise Know-How Verlag Peter Rump GmbH
Osnabrücker Str. 79, D-33649 Bielefeld
info@reise-know-how.de

© Reise Know-How Verlag Peter Rump GmbH
2. Auflage 2019
Konzeption, Gliederung, Layout und Umschlagklappen
wurden speziell für die Reihe „Kauderwelsch" entwickelt
und sind urheberrechtlich geschützt.
Alle Rechte vorbehalten.

Wörterbuch	© 2014 Richard H. Kölbl
Bearbeitung	Bearbeitung: Christine Schönfeld
Layout	Peter Rump
Layout-Konzept	Günter Pawlak, FaktorZwo! Bielefeld
Umschlag	Peter Rump (Titelfoto: © Peter Rump)
Fotos	Richard H. Kölbl (RK), Peter Rump (PR)
Gesamtherstellung	Himmer GmbH Druckerei & Verlag, Augsburg

ISBN: 978-3-89416-913-8
Printed in Germany

Wer im Buchhandel kein Glück hat, bekommt unsere Bücher zu-
züglich Porto- und Verpackungskosten auch direkt über
unseren Internet-Shop:

www.reise-know-how.de

Die Internetseiten mit Aussprachebeispielen und der Zugriff auf
diese über QR-Codes sind eine freiwillige, kostenlose
Zusatzleistung des Verlages. Der Verlag behält sich vor, die
Bereitstellung des Angebotes und die Möglichkeit der Nutzung
zeitlich und inhaltlich zu beschränken. Der Verlag übernimmt
keine Garantie für das Funktionieren der Seiten und keine Haf-
tung für Schäden, die aus dem Gebrauch der Seiten resultieren.
Es besteht ferner kein Anspruch auf eine unbefristete
Bereitstellung der Seiten.

Der Verlag möchte die **Reihe Kauderwelsch** weiter ausbauen
und **sucht Autoren!** Mehr Informationen finden Sie unter
www.reise-know-how.de/verlag/mitarbeit

Kauderwelsch plus

Richard H. Kölbl

Isländisch
Wort für Wort

Wörterbuch
Isländisch

Kauderwelsch heißt:

- Schnell mit dem **Sprechen** beginnen, auch wenn nicht immer alles korrekt ist.
- Von der **Grammatik** wird nur das Wichtigste in einfachen Worten erklärt.
- Alle Beispielsätze werden doppelt ins Deutsche übertragen: erst **Wort-für-Wort,** dann in normales Deutsch. Die Wort-für-Wort-Übersetzung hilft, die neue Sprache schneller zu durchschauen, außerdem lassen sich dadurch leichter einzelne Wörter im fremdsprachigen Satz austauschen.
- Es geht um die **Alltagssprache,** also das, was man tatsächlich auf der Straße hört.
- Die **Autoren** sind entweder Reisende, die die Sprache im Land selbst gelernt haben, oder Muttersprachler.

Kauderwelsch-Sprachführer sind keine Lehrbücher, aber viel mehr als traditionelle Reisesprachführer. Wer ein wenig Zeit investiert, einige Vokabeln lernt und die Sprache im Land anwendet, wird **Türen öffnen,** ein Lächeln ins Gesicht zaubern und reichere Erfahrungen machen.

Talk to each other!

Kauderwelsch zum Anhören

Einzelne Sätze und Ausdrücke aus diesem Buch können Sie sich **kostenlos anhören.** Diese **Aussprachebeispiele** erreichen Sie über die im Buch abgedruckten QR-Codes oder diese Adresse: www.reise-know-how.de/kauderwelsch-plus/013

Die Aussprachebeispiele im Buch sind Auszüge aus dem umfassenden Tonmaterial, das unter dem Titel **„Kauderwelsch Aussprachetrainer Isländisch"** separat erhältlich ist – als Download über Online-Hörbuchshops (ISBN 978-3-95852-048-6) oder als CD im Buchhandel (ISBN 978-3-95852-306-7). Beide Versionen erhalten Sie auch über unsere Internetseite:

■ **www.reise-know-how.de**

Alle Sätze, die Sie auf dem Aussprachetrainer hören können, sind in diesem Buch mit einem ♪ gekennzeichnet.

Inhalt

9 Vorwort
10 Hinweise zur Benutzung
12 Das Isländische
14 Alphabet & Aussprache
19 Wörter, die weiterhelfen

Grammatik

22 Ö-Regel & Ausfallregel
22 Fälle
23 Hauptwörter
25 Beugung der Hauptwörter
30 Beugung des Artikels
30 Eigenschaftswörter
31 Beugung der Eigenschaftswörter
34 Steigern & Vergleichen
37 Umstandswörter
38 Dieses & Jenes
39 Persönliche Fürwörter
40 Wessen?, Wem? oder Wen?
41 Besitzanzeigende Fürwörter
42 Tätigkeitswörter
48 Sein & Haben
51 Modalverben
54 Auffordern & Befehlen
55 „Sich"
57 Bindewörter
58 Verneinung
60 Verhältniswörter
61 Wortstellung
62 Fragen
64 Zahlen & Zählen
68 Zeit & Datum

Inhalt

Konversation

73 Kurz - Knigge
74 Die isländische Namensgebung
75 Anrede
76 Begrüßen & Verabschieden
79 Das erste Gespräch
81 Bitten, Danken, Wünschen
84 Zu Gast sein
85 Unterwegs
96 Mit Wohn-und Geländewagen
98 Furten
99 Wetter
104 Auf dem Lande
106 Übernachten
109 Essen & Trinken
117 Bank, Post & Telefonieren
119 Polizei
121 Fotografieren
122 Krank sein
124 Schimpfen und Fluchen
124 Toilette
125 Nichts verstanden? – Weiterlernen!
128 Beugungstabellen: Hauptwörter
136 Beugungstabellen: Verben
143 Beugungstabellen: Eigenschaftswörter
146 Liste starker Verben
150 Literaturhinweise
151 Der Autor

Wörterbuch

160 Wörterbuch Isländisch-Deutsch
258 Wörterbuch Deutsch-Isländisch
Buchklappe *Die wichtigsten Floskeln & Redewendungen*
vorne *Lautschrift, Abkürzungen*
Nichts verstanden? – Weiterlernen!
Buchklappe *Die wichtigsten Fragewörter*
hinten *Die wichtigsten Richtungs- und Zeitangaben*
Die wichtigsten Fragen, Zahlen & Alphabet

Schiffsfriedhof oder Landdisco?

Vorwort

Island! Dieses Stichwort weckt bei vielen Vorstellungen von Gletschern und Vulkanen, Geysiren und Wasserfällen, Fjorden und Sandwüsten. Gewaltige, aber gleichzeitig auch sehr empfindliche Natur lockt jährlich viele Besucher auf die kahle Insel im Norden. Es ist die Heimat von 250.000 Einwohnern, die geprägt sind von der gegensätzlichen, rauen Natur und dem nicht immer einfachen Leben in ihrem Land: Oft wirken Isländer verschlossen und zurückhaltend. Dennoch heißt man den Gast hier gerne willkommen.

Meist kann man sich mit Englisch durchschlagen. Jedoch ist es in dünnbesiedeltem Gebiet nicht selten vorgekommen, dass jemand auf die Hilfe von Isländern angewiesen war, die ausschließlich Isländisch verstanden. Abgesehen davon ist Sprache ja ein wesentlicher Bestandteil eines fremden Landes. Und wer sein Interesse dadurch beweist, dass er sich auch nur ein paar Wörter davon aneignet, merkt bald, was eigentlich hinter der nordischen Kühle steckt: hilfsbereite, gastfreundliche und liebenswerte Leute.

Dieser Sprechführer soll dabei helfen, diese oft vernachlässigte Seite Islands zugänglicher zu machen. Es gibt wenig Lehrbücher zum Selbstlernen. Isländisch zu lernen erfordert einigen Einsatz, aber der Erfolg ist die Mühe wert, meine ich.

Der Kauderwelsch „Isländisch" erklärt die wesentlichen Punkte der Grammatik knapp und übersichtlich, so dass man sich mit wenig Aufwand gut verständigen kann. Der Konversationsteil ist nach den wichtigsten (touristischen) Situationen geordnet und bietet die wichtigsten Sätze der Alltagskommunikation.

Viel Spaß beim Lernen und Sprechen und in Island selbst: *Góða ferð!*
Richard H. Kölbl

Hinweise zur Benutzung

Der Kauderwelsch-Band „Isländisch" ist in drei wichtige Abschnitte gegliedert:

Die **Grammatik** beschränkt sich auf das Wesentliche, wenn auch auf die Kenntnis wichtiger Beugungsendungen nicht verzichtet werden konnte. Sie bilden das Grundgerüst der Sprache. Alle Feinheiten und Ausnahmen sind jedoch nicht erklärt. Ziel ist es, sich eine gute Grundlage des Isländischen anzueignen.

Wer mehr lernen möchte, findet im Anhang eine Liste mit weiterführender Literatur. Natürlich kann man die Grammatik auch überspringen und sofort mit dem Konversationsteil beginnen. Wenn dann Fragen auftauchen, kann man immer noch in der Grammatik nachsehen.

Die Aussprache des Isländischen ist zwar regelmäßig, aber doch anfangs etwas ungewohnt, da das Schriftbild von der Aussprache teilweise ziemlich stark abweicht. Um Ihnen das Erlernen der Aussprache zu erleichtern, wurde in weiten Teilen des Sprachführers dem isländischen Original eine deutsche Umschrift beigefügt. Diese kann dann einfach so abgelesen werden, als handelte es sich um deutsche Wörter. Lediglich auf vier Sonderzeichen (ð, th, G, H) konnte nicht verzichtet werden. Deren Aussprache wird im Kapitel „Aussprache" erklärt.

Konversation: In diesem Teil finden Sie Sätze aus dem Alltagsgespräch, die Ihnen einen ersten Eindruck davon vermitteln sollen, wie die isländische Sprache „funktioniert" und die Sie auf das vorbereiten sollen, was Sie später in Island hören werden.

Jede Sprache hat ein typisches Satzbaumuster. Um die sich vom Deutschen unterscheidende Wortfolge isländischer Sätze zu verstehen, ist die **Wort-für-Wort-Übersetzung** in *kursiver* Schrift gedacht. Jedem isländischen Wort entspricht ein Wort in der Wort-für-Wort-Übersetzung. Sie fehlt nur dann, wenn die isländische und deutsche Wortfolge übereinstimmen.

Wird ein isländisches Wort durch zwei Wörter im Deutschen übersetzt, werden diese in der Wort-für-Wort-Übersetzung mit Bindestrich verbunden, z. B.:

original Isländisch:	**hótelið**
deutsche Umschrift:	houtäleð
Wort für Wort:	*Hotel-das*
deutsche Übersetzung:	das Hotel

Werden in einem Satz mehrere Wörter angegeben, die man untereinander austauschen kann, steht ein Schrägstrich:

Ég er Þjóðverji/Svisslendingur.
jäG är thjouðvärje/svessländingür
Ich bin Deutscher/Schweizer.

Gelegentlich ist es notwendig, entweder die männliche, weibliche oder sächliche Form des persönlichen Fürwortes oder Eigenschaftswortes zu benutzen, je nachdem, ob ein Mann oder eine Frau den Satz <u>spricht,</u> ein Mann oder eine Frau <u>angesprochen wird</u> oder <u>über</u> einen Mann oder eine Frau <u>geredet wird.</u> Das sieht dann so aus:

Þeir / Þær / Þau eru stórir / stórar / stór.
thäir / thair / thöi ärü stourir / stourar / stour
sie(m/w/s) sind große(m/w/s)
Sie sind groß.

Wenn „sie" nur Männer sind, heißt der Satz: Þeir eru stórir, wenn mit „sie" nur Frauen gemeint sind: Þær eru stórar. Die sächliche Form gebraucht man, wenn von sächlichen Dingen die Rede ist oder „sie" Männer und Frauen sind (grammatikalische Gleichberechtigung!): Þau eru stór.

Mit Hilfe der Wort-für-Wort-Übersetzung können Sie bald eigene Sätze bilden. Sie können die Beispielsätze als Fundus von Satzschablonen und -mustern benutzen, die Sie selbst Ihren Bedürfnissen anpassen. Um Ihnen das zu erleichtern, sind die Beispielsätze zum größten Teil nach allgemeinen Kriterien geordnet („begrüßen", „verabschieden" usw.).

Mit einem kleinen bisschen Kreativität und Mut können Sie sich neue Sätze zusammenbauen, auch wenn das Ergebnis nicht immer grammatikalisch perfekt ausfällt.

Die Wortlisten am Ende des Buches helfen Ihnen dabei. Sie enthalten einen erweiterten Wortschatz von je ca. 5000 Wörtern Deutsch-Isländisch und Isländisch-Deutsch, mit denen man schon eine ganze Menge anfangen kann.

Das Isländische

Das Isländische ist mit dem Dänischen, Schwedischen und Norwegischen verwandt. Wie diese Sprachen hat es sich aus dem Altnordischen entwickelt, der Sprache der „Wikinger". Norwegische Einwanderer, die ab 874 n. Chr. Island besiedelten, brachten das Altnordische mit auf die Insel. Dank der Abgelegenheit, aber auch der besonderen Liebe der Isländer zu ihrer Sprache, hat sie sich seit der Zeit ziemlich unverändert erhalten. Das heißt aber vor allem, dass sie das ausgefeilte

ATLANTISCHER OZEAN

System von Endungen bei allen Wortklassen und detailreichste grammatikalische Besonderheiten beibehalten hat, die die anderen skandinavischen Sprachen abgestreift haben. Nur das Färöische ist dem Isländischen noch ähnlich: Wer Neu-Isländisch beherrscht, kann geschriebenes Alt-Isländisch, also die Sprache der berühmten Sagas usw., und teilweise sogar Färöisch mehr oder weniger entziffern. Dialekte gibt es im Isländischen kaum.

Die Isländer sind – sicher zu Recht – stolz auf ihre Sprache, die äußerst reich an Ausdrucksmöglichkeiten ist – ist sie doch eine stets gepflegte Literatursprache. Sie versuchen auch, sie möglichst frei von Fremdwörtern zu halten, und erfinden für alle Bereiche eigene isländische Wörter.

Kostprobe? So heißt rafgeymir wörtlich übersetzt „Bernsteinbehälter". – Wir sagen dazu nur „Autobatterie" ...

Alphabet & Aussprache

Das isländische Alphabet hat 32 Buchstaben:

> **a á b d ð e é f g h i í j k l m
> n o ó p r s t u ú v x y ý þ æ ö**

Die isländische Aussprache hat den Vorteil, dass sie ganz regelmäßig ist, im Gegensatz z. B. zum Englischen. Das versucht sie aber dadurch wettzumachen, dass sie einige ungewöhnliche Laute verwendet, die man am besten durchs Hören lernt.

Selbstlaute (Vokale)

a	helles „a" wie „T**a**sse"	**gat** gaat (Loch),
	vor ng oder nk wie „au" in „f**au**l"	**langt** laungt (lang)
á	„au" wie in „f**au**l"	**má** mau (dürfen)
e	„ä" wie „B**ä**r"	**te** tää (Tee)
é	„jä" wie „**jä**h"	**él** jääl (Schneefall),
		tré trjä (Baum)
i	„flaches" „i" wie in „m**i**t",	**lita** etwa wie leeta (färben)
	manchmal fast wie „ee" in „S**ee**"	
í	„spitzes" „i" wie „n**ie**"	**líta** liita (schauen)
o	offenes „o" wie „**o**ffen"	**oft** oft (oft)
ó	wie „ou"	**tóm** toum (leer)
u	wie „ü" in „M**ü**ller"	**um** üm (um),
	vor ng und nk wie „u" in „K**u**h"	**ungur** ung-gür (jung)
ú	„u" wie in „K**u**h"	**úr** uur (Uhr; aus)
y	genau wie das isländische i (s.o.)	**ys** etwa ees (Lärm)
ý	genau wie das isländische í (s.o.)	**ýsa** iisa (Schellfisch)
æ	„ai" wie dt. „K**ai**ser";	**bær** bair (Stadt)
	der Großbuchstabe sieht so aus: **Æ.**	
ö	„ö" wie „**ö**ffnen";	**öl** öl (Bier),
	vor ng und nk wie „öj"	**söngur** söing-gür (Gesang)

Es gibt lange und kurze Vokale, doch sind sie nicht bedeutungsunterscheidend. Um jedoch der richtigen Aussprache möglichst nahe zu kommen, habe ich in manchen Fällen lange Vokale durch doppelte Vokale in der Lautschrift gekennzeichnet.

Die Erfahrung zeigt, dass sich die Isländer manchmal etwas schwertun, Isländisch mit fremdem Akzent zu verstehen. Daher empfiehlt es sich, am Anfang langsam und deutlich zu sprechen.

Das Akzentzeichen über á, é, í, ó, ú hat nichts mit Betonung zu tun, sondern verändert die Aussprache, wie in der Vokabeltabelle gezeigt wird. Es folgt jeweils ein isländisches Beispielwort mit Übersetzung. In Gänsefüßchen steht das isländische Beispielwort, wie es auf Deutsch geschrieben werden würde.

Doppellaute (Diphthonge)

ei, ey	wie „äi"	**nei**	näi (nein)
		hey	häi (Heu)
au	wie „öi"	**auk**	öik (außer)

Mitlaute (Konsonanten)

Doppelte Mitlaute sollten etwas nachdrücklicher ausgesprochen werden als einfache, weil sich manche Wörter durch sie unterscheiden:

vera	wära (das Verb „sein")
verra	wärra (schlechter)

Viele Doppelmitlaute werden aber etwas anders ausgesprochen als die einfachen, die stehen dann in der folgenden Tabelle.

„WA" bedeutet Wortanfang, „WE" Wortende und „WM" Wortmitte. In Klammern steht bei einigen noch der Name des Lautes dabei.

b	„b" wie „**B**eere"	**ber** bär (Beere)
d	„d" wie „**D**ach"	**dós** dous (Dose)
ð	(Name: eð) stimmhaftes „th" wie engl. „**th**is"; der Großbuchstabe sieht so aus: **Ð**	**eða** „äða (oder)
f	am WA und vor k, s, t wie „f" in dt. „**f**ern"	**fá** fau (wenige);
fl,	fl: außer am WA wie „bbl"	**efli** äbble (Kraft)
fn	fn: außer am WA wie „bbn"	**efni** äbbne (Stoff);
f	sonst immer wie „v" in „Vase"	**hafa** haava (haben)
g	am WA vor a, á, o, ó, u, ú, ö und Mitlauten wie „g" in „gut"	**góð** gouð (gut),
		gler glär (Glas)
	in der WM vor a, á, o, ó, u, ú, ö	**aga** aaGa (strafen)
	und ð, r, s, t sowie am WE wird es ganz weich ausgesprochen, etwa wie ein stimmhaftes „ch" (in der Umschrift steht ein G)	
	vor allen anderen Mitlauten in der WM wie „gg" wie „E**gg**e"	**nögl** nöggl (Nagel),
		leggja läggja (legen)
	vor e, i, í, y, ý, æ immer wie „gj"	**gefa** gjäva (geben)
gi,	nach jedem Selbstlaut werden gi und gj wie „ij" gesprochen	**í lagi** i laije (in Ordnung),
gj		**segja** säija (sagen)
h	(Name: há) wie „h" in „**H**aus"	**hús** huus (Haus)
hj	hj klingt wie „chj" in „Mäd**ch**en"	**hjá** chjau (bei)
hl	bei hl muss ein kräftiges „h" vor dem „l" gesprochen werden	**hlaupa** hlöipa (laufen)
hn	kräftiges „h" vor dem „n" sprechen	**hneta** hnäta (Nuss)
hr	kräftiges „h" vor dem „r" sprechen	**hraun** hröin (Lava)
hv	wie „kv" in „**Qu**ark"	**hval** kval (Wal)
j	(Name: joð) wie „j" in dt. „**j**a"	**já** jau (ja)
k	(Name: ká) vor a, á, o, ó, u, ú, ö, Mitlauten (außer s und t) und am WE wie „k" in „**K**arte"	**aka** aaka (Auto fahren)
	vor s oder t wie „ch" in „Da**ch**"	**ekta** ächta (echt)
	vor e, i, í, y, ý, æ wie „kj"	**kæri** kjaire (lieb)
kk	wird wie „hk" gesprochen, d. h. ein „h" hauchen und mit einem „k" schließen	**ekki** äHkje (nicht)
kl,	kl und kn spricht man (außer am WA) wie „Hkl" bzw. „Hkn". Das große „H" in der Umschrift erinnert daran, dass das „H" ausgesprochen wird und kein Dehnungszeichen ist!	**Hekla** häHkla (Name eines Vulkans)
kn		

l	(Name: ell) „l" wie in „**L**uft"	**loft**	loft (Luft)
ll	immer, außer vor k, p, t, wie „ttl"in „Vermi**ttl**er"; vor k, p, t ist ll ein einfaches „l":	**falla** **allt**	fattla (fallen) alt (alles)
m	wie „m" in „**M**aus"	**mús**	muus (Maus)
n	wie „n" in „**N**acht"	**nes**	nääs (Halbinsel)
nn	nach á, é, í, ó, ú, ý, æ, ei, ey, au wie „ttn" in „Bre**ttn**agel"	**fínna**	fittna (feineres)
ng	ng wie „ng + g" in „La**ngg**asse"	**langa**	laung-ga (wollen)
p	wie „p" in „**P**aul"	**Páll**	pauttl (Paul)
pp	p und pp vor k, s, t wie „f" pp sonst stets wie „Hp"	**skipta** **happ**	skjefta (wechseln) haHp (Glück)
pl, pn	pl, pn außer am WA		
pn	wie „Hpl"bzw. „Hpn"	**epli**	äHple (Apfel)
r	rollendes Zungenspitzen-r wie im Italienischen; Deutschsprechende müssen sich etwas bemühen, das r nicht wie „a" zu sprechen!	**rok** **sandur**	rok (stürm. Wind), sandürr (Sand) (nicht „sandüa")
rl	rl wie „rtl" in „Wo**rtl**aut"	**perla**	pärtla (Perle)
rn	rn wie „rtn" in „Gä**rtn**er"	**gjarna**	gjartna (gern)
s	immer stimmlos wie in „e**ss**en"	**sól**	soul (Sonne)
t	wie „t" in „**T**onne"	**tap**	tap (Verlust)
tt, tl, tn	wie „Ht", „Htl" bzw. „Htn": deutliches „h" mit einem „t" schließen	**gott** **Katla**	goHt (gut), kaHtla (Name eines Vulkans)
v	(Name: vaff) stimmhaft, wie „V" in „Vase"	**vara**	vaara (Ware)
x	wie „ch-s" in „La**chs**alve", nicht wie „ks" in „La**chs**"!	**vaxa**	vach-sa (wachsen)
þ	(Name: þorn) wie das stimmlose „th" in engl. „thunder", in der Umschrift steht dafür th. Der Großbuchstabe sieht so aus: **Þ**.	**þú**	~~th~~u (du)

Buchstabieren

c heißt sé, q heißt kú und w heißt tvöfalt vaff.

Anmerkungen zur Aussprache

Viele Wörter unterscheiden sich oft nur wenig voneinander, z. B.:

hraun	hröin	Lava
raun	röin	Wahrheit
finna penna	fenna pänna	einen Stift finden
fínni penna	fittne pänna	feineren Stift
þaka	thaaka	Dächer
þakka	thaHka	danke

Die Isländer sprechen oft schnell und verschleifen viel, das heißt, das ð, f, g und h fallen bisweilen aus. So wird z. B. der Satz:

þetta á að vera einhvers staðar
thäHta au að wära äinkvärs staðar
das hat zu sein eines Ortes
das muss irgendwo sein

... schnell gesprochen wie
thäHtaua wära äingkvürstar!

Die Laute l, m, n und r werden im Süden Islands oft so leise gesprochen, dass man sie kaum hört, besonders am Wortende, so klingt z. B. logn (Windstille) etwa wie „lok", henta (passen) wie „häHta".

Betonung und Satzmelodie

Die Betonung liegt immer auf der ersten Silbe. In Fragen sprechen die Isländer das wichtigste Wort (bjart) am höchsten von allen anderen aus und senken am Satzende die Stimme:

Verður veðrið bjart á morgun?
värður väðreð bjart au morgün
wird Wetter-das klar auf morgen
Wird das Wetter morgen schön?

Wörter, die weiterhelfen

Mit den folgenden Ausdrücken kann man schon das Wichtigste auf Isländisch sagen:

Fyrirgef ...!
feerirgjäv
Entschuldige ...!

Má ég ...?
mau jäG
Darf ich ...?

Takk fyrir.
taHk feerir
Vielen Dank.

Gjörðu svo vel.
gjörðü svo väl
Bitte.

Allt í lagi.
alt i laije
Alles in Ordnung.

Er hér ...	**Gibt es ...?**

Er hér hótel?
är chjär houtäl
Gibt es hier ein Hotel?

Mit diesem Satz kann man auch nach einem Campingplatz, Laden, Arzt fragen.

Die Antwort lautet möglicherweise:

Já, hér er hótel.
jau chjär är houtäl
ja, hier ist Hotel
Ja, hier gibt es ein Hotel.

oder: **Nei, hér er ekki hótel.**
näj chjär är äHkje houtäl
nein, hier ist nicht Hotel
Nein, hier gibt es kein Hotel.

Bei Bussen, Flugzeugen, Schiffen würde man sagen:

Fer héðan rúta/flugvél/skip til ...? (+ 2.)
fär chjäðan ruuta/flüGvjäl/skjep tel ...
geht von-hier Bus/Flugzeug/Schiff nach ...
Gibt es von hier einen Bus/Flugzeug/Schiff nach ...?

Den Zielort muss man dann allerdings im 2. Fall (Genitiv) beugen!

Die Antworten könnten lauten:

Já, héðan fer rútan númer tvö.
jau, chjäðan fär ruutan numär tvö
ja, von-hier geht Bus-der Nummer zwei
Ja, die Nummer zwei geht von hier.

Nei, héðan fer ekki rúta.
näj, chjäðan fär äHkje ruuta
nein, von-hier geht nicht Bus
Nein, von hier gibt es keinen Bus.

Hvar er ...?	Wo ist ...?

Hvar er hótel „Saga"?
kvar är houtäl saGa
Wo ist das Hotel „Saga"?

Hvar er umferðamiðstöðin?
kvar är ümfärðameðstöðen
Wo ist der Busbahnhof?

Hvar er sjúkrahús?
kvar är sjukrahuus
Wo ist ein Krankenhaus?

Die Frage hvar er ... kann mit jedem Wort aus den Wortlisten ohne weitere Veränderung ergänzt werden, z. B.:

apótek (s2)	eine Apotheke
lækn|ir (m4)	ein Arzt
bank|i (m1)	eine Bank
sendiráð (s2)	die Botschaft
biðstöð, -var, -var (w3)	Bushaltestelle
tjaldstæði (s3)	Campingplatz
flugvöll|ur, -vallar, -vellir (m6)	der Flughafen
höfn, hafnar, hafnir (w6)	der Hafen
lögregl|a (w1)	die Polizei

pósthús (s2)	das Postamt
veitingahús (s2)	ein Restaurant
verslun, -ar, verslanir (w5)	ein Supermarkt
bensínstöð, -var, -var (w3)	eine Tankstelle
sím|i (m1)	ein Telefon
verkstæði (s3)	eine Werkstatt

Damit man bei der Antwort nicht ausschließlich auf Gesten angewiesen ist, hier ein paar Hinweise:

til vinstri	(nach) links
til hægri	(nach) rechts
til baka	zurück
beint áfram	geradeaus

Mig vantar ...   Ich brauche ...

Mig vantar herbergi.
meG vantar härbärgje
Ich brauche ein Zimmer.

Mig vantar (wörtl.: „mir fehlt") wird oft bei abstrakten Begriffen (z. B. Hilfe, Information, Unterkunft) gebraucht und wenn man wirklich etwas benötigt, nicht nur kaufen möchte.
   Wenn man etwas im Laden kaufen möchte, sagt man:

Ég ætla að fá ...   Ich möchte ...

Auch in diesem Satz muss man das Wort, das man einsetzen möchte, im 4. Fall beugen:

Ég ætla að fá miða.
jäG aiHtla að fau meða
ich möchte zu bekommen Fahr-/Eintrittskarte(4)
Ich möchte eine Fahr-/Eintrittskarte.

miði bedeutet jede Art von Zugang gewährender Karte.

Ö-Regel & Ausfallregel

Gleich zu Anfang soll auf zwei Regeln hingewiesen werden, die für alle Wortarten (Hauptwörter, Eigenschaftswörter etc.) gelten.

Ö-Regel

Ich habe in den Wortlisten hinter jedes Wort, wo die Ö-Regel angewendet wurde oder werden muss, ein "(Ö!)" geschrieben.

Die Ö-Regel besagt, dass ein -a- in einem Wortstamm zu -ö- wird, wenn eine Endung angehängt wird, die -u- enthält.

Wenn z. B. an flask- (Wortstamm von „Flasche") die Beugungsendung -u (für den Wesfall Einzahl) angehängt wird, wird daraus flösku (der Flasche). Die Regel gilt nicht für die männliche Grundform des Haupt- und Eigenschaftsworts. So heißt „traurig" in der männlichen Grundform dapur, in der weiblichen aber döpur (Ö!).

Über „Wortstämme" und „Endungen" erfährt man mehr in den nächsten Kapiteln.

Ausfallregel

Überall dort, wo die Ausfallregel gewirkt hat, habe ich das Wort mit „(A!)" gekennzeichnet.

Wenn an ein Wort bestimmte Endungen angehängt werden, können auch Selbstlaute aus dem Wortstamm einfach weg- bzw. ausfallen. Das nenne ich dann „Ausfallregel". Wenn z. B. an akur- (Stamm von „Acker") die Endung -i (für den Wemfall Einzahl) angehängt wird, wird daraus: akri.

Fälle

Leider kommt man im Isländischen um die „Fälle", also um die Beugung von Hauptwörtern, Eigenschaftswörtern und des Artikels, nicht herum. Das Isländische kennt dieselben vier Fälle wie das Deutsche:

> 1. Werfall („wer") bzw. Nominativ, z. B.:
> „<u>der Mann</u>"
> 2. Wesfall („wes") bzw. Genitiv, z. B.:
> „das Auto <u>des Mannes</u>"
> 3. Wemfall („wem") bzw. Dativ, z. B.:
> „Ich zeige es <u>dem Mann</u>."
> 4. Wenfall („wen") bzw. Akkusativ, z. B.:
> „Ich sehe <u>den Mann</u>."

Steht ein Hauptwort, Eigenschaftswort sowie persönliches Fürwort im 2., 3. oder 4. Fall, ist dies in der Wort-für-Wort-Übersetzung mit der Nummer des betreffenden Falls kenntlich gemacht, z. B.:

hests	**flatan**	**mér**
Pferd(2)	*flach(4)*	*mir(3)*
Pferdes	flachen	mir

Hauptwörter

Man unterscheidet verschiedene Gruppen von Hauptwörtern anhand der verschiedenen Sets von Endungen, die sie bekommen.

Geschlecht

Ebenso wie im Deutschen gibt es männliche, weibliche und sächliche Wörter (abgekürzt: m, w, s), Einzahl (Ez) und Mehrzahl (Mz). Dabei bestehen die isländischen Hauptwörter aus einem Stamm und einer Endung, z. B. hundur (Hund), hund- ist der Stamm und -ur die Endung.

Die Hauptwörter werden in Gruppen zusammengefasst, die bei der Beugung jeweils dieselben Endungen bekommen und oft auch noch zusätzlich im Stamm verändert werden. Zu welcher Gruppe das Hauptwort gehört, welches Geschlecht es hat, muss für jedes einzeln gelernt werden. Daneben gibt es nicht wenige, oft gebrauchte Wörter, die zu keiner Gruppe gehören.

Mehrzahl (Plural)

In den Wortlisten und im Kapitel "Beugung der Hauptwörter" sind die verschiedenen Hauptwortklassen durchnummeriert (z. B. m1, w2, s3, m4, m5 usw.). Diese Nummern sind vor allem für diejenigen interessant, die etwas tiefer in die isländische Grammatik einsteigen möchten; alle anderen dürfen sie übersehen.

Die Mehrzahl wird gebildet, indem die Endung für die Einzahl durch die der Mehrzahl ersetzt wird. Leider kann man auch von der Mehrzahlform nicht eindeutig auf das grammatische Geschlecht schließen. Die Abkürzungen „m, w, s" geben das grammatische Geschlecht an und die Zahl die jeweilige Beugungsklasse.

Artikel

Auch die Artikel werden in den verschiedenen Fällen gebeugt. Mehr darüber erfährt man im Kapitel „Beugung des Artikels".

Im Isländischen gibt es nur den bestimmten Artikel „der, die, das", der an das Hauptwort angehängt wird und sich nach diesem in Zahl und Geschlecht richtet:

1. Fall (Wer)		
männlich (der)	weiblich (die)	sächlich (das)
Ez **-inn, -nn**	**-in, -n**	**-ið, -ð**
Mz **-nir**	**-nar**	**-in, -n**

Endet das Hauptwort auf -a, -i oder -u, fällt das i von -inn, -in, -ið weg. Nach -á, -ó und -ú bleibt es erhalten, allerdings nur im Werfall Ez.

(Die senkrechten Striche dienen hier nur als Hilfsmittel!)

hundur|inn
Hund-der
der Hund

króna|n
Krona-die
die Krone

tá|in
Zehe-die
die Zehe

Beugung der Hauptwörter

Die Reihenfolge der Fälle ist anders als im Deutschen: Werfall (1.) – Wenfall (4.) – Wemfall (3.) – Wesfall (2.). In dieser Reihenfolge dekliniert auch jeder Isländer ein Wort durch. Deswegen wird sie im Folgenden auch beibehalten, ebenso wie die Bezeichnung „schwach" für Hauptwörter, die in der Einzahl nur Selbstlaute als Endungen haben, bzw. ihr Gegenteil, die „starken" Hauptwörter.

Gleich zu Anfang möchte ich die wichtigsten Gemeinsamkeiten bei den Beugungsendungen hervorheben, auf die ich dann im weiteren nicht weiter hinweisen werde:

Wer es lieber ausführlicher mag oder die Probe aufs Exempel machen möchte, findet im Anhang eine ausführliche Beugungstabelle anhand von Beispielen.

Die Ö-Regel muss bei den Endungen **-u, -um** und **-ur** (außer 1. Fall Ez) beachtet werden (nicht extra gekennzeichnet), darüber hinaus in allen Fällen, wenn in den Tabellen angegeben.

Für alle Hauptwörter gilt: Die Mehrzahlendung im 2. Fall (Wesfall) ist fast immer **-a** (seltene Ausnahme: **-na**) und im 3. Fall (Wemfall) immer **-um.**

Für alle weiblichen und sächlichen Hauptwörter gilt: Die Mehrzahlendung im 1. Fall (Werfall) und 4. Fall (Wenfall) ist immer identisch.

Fast alle männlichen Hauptwörter enden im 1. Fall Mehrzahl auf **-ar,** der 4. Fall Mz endet dann immer auf **-a.** Enden sie im 1. Fall Mz jedoch auf **-ir,** lautet die Endung im 4. Fall Mz **-i.**

schwache Hauptwörter: m1, w1, s1

Schwache männliche Hauptwörter („m1") enden im 1. Fall Einzahl (Ez) immer auf -i und in der Mehrzahl (Mz) meist auf -ar, einige auf -ur.

Schwache weibliche und sächliche Hauptwörter („w1", „s1") enden immer auf -a.

In der Mz enden die weiblichen immer auf -ur, die sächlichen auf -u.

m1	1.	4.	3.	2.
Ez	tím|i	tím|a	tím|a	tím|a
Mz	tím|ar	tím|a	tím|um	tím|a
w1	1.	4.	3.	2.
Ez	krón|a	krón|u	krón|u	krón|u
Mz	krón|ur	krón|ur	krón|um	krón|a
s1	1.	4.	3.	2.
Ez	aug|a	aug|a	aug|a	aug|a
Mz	aug|u	aug|u	aug|um	aug|na

tími	Stunde, Zeit
króna	Krone (Währung)
auga	Auge

männliche starke Hauptwörter (m2 bis m6)

Diese Wörter haben in der Grundform vier mögliche Endungen:

1. -ur, z. B. hest\|ur „Pferd": m2

2. keine Endung, z. B. akur „Acker": m3 (hier gehört das -ur zum Stamm!)

3. -ir, z. B. lækn\|ir „Arzt": m4

4. -n nach n, z. B. stein\|n „Stein" oder -l nach l, z. B. bíl\|l „Auto": beide m5. Jeweils das erste n oder l gehört zum Stamm!

Eine Gruppe für sich sind die männlichen Wörter auf -ur, die im Stamm ein -ö haben; wie in der Tabelle angegeben verwandelt es sich mal in -a, mal in -e. Beispiel: völl-ur „Feld": m6. Die Endungen für die Gruppen m2 bis m5 sind gleich, deshalb hier nur je ein Beispiel für m2, m4 und m6. Für die anderen Gruppen siehe Beispiel im Anhang.

m2	1.	4.	3.	2.
Ez	hest|ur	hest*	hest|i	hest|s
Mz	hest|ar	hest|a	hest|um	hest|a
m4	1.	4.	3.	2.
Ez	lækn|ir	lækn|i	lækn|i	lækn|is
Mz	lækn|ar	lækn|a	lækn|um	lækn|a
m6	1.	4.	3.	2.
Ez	völl|ur	völl*	vell|i	vall|ar
Mz	vell|ir	vell|i	völl|um	vall|a

* in der Tat keine Endung!

In gar keine Gruppe passt das männliche Hauptwort maður (Mensch, Mann, man). In Klammern ist gleich der gebeugte Artikel ergänzt.

	Ez	Mz
1. wer	maður(inn)	menn(irnir)
4. wen	mann(inn)	menn(ina)
3. wem	manni(num)	mönnunum
2. wes	manns(ins)	manna(nna)

Im 3. Fall Mz. fällt vor dem Artikel -num das -m weg: mönnunum (nicht *mönnumnum)

weibliche starke Hauptwörter (w2 bis w7)

Bei den weiblichen starken Hauptwörtern gibt es einige Gemeinsamkeiten, die die zunächst verwirrenden 6 Gruppen w2 bis w7 einfacher durchschaubar machen:

In der Einzahl gibt es nur im 2. Fall eine Endung (-ar, -var oder -ur), alle anderen Fälle sind (mit einer Ausnahme) bei allen ohne Endung.

Der 1. und 4. Fall der Mehrzahl ist immer gleich, kann aber auf -ar, -var, -ir oder -ur enden, das muss man für jedes Wort einzeln lernen.

Auch hier gibt es Gruppen, die regelmäßige Veränderungen im Stamm haben.

Die einzelnen Gruppen sehen in der Grundform so aus:

Alle anderen Gruppen erhalten nur die Endungen, wie sie im Beispiel für jede Gruppe im Anhang gezeigt werden. Allerdings gibt es gerade bei den weiblichen noch einige weitere, seltener auftretende Klassen. bzw. nicht wenige Wörter, die keiner bestimmten Klasse zugeordnet werden können.

1. Der Stamm endet auf -ing:
bygging „Gebäude": w2. Diese haben als einzige im 3./4. Fall der Einzahl ein **-u.** Sie werden alle gebeugt wie **bygging** (siehe Anhang).

2. Keine besondere Endung, Stamm bleibt immer gleich: borg „Stadt": w3.

3. Im Stamm gibt es ein -ó-, das mit **-æ-** abwechselt: **bók – bæk|ur** „Buch, Bücher": w4

4. Der Stamm endet auf -un, der mit **-an** wechselt: **verslun – verslan|ir** „Laden": w5

5. Im Stamm gibt es ein -ö-, das mit **-a-** wechselt: **höfn – hafn|ir** „Hafen, Häfen": w6

6. Der Stamm endet auf -á, -ó oder **-ú:**
á „Fluss": w7

7. Das Wort endet auf -i: erm|i „Ärmel" w8

An borg (Stadt), vík (Bucht) und stöð (Stelle) nachfolgend jeweils ein Beugungsbeispiel:

w3	1.	4.	3.	2.
Ez	**borg**	**borg**	**borg**	**borg|ar**
Mz	**borg|ir**	**borg|ir**	**borg|um**	**borg|a**

w3	1.	4.	3.	2.
Ez	vík	vík	vík	vík|ur
Mz	vík|ur	vík|ur	vík|um	vík|a
w3	1.	4.	3.	2.
Ez	stöð	stöð	stöð	stöð|var
Mz	stöð|var	stöð|var	stöð|vum	stöð|va

sächliche starke Hauptwörter (s2, s3)

Die sächlichen starken Hauptwörter haben im 1. und 4. Fall Ez und Mz keine besondere Endung, der 2. und 3. Fall ist gleich denen der männlichen starken Hauptwörter. Eine Besonderheit gibt es jedoch: hat der Stamm ein -a-, so wird dieses im 1. und 4. Fall Mz zu -ö-, selbst wenn keine Endung angehängt wird:

Die sächlichen auf -gg/-kk/-gj/-ki sind s3. Ihre Beugung wird im Anhang gezeigt. Bei ihnen erscheint vor -um/-a ein -j: egg-jum, rík-jum.

s2	1.	4.	3.	2.
Ez	blóm	blóm	blóm|i	blóm|s
Mz	blóm	blóm	blóm|um	blóm|a
s2	1.	4.	3.	2.
Ez	land	land	land|i	land|s
Mz	lönd Ö!	lönd Ö!	lönd|um Ö!*	land|a

*Hier greift die Ö-Regel, da ja eine Endung mit -u- angehängt wurde. Diese gab es eigentlich in den beiden anderen Fällen auch, ist aber weggefallen – nur das ö blieb.

die liebe Familie

Einige Verwandtschaftswörter bilden eine ganz eigene Beugungsgruppe. Dazu gehören: faðir (Vater), móðir (Mutter), dóttir (Tochter), bróðir (Bruder), systir (Schwester).

Ez 1.	faðir	móðir	dóttir	bróðir	systir
2./3./4.	föður	móður	dóttur	bróður	systur
Mz 1./4.	feður	mæður	dætur	bræður	systur
2.	feðrum	mæðrum	dætrum	bræðrum	systrum
3.	feðra	mæðra	dætra	bræðra	systra

Beugung des Artikels

Die gebeugte Artikelendung wird an das gebeugte Hauptwort angehängt. Es wäre ganz nützlich, die Formen des Artikels gut zu beherrschen, weil man sich damit aus der Affäre ziehen kann, wenn einem einmal eine Beugungsendung nicht einfällt.

Beachte, dass das i *des Artikels vor Selbstlauten meist wegfällt:* tímanum, *nicht* tímainum. *Bei sächlichen auf* -ur *fällt bei Hinzufügung des Artikels* -ið, -inu *und* -in *das* u *aus:* veðr-ið *(A!).*

Ez	1.	4.	3.	2.
m	**-inn**	**-inn**	**-inum**	**-ins**
w	**-in**	**-ina**	**-inni**	**-innar**
s	**-ið**	**-ið**	**-inu**	**-ins**
Mz	1.	4.	3.	2.
m	**-nir**	**-na**	**-num**	**-nna**
w	**-nar**	**-nar**	**-num**	**-nna**
s	**-in**	**-in**	**-num**	**-nna**

hest|ur|inn
Pferd-das
das Pferd

hest|s|ins
Pferdes-des(2)
des Pferdes

tím|i|nn
Zeit-die
die Zeit

aug|u|n
Augen-die(4)
die Augen

Eigenschaftswörter

Die Eigenschaftswörter richten sich, wie im Deutschen, in Zahl und Geschlecht nach dem Hauptwort, auf das sie sich beziehen. Je nachdem, ob das dazugehörige Hauptwort mit Artikel oder ohne Artikel steht, erhalten sie unterschiedliche Endungen. Das ist wie im Deutschen, vergleiche: „groß-er Berg" (starke Form), „der groß-e Berg" (schwache Form).

Das Eigenschaftswort steht wie im Deutschen meistens vor dem Hauptwort.

In den Wortlisten steht das Eigenschaftswort mit der männlichen Endung (für das Hauptwort ohne Artikel, durch einen dünnen senkrechten Strich abgetrennt), so wie in der folgenden Tabelle:

-ur	gul|ur	gelb
-r	blá|r	blau
(l) - l	sæl|l	glücklich
(n) - n	hrein|n	sauber
(keine)	dapur	traurig

Beugung der Eigenschaftswörter

Die Eigenschaftswörter erhalten, wie im Deutschen, unterschiedliche Endungen, je nachdem, ob das Hauptwort mit oder ohne Artikel verwendet wird. Steht das Hauptwort ohne Artikel, werden anstelle der Endung der Grundform die folgenden angehängt – erläutert am Beispiel gul\|ur „gelb" (gul- ist Stamm, -ur ist die Endung der männlichen Ez 1. Fall):

Viele Eigenschaftswörter enden auf -inn bzw. -að\|ur. Sie sind von Verben abgeleitet. Ihre Beugung wird in den Beispieltabellen vor der Wortliste gezeigt.

Ez	1.	4.	3.	2.
m	gul|ur	gul|an	gul|um	gul|s
w	gul (Ö!)	gul|a	gul|ri	gul|rar
s	gul|t	gul|t	gul|u	gul|s
Mz	1.	4.	3.	2.
m	gul|ir	gul|a	gul|um	gul|ra
w	gul|ar	gul|ar	gul|um	gul|ra
s	gul (Ö!)	gul (Ö!)	gul|um	gul|ra

Hierbei gibt es drei Dinge zu beachten:

1. In den Fällen, wo keine Endung angehängt wird, greift wieder die Ö-Regel, wenn ein -a- im Stamm ist:

Beugung der Eigenschaftswörter

Hier sieht man, wie ganz regelmäßig das Doppel-t beim faulen Kind als Ht ausgesprochen wird.

lat|ur karl latür kartl		ein fauler Mann
löt (Ö!) **kona** löt kona		eine faule Frau
lat|t barn laHt barn		ein faules Kind

2. Die Endungen -ri, -rar und -ra passen sich immer den Eigenschaftswörtern an, die

   – in der Grundform auf -nn enden; dort werden sie zu -ni, -nar, -na: z. B. hreinn „rein": hrein-ri wird zu hreinni.

   – in der Grundform auf -ll enden; dort werden sie zu -li, -lar, -la: z. B. sæll „glücklich": sæl-rar wird zu sællar.

   – in der Grundform nur auf -r (nicht -ur) enden, z. B. blár „blau"; hier verdoppelt sich das -r- und zusätzlich das -t: blára wird zu blárra, blát zu blátt.

   3. Der wichtigste Stolperstein für Deutschsprechende: das Eigenschaftswort erhält immer die Endungen, die mit dem Fall, Geschlecht und der Zahl des vom Sinn her zugehörigen Hauptwortes übereinstimmen, selbst wenn mit dem Verb „sein" am Satzende steht:

Árnar á Íslandi eru bláar og hreinar.
aurtnar au iislande ärü blauar oG hräinar
Flüsse-die auf Island(3) sind blaue(w, Mz 1) und saubere(w, Mz 1)
Die Flüsse auf Island sind blau und sauber.

Hier trennt sich Europa von Amerika: Zerrspalte bei Þingvellir

©PR

Hann taldi sig vera veikan. (nicht: **veikur**!)

hann talde seG vära väikan

er zählte sich zu-sein kranken (Ez 4. m;
bezieht sich auf sig, das im 4. Fall steht!)

Er glaubte, krank zu sein.

Hier gibt es außer der
gewohnten Ö-Regel
keine Ausnahmen!

Nun folgen noch die vergleichsweise unproblematischen Endungen, die das Eigenschaftswort erhält, wenn das Hauptwort mit Artikel steht.

Ez	1.	4.	3.	2.
m	gul|i	gul|a	gul|a	gul|a
w	gul|a	gul|u (Ö!)	gul|u (Ö!)	gul|u (Ö!)
s	gul|a	gul|a	gul|a	gul|a
Mz	1.	4.	3.	2.
m	gul|u (Ö!)	gul|u (Ö!)	gul|u (Ö!)	gul|u(Ö!)
w	gul|u (Ö!)	gul|u (Ö!)	gul|u (Ö!)	gul|u(Ö!)
s	gul|u (Ö!)	gul|u (Ö!)	gul|u (Ö!)	gul|u(Ö!)

Vergleiche folgendes Beispiel mit der faulen Familie oben: hier steht nun der Artikel davor:

Viele Eigenschaftswörter enden auf
-inn bzw. -að\|ur.
Sie sind von Verben abgeleitet. Ihre Beugung wird in den Beispieltabellen vor der Wortliste gezeigt.

lat\|i maður\|inn
late maðürenn
der faule Mann

lat\|a kona\|n
lata konan
die faule Frau

lat\|a barn\|ið
lata bartneð
das faule Kind

löt\|u börn\|in
lötü börtnen
die faulen Kinder

Ein Hinweis noch: es gibt Eigenschaftswörter, die zwar auf -inn enden, aber nicht so gebeugt werden wie hreinn. Ein wichtiges ist búinn, das „fertig" bedeutet. Diese Wörter sind unkompliziert, da man so tun kann, als wäre die Endung -inn der Artikel, sie lautet nämlich in allen Fällen ebenso. Näheres hierzu im Kapitel „Tätigkeitswörter".

Steigern & Vergleichen

Eigenschaftswörter lassen sich wie folgt steigern:

Für die 1. Steigerungsstufe (Komparativ) hängt man die Endung -ri oder -ari an den Stamm des Eigenschaftswortes an.

Ausnahme sind die Eigenschaftswörter, die auf (l) -l und (n) -n enden. Für die 2. Steigerungsstufe (Superlativ) hängt man -astur (m), -ust (w; Ö!), -ast (s) an.

Grundstufe	1. Stufe	2. Stufe (m, w, s)
gul|ur (gelb)	gul|ari	gul|astur, gul|ust, gul|ast
flat|ur (flach)	flat|ari	flat|astur, flöt|ust (Ö!), flat|ast
blá|r (blau)	blá|rri	blá|astur, blá|ust, blá|ast
sæl|l (glücklich)	sæl|li	sæl|astur, sæl|ust, sæl|ast
hrein|n (sauber)	hrein|ni	hrein|astur, hrein|ust, hrein|ast
dapur|	dapr|ari (A!)	dapr|astur, döpr|ust (Ö!), dapr|ast
hvass| (scharf)	hvass|ari	hvass|astur, hvöss|ust (Ö!), hvass|ast

Beachte: Aus sæl- + -ri *wird* sælli *und aus* hrein- + -ri *wird* hreinni.

Die erste Steigerungsstufe bleibt immer unverändert, außer in der Einzahl sächlich, da wird das letzte -i zum -a.

hreinna loft
hräittna loft
reinere Luft
reinere Luft

Loftið er hreinna á Íslandi.
lofteð är hräittna au iislande
Luft-die(s,Ez) ist reinere auf Island(3)
Die Luft ist sauberer in Island.

Hann er stærstur, en hún er fallegust.
hann är stairstür än hun är fattläGüst
er ist größter(m) aber sie ist schönste(w)
Er ist der Größte, sie ist die Schönste.

Þetta vatn er hreinast.
thäHta vaHtn är hräinast
dieses Wasser ist sauberstes
Dieses Wasser ist das sauberste.

Vergleichen

Den Vergleich „so … wie" bildet man mit eins …
og. Das Eigenschaftswort steht zwischen diesen
Ausdrücken und richtet sich nach dem ersten
Hauptwort, das verglichen wird:

Hún er eins dugleg og þú.
hun är äins düGläG oG thuu
Sie ist so klug wie du.

Der Vergleich mit „als" wird mit (heldur) en gebil-
det (heldur kann auch entfallen). Der Kompara-
tiv steht davor:

Þingvallavatn er dýpra (heldur) en Mývatn.
thingvattlavaHtn är diipra (häldür) än miivaHtn
Þingvallavatn ist tiefer als Mývatn.

Þingvallavatn *und*
Mývatn *sind zwei*
Seen in Island.

■ Vorsicht - Vogelbrutgebiet,
Vögel auf dem Weg.

©PR

Die wichtigsten Eigenschaftswörter

Die wichtigsten Eigenschaftswörter haben oft unregelmäßige Formen. Nur für die unregelmäßigen Eigenschaftswörter sind alle drei Grundformen (m/w/s) angegeben.

	Grundstufe (m / w / s)	1. Stufe	2. Stufe (m)
alt	gamall / gömul (Ö!) / gamalt	eldri	elst|ur
klein (wenig)	lítill / lítil / lítið	minni	minnst|ur
groß (viel)	mikill / mikil / mikið	meiri	mest|ur
groß	stór	stærri	stærst|ur
gut	góður / góð / gott	betri	best|ur
hoch	há|r / há / há|tt	hærri	hæst|ur
jung	ung|ur	yngri	yngst|ur
kurz	stutt|ur	styttri	styst|ur
lang	langur / löng (Ö!) / langt	lengri	lengst|ur
langsam	hæg|ur	hægari	hæg|astur
niedrig	lág|ur	lægri	lægst|ur
schlecht	slæm|ur	verri	verst|ur
schnell	hraður / hröð (Ö!) / hratt	hraðari	hrað|astur
schwer	þung|ur	þyngri	þyngst|ur
tief	djúp|ur	dýpri	dýpst|ur
viel	margur / mörg (Ö!) / margt	fleiri	flest|ur
voll	full|ur	fyllri	fyllst|ur
wenig	fá|r / fá / fá|tt	færri	fæst|ur

Ist bei der 2. Steigerungsform die männliche Endung -ur angegeben, sind die weibliche und sächliche Form in der Einzahl endungslos. Ist die männliche Endung -astur angegeben, werden die weibliche und sächliche regelmäßig gebildet. Ein Beispiel:

stærst|ur	der größte
stærst	die größte
stærst	das größte
hægast|ur	der langsamste
hægust	die langsamste
hægast	das langsamste

Farben

Im Folgenden werden nun die wichtigsten Farben in der Einzahl m/w/s angegeben:

weiß	**hvít|ur / hvít / hvít|t**
blau	**blá|r / blá / blá|tt**
gelb	**gul|ur / gul / gul|t**
braun	**brún|n / brún / brún|t**
rot	**rauð|ur / rauð / rau|tt**
grau	**grá|r / grá / grá|tt**
grün	**græn|n / græn / græn|t**
schwarz	**svart|ur / svört** (Ö!) **/ svar|t**

Umstandswörter

Um aus einem Eigenschaftswort ein Umstandswort zu machen, braucht man in den meisten Fällen die sächliche Form Einzahl:

Bíllinn fer hratt.
biittlenn fär hraHt
Auto-das fährt schnell(s,Ez)
Das Auto fährt schnell.

Eigenschaftswörter auf -legur bekommen die Endung -lega:

Hann er yndislegur maður og talar yndislega.
hann är endeslägür maður oG taalar endesläGa
er ist wunderbarer Mensch und spricht wunderbar
Er ist ein netter Mensch, und er spricht sehr nett.

Unregelmäßige Umstandswörter sind:

Eigenschaftswort		Umstandswort	
góður gouðür	gut	**vel** väl	gut
slæmur slaimür	schlecht	**illa** ittla	schlecht

Die Isländer lieben es, Wörter wie „zu, viel, sehr" usw. zu gebrauchen:

Þetta er of dýrt.
thähHta är of diirt
Das ist zu teuer.

Þetta er miklu betra.
thähHta är miHklü bäätra
Das ist viel besser.

Für „sehr" gibt es eine ganze Reihe oft gebrauchter Wörter: mjög, býsna, ofboðslega, voðalega, rosalega, óskaplega ... :

Þessi Þjóðverji talar alveg rosalega góða íslensku!
thässe thjouðvärje talar alväG roosaläGa gouða iislänskü
dieser Deutsche spricht ganz sehr gutes Isländisch
Dieser Deutsche spricht verdammt gutes Isländisch!

Dieses & Jenes

Die hinweisenden Fürwörter kommen häufig vor. Sie richten sich wie Eigenschaftswörter nach dem dazugehörigen Hauptwort.

dieser / diese / dieses			
	männlich	weiblich	sächlich
Ez	**þessi** thässe	**þessi** thässe	**þetta** thähHta
Mz	**þessir** thässir	**þessar** thässar	**þessi** thässe

jener/jene/jenes			
	männlich	weiblich	sächlich
Ez	**hinn**	**hin**	**hitt**
	hen	hen	heHt
Mz	**hinir**	**hinar**	**hin**
	henir	henar	hen

„das hier" oder „das da" heißt auch þetta *oder* þetta hérna.

Ég ætla að fá þetta hérna.
jäG aiHtla að fau thäHta chjätta
ich möchte zu bekommen das hier
Ich möchte das hier.

Ég ætla að fá hitt.
jäG aiHtla að fau heHt
ich möchte zu bekommen jenes-andere
Ich möchte das andere.

Persönliche Fürwörter

Im Isländischen unterscheidet man auch in der Mehrzahl, ob „sie" männlich, weiblich, oder sächlich sind. Wenn mit „sie" Personen oder Gegenstände verschiedenen grammatischen Geschlechts gemeint sind, nimmt man stets þau (sie, s, Mz).

Man sagt generell þú (du). Es gibt zwar eine Höflichkeitsform, doch sie wird nicht mehr benutzt.

Bei „ich, du, er … + eine andere Person" drücken sich die Isländer ganz anders aus als wir. Sie nehmen die Person in das Fürwort mit hinein, also:
Jóna und ich = við Jóna
du und Jóna = þið Jóna
er und Jona = þau Jóna
(verschiedene Geschlechter!)
sie und Jóna = þær Jóna
(zweimal w)
das Auto von Jóna und mir = bíll okkar Jónu

ég	(jäG)	ich
þú	(thu)	du
hann	(hann)	er
hún	(hun)	sie (Ez)
það	(thað)	es
við	(veð)	wir
þið	(theð)	ihr
þeir	(thäir)	sie (m, Mz)
þær	(thair)	sie (w, Mz)
þau	(thöi)	sie (s, Mz)

Wessen?, Wem? oder Wen?

Die gebeugten persönlichen Fürwörter werden in der Wort-für-Wort-Übersetzung mit der „Nummer" des betreffenden Falls gekennzeichnet.

Wen? (4. Fall)

mig	mich	**okkur**	uns
þig	dich	**ykkur**	euch
hann	ihn	**þá** (m)	
hana	sie	**þær** (w)	sie
það	es	**þau** (s)	

Wem? (3. Fall)

mér	mir	**okkur**	uns
þér	dir	**ykkur**	euch
honum	ihm	**þeim**	ihnen
henni	ihr		
því	ihm		

Wessen? (2. Fall)

mín	meiner	**okkar**	unser
þín	deiner	**ykkar**	euer
hans	seiner	**þeirra**	ihrer
hennar	ihrer		
þess	seines		

Hier wird Allrad-antrieb benötigt.

©PR

Besitzanzeigende Fürwörter

Das besitzanzeigende Fürwort steht immer hinter dem dazugehörigen Hauptwort und richtet sich nach diesem in Zahl und Geschlecht. Anders als im Deutschen muss das Hauptwort jedoch mit Artikel stehen.

minn / mín / mitt	mein
þinn / þín / þitt	dein
sinn / sín / sitt	sein/
hans / hennar / þess	ihr
okkar	unser
ykkar	euer
sinn / sín / sitt/	ihr
þeirra	

Die Fürwörter minn, þinn, sinn (und ihre weiblichen und sächlichen Formen mín, mitt, usw.) werden mit dem Hauptwort gebeugt und erhalten Endungen, die dem Artikel gleichen.

Zu beachten ist, dass sie in der sächlichen Ez im Wer- und Wenfall -tt anstatt des zu erwartenden -ð erhalten. Außerdem wird das i vor einfachem Mitlaut zu í (mit Akzent).

Die Fürwörter hans / hennar / þess sowie okkar, ykkar, þeirra verändern sich nie.

Þetta eru pennar|nir mí|nir,
bækur|nar mí|nar og blöð|in mí|n.
thäHta ärü pännartnir miinir
baikürtnar miinar oG blöðen miin
das sind Stifte-die meine,
Bücher-die meine und Blätter-die meine
Das sind meine Stifte, Bücher und Blätter.

Sinn/sín/sitt bedeuten immer „sein/ihr eigene(s)", ansonsten braucht man die Formen hans / hennar / þess / þeirra:

hans / hennar / þess / þeirra:

Hann skemmdi bílinn sinn.
hann skjämmde biilenn senn
er beschädigte Auto-das sein-eigenes
Er beschädigte sein (eigenes!) Auto.

Hún skemmdi bílinn hans / hennar.
hun skjämmde biilenn hans/hännar
sie beschädigte Auto-das sein/ihr
Sie beschädigte sein/ihr (nicht ihr eigenes!)
Auto.

Tätigkeitswörter

Wer bis hierher gekommen ist, den wundert es sicher nicht, dass die isländischen Verben ebenfalls einige Schwierigkeiten machen.

Wer es sich am Anfang etwas leichter machen will, sehe im Kapitel „Sein & Haben" nach, in dem zwei oft gebrauchte Möglichkeiten vorgestellt werden, mit denen man den Dschungel von Endungen und Ausnahmen umgehen kann!

Grundform

Isländische Tätigkeitswörter bestehen aus einem Stamm und einer Endung. Die Endung der Grundform lautet fast immer -a oder -ja.

* nach -á fällt -a weg!

elsk|a	lieben	hætt|a	aufhören
set|ja	setzen	ber|ja	schlagen
vek|ja	wecken	fá*	bekommen
far|a	gehen	frjós|a	gefrieren
vax|a	wachsen	kom|a	kommen

Bei der Beugung wird die Grundformendung durch die Beugungsendung ersetzt. Achtung: Auch hier gelten die Ö-Regel und die Ausfallregel. Weiterhin unterscheidet das Isländische „starke" und „schwache" Verben: „starke" Verben verändern ihren Stamm in der Vergangenheit immer, „schwache" dagegen (fast) nie.

Gegenwart

Es gibt in der Gegenwart mehrere mögliche Beugungsendungen. Leider sieht man dem Verb nicht an, welche Endungen es annimmt. Im Anhang ist für die schwachen Verben jeweils die Beugungsklasse „v1" bis „v5" angegeben. Starke Verben sind nicht besonders gekennzeichnet, dafür aber ebenfalls im Anhang mit ihren wichtigen Formen aufgelistet.

Übrigens:
Die Gegenwartsform
verwendet man auch
für die Zukunft.
Eine spezielle
Zukunftsform
gibt es nicht.

schwache Verben Einzahl

Die Verben werden in fünf Klassen v1 bis v5 eingeteilt. Um ein Verb zu beugen, trennt man die Endung -a oder -ja ab und hängt die unten angegebenen Endungen für die jeweilige Person an. Dabei muss bei v5 noch unterschieden werden, ob vor der Grundformendung -a / -ja ein r, ein Selbstlaut oder keins von beiden steht:

	ég (ich)	**þú** (du)	**hann** (er)
v1	-a	-ar	-ar
v2, v3	-i	-ir	-ir
v4	-	-ur	-ur
v5 (auf -r)	-	-ð	-
v5 (auf Selbstl.)	-	-rð	-r
v5 (sonst)	-	-ur	-ur

Die Bildung der Mehrzahl ist viel einfacher als die der Einzahl. Für hann / hun / það *(er/sie/es, Ez) gibt es jeweils nur eine Verbform.*

Beugungsbeispiele schwache Verben Ez

v1	**ég elsk|a**	ich liebe
	þú elsk|ar	du liebst
	hann elsk|ar	er liebt
v2, v3	**ég hætt|i**	ich höre auf
	þú hætt|ir	du hörst auf
	hann hætt|ir	er hört auf
v4	**ég set**	ich stelle
	þú set|ur	du stellst
	hann set|ur	er stellt

v5 (auf -r)	**ég ber**	ich schlage
	þú ber|ð	du schlägst
	hann ber	er schlägt
v5 (sonst)	**ég vek|**	ich wecke
	þú vek|ur	du weckst
	hann vek|ur	er weckt

starke Verben Einzahl

In der Einzahl verändern sich die Stämme der starken Verben. Die Endungen richten sich nach dem letzten Buchstaben des Stammes!

	ég (ich)	**þú** (du)	**hann** (er)
Selbstl.	-	**-rð**	**-r**
-r	-	**-ð**	-
-s	-	**-t**	-
-n/-x	-	-	-
Mitlaut	-	**-ur**	**-ur**

Beugungsbeispiele starke Verben Einzahl

Stamm endet auf Selbstlaut: **fá** (bekommen)	
ég fæ	ich bekomme
þú fæ|rð	du bekommst
hann fæ|r	er bekommt
Stamm endet auf **-r**: **far|a** (gehen)	
ég fer	ich gehe
þú fer|ð	du gehst
hann fer	er geht
Stamm endet auf **-s**: **frjós|a** gefrieren	
ég frýs	ich gefriere
þú frýs|t	du gefrierst
hann frýs	er gefriert
Stamm endet auf **-x**: **vax|a** wachsen	
ég vex	ich wachse
þú vex	du wächst
hún vex	sie wächst
Stamm endet auf Mitlaut: **kom|a** kommen	
ég kem	ich komme
þú kem|ur	du kommst
hún kem|ur	sie kommt

Unregelmäßige Formen in der Gegenwart Ez:

	ég ...	þú ...	hann ...
eiga besitzen	**á**	**átt**	**á**
kunna können	**kann**	**kannt**	**kann**
mega dürfen	**má**	**mátt**	**má**
muna erinnern	**man**	**manst**	**man**
skulu werden	**skal**	**skalt**	**skal**
vilja wollen	**vil**	**vilt**	**vill**
vita wissen	**veit**	**veist**	**veit**
þurfa müssen	**þarf**	**þarft**	**þarf**

starke und schwache Verben Mehrzahl

Die Beugungsendungen für die Mehrzahl „wir, ihr, sie" sind wie versprochen ganz einfach. Man nimmt die Grundform des Verbs (also nicht nur den Stamm!) und hängt anstelle des letzten -a folgende Endungen an. Das gilt für starke und schwache Verben, starke Verben haben wieder den Stamm der Grundform.

Wenn die Grundform nicht auf -a endet (z.B. fá), dann bekommt sie auch keines: þeir fá (nicht *fá-a)

(Ö-Regel: -a- im Stamm wird zu -ö-!)

við (wir)	**-um** (Ö!)
þið (ihr)	**-ið**
þeir/þær/þau (sie)	**-a** (wie Grundform!)

Beispiele

	við ...	þið ...	þeir ...
elsk|a lieben	**elsk|um**	**elsk|ið**	**elsk|a**
fá bekommen	**fá|um**	**fá|ið**	**fá**
set|ja setzen	**set|jum**	**set|jið**	**set|ja**
kom|a kommen	**kom|um**	**kom|ið**	**kom|a**

In der Mehrzahl Gegenwart sind alle Verben regelmäßig.

skil|ja	verstehen
við skil|j|um	wir verstehen
far|a	gehen
við för|um (Ö!)	wir gehen

Einzige Ausnahme ist skulu (werden):

við skulum	wir werden
þið skuluð	ihr werdet
þeir/þær/þau skulu	sie (m/w/s) werden

Vergangenheit

Wie im Deutschen gibt es auch im Isländischen mehrere Vergangenheitsformen (im Deutschen z. B. „ich sah, ich habe gesehen, ich hatte gesehen"). Ich stelle für das Isländische nur die am häufigsten gebrauchte vor.

schwache Verben

Als Vergangenheitskennzeichen hängt man an den Stamm entweder -að- (für die Ez) und -uð- (für die Mz) an, oder man hängt für Ez und Mz immer nur -ð-, -d- oder -t- an. Ganz zum Schluss werden — für alle Verben dann wieder gleich — folgende Endungen angehängt:

Achtung: Bei den Verbgruppen „v3" und „v5" kann sich außerdem der Stamm verändern!

Ez		Mz	
ég (ich)	**-i**	**við** (wir)	**-um** (Ö!)
þú (du)	**-ir**	**þið** (ihr)	**-uð** (Ö!)
hann (er)	**-i**	**þeir** (sie, m)	**-u** (Ö!)
hún (sie)	**-i**	**þær** (sie, w)	**-u** (Ö!)
það (es)	**-i**	**þau** (sie, s)	**-u** (Ö!)

In der folgenden Tabelle stehen wieder die Beugungsklassen („v1, v2" etc.). Alle schwachen Verben mit gleichem Kürzel werden in der Vergangenheit wie die entsprechenden folgenden gebeugt. Welcher der drei Laute gewählt wird, hängt vom Stammauslaut ab: nach s, p, k, t immer -t, nach l, m immer -d. Für alle anderen Auslaute, z. B. g, n, r, muss man die jeweilige Endung dazulernen, weswegen sie für alle Verben auch in der Wortliste angegeben wird.

elsk|a (v1)	heyr|a (v2)	seg|ja (v3)	skil|ja (v4)	kref|ja (v5)
lieben	hören	sagen	verstehen	fordern
elsk|að|i	heyr|ð|i	sag|ð|i	skil|d|i	kraf|ð|i
elsk|að|ir	heyr|ð|ir	sag|ð|ir	skil|d|ir	kraf|ð|ir
elsk|að|i	heyr|ð|i	sag|ð|i	skil|d|i	kraf|ð|i
elsk|uð|um	heyr|ð|um	sög|ð|um (Ö!)	skil|d|um	kröf|ð|um (Ö!)
elsk|uð|uð	heyr|ð|uð	sög|ð|uð (Ö!)	skil|d|uð	kröf|ð|uð (Ö!)
elsk|uð|u	heyr|ð|u	sög|ð|u (Ö!)	skil|d|u	kröf|ð|u (Ö!)

starke Verben

Starke Verben haben in der Vergangenheit jeweils einen Stamm für die Einzahl und einen zweiten für die Mehrzahl:

Grundform	Ez-Stamm	Mz-Stamm
fá bekommen	fékk	feng
far|a gehen	fór	fór
fljúg|a fliegen	flaug	flug
nem|a studieren	nam	nám
kom|a kommen	kom	kom

Die Mehrzahl-Endungen sind übrigens mit denen der schwachen Verben identisch!

An diese Stämme hängt man die Endungen aus der folgenden Tabelle an:

ég (ich)	-	við (wir)	-um (Ö!)
þú (du)	-st	þið (ihr)	-uð (Ö!)
hann (er)	-	þeir (sie, m)	-u (Ö!)

Beispiele

ég fékk ich bekam	við feng|um wir bekamen
þú fékk|st (...)	þið feng|uð
hann fékk	þeir feng|u
ég fór ich ging	við fór|um wir gingen
þú fór|st	þið fór|uð
hann fór	þeir fór|u
ég flaug ich flog	við flug|um wir flogen
þú flaug|st	þið flug|uð
hann flaug	þeir flug|u

(usw.)

Sein & Haben

Wie versprochen stelle ich hier zwei Möglichkeiten vor, die verwirrende Vielfalt von Ausnahmen und Beugungsendungen zu umgehen:

vera (sein)

Für die erste Möglichkeit braucht man das ohnehin wichtige Verb „sein": að vera. Die Grundform der Verben wird mit að angegeben, das hier „zu" bedeutet: að vera = zu sein.

In den folgenden Tabellen steht für die 3. Person Ez und Mz („er, sie, es") nur das männliche persönliche Fürwort. Die Verbformen sind jedoch identisch für alle drei Geschlechter.

vera (sein)		
ég er	jäG är	ich bin
ég var	jäG var	ich war
þú ert	thu ärt	du bist
þú varst	thu varst	du warst
hann er	hann är	er ist
hann var	hann var	er war
við erum	veð ärüm	wir sind
við vorum	veð vorüm	wir waren
þið eruð	theð ärüð	ihr seid
þið voruð	theð vorüð	ihr wart
þeir eru	thäir ärü	sie sind
þeir voru	thäir vorü	sie waren

Wer vera beugen kann, braucht sich nur noch das passende Verb aus der Wortliste herauszusuchen und dieses mit að („zu") an das gebeugte vera anzuschließen. „vera að + Verb" bedeutet dann „dabei sein, etwas zu tun" und entspricht der englischen Verlaufsform (z. B. „I am reading.").

Aber nicht in jedem Fall ist diese Form sinn-
voll, z. B. nicht: „ich bin zu wissen" (wörtlich)
für „ich weiß"!

Ég er að lesa.
jäG är að lääsa
ich bin zu lesen
Ich lese gerade.

Ég var að lesa.
jäG var að lääsa
ich war zu lesen
Ich war dabei zu lesen.

Hann er að koma.
hann är að kooma
er ist zu kommen
Er kommt gerade.

vera búinn (fertig sein)

Mit vera (sein) und dem Eigenschaftswort
búinn (fertig) kann man auch die vollendete
Vergangenheit bilden:

vera búinn að + Grundform des Verbs
bedeutet: „etwas zu Ende getan haben".

Búinn (fertig) verändert sich in Geschlecht und
Zahl, je nachdem ob ein Mann oder eine Frau
spricht oder angesprochen wird, oder ob man
von einem Mann oder einer Frau etc. spricht.
Ist von Männern und Frauen die Rede, ver-
wendet man die sächliche Form Mehrzahl.

In der Ez braucht man:
búinn (m), **búin** (w), **búið** (s)

In der Mz braucht man:
búnir (m), **búnar** (w), **búin** (s; m+w)

Ég er búinn að lesa.
jäG är buuenn að lääsa
ich bin fertig(m) zu lesen
Ich (Mann!) habe gelesen.

Þú ert búin að skrifa.
thu ärt buuen að skreeva
du bist fertig(w) zu schreiben
Du (Frau!) hast geschrieben.

Þið eruð búnar að læra.
theð ärüð buunar að laira
ihr seid fertig(w,Mz) zu lernen
Ihr (nur Frauen!) habt gelernt.

Við erum búin að borða.
við ärüm buuen að borða
wir sind fertig(s,Mz) zu essen
Wir (Mann & Frau!) haben gegessen.

Da jedoch die normale Beugung des Verbs ebenfalls sehr oft vorkommt, sollte man sich zumindest einmal ansehen, wie sie funktioniert.

haben, besitzen

Für „haben" gibt es mehrere gleich häufig verwendete Möglichkeiten: eiga bedeutet eher „haben" im Sinne von „besitzen". vera með: „etwas bei sich haben", mit etwas behaftet sein, z. B. Auto, Stift, Schnupfen … hafa: alles, was man nicht richtig besitzen kann, z. B. Zeit.

Ég á penna, en ég er ekki með hann núna.
jäG au pänna, än jäG är äHkje mäð hann nuna
ich besitze Stift, aber ich bin nicht mit ihm jetzt
Ich besitze einen Stift, habe ihn aber gerade nicht dabei.

Heyrðu, ég hef engan tíma núna.
häirðü, jäG häv äingan tiima(4) nuna
hör(!), ich habe keine(4) Zeit(4) jetzt
Hör (mal), ich habe jetzt keine Zeit.

hafa (haben)		
ég hef	jäG häv	ich habe
ég hafði	jäG hawðe	ich hatte
þú hefur	thu hävür	du hast
þú hafðir	thu hawðir	du hattest
hann hefur	hann hävür	er hat
hann hafði	hann hawðe	er hatte
við höfum (Ö!)	veð hövüm	wir hatten
við höfðum (Ö!)	veð höwðüm	wir haben
þið hafið	theð haveð	ihr habt
þið höfðuð (Ö!)	theð höwðüð	ihr hattet
þeir hafa	thäir haava	sie (m) haben
þeir höfðu (Ö!)	thäir höwðü	sie (m) hatten

Modalverben

Mit Hilfe der Modalverben wie „können, sollen, wollen, müssen" etc. kann man andere Verben „modifizieren". Der Vorteil ist hier ebenfalls, dass man nur die Modalverben beugen muss, das jeweilige Verb wird (meistens) in seiner Grundform mit *að* (zu) angeschlossen.

können

Die Isländer unterscheiden zwischen kunna að (können, gelernt haben) und geta (können, die Möglichkeit haben):

Ég kann að synda, en ég get það ekki núna.
jäG kann að senda, än jäG gjät það äHkje nuna
ich kann zu schwimmen,
aber ich kann es(4) nicht jetzt
Ich habe schwimmen gelernt,
habe jetzt aber nicht die Möglichkeit.

Eine Zahl hinter einem Wort in der Wort-für-Wort-Übersetzung gibt die „Nummer" des Falls an, in dem das betreffende Wort gebeugt ist.

Geta *(können)* wird sehr häufig gebraucht, aber es verlangt nach sich immer das Partizip (Mittelwort der Vergangenheit, z. B. „gesehen, gehört"), deshalb habe ich es in die Wortlisten aufgenommen.

Við getum bæði heyrt og séð fossinn.
veð gjätüm baiðe häirt oG sjäð fossenn
wir können beides gehört und gesehen
Wasserfall-den(4)
Wir können den Wasserfall hören und sehen.

Geturðu lánað mér þúsundkall?
gjätürðü launað mjär thusündkattl
kannst-du geliehen mir(3) Tausender(4)
Kannst du mir einen Tausender leihen?

dürfen

„dürfen" heißt mega und ist unregelmäßig in der Einzahl.

Þarna við ána megið þið tjalda.
thattna veð auna mäijeð theð tjalda
dort bei Fluss(4) dürft ihr zelten
Dort am Fluss dürft ihr zelten.

sollen

Für „sollen" sagt man eiga að ... (haben zu + Grundform des Verbs). Eiga (haben, besitzen) ist in der Einzahl Gegenwart unregelmäßig.

Þú átt að gera það.
thu auHt að gjära thað
du hast zu tun es(4)
Du sollst das tun.

Þið eigið að koma.
theð äijeð að kooma
ihr habt zu kommen
Ihr sollt kommen.

müssen

Für „müssen" wird in der Umgangssprache am häufigsten verða að ... („werden zu", starkes Verb + Grundform des Verbs) gebraucht:

Við verðum að flýta okkur heim.

veð várðúm að fliita oHkür häim

wir werden zu beeilen uns(3) heim

Wir müssen uns beeilen, nach Hause zu kommen.

wollen, möchten

Für „wollen, möchten" verwendet man am häufigsten ætla að ... („möchten zu", v1 + Grundform des Verbs):

Ég ætla að fá góðan hest fyrir óvana.

jäG aiHtla að fau gouðan häst feerir ouvana

ich möchte zu bekommen gutes(4) Pferd(4) für Ungeübte(4)

Ich möchte ein gutes Pferd für Anfänger.

©PR

Die edlen isländischen Rösser kamen mit den ersten Siedlern auf die Insel

Auffordern & Befehlen

Von den schwachen Verben bildet man die Befehlsform, indem man von der Ich-Form Vergangenheit die Endung -i durch -u ersetzt. Hat sich der Stamm in der Vergangenheit geändert, wählt man wieder den ursprünglichen.

Grundform	Vergangenheit	Befehl!
kalla	**kallaði**	**kallaðu!**
rufen	ich rief	rufe!
skilja	**skildi**	**skildu!**
verstehen	ich verstand	verstehe!
missa	**missti**	**misstu!**
verlieren	ich verlor	verliere!
heyra	**heyrði**	**heyrðu!**
hören	ich hörte	hör (mal) ...!
segja	**sagði**	**segðu!**
sagen	ich sagte	sage!
spyrja	**spurði**	**spyrðu!**
fragen	ich fragte	frage!

In der Wort-für-Wort-Übersetzung ist die Befehlsform durch ein Ausrufezeichen gekennzeichnet.

Bei starken Verben streicht man die Endungen -a, -ja oder -va von der Grundform ab und ersetzt sie durch folgende Endungen:

-tu nach **-k, -p, -t, -s:**	
stökk|va (springen)	**stökk|tu** (spring!)
-du nach **-l, -m, -n:**	
kom-a (kommen)	**kom|du** (komm!)
-ddu nach ausfallendem **-ð:**	
bíð|a (warten)	**bí|ddu** (warte!)
sonst immer **-ðu:**	
far|a (gehen)	**far|ðu** (geh!)
sof|a (schlafen)	**sof|ðu** (schlaf!)

Das isländische „sich" kann vielfältig eingesetzt werden.

„sich selbst" / „einander" (-st)

Die unveränderliche rückbezügliche Endung -st, die an viele gebeugte Verben angehängt werden kann, hat mehrere Aufgaben. Sie kann die Bedeutung „sich selbst" oder „einander" haben, z. B. kalla-st „sich nennen" oder „einander rufen":

Die Beugung der Verben auf -st wird in den Beispieltabellen vor der Wortliste gezeigt.

Mennirnir kallast á.
männettnir kattlast au
Männer-die rufen-sich an
Die Männer rufen einander.

Við meiddumst ekki.
veð mäiddümst äHkje
wir verletzten-sich nicht
Wir verletzten uns nicht.

neue Bedeutungen

Manche Verben erhalten durch die Endung -st eine andere Bedeutung, z. B. taka (nehmen), aber taka-st (gelingen):

Mér tókst að taka myndir af sólsetri.
mjär toukst að taaka mendir av soulsätre
mir(3) gelang zu nehmen Bilder(4) von Sonnenuntergang(3)
Mir gelang es, Fotos vom Sonnenuntergang zu machen.

rückbezügliches „sich" (sig, sér & sín)

Schließlich gibt es neben der Endung -st noch die rückbezüglichen Fürwörter sig, sér und sín. Welche dieser vier Möglichkeiten jeweils dem deutschen „sich" entspricht, muss man für jedes Verb einzeln lernen.

Hann rakar sig og þvær sér,
því annars skammast hann sín.
hann rakar seG oG thvair sjär, thvi annars
skammast hann siin
Er rasiert sich und wäscht sich,
denn sonst schämt er sich.

Das Isländische unterscheidet bei „sich" im Gegensatz zum Deutschen drei Fälle, was vor allem bei der Beugung wichtig ist. Die Grundformen heißen jeweils: þvo sér (sich waschen; sér ist Wemfall!), raka sig (sich rasieren; sig ist Wenfall!), skammast sín (sich (seiner) schämen; sín ist Wesfall!).

Þú rakar þig og þværð þér,
því annars skammast þú þín.
du rasierst dich(4) und wäschst dir(3),
denn sonst schämst du deiner(2)
Du rasierst dich und wäschst dich,
denn sonst schämst du dich.

Mit einem Kleinwagen kommt man im Hochland nun mal nicht weiter

©RK

Bindewörter

Die Bindewörter werden wie im Deutschen gebraucht.

en	aber, und
þegar (að)	als, sobald
nema	außer
þegar	bereits
með því að	dadurch dass
að	dass
annaðhvort ... eða	entweder ... oder ...
ef (að)	falls
eftir því að	nachdem
hvort	ob
þó að	obwohl
eða	oder
þannig að	so dass
heldur	sondern
til þess að	um zu
og	und
á meðan	während
af því að	weil, da
sem (að)	welche(r, -s)

Das að (hier: „dass") in Klammern wird immer nur gesprochen, aber nie geschrieben.

Ef veðrið er sæmilegt, förum við upp á jökulinn.
äf väðreð är saimelächt, förüm veð üHp au jökülenn
wenn Wetter-das ist gut, gehen wir hinauf auf Gletscher-den(4)
Wenn das Wetter gut ist, steigen wir auf den Gletscher.

Hann sagði að hann vildi hjálpa okkur.
hann saGðe að hann velde chjaulpa oHkür
er sagte dass er wollte helfen uns(3)
Er sagte, dass er uns helfen will.

Hvorugt.
kvorücht
keins-von-beiden
Weder noch.

Relativsätze, also Sätze nach dem Muster „der Mann, der (welcher) ...", „die Frauen, die (welche) ..." sind im Isländischen ganz einfach zu bilden: Statt des deutschen relativen Fürwortes „der, die, das" bzw. „welcher, welche, welches" usw. steht immer sem (að).

Das að (dass) wird auch hier immer gesprochen, aber nie geschrieben:

Bóndinn sem (að) hjálpaði okkur hét Helgi.
boundenn säm (að) chjaulpaðe oHkür chjät Hälgje
Bauer-der, der (dass) half uns(3), hieß Helgi
Der Bauer, der uns geholfen hat, hieß Helgi.

Verneinung

Das Verneinungswort heißt **ekki** (nicht, kein), es wird direkt vor das Wort gestellt, das verneint werden soll. Hauptwörter verneint man mit **enginn/engin/ekkert** (kein; m/w/s Ez):

Ég skamma ekki þig.   **enginn bíll**
jäG skamma äHkje theG   äingjenn biittl
ich tadle nicht dich(4)   *kein Auto*
Ich tadle nicht dich,   kein Auto
(sondern jemand anderen).

Ansonsten (in allgemeinen Feststellungen) kommt es oft ans Satzende; die Satzstellung ist wie im Deutschen:

Ég skamma þig ekki, heldur hana.
jäG skamma theG äHkje, häldür hana
ich tadle dich(4) nicht, sondern sie(4,Ez)
Ich tadle dich (doch) nicht, sondern sie.

Ég skil þig ekki.
jäG skel theG äHkje
ich verstehe dich(4) nicht
Ich verstehe dich nicht.

Wo ekki (nicht, kein) im einzelnen Fall steht, hängt oft vom Sprecher ab. Man bekommt mit der Zeit das Gefühl dafür, wenn man sich ein wenig mit der Sprache beschäftigt. Besondere Verneinungen sind:

aldrei	aldräi	niemals
hvergi	kvärgje	nirgends
á engan hátt	au äingan hauHt	auf keine Weise
alls ekki	als äHkje	überhaupt nicht
enginn	äingjenn	keiner (m)
engin	äingjen	keine (w)
ekkert	äHkjärt	nichts

Die Formen von enginn (keiner) werden gebeugt; man kann sie aber gut ersetzen, z. B.: „keinen Fisch" = „nicht (einen) Fisch"

Ég borða ekki skemmdan fisk!
ich esse nicht verdorbenen(4) Fisch(4)
Ich esse keinen verdorbenen Fisch!

Der Dettifoss im Nordosten Islands ist der wasserreichste Wasserfall Europas

©PR

Verhältniswörter

Wie im Deutschen ziehen die Verhältniswörter auch im Isländischen einen oder – je nach Bedeutung – mehrere Fälle nach sich.

Allerdings ist die Sache halb so schlimm, weil man in der Regel auch mit einem „falschen Fall" verstanden wird.

Den Wesfall verlangen nach sich:

til	nach, zu
milli	zwischen
án	ohne
vegna	wegen

án mín	**við förum til Reykjavíkur.**
aun miin	veð förüm tel Räjkjavikür
ohne meiner(2)	*wir fahren nach Reykjavík(2)*
ohne mich	Wir fahren nach Reykjavík.

Den Wemfall verlangen nach sich:

í	in
úr	aus (etwas heraus), aus (z. B. Gold)
á	auf, an
yfir	über
á móti	gegen
undir	unter, während
hjá	bei
fyrir	für, wegen
að	zu/an etwas heran
eftir	nach, entlang
með	mit
nærri	nahe an
frá	von
fjarri	fern von

Den Wenfall verlangen nach sich:

í	in (hinein)
í gegnum	durch
á	an (heran), auf (hinauf)
yfir	über (hinweg)
um	um
undir	unter (hinunter), bis (räuml./zeitl.)
við	mit, bei, gegen

Die Wörter í, á, yfir und undir haben nach sich den 4. Fall, wenn eine Bewegung gemeint ist. Bei einer ruhenden Ortsangabe steht – wie im Deutschen – der 3. Fall.

Förum í tjaldið.   **Við erum í tjaldinu.**
förüm i tjaldeð   veð ärüm i tjaldenü
(wir-)gehen in Zelt-das(4) *wir sind in Zelt-dem(3)*
Gehen wir in das Zelt.   Wir sind im Zelt.

Wortstellung

Die Wortstellung ist dem Deutschen sehr ähnlich, besonders was die Reihenfolge von Subjekt und Verb angeht.

Subjekt	Verb	Objekt	Zeitangabe
Við	**drekkum**	**kaffi**	**í kvöld.**
Wir	trinken	Kaffee	am Abend.

Zeitangabe	Verb	Subjekt	Objekt
Í kvöld	**drekkum**	**við**	**kaffi.**
Am Abend	trinken	wir	Kaffee.

Fragen

Hauptwörter und persönliche Fürwörter (ich, du, er...) können als Subjekt stehen. Das Objekt ist die Satzergänzung, die im 2., 3. oder 4. Fall gebeugt werden kann, je nachdem, welcher Fall das Verb oder ein (zum Objekt gehörendes) Verhältniswort verlangt.

Eine Zeitangabe muss nicht immer stehen.

Ef þið labbið þangað, finnið þið veginn aftur.
äf theð labbeð thaungað, fenneð theð väijenn aftür
wenn ihr lauft dorthin, findet ihr Weg-den(4) wieder
Wenn ihr dorthin lauft, findet ihr den Weg wieder.

Fragen

Hier wird zwischen Ergänzungsfragen und Entscheidungsfragen unterschieden.

Ergänzungsfragen		
hver?	kvär	wer?
hvers?	kvärs	wessen?
hverjum?	kvärjüm	wem?
hvern?	kvärtn	wen?
hvað?	kvað	was?, wie?
hvaða? (m/w/s)	kvaða	was für ein(e), welche(r)?
hvernig?	kvättneG	auf welche Art und Weise?
hvar?	kvar	wo?
hvaðan?	kvaðan	von wo? woher?
hve mikið?	kve mekjeð	wie viel?

Die Formen hver, hvers, hverjum, hvern *werden nur für mehr als zwei Personen verwendet. Geht es um nur zwei Personen, ersetzen sie* -e- *durch* -o-: hvor = *wer von beiden,* hvorn = *wen von beiden usw.*

hvert?	kvärt	wohin?
hvenær?	kvänair	wann?
af hverju?	aav kvürjü	warum?

Hvert fer hann og hvenær?
kvärt fär hann oG hvänair
Wohin geht er und wann?

Hvað er þetta hús stórt?
kvað är thäHta huus stourt
was ist dieses Haus groß
Wie groß ist dieses Haus?

Entscheidungsfragen

Entscheidungsfragen, also Fragen, auf die man nur mit já (ja) oder nei (nein) antworten kann, bildet man wie im Deutschen durch Wortumstellung, und zwar, indem man das persönliche Fürwort und das Verb vertauscht:

Þú ert að skrifa.   **Ert þú að skrifa?**
thu ärt að skreeva   ärt thu að skreeva
du bist zu schreiben   *bist du zu schreiben*
Du schreibst.   Schreibst du?

Auf verneinte Fragen antwortet man anstelle von já (ja) mit jú, was „ja, doch" bedeutet.

Ert þú ekki að skrifa?
ärt thu äHkje að skreeva
bist du nicht zu schreiben
Schreibst du nicht?

Jú, ég er að skrifa.
juu, jäG är að skreeva
ja-doch, ich bin zu schreiben
Doch, ich schreibe.

Zahlen & Zählen

Bei den Zahlen von 1 bis 4 werden männliche, weibliche und sächliche Formen unterschieden. Zusammengesetzte Grundzahlen (z. B. 21, 22...) werden nach dem Muster „zwanzig und eins" etc. gebildet.

Grundzahlen

0	**núll** null
1	**einn** (m) äittn
	ein (w) äin
	eitt (s) äiHt
2	**tveir** (m) tväir
	tvær (w) tvair
	tvö (s) tvö
3	**þrír** (m) thriir
	þrjár (w) thrjaur
	þrjú (s) thrju
4	**fjórir** (m) fjourir
	fjórar (w) fjourar
	fjögur (s) fjöGür
5	**fimm** femm
6	**sex** sächs
7	**sjö** sjö
8	**átta** auHta
9	**níu** niiü
10	**tíu** (tiiü)
11	**ellefu** (ättlavü)
12	**tólf** (toulf)
13	**þrettán** (thräHtaun)
14	**fjórtán** (fjourtaun)
15	**fimmtán** (femtaun)
16	**sextán** (sächstaun)
17	**sautján** (söjtjaun)
18	**átján** (autjaun)
19	**nítján** (nitjaun)
20	**tuttugu** (tüHtüGü)

21	**tuttugu og einn...**
22	**tuttugu og tveir...**
30	**þrjátíu** (thrjautiü)
40	**fjörutíu** (fjörütiü)
50	**fimmtíu** (femtiü)
60	**sextíu** (sächstiü)
70	**sjötíu** (sjötiü)
80	**áttatíu** (auHtatiü)
90	**níutíu** (nitiü)
100	**hundrað** (hündrað)
100	**hundrað og einn...**
200	**tvö hundruð**
300	**þrjú hundruð**
1000	**þúsund** (thuusünd)
2000	**tvö þúsund** usw.

1 Million	**ein miljón** (äin miljoun)
2 Millionen	**tvær miljónir** (tvair miljounir)
1 Milliarde	**einn miljarður** (äittn meljarðür)
2 Milliarden	**tveir miljarðar** (tväir meljarðar)

zählen

Beim Zählen verwendet man immer die männlichen Formen, bei der Angabe der Uhrzeit die sächlichen.

einn maður	**ein kona**	**eitt barn**
ein(m) Mann	*eine(w) Frau*	*ein(s) Kind*
ein Mann	eine Frau	ein Kind

Nach Grundzahlen wird das gezählte Hauptwort manchmal im 2. Fall gebeugt:

Tíu manns slösuðust í snjóflóði í gær.
zehn Mannes(2) verletzten-sich in
Schneeflut(3) gestern
Zehn Menschen wurden gestern
durch eine Lawine verletzt.

Zahlen & Zählen

Tveir (zwei), þrír (drei) und fjórir (vier) können gebeugt werden und und richten sich wie Eigenschaftswörter nach dem dazugehörigen Hauptwort. Wichtig ist vor allem der 2. Fall:

tveggja	**þriggja**	**fjögurra**
zwei(2)	*drei(2)*	*vier(2)*

Átt þú þriggja manna herbergi?
auHt thu threggja manna härbärgje
hast du dreier(2) Menschen(2) Zimmer
Haben Sie ein Zimmer für drei Personen?

tveggja vikna ferð
tväggja veHkna färð
zweier(2) Wochen(2) Reise
eine zweiwöchige Reise

Ordnungszahlen

Die Ordnungszahlen („erster, zweiter ...") werden gebildet, indem man die Endung -di an die Grundzahl anhängt. Ausnahme bilden die Ordnungszahlen 1. bis 6. sowie 11. und 12.

Ab 3. werden auch die weiblichen und sächlichen Formen regelmäßig gebildet, indem man die Endung -i durch -a (w, s) ersetzt (Beugung also wie schwache Eigenschaftswörter).

1.	**fyrsti** (ferste)
2.	**annar** (m) (annar), **önnur** (w) (önnür), **annað** (s) (annað)
3.	**þriðji** (threðje)
4.	**fjórði** (fjourðe)
5.	**fimmti** (femte)
6.	**sjötti** (sjöHte)
7.	**sjöundi** (sjöünde)
8.	**áttundi** (auHtünde)
9.	**níundi** (niiünde)

10.	**tíundi** (tiiünde)
11.	**ellefti** (ättläfte)
12.	**tólfti** (toulfte)
13.	**þrettándi** (thräHtaunde)
14.	**fjórtándi** (fjourtaunde)

20.	**tuttugasti** (tüHtüGaste)
21.	**tuttugasti og fyrsti**
30.	**þrítugasti** (thritüGaste)
40.	**fertugasti** (färtüGaste)
50.	**fimmtugasti** (femtüGaste)...

Ab 50. wird die Endung -tíu der Grundzahl durch -tugasti (m) bzw. durch -tugasta (w, s) ersetzt. Bei 100. und 1000. wird an die Grundzahl die Endung -asti (m) bzw. -asta (w, s) angehängt:

100.	**hundraðasti** (hündraðaste)
1000.	**þúsundasti** (thusündaste)

Lebensalter

Bei der Angabe des Lebensalters stehen die letzte 1, 2, 3 bzw. 4 und Jahr ár im 2. Fall: ein Jahr alt = eins árs, 23 Jahre = tuttugu og þriggja ára. Geht es um die Zehner, in denen jemand ist, gibt man immer den nächsten vollen an (was sich für uns immer schrecklich alt anhört): ca. 15 - 19 Jahre á tvítugsaldri; ca. 25 - 30 á þrítugsaldri; auf die 40 / 50 / 60 / 70 zugehen: á fertugs- / fimmtugs- / sextugs- / sjötugsaldri; 40 / 50 / 60 / 70 Jahre erreicht haben (und etw. drüber sein) fertug|ur / fimmtug|ur / sextug|ur / sjötug|ur.

Ab dann wechselt Isländisch den Ausdruck: 80 / 90 Jahre erreicht haben áttræð|ur / níræð|ur (die weibliche Form lässt -ur wie üblich immer weg).

Zeit & Datum

Es wird meist (auch offiziell) das 12-Stunden-System verwendet.

yfir	nach
í	vor
korter	viertel
hálf-	halb

Klukkan hvað?
klüHkan kvað
Uhr-die was
Um wieviel Uhr?

Klukkan sjö.
klüHkan sjö
Uhr-die sieben
Um sieben Uhr.

Hvað er klukkan?
kvað är klüHkan
was ist Uhr-die
Wie spät ist es?

Klukkan er sjö.
klüHkan är sjö
Uhr-die ist sieben
Es ist sieben Uhr.

Schwarzes Schäfchen mit blauer Ohrmarke, damit es im Herbst zum richtigen Bauern zurückkommt

korter yfir þrjú
kortär eevir thrju
viertel nach drei

hálfsjö
haulwsjö
halb sieben

©PR

allgemeine Zeitangaben

í fyrradag	i ferradaG	vorgestern
í gær	i gjair	gestern
í dag	i daG	heute
í morgun	i morgün	heute morgen, vormittags
um hádegi	üm haudäije	heute mittag, mittags
eftir hádegi	äftir haudäije	heute nachmittag, nachmittags
í kvöld	i kvöld	heute abend, abends
í nótt	i nouHt	heute nacht, in der Nacht
á morgun	au morgün	morgen
í fyrramálið	i ferramauleð	morgen früh
annað kvöld	annað kvöld	morgen abend
hinn daginn	henn daijenn	übermorgen
um daginn	üm daijenn	neulich
í fyrra	i ferra	voriges Jahr
að ári	að aure	nächstes Jahr
strax	strachs	sofort
alltaf	altav	immer
oft	oft	oft
sjaldan	sjaldan	selten
aldrei	aldräi	nie

eftir + 4. Fall: „in …":

eftir tvær vikur
nach zwei(4) Wochen(4)
in zwei Wochen

fyrir + 3. Fall: „vor …":

fyrir sex dögum
vor sechs(3) Tagen(3)
vor sechs Tagen

í + 4. Fall: „... lang":

í þrjár vikur
in drei(4) Wochen(4)
drei Wochen lang

síðast|i (-a, -a)	vergangene(r) ...
næsti (-a, -a)	nächste(r) ...

síðasta haust og næsta sumar
letzten Herbst und nächsten Sommer
letzten Herbst und nächsten Sommer

Wochentage

Die Wochentage werden wie die männlichen Hauptwörter der m2-Klasse gebeugt.

mánudag|ur	Montag
þriðjudag|ur	Dienstag
miðvikudag|ur	Mittwoch
fimmtudag|ur	Donnerstag
föstudag|ur	Freitag
laugardag|ur	Samstag
sunnudag|ur	Sonntag
helgidag|ur	Feiertag

á mánudaginn (kemur / var)
an Montag-den(4) (kommt / war)
am (nächsten/letzten) Montag

Monate

Die Monatsnamen sind männlich, aber immer endungslos. Da sie sich fast genauso wie im Deutschen anhören, braucht man sie wohl nicht zu übersetzen:

janúar	júlí
febrúar	ágúst
mars	september
apríl	október
maí	nóvember
júní	desember

Datum

Mánudaginn fjórða janúar
Montag-den(4) vierten(4,m) Januar
Montag, den 4. Januar

þann fimmta september
den fünften(4,m) September
am 5. September

„NA, SIND SIE JETZT DA"
Ausstellung über die britische Besatzung Islands im 2. Weltkrieg", Stadtmuseum Hafnarfjörður

©PR

„JÆJA, ERU ÞEIR ÞÁ KOMNIR"
SÝNING UM HERNÁM BRETA Á ÍSLANDI Í
SÍÐARI HEIMSSTYRJÖLDINNI

BYGGÐASAFN HAFNARFJARÐAR

■ Das Bio-Café „Klangquelle"

Kurz-Knigge

Island ist natürlich nicht so „exotisch", dass man sich auf vollkommen andere Sitten und Gebräuche einstellen muss. Dennoch ein paar hilfreiche Hinweise:

Die **allgemeine Anrede** der Isländer untereinander ist „du". Auch der Fremde wird so angeredet. Es drückt isländische Lebensweise aus: ohne Umschweife, direkt - aber dennoch immer im Rahmen einer gewissen, nie übertriebenen Höflichkeit.

Takk fyrir! (Vielen Dank!) sagt man häufiger als in Deutschland! Man kann das Verhalten der Isländer – je entfernter von größeren Ansiedlungen, desto mehr – als rau, aber herzlich bezeichnen.

Sie üben große **Toleranz** Kindern, Lärm, anderen Meinungen usw. gegenüber, rühmen die „deutsche Pünktlichkeit", sehen diese aber gern etwas lockerer.

Auf **gepflegte Erscheinung** aber legen die Isländer großen Wert. Es lohnt sich durchaus, auch als Rucksacktourist wenigstens eine saubere Garnitur dabeizuhaben, wenn man sich länger in der Stadt aufhält. Aus Gesprächen weiß ich, dass man sich an allzu „wilden" Erscheinungen ziemlich stört, besonders in Geschäften und Banken. Auch daran, wenn man bestimmten Aufforderungen, wie beim Betreten des Hauses die Schuhe auszuziehen, nicht nachkommt.

Mit Isländern in **persönlichen Kontakt** zu kommen, ist anfangs nicht einfach. Je besser man die Sprache spricht, um so weiter öffnen sich allerdings auch die Türen, und man kann dann oft ein ganz anderes Island, sozusagen „von innen", erleben.

Einladungen ins Restaurant sind kaum üblich, eher schon auf einen Kaffee nach Hause. Da Alkohol sehr teuer ist, freuen sich manche Gastgeber durchaus über einen guten Tropfen – allerdings ist ein Teil der Isländer streng abstinent!

Das beste und einfachste ist: **natürlich und höflich auftreten,** ohne Scheu, etwas Gespür für die Art und Weise der Leute – dann kommt man in Island am besten zurecht.

Die isländische Namensgebung

Die Isländer machen es heute noch wie vor 1000 Jahren: Der Name besteht aus dem Vornamen (fornafn), selten aus einem Familiennamen (ættarnafn), aber immer zusammmen mit dem Vaternamen (föðurnafn). D. h. bei den Männern wird an den Vornamen des Vaters -son, bei Frauen -dóttir angehängt.

So heißt z. B. Marta, die Tochter von Páll: Marta Pálsdóttir, oder Hreggviður, Sohn von Þorleifur: Hreggviður Þorleifsson.

Der Vorname des Vaters steht dabei im 2. Fall.

Die Beugung von Namen ist ein ganz eigenes, schwieriges Kapitel. Ich möchte dazu nur sagen, dass Frauennamen auf -a (wie Anna, Marta, Barbara) wie ein schwaches weibliches Hauptwort („w2", z. B. króna) behandelt werden und sich dementsprechend als Önnu, Mörtu, Barböru wiederfinden können ...

Man sollte beachten, dass bei Kartenvorbestellungen usw. oft nur nach dem Vornamen gefragt wird. Verzeichnisse aller Art, wie z. B. das Telefonbuch, sind nach dem Vornamen geordnet.

Die Straßennamen eines Stadtbezirkes haben meist dieselbe Grundbezeichnung, nach der der ganze Bezirk benannt wird. So gibt es z. B. im Stadtbezirk Reykjavík-Stekkir die Straßen Fremristekkur, Urðarstekkur, Hamrastekkur, Hólastekkur, Geitastekkur. Straßennamen stehen in Adressen im 3. Fall, der Ortsname (meist) im 1. Fall z. B.:

Leifur Bergþórsson,
Álfhólsvegi 5,
220 Hafnarfjörður.

(Hier ist -vegi der 3. Fall von -vegur „Straße, Weg").

Anrede

In Island redet man sich immer mit dem Vornamen an und duzt sich, auch wenn man nicht näher bekannt ist.

Góðan daginn, ert þú Páll?
gouðan daijenn, ärt thu pauttl
Guten Tag, bist du Paul?

Ríkharður heiti ég.
Rikharðür häite jäG
Richard heiße ich.

Ein daran anschließendes Gespräch kann man beginnen mit:

Heyrðu, ...
häirðü, ...
hör-du, ...
Hör mal, ...

Wenn man jemanden nicht kennt, auch seinen Vornamen nicht weiß, wendet man sich an ihn, indem man sich vorstellt. Etwas weniger höflich ist es, das Gespräch sofort mit Heyrðu ... *zu beginnen.*

Begrüßen & Verabschieden

Mit einem Smartphone können Sie sich die mit einem 🎵 gekennzeichneten Sätze dieses Kapitels anhören. Scannen Sie einfach den QR-Code mit Hilfe einer kostenlosen App.

Im Isländischen gibt es diverse Begrüßungsformeln:

begrüßen

🎵 **Góðan daginn.**
gouðan daijenn
guten(4) Tag-den(4)
Guten Morgen/Tag.

🎵 **Gott kvöld.**
goHt kvöld
guten(4) Abend(4)
Guten Abend.

🎵 **Góða nótt.**
gouða nouHt
gute(4) Nacht(4)
Gute Nacht.

Bekannte grüßt man mit **„hæ!"**. Darüber hinaus sagt man oft (zu einem Mann und einer Frau unterschiedlich):

🎵 **Sæll og blessaður!**
saittl oG blässaðür
glücklicher(m) und gesegneter(m)
Grüß dich! (zum Mann)

🎵 **Sæl og blessuð!**
sail oG blässüð
glückliche(w) und gesegnete(w)
Grüß dich! (zur Frau)

Eine Gruppe von Männern bzw. Frauen grüßt man mit:

🎵 **Sælir og blessaðir!**
sailir oG blässaðir
glückliche(m,Mz) und gesegnete(m,Mz)
Seid gegrüßt!

🖐 **Sælar og blessaðar!**
sailar oG blässaðar
glückliche(w,Mz) und gesegnete(w,Mz)
Seid gegrüßt!

Eine gemischte Gruppe von Männern und
Frauen grüßt man wieder:

🖐 **Sæl og blessuð!**
sail oG blässüð
glückliche(s,Mz) und gesegnete(s,Mz)

🖐 **Hvað segir þú?**
kvað säijir thuu
was sagst du
Wie geht's?

🖐 **Allt gott, takk fyrir.**
allt goHt, taHk feerir
alles gut, danke dafür
Danke, gut.

🖐 **Já, svona, svona.**
jau, svona, svona
ja, so, so
Nicht besonders.

🖐 **Mér líður illa.**
mjär liðür ittla
mir(3) geht schlecht
Mir geht's schlecht.

🖐 **Hvað er að?**
kvað är aað
was ist zu
Was ist los?

©PR

Internetcafe in Reykjavík

verabschieden

Möchte man sich nach einer Einladung verabschieden, kann man dies einleiten mit:

Ég verð að fara núna.
jäG värð að faara nuna
ich werde zu gehen jetzt
Ich muss jetzt gehen.

Die Antwort könnte lauten:

Gaman að sjá þig.
gaman að sjau theG
Freude zu sehen dich(4)
Es war nett, dich zu sehen.

Sjáumst við aftur?   **Sjáumst.**
sjauümst veð aftür   sjauümst
sehen-sich wir wieder   *(wir-)sehen-sich*
Sehen wir uns wieder? Wir sehen uns.

Man bedankt sich für den Abend und erhält als Antwort:

Takk fyrir í dag/í kvöld
taHk feerir i daaG/i kvöld
Danke für heute/den Abend.

Takk, sömuleiðis!   **Bless!**
taHk, sömüläiðes   bläss
Danke, gleichfalls!   Auf Wiedersehen!

Sieht man sich am nächsten Tag oder noch später wieder, bedankt man sich ein zweites Mal:

Takk fyrir í gær/síðast.
taHk feerir i gjair/siiðast
Danke für den gestrigen Abend/
das letzte Beisammensein.

Das erste Gespräch

Ein erstes Gespräch könnte etwa wie folgt verlaufen:

🎵 **Hvað heitir þú?**
kvað häitir thu
Wie heißt du?

🎵 **Ég heiti Bernd.**
jäG häite Bernd
Ich heiße Bernd.

🎵 **Hvaðan ert þú?**
kvaðan ärt thu
Woher bist du?

🎵 **Ég er frá Þýskalandi.**
jäG är frau thiskalande
ich bin aus Deutschland(3)
Ich bin aus Deutschland.

🎵 **Ég er frá Austurríki.**
jäG är frau öjstürriike
ich bin aus Österreich(3)
Ich bin aus Österreich.

🎵 **Ég er frá Sviss.**
jäG är frau svess
ich bin aus Schweiz(3)
Ich bin aus der Schweiz.

🎵 **Hvað ert þú búinn / búin að vera hér lengi?**
kvað ärt thu buuen / buuen að vära hjär läingje
was bist du fertig(m/w) zu sein hier lange
Wie lange bist du schon hier?

🎵 **Hvar býrð þú?**
kvar biirð thu
wo wohnst du
Wo wohnst du?

🎵 **Ég bý hjá Ásgeiri/í Breiðholti.**
jäG bii chjau ausgjäire/i bräiðholte
ich wohne bei Ásgeir(3)/in Breiðholt(3)
Ich wohne bei Ásgeir/in Breiðholt.

🎵 **Hvað ert þú gamall?**
kvað ärt thu gamattl
was bist du alt(m)
Wie alt bist du (m)?

🎵 **Ég er tuttugu og sjö ára gamall.**
jäG är tüHtüGü oG sjö aura gamattl
ich bin zwanzig und sieben Jahre(2) alt(m)
Ich (m) bin siebenundzwanzig Jahre alt.

🎵 **Hvað ert þú gömul?**
kvað ärt thu gömül
was bist du alt(w)
Wie alt bist du (w)?

🎵 **Ég er tuttugu og sjö ára gömul.**
jäG är tüHtüGü oG sjö aura gömül
ich bin zwanzig und sieben Jahre(2) alt(w)
Ich (w) bin siebenundzwanzig Jahre alt.

🎵 **Ert þú kvæntur/gift?**
ärt thu kvaintür/gjift
bist du verheiratet(m/w)
Bist du verheiratet?

🎵 **Átt þú börn?**
auHt thu börtn
hast du Kinder
Hast du Kinder?

🎵 **Hvað gerir þú?**
kvað gjärir thu
was arbeitest du
Was arbeitest du?

🎵 **Ég er …** jäG är …	Ich bin …
á eftirlaunum au äftirlöjnüm	Rentner
iðnaðarmaður (m) eðnaðarmaðür	Handwerker(in)
kennari (m1) kjännare	Lehrer
nemi (m1) näme	Schüler(in) / Student(in)
skiptinemi (m1) skjeftenäme	Austausch- schüler(in)
skrifstofumaður (m) skrevstovümaðür	Angestellte(r)
verkamaður (m) värkamaðür	Arbeiter(in)
verkfræðingur (m2) värkfraiðing-gür	Ingenieur(in)
verslunarmaður (m) värslünarmaðür	Geschäftsmann (-frau)

Bei der Angabe der Berufsbezeichnung werden männliche und weibliche Formen nicht unterschieden!

🎵 **Hvernig finnst þér Ísland?**
kvättneG fennst thjär iisland
wie gefällt dir(3) Island
Wie gefällt dir Island?

🎵 **Alveg æðislegt, en veðrið gæti verið betra!**
alväG aiðeslächt, än väðreð gjaite väreð bäätra
ganz wahnsinnig, aber Wetter-das könnte gewesen(s) besser
Einfach sagenhaft, nur das Wetter könnte besser sein!

Bitten, Danken, Wünschen

Die Isländer bedanken sich viel, gern und oft, und man sollte da als Besucher oder Gast nicht nachstehen. Wenn man z. B. eingeladen wird, sagt der Gastgeber oft:

 **Komdu inn, gakktu í bæinn!**
kondü enn, gachtü i baijenn
komm(!) herein, geh(!) in Bauernhof-den(4)
Komm doch herein!

Darauf sagt man ganz einfach das, was immer passt, nämlich:

Mit einem Smart-phone können Sie sich die mit einem  *gekennzeichneten Sätze dieses Kapitels anhören.*

 **Takk fyrir.**    **Vilt þú kaffi eða te?**
taHk feerir   viltü kaffe äða tää
Danke dafür.   Willst du Kaffee oder Tee?

 **Kaffi, takk.**   **Te, takk.**
kaffe, taHk   tää, taHk
Kaffee, bitte.   Tee, bitte.

Man sagt hier also statt des deutschen „bitte" eigentlich auch schon „danke".

Beim Einschenken oder bei fast allen Gelegenheiten, bei denen man im Deutschen „bitte" sagt, sagt der Isländer:

 **Gerðu svo vel!**
gjärðü svo väl
Bitteschön!

Fragt der Gastgeber:

 **Vilt þú meira kaffi/te/köku?**
vilt thu mäira kaffe/tää/kökü
Willst du mehr Kaffee/Tee/Kuchen?

... ist es am höflichsten und nettesten zu antworten:

Nur já *oder* nei
zu sagen, ist ziemlich
unhöflich.

🔊 **Já, takk.** oder:
jau, taHk
Ja, danke.

🔊 **Nei, takk.**
näi, taHk
Nein, danke.

Nach dem Kaffee oder Essen bedankt man sich und erhält als Antwort:

🔊 **Takk fyrir kaffið/matinn.**
taHk feerir kaffeð/matenn
danke für Kaffee-den(4)/Essen-das(4)
Danke für den Kaffee/das Essen.

🔊 **Verði þér að góðu!**
värðe thjär að gouðü
werde dir zu guten(3)
Wohl bekomm's!

weitere Dankesformeln

Wenn man sich bedankt, sagt man meistens auch gleich dazu, wofür man sich bedankt: Wurde einem z. B. geholfen oder etwas geliehen, sagt man:

🔊 **Takk fyrir hjálpina/lánið.**
taHk feerir chjaulpena/launeð
danke für Hilfe-die(4)/Leihe-die(4)
Danke für die Hilfe/fürs Leihen.

Der folgende Dank passt zu jeder Gelegenheit:

🔊 **Ég þakka þér kærlega fyrir.**
jäG thaHka thjär kjairtläGa feerir
ich danke dir(3) herzlich für
Ich danke dir herzlich dafür.

Als Antwort hört man meist:

Það var lítið/ekkert.
thað var liiteð/äHkärt
es war wenig/nichts
Nicht der Rede wert. / Keine Ursache.

wünschen

Eine „neutrale" Glückwunschformel, die immer passt, ist:

Til hamingju!
tel hamingjü
zum Glück(2)
Herzlichen Glückwunsch!

Gangi þér vel!
gaung-gji thjär väl
gehe-es dir(3) gut
Viel Glück!

Weitere wichtige Wunschformeln, die man kennen sollte:

Gleðileg jól!
gläðeláG joul
fröhliche(4) Weihnachten(4)
Fröhliche Weihnachten!

Gleðilega hátíð!
gläðeläGa hautiið
fröhliches(4) Fest(4)
Fröhliches Fest!
(Ostern/Pfingsten)

Gleðilegt nýtt ár og takk fyrir það gamla!
gläðelächt niHt aur oG taHk feerir thað gamla
gutes(4) neues(4) Jahr(4) und danke für das(4) altes(4)
Gutes neues Jahr und danke für das alte!

Gleðilegt sumar og takk fyrir veturinn!
gläðelächt sümar oG taHk feerir vätürenn
fröhlichen(4) Sommer(4) und danke für Winter-den(4)
Fröhlichen Sommer und danke für den Winter!

Zu Gast sein

Mitbringsel können je nach Situation, Geschmack und Bekanntheitsgrad ausfallen, Tabus gibt es nicht. Außerdem sollte man daran denken, dass die Isländer bei näherer Bekanntschaft sehr gastfreundlich sind und man diese Gastfreundschaft auch akzeptieren sollte, ohne gleich „zurückzahlen" zu wollen. Dies kann man auch auf eine spätere Gelegenheit schieben. Alkohol sollte man nicht ohne weiteres verschenken, da manche Isländer strenge Abstinenzler sind.

♪ Má bjóða þér í mat/kaffi?
mau bjouða thjär i mat/i kaffe
darf einladen dir(3) in Essen(4)/in Kaffee(4)
Darf ich dich zum Essen/Kaffee einladen?

♪ Takk fyrir, ég þigg það.
taHk feerir, jäG thegg thað
danke dafür ich annehme das
Danke ja, gerne.

♪ Þetta er handa þér. Skál!
thäHta är handa thjär skaul
das ist für dir(3) Schale
Das ist für dich. Prost!

©PR

Litla brekka veislusalur Lækjarbrekku

Unterwegs

In Island unterwegs...

in der Stadt

Bær bezeichnet vom Einödhof bis zu Reykjavík jede Art von Ansiedlung. Mit borg werden nur Großstädte bezeichnet, Reykjavík wird gerne nur borgin – „die Stadt" – genannt. Das Zentrum einer Ansiedlung heißt miðbær oder miðborg.

🕮 **Afsakaðu, hvar er ...?**
avsakaðü, kvar är ...
Entschuldige, wo ist ...?

🕮 **Hvernig kemst ég til ...?** (+ 2. Fall)
kvättneG kjämst jäG tel ...
Wie komme ich zu/nach ...?

In den folgenden Wortlisten stehen in Klammern unregelmäßige Mehrzahlformen sowie die Beugungsklasse.

útisundlaug (-ar w3)	Freibad
bíó (s2)	Kino
kirkj|a (w1)	Kirche
háskól|i (m1)	Universität
safn (söfn s2)	Museum
ráðhús (s2)	Rathaus
leikhús (s2)	Theater

🕮 **Hvað er hér merkilegt að sjá?**
kvað är chjär märkjelächt að sjau
Was ist hier Interessantes zu sehen?

Farðu ...	farðü ...	Fahre/gehe ...
til vinstri	tel venstre	nach links
til hægri	tel haiGre	nach rechts
beint áfram	bäint auffram	geradeaus
til baka	tel baka	zurück
fyrst / svo	ferst / svo	zuerst / dann

Jegliche Art von Fortbewegung, sei es zu Fuß oder mit einem Verkehrsmittel, heißt immer **að fara**.

Die offiziellen Straßennummern sind auf jeder Karte zu finden und sagen implizit etwas über deren Güte und Befahrbarkeit (vor allem Nichtbefahrbarkeit) aus.

gat|a (götur Ö! w1)	Straße (Stadt)
gatnamót (Mz s2)	Kreuzung
umferðaljós (s2)	Ampel
Hringveg|ur (m2)	Ringstraße um Island (Nr. 1)
þjóðveg|ur (m2)	Hauptstraße (einstellige Nr.)
veg|ur (**-ir** m2)	Weg, Straße (mehrstellige Nr.)
fjallveg|ur (**-ir** m2)	Gebirgsweg

🔊 **Hvað er langt til hverasvæðisins?**
kvað är laungt tel kvärasvaiðesens
was ist weit zu/nach Heißquellengebiet-des(2)
Wie weit ist es zum Heißquellengebiet?

🔊 **Það er (ekki) langt.**
thað är (äHkje) laungt
Es ist (nicht) weit.

Um það bil ... kílómetrar.
üm thað beel ... kjiloumätrar
Um den Dreh ... Kilometer.

mit dem Bus

Im Stadtbus werden keine Karten verkauft, sondern man gibt das abgezählte Geld beim Einstieg ab. Es ist nicht möglich, Wechselgeld zu erhalten!

Das Überlandbussystem ist ziemlich gut ausgebaut. Informationen darüber und die verschiedenen Arten von Karten sowie Ermäßigungen usw. gibt es in größeren Orten in der umferðamiðstöð, dem Busbahnhof. In kleineren Orten oder entlang der Ringstraße sind Hotels und Tankstellen Anlaufstationen und Infostellen für Busfahrten.

Ferðaáætlun (w5)	Fahrplan
Sumaráætlun (w5)	Sommerfahrplan
Vetraráætlun (w5)	Winterfahrplan

Hvaða strætó/rúta fer til ...? (+ 2. Fall)
kvaða straitou/ruuta fär tel ...
Welcher Stadtbus/Überlandbus geht zu/nach ...?

Hvenær og hvaðan fer rútan til ...? (+ 2. Fall)
kvänair oG kvaðan fär ruutan tel ...
wann und von-wo fährt Bus-der zu/nach ...
Wann und von wo geht der Bus zu/nach ... ab?

Hvað kostar ferð til ...? (+ 2. Fall)
kvað kostar färð tel ...
Was kostet (eine) Fahrt zu/nach ...?

Ég ætla að fá einn/tvo/þrjá miða til ... (+ 2. Fall)
jäG aiHtla að fau äittn/tvoo/thrjau meeða tel ...
ich möchte zu bekommen eine(4)/zwei(4)/drei(4) Karten(4) zu/nach ...
Ich möchte bitte eine/zwei/drei Fahrkarten zu/nach ...

eina leið / báðar leiðir
äina läið / bauðar läiðir
eine Strecke / beide Strecken
einfache Fahrkarte / Hin- und Rückfahrkarte

Geturðu sagt mér hvenær ég á að fara út?
gjätürðü sacht mjär kvänair jäG au að faara uut
kannst-du gesagt mir(3) wann ich habe zu gehen hinaus
Kannst du mir sagen, wann ich aussteigen muss?

Möchte man umsteigen, sagt man:

Skiptimiði, takk!
skjeftemeðe, taHk
Wechselkarte, danke
Eine Umsteigekarte, bitte.

Dann erhält man ein winziges Kärtchen, auf dem gedruckt steht, wie lange man nach dem Umsteigen noch weiterfahren darf.

🎵 **Hvað kostar það að taka reiðhjólið með?**
kvað kostar thað að taka räiðhjouleð mäð
was kostet es zu nehmen Fahrrad-das(4) mit
Was kostet es, ein Fahrrad mitzunehmen?

🎵 **Hvað tekur ferðin langan tíma?**
kvað täkür färðen laung-gan tiima
was nimmt Fahrt-die lange(4) Zeit(4)
Wie lange dauert die Fahrt?

mit dem Schiff

Außer der Fähre von Þorlákshöfn zu den Vestmannaeyjar gibt es noch eine ganze Reihe weniger bekannter Fähren, z. B. nach Akranes, Grímsey und im Breiðafjörður.

bát|ur (m2)	Boot
bátaleig|a (w1)	Bootsverleih
ferj|a (w1)	Fähre
höfn| (w6)	Hafen
bryggj|a (w1)	Kai
vélbát|ur (m2)	Motorboot
skip (s2)	Schiff

🎵 **Ég ætla að leigja bát.**
jäG aiHtla að läija baut
ich möchte zu mieten Boot(4)
Ich möchte gerne ein Boot mieten.

🎵 **Hvenær/hvar á ég að skila bátnum?**
kvänair/kvar au jäG að skeela bauHtnüm
wann/wo habe ich zu zurückgeben Boot-dem(3)
Wann/wo muss ich das Boot zurückbringen?

mit dem Flugzeug

Die größeren Städte verbindet ein gutes In-
landsflugnetz. Am Flughafen wird Englisch
gesprochen.

flugvöll|ur (m6)	Flughafen
flugvél (-ar w3)	Flugzeug
innanlandsflug (s2)	Inlandflug
farangursgeymsl|a (w1)	Gepäck- aufbewahrung

mit dem Taxi

Taxis bestellt man entweder per Telefon oder
hält sie durch Winken an. Außerdem gibt es
überall auch Taxistandplätze.

🔊 **Ert þú laus?**
ärt thu löjs
bist du frei
Bist du frei?

🔊 **Viltu keyra mig á ...?**
veltü kjäira meG au ...
willst-du fahren mich(4) zu ... (+ 4. Fall)
Fährst du mich zum/zur ...?

flugvöllinn flüGvöttlenn	Flughafen
umferðamiðstöðina ümfärðameðstöðena	Busbahnhof
hótel houtäl	Hotel
farfuglaheimilið farfügglahäimeleð	Jugendherberge
tjaldstæðið tjaldstaiðeð	Zeltplatz

> 🎵 **Ég ætla að panta leigubíl klukkan …
> á morgun.**
> jäG aiHtla að panta läiGübiil klüHkan … au morgün
> *ich möchte zu bestellen Taxi Uhr-die … auf morgen*
> Ich möchte ein Taxi für morgen … Uhr bestellen.

mit eigenem Auto

Die Polizei (lögregla) führt Radarkontrollen nicht nur dort durch, wo das Schild Radarmælingar steht, sondern überall. Und sie kassiert sofort und saftig. Die Promillegrenze ist niedrig, aber es sollte selbstverständlich sein: Kein Alkohol am Steuer! Die isländischen Straßen erfordern auch asphaltiert mehr Aufmerksamkeit als anderswo in Mitteleuropa! Schon mancher ist führerscheinlos aus Island wiedergekommen …

Größere Select-Läden - wie bei uns- gibt es bei OLÍS-Tankstellen.

Mittlerweile ist überall im Land an den Tankstellen Selbstbedienung und Zahlung mit EC- oder Kreditkarte möglich. Sollte dennoch einmal etwas nicht funktionieren, die Karte nicht akzeptiert werden oder die Zapfsäule streiken, kann man sein Anliegen an der Theke so formulieren:

Solche kleinen Läden, nicht nur an Tankstellen, heißen sjoppa (w1) und sind oft eine Art Treffpunkt.

> 🎵 **Ég ætla að fá bensín.**
> jäG aiHtla að fau bänsin
> *ich möchte zu bekommen Benzin*
> Ich möchte gerne Benzin bekommen.

> 🎵 **Er sjálfsafgreiðsla hér?**
> är sjaulsawgräiðsla hjär
> *ist Selbstbedienung hier*
> Ist hier Selbstbedienung?

An mit Sjálfsali gekennzeichneten Tanksäulen kann man mit Geldscheinen und Kreditkarten o.a. selbst tanken, wenn geschlossen ist.

Im allgemeinen haben Tankstellen aber lange auf. Man denke aber an Feiertage! Bei Tankstellen auf dem Lande stehen stets kleine Läden dabei, oft mit Café oder Würstchenbude.

bensínstöð (-var) (w3)		Tankstelle
bänsinstöð		
verkstæði (s3)		Werkstatt
värkstaiðe		

🎵 **Fyll'ann!** (Abk. f.: **Fylla hann!**)
fettlann
fülle ihn(4)
Volltanken, bitte.

🎵 **Bara fyrir tvö þúsund krónur, takk.**
baara feerir tvö thusünd krounur, taHk
nur für zwei tausend Kronen danke
Nur für 2000 Kronen, danke.

🎵 **Ég ætla að fá þrjátíu lítra ...**
jäG aiHtla að fau thrjautiü liitra ...
ich möchte zu bekommen dreißig Liter ... (+ 4.)
Ich möchte bitte dreißig Liter ...

níutíu og átta	niitiüauHta	Super (98 Okt.)
bensín (s2)	bänsin	Benzin
blýlaust	bliilöjst	unverbleit
dísel/diesel	diisäl	Diesel
olía (w1)	olia	Öl
olíuskipti	oliüskjefte	Ölwechsel
vatn (s2)	vaHtn	Wasser

🎵 **Ertu með loftþrýstimæli?**
ärtü mäð loftthristemaile
bist-du mit Luftdruckmesser(4)
Hast du einen Luftdruckmesser?

Wenn man bei Eis und Schnee längere Zeit fährt, sind Spikes unbedingt zu empfehlen.

Man kann seine Reifen in jedem Reifendienst „spicken" lassen.

Geturðu neglt dekkin?
gjätürðü nälcht däHkjen
kannst-du genagelt Reifen-die(4)
Kannst du meine Reifen mit Spikes versehen?

Panne!

So etwas ist bei den isländischen Wegen kaum auszuschließen. Wer sein Auto sehr liebt, sollte es daher besser zu Hause lassen. Im Falle eines Falles sagt man:

Það er sprungið hjá mér.
thað är sprung-geð chjau mjär
es ist geplatzt bei mir(3)
Ich habe eine Reifenpanne.

Ég varð fyrir slysi.
jäG varð feerir sleese
ich wurde für Unfall(3)
Ich hatte einen Unfall.

Hvar er næsta bílaverkstæði/bensínstöð?
kvar är naista biilavärkstaiðe/bänsinstöð
wo ist nächste Werkstätte-die/Tankstelle-die
Wo ist die nächste Werkstatt/Tankstelle?

Geturðu dregið bílinn minn þangað?
gjätürðü dräijeð biilenn menn thaung-gað
kannst-du gezogen Wagen-den(4) meinen(4) dorthin
Kannst du mich bis dahin abschleppen?

Gæti ég fengið far?
gjaite jäG fäingjeð faar
könnte ich bekommen Fahrt(4)
Kannst du mich ein Stück mitnehmen?

🎵 Bíllinn er bensínlaus.
biittlenn är bänsinlöjs
Auto-das ist benzinlos
Mir ist das Benzin ausgegangen.

🎵 Ertu með varageymi?
ärtü mäð vaaragjäime
bist-du mit Reservekanister(4)
Hast du einen Reservekanister?

🎵 Bíllinn minn stendur í/hjá ... (+ 3.)
biittlenn menn ständür i/chjau ...
Wagen-der mein steht in/bei ...
Mein Wagen steht in/bei ...

🎵 Hann er bilaður.
hann är beelaðür
er ist kaputt(m)
Er ist kaputt.

in der Werkstatt

🎵 Viltu gera svo vel og skoða ... (+ 4.)
veltü gjära svo väl oG skooða ...
willst-du tun so gut und anschauen ...
Kannst du bitte mal ... ansehen?

🎵 Geturðu gert við það?
gjätürðü gjärt veð thað
kannst-du gemacht mit das(4)
Kannst du das reparieren?

🎵 Vantar varahluti?
vantar vaaraHlüte
Fehlen Ersatzteile?

🎵 Hvað kostar það og hvað tekur það langan tíma?
kvað kostar thað oG kvað täkür thað laung-gan tiima
was kostet es und was nimmt es lange(4) Zeit(4)
Was kostet es und wie lange dauert es?

reipi (s3)	Abschleppseil
ræs|ir (m4)	Anlasser
púströr (s2)	Auspuff
batteri (s2)	Batterie
brems|a (w1)	Bremse
drif (s2)	Getriebe
reim (-ar w3)	Keilriemen
kúpling- (-ar w2)	Kupplung
vél (-ar w3)	Motor
dekk (s2)	Reifen
viðgerð (-ir w3)	Reparatur
(snjó)keðj|a (w1)	Schneekette
nagladekk (s2)	Spikesreifen
startkapal|l (-kaplar A! m3)	Startkabel
dempar|i (m1)	Stoßdämpfer
ventil|l (-tlar A! m5)	Ventil
blöndung|ur (m2)	Vergaser
tjakk|ur (m2)	Wagenheber
kerti (s3)	Zündkerze

trampen

🎵 **Ertu að fara til ...?** (+ 2.)
ärtü að faara tel ...
bist-du zu fahren nach/zu ...
Fährst du zufällig nach/zu ...?

🎵 **Get ég/getum við fengið far?**
gjät jäG/gjätüm veð fäingjeð faar
kann ich/können wir bekommen Fahrt(4)
Kann ich/können wir mitkommen?

Verkehrsschilder und Hinweise

Aðvörun	Warnung
Akið varlega	Vorsichtig fahren
Ath!	Achtung!
Bifreiðastöður bannaðar/	Parken verboten
Bílastæði bönnuð	

Blindhæð(ir)	unübersichtliche Stelle(n)
Einkavegur	Privatweg
Hraðahindrun	Straßenschwelle
Hringsjá	Aussichtspunkt
Lífshætta	Lebensgefahr
Nýlögð klæðning	Neuer Straßenbelag
Öll umferð bönnuð	Zufahrt verboten
Slitlagslögn	Asphaltierung
Steinkast	Steinschlag
Tjaldstæði (bönnuð)	Zelten erlaubt (verboten)
Upplýsingar	Information

Nach einer Gefahrenstelle steht oft das Schild:

Þökkum tillitsaman akstur!
Vielen Dank für rücksichtsvolles Fahren!

Unfall

🔹 **Það varð (alvarlegt) slys.**
thað varð (alvarlächt) slees
es wurde (ernster) Unfall
Es ist ein (ernster) Unfall passiert.

🔹 **Kallaðu strax á lögregluna / sjúkrabíl / slökkviliðið!**
kattlaðü strachs au löggrägglüna/sjuukrabiil/slöHkveleðeð
ruf(!) sofort an Polizei-die(4)/Krankenwagen(4)/ Feuerwehr-die(4)
Ruf sofort die Polizei/einen Rettungswagen/ die Feuerwehr!

🔹 **Hann/hún er meðvitundarlaus.**
hann/huun är mäðvetündarlöjs
er/sie ist bewusstlos
Er/sie ist bewusstlos.

🔹 **Ég/hann/hún meiddist.**
jäG/hann/huun mäiddest
ich/er/sie verletzte-sich
Ich bin/er/sie ist verletzt.

Mit Wohn-und Geländewagen

Ég þarf tengingu við rafmagn.
jäG tharf tängingü veð rawmaggn
Ich brauche einen Stromanschluss.

Ég þarf tengingu við vatnslögn.
jäG tharf tängingü veð vaHslöggn
Ich brauche einen Wasseranschluss.

Hvar get ég tæmt /hreinsað ferðaklósettið?
kvar gjät jäG taimt / hräinsað färðaklousäHteð
Wo kann ich die Chemietoilette entleeren /
reinigen?

Hvar get ég hlaðið rafhlöðuna / farsímann?
kvar gjät jäG Hlaðeð rafHlöðüna / faarsimann
Wo kann ich den Akku / mein Handy
aufladen?

Get ég fengið ... að láni?
gjät jäG fäingjeð ... að laune
kann ich bekommen ... zu Leihgabe
Kann ich ... leihen?

millistykki (s3)	Adapter
dráttarbeisli (s3)	Anhänger am Wohnwagen
dráttarkúla (w1)	Anhängerkupplung am Auto
yfirbygging (w2)	Aufbau (z. B. Wohn-wagen), Karosserie
rafkerfi (s3)	Bordelektrik
þaklúga (w1)	Dachluke
(trufluð)	(gestörter) Empfang
móttaka (w1)	(Satellit, Handy, TV)
rafmagnstengil‖l	externe Steckdose
(**-tenglar,** m5)	z. B. am Wohnwagen

hjólagrind (w3)	Fahrradträger
gashylki (s3)	Gasflasche
jeppi (m1)	Geländewagen
farangursgrind (w3)	Gepäckträger
grind (w3)	Gitter, Träger
kojuhús (s2)	Koje, Aufbau von Wohnwagen
hleðslutæki (s3)	Ladegerät (für Bordstrom)
pantur (m2)	Pfand
própan (s2)	Propan
skíðagrind (w3)	Skiträger
slöngutengi (s3)	Schlauchanschluss (z. B. für Gas)
sólarrafhlaða (w1)	Solarpanel
innstunga (w1)	Steckdose (nur im Haus)
kló (Mz **klær** w4)	Stecker
pláss (s2)	Stellplatz
ökuljósatengi (s3)	Stromanschlusskabel für Rücklichter
stoð (-ar, -ir w3)	Stütze
mót (s2)	Treffen (z. B. von Landwagenfahrern)
sliskjur (Mz w1)	Unterlage unter durchdrehende Räder (Sand / Schnee)
húsbíl‖l (m5)	Wohnmobil
hjólhýsi (s3)	Wohnwagen
tjaldvagn (-s, -ar m2)	Zeltwagen

Ég þarf vegpunkta fyrir GPS/ leiðsögukerfið.
jäG tharf vägpunkta feerir dschi pi äss / läiðsöGükjärfeð
Ich brauche Wegpunkte für das GPS / Navi.

... er bilaður/biluð/bilað.
...är beelaðür / beelüð / beelað
... ist kaputt (m/w/s).

Furten

Hvernig kemst ég yfir skarðið / vaðið?
kvättneG kjämst jäG iivir skarðeð / vaaðeð
Wie komme ich über den Pass / die Furt?

Hversu djúpt er vaðið?
kvärsü djuft är vaaðeð
Wie tief ist die Furt?

Eru erfiðir / gljúpir / grýttir vegarkaflar framundan?
ärü ärfeðir / gljupir / griHtir väGarkabblar framündan
Gibt es schwierige / „verschluckende" / grobsteinige Pistenabschnitte voraus?

Er óhætt að vera einn á ferð um þennan veg?
är ouhaiHt að vära äittn au färð üm thännan väG
ist ungefährlich zu sein allein auf Reise entlang diese Straße
Kann man hier alleine fahren?

Eigum við að verða samferða?
äiGüm veð að värða samfärða
Sollen wir zusammen fahren?

Wer war noch mal dran mit Rausgehen und Tanken?

Vélin hefur blotnað.
vjälen hävür bloHtnað
Der Motor hat Wasser angesaugt.

©PR

Wenn zwei Isländer sich treffen, sprechen sie erst einmal ausführlich übers Wetter. Es ist ein sehr wichtiges Thema, gerade auch für die Reise, das unter Umständen über Leben und Tod entscheiden kann. Es ist ratsam, sich ausführlich über das Wetter zu informieren, da es sich sehr schnell ändert. Besonders im Hochland sollte man nie losfahren, ohne unmittelbar vorher noch die neuesten Wetterinfos gehört zu haben.

Mit einem Smartphone können Sie sich die mit einem 🔊 gekennzeichneten Sätze dieses Kapitels anhören.

Wetternachrichten erhält man in allen bewirtschafteten Hütten, aus Zeitung, Rundfunk, Fernsehen und dem Wettertelefon (svar-sími Veðurstofu Íslands), dessen Telefonnummer unter den wichtigen auf der ersten Seite des Telefonbuches (símaskrá) steht. In diesem Zusammenhang möchte ich darauf hinweisen, dass die orange gestrichenen Schutzhütten wirklich nur für den Notfall sind, und nicht – da unverschlossen und mit einem Notvorrat ausgestattet – eine Gelegenheit darstellen, sich billig durchs Land zu schwindeln!

vindur – der Wind:

logn (s2)	Windstille
gola (w1)	leichte Brise (Stärke 3)
kaldi (m1)	frische Brise (Stärke 5)
stinningskaldi /	„Regenschirmkiller"
strekkingur	(Stärke 6)
allhvasst	Stärke 7

Die nicht seltenen Stürme werden mit ansteigender Intensität als hvassviðri, stormur, rok und ofsaveður bezeichnet; letzteres ist ein wirklich schweres und gefährliches Wetter, welches wir zum Glück in Mitteleuropa kaum kennen.

Wetter

Bei starkem Wind können Autos auf Fahrten über die Sanderflächen eine effektive Sandstrahlbehandlung abbekommen, daher Vorsicht.

ský – Wolken:

heiðskírt, bjart	wolkenlos und schön
skýjað	bedeckt
léttskýjað	leicht bedeckt
hálfskýjað	halb bedeckt
alskýjað	ganz bedeckt
Sólin skín.	Die Sonne scheint.
Tunglið skín.	Der Mond scheint.
miðnætursól (w3)	Mitternachtssonne
norðurljós (s2)	Nordlicht

úrkoma – vom Niederschlag zum Sauwetter:

úrkomulaust, þurrt	trocken
þoka, mistur	Nebel
skúr (skúrir) (w3)	Schauer, meist bei schönem Wetter
súld (w3)	feiner Nieselregen
rigning (w2)	Dauerregen
haglél (s2)	Hagel
slydda, slydduél	Schneeregen
snjókoma (w1)	Schneefall
él, éljagangur	kräftige Schneefälle
leiðinlegt veður	„Sauwetter"

veðrið – die Wetterlage:

hæð (w3)	Hochdruckgebiet
lægð (w3)	Tiefdruckgebiet
skil (s2, Mz)	(Wetter)Front
hvessir	der Wind frischt auf
lægir	der Wind legt sich
kólnar	es wird kälter
hlýnar	es wird wärmer
kalt	kalt
svalt	kühl
hlýtt	warm
árdegis	in der ersten Tageshälfte
síðdegis	in der zweiten Tageshälfte

þyknnar upp	es bewölkt sich
léttir til	Wolken reißen auf
norðanátt	Nordwind
sunnanátt	Südwind
vestanátt	Westwind
austanátt	Ostwind
vaxandi	wachsend
minnkandi	schwindend
hæg átt	leichte Brise
breytileg átt	veränderliche Brise
hiti ... stig	... Grad über Null
frost ... stig	... Grad unter Null
víða	weithin
um mest allt land	über fast ganz Island
í innsveitum	im Landesinneren
á ströndinni	an der Küste

🔊 **Hvernig er veðrið í ...?** (+ 3. Fall)
kvättneG är väðreð i ...
wie ist Wetter-das in ...
Wie ist das Wetter in ...?

🔊 **Það fer að ...**
es geht zu ...
Es wird ...

rigna	reggna	regnen
hvessa	kvässa	auffrischen (Wind)
🔊 **batna**	baHtna	sich bessern

🔊 **Er hægt að fara til ...?** (+ 2. Fall)
är haicht að faara tel ...
ist möglich zu gehen zu ...
Kann man nach ... gehen (fahren)?

🔊 **Þú verður að bíða.**
thu värður að biiða
du wirst zu warten
Du musst warten.

Befahrbarkeit der Straßen (Færð á vegum)

Man kann von Isländern und von der Vegagerð Ríkisins, dem Staatlichen Straßenbauamt, telefonisch oder über das Internet (www.vegagerdin.is) eine Information über den Straßenzustand erhalten.

Viele Straßen, besonders im Osten und im Landesinneren, sind nicht asphaltiert und manchmal unangenehme Holper- und Schotterpisten. Ansonsten ist zu bemerken, dass stets mit Licht gefahren wird, die Höchstgeschwindigkeit in Ansiedlungen 45 km/h und außerhalb 90 km/h beträgt.

🖑 **Hvernig er færð á vegi númer ...?**
kvättneG är färð au väije nuumär ...
wie ist Befahrbarkeit auf Weg-dem(3) Nummer ...
Wie befahrbar ist die Straße Nr. ...?

🖑 **Hann er opinn/lokaður.**
hann är openn/lokaðür
Sie ist geöffnet/geschlossen.

🖑 **Hann er ófær / fær.**
hann är oufair/fair
Sie ist unbefahrbar/befahrbar.

Ófær / fær bedeutet auch, dass die Wettersituation so ist, dass ein Schiff oder Flugzeug geht (oder auch nicht):

🖑 **Það er ófært til Egilsstaða.**
thað är oufairt tel äijelsstaða
es ist unbefahrbar nach Egilsstaðir(2)
Es besteht momentan keine Flugverbindung nach Egilsstaðir.

fyrir alla umferð/ jeppa	für jeden Verkehr/ Geländewagen
vegna snjóa/ aurbleytu	wegen Schnee/ Aufweichung
hálka/hálkublettir	Straßenglätte/ vereinzelte Glätte
skafrenningur	Schneeverwehungen

Achten sollte man auf

Schilder wie dieses sind stets ernst zu nehmen

„die sieben S":

Steine, die liegen und fliegen;
Schafe, die plötzlich auftauchen können;
Spurrillen, besonders im Asphalt;
Seitenwind und
Schleudergefahr wegen
Schotter und
Schlaglöchern.

bundið slitlag	asphaltierter Belag
malarborinn vegur	geschotterte Piste
lofthit|i (m1)	Lufttemperatur
lofthete	
vegarhit|i (m1)	Straßentemperatur
väGarhete	
vindhvið|a (w1)	Windbö
vendkveða	
veðurstöð, -var, -var (w3)	Wetterstation
väðürstöð	

Auf dem Lande

Die Natur ist sowohl sehr empfindlich als auch zum Teil gefährlich. Deshalb sollte man stets auf vorgeschriebenen Wegen bleiben.

Jeden Sommer enden einige schöne Urlaube damit, dass Touristen in Heißquellengebieten durch dünnen Boden durchgebrochen sind, dem äußerlich nichts anzusehen war, – und sie landeten in 120 Grad heißem Schlamm! Dort, wo der Boden in Heißquellengebieten dunkelbraun und bewachsen ist, ist man ziemlich sicher.

Trotz des vielen Regens ist im Hochland oft kein Wasser zu finden: Also an genug Wasser denken!

Isländer werden ziemlich sauer, wenn man einer Laxá, einem Lachsfluss, zu nahe kommt und die Lachse verschreckt. Auch bei brütenden Vögeln sollte man Vorsicht walten lassen: Manche Seevögel können unangenehm werden und Fischöl speien oder sogar ziemliche Verletzungen zufügen.

In den folgenden Wortlisten stehen unregelmäßige Mehrzahlendungen in Klammern inklusive der Beugungsklasse der Hauptwörter.

ask-a (Ö! w1)	Asche
læk|ur (**-ir** m2)	Bach
tré (s2)	Baum
fjall (**fjöll** Ö! s2)	Berg
vík (**-ur** w3)	Bucht
á (w7)	Fluss
tind|ur (m2)	Gipfel
jökul|l (**-klar** A! m5)	Gletscher
hver (**-ir** m2)	heiße Quelle
hverasvæði (s3)	Heißquellengebiet
heið|i (**-ar** w8)	Hochfläche
hálendi (s3)	Hochland

hól|l (m5)	Hügel
ey (**eyjar** w3)	Insel
gíg|ur (m2)	Krater
hraun (s2)	Lava
mýr|i (**-ar** w8)	Moor
sand|ur (m2)	Sand(fläche)
neyðarskýli (s3)	Schutzhütte
vatn (**vötn** Ö! s2)	See (der)
dal|ur (**-ir** m2)	Tal
eldfjall (**-fjöll** Ö! s2)	Vulkan
skóg|ur (**-ar** m2)	Wald
laug (**-ar** w3)	warme Quelle, Schwimmbad
foss (m3)	Wasserfall

Man sollte daran denken, in den Hütten-
büchern, die es in den meisten bewirtschafte-
ten Hütten gibt, Reiseroute und -dauer anzu-
geben, damit im Notfall schnell Hilfe ge-
bracht werden kann.

 🎵 **Við ætlum að fara upp á jökulinn/hálendið.**
veð aiHtlüm að faara üHp au jökülenn/hauländeð
wir wollen zu fahren hinauf auf Gletscher-den(4)/ Hochland-das(4)
Wir wollen auf den Gletscher/ins Hochland.

 🎵 **Við ætlum að koma til baka (um það bil) þann ...**
veð aiHtlüm að kooma tel baka (üm thað beel) thann ...
wir wollen zu kommen nach zurück (um den(4) Abstand(4)) am ...
Wir wollen (ungefähr) am ... zurück sein.

 🎵 **Verður gott veður?**
värður goHt väður
Wird (es) gutes Wetter?

Übernachten

Es gibt viele Übernachtungsmöglichkeiten: Privatzimmer, Campingplätze, „Foss-Hotels" (preiswerte Hotelkette). In den Touristeninfos erfährt man alles darüber.

Außerhalb, d. h. in respektvoller Entfernung von Ansiedlungen, kann man ohne weiteres auf nicht umzäuntem Gebiet zelten. Wenn es Zäune gibt — und die gibt es sehr oft —, dann sollte man den Bauern zuerst fragen, der aber fast immer *já* sagt.

In Städten ist wildes Zelten verboten, und die Polizei achtet auch darauf, dass das Verbot nicht unterlaufen wird.

Mit einem Smartphone können Sie sich die mit einem 🔊 gekennzeichneten Sätze dieses Kapitels anhören.

©Rk

Was für ein Platz zum Zelten!

auf dem Campingplatz

hjólhýsi (s3)	Wohnwagen
húsbíl|l (m3)	Wohnmobil
voucherar (m3, Mz)	Campinggutscheine

🎵 **Má tjalda hér?**
mau tjalda chjär
(man-)darf zelten hier
Darf man hier zelten?

🎵 **Hvað kostar það á mann (á tjald)?**
kvað kostar thað au mann (au tjald)
was kostet es auf Mann (auf Zelt)
Was kostet es pro Mann (pro Zelt)?

🎵 **Get ég fengið (fengið leigt) ...**(+ 4. Fall)**?**
gjät jäG fäingjeð (fäingjeð läicht) ...
kann ich bekommen (bekommen geliehen) ...
Kann ich ... bekommen/leihen?

Es werden zunehmend mehr Wasserschutzgebiete ausgewiesen, in denen Zelten verboten ist. Sie sind gekennzeichnet mit VATNSBÓL *und einem durchgestrichenen Zelt.*

... ábreiðu	aubräiðü	eine Decke
... dýnu	diinü	eine Matte
... kodda	kodda	ein Kissen
... rúmföt	ruumföt	Bettwäsche
... svefnpoka	sväppoka	einen Schlafsack
... sæng	saing	eine Bettdecke
... tjald	tjald	ein Zelt
... hæla	haila	Heringe
... gúmmí	gummi	Zeltösen
... vindsæng	vendsaing	eine Luftmatratze

im Hotel/in der Jugendherberge

🎵 **Hvað kostar gistingin eina nótt?**
kvað kostar gjestingen äina nouHt
was kostet Übernachtung-die(4) eine(4) Nacht(4)
Wieviel kostet eine Übernachtung?

🎵 **Er morgunverðurinn innifalinn?**

(Übernachten mit eigenem Schlafsack ist billiger!)

är morgünvärðürenn ennefalenn
ist Frühstück-das inbegriffen
Ist das Frühstück (im Preis) inbegriffen?

🎵 **Ég ætla að gista hér í eina nótt.**
jäG aiHtla að gjesta chjär i äina nouHt
ich möchte zu übernachten hier in eine(4) Nacht(4)
Ich möchte eine Nacht hier bleiben.

🎵 **Ég ætla að gista hér í tvær nætur.**
jäG aiHtla að gjesta chjär i tvair naitür
ich möchte zu übernachten hier in zwei(4) Nächte(4)
Ich möchte zwei Nächte hier bleiben.

🎵 **Ég er með svefnpoka.**
jäG är mäð sväppoka
ich bin mit Schlafsack(4)
Ich habe einen Schlafsack dabei.

🎵 **Er ennþá eitthvað laust?**
är änthau äiHtkvað löjst
ist noch etwas frei
Ist noch etwas frei?

🎵 **Má ég sjá herbergið?**
mau jäG sjau härbärgjeð
darf ich sehen Zimmer-das(4)
Darf ich das Zimmer sehen?

🎵 **Mér líst (ekki) á það.**
mjär liist (äHkje) au thað
mir(3) gefällt (nicht) an es(4)
Mir gefällt es (nicht).

🎵 **Það er kalt í herberginu.**
thað är kalt i härbärgjenü
es ist kalt in Zimmer-dem(3)
Es ist kalt im Zimmer.

🎵 **Má nota eldhúsið?**
mau noota äldhuseð
darf gebrauchen Küche-die(4)
Darf man die Küche benutzen?

🎵 **Er hér einhvers staðar rafmagn?**
är chjär äinkvärs staðar rawmagn
ist hier eines(2) Ortes(2) Strom
Gibt es hier eine Steckdose?

Essen & Trinken

Island ist bekannt für seine hohen Preise. Das empfinden auch die Isländer so, und man kann durchaus mit ihnen darüber sprechen. Empfindlich reagieren viele allerdings, wenn sie merken, dass der Tourist alles von zu Hause mitgebracht hat.

In größeren Orten gibt es Lebensmittelketten wie Bónus, Krónan oder 10-11, die zum Teil sehr günstige Angebote bei Milchprodukten, Obst, Brot usw. haben. Auch gibt es einige kleinere Restaurants, in denen man durchaus zu vernünftigen Preisen speisen kann.

Viele dieser Billig-Lebensmittelketten kommen und gehen relativ schnell wieder.

Die Öffnungszeiten bei Geschäften sind sehr verschieden, manche haben bis 23.00 Uhr auf. Kauft man sich Fisch, Salat oder dergleichen, sollte man auf die Aufschrift kælivara (Kühlware) achten. Andernfalls steht darauf niðursoðin vara – kæligeymsla óþörf (konserviert – keine Kühlung notwendig).

Hier eine kleine Liste von Grundbegriffen rund ums Essen:

mat|ur (-ar m2)	Essen
drykk|ur (-ir m2)	Getränk
morgunmat|ur (m2)	Frühstück
hádegismat|ur (m2)	Mittagessen
kvöldmat|ur (m2)	Abendessen
desert (s2)	Dessert
hníf|ur (m2)	Messer
gaffal|l (gafflar A! m5)	Gabel
skeið (skeiðar w3)	Löffel
disk|ur (m2)	Teller
boll|i (m1)	Tasse
glas| (glös Ö! s2)	(Trink)Glas
flask|a (flöskur Ö! w1)	Flasche
kann|a (könnur Ö! w1)	Kanne
brús|i (m1)	Thermoskanne

isländische Nationalgerichte

Die Essenszeiten und -gewohnheiten unterscheiden sich nicht allzusehr von den unsrigen. Zwischen den Hauptmahlzeiten gibt es oft einen kaffi (Kaffee). Fá sér kaffisopa, einen Kaffee trinken, ist eine beliebte Betätigung und bildet oft auch die Grundlage für eine Einladung.

Fisch wird viel gegessen, und es gibt eine Unzahl sehr leckerer Gerichte, die ich unmöglich alle aufzählen kann. Hier eine Auswahl:

Fiskbollur sind gebratene Fischklößchen mit Gemüse.

Saltfiskur, ein streng schmeckender Pökelfisch, wird mit zerlassenem Hammelfett und Kohlrüben gegessen.

Plokkfiskur ist ein dicker Eintopf aus Fisch und Kartoffeln.

Kjötsúpa ist eine traditionelle isländische Fleischsuppe.

Fjallagrasaréttir sind Suppen, die aus dem „Isländischen Moos" (fjallagrös), einer seltenen Flechte, hergestellt sind.

Lundi, der Papageientaucher, wird besonders auf den Vestmannaeyjar viel gefangen.

Skyr heißt eine Art Quark, der mit Sahne verrührt, mit Zucker bestreut oder mit frischen Blaubeeren gegessen wird. Ein echtes Stück Island!

Steikt kaffibrauð sind verschiedene pfannkuchenartige Gebäcke wie pönnukökur, lummur, vöfflur, die mit Marmelade, Schlagsahne und Zucker zum Kaffee gegessen werden. Zu flatkökur und skonsur gibt es meist deftigeres wie Käse oder hangikjöt (geräuchertes Lammfleisch).

Kleinur, skúffukökur, vínarbrauð, tebollur, snúðar sind verschiedene Sorten Gebäck, die alle sehr gut schmecken.

Hverabrauð ist eine echte isländische Spezialität: ein in der dampfenden Erde gesottenes Roggenbrot. Bekommt man nicht überall, ist aber wegen seiner Ergiebigkeit für längere Touren außerhalb der Zivilisation sehr zu empfehlen.

Á veitingahúsi - im Restaurant

🎧 **Þjónn!**
thjouttn
Kellner
Kellner!

🎧 **Má bjóða ykkur eitthvað?**
mau bjouða eHkür äiHtkvað
darf bieten euch etwas(4)
Was darf ich den Herrschaften bringen?

🎧 **Get ég fengið matseðilinn, takk.**
gjät jäG fäingjeð maatsäðelenn, taHk
kann ich bekommen Speisekarte-die(4), danke
Kann ich bitte die Speisekarte bekommen?

🎧 **Get ég fengið reikninginn, takk.**
gjät jäG fäingjeð räiHkning-genn, taHk
kann ich bekommen Rechnung-die(4), danke
Kann ich bitte die Rechnung bekommen?

Mit einem Smart-phone können Sie sich die mit einem 🎧 gekennzeichneten Sätze dieses Kapitels anhören.

Trinkgeld ist in Island nicht üblich.

🎧 **Mig langar að fá …**
meG laung-gar að fau …
mich(4) verlangt zu bekommen …
Ich möchte gerne …

🎧 **Þetta er mjög gott!**
thäHta är mjöG goHt
Das ist (schmeckt) sehr gut!

🎧 **Skál!**
skaul
Prost!

In vielen Cafés kann man eine kostenlose zweite Tasse Kaffee/Tee (ábót) bekommen.

🎧 **Get ég fengið ábót?**
gjät jäG fäingjeð aubout
kann ich bekommen zweite-Tasse
Kann ich eine zweite Tasse (Kaffee/Tee) bekommen?

🎧 **Það vantar …** (+ 4. Fall)
thað vantar …
Es fehlt …

🎧 **Þetta er of saltað/sterkt.**
thäHta är oov saltað/stärt
Das ist zu salzig/scharf.

Essen & Trinken

Arten der Zubereitung (m, w, s):

baka∂|ur, böku∂ (Ö!), **baka∂**	gebacken
hrá|r, -, hrátt	roh
krydda∂|ur	gewürzt
marinera∂|ur	mariniert
reykt|ur, -, -	geräuchert
rista∂|ur	geröstet
salta∂|ur, söltu∂ (Ö!), **salta∂**	gesalzen
so∂|inn	gekocht
steikt|ur, -, -	gebraten

fiskur og sjávarréttir (Fisch & Meeresfrüchte)

ál|l (m5)	Aal
gedd|a (w1)	Hecht
hákarl (m3)	Hai
hrogn (s2)	Kaviar, Rogen
humar (**humrar** A! m3)	Hummer
hval|ur (-**ir** m2)	Wal
lax (m3)	Lachs
lú∂|a (w1)	Heilbutt
rau∂mag|i (m1)	Seehase
rau∂sprett|a (w1)	Scholle
rækj|a (w1)	Garnele
sardín|a (w1)	Sardinen
silung|ur (m2)	Forelle
síld (-**ir** w3)	Hering
skat|a (-**ur** Ö! w1)	Rochen
skel (-**jar** w3)	Muscheln
túnfisk|ur (m2)	Tunfisch
ýs|a (w1)	Schellfisch
∂orsk|ur (m2)	Kabeljau

fuglar (Geflügel)

egg (s2)	Ei
gæs- (-**ir** w3)	Gans
kalkún-n (m3)	Truthahn
kjúkling-ur (m2)	Hähnchen
rjúp-a (w1)	Schneehuhn
önd- (**endur** w)	Ente

kjöt (Fleisch)

álegg (s2)	Aufschnitt
bjúg|a (s1)	geräucherte Wurst
blóðmör (m2)	Blutwurst
folald (**folöld** Ö! s2)	Fohlen
grís (**-ir** m2)	Ferkel (Schwein)
kálfur (m2)	Kalb
kind (**-ur** w3)	Schaf/Hammel
kæf|a (w1)	Pastete
lamb (**lömb** Ö! s2)	Lamm
naut (s2)	Rind/Kuh
pyls-a (w1)	Wiener Würstchen
steik (**-ur** w3)	Braten
svín (s2)	Schwein
ux|i (m1)	Ochse

ávextir (Obst)

appelsín|a (w1)	Orange
bláber (s2)	Blaubeere
epli (s3)	Apfel
hindber (s2)	Himbeere
kirsuber (s2)	Kirsche
krækiber (s2)	Krähenbeere
jarðaber (s2)	Erdbeere
moltuber (s2)	Moltebeere
per|a (w1)	Birne
ribsber (s2)	Johannisbeere
sólber (s2)	schwarze Johannisbeere

grænmeti (Gemüse)

agúrk|a (w1)	Gurke
baun (**-ir** w3)	Erbse
blómkál (s2)	Blumenkohl
gulrót (**-rætur** w4)	Möhre
hvítlauk|ur (m2)	Knoblauch
kartafl|a (**kartöflur** Ö! w1)	Kartoffel
lauk|ur (m2)	Zwiebel
paprik|a (w1)	Paprika

rauðróf|a (w1)	rote Bete
salat (**salöt** Ö! s2)	Salat
svepp|ur (**-ir** m2)	Pilz
tómat|ur (m1)	Tomate

meðlæti (Beilagen)

núðl|a (w1)	Nudel
hrísgrjón (Mz s2)	Reis
franskar (Mz w)	Pommes frites
ídýf|a (w1)	Soße, Tunke

Óáfengir drykkir (Alkoholfreie Getränke)

djús (s2)	Fruchtsaft
gos (s2)	Limonade
kaffi (s3)	Kaffee
kakó (s2)	Kakao
kók (w3)	Coca-Cola
mjólk (w3)	Milch
(ávaxta)te (s2)	(Früchte)Tee
vatn (s2)	Wasser

Áfengir drykkir (Alkoholische Getränke)

bjór (m3)	Bier (mehr als 2,5%)
brennivín (s2)	Branntwein, Schnaps
hvítvín (s2)	Weißwein
kampavín (s2)	Champagner
maltöl (s2)	Malzbier
pilsner (m2)	Bier (2,5 %)
rauðvín (s2)	Rotwein
öl (s2)	Bier (allgemein)

Einkaufen

bakarí (s2)	Bäckerei
stórmarkað|ur (**-ir** m2)	Großmarkt
vöruhús (s2)	Warenhaus
tilboð (s2)	Angebot
útsal-a (Ö! w1)	Ausverkauf

Wie auch in Skandi-navien ist der Alkohol in Island sehr teuer, und Spirituosen kann man nur in speziellen Geschäften kaufen. Alkoholika gibt es in der VÍNBÚÐIN (früher ÁTVR), die an einem roten Traubensymbol kenntlich ist. Auch darf nicht in allen Restaurants Alkohol ausgeschenkt werden. Leichtes Bier gibt es jedoch überall zu kaufen.

Neben deftiger Hausmannskost hat die isländische Küche auch allerlei Exotisches zu bieten

In den Warenhäusern (verslun, búð) kann man auch Lebensmittel erstehen.

Im Laden oder an der Theke wendet sich die Bedienung an den Nächsten mit Get ég aðstoðað? *(wörtlich: kann ich geholfen) = Was darf's denn sein? Meist wird das so verschliffen ausgesprochen, dass es sich wie* getjaa-stoða(ð) *anhört.*

Pylsur (heiße Würstchen)

Überall gibt es für den schnellen Hunger heiße Würstchen. Man bekommt sie im Söluturn, einer Würstchen- und Süßigkeitenbude, die oft bis spät in die Nacht geöffnet hat und einen Treffpunkt für die Jugendlichen des Ortes darstellt. Auf dem Lande gibt es sie meist bei einer Tankstelle. Ein Söluvagn oder Pylsuvagn ist dasselbe auf Rädern.

Ég ætla að fá eina/tvær/þrjár með ... (+ 3.)
jäG aiHtla að fau äina/tvair/thrjaur mäð ..
ich möchte zu bekommen ein(w,4)/zwei(w,4)/ drei(w,4) mit ...
Ich möchte bitte ein/zwei/drei Würstchen mit ...

tómatsósu	toumatsousü	Ketchup
steiktum lauk	stäichtüm löjk	Röstzwiebeln
lauk	löjk	frischen Zwiebeln
sinnepi	sennäpe	Senf
öllu	öttlü	allem

Beliebt ist auch bland í poka (= Mischung in die Tüte) von verschiedenen Süßigkeiten, die es neben den Würstchen gibt. Süßigkeiten und Leckereien allgemein heißen nammi.

Fleira?
fläira
mehr
Darf's sonst noch etwas sein?

Já, svona …, takk.
jau svona …, taHk
ja, so-ein …, danke
Ja, so ein …, bitte.

brauð (Brot)

Die meisten Brotsorten entsprechen unserem Toastbrot.

rúgbrauð (s2)	Roggenbrot
rúnnstykki (s3)	Brötchen

Unserem Brot ähnlicher ist körfubrauð, *das es in Bäckereien gibt.*

Mittlerweile gibt es eine größere Auswahl an Brotsorten, in der Nähe von Reykjavík *z. B. in* Garðabær. *Dort gibt es am* Garðatorg *eine eine kleine Bäckerei.*

mjólkurvörur (Milchprodukte)

jógúrt (Ez w3)	Joghurt
mjólk (Ez w3)	Milch
léttmjólk	fettarme Milch
nýmjólk	Frischmilch
súrmjólk	Sauermilch
þykkmjólk	Dickmilch
rjóm|i (Ez m1)	Sahne
sýrður rjómi	saure Sahne
þeyttur rjómi	Schlagsahne
ost|ur (m2)	Käse
smurost|ur (m2)	Streichkäse
skyr (s2)	isl. Quark
smjör (s2) Butter	
smjörlíki (s3)	Margarine

Sonstiges

ís (m3)	(Speise)Eis
krydd (s2)	Gewürz
hunang (Ez s2)	Honig
kak|a (**kökur** Ö! w1)	Kuchen
sult|a (w1)	Marmelade
hveiti (s3)	Mehl
salt (**sölt** Ö! s2)	Salz
sykur (Ez s2)	Zucker

Bank, Post & Telefonieren

Die isländische Währung heißt króna. Euro heißt auf isländisch evra (w1), zwei Euro sind tvær evrur.

Bank (banki)

🗩 **Ég ætla að fá þrjú hundruð evrum skipt.**
jäG aiHtla að fau thrjuhündrüð ävrüm skjeft
ich möchte zu bekommen drei hundert Euro(3) gewechselt
Ich möchte € 300 umtauschen.

🗩 **Hvar er næsti hraðbanki?**
kvar är naiste hraðbaunkje
wo ist nächste Schnellbank
Wo ist der nächste Geldautomat?

🗩 **Kortið mitt virkar ekki.**
korteð meHt verkar äHkje
Karte-die meine funktioniert nicht
Meine Karte funktioniert nicht.

🗩 **Eitthvað virðist vera í ólagi með hraðbankann.**
äiHtkvað verðest vära i oulaije mäð hraðbaunkann
etwas scheint zu-sein in Unordnung mit Schnellbank-der
Da scheint etwas mit dem Geldautomaten nicht in Ordnung zu sein.

hraðbank|i (m1)	hraðbaunkje	Geldautomat
kort (s2)	kort	Geld-/EC-Karte
kreditkort (s2)	krädetkort	Kreditkarte (VISA zumeist)
leyninúmer (s2)	läinenumär	Geheimzahl, PIN

Meldungen des Geldautomaten

rangt númer!	Falsche Eingabe!
augnablik! tel peninga ...	Einen Augenblick, ich zähle das Geld ...

Post und Telefonieren (póstur og sími)

⟩ Þrjú frímerki fyrir bréf/kort til Þýskalands.
thrju frimärkje feerir brjäv/kort tel thiskalands
drei Briefmarken für Brief(4)/Postkarte(4)
nach Deutschland(2)
Drei Briefmarken für einen Brief/
eine Postkarte nach Deutschland.

Mig vantar símakort fyrir íslenska símkerfið.
meG vantar simakort feerir iislänska simkjärfeð
mich braucht SIM-Karte für
isländisches Telefonnetz
Ich brauche eine SIM-Karte für das
isländische Netz.

Mig vantar inneign hjá ...
meG vantar innäiggn chjau
mich braucht Guthaben bei ...
Ich brauche eine Prepaidkarte bei ...

Prepaidkarten heißen
skafkort *(weil man*
die Nummer frei
rubbelt) und es
gibt sie in jedem
kleinen Lädchen
(sjoppa).

Er hér nettenging?
är chjär net-tängjeng
Gibt es hier einen Internetanschluss?

⟩ Er hægt að hringja hér?
är haicht að hring-gja hjär
ist möglich zu telefonieren hier
Kann man hier telefonieren?

⟩ Ég vil fá að hringja til Austurríkis/Sviss.
jäG vel fau að hring-gja tel öjstürriikes/svess
ich will bekommen zu telefonieren
nach Österreich(2)/ Schweiz(2)
Ich möchte nach Österreich/in die Schweiz
telefonieren.

bréf (s2)	Brief
hraðbréf (s2)	Eilbrief
umslag (Ö! s2)	Briefumschlag

©PR

frímerki (s3)	Briefmarke
smápakk|i (m1)	Päckchen
sím|i (m1)	Telefon
símaklef|i (m1)	Telefonzelle
talsamband (s2)	Vermittlung (Ausland)
póstkort (s2)	Postkarte
ábyrgðarbréf (s2)	Einschreiben
símskeyti (s3)	Telegramm
böggul|l (-gglar A! m5)	Paket
svæðisnúmer (s2 Ez)	Vorwahl-Nr.
hring|ja	telefonieren

Schön rot — findet man auch im dicksten Nebel!

Mobilfunk und Email:

farsím|i (m1)	Mobil-, Autotelefon
gems|i (m1)	GMS-Mobiltelefon
samband (s2)	Verbindung
Netið (s2)	das Internet
tölv|a (w1)	Rechner
nettenging (w2)	Netzverbindung
tölvupóst|ur (m2)	Email
pósthólf (s2)	Emailaccount
senda tölvupóst (4.)	eine Email verschicken

Polizei

Auf der Polizei (lögreglan) spricht zwar jeder Englisch. Aber dennoch ist es gut, wenn man sich selbst seines Englisch nicht sicher ist, die wichtigsten Sätze in Isländisch zu haben:

🔊 **Ég var rændur/rænd.**
jäG var raindür/raind
ich(m/w) war überfallen(m/w)
Ich bin überfallen worden.

 **Polizei**

🔊 Get ég talað við þýska sendiráðið?
gjät jäG talað veð thiska sänderauðeð
kann ich gesprochen mit deutscher Botschaft-die
Kann ich bitte mit der deutschen
Botschaft sprechen?

🔊 Get ég talað við austurríska / svissneska sendiráðið?
gjät jäG talað veð öjstürriska /
svessnäska sänderauðeð
*kann ich gesprochen mit österreichischer /
schweizerischer Botschaft-die*
Kann ich bitte mit der österreichischen /
schweizerischen Botschaft sprechen?

🔊 Ég týndi ... (+ 3. Fall) ... (+ 3.) var stolið.
jäG tiinde ...   ... var stoleð
Ich verlor ...   ... wurde gestohlen.

vegabréfinu mínu väGabrjävenü miinü	mein Pass
ökuskírteininu mínu öküskirtäinenü miinü	mein Führerschein
peningunum mínum päningonüm miinüm	mein Geld
tékkheftinu mínu tjäHkhäftenü miinü	mein Scheckheft
greiðslukortinu mínu gräiðslükortenü miinü	meine Kreditkarte

Fotografieren

⚙ **Geturðu tekið mynd af okkur?**
gjätürðu täkjeð mend aw oHkür
kannst-du nehmen Bild von uns(3)
Kannst du ein Foto von uns machen?

film|a (w1)	Film
litfilm|a (w1)	Farbfilm
slides (w1)	Diafilm
film|a (w1)	Negativ
fyrir pappirsmyndir	
framkall|a (v1)	entwickeln
minniskort (s2)	Speicherchip
minnislykil|l	Memorystick
(-lyklar m5)	
rafhlaða (w1)	Batterie, Knopfzelle
ljósmyndavél	Fotoapparat
(-ar w3)	
DV-spól|a (w1)	DV-Aufnahmekassette
stafrænn	Digital-
stafræn ljósmyndavél	Digitalfotokamera
(-ar w3)	
DV-upptökuvél	Videokamera
(-ar w3)	

Átt þú filmu eins og þessa?
auHt thu felmü äins oG thässa
hast du Film wie diesen
Hast du so einen Film?

Átt þú minniskort eins og þetta?
auHt thu menneskort äins oG thäHta
hast du Speicherkarte wie diese
Hast du so eine Speicherkarte?

⚙ **eitt eintak af hverri mynd**
äiHt äintak af kvärre mend
ein Abzug von jedem Bild

Krank sein

Das Gesundheitssystem ist gut ausgebaut, ebenso wie das Rettungssystem bei Unfällen. Es gibt Krankenversicherungs-Abkommen zwischen der EU und Island. Dennoch muss man Arzt- und Krankenhausbesuche selbst vorstrecken. Hilfe bekommt man in der Heilsugæslustöð, dem Gesundheitszentrum.

Notrufnummern stehen auf der ersten Seite des Telefonbuches unter der Überschrift:

Ef bruna eða slys ber að höndum
falls Feuer oder Unfall trägt zu Händen(3)
Falls es brennt oder ein Unfall geschieht

---

neyðarsími (m1) näiðarsiime	Notruf
slökkvistöð (-var w3) slöHkvestöð	Feuerwehr
lögregla (w1) löggräggla	Polizei
sjúkrabíll (m5) sjuukrabittl	Krankenwagen
sjúkrahús (s2) sjuukrahuusJ	Krankenhaus
leit og björgun läit oG björgün	Bergungsdienst
(tann)lækn|ir (m4) (tann)laiHknir	(Zahn)Arzt
apótek (s2) apoutäk	Apotheke

🔊 **Ég finn til hérna.**
jäG fenn tel chjättna
ich fühle zu hier
Ich habe hier Schmerzen.

🔊 **Mér er illt.**
mjär är illt
mir(3) ist schlecht
Mir ist schlecht.

🔊 **Ég er með ...** (+ 4. Fall)
jäG är mäð
ich bin mit ...
Ich habe ...

🔊 **Mig vantar eitthvað við ...** (+ 3.)
meG vantar äiHtkvað veð ...
mich(4) braucht etwas gegen ...
Ich brauche etwas gegen ...

niðurgang (-i) niðürgaung (-je)	Durchfall	
bólgu boulgü	Entzündung	
hita heeta	Fieber	
flensu flänsü	Grippe	
hálsverk (-i) haulsvärk (-je)	Halsschmerzen	
hósta housta	Husten	
höfuðverk (-i) höwüðvärk (-je)	Kopfschmerzen	
kvef (-i) kväv (-e)	Schnupfen	
sjóveiki sjouväikje	Seekrankheit	
tannverk (-i) tannvärk (-je)	Zahnschmerzen	

Hinweis: Diese Tabelle gibt die Wörter im 4. Fall wieder. Den 3. Fall erhält man mit der Endung in Klammern (falls vorhanden); ansonsten ist er mit dem 4. Fall identisch.

🔊 **Ég skar/brenndi mig.**
jäG skar/brännde meG
ich schnitt/verbrannte mich(4)
Ich schnitt/verbrannte mich.

🔊 **Hann/hún ofkældist.**
hann/huun oowkjaildest
er/sie kühlte-sich-zu-sehr
Er/sie hat Erfrierungen erlitten.

bómull (Ez w3) boumüttl	Watte
plástur (**plástrar** A! m3) plaustür	Pflaster
sárabindi (s3) saurabende	Wundverband

Schimpfen & Fluchen

In einer fremden Sprache sollte man beim Gebrauch von kräftigen Ausdrücken natürlich besonders aufpassen, weil man deren Wirkung und Gewicht nur schwer abschätzen kann. Vieles hängt natürlich auch vom Tonfall und der Miene ab.

	Ojbjakk! Ojbarasta!	Pfui! Pfui Teufel!
(halb bewundernd)	**Djöfulsins!**	Teufel noch mal!
	Teufels-des(2)	
(mittelstark)	**Andskotans!**	Zum Teufel!
	Teufels-des(2)	
(wie im Dt.)	**Haltu þér saman!**	Halt den Mund!
	halte dir(3) zusammen	
(wie im Dt.)	**Slakaðu á!**	Komm, reg dich ab!
	spanne ab	
(wie im Dt.)	**Almáttugur!/**	Um Gottes willen!
	Guð minn góður!	
(eher schwach)	*Allmächtiger/Gott mein guter*	
(eher schwach)	**Asni!**	Esel!
(stärker)	**Auli!**	Dummerchen!
	Hálfviti!	Dummkopf!

Wenn etwas ganz wunderbar ist:

Alveg frábært!   **Æðislegt!!**
alväG fraubairt   aiðeslächt
Ganz ausgezeichnet!   Wahnsinn!!

Toilette

Karlar	Herren
Konur	Damen

🔊 **Hvar er salerni?**
kvar är salärtne
wo ist Toilette
Wo gibt es eine Toilette?

🎵 Má ég nota salernið?
mau jäG noota salärtneð
darf ich benutzen Toilette-die(4)
Darf ich die Toilette benutzen?

🎵 Það vantar sápu/salernispappír.
thað vantar saupü/salärtnespaHpir
es fehlt Seife/Toilettenpapier
Es fehlt Seife/Toilettenpapier.

🎵 Ég get ekki sturtað niður.
jäG gjät äHkje ßtürtað neðür
ich kann nicht spülen hinunter
Die Spülung funktioniert nicht.

Nichts verstanden? – Weiterlernen!

Wer so fleißig war und sich von der Sprache ein bisschen angeeignet hat, wird natürlich anfangs immer wieder auf Unbekanntes stoßen. Isländer sind gerne behilflich, Lücken zu füllen, wenn man fragt:

Hvað er þetta á íslensku/þýsku?
kvað är thäHta au iislänskü/thiskü
was ist das auf Isländisch(3)/Deutsch(3)
Was heißt das auf isländisch/deutsch?

Wenn der Isländer ein bisschen Deutsch versteht, kann man die Frage so stellen:

Hvað er „Seehund" á íslensku?
was ist „Seehund" auf Isländisch(3)
Was heißt „Seehund" auf isländisch?

Darauf wird der Isländer antworten: selur. Nun möchte man vielleicht gerne wissen, wie man den armen Seehund durch den grammatikalischen Fleischwolf dreht:

Hvaða kyn hefur þetta orð?
kvaða kjen hävür thäHta orð
was-für-ein Geschlecht hat dieses Wort
Was für ein Geschlecht hat dieses Wort?

Það er „hann selurinn".
thað är „hann sälürenn"
es ist „er Seehund-der"
Das heißt „er der Seehund".

Aus dem persönlichen Fürwort, das immer davorgesetzt wird, kann man das grammatische Geschlecht erraten. Weiter:

Hvernig á ég að beygja þetta orð?
kvättneG au jäG að bäjja thäHta orð
wie habe ich zu beugen dieses(4) Wort(4)
Wie muss ich dieses Wort beugen?

Man bekommt dann zur Antwort:

Mit diesem Sprüchlein lernen die isländischen Schulkinder Grammatik, und man selber erfährt so die leidigen Endungen.

Hér er selur, um sel, frá seli, til sels.
hier ist Seehund, um Seehund(4), von Seehund(3), zu Seehund(2)

Nach hér er folgt der 1. Fall (Nominativ), nach um der 4. Fall (Akkusativ), nach frá der 3. Fall (Dativ), nach til der 2. Fall (Genitiv).

Viltu skrifa þetta niður fyrir mig?
veitü skreva thäHta neður feerir meG
willst-du schreiben nieder das für mich(4)
Kannst du mir das bitte aufschreiben?

Íslenskan er ekki einföld.
iislänskan är äHkje äinföld
isländisch ist nicht einfach
Isländisch ist nicht einfach.

Ég ætla að halda áfram að læra íslensku.
jäG aiHtla að halda auffram að laira iislänsku
ich möchte zu machen weiter zu lernen Isländisch
Ich möchte Isländisch weiterlernen.

Talar þú ...? (+ 4.)   **Ég tala bara pínulítið ...** (+ 4.)
talar thu ...   jäG tala bara piinüliiteð ...
Sprichst du ...?   Ich spreche nur wenig ...

þýsku thiskü	Deutsch
ensku änskü	Englisch
sænsku sainskü	Schwedisch
dönsku dönskü	Dänisch

Ég skil þig (ekki).
jäG skjel theG (äHkje)
ich verstehe dich(4) (nicht)
Ich verstehe dich (nicht).

Viltu tala svolítið hægar.
veltü tala svoliiteð haiGar
willst-du sprechen ein-wenig langsamer
Sprich bitte etwas langsamer.

Ha!
Wie bitte?

Das ist kein Scherz. Wenn man nichts ver-
standen hat, sagt man einfach ha!, aber nicht
mit fragendem Ton („ha?"), sondern mit fal-
lendem, eben: ha!
   Das bedeutet aber auch, dass man ein deut-
sches „aha!" im Sinne von „so ist das also"
und ähnliches nicht von sich geben sollte, weil
der Isländer das als Frage auffasst und alles
noch einmal von vorne erzählt. Statt dessen
kann man sagen jájá, einmitt oder, bei großem
Erstaunen, núú?.

Beugungstabellen: Hauptwörter

Die Tabelle gibt für jede Deklinationsklasse ein oder mehrere Beispiele an, je nachdem, ob es für eine Klasse mehrere Varianten gibt. Der Stamm steht vor dem Trennstrich, danach folgt die Endung ohne Artikel, z.B. tím|i (tíminn): Stamm tím-, Endung -i. In Klammern steht dahinter die Form mit Artikel, z.B. tíminn. Bindestrich bedeutet, dass es in dem Fall keine Endung gibt.

Die Reihenfolge der Fälle ist so, wie es in der Literatur üblich ist und die Isländer selbst sie auch ausnahmslos anführen. Hinter der Bezeichnung m1, m2 etc. steht das jeweilige Kennzeichen der Klasse.

Regelmäßige Stammänderungen. werden fett gedruckt, das bedeutet, das ist dann bei allen Wörtern dieser Klasse so.

Beachten Sie bitte, dass die Ö-Regel immer gilt, wenn in einem Fall außer dem Nom. Ez. eine Endung mit -u- angehängt wird.

Unregelmäßigkeiten wie das gelegentlich wegfallende -i im Dat. Ez mancher männlicher Hauptwörter werden in der Wortliste angegeben. Grundsätzlich gilt, dass Erscheinungen wie die Ausfallregel (siehe m3) oder das Ausfallen von -i die Aussprache erleichtern.

m1

auf **-i**; die auf **-andi** haben in der Mz **-end-**

	Ez	Mz
Nom.	tím|i (tíminn)	tím|ar (tímarnir)
Akk.	tím|a (tímann)	tím|a (tímana)
Dat.	tím|a (tímanum)	tím|um (tímunum)
Gen.	tím|a (tímans)	tím|a (tímanna)

	Ez	Mz
Nom.	eigand|i (eigandinn)	eig**end**|ur (eig**end**urnir)
Akk.	eigand|a (eigandann)	eig**end**|ur (eig**end**urna)
Dat.	eigand|a (eigandanum)	eig**end**|um (eig**end**unum)
Gen.	eigand|a (eigandans)	eig**end**|a (eig**end**anna)

m2

auf **-ur**, Gen Ez auf **-s** oder **-ar,** Nom Mz auf **-ar** oder **-ir;** bei einigen fällt Dat Ez **-i** weg

	Ez	Mz
Nom.	hest|ur (hesturinn)	hest|ar (hestarnir)
Akk.	hest|- (hestinn)	hest|a (hestana)
Dat.	hest|i (hestinum)	hest|um (hestunum)
Gen.	hest|s (hestsins)	hest|a (hestanna)

	Ez	Mz
Nom.	fund|ur (fundurinn)	fund|ar (fundarnir)
Akk.	fund|- (fundinn)	fund|a (fundana)
Dat.	fund|i (fundinum)	fund|um (fundunum)
Gen.	fund|ar (fundarins)	fund|a (fundanna)

	Ez	Mz
Nom.	gest|ur (gesturinn)	gest|ir (gestirnir)
Akk.	gest|- (gestinn)	gest|i (gestina)
Dat.	gest|i (gestinum)	gest|um (gestunum)
Gen.	gest|s (gestsins)	gest|a (gestanna)

m3

ohne Endung, **-ur** gehört zum Stamm, dann A! beachten; gelegentlich Stammänderung und Ausfall von **-i** im Dat Ez

	Ez	Mz
Nom.	akur|- (akurinn)	akr|ar (akrarnir) (A!)
Akk.	akur|- (akurinn)	akr|a (akrana) (A!)
Dat.	akr|i (akrinum) (A!)	ökr|um (ökrunum) (Ö, A!)
Gen.	akur|s (akursins)	akr|a (akranna) (A!)

	Ez	Mz
Nom.	hver|- (hverinn)	hver|ir (hverirnir)
Akk.	hver|- (hverinn)	hver|i (hverina)
Dat.	hver|- (hvernum)	hver|um (hverunum)
Gen.	hver|s (hversins)	hver|a (hveranna)

	Ez	Mz
Nom.	ás|- (ásinn)	æs|ir (æsirnir)
Akk.	ás|- (ásinn)	æs|i (æsina)
Dat.	æs|i (æsinum)	ás|um (ásunum)
Gen.	ás|s (ássins)	ás|a (ásanna)

m4

auf **-ir**, bis auf eine Ausnahme alle regelmäßig

	Ez	Mz
Nom.	lækn|ir (læknirinn)	lækn|ar (læknarnir)
Akk.	lækn|i (lækninn)	lækn|a (læknana)
Dat.	lækn|i (lækninum)	lækn|um (læknunum)
Gen.	lækn|is (læknisins)	lækn|a (læknanna)

m5

auf **-nn** oder **-ll**, im Dat Ez fällt **-i** gelegentlich weg

	Ez	Mz
Nom.	stein|n (steinninn)	stein|ar (steinarnir)
Akk.	stein|- (steininn)	stein|a (steinana)
Dat.	stein|i (steininum)	stein|um (steinunum)
Gen.	stein|s (steinsins)	stein|a (steinanna)

	Ez	Mz
Nom.	bíl|l (bíllinn)	bíl|ar (bílarnir)
Akk.	bíl|- (bílinn)	bíl|a (bílana)
Dat.	bíl|- (bílnum)	bíl|um (bílunum)
Gen.	bíl|s (bílsins)	bíl|a (bílanna)

m6
auf **-ur** mit **-ö-** im Stamm,
das regelmäßig mit **-i-** und **-a-** wechselt

	Ez	Mz
Nom.	fjörð|ur (fjörðurinn)	fir͟ð|ir (fir͟ðirnir)
Akk.	fjörð|- (fjörðinn)	fir͟ð|i (fir͟ðina)
Dat.	fir͟ð|i (fir͟ðinum)	fjörð|um (fjörðunum)
Gen.	fjar͟ð|ar (fjarðarins)	fjar͟ð|a (fjarðanna)

w1
auf **-a;** Ö! beachten

	Ez	Mz
Nom.	krón|a (krónan)	krón|ur (krónurnar)
Akk.	krón|u (krónuna)	krón|ur (krónurnar)
Dat.	krón|u (krónunni)	krón|um (krónunum)
Gen.	krón|u (krónunnar)	krón|a (krónanna)

	Ez	Mz
Nom.	gat|a (gatan)	göt|ur (göturnar) (Ö!)
Akk.	göt|u (götuna) (Ö!)	göt|ur (göturnar) (Ö!)
Dat.	göt|u (götunni) (Ö!)	göt|um (götunum) (Ö!)
Gen.	göt|u (götunnar) (Ö!)	gat|na (gatnanna)

w2
auf **-ing;** keine Ausnahmen

	Ez	Mz
Nom.	bygging|- (byggingin)	bygging|ar (byggingarnar)
Akk.	bygging|u (bygginguna)	bygging|ar (byggingarnar)
Dat.	bygging|u (byggingunni)	bygging|um (byggingunum)
Gen.	bygging|ar (byggingarinnar)	bygging|a (bygginganna)

Beugungstabellen: Hauptwörter

w3

endungslos im Nom Ez, Gen Ez auf **-ar** oder **-ur,** Nom/Akk
Mz auf **-ar,-ir** oder **-ur;** Gen Mz gelegentlich auf **-na**)

	Ez	Mz
Nom.	borg|- (borgin)	borg|ir (borgirnar)
Akk.	borg|- (borgina)	borg|ir (borgirnar)
Dat.	borg|- (borginni)	borg|um (borgunum)
Gen.	borg|ar (borgarinnar)	borg|a (borganna)

	Ez	Mz
Nom.	grein|- (greinin)	grein|ar (greinarnar)
Akk.	grein|- (greinina)	grein|ar (greinarnar)
Dat.	grein|- (greininni)	grein|um (greinunum)
Gen.	grein|ar (greinarinnar)	grein|a (greinanna)

	Ez	Mz
Nom.	vík|- (víkin)	vík|ur (víkurnar)
Akk.	vík|- (víkina)	vík|ur (víkurnar)
Dat.	vík|- (víkinni)	vík|um (víkunum)
Gen.	vík|ur (víkurinnar)	vík|a (víkanna)

w4

wie w3, nur mit regelmäßigem Wechsel des Stammvokals

	Ez	Mz
Nom.	bók|- (bókin)	bæk|ur (bækurnar)
Akk.	bók|- (bókina)	bæk|ur (bækurnar)
Dat.	bók|- (bókinni)	bók|um (bókunum)
Gen.	bók|ar (bókarinnar)	bók|a (bókanna)

©RK

In der Julisonne über den Atlantik

w5

Stamm auf **-un**, regelmäßiger Wechsel in der Mz zu **-an;**
Ö!-Regel beachten

	Ez	Mz
Nom.	byrjun|- (byrjunin)	byrjan|ir (byrjanirnar)
Akk.	byrjun|- (byrjunina)	byrjan|ir (byrjanirnar)
Dat.	byrjun|- (byrjuninni)	byrjun|um (byrjununum)
Gen.	byrjun|ar (byrjunarinnar)	byrjan|a (byrjananna)

	Ez	Mz
Nom.	kvörtun|- (kvörtunin)	kvartan|ir (kvartanirnar)
Akk.	kvörtun|- (kvörtunina)	kvartan|ir (kvartanirnar)
Dat.	kvörtun|- (kvörtuninni)	kvörtun|um (kvörtununum)
Gen.	kvörtun|ar (kvörtunarinnar)	kvartan|a (kvartananna)

w6

endungslos mit **-ö-** im Stamm, Gen Ez auf **-ar,**
Nom/Akk Mz auf **-ir**, Ö!-Regel

	Ez	Mz
Nom.	höfn|- (höfnin)	hafn|ir (hafnirnar)
Akk.	höfn|- (höfnina)	hafn|ir (hafnirnar)
Dat.	höfn|- (höfninni)	höfn|um (höfnunum)
Gen.	hafn|ar (hafnarinnar)	hafn|a (hafnanna)

w7

endungslos auf Vokal, Gen Ez und Nom/Akk Mz
auf **-r;** gelegentl. Wechsel des Stammvokals

	Ez	Mz
Nom.	skrá|- (skráin)	skrá|r (skrárnar)
Akk.	skrá|- (skrána)	skrá|r (skrárnar)
Dat.	skrá|- (skránni)	skrá|m (skránum)
Gen.	skrá|r (skrárinnar)	skrá|a (skránna)

	Ez	Mz
Nom.	brú|- (brúin)	brý|r (brýrnar)
Akk.	brú|- (brúna)	brý|r (brýrnar)
Dat.	brú|- (brúnni)	brú|m (brúnum)
Gen.	brú|ar (brúarinnar)	brú|a (brúanna)

w8

auf **-i**, Gen Ez auf **-i** oder **-ar,**
manchmal keine Mehrzahlformen

	Ez	Mz
Nom.	erm|i (ermin)	erm|ar (ermarnar)
Akk.	erm|i (ermina)	erm|ar (ermarnar)
Dat.	erm|i (erminni)	erm|um (ermunum)
Gen.	erm|ar (ermarinnar)	erm|a (ermanna)

	Ez	Mz
Nom.	lyg|i (lygin)	lyg|ar (lygarnar)
Akk.	lyg|i (lygina)	lyg|ar (lygarnar)
Dat.	lyg|i (lyginni)	lyg|um (lygunum)
Gen.	lyg|i (lyginnar)	lyg|a (lyganna)

s1

auf **-a**, Gen Mz auf **-na,** keine Ausnahmen

	Ez	Mz
Nom.	aug|a (augað)	aug|u (augun)
Akk.	aug|a (augað)	aug|u (augun)
Dat.	aug|a (auganu)	aug|um (augunum)
Gen.	aug|a (augans)	aug|na (augnanna)

s2

endungslos auf Mitlaut im Nom Ez, auch **-ur** gehört
zum Stamm, dann A!-Regel, wenn Vokal angefügt
wird, Dat/Gen Mz gelegentlich mit **-j**-Einschub, **-a-**
im Stamm wird in Nom/Akk/Dat Mz immer zu **-ö-**

	Ez	Mz
Nom.	blóm|- (blómið)	blóm|- (blómin)
Akk.	blóm|- (blómið)	blóm|- (blómin)
Dat.	blóm|i (blóminu)	blóm|um (blómunum)
Gen.	blóm|s (blómsins)	blóm|a (blómanna)

	Ez	Mz
Nom.	ber|- (berið)	ber|- (berin)
Akk.	ber|- (berið)	ber|- (berin)
Dat.	ber|i (berinu)	ber|jum (berjunum)
Gen.	ber|s (bersins)	ber|ja (berjanna)

	Ez	Mz
Nom.	hreiður|- (hreiðrið)	hreiður|- (hreiðrin)
Akk.	hreiður|- (hreiðrið)	hreiður|- (hreiðrin)
Dat.	hreiðr|i (hreiðrinu)	hreiðr|um (hreiðrunum)
Gen.	hreiður|s (hreiðursins)	hreiðr|a (hreiðranna)

	Ez	Mz
Nom.	barn|- (barnið)	börn|- (börnin)
Akk.	barn|- (barnið)	börn|- (börnin)
Dat.	barn|i (barninu)	börn|um (börnunum)
Gen.	barn|s (barnsins)	barn|a (barnanna)

s3
auf **-i**; bei denen auf **-ki/-gi** wird **-i** vor **-um/-a**
zu **-j-**, bei allen anderen fällt es weg

	Ez	Mz
Nom.	ríki|- (ríkið)	ríki|- (ríkin)
Akk.	ríki|- (ríkið)	ríki|- (ríkin)
Dat.	ríki|- (ríkinu)	ríkj|um (ríkjunum)
Gen.	ríki|s (ríkisins)	ríkj|a (ríkjanna)

	Ez	Mz
Nom.	epl|i (eplið)	epl|i (eplin)
Akk.	epl|i (eplið)	epl|i (eplin)
Dat.	epl|i (eplinu)	epl|um (eplum)
Gen.	epl|is (eplisins)	epl|a (eplanna)

Dieses T-Shirt werden Sie nach Lektüre dieses Buches *nicht* benötigen

Beugungstabellen: Verben

Es gibt schwache und starke Verben. Bei den schwachen Verben werden in der Wortliste angegeben: die Grundform getrennt in Stamm und Endung sowie die Verbklasse (z. B. kall|a (v1): Stamm kall-, Endung -a, Verbklasse v1). Bei Klasse v1 reicht das, da gibt es keine Ausnahmen. Bei den Klassen v2 bis v5 wird zusätzlich angegeben:

1. Person Ez der Gegenwart („ich tue"),
3. Person Ez Vergangenheit („er tat"),
das Partizip der Vergangenheit („getan"),
das man für geta („können") braucht.

Z. B. heyr|a, -i, -ði, heyrt (v2) bedeutet: heyra gehört in Klasse v2, heyri ist 1. Pers. Ez. Gegenwart („ich höre"), heyrði ist 3. Pers. Ez Vergangenheit („er hörte"): dem entnimmt man das Vergangenheitszeichen -ð- für alle anderen Formen der Vergangenheit, sowie das Partizip heyrt, mit dem man z. B. sagen kann ég get heyrt („ich kann hören).

Schwache Verben:

v1
Gegenwart auf **-a, -ar;** Vergangenheitszeichen **-að-** (Ez), **-uð-** (Mz, Ö!): **elsk|a, kall|a**

Gegenwart	Ez	Mz
1.	elsk|a	elsk|um
2.	elsk|ar	elsk|ið
3.	elsk|ar	elsk|a

Vergangenheit	Ez	Mz
1.	elsk|aði	elsk|uðum
2.	elsk|aðir	elsk|uðuð
3.	elsk|aði	elsk|uðu

Partizip:
elsk|aður *(m Ez),*
elsk|uð *(w Ez),*
elsk|að *(s Ez);*
elsk|aðir *(m Mz),*
elsk|aðar *(w Mz),*
elsk|uð *(s Mz)*

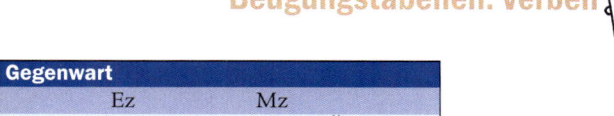

Gegenwart

	Ez	Mz
1.	kall|a	köll|um (Ö!)
2.	kall|ar	kall|ið
3.	kall|ar	kall|a

Vergangenheit

	Ez	Mz
1.	kall|aði	köll|uðum (Ö!)
2.	kall|aðir	köll|uðuð (Ö!)
3.	kall|aði	köll|uðu (Ö!)

Partizip:
kall\|aður *(m Ez)*,
köll\|uð *(w Ez Ö!)*,
kall\|að *(s Ez)*;
kall\|aðir *(m Mz)*,
kall\|aðar *(w Mz)*,
köll\|uð *(s Mz Ö!)*

---

v2

Gegenwart auf **-i, -ir**; Vergangenheitszeichen
-ð-, -d-, -t- oder bei **-tt-** im Stamm keines:
heyr\|a, hætt\|a; leicht unregelmäßig: **ná, þvo**

Gegenwart

	Ez	Mz
1.	heyr|i	heyr|um
2.	heyr|ir	heyr|ið
3.	heyr|ir	heyr|a

Vergangenheit

	Ez	Mz
1.	heyr|ði	heyr|ðum
2.	heyr|ðir	heyr|ðuð
3.	heyr|ði	heyr|ðu

Partizip:
heyr\|ður *(m Ez)*,
heyr\|ð *(w Ez)*,
heyr\|t *(s Ez)*;
heyr\|ðir *(m Mz)*,
heyr\|ðar *(w Mz)*,
heyr\|ð *(s Mz)*.

Gegenwart

	Ez	Mz
1.	hætt|i	hætt|um
2.	hætt|ir	hætt|ið
3.	hætt|ir	hætt|a

Vergangenheit

	Ez	Mz
1.	hætt|i	hætt|um
2.	hætt|ir	hætt|uð
3.	hætt|i	hætt|u

Partizip:
hætt\|ur *(m Ez)*,
hætt\|- *(w Ez)*,
hætt\|- *(s Ez)*;
hætt\|ir *(m Mz)*,
hætt\|ar *(w Mz)*,
hætt\|- *(s Mz)*.

ná und þvo sind Ausnahmen in der Gegenwart Ez: ég nái, þú **nærð**, hann **nær** bzw. ég **þvæ**, þú **þværð**, hann **þvær**. Alle anderen Formen sind regelmäßig: við náum, þið náið, þeir ná bzw. þvoum, þvoið, þvo. Vergangenheit: náði/náðir/náði, náðum, náðuð, náðu bzw. þvoði, þvoðum etc. Partizip: náður/náð/náð bzw. þveginn, þvegin, þvegið.

v3

Gegenwart auf **-i, -ir;**
Vergangenheitszeichen **-ð-, -d-, -t-**
und Stammänderung: **segja**

Gegenwart		
	Ez	Mz
1.	seg|i	seg|jum
2.	seg|ir	seg|ið
3.	seg|ir	seg|ja

Partizip:
sag\|ður *(m Ez)*,
sög\|ð *(w Ez Ö!)*,
sag\|t *(s Ez)*;
sag\|ðir *(m Mz)*,
sag\|ðar *(w Mz)*,
sög\|ð *(s Mz Ö!)*

Vergangenheit		
	Ez	Mz
1.	sag|ði	sög|ðum (Ö!)
2.	sag|ðir	sög|ðuð (Ö!)
3.	sag|ði	sög|ðu (Ö!)

v4

Gegenwart auf **-ur,** Vergangenheitszeichen **-ð-, -d-, -t-** ohne Änderung des Stamms: **setja, skilja**

Gegenwart		
	Ez	Mz
1.	set|-	set|jum
2.	set|ur	set|ið
3.	set|ur	set|ja

Partizip:
set\|tur *(m Ez)*,
set\|t *(w Ez)*,
set\|t *(s Ez)*;
set\|tir *(m Mz)*,
set\|tar *(w Mz)*,
set\|t *(s Mz)*

Vergangenheit		
	Ez	Mz
1.	set|ti	set|tum
2.	set|tir	set|tuð
3.	set|ti	set|tu

Gegenwart		
	Ez	Mz
1.	skil|-	skil|jum
2.	skil|ur	skil|ið
3.	skil|ur	skil|ja

Vergangenheit		
	Ez	Mz
1.	skil|di	skil|dum
2.	skil|dir	skil|duð
3.	skil|di	skil|du

Partizip:
skil\|inn *(m Ez)*,
skil\|in *(w Ez)*,
skil\|ið *(s Ez)*;
skil\|dir *(m Mz)*,
skil\|dar *(w Mz)*,
skil\|in *(s Mz)*

v5

Gegenwart auf **-ð/-rð/-ur** je nach Stamm,
Vergangenheitszeichen **-ð-, -d-, -t-** mit
Änderung des Stamms: **knýja, berja, vekja**

Gegenwart: Stamm auf Vokal		
	Ez	Mz
1.	ný|-	ný|jum
2.	ný|rð	ný|jið
3.	ný|r	ný|ja

Vergangenheit		
	Ez	Mz
1.	knú|ði	knú|ðum
2.	knú|ðir	knú|ðuð
3.	knú|ði	knú|ðu

Partizip:
knú\|inn *(m Ez)*,
knú\|in *(w Ez)*,
knú\|ið *(s Ez)*;
knú\|ðir *(m Mz)*,
knú\|ðar *(w Mz)*,
knú\|in *(s Mz)*

Stamm auf -r: Gegenwart		
	Ez	Mz
1.	ber|-	ber|jum
2.	ber|ð	ber|ið
3.	ber|-	ber|ja

Vergangenheit		
	Ez	Mz
1.	bar|ði	bör|ðum (Ö!)
2.	bar|ðir	bör|ðuð (Ö!)
3.	bar|ði	bör|ðu (Ö!)

Partizip:
bar\|inn *(m Ez)*,
bar\|in *(w Ez)*,
bar\|ið *(s Ez)*;
bar\|ðir *(m Mz)*,
bar\|ðar *(w Mz)*,
bar\|in *(s Mz)*

Stamm auf Konsonant außer -r: Gegenwart		
	Ez	Mz
1.	vek|-	vek|jum
2.	vek|ur	vek|jið
3.	vek|ur	vek|ja

Partizip:
vak\|inn *(m Ez)*,
vak\|in *(w Ez)*,
vak\|ið *(s Ez)*;
vak\|tir *(m Mz)*,
vak\|tar *(w Mz)*,
vak\|in *(s Mz)*

Vergangenheit		
	Ez	Mz
1.	**vak**|ti	**vök**|tum (Ö!)
2.	**vak**|tir	**vök**|tuð (Ö!)
3.	**vak**|ti	**vök**|tu (Ö!)

Starke Verben

Bei starken Verben werden (wie in der Literatur üblich) immer angegeben: Grundform, 1. Pers. Ez Gegenwart, 3. Pers Ez Vergangenheit, 1. Pers. Mz Vergangenheit, Partizip in der Form s Ez für die Kombination mit geta „können". Beispiel: bjóð\|a, být, bauð, buðum, boðið: být = ich biete, bauð = er bot, buðum = wir boten, boðið = geboten. Aus diesen Formen können alle anderen Formen erschlossen werden.

Auch bei den starken Verben hängen. die Gegenwartsformen in der Ez vom letzten Buchstaben im Stamm ab. Beispiele: fá, far\|a, frjós\|a, vax\|a, kom\|a.

In Ausnahmefällen wird noch die 1. Pers. Mz Gegenwart angegeben, wenn sie von der 1. Pers. Ez Gegenwart abweicht.

Stamm auf Vokal: Gegenwart		
	Ez	Mz
1.	fæ|-	fá|um
2.	fæ|rð	fá|ið
3.	fæ|r	fá|-

Partizip:
feng\|inn *(m Ez)*,
feng\|in *(w Ez)*,
feng\|ið *(s Ez)*;
feng\|nir *(m Mz)*,
feng\|nar *(w Mz)*,
feng\|in *(s Mz)*

Vergangenheit		
	Ez	Mz
1.	fékk|-	feng|um
2.	fékk|st	feng|uð
3.	fékk|-	feng|u

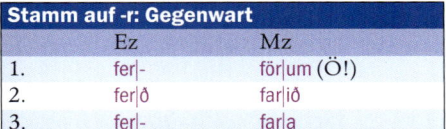

Stamm auf -r: Gegenwart		
	Ez	Mz
1.	fer|-	för|um (Ö!)
2.	fer|ð	far|ið
3.	fer|-	far|a

Vergangenheit		
	Ez	Mz
1.	fór|-	fór|um
2.	fór|st	fór|uð
3.	fór|-	fór|u

Partizip:
far\|inn *(m Ez)*,
far\|in *(w Ez)*,
far\|ið *(s Ez)*;
far\|nir *(m Mz)*,
far\|nar *(w Mz)*,
far\|in *(s Mz)*

Stamm auf -s: Gegenwart		
	Ez	Mz
1.	frýs|-	frýs|um
2.	frýs|t	frýs|ið
3.	frýs|-	frýs|a

Vergangenheit		
	Ez	Mz
1.	fraus|-	frus|um
2.	fraus|t	frus|uð
3.	fraus|-	frus|u

Partizip:
fros\|inn *(m Ez)*,
fros\|in *(w Ez)*,
fros\|ið *(s Ez)*;
fros\|nir *(m Mz)*,
fros\|nar *(w Mz)*,
fros\|in *(s Mz)*

Stamm auf -x: Gegenwart		
	Ez	Mz
1.	vex|-	vöx|um (Ö!)
2.	vex|-	vax|ið
3.	vex|-	vax|a

Vergangenheit		
	Ez	Mz
1.	óx|-	ux|um
2.	óx|st (óx|t)	ux|uð
3.	óx|-	ux|u

Partizip:
vax\|inn *(m Ez)*,
vax\|in *(w Ez)*,
vax\|ið *(s Ez)*;
vax\|nir *(m Mz)*,
vax\|nar *(w Mz)*,
vax\|in *(s Mz)*

Stamm auf Konsonant außer -r, -s, -x: Gegenwart		
	Ez	Mz
1.	kem|-	kom|um
2.	kem|ur	kom|ið
3.	kem|ur	kom|a

Partizip:
kom|inn *(m Ez)*,
kom|in *(w Ez)*,
kom|ið *(s Ez)*;
kom|nir *(m Mz)*,
kom|nar *(w Mz)*,
kom|in *(s Mz)*

Vergangenheit		
	Ez	Mz
1.	kom|-	kom|um
2.	kom|st	kom|uð
3.	kom|-	kom|u

-st-Verben

Die Partizipformen sind immer angegeben, da hier die Regeln recht kompliziert sind!

Eine große Anzahl von starken und schwachen Verben hängen an die oben gezeigten Formen das Anhängsel -st an, das früher „selbst" bedeutete, heute aber oft die Bedeutung des Verbs insgesamt verändert. -st verdrängt dabei -ð, -rð, -r und -ur, ansonsten fügt es sich einfach an die Form an. Beispiele: kall|ast (v1), seg|jast (v2), skil|jast (v3) und kom|ast (stV).

Gegenwart		
	Ez	Mz
1.	kall|ast	köll|umst (Ö!)
2.	kall|ast	kall|ist
3.	kall|ast	kall|ast

Partizip: kall|ast *(s Ez), andere Formen sind ungebräuchlich*

Vergangenheit		
	Ez	Mz
1.	kall|aðist	köll|uðumst (Ö!)
2.	kall|aðist	köll|uðust (Ö!)
3.	kall|aðist	köll|uðust (Ö!)

Gegenwart		
	Ez	Mz
1.	seg|ist	seg|jumst
2.	seg|ist	seg|ist
3.	seg|ist	seg|jast

Partizip: sag|st *(s Ez)*

Vergangenheit		
	Ez	Mz
1.	sag|ðist	sög|ðumst (Ö!)
2.	sag|ðist	sög|ðust (Ö!)
3.	sag|ðist	sög|ðust (Ö!)

Gegenwart		
	Ez	Mz
1.	skil|-	skil|jumst
2.	skil|st	skil|ist
3.	skil|st	skil|jast

Vergangenheit		
	Ez	Mz
1.	skil|dist	skil|dumst
2.	skil|dist	skil|dust
3.	skil|dist	skil|dust

Partizip: skil\|ist *(s Ez)*

Gegenwart		
	Ez	Mz
1.	kem|st	kom|umst
2.	kem|st	kom|ist
3.	kem|st	kom|ast

Vergangenheit		
	Ez	Mz
1.	kom|st	kom|umst
2.	kom|st	kom|ust
3.	kom|st	kom|ust

Partizip: kom\|ist

Beugungstabellen: Eigenschaftswörter

Für die Eigenschaftswörter (Adjektive) werden die starken Formen gegeben, die verwendet werden, wenn das Hauptwort ohne bestimmten Artikel steht (stór hestur = ein großes Pferd) sowie die schwachen, wenn das Hauptwort mit bestimmtem Artikel steht (stóri hesturinn = das große Pferd). Für die starken werden den Ez und Mz für m, w, und s in allen vier Fällen angegeben.

Beugungstabellen: Eigenschaftswörter

Adjektive mit -ur in m Nom. Ez		
svak|ur, -, -t Starke Formen:		
Ez	m	w	s
Nom.	svak|ur	svök|- (Ö!)	svak|t
Akk.	svak|an	svak|a	svak|t
Dat.	svök|um (Ö!)	svak|ri	svök|u (Ö!)
Gen.	svak|s	svak|rar	svak|s
Mz	m	w	s
Nom.	svak|ir	svak|ar	svök|- (Ö!)
Akk.	svak|a	svak|ar	svök|- (Ö!)
Dat.	svök|um (Ö!)	svök|um (Ö!)	svök|um (Ö!)
Gen.	svak|ra	svak|ra	svak|ra

Schwache Formen: svak\|i, svak\|a, svök\|u *(Ö!)*

Adjektive ohne Endung in m Nom. Ez		
(**-r** gehört zum Stamm) **stór, -, -t** Starke Formen:		
Ez	m	w	s
Nom.	stór|-	stór|-	stór|t
Akk.	stór|an	stór|a	stór|t
Dat.	stór|um	stór|ri	stór|u
Gen.	stór|s	stór|rar	stór|s
Mz	m	w	s
Nom.	stór|ir	stór|ar	stór|-
Akk.	stór|a	stór|ar	stór|-
Dat.	stór|um	stór|um	stór|um
Gen.	stór|ra	stór|ra	stór|ra

Schwache Formen: stór\|i, stór\|a, stór\|u

Adjektive auf -ður in m Nom. Ez:		
blíð|ur, -, blítt Starke Formen:		
Ez	m	w	s
Nom.	blíð|ur	blíð|-	blí|tt
Akk.	blíð|an	blíð|a	blí|tt
Dat.	blíð|um	blíð|ri	blíð|u
Gen.	blíð|s	blíð|rar	blíð|s
Mz	m	w	s
Nom.	blíð|ir	blíð|ar	blíð|-
Akk.	blíð|a	blíð|ar	blíð|-
Dat.	blíð|um	blíð|um	blíð|um
Gen.	blíð|ra	blíð|ra	blíð|ra

Schwache Formen: blíð\|i, blíð\|a, blíð\|u

Beugungstabellen: Eigenschaftswörter

Adjektive mit -r in m Nom. Ez

blá|r, -, blátt Starke Formen:

Ez	m	w	s
Nom.	blá|r	blá|-	blá|**tt**
Akk.	blá|an	blá|a	blá|**tt**
Dat.	blá|um	blá|**rri**	blá|u
Gen.	blá|s	blá|**rrar**	blá|s
Mz	m	w	s
Nom.	blá|ir	blá|ar	blá|-
Akk.	blá|a	blá|ar	blá|-
Dat.	blá|um	blá|um	blá|um
Gen.	blá|**rra**	blá|**rra**	blá|**rra**

Schwache Formen: blá|i, blá|a, blá|u

Adjektive auf -aður in m Nom. Ez

gallað|ur, gölluð, gallað Starke Formen:

Ez	m	w	s
Nom.	gallað|ur	gölluð|- (Ö!)	gallað|-
Akk.	gallað|an	gallað|a	gallað|-
Dat.	gölluð|um (Ö!)	gallað|ri	gölluð|u
Gen.	gallað|s	gallað|rar	gallað|s
Mz	m	w	s
Nom.	gallað|ir	gallað|ar	gölluð|u (Ö!)
Akk.	gallað|a	gallað|ar	gölluð|u (Ö!)
Dat.	gölluð|um (Ö!)	gölluð|um (Ö!)	gölluð|um (Ö!)
Gen.	gallað|ra	gallað|ra	gallað|ra

Schwache Formen: gallað|i, gallað|a, gölluð|u *(Ö!)*

Adjektive auf -inn in m Nom. Ez

bú|inn, -in, -ið Starke Formen:

Ez	m	w	s
Nom.	bú|inn	bú|in	bú|ið
Akk.	bú|nan	bú|na	bú|ið
Dat.	bú|num	bú|inni	bú|nu
Gen.	bú|ins	bú|innar	bú|ins
Mz	m	w	s
Nom.	bú|nir	bú|nar	bú|in
Akk.	bú|na	bú|nar	bú|in
Dat.	bú|num	bú|num	bú|num
Gen.	bú|inna	bú|inna	bú|inna

Schwache Formen: bú|ni, bú|na, bú|nu

Liste starker Verben

Folgende Formen werden angegeben:

1.: Infinitiv (Grundform; z. B.: biða)
2.: „ich"Form der Gegenwart
   (z. B. ég bið = „ich warte")
3.: Ez-Stamm („ich, du, er/sie")
   für die Vergangenheit (z. B. beið)
4.: Mz-Stamm („wir, ihr, sie")
   für die Vergangenheit (z. B. biðu)
5.: sächl. Partizip
   (Mittelwort der Vergangenheit;
   z. B. beðið „gewartet")

1.	2.	3.	4.	5.
afrek|a	afrek	afrak	afrákum	afrekið
ak|a	ek	ók	ókum	ekið
al|a	el	ól	ólum	alið
auk|a(st)	eyk(st)	jók(st)	jukum(st)	aukið (aukist)
ákveð|a	ákveð	ákvað	ákváðum	ákveðið
álit|a	álit	áleit	álitum	álitið
ber|a(st)	ber(st)	bar(st)	bárum(st)	borið (borist)
bið|ja(st)	bið(st)	bað(st)	báðum(st)	beðið (beðist)
bind|a(st)	bind (binst)	batt (bast)	bundum(st)	bundið (bundist)
bíð|a	bíð	beið	biðum	beðið
bít|a	bít	beit	bitum	bitið
bjóð|a	býð	bauð	buðum	boðið
blás|a	blæs	blés	blésum	blásið
bregð|a(st)	bregð (bregst)	brá(st)	brugðum(st)	brugðið (brugðist)
brenn|a	brenn	brann	brunnum	brunnið
brest|a	brest	brast	brustum	brostið
brjót|a	brýst	braust	brustum	brostið
bú|a(st)	bý(st)	bjó(st)	bjuggum(st)	búið (búist)
dett|a	dett	datt	duttum	dottið
dey|ja	dey	dó	dóum	dáið
drag|a(st)	dreg(st)	dró(st)	drógum(st)	dregið (dregist)
drekk|a	drekk	drakk	drukkum	drukkið

drep|a	drep	drap	drápum	drepið
dríf|a	dríf	dreif	drifum	drifið
drjúp|a	drýp	draup	drupum	dropið
eig|a	á	átti	áttum	átt
ét|a	ét	át	átum	étið
fall|a(st)	fell(st)	féll(st)	féllum(st)	fallið (fallist)
far|a	fer	fór	fórum	farið
fá	fæ	fékk	fengum	fengið
fá|st	fæst	fékkst	fengumst	fáist
fel|a(st)	fel(st)	fól(st)	fólum(st)	falið (falist)
finn|a(st)	finn(st)	fann(st)	fundum(st)	fundið (fundist)
fjúk|a	fýk	fauk	fukum	fokið
fljót|a	flýt	flaut	flutum	flotið
fljúg|a	flýg	flaug	flugum	flogið
frjós|a	frýs	fraus	frusum	frosið
gang|a(st)	geng(st)	gekk(st)	gengum(st)	gengið (gengist)
gef|a(st)	gef(st)	gaf(st)	gáfum(st)	gefið (gengist)
get|a	get	gat	gátum	getað (gekonnt) / getið (geraten)
gjós|a	gýs	gaus	gusum	gosið
gjót|a	gýt	gaut	gutum	gotið
graf|a	gref	gróf	grófum	grafið
grát|a	græt	grét	grétu	grátið
gríp|a	gríp	greip	gripum	gripið
gró|a	græ	greri	grerum	gróið
haf|a	hef	hafði	höfðum (Ö!)	haft
hald|a	held	hélt	héldum	haldið
hef|ja(st)	hef(st)	hóf(st)	hófum(st)	hafið (hafist)
hlað|a	hleð	hlóð	hlóðum	hlaðið
hlaup|a	hleyp	hljóp	hlupum	hlaupið
hljót|a	hlýt	hlaut	hlutum	hlotið
hlæ|ja	hlæ	hló	hlógum	hlegið
hnjót|a	hnýt	hnaut	hnutum	hnotið
hrind|a	hrind	hratt	hrundum	hrundið
hríf|a	hríf	hreif	hrifum	hrifið
hrjót|a	hrýt	hraut	hrutum	hrotið
hrökk|va	hrekk	hrökk	hrukkum	hrokkið
hverf|a	hverf	hvarf	hurfum	horfið
kal|a	kelur	kól	-	kalið
kjós|a	kýs	kaus	kusum	kosið
klíf|a	klíf	kleif	klifum	klifið

kljúf|a	klýf	klauf	klufum	klofið
kom|a(st)	kem(st)	kom(st)	komum(st)	komið (komist)
krjúp|a	krýp	kraup	krupum	kropið
kunn|a	kann	kunni	kunnum	kunnið
lát|a(st)	læt(st)	lét (lést)	létum(st)	látið (látist)
leik|a	leik	lék	lékum	leikið
lek|a	lek	lak	lákum	lekið
les|a	les	las	lásum	lesið
ligg|ja	ligg	lá	lágum	legið
líð|a	líð	leið	liðum	liðið
lít|a	lít	leit	litum	litið
ljúg|a	lýg	laug	lugum	logið
ljúk|a	lýk	lauk	lukum	lokið
meg|a	má	mátti	máttum	mátt
met|a	met	mat	mátum	metið
míg|a	míg	meig	migum	migið
mun|a	man	munum	mundi	munað
nem|a	nem	nam	námum	numið
njót|a	nýt	naut	nutum	notið
nú|a	ný	neri	nerum	núið
ráð|a(st)	ræð(st)	réð(st)	réðum(st)	ráðið (ráðist)
rek|a(st)	rek(st)	rak(st)	rákum(st)	rekið (rekist)
renn|a	renn	rann	runnum	runnið
ríð|a	ríð	reið	riðum	riðið
ríf|a(st)	ríf(st)	reif(st)	rifum(st)	rifið (rifist)
rís|a	rís	reis	risum	risið
rjúf|a	rýf	rauf	rufum	rofið
rjúk|a	rýk	rauk	rukum	rokið
ró|a	ræ	reri	rerum	róið
sit|ja	sit	sat	sátum	setið
sjá	sé	sá	sáum	séð
sjóð|a	sýð	sauð	suðum	soðið
sjúg|a	sýg	saug	sugum	sogið
sker|a	sker	skar	skárum	skorið
skín|a	skín	skein	skinum	skinið
skít|a	skít	skeit	skitum	skitið
skjálf|a	skelf	skalf	skulfum	skolfið
skjót|a(st)	skýt (skýst)	skaut (skaust)	skutum(st)	skotið (skotist)

Liste starker Verben

skrepp|a	skrepp	skrapp	skruppum	skroppið
skríð|a	skríð	skreið	skriðum	skriðið
slá(st)	slæ(st)	sló(st)	slógum(st)	slegið (slegist)
slíta	slít	sleit	slitum	slitið
slökk|va	slekk	slökkvum	slökkti	slökkt
smell|a	smell	small	smullum	smollið
snert|a	snert	snart	snurtum	snortið
snú|a(st)	sný(st)	sneri(st)	snerum(st)	snúið (snúist)
sof|a	sef	svaf	sváfum	sofið
spring|a	spring	sprakk	sprungum	sprungið
stand|a(st)	stend (stenst)	stóð(st)	stóðum(st)	staðið (staðist)
stel|a	stel	stal	stálum	stolið
sting|a	sting	stakk	stungum	stungið
stíg|a	stíg	steig	stigum	stigið
strjúk|a	strýk	strauk	strukum	strokið
stökk|va	stekk	stökk	stukkum	stokkið
svíð|a	svíð	sveið	sviðu	sviðið
svík|ja	svík	sveik	svikum	svikið
syng|ja	syng	söng	sungum	sungið
sökkv|a	sekk	sökk	sukkum	sokkið
tak|a(st)	tek(st)	tók(st)	tókum(st)	tekið (tekist)
troð|a	treð	tróð	tróðum	troðið
umgang|ast	-gengst	-gekkst	-gengumst	-gangist
vað|a	veð	óð	óðum	vaðið
vald|a	veld	olli	ollum	valdið
vax|a	vex	óx	uxum	vaxið
veg|a	veg	vó	vógum	vegið
veld|a	veld	olli	ollum	valdið
vell|a	vell	vall	ullum	ollið
velt|a	velt	valt	ultum	oltið
vera	er	var	vorum	verið
verð|a	verð	varð	urðum	orðið
vind|a	vind	vatt	undum	undið
vinn|a	vinn	vann	unnum	unnið
vit|a	veit	vissi	vissum	vitað
þjót|a	þýt	þaut	þutum	þotið
þríf|a	þríf	þreif	þrifum	þrifið
þurf|a	þarf	þurfti	þurftum	þurft

Literaturhinweise

Es gibt bislang kaum Lehrbücher, die für das Selbststudium geeignet sind.

Scholten, Daniel:
Einführung in die isländische Grammatik.
Philyra Verlag, München.
Detaillierte Darstellung der komplexen Beugung mit teilweise nur für Philologen interessanten Hintergrundinformationen.

Schmid, Hans Ulrich:
Wörterbuch Isländisch-Deutsch.
Buske, Hamburg.
Gutes Wörterbuch mit grammatikalischen Angaben, geht über das Taschenwörterbuch Isländisch von Langenscheidt hinaus.

Glendening, P. J. T.:
Teach Yourself Icelandic.
Teach Yourself Books.
Gibt einen ausreichenden Überblick über die Sprache, ohne zu tief in Details einzusteigen.

Duppler, Ríta & van Nahl, Astrid:
Praktisches Lehrbuch Isländisch.
Langenscheidt, München.
Stark an der Alltagssprache orientiert, fürs Selbstlernen geeignet.

Heimir Steinarsson (ed.):
Þýsk-íslensk orðabók.
Bókaútgáfan Opna ehf, Reykjavík 2008

Kress, Bruno: **Isländische Grammatik.**
Max Hueber Verl., München 1982

Mörður Árnason (ed.): **Íslensk orðabók.**
4. Aufl., Edda útg., Reykjavík 2007

Thomson, Colin D.: **Íslensk Beygingafræði.**
Helmut Buske Verlag Hamburg 1987

Richard H. Kölbl.

Den Einstieg in die isländische Sprache, den Sie eben in Händen halten, habe ich während meines Geologiestudiums in Island 1991 - 92 in erster Auflage verfasst. Seither habe ich ihn immer wieder etwas umgearbeitet und aktualisiert, Anregungen und Kritiken von Lesern teilweise aufgenommen, teilweise konnte ich es leider nicht tun, wenngleich ich immer sehr interessiert an Ihrer Rückmeldung bin.

Die isländische Sprache begleitet mich seit Mitte der 80er. Ich habe über die Geologie und isländische Literatur enge Kontakte in das Land, dessen Geschick ich aufmerksam verfolge und versuche, durch Übersetzungen ein wenig von dem reichen Literaturleben dieser faszinierenden Sprache zugänglich zu machen. Über all die Jahre haben mir viele Isländer in langjährigen freundschaftlichen Kontakten geholfen, (nicht nur) die Sprache lebendig zu erhalten.

Dank an: Ari Trausti, Árni, Ásgeir, Dísa, Erla, Gerða, Gylfi, Halla, Ingvar, Kristín, Leifur, Marta, Palli, Óttar, Ragnhildur, Siglinde, Sigrún, Sindri, Tryggvi, Þórir. Außerdem Dank an Sigga und Alex für die Unterstützung bei dieser Neuauflage.

Widmung

Worte, Worte - Substantive!
Sie brauchen nur die Schwingen zu öffnen
und Jahrtausende entfallen ihrem Flug.

Gottfried Benn, Probleme der Lyrik

Zur Entstehung der Wortlisten

Die Wortlisten im Anhang habe ich nach Verlagsvorgaben sowie eigenen Erwägungen unter Zuhilfenahme unten aufgeführter Quellen handverlesen zusammengestellt. Ich bitte zu beachten, dass Wörter und Ausdrücke keine Zahlen sind. Das bedeutet: nicht immer sind Bedeutungsumfang eines Wortes oder komplexen Ausdrucks ganz exakt zu umgrenzen. Hier spielen persönliche Gewohnheiten eines Sprechers ebenso hinein wie Sprachmoden und schlichtweg feststehende Gebräuchlichkeiten, die im Rahmen dieses Buches (wenn überhaupt jemals) nicht restlos abzubilden sind. Dennoch habe ich versucht, einen Wortschatz nah an der Umgangssprache für Reisende im Lande zusammenzustellen, aber auch die nicht zu vergessen, die länger in Island bleiben und andere Sprachsituationen erleben. Außerdem habe ich versucht, Ortsnamen zugänglich zu machen hinsichtlich Bedeutung und grammatikalischer Behandlung. Die in dieser Auflage trotz intensiver Durchsicht noch enthaltenen Fehler bitte ich mir nachzusehen, fehlende Wörter oder Bedeutungsaspekte gerne zu melden.

Für die äußerst geduldige Beantwortung sehr vieler (z.T. echt gemeiner) Fragen danke ich an erster Stelle Gylfi Gunnlaugsson und Ragnhildur Hannesdóttir, aber nicht minder Leifur Þórleifsson, Marta Pálsdóttir und Sigrún Gylfadóttir.

Quellen: siehe unter „Literaturhinweise", sowie eigene Notizen und Feldforschungen.

Weiterer Titel für die Region aus dem

Reise Know-How Verlag

Landkarte
Island 1:425.000
ISBN 978-3-8317-7302-2
€ 9,95 [D]

- Neben detailreichen Regionalkarten gibt es auch kleinmaßstäbige Überblickskarten für die Routenplanung
- GPS-tauglich
- Beschreibbar wie Papier
- 100%-ig wasserfest
- Praktisch unzerreißbar

Die unglaubliche Vielfalt Islands entdecken. Reiseführer, Stadtführer,

Reiseführer
Island & Färöer Inseln
Jörg-Thomas Titz

ISBN 978-3-8317-2981-4

€ 24,90 [D]

CityTrip
Reykjavík
Sabine Burger, Alexander Schwarz

ISBN 978-3-8317-2999-9

€ 11,95 [D]

- Zahlreiche Reisepraktische Infos
- Sorgfältige Beschreibung aller sehnswerten Orte und interessanter Attraktionen
- Unterkunftsempfehlungen für jeden Geldbeutel
- Umfangreiche Hintergrundinformationen zur regionalen Geschichte
- Ortspläne und Karten

Kulturführer aus dem
Reise Know-How Verlag

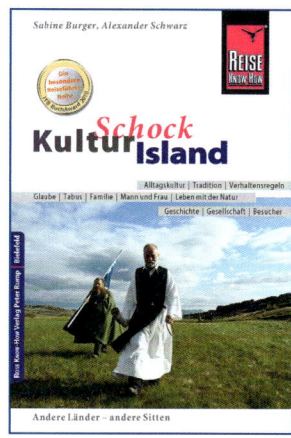

KulturSchock

Island

Sabine Burger, Alexander Schwarz

ISBN 978-3-8317-3105-3

€ 14,90 [D]

Mit diesem Buch umgehen die Besucher kulturelle Fettnäpfchen und lernen, die zuweilen mysteriös erscheinende Insel in all ihren Facetten besser zu verstehen.

- Tanz auf dem Vulkan: Naturphänomene, die das Leben bestimmen
- Von A bis Ö: Sprache als Kulturgut
- Versengter Schafskopf und verrotteter Hai: kulinarische Besonderheiten
- Gleichberechtigung: was die starken Isländerinnen bereits erreicht haben
- u.v.m.

Wörterbuch
Isländisch – Deutsch
Deutsch – Isländisch

Ein gutes Wörterbuch ist in der Fremde mehr wert als ein Schwert.
(arabische Redensart)

Abkürzungen im Wörterbuch

A!	A!-Regel nicht vergessen	**Nom.**	Nominativ, Werfall, 1. Fall
Adj.	Adjektiv (Eigenschaftswort)	**Ö!**	Ö!-Regel nicht vergessen
Adv.	Adverb	**od.**	oder
Akk.	Akkusativ, Wenfall, 4. Fall	**ökon.**	ökonomisch
allg.	allgemein	**pej.**	pejorativ (erniedrigend)
Art.	Artikel	**phys.**	physikalisch
biol.	biologisch	**pol.**	politisch
Dat.	Dativ, Wemfall, 3. Fall	**Präp.**	Präposition
Dt.	Deutsch	**s**	sächlich
Ez	Einzahl, Singular	**s.**	selbst
fam.	familiäre (Umgangs)sprache	**sl.**	Slang
förm.	förmlich	**stV**	siehe Liste starker Verben
Gen.	Genitiv, Wesfall, 2. Fall	**übertr.**	übertragene (bildliche) Bedeutung
geol.	geologisch	**unreg.**	unregelmäßiges Wort
Interj.	Interjektion (Ausruf)	**unv.**	unveränderliches Wort
jdm.	jemandem	**Verg.**	Vergangenheitsform
jdn.	jemanden	**vi**	intransitives Verb (ohne Akkusativobjekt)
koll.	kollektiv		
Konj.	Konjunktion	**vt**	transitives Verb (mit Akkusativobjekt)
literar.	literarisch		
m	männlich	**vulk.**	vulkanisch
m. Art.	Wortform mit Artikel	**w**	weiblich
mst.	meist	**Zssg.**	Zusammensetzung
Mz	Mehrzahl, Plural	**[...]**	Wortform mit Artikel
neutr.	neutraler Ausdruck	**↑**	siehe

Zeichenerklärung

1, 2, 3, ...	die Zahlen listen unterschiedliche Bedeutungen eines Stichwortes auf
~	Wiederholung des Stichworts
≈	Wiederholung des Stichworts mit umgekehrter Klein-Groß-Schreibung
▶	Beginn der Auflistung von festen Redewendungen und Beispielsätzen
♦	zeigt Wechsel der Wortklasse an

Hinweise zum Gebrauch

Hauptwörter, Verben und Eigenschaftswörter werden durch einen senkrechten Strich getrennt in Stamm und Endung angegeben sowie bei den ersten beiden die jeweilige Klasse. Bei den Hauptwörtern werden die Endungen für Gen. Ez und Nom Mz angegeben, sofern sie sich nicht eindeutig aus den Beispieltabellen ableiten lassen. Bei den schwachen Verben außer Klasse (v1) gebe ich an: Grundform; 1 Pers. Ez Gegenwart („ich tue"), 3 Pers Ez Vergangenheit („er tat") sowie das Partizip („getan"), das immer mit geta = können gebraucht werden muss. Die Grundformen aller starken Verben habe ich in einer eigenen Liste zusammengefasst. Bei den Eigenschaftswörtern gebe ich immer die Form für m Ez an, in einigen Fällen die für w und s Ez, wenn sie etwas schwieriger zu bilden sind.

Nicht selten wird im Isländischen ein Begriff aus mehreren Wörtern zusammengesetzt, oft aus Verb + Präposition (so Wörter wie *zu, an, bei, mit, hinter* etc.). Diese unbedingt zusammengehörigen Wörter werden **in diesem Schrifttyp** gesetzt. So heißt z.B. **bera** allein **tragen**, erst zusammen mit **fram** ergibt sich die Bedeutung „aussprechen": **bera e-ð fram** = **aussprechen**. Mögliche Ergänzungen sind *in diesem Schrifttyp* gesetzt, wie hier der Platzhalter **e-ð** (siehe Abkürzungen). Das bedeutet: soll anstelle des Platzhalters ein benötigtes Wort kommen, so kommt es an die entsprechende Position: **bera orð fram** = **ein Wort aussprechen**. In Klammern sind *Erklärungen zum Bedeutungsumfang* der **deutschen Übersetzung** beigefügt. Ist ein isländisches Stichwort teilweise eingeklammert, z. B. **(eld)gos Vulkanausbruch**, so kann der Teil außerhalb der Klammern alleine in der jeweiligen Bedeutung verwendet werden (**gos** = **Ausbruch**), aber manchmal ist der eingeklammerte Teil für die Eindeutigkeit notwendig (**gos** *auch:* **sprudelndes Getränk**).

Isländische Abkürzungen im Wörterbuch

Folgende isländische Abkürzungen wurden verwendet, so wie in der Literatur üblich. Sie geben an, welcher Fall dem jeweiligen Wort folgt oder vorausgeht sowie ob es sich um personen- oder sachbezogene Ausdrücke handelt. Es sind letztlich Platzhalter für das Wort, das an ihre Stelle kommt, wenn ein Satz gebildet werden soll.

e-a **einhverja**	eine (Akk. weiblich, nur Frauen)	
e-ð **eitthvað**	etwas (Nom. od. Akk. s, Dinge)	
e-n **einhvern**	jemanden (Akk. m od. w, alle Personen)	
e-r **einhver**	jemand (Nom., alle Personen)	
e-s **einhvers**	jemandes + von etwas (Gen., alle Personen & Dinge)	
e-u **einhverju**	etwas (Dat. s, alle Dinge)	
e-um **einhverjum**	jemandem (Dat. m od. w, alle Personen)	

Beispiel: **velt|a** *e-u* **fyrir sér** = sich etwas überlegen. *e-u* steht (wie das deutsche **etwas**) als Platzhalter für das, was man sich überlegt, z.B. **svar (s2)** = Antwort. *e-u* ist Dativ, also muss auch **svar** in den Dativ gesetzt werden = **svari.** So bekommen wir: **velta svari fyrir sér** = sich eine Antwort überlegen.

A

að[1] *(Präp. Dat)* an (heran); bei;
nach *(Richtung)*; zu; **~ aftanverðu** *(Adv.)*
hinten *(in Reihen, eher offenen Gebieten)*;
~ degi til tagsüber; **~ hluta til**
teilweise; **~ jafnaði** üblich;
~ kvöldi til abends; **~ kvöldlagi**
abends; **~ meðaltali** durchschnittlich;
**~ e-u meðtöldum (m), meðtalinni (w),
meðtöldu (s)** einschließlich;
~ mestu leyti meistens; überwiegend;
~ minnsta kosti mindestens;
wenigstens; **~ morgni** morgens
(an einem Tag); **~ nafni** namens;
~ svo stöddu zurzeit *(im Augenblick)*;
~ vísu zwar; **~ öllum líkindum**
wahrscheinlich; **~ því er virðist**
anscheinend

að[2] *(Konj.)* dass
aðal- Haupt-;
~braut, -ar, -ir *(w3)* Hauptstraße;
~skrifstofa *(w1)* Hauptstelle; Zentrale
aðalbláber *(s2)* Heidelbeere
aðeins bisschen; mal *(Aufforderung)*
aðfaranótt *(↑ nótt)* die Nacht vor;
Vornacht
aðferð, -ar, -ir *(w3)* Methode;
Verfahren *(techn. ~)*
aðganga *(Ö! w1)* Eintritt
aðgangur, -s, -ar *(m2)* **1** Eingang
2 Zugang; Zutritt
aðgangseyrir, -is, aðgangsaurar
(m4 unreg.) Eintrittsgeld
aðgangsorð *(s2)* Passwort
aðgát, -ar *(w4 Ez)* Vorsicht
aðgengilegur zugänglich
(Information, Laden, Webseite)
aðgerð, -ar, -ir *(w3)* Maßnahme
aðgreina, -i, -di, -t *(v2) e-ð frá e-u*
unterscheiden
aðgreining *(w2)* Trennung *(Unterschied)*
aðgætinn vorsichtig; umsichtig
aðhafast, -hefst, -hafðist, -hafst
(v4 wie hafa) unternehmen *(etw. ~
gegen jdn. /etw.)*
aðhlægi *(s3)* Auslachen
aðili *(m1)* Person *(jur., förm.)*
aðlaðandi anziehend, **vera** *(stV↑)* **~**
(unv.) anziehend sein

aðlaga *(v1) e-ð að e-u* anpassen;
~ sig að e-u anpassen, s. *(an etw.)*
aðlögun, -ar, aðlaganir *(Ö! w5)*
Anpassung
aðra leið *(↑ leið)* Hin- oder Rückfahrt;
eine Hälfte der Reise
aðrein, -ar, -ar *(w3)* Auffahrt
(Zufahrt zu Schnellstraße)
aðskilinn getrennt
aðskilja *e-ð frá e-u (v1)* abtrennen;
getrennt halten
aðstaða *(Ö! w1)* Umstand; Zustand
aðstoð, -ar *(w3)* Unterstützung *(kl. Hilfe)*
aðstoða *(v1) e-n* unterstützen *(kl. Hilfe)*
▶ Get ég aðstoðað? Kann ich helfen?
aðstæður *(w1 Mz)* Umstand
aðveita *(w1)* Einleitung *(Wasser, Dampf)*
aðvörun, -ar, aðvaranir *(Ö! w5)*
Warnung
af *(Präp. Dat)* ab; von; durch *(bewirkt ~)*;
~ ásettu ráði absichtlich;
~ hverju warum; **~ og á** ab und zu;
~ slysni unglücklicherweise
(Ungeschicklichkeit); **~ stað** weg *(los)*;
~ tilviljun zufällig
af því að *(Konj.)* weil; da
afi *(m1)* Großvater
afar sehr
afborgun *(w5)* Anzahlung
afbrot *(s2)* Verbrechen *(förml.)*
afbrýðisamur, -söm *(Ö!),*
-samt eifersüchtig
afferma, -i, -di, -t *(v2) e-ð*
entladen *(Schiff, Fahrzeug)*
afgangur, -s, -ar *(m2)*
Rest; **~ar** *(m2 Mz)* Essensreste
afgangs *(unv.)* übrig *(Rest)*
afgreiða, -i, afgreiddi, afgreitt *(v2)*
entscheiden; erledigen;
bedienen *(Kunde)*
afgreiðsla *(w1)* Rezeption
afgreiðsluborð *(s2)* Schalter
(z.B. Bücherei)
afgreiðslumaður ♂ *(↑ maður)*
Kassierer(in) *(Laden)*
afhenda, -i, afhenti, afhent *(v2)*
e-um e-ð aushändigen; liefern
afhending *(w2)* Ausgabe; Lieferung
afkasta *(v1)* leisten *(etw. schaffen)*
afkastamikill, -, -mikið fleißig
afklæðast, -ist, afklæddist,

afklæðst ausziehen *(eigene Kleidung)*
afkomand|i, -a, afkomendur *(m1)*
Nachkomme
afkvæmi *(s3)* Junges
afköst *(Ö! s2 Mz)* Leistung *(Arbeitsergebnis)*
afl, -s, öfl *(s2)* Kraft *(phys.)*; Energie
afl|i *(m1)* Fang *(Fisch od. Jagdtiere)*
aflag|a *(Ö! w1)* übrig *(noch da f. andere)*
aflíðandi *(unv.)* flach *(nicht steil)*
aflýs|a, -i, -di, -t *(v2)* e-u
aufheben *(beenden, z.B. Alarmstufe)*
afmælisdag|ur, -s, -ar *(m2)* Geburtstag
afnem|a e-ð *(↑ nema)* abschaffen
afnot *(s2)* Verwendung
afpant|a *(v1)* stornieren
afpöntun, -ar, afpantanir *(Ö! w5)*
Stornierung
afrein, -ar, -ar *(w3)* Abfahrt
afrek *(s2)* Leistung *(große ~)*
afrek|a *(stV↑)* leisten *(eher etw. Großes)*
afrennsli *(s3)* Abfluss
afrétt, -ar, -ir *(w3)* Weideland
(f. Schafe über den Sommer;
je e-m Bezirk (hreppur) zugeordnet)
afrétt|ur, -ar, -ir *(w3)* *(alternativ für afrétt)*
afrit *(s2)* Kopie; Kassenbon
afrit|a *(v1)* abschreiben; kopieren *(Text)*
afruglar|i *(m1)* Decoder,
(Satelliten)empfänger
afsak|a *(v1)* e-ð verzeihen;
entschuldigen
afsal|a *(v1)* sér e-u verzichten
afskekkt|ur abgelegen; einsam
afskrá|, -i, -ði, -ð *(v2)* sig frá e-u
abmelden
afskrif|a *(v1)* abschreiben *(verloren geben)*
afslappað|ur locker *(relaxed)*
afslátt|ur, -ar, afslættir *(m2)*
Ermäßigung; Rabatt
afstað|a, afstöðu, afstöður *(Ö! w1)*
til e-s Meinung *(Position gegenüber etw.)*
afsökun, -ar, afsakanir *(w5)*
Entschuldigung
aftanákeyrsl|a *(w1)* Auffahrunfall
aftanverð|ur, -, -vert hinterer;
im / auf dem hinteren Teil befindlich
aftari *(m, wEz; m/w/z Mz)*,
aftara *(s Ez)* hinterer
aftarlega hinten
aftast ganz hinten
aftur wieder

afturgang|a *(Ö! w1)* Geist *(Wiedergänger)*
afturkom|a *(w1)* Rückkehr *(Wiederkehr)*
afurð, -ar, -ir *(w3)* Produkt
afþakka *(v1)* e-ð ablehnen
agaleysi *(s3)* Disziplinlosigkeit
ak|a *(stV↑)* Auto fahren
akbraut, -ar, -ir *(w3)* Fahrbahn
akkeri *(s3)* Anker
akkúrat *(Adv.)* genau
akrein, -ar, -ar *(w3)* Fahrspur
akstur, -s *(m3 Ez)* Fahren; **~ utan vegar**
Fahren außerhalb von Pisten
akstursleyfi *(s3)* Fahrerlaubnis
akur *(m3)* Acker; Feld
al|a *(stV↑)* e-n **upp** erziehen
ald|a *(Ö! w1)* Welle *(Wasser)*
aldeilis ganz; völlig
aldrei nie
aldur *(m3)* Alter *(Lebensabschnitt)*;
stytt|a, -i, -i, stytt *(v2)* sér **~**
sich das Leben nehmen
alferð, -ar, -ir *(w3)* Pauschalreise
algeng|ur häufig *(gewöhnlich)*
algerlega *(Adv.)* völlig
alheim|ur, -s *(m2 Ez)* Weltall
all|ir *(m)*, **all|ar** *(w)*, **öll** *(Ö! s)* alle *(gesamt)*
all|ur, öll *(Ö!)*, **allt 1** ganz; alles
2 verstorben
allavega(na) jedenfalls
allmikill ziemlich viel
alls *(Adv.)* insgesamt;
~ ekki keineswegs;
~ enginn überhaupt keiner;
~ konar alle möglichen;
~ staðar überall
allsgáð|ur, -, allsgátt nicht betrunken
allt alles; **~ í einu** plötzlich;
~ í lagi! alles klar!
alltaf immer
almanak, -s, almanök *(Ö! s2)*
Kalender *(m. astronom. u.a. Erläuterungen)*
Almannavarnir ríkisins *(↑ vörn)*
Katastrophenschutz *(staatl. Einrichtung)*
almenn|ur, -, -t allgemein
almennileg|ur 1 nett; anständig;
umgänglich **2** großzügig bemessen;
~a *(Adv.)* **1** richtig; echt *(betonend)*
2 anständig
almenning|ur, -s, -ar *(m2)*
Öffentlichkeit
alvarleg|ur ernst

alveg *(Adv.)* ganz
alvöru- richtig; echt
alvörugef|inn ernst *(Miene)*
Alþingi *(s3 Ez)* isländisches Parlament,
Althing *(Institution)*
Alþingishús *(s2 Ez)*
Parlamentsgebäude in Reykjavík
alþjóðleg|ur international
alþýðu- sozialistisch *(eher links)*
alþýðulýðveldi *(s3)* sozialistische
Republik
alþýðumenning *(w2)* Folklore
amm|a *(Ö! w1)* Großmutter
and|a *(v1) e-u* atmen;
~ **að sér** einatmen;
~ **frá sér** ausatmen
and|i *(m1)* **1** Geist *(psychisch)*
2 Atem **3** Geistwesen
anda|st, -ast, -aðist, -ast *(v1)*
sterben *(pietätvoll)*
andadrátt|ur, -ar, -drættir *(m2)*
Atemzug
andlit *(s2)* Gesicht
andlitsfarð|i *(m1)* Make-up; Schminke
andlitsmynd, -ar, -ir *(w3)* Porträt
andlitssnyrting *(w2)* Kosmetik
andmæl|a, -i, -ti, -t *(v2) e-um/e-u*
widersprechen
andmæli *(s3)* Widerspruch *(Gegenansicht)*
andrík|ur geistreich
andskot|i *(m1) (eher grob)* Teufel
andspænis *(Präp.) (Dat))* gegenüber
andstyggð *(w3 Ez)* Ekel
andstyggileg|ur ekelhaft
andstæð|a *(w1)* Gegenteil
andstæðing|ur, -s, -ar *(m2)* Gegner
andúð *(w3 Ez)* Ekel
ang|a *(v1)* duften
angan, -ar *(w3 Ez)* Geruch
angist, -ar, -ir *(w3)*
1 große Angst *(eher aus seel. Grund)*
2 seelische Bedrängnis
ann|ast *(v1) um e-ð* pflegen
annar *(m Ez),* **önnur** *(Ö! w Ez),*
annað *(s Ez),* **aðr|ir** *(m Mz),*
aðr|ar *(w Mz),* **önnur** *(Ö! s Mz)* anderer
annar ... hinn der eine ... der andere
annar þeirra einer von beiden;
einer von mehreren
annars sonst; ~ **hugar** *(unv.)*
abwesend *(geistig ~)*;

~ **staðar** woanders;
~ **vegar ... hins vegar** ...
einerseits ... andererseits ...
annes *(s2)* Halbinsel *(abgelegen)*
ansi ziemlich *(stärker)*
antenn|a *(w1)*
ap|i *(m1)* Affe
apakött|ur *(m6)* Affe
apótek *(s2)* Apotheke
appelsín|a *(w1)* Apfelsine; Orange
appelsínugul|ur orange
aprikós|a *(w1)* Aprikose
apríl *(m unv.)* April
arð|ur, -s, -ar *(m2)* Gewinn
(aus Tätigkeit, auch bildl.)
arf|ur, -s, -ar *(m2)* Erbe *(Erbteil)*
arfleifð, -ar, -ir *(w3)* Erbe *(kollektives ~)*
arin|n, -s, arnar *(A! m5)* offener Kamin
arkitekt, -s, -ar *(m3)* Architekt
arm|ur, -s, -ar *(m2)* Arm
armband, -s, armbönd *(Ö! s2)* Armband
asahlák|a *(w1 Ez)* Schneeschmelze
(plötzliche, ggf. mit Überschwemmung)
ask|a *(Ö! w1)* Asche
(Verbranntes; vulkanisch)
askj|a *(Ö! w1)* Schachtel *(eher klein, flach)*;
Kästchen
asn|i *(m1)* Esel
astma *(s2)* Asthma
at|a *(v1) sig út* beschmutzen
atburð|ur, -ar, -ir *(m2)* Ereignis
atgöngumið|i *(m1)* Eintrittskarte
ATH! *(Abk. für athygli)* Achtung!
athug|a *(v1) e-ð* untersuchen;
prüfen *(systematisch durchgehen)*
athugasemd, -ar, -ir *(w3)* Bemerkung;
ger|a, -i, -ði, -t *(v2)* ~ *við e-ð*
bemerken *(Äußerung machen)*
athugul|l, -, -t aufmerksam
athugun *(w5 Ez)* Beobachtung
athygli *(s3)* Achtung *(Aufmerksamkeit)*
athyglisverð|ur interessant
athæfi *(s3)* Handlung *(Tat)*
athöfn, -hafnar, -hafnir *(Ö! w6)*
Zeremonie
atkvæðagreiðsl|a *(w1)* Abstimmung
atkvæði *(s3)* **1** Silbe
2 Stimme *(bei Abstimmung)*;
greið|a, -i, greiddi, greitt *(v2)* ~
abstimmen
atóm *(s2)* Atom; **~skáld** *(s2)*

Atomdichter *(avantgardistische Dichtergruppe um 1950)*
atriði *(s3)* Einzelheit
atvik *(s2)* Ereignis; **eftir ~um** den Umständen entsprechend
atvinn|a *(w1)* Beschäftigung *(Arbeitsverhältnis)*
atvinnulaus arbeitslos
auð- leicht; **~far|inn** leicht zu fahren *(Straße)*; **~les|inn** leicht zu lesen; **~lærð|ur, -, -lært** leicht zu lernen; **~séð|ur, -, -** leicht zu sehen / verstehen
auð|ur, -, autt leer *(Landschaft, Haus)*
auðn, -ar, -ir *(w3)* Ödland
auður, -s *(m3 Ez)* Reichtum
auðvald *(s2 Ez)* Kapitalismus *(eher negativ)*
auðveld|a *(v1)* erleichtern *(etw.)*
auðveld|ur, -, auðvelt leicht *(zu tun)*
auðvitað! natürlich! selbstverständlich!
auðæfi *(s3)* Vermögen *(Reichtum)*
aug|a *(s1)* Auge; **hafa** *(stV↑)* **~ með** e-um/e-u aufpassen *(auf etw. jdn)*
augastein|n, -s, -ar *(m5)* Pupille
augljós offensichtlich; billig *(plump, z.B. Trick)*
auglýsing *(w2)* **1** Werbung **2** Anzeige *(Bekanntmachung)* **3** Meldung; Mitteilung
augn(a)lok *(s2)* Lid
augnablik *(s2)* Augenblick; Moment
augnabrún, -ar, -ir *(w3)* Augenbrauen
augnaráð *(s2)* Blick
augnatillit *(s2)* Blick
augndrop|ar *(m2 Mz)* Augentropfen
augnhár *(s2)* Wimper
augnlækn|ir *(m4)* Augenarzt
augnskugg|i *(m1)* Lidschatten
auk außerdem
auk *(Gen)* **1** außer **2** zusätzlich; **~ þess** außerdem
auk|a *(stV↑)* e-ð **1** vermehren *(n. Zählbares)* **2** erweitern; hinzufügen; erhöhen; **~ e-ð um** e-ð vergrößern; steigern *(um)*
auk|ast *(stV↑)* zunehmen *(nicht zählbar)*
auk|i *(m1)* Ergänzung
auka- extra; zusätzlich
aukaatriði *(s3)* Nebensache
aukabúnað|ur Zubehör *(zusätzl.)*
aukagjald, -s, aukagjöld *(Ö! s2)* Aufpreis; Extragebühr

aukaleg|ur nebensächlich
aukning *(w2)* Ergänzung
aur, -s, -ar *(m3)* Lehm
aurflóð, -ar, -ir *(w3)* Schlammflut
aurskrið|a *(w1)* Erdrutsch
aust|ur *(A! s2 Ez)* Osten
austanátt, -ar, -ir *(w3)* Ostwind
austur- östlich
Austurland, -s *(s2 Ez)* Ostisland
Austurlönd *(Ö! s2 Mz)* **fjær** Ferner Osten
Austurlönd *(Ö! s2 Mz)* **nær** Naher Osten
Austurríki *(s3 Ez)* Österreich
Austurríkismað|ur *(↑ maður)* Österreicher(in)
austurrísk|ur, -, -rískt österreichisch
axlarband, -s, -bönd *(Ö! s2)* Träger *(Hosen)*
á¹ *(w7)* Fluss *(Fließgewässer)*
á² *(Dat)* **1** an; auf *(räuml.)* **2** *(Zeitdauern; ungefähre Zeitangaben):* **~ tuttugu mínútum** in zwanzig Minuten; **~ kvöldum** an manchen Abenden **3** *(in vielen Verbindungen):* **áhuga á** e-u Interesse an etw.; **á ferð** auf der Reise; **~ eftir** *(Dat)* nach; **~ móti** *(Dat)* entgegen; gegen *(Richtung)*; **~ næstunni** demnächst; **~ næstu grösum** demnächst; **~ rúi og stúi** durcheinander; völliges Chaos; **~ ská** schräg *(zu etw.)*; **~ slaginu** pünktlich
á³ *(Akk)* **1** nach *(Richtung)*; auf; pro; gegen *(an etwas heran)* **2** *(genau bestimmte zeitliche Angabe):* **~ sunnudag** am Sonntag; **~ vorin** jedes Frühjahr **3** *(in vielen Verbindungen):* **lít|a á klukkuna** auf die Uhr blicken; **þúsundkall á mann** Tausend pro Mann; **~ annað borð** überhaupt; **~ bak við** dahinter; **~ leiðinni** unterwegs; **~ morgnana** morgens *(jeden Morgen)*; **~ morgun** morgen; **~ meðan** *(Adv.)* solange; inzwischen; **~ meðan** *(Konj.)* während; **~ milli** *(Gen)* zwischen; **~ undan** *(Dat)* vor *(in Reihe, auch Geschehen)*; zuvor
ábat|i *(m1)* Gewinn
ábending *(w2)* Hinweis
áberandi auffallend

ábót, -ar, ábætur *(w4)* **1** Zusatz
2 Gratistasse Kaffee *(die 2.,*
wenn die erste bezahlt ist)
áburð|ur, -ar, -ir *(m2)* **1** Salbe; Paste
2 Dünger
ábyrg|jast, -ist, -ðist, -st *(v2) e-ð*
garantieren; haften; bürgen
ábyrg|ur *(adj e-u* zuständig; verantwortlich
ábyrgð, -ar, -ir *(w3)* **1** Verantwortung
2 Garantie; Haftung
ábyrgðarbréf *(s2)* Einschreiben
ábyrgðarlaus unverantwortlich
ábyrgðartrygging *(w2)*
Haftpflichtversicherung
áður früher *(davor)*; **~ en** bevor; vorher
áfall, -s, áföll *(s2)* Schock
áfangastað|ur, -ar, -ir *(m2)*
Zielort *(des Tages od. der ganzen Reise)*;
kom|a *(stV↑)* **á ~** ankommen
áfell|ast, -ist, -dist, áfellst *(v2)*
ə-n fyrir e-ð beschuldigen *(jdn. wegen etw. ~)*
áfeng|ur alkoholisch
áfengi *(s3 Ez)* Alkohol
áfengislaus alkoholfrei
áform *(s2)* Absicht
áfram weiter
áframhald, -s, -höld *(Ö! s2)* Fortsetzung
ágirnd, -ar, -ir *(w3)* Gier
ágiskun *(w5)* Schätzung; Vermutung
ágúrk|a *(w1)* Gurke
ágúst *(m unv.)* August
ágæt|ur soweit in Ordnung; ganz gut
▶ **Ágætt!** Passt soweit. In Ordnung.
áhald, -s, áhöld *(Ö! s2)*
Instrument *(Gegenstand)*
á|nersl|a *(w1)* Betonung;
legg|ja, legg, lagði, lagt *(v5)* **~u**
á e-ð betonen
áhorfand|i, -a, -endur *(m1)*
Zuschauer; Besucher
áhrif *(s2 mst. in der Mz)* Einfluss;
haf|a *(stV↑)* **~ á e-n** ausüben *(Wirkung)*
áhrifalaus wirkungslos
áhrifamikill, -mikil, -mikið mächtig
áhrífarík|ur beeindruckend
áhug|i *(m1)* Interesse;
haf|a *(stV↑)* **~a á e-u**
interessieren *(s. für etw.)*
áhugaefni *(s3)* Hobby
áhugaverð|ur interessant
áhygg|ja *(w1)* Sorge;

~uefni *(s3)* Grund zur Sorge
áhætt|a *(w1)* Risiko
áhættusam|ur riskant
áhöfn, áhafnar, áhafnir *(Ö! w6)*
Besatzung, Crew
ákaf|ur, áköf *(öl)*, **ákaft** lebhaft; heftig
ákaflega *(Adv.)* lebhaft; sehr;
übermäßig
ákvarð|a *(v1)* bestimmen
ákveð|a *(stV↑) e-ð* entscheiden;
beschließen
ákveð|inn bestimmt *(Adj.)*
(definiert, klar; Auftreten)
ákvörðun, -ar, ákvarðanir *(w5)*
Entscheidung;
tak|a *(stV↑)* **~ um e-ð** befinden *(über etw.)*
ákær|a *(w1)* Klage *(jur.)*
ál *(s2)* Aluminium
ál|l, -s, -ar *(m5)* Aal
álag, -s, -lög *(Ö! s2)* Zuschlag *(Kosten)*
álagningarseðil|l, -s, -seðlar *(A! m5)*
Steuerbescheid
álegg *(s2)* Brotbelag *(Aufschnitt)*
áletrun *(w5)* Aufschrift
álf|ur, -s, -ar *(m2)* Elfe
álfhól|l, -s, -ar *(m5)* Elfenhügel
álfkon|a *(w1)* Elfenfrau
álit *(s2)* **1** Geltung *(Ansehen)*
2 Meinung
álit|a *(stV↑)* schätzen
álpappír, -s, -ar *(m2)* Alufolie
álykt|a *(v1)* schließen *(Schluß ziehen)*
ályktun, -ar, ályktanir *(w5)*
Schluss *(logischer ~)*
ámæli *(s3)* Vorwurf
án *(Gen)* ohne
ánamaðk|ur, -s, ar *(m2)*
(Aussprache wie maþkur) Regenwurm
áning *(w2)* Station *(mit Essenspause)*
ánægð|ur zufrieden
ánægj|a *(w1)* Gefallen
(Sympathie für etw./jdn.)
ánægjuleg|ur angenehm
áorkan *(w5, unreg. immer -an statt -un)*
Wirkung
ár *(s2)* Jahr *(Zeitangabe)*
ár, -ar, -ar *(w3)* Ruder *(zum Antreiben)*
ár|i *(m1)* (böser) Kobold; Gnom
▶ **Árans vandræði!** Verdammter Mist!
árabát|ur, -s, -ar *(m2)* Ruderboot
árangur *(A! m3)* Erfolg

árangurslaus vergeblich;
~t *(Adv.)* umsonst *(vergeblich)*
árangursrík|ur erfolgreich
áratug|ur, -ar, -ir *(m2)* Jahrzehnt
árás, -ar, -ir *(w3)* Angriff; Überfall
árásamaður *(↑ maður)* Angreifer
árbakk|i *(m1)* Flussufer
áreiðanleg|ur sicher; zuverlässig
árekstur, -s, -trar *(A! m3)*
Zusammenstoß *(Autos, Konflikt)*
áreynsl|a *(w1)* Anstrengung
(Kraftaufwand)
árétt|a *(v1) e-ð við e-n* wiederholen
árfarveg|ur, -ar, -ir *(m2)* Flussbett
áríðandi *(Adv.) (unv.)* dringend
árleg|ur *(Adj.)* jährlich
ármót *(s2 Mz)* Flussmündung
(in anderen Fluss)
árstím|i *(m1)* Jahreszeit
ás, -s, æsir *(m3)* Ase
ásak|a *(v1) e-n um e-ð* beschuldigen
ásamt *(Dat)* zusammen *(mit)*
ásatrú, -ar *(w3 Ez)* Asenglauben
Ásatrúarfélag *(s2 Ez)*
Gesellschaft der Asengläubigen
ásetning|ur, -s, -ar *(m2)* Absicht
áskil|ja, áskil, -di, -inn *(v4) sér e-ð*
vorbehalten *(s. etw. ~)*
áskrift, -ar, -ir *(w3)* Abonnement
ást, -ar, -ir *(w3)* Liebe;
ástin mín Liebling *(nur in der Familie*
oder unter Paaren)
ástand *(s2 Ez)* Verfassung; Zustand
ástfang|inn *(A! e-um* verliebt
ástfóstur: haf|a *(stV↑) tekið*
ástfóstri *(A! við e-ð* hängen
(emotional ~ an jdm./etw.)
ástkon|a *(↑ kona, über ♀)* Geliebte
ástkær, -, -t lieb *(sehr geschätzt, z.B. Eltern)*
ástmaður *(↑ maður, über ♂)* Geliebter
ástríð|a *(w1)* Leidenschaft
ástríðufull|ur leidenschaftlich
ástúðleg|ur zärtlich
ástæð|a *(w1)* Grund *(Ursache)*
ásökun, -ar, ásakanir *(Ö! w5)*
Beschuldigung
átakanleg|ur schrecklich
(schlimmen Eindruck machend)
átt, -ar, -ir *(w3)* Richtung;
úr hörðustu ~ böse Überraschung
(von völlig unerwarteter Seite)

átt|a *(v1) sig á e-u* bemerken
(etw. mitbekommen)
áttavit|i *(m1)* Kompass
átthag|i *(m1)* Heimat
áttræðisaldur *(s2)* Lebensjahre
zwischen 70 u. 80
áttræð|ur zwischen 70 u. 80 Jahren alt
átöl|ur *(Ö! w1)* Vorwurf
ávarp|a *(v1) e-n* ansprechen
ávext|ir *(m6 Mz von ávöxtur)* Obst
ávinn|a *(↑ vinna) sér e-ð* erlangen *(etw.)*
ávinning|ur, -s, -ar *(m2)* Gewinn
ávís|a *(v1) e-u* **1** überweisen *(Geld)*
2 verschreiben *(ärztl. Rezept)*
ávísun *(w5)* **1** Überweisung **2** Scheck
ávöxt|ur, ávaxtar, ávextir *(Ö! m6)* Frucht
áætl|a *(v1)* abschätzen
áætlun, -ar, áætlanir *(w5)* Plan

B

bað|a *(v1) sig* baden *(Wanne)*
baðföt *(Ö! s2 Mz)* Badeanzug
baðherbergi *(s3)* Badezimmer
baðkar, -s, baðkör *(Ö! s2) (auch baðker)*
Badewanne
baðslopp|ur, -s, -ar *(m2)* Bademantel
baðstof|a *(w1)* Aufenthaltsraum;
Wohnraum *(in alten Torfhäusern)*
bak við *(Akk)* dahinter
bak, -s, bök *(Ö! s2)* Rücken
bak|a *(v1)* backen
baka til hinten
bakar|i *(m1)* Bäcker
bakaraofn, -s, -ar *(m3)* Backofen
bakarí *(s2)* Bäckerei
bakgarð|ar *(m2 Mz von garður)*
Innenhof *(begrünt)*
bakgrunn|ur, -s, -ar *(m2)* Hintergrund
bakhlið, -ar, -ir *(w3)* Rückseite
bakk|i *(m1)* Tablett
bakpok|i *(m1)* Rucksack
baks|a *(v1) við e-ð* abschleppen
(s. ~ mit etw.)
bakslag, -s, -slög *(Ö! s2)* Rückfall
baksýnisspegil|l, -s, -speglar *(A! m5)*
Rückspiegel
bakvakt, -ar, -ir *(w3)*
Bereitschaftsdienst
bal|i *(m1)* Haushaltswanne; Zuber

ball, -s, böll (Ö! s2) (Ausspr. ball, böll ohne „ttl") Tanzabend

ban(a)- tödlich

banan|i (m1) (Dat Mz banönum) Banane

banaslys (s2) Unfall (mit Todesfolge)

band, -s, bönd (Ö! s2) Band

Bandaríkin (s2 Mz m. Art.) Vereinigte Staaten

bandaríkjadal|ur, -s, -ir (m2) Dollar

bandvitlaust veður (s2 Ez) schwerer Sturm

baneitrað|ur tödlich giftig

banhungrað|ur hungrig

bank|a (v1) **upp á** hjá e-um anklopfen (bei jdm.)

bank|i (Ö! m1) Bank (Geldinstitut)

bankareikning|ur, -s, -ar (m2) Konto

bankaútibú (s2) Bankfiliale

bann, -s, bönn (Ö! s2) Verbot

bann|a (v1) e-ð verbieten; sperren

bannað|ur verboten

bar, -s, bör (Ö! s2) Bar (Maß für Luftdruck)

bar, -s, -ir (m2) Bar (Kneipe)

bara (Adv.) bloß; also; einfach

bardag|i (m1) Kampf

bark|i (m1) Schlauch (wie beim Staubsauger)

barm|ur, -s, -ar (m2) 1 Rand 2 Busen

barn, -s, börn (Ö! s2) Kind

barnabarn, -s, barnabörn (Ö! s2) Enkel(in)

barnakerr|a (w1) (auch barnavagn) Kinderwagen

barnalækn|ir (m4) Kinderarzt

barndóm|ur, -s, -ar (m2) 1 Kindheit 2 Altersdemenz

barr, -s, börr (s2) Nadel (v. Nadelbaum)

barsmíð, -ar, -ar (w3) Faustschlag

batn|a (v1) besser werden; e-um **batn|ar** (v1) genesen

batterí (s2) Batterie

baug|ur, -s, -ar (m2) Ring

baun, -ar, -ir (w3) Bohne

báðir (m), **báðar** (w), **bæði** (s) beide

bálreið|ur, -, -reitt fuchsteufelswild; zornig

bárujárn (s2) Wellblech; **~sþak, -s, -þök** (Ö! s2)Wellblechdach

bás, -s, -ar (m3) Verkaufsstand

bát|ur (m2) Boot

beð (s2) Beet

beiðn|i, -i, -ir (w8) Bitte

bein (s2) Knochen

bein|a, -i, -di, beint (v2) e-u til e-s richten (etw. in eine Richtung drehen); **~ e-u að e-u** weiterleiten

bein|n, -, beint 1 gerade (nicht krumm) 2 direkt; unmittelbar (ohne Umweg); **~t áfram** geradeaus

beinbrot (s2) Knochenbruch

beisk|ur bitter

beisli (s3) Zaumzeug

beit, -ar, -ir (w3) Weide

beit|a, -i, -ti, beitt (v2) e-u við e-n ausüben (Macht, Druck); **~ e-n brögðum** Trick anwenden

beitt|ur, -, - scharf (Klinge)

bekk|ur, -jar, -ir (m2) 1 Sitzbank 2 Schulklasse

belj|a (w1) Kuh

belti (s3) 1 Gurt 2 Gürtel

bend|a, -i, -ti, bent (v2) e-um á e-ð hinweisen (jdn. auf etw. ~); e-ð **bendir til** e-s hinweisen (auf etw.)

bendla|ður: ver|a (stV↑) **~ við e-ð misjafnt** belastet / beschuldigt werden (mit etw. Zweifelhaftem in Verbindung gebracht werden)

bensín (s2) Benzin; **~gjöf, -gjafar, -gjafir** (Ö! w6) Gaspedal

bensínstöð, -var, -var (w3) Tankstelle

ber (s2) Beere

ber, -, -t (Adj.) bloß

ber|a (stV↑) tragen; schleppen; **~ á** e-u auffallen; **~ fram** aussprechen (Wort); **~ kennsl á** e-n / e-ð erkennen; **~ saman** við e-ð vergleichen; **~ út** (póstinn) Post zustellen; **~ virðingu fyrir** e-um Achtung haben (vor jdm); **~ vitni fyrir** e-n als Zeuge aussagen

ber|ast (stV↑) **á milli** verbreiten, s. (Krankheit, Nachricht)

ber|ja, ber, barði, barið (v5) schlagen (zuschlagen)

ber|jast (stV↑) prügeln, s.; **~ gegn** e-um/e-u bekämpfen; **~ við** e-n/e-ð kämpfen (mit jdm.)

berfætt|ur barfuß

berggang|ur, -s, -ar (m2) Gang (geol.)

bergmál (s2) Echo

berjamó|r, -s, -ar (m2) Krautheide (mit Beeren); **far|a** (stV↑) **í ~** Beerenpflücken gehen

berjatín|a *(w1* Beerenrechen *(langzinkiger Handrechen mit Sack zum Beerenpflücken)*

bernsk|a *(w1)* Kindheit

best|ur, best, best **1** bester **2** herzlich *(Dank, Gruß)*

best fyrir ... haltbar bis ...

betl|a *(v1)* betteln

betlar|i *(m1)* Bettler

betur besser *(Adv.)*

beyg|ja, -i, -ði, -t *(v2)* biegen; abbiegen; **~ sig** *að e-um* neigen; beugen, s.

beyg|ja *(w1)* **1** Bogen *(Weg, Kurve)* **2** Kurve

beygl|a *(v1)* Beule ins Blech machen

beygl|a *(w1)* Beule *(im Blech)*

bið|ja *(stV↑)* bitten; **~ að heilsa** *e-um* grüßen lassen *(Grüße übermitteln);* **~ sér konu** Heiratsantrag machen *(der Frau)*

bið|ja *(stV↑)* Bitte

bið|jast *(stV↑)* **fyrir** beten

biðröð, -raðar, -raðir *(w6)* Warteschlange; **stand|a** *(stV↑)* **í ~** anstellen *(s. in Reihe ~)*

biðstof|a *(w1)* Wartezimmer

bifreið, -ar, -ir *(w3) (eher behördensprachl.)* Kraftfahrzeug
▶ **Bifreiðarstöður bannaða!** Parken verboten!

bifröst, bifrastar *(Ö! w6 Ez)* Regenbogen *(mytholog.)*

bikar, -s, -ar *(m3)* Pokal

bil *(s2)* Periode; Lücke *(auch zeitl.)*

bil|a *(v1)* kaputtgehen; ausfallen *(nicht funktionieren)*

bilað|ur kaputt

bilt: e-um verður *(stV varð, orðið)* **bilt við** erschrecken *(vor etw.)*

bilun *(w5)* Ausfall *(~ e-r Funktion);* Defekt; Panne

bind|a *(stV↑)* binden; **~ enda** *á e-ð* abbrechen; **~ (utan) um** *e-ð* umbinden; **~ um sár** verbinden *(Wunde)*

bind|ast *(stV↑)* verbinden *(chem.);* **~ samtökum** organisieren, s. *(in größerem Maßstab)*

bindi *(s3)* **1** Binde *(allg.)* **2** Krawatte

bindindi *(s3)* Abstinenz *(kein Alkohol);* **~smaður** *(↑ maður)* Abstinenzler

birgð|ir *(w3 Mz)* Lager; Vorrat

birn|a *(w1)* Eisbärin

birt|a *(w1)* Licht *(Helligkeit)*

birt|a, -i, -i, birt *(v2)* -ð veröffentlichen *(Text);* **~ til** *(v1)* aufklaren *(Wetter)*

birt|ast, -ist, -ist, birst *(v2)* erscheinen

biskup, -s, -ar *(m2)* Bischof

bit *(s2)* Stich *(Insekt)*

bit|i *(m1)* Stück

bitlaus stumpf *(Messer)*

bitur, -, biturt bitter *(Geschmack, Erfahrung)*

bíð|a *(stV↑)* warten; **~ eftir** *e-um / e-u* warten *(auf jdn./etw. ~)*

bíl|l *(m5)* Auto

bílaleig|a *(w1)* Autoverleih

bílaleigubíl|l *(m5)* Mietwagen

bílastæðagjald, -s, -gjöld *(Ö! s2)* Parkgebühr

bílastæðahús *(s2)* Parkhaus

bílastæðamið|i *(m1)* Parkschein

bílastæðaskíf|a *(w3)* Parkscheibe

bílastæði *(s3)* Parkplatz

bílaverkstæði *(s3)* Autowerkstatt

bílflaut|a *(w1)* Hupe

bílhræ *(s2)* Autowrack

bílnúmer *(s2)* Autonummer

bílskúr, -s, -ar *(m3)* Garage

bílvelt|a *(w1)* Unfall *(Auto umgekippt)*

bíó *(s2)* Kino

bísniss *(m unv.) (sl.)* Geschäft

bít|a *(stV↑)* **1** beißen **2** stechen *(Insekt)*

bjall|a *(v1)* **í** *e-n (fam.)* anrufen *bei jdm.*

bjall|a *(Ö! w1)* **1** Klingel *(Tür, Fahrrad)* **2** Käfer

bjarg, -s, björg *(Ö! s2)* Felsen *(gr. Stein)*

bjarg|a *(v1)* *e-u/e-um* **1** retten **2** verschaffen; in Ordnung bringen; **~ sér** zurechtkommen

bjart|ur, björt *(Ö!),* **bjart** **1** hell *(Licht, Tag)* **2** heiter *(Wetter)*

bjartviðri *(s3)* heiteres Wetter

bján|i *(m1)* Idiot

bjánaleg|ur dumm

bjánaskap|ur *(m2)* Dummheit

bjóð|a *(stV↑)* *e-um (upp á) e-ð* anbieten; **~ e-um heim** einladen

bjór *(m3)* Bier *(über 2,25%);* **~kipp|a** *(s3)* Sixpack Bier

bjúg|a *(s1)* Wurst *(dicke)*

björgun, -ar, bjarganir *(Ö! w5)* Rettung

björgunarhring|ur, -s, -ar *(m2)* Rettungsring

björgunarsveit, -ar, -ir *(w3)*

Rettungsstaffel *(Bergwacht)*
björgunarvesti *(s3)* Schwimmweste
björn, bjarnar, birnir *(Ö! m6)* Bär
blað, -s, blöð *(Ö! s2)* Blatt *(Papier)*
blaðamaður *(↑ maður)* Journalist
blaðauki *(m1)* Zeitungsbeilage
blaðka *(Ö! w1)* Taucherflosse
blaðlaukur, -s, -ar *(m2)* Porree
blaðra *(v1)* Unsinn reden
blaðra *(Ö! w1)* Blase *(allg., Wasser≈, Luft≈, am Fuß)*; Luftballon *(Spielzeug)*
blaðsíða *(w1) (Abk.: **bls.**)* Buchseite
blaður *(s2)* Quatsch
bland *(s2)* **í poka** Tüte mit selbst gemischten Süßigkeiten *(aus Kiosk)*
blanda *(v1) e-ð e-u* vermischen; **~ sér inn í e-ð** einmischen *(s. ~)*
blanda *(Ö! w1)* Mischung
blandari *(m1)* Mixer
blasa, -ir, -ti, blasið *(v2)* **við e-um** zu sehen sein
blautur nass
blár, -, blátt blau *(Farbe)*
bláber *(s2)* Rauschbeere
bláedrú *(unv.)* völlig nüchtern *(nicht betrunken)*
blása *(stV↑)* blasen; wehen *(Wind)*; **~ e-ð upp** etw. aufblasen; **~andi borhola** Bohrloch mit Dampfausstoß *(und ggf. Krach)*
bláæð, -ar, -ar *(w3)* Ader *(Vene)*
bleikur rosa
blek *(s2)* Tinte
blekkja, -i, -ti, -t *(v2) e-n* täuschen *(jdn. ~)*
bless! tschüss
blessaður *(Anrede) etwa:* mein Lieber, hör mal
blettur, -s, -ir *(m2)* Stelle; Fleck
bleyja *(w1)* Windel
blikk *(s2)* Blech
~dós, -ar, -ir *(w3)* Blechbüchse
blikka *(v1)* **1** zwinkern **2** blinken *(Licht)*
▶ **Stopp við rautt ~andi ljós.**
Stop bei rotem Blinklicht.
blinda *(v1)* blenden *(Licht)*
blindur, -, blint blind
blindfullur völlig betrunken
blindgata *(Ö! w1)* Sackgasse
blindhæð, -ar, -ir *(w3)* unübersichtlich *(Kuppe wg. Gegenverkehr)*
blíður, -, blítt **1** mild *(angenehm im Umgang)* **2** sanft; sonnig *(Wetter)*

blístra pfeifen
blístra *(w1)* Trillerpfeife
blokk, -ar, -ir *(w3)* Häuserblock
blossi *(m1)* Blitz *(Lichtblitz)*
blóð *(s2)* Blut
blóðmaur, -s, -ar *(m3)* Zecke
blóðrás, -ar, -ir *(w3)* Kreislauf *(medizin.)*
blóðugur blutig
blóðþrýstingur, -s, -ar *(m1)* Blutdruck
blóm *(s2)* **1** Blume **2** Blüte *(einzelne ~)*
blómabúð, -ar, -ir *(w3) (auch blómaverslun)* Blumenladen
blómapottur, -s, -ar *(m2)* Blumentopf
blómaskeið *(s2)* Blütezeit
blómavasi *(m1)* Vase
blómgast, -ast -aðist, -ast *(v1)* blühen
blómkál *(s2)* Blumenkohl
blómstur *(s2)* Blüte *(kollektiv)*
blóta *(v1)* schimpfen
blóta *(v1)* fluchen
blússa *(w1)* Bluse
blygðunarlaus billig
blys *(s2)* Fackel; Feuerwerksrakete
blý *(s2)* Blei
blýantur, -s, -ar *(m2)* Bleistift
blýantsyddari *(m1)* Bleistiftspitzer
blæða, -i, blæddi, blætt *(v2)* bluten
blæðingar *(w2 Mz)* Menstruation
boddí *(s2) (fam.)* Karosserie
boð *(s2)* Einladung
bogi *(m1)* Bogen *(Form allg., an Gebäude, Schieß≈)*
boginn krumm, gebogen
bogna *(v1)* krümmen, s. *(Gewicht, Wind)*
bolli *(m1)* Tasse
bollastell *(s2)* Kaffeeservice
bolti *(m1)* Ball *(Sport)*
bora *(v1)* bohren
borð *(s2)* **1** Tisch **2** Bord *(Schiff, Flugzeug)*; **fara** *(stV↑)* **um ~** an Bord gehen *(Flugzeug, Schiff)*; **leggja, legg, lagði, lagt** *(v5)* **á ~** Tisch decken; **taka** *(stV↑)* **af ~inu** Tisch abräumen; **um ~** an Bord sein
borða *(v1)* essen
borðdúkur, -s, -ar *(m2)* Tischdecke
borðstofa *(w1)* Esszimmer
borg, -ar, -ir *(w3)* Stadt
borga *(v1)* (be)zahlen;
~ sig lohnen, s.; **~ út** auszahlen *(Bank)*
▶ **Það borgar sig (ekki)** Es lohnt sich (nicht)

orgar|i *(m1)* Bürger
orgarhverfi *(s3)* Stadtteil
orgarísjak|i *(Ö! m1)* großer Eisberg
orgarstjór|i *(m1)* Bürgermeister
orgun *(w5)* Zahlung
orhola Bohrloch
orvél, -ar, -ar *(w3)* Bohrmaschine
oss|i *(m1)* Chef
otn, -s, -ar *(m2)* **1** Grund *(Gewässer, Meer)*
 2 Boden *(v. Gefäßen)* **3** Fjordinneres
botn|a *(v1) í e-u (fam.)* verstehen
botnlang|i *(m1)* Blinddarm;
 ~abólg|a *(w1)* Blinddarmentzündung
bók, -ar, bækur *(w4)* Buch
bók|a *(v1)* buchen
bókasafn, -s, bókasöfn *(Ö! s2)*
 Bibliothek
bókaverslun *(w5)* Buchhandlung
bókmennt|ir *(w3 Mz)* Literatur
bókstaf|ur, -s, -ir *(m2)* Buchstabe
bókun *(w5)* Buchung
ból *(s2)* Schafkuhle
ból|a *(w1)* Blase; Bläschen
bólg|a *(w1)* Schwellung;
 Entzündung *(medizin.)*
bólg|inn dick; geschwollen
bólgn|a *(v1)* anschwellen; aufblähen, s.
bóluset|ja *(↑ setja) við e-u* impfen
 (gegen etw. ~)
bómull, -ar *(w3 Ez)* **1** Baumwolle
 2 Watte
bónd|i, -a, bændur *(m1)* Bauer
bóndabæ|r, -jar, -ir *(m2)* Bauernhof
bónorð *(s2)* Heiratsantrag
bót, -ar, bætur *(w4)* **1** Verbesserung
 2 Entschädigung
 3 Flicken *(z.B. auf Loch im Schlauch)*
bragð, -s, brögð *(Ö! s2)*
 1 Geschmack *(Essen)* **2** Trick *(eher negativ)*;
 ver|a *(stV↑) ~ af e-u*
 schmecken nach etw.
bragð|a *(v1) á e-u* probieren
bragð|ast, -ast, -aðist, -ast *(v1) e-um*
 schmecken *(vi) (jdm. ~)*
bragðdauf|ur fade *(Geschmack)*
bragðlaus geschmacklos *(Essen)*
brall|a *(v1)* treiben *(etw. zweifelhaftes)*
brandar|i *(m1)* Witz
bratt|ur, brött *(Ö!)*, **bratt** steil
brauð *(s2)* Brot
brauðost|ur, -s, -ar *(m2)*

fester Schnittkäse, Art Gouda
brauðskorp|a *(w1)* Brotrinde
braut, -ar, -ir *(w2)* Straße
brá- *siehe* bregðast
bráð, -ar, -ir *(w3)* Beute *(Tier)*
bráð|inn geschmolzen
bráðabirgða(r): til ~ vorläufig
bráðabirgðarlausn, -ar, -ir *(w3)*
 Übergangslösung
bráðalækn|ir *(m4)* Notarzt
bráðamóttak|a *(Ö! w1)* Notaufnahme
 (Anmeldung)
bráðatilfelli *(s3)* Notfall
bráðavakt, -ar, -ir *(w3)* Notdienst
 (Krankenhaus)
bráðfynd|inn sehr witzig
bráðn|a *(v1)* schmelzen *(von sich aus)*
bráðum *(auch: brátt)* bald
bregða *(stV↑)* **1** schnelle Bewegung
 machen **2** ändern **3** wegnehmen;
 aufhören; brechen;
 e-um **bregður** *(stV↑)* erschrecken
bregð|ast *(stV↑)* fehlschlagen;
 ~ *e-um* Verrat begehen; **~ við** reagieren;
 ~ vonum *e-s* enttäuschen *(jdn. ~)*
breidd, -ar, -ir *(w3)* Breite
breið|a, -i, breiddi, breitt *(v2) yfir e-ð*
 be-/zudecken;
 ~ yfir (rúm) überziehen *(Bett)*
breið|ast, -ist, breiddist, breist *(v2) út*
 ausbreiten, s. *(Virus, Feuer)*
breið|ur, -, breitt breit
breikk|a *(v1) e-ð um e-ð* verbreitern
brekk|a *(w1)* Abhang
brem|sa *(w1)* Bremse
brems|a *(v1)* bremsen
brenn|a *(stV↑) (vi)* **1** brennen
 2 im Ausbruch sein *(Vulkan)*
brenn|a, -i, -di, -t *(v2) e-ð (vt)*
 1 verbrennen *(Feuer, Säure etc.)*
 2 brennen *(CD etc.)*
brenndur leir, -s *(m3 Ez)* Keramik
 brenniefni *(s3)* Brennstoff
brennistein|n, -s *(m5 Ez)* Schwefel
brennivið|ur, -ar, -ir *(m2)* Brennstoff *(Holz)*
brest|a *(stV↑)* zerbrechen *(spröde, z. B. Eis)*
bretti *(s3)* Brett
breysk|ur schwach; nicht widerstands-
 fähig *(Druck, Schlag, Versuchung)*
breyskleik|i *(m1)* Schwäche
breyt|a, -i, breytti, breytt *e-u (v2)*

ändern; verändern
breyt|ast, -ist, -tist, breyst *(v2)*
  verändern, s.
breyting *(w2)* Änderung
bréf *(s2)* Brief
bréflúg|a *(w1)* Briefschlitz
brim *(s2)* Brandung
brimbretti *(s3)* Surfbrett
bring|a *(w1)* Brust *(Körperregion)*
brjálað|ur verrückt;
  ~ að gera sehr viel zu tun haben;
  ~ veður *(s2 Ez)* schwerer Sturm
brjóst *(s2* Brust *(mst. weibl.)*
brjóstahaldar|i *(m1)* Büstenhalter
brjóstkass|i *(m1)* Brustkorb
brjóstmynd, -ar, -ir *(w3)* Büste; Statue
brjóstrið *(s2)* Geländer
brjóstsykur *(s2)* Bonbon
brjót|a *(stV↑)* brechen; zerbrechen
  (auch bildl.); **~ saman** falten;
  ~ upp aufbrechen *(vt) (etw. öffnen)*
brjót|ast *(stV↑* **inn** *í e-ð* einbrechen;
  aufbrechen *(Wohnung, Auto)*;
  hacken *(Computer)*
brodd|ur, -s, -ar *(m2)* **1** Spitze *(aus Metall)*
  2 Stachel **3** Akzentzeichen *(á, é, ó z.B.)*
brokk *(s2)* Trab
brons *(s2)* Bronze
bros *(s2)* Lächeln
bros|a *(v1)* lächeln
brot *(s2)* Bruch; Falte *(Kleidung)*
brot|inn gebrochen
brotajárn *(s2)* Schrott; Altmetall
brothætt|ur, -, - zerbrechlich
brotn|a *(v1) (vi)* zerbrechen *(auch übertr.)*
brottflug *(s2)* Abflug
brottför, brottfarar, brottfarir *(Ö! w6)*
  Abreise; Ausreise
bróð|ir, -ur, bræð|ur *(m)* Bruder
brum *(s2)* Knospe
brum|a *(v1)* treiben *(Blüte aus~)*
brunasár *(s2)* Verbrennung *(medizin.)*
brunn|ur, -s, -ar *(m1)* Brunnen
brú, -ar, brýr *(w7)* Brücke;
  ~arviðgerð, -ar, -ir *(w3)*
  Brückenreparatur
brú|aður überbrückt
brúð|ur, -ar, -ir *(w3)* Braut
brúðgum|i *(m1)* Bräutigam
brúðkaup *(s2)* Hochzeit *(Feier)*
brún, -ar, -ir *(w3)* Kante

brún|a *(v1)* bräunen
brún|n, -, -t braun
brús|i *(m1)* Kanister
bryðj|a, bryð, bruddi, brutt *(v5)*
  kauen; mümmeln
bryt|ja *(v1)* hacken
brýn|n, -, brýnt eilig; dringend
bræð|a, -i, bræddi, brætt *(v2) e-ð*
  schmelzen *(etw. ~)*
bræðiskast, -s, -köst *(Ö! s2)* Wutanfall
budd|a *(w1)* Geldbörse
bull *(s2)* Gequatsche; Unsinn
bullandi *(unv.)* sehr; viel *(eher negativ)*
bumb|a *(w1)* **1** Trommel *(sehr groß)*
  2 dicker Bauch
bung|a *(w1)* Hügel *(größer, schildartig)*
bunk|i *(m1)* Stoß *(Stapel)*
burðarbit|i *(m2)* Träger *(Balken am Haus)*
burðareining *(w2)* Träger *(technisch)*
burðargjald, -s, -gjöld *(Ö! s2)* Porto
burst|a *(v1)* bürsten;
  ~ e-um haushoch besiegen *(jdn. ~)*
burst|i *(m1)* Bürste
burt weg
bux|ur *(w1 Mz)* Hose
bú|a *(stV↑)* wohnen; **~ (svo) vel** in *(so)*
  guten Umständen sein; gut gehen;
  ~ (upp) um rúm Bett machen
bú|ast *(stV↑)* **við** *e-u* ausgehen von;
  erwarten; rechnen *(mit etw.)*
  ▶ **Ég býst við því.** Ich gehe davon aus.
búfé *(s2, ↑ fé)* landwirtschaftlicher
  Tierbestand
búfjársjúkdóm|ur, -s, -ar *(m2)*
  Tierseuche *(landwirtschaftl.)*
bú|inn **1** fertig; zu Ende **2** aufgebraucht
  3 *(Vergangenheitsform)* **búinn að lesa** gelesen
  haben; **búinn að borða** gegessen haben
búð, -ar, -ir *(w3)* Laden
búðarglugg|i *(m1)* Schaufenster
bún|i *(m1)* Strahl *(Flüssigkeit)*
búnað|ur, -ar, -ir *(m2)* Ausrüstung;
  Vorrichtung; Ausstattung
búning|ur, -s, -ar *(m2)* Kostüm
  (Theater, Verkleidung)
búpening|ur, -s, -ar *(m2)* Vieh
bút|ur, -s, -ar *(m1)* Teil *(Einzel≈)*
bygg|ja, -i, -ði, -t *(v2)* bauen;
  ~ við e-ð hinzubauen
byggð, -ar, -ir *(w3)* *(auch byggðarlag)*
  besiedeltes Gebiet *(außerhalb Stadt)*

bygging *(w2)* Gebäude; Bauwerk
byggingarfræð|i, -i *(w8)* Architektur
byggingarlóð, -ar, -ir *(w3)*
  Baustelle *(Haus)*
byl|ur, -jar, -jir *(m2)* Schneetreiben
bylgj|a *(w1)* Welle *(phys.)*
byr, -jar, -ir *(m3)* Rückenwind; Glück
byrð|i, -ar, -ar *(w3)* Last
byrj|a *(v1) á e-u* anfangen; beginnen;
  til að ~ með anfangs;
  ~ upp á nýtt von vorne anfangen
byrjand|i, -a, byrjendur *(m1)* Anfänger
byrjun *(w5)* Anfang; Beginn
bæ|r, -jar, -ir *(m2)* Bauernhof;
  Ansiedlung; (kleinerer) Ort
bæði ... og sowohl als auch
bæjarfélag, -s, -félög *(Ö! s2)*
  Gemeinde *(Verwaltungseinheit)*
bæjarhlut|i *(m1)* Stadtteil
bækling|ur, -s, -ar *(m2)* Prospekt
bæl|a, -i, -di, -t *(v2) e-ð* **niður**
  unterdrücken *(Aufstand, Protest)*
bæli *(s3)* Lager *(Tier)*; schlechtes Bett *(sl.)*
bæn, -ar, -ir *(w3)* Gebet;
  far|a *(stV↑)* **með ~** beten
bænahús *(s2) gyðinga* Synagoge
bændagisting *(w2)* Pension
  (auf Bauernhöfen)
bæt|a, -i, -ti, bætt *(v2)* **1** verbessern
  2 flicken *(z.B. Schlauch, Hose)*;
  ~ e-u við e-ð ergänzen; hinzufügen;
  ~ e-um e-ð upp ersetzen
bæt|ur *(w5 Mz)* Ersatz
bögg|a *(v1) e-n (sl.)* dumm anmachen;
  belästigen
bögglaber|i *(m1)* Gepäckträger *(Fahrrad)*
böggul|l, -s, bögglar *(A! m5)* Paket
bölv|a *(v1)* schimpfen *(fluchen)*
bölvað|ur verdammt
börk|ur, barkar, berkir *(m6)* Rinde

D

daðr|a *(v1) við e-n* flirten
dafn|a *(v1)* wachsen; gedeihen
dag|ur, -s, -ar *(m2)* Tag
dagatal, -s, dagatöl *(Ö! s2)* Kalender
dagblað, -s, -blöð *(Ö! s2)* Zeitung
dagleg|ur (all)täglich

dagsetning *(w2)* Datum
dagskrá, -r, -r *(w7)* Programm
  (Kino, Radio etc.)
dal|ur, -s, -ir *(m2)* Tal
dam|a *(ö! w1)* Dame
dans, -, -ar *(m3)* Tanz;
  stíg|a *(stV↑) ~* tanzen
dans|a *(v1) við e-n* tanzen *(mit jdm.)*
dapur-, döpur *(ö!)*, **dapur**
  traurig *(Gefühl)*; trübe *(Stimmung)*
dauð|i *(m1)* Tod
dauðadrukk|inn völlig betrunken
dauf|ur stumpf; blass *(farblos)*
daufleg|ur grau *(Stimmung, Wetter)*
dá *(v1) e-n* bewundern; anbeten
dá|inn tot; verstorben
dá|st, dáist, dáðist, dást *(v1)*
  að e-um verehren *(Vorbild)*
dálk|ur, -s, -ar *(m2)* Schienbein
dálæti *(s3)* Verehrung;
  Bewunderung *(eher schwächer)*;
  haf|a *(stV↑) ~ á e-um* bewundern,
  sehr schätzen *(jdn. ~)*
dásamleg|ur herrlich;
  wunderbar *(v.a. Wetter)*
dátt: hlæj|a *(stV↑) ~* herzlich lachen
debetkort *(s2)* Debitkarte *(EC-Karte)*
deig *(s2)* Teig
deil|a *(w1)* Streit; Diskussion *(hitzig)*
deil|a, -i, -di, -t *(v2) um e-ð* streiten
  (über etw.); **~ með e-ð** dividieren;
  ~ e-ð með e-um teilen *(etw. mit jdm.)*
deild, -ar, -ir *(w3)* **1** Amt *(Institution)*
  2 Abteilung
dekk *(s2)* Reifen *(Mantel)*
dekkjamunstur *(s2)* Reifenprofil
dekkjaskipti *(s3)* Reifenwechsel
dekkjaþjónust|a *(w1)* Reifendienst
dell|a *(w1)* Spleen
demant|ur, -s, -ar *(m2)* Diamant
demp|a *(v1)* dämpfen
derhúf|a *(w1)* Schirmmütze
desember *(m unv.)* Dezember
dett|a *(stV↑)* fallen; stürzen;
  ~ e-um í hug einfallen *(Idee)*;
  ~ í það trinken *(paar mehr Gläschen)*;
  ~ ofan herunterfallen
dey|ja *(stV↑)* sterben
deyf|a, -i, -ði, -t *(v2)* dämpfen; betäuben
deyfing, -ar, -ar *(w2)* Betäubung *(Spritze)*
dilk|ur, -s, -ar *(m2)*

Milchlamm im Herbst
dimm|ur 1 dunkel 2 tief *(Stimme, Klang)*
dirf|ast, ist, -ðist, -st *(v2)*
herausnehmen *(s. etw. ~, dreist sein)*
disk|ur, -s, -ar *(m2)* 1 Teller
2 Scheibe *(CD, DVD)*
diskótek *(s2)* Diskothek
díll, -s, -ar *(m5) (sl.)* Geschäft
dísiloli|a *(w1)* Diesel
dísilvél, -ar, -ar *(w3)* Dieselmotor
djamm|a *(v1)* feiern; weggehen
djarf|ur, djörf *(Öl), djarft* 1 mutig;
tapfer 2 frech
djúp|ur tief *(Gewässer, Schlaf, Gedanke)*
djúpfryst|ur, -, - tiefgefroren *(Lebensmittel)*
djúpfærn|i, -i *(w8)* Tiefe *(Gedanke)*
djúpstæð|ur, -, -stætt tiefgreifend
djús, -s *(s2 Ez) (fam.)* (Orangen)saft
djöful|l, -s, djöflar *(A! m5)* Teufel
dof|inn taub *(Gliedmaßen)*
dóm|ur, -s, -ar *(m2)* Urteil
dómar|i *(m1)* Richter; Schiedsrichter
dómgreind, -ar *(w3 Ez)* Verstand
(Urteilsfähigkeit)
dómkirkj|a *(w1)* Dom
dómstól|l, -s, -ar *(m5)* Gericht *(Justiz)*
dónaleg|ur unhöflich; unverschämt
dós, -ar, -ir *(w3)* Dose
dósaopnar|i *(m1)* Dosenöffner
dót *(s2)* 1 Sache; Ding; Kram
2 Spielzeug;
~askúff|a *(w1)* Spielzeugkiste
dótt|ir, -ur, dætur *(w)* Tochter
drag|a *(stV↑) e-ð* 1 ziehen
2 abschleppen *(Auto)*; **~ andann** atmen;
~ ályktun einen Schluss ziehen;
~ frá *e-u* subtrahieren;
~ fyrir ziehen *(Vorhang)*;
~ sig eftir *e-um* anmachen *(flirten)*;
~ úr *e-u* 1 *(vi)* schwächer werden
2 *(vt)* verringern; **~ sundur** Schafe
trennen *(nach Ohrmarke)*
drag|ast *(stV↑)* verzögern; **~ saman**
zusammenziehen, sich *(z.B. wg. Kälte)*
dragt, -ar, -ir *(w3)* Damenkostüm
drasl *(s2 Ez)* Zeug
draug|ur, -s, -ar *(m2)* Gespenst
draum|ur, -s, -ar *(m2)* Traum
dráttarbil|l, -s, ar *(m5)*
Abschleppwagen
dráttartaug, -ar, -ar *(w3)* Abschleppseil

dráttartengi *(s3)* Anhängerkupplung
dráttarvél, -ar, -ar *(w3)* Traktor
dreif|a, -i, -ði, -t *(v2) e-u* verbreiten;
verteilen
dreifbýli *(s3)* Siedlungsgebiet
(verstreute Einzelgehöfte)
dreitil|l, -s, dreitlar *(A! m5)*
kleine Flüssigkeitsmenge
drekk|a *(stV↑)* trinken;
~ sig út úr betrinken
drekkandi *(unv.)* trinkbar
dreng|ur, -s, -ir *(m2)* Junge
drep|a *(stV↑) e-n* töten; umbringen;
~ á bílnum Auto ausmachen;
~ á *e-ð* erwähnen;
~ í ausdrücken *(Zigarette)*
dreym|a, -i, -di, -t *(v2)* träumen;
e-n **~ir** *(v2)* **um** *e-ð* träumen *(Wunsch)*;
e-n **~ir, -di, -t** *(v2) e-ð* träumen *(nachts)*
drif *(s2)* Getriebe *(Auto)*
dríf|a *(stV↑)* **sig** beeilen *(s. mit etwas ~)*
drjúp|a *(stV↑)* tropfen
drop|i *(m1)* 1 Tropfen *(einzelner)*
2 Alkohol; **tíu ~ar** Schluck Kaffee
(wörtl.: zehn Tropfen)
drottning *(w2)* Königin
drukk|inn betrunken
drukkn|a *(v1)* ertrinken
drull|a *(w1)* Brühe *(schmutzige Flüssigkeit)*
drull|a *(w1)* Schlamm
drungaleg|ur bedrückend;
tiefhängend *(Wolken)*
drusl|a *(w1)* etw. Wertloses,
Unbedeutendes *(z.B. Kleidung, Auto)*;
unsaubere Person
drykk|ur, -jar, -ir *(m2)* Getränk
drykkjarvatn *(s2 Ez)* Trinkwasser
drykkjupening|ar *(m2 Mz von peningur)*
Trinkgeld
drykklang|ur, -löng *(Öl), -langt*
ein Weilchen dauernd
drýg|ja, -i, -ði, -t *(v2)* strecken;
verlängern; **~ synd** Sünde begehen
dróg *(Öl! s2 Mz)* að *e-u/* til *e-s* Entwurf;
Skizze *(auch Text o.ä.)*
duft *(s2)* Pulver
dug|a, -i, -ði, að *(v2)* reichen
dugleg|ur brav; fleißig; tüchtig
dularfull|ur rätselhaft
dumbungsveður *(s2 Ez)*
wolkenverhangenes Wetter

duttlungafull|ur launisch
(eher schwermütig)
dúf|a *(w1)* Taube
dúkk|a *(w1)* Puppe
dúll|a *(v1)* summen
dúr: í þeim ~ und ähnliches
dútl|a *(v1)* basteln
dverg|ur, -s, -ar *(m2)* Zwerg
dvöl, dvalar, dvalir *(Ö! w6)* Aufenthalt
dyndil|l, -s, dyndlar *(A! m5)* Schwanz
(Schaf, Seehund)
dyngj|a *(w1)* Schildvulkan
dýn|a *(w1)* Matratze
dýpi *(s2)* Tiefe *(im Wasser, Abgrund)*
dýpk|a *(v1)* vertiefen *(z.B. Loch)*
dýpt, -ar *(w3 Ez)* Tiefe *(Strecke nach unten)*
dýr *(s2)* Tier
dýr, -, -t teuer *(Preis)*
dýragarð|ur, -s, -ar *(m2)* Zoo
dýralækn|ir *(m5)* Tierarzt
dýravörður, -varðar,- verðir *(m6)*
Pförtner
dýrk|a *(v1) e-n* verehren *(religiös)*
dýrleg|ur wunderbar
dýrmæt|ur kostbar; lieb u.teuer
dæl|a *(w1)* Pumpe
dæl|a, -i, -ti, -t *(v2) e-u* pumpen;
~ lofti í *e-ð (Reifen, Boot etc.)* aufpumpen
dæm|a, -i, -di, -t *(v2) e-n* beurteilen;
verurteilen *(allg. und jur.)*
dæmi *(s3)* Beispiel
dæmigerð|ur, -, -gert *fyrir e-n/e-ð* typisch
dögg, daggar, daggir *(w6)* Tau
dögun *(w5)* Morgendämmerung
dökk|ur dunkel
dömubindi *(s3)* Damenbinde;
Cocktail *(Wodka u. Cranberry)*
Ð ð Buchstabe „Edh"

E

edd *(s2)* Klammeraffe (@)
edik *(s2)* Essig
edrú *(unv.)* nicht betrunken
eða oder; beziehungsweise
eðal- edel *(Gegenstand)*
eðj|a *(w1)* Schlamm
eðli *(s3)* Charakter; Wesen;
Natur *(e-r Sache)*
eðlileg|ur 1 natürlich;

seiner Natur gemäß
2 gewöhnlich; erwartbar
eðlislæg|ur wesentlich
ef falls
ef|a *(v1) e-ð* bezweifeln
ef|ast, -ast, -aðist, -ast *(v1) um e-ð*
zweifeln; Bedenken haben
ef|i *(m1)* Zweifel
efj|a *(w1)* Schlamm
efl|a, -i, -di, -t *(v2)* fördern; verstärken
eflaust *(Adv.)* zweifellos
efnahagskerfi *(s3)* Wirtschaft *(System)*
efnahagsleg|ur wirtschaftlich
(Ökonomie betreffend)
efnahagslíf *(s2)* Wirtschaft *(Ökonomie)*
efnalaug, -ar, -ar *(w3)* chemische
Reinigung
efni *(s3)* **1** Stoff *(Substanz, Textil,
Grundlage für Buch)* **2** Material **3** Thema
efnisleg|ur sachlich *(sachgerecht,
themenkonzentriert)*
efr|i *(Ez m / w)*, **efra** *(Ez s)*, **efri** *(Mz m/w/s)*
oberer
efst á baugi aktuell *(in der Diskussion)*
eftir[1] *(Dat)* **1** entlang *(Weg)*
2 um; auf; nach *(Ziel)*;
send|a ~ lækni nach e-m Arzt schicken;
bíð|a ~ *e-um* warten auf jdn.
3 nach; gemäß;
á ~ hinterher;
~ því sem *(Konj.)* soweit; je nachdem
eftir[2] *(Akk)* **1** in; nach *(zeitl.)*
2 von *(Autor, Komponist)*;
~ hádegi nachmittags
eftir[3] *(Adv.)*: **ver|a** *(stV↑)* **~ af** *e-u*
übrigbleiben *(von etw.)*
eftir að *(Konj.)* nachdem *(zeitl.)*
eftirlaun *(s2 Mz)* Pension; Rente
eftirlegukind, -ar, -ur *(w3)* verlorenes
Schaf *(bei Abtrieb nicht gefunden)*
eftirleit, -ar, -ir *(w3)* Nachsuche
(nach Hauptviehabtrieb Ende Sommer)
eftirlit *(s2)* Kontrolle; Überwachung;
haf|a *(stV↑)* **~ með** *e-u* kontrollieren
eftirlitsmaður *(↑ maður)* Kontrolleur
eftirmaður *(↑ maður)* Nachfolger
eftirnafn, -s, -nöfn *(Ö! s2)* Nachname
(in Island eher selten, s. kenninafn)
eftirrétt|ur, -ar, -ir *(m2)* Dessert
eftirspurn, -ar, -ir *(w2)* Nachfrage *(ökon.)*
eftirstöðvar *(w3 Mz)* Rest

eftirtekt, -ar *(w3 Ez)* Aufmerksamkeit;
veit|a, -i, ti, veitt *(v2) e-um/e-u*
Aufmerksamkeit schenken
eftirtektarsam|ur, -söm *(Ö!)*, **-samt**
aufmerksam
eftirvænting *(w2)* Erwartung *(freudige ~)*
egg *(s2)* Ei
egghvass scharf
eggjastokk|ur, -s, -ar *(m2)* Eierstock
eig|a *(stVt)* haben; besitzen;
~ **að** sollen; ~ **bágt með** e-ð
schwerfallen *(jdm. etw. ~)*;
in Schwierigkeiten sein;
~ **erfitt með** e-ð schwerfallen;
~ **í áflogum** prügeln, s.;
~ **sér stað** stattfinden;
~ **e-ð skilið** verdienen *(z. B. Lob, Tadel)*;
~ **sök á** e-u schuld *(~ sein an etw.)*;
~ **við** með e-u meinen
eigand|i, -a, eigendur *(m)* Besitzer;
Inhaber
eigin *(m/w)*, **eigið** *(s)* eigen
eigin- eigen-
eiginkon|a *(w1)* Ehefrau
eiginleg|ur *(Adj.)* eigentlich
eiginleik|i *(m1)* Eigenschaft
eiginmaður *(↑ maður)* Ehemann
eiginnafn, -s, -nöfn *(Ö! s2)* Vorname
eign, -ar, -ir *(w3)* **1** Eigentum; Besitz
2 Vermögen *(Geld)*;
ver|a *(stVt)* **í** ~ e-s gehören *(jdm ~)*
eign|ast, -ast, -aðist, -ast *(v1)* erhalten;
bekommen
eignatjón *(s2)* Sachschaden
eik, -ur, -ur *(w3)* Eiche
eilíf|ur ewig
eilífð, -ar, -ir *(w3)* Ewigkeit
einangrað|ur abgelegen, isoliert
einbeit|a, -i, einbeitti, einbeitt *(v2)*
sér að e-u / **við** e-ð konzentrieren, s. *(auf etw.)*
einbreið|ur, -, -tt verengt
(Straße, Brücke auf 1 Fahrspur)
▶ **Einbreið brú** Brücke mit nur einer Fahrspur
eindæma *(Adv.)* besonders
einfald|a *(v1)* vereinfachen
einfald|ur, -föld *(Ö!)*, **-falt 1** einfach
(~ zu tun) **2** naiv; sachlich *(z.B. Stil)*
eingöngu ausschließlich
einhleyp|ur unverheiratet
einhliða *(unv.)* einseitig
einhver *(Ez m, w)*, **eitthvert** *(Ez s)*,

einhverjir *(Mz m)*, **einhverjar** *(Mz w)*,
einhver *(Mz s)* **1** jemand **2** irgendein;
~**n tíma** irgendwann;
~**n veginn** irgendwie;
~**s staðar** irgendwo
eining *(w2)* Einheit
einkaleg|ur; **einka-** privat
einkamál *(s2)* Privatangelegenheit
einkenn|a, -i, -di, -t *(v2)* e-ð með e-u
charakteristisch *(~ sein für etw.)*
einkenni *(s3)* Bezeichnung;
Kennzeichen; Merkmal
einkennisbúning|ur, -s, -ar *(m2)*
Uniform
einkunn|ir *(w3 Mz von einkunn)*
Schulzeugnis
einlæg|ur 1 ehrlich **2** herzlich *(in Briefen)*
einmana *(unv.)* einsam *(Gefühl)*
einmitt gerade; genau
einmitt (það)! ganz genau!
einn *(m)*, **ein** *(w)*, **eitt** *(s)* allein; vereinzelt
einróma *(unv.)* einstimmig
eins manns herbergi *(s3)*
Einzelzimmer
eins og[1] *(Adv.)* so wie; ~ **stendur** zurzeit
eins og[2] *(Konj.)* wie
einsamal|l, einsömul *(Ö!)*, **einsamalt**
einsam
einsleit|ur, -, -leitt einheitlich
einstak|ur, einstök *(Ö!)*, **einstakt**
einzigartig
einstakleg|ur einzig; ~**a** *(Adv.)*
besonders
einstakling|ur, -s, -ar *(m2)* Person;
Individuum
einstefn|a *(w1)* Einbahnstraße
einu sinni ein Mal
einær, -, -t einjährig
eir, -s *(m3 Ez)* Kupfer
eir|a, -i, -ði, -t *(v2)* e-u (ver)schonen;
in Ruhe lassen
eirðarleysi *(s3)* Unruhe *(innerlich)*
eist|a *(s1)* Hoden
eitr|a *(v1)* **fyrir** e-um vergiften *(jdn. ~)*
eitrað|ur giftig
eitrun *(w5)* Vergiftung
eitthvað etwas
eitthvert irgendwohin
eitur *(A! s2)* *(m. Art. eitrið)* Gift
eiturlyf *(s2)* Droge
ekkert nichts; nicht *(verstärkt)*

▶ ≈ að þakka. Nichts zu danken.
Það er ~ annað? Ah so?

ekki nicht; **~ eins** ungleich;
~ fyrr en frühestens;
~ heldur auch nicht;
~ lengur nicht mehr; **~ neitt** nichts
ekkil|l, -s, ekklar *(A! m5)* Witwer
ekkj|a *(w1)* Witwe
ekta *(unv.)* echt
eld|a *(v1)* *(vt)* kochen *(Essen zubereiten)*
eld|ur, -s, -ar *(m2)* Feuer; Brand;
eld|ar *(m2 Mz von eldur)* Vulkaneruption
(histor. bedeutsam)
eldavél, -ar, -ar *(w3)* Küchenherd
eldfim|ur 1 feuergefährlich
2 heiß; aufregend
eldfjall, -s, eldfjöll *(Ö! s2)* Vulkan
eldflaug, -ar, -ar *(w3)* Rakete *(Mondfahrt)*
eldgos *(s2)* Vulkanausbruch
eldhús *(s2)* Küche
elding *(w2)* Blitz *(Gewitter)*;
~arhætt|a *(w1)* Blitzschlaggefahr
eldkeil|a *(w1)* Vulkankegel
eldsneyti *(s3)* Treibstoff
eldspýt|a *(w1)* Streichholz
eldstöð, -var, -var *(w3)* Vulkan;
Krater *(wo Aktivität ist/war)*
eldsumbrot *(s2)* Ausbruch
eldsvoð|i *(m1)* Großbrand
eldtung|a *(w1)* Feuerzunge
eldvirkn|i, -i *(w8 Ez)* Vulkanismus
elf|ur, -ar, -ar *(w8)* großer Fluss
elli *(s3)* hohes Alter
ellilífeyr|ir, -is, ellilífsaurar *(m4)*
staatl. Pension
ellilífeyrisþeg|i *(m1)* Rentner
elsk|a *(v1)* lieben *(Personen)*
elsk|an *(w1 m. Art)* Liebling
elskhug|i *(m1, über ♀ und ♂)* Geliebter
elsku *(unv.)* lieber, liebe...! *(Anrede)*
elt|a, -i, -i, elt *(v2)* e-n **1** verfolgen
2 mitkommen *(jdm. folgen)*
embætti *(s3)* Amt *(was man innehat)*
en 1 aber **2** und *(bei gewissem Gegensatz)*
3 en als *(im Vergleich)*;
en ...! wie...! *(Ausruf)*
end|a *(v1)* enden
end|ast, -ist, entist, enst *(v2)*
s. nicht abnutzen
end|i *(m1)* Ende *(Spitze von etw.)*
end|ir *(m4)* Schluss; Ende *(zeitlich)*

enda weil; da *(begründet das Vorhergesagte)*
endalaus unendlich
endalok *(s2 Mz)* Schluss; Untergang
(e-s Landes, Unternehmens)
endanleg|ur endgültig;
endlich *(Adj.)* *(mit Ende versehen)*
endilega *(Adv.)* unbedingt
endingargóð|ur dauerhaft
endurgreið|a, -i, -greiddi, -greitt *(v2)*
zurückerstatten
endurnýj|a *(v1)* verlängern *(Dokument)*
endurtak|a *(↑ taka)* wiederholen
(noch einmal tun od. sagen)
endurtekning *(w2)* Wiederholung
endurvinnsl|a *(w1)* Recycling
engi *(s3)* Wiese *(nicht bewirtsch.)*
engil|l, -s, englar *(A! m5)* Engel
enginn *(m Ez)*, **engin** *(w Ez)*, **ekkert** *(s Ez)*,
engir *(m Mz)*, **engar** *(w Mz)*, **engin** *(s Mz)*
keine(r, s)
enginn niemand
enn noch
enni *(s3)* Stirn
ennþá immer noch
ensk|a *(w1)* Englisch *(Sprache)*
epl|i *(s3)* Apfel
er der, die, das *(Rel.Pron.)*
erf|a, -i, -ði, -t *(v2)* e-ð eftir e-n erben
erfið|ur, -, erfitt schwierig
erfiði *(s3)* Mühe *(anstrengende Arbeit)*
erfiðleik|i *(m1)* Schwierigkeit
erfing|i, -ja, -jar *(m1)* Erbe *(Erbnehmer)*
erg|ja *(v1)* e-n ärgern *(jdn. ~)*
eril|l, -s *(m5 Ez)* Betrieb *(viel los sein)*
erindi *(s3)* Vortrag
erindrek|i *(m1)* Gesandter
erlend|ur, -, erlent ausländisch
erlendis im Ausland
erm|i, -ar, -ar *(w4)* Ärmel
ert|a *(w1)* Erbse
ert|a, -i, -i, ert *(v2)* e-ð reizen *(biol., Haut ~)*
ESB *(s. Evrópusamband)* EU
esp|a *(v1)* e-n reizen
evr|a *(w1)* Euro
Evróp|a *(w1)* Europa
evrópsk|ur europäisch
Evrópumaður *(↑ maður)* Europäer
Evrópusamband *(s2 Ez)*
Europäische Union
ey, -jar, -jar *(w3)* Insel
eyð|a *(w1)* Lücke *(wo etw. fehlt)*

eyð|a, -i, eyddi, eytt *(v2)* *e-u í e-ð*
 1 verbrauchen; ausgeben *(Geld)*
 2 verschwenden **3** Zeit verbringen
eyðbýli *(s3)* aufgegebener Bauernhof
eyðilegg|ja *(↑ leggja)* vernichten;
 zerstören
eyðilegging *(w2)* Zerstörung
eyðimörk, -markar, -merkur *(w4)*
 Wüste
eyðing *(w2)* Zerstörung *(völlige Auslöschung)*
eyðublað, -s, eyðublöð *(Ö! s2)*
 Formular; Fragebogen
eyr|a *(s1)* Ohr
eyrnahring|ur, -s, -ar *(m2)* Ohrring
eyrnamark, -s, mörk *(Ö! s2)*
 Ohrmarke *(beim Vieh)*
él *(s2)* Schneeschauer *(Schnee≈)*
éljagang|ur, -s, -ar *(m2)*
 häufige Schneeschauer
ét|a *(stV↑)* fressen; essen *(fam., Sl.)*

F

faðir, föður *(Ö!)*, **feður** *(m)* *(förm.)* Vater
faðm|a *(v1)* *e-n að sér* umarmen
fag, -s, fög *(Ö! s2)* Fach *(beruflich)*
fagmaður *(↑ maður)* Fachmann
fagur, fögur, fagurt schön
fagurgal|i *(m1)* Kompliment
fal|inn versteckt
fall, -s, föll *(Ö! s2)* Fall *(Sturz; Grammatik)*
fall|a *(stV↑)* **1** fallen **2** fließen *(Fluss, Bach)*
 3 abgehen *(Lawine, Erdrutsch etc.)*;
 ~ niður ausfallen *(nicht stattfinden)*
fall|ast *(stV↑)* *á e-ð* anerkennen
 (Forderung)
fallbyss|a *(w1)* Kanone
falleg|ur schön
fang|a *(v1)* fangen
fangelsi *(s3)* Gefängnis
fannfergi *(s3)* Schneemassen
fant|ur, -s, -ar *(m2)* Grobian;
 grobschlächtiger Mensch
far¹, -s, för *(Ö! s2)* Spur *(einzelner Abdruck)*
far²: fá *(stV↑)* ~ mitfahren
far|a *(stV↑)* gehen; fahren; s. bewegen;
 ~ á fætur aufstehen;
 ~ á hausinn untergehen *(Firma)*;
 ~ fram á *e-ð* unausgesprochen
 verlangen; **~ halloka** Misserfolg;

~ í háttinn schlafen gehen;
 ~ í kaf versinken; **~ í pirrurnar**
 á e-um stören; **~ með** *e-n* behandeln;
 umgehen *(mit jdm.)*;
 ~ nánar út *í e-ð* vertiefen *(Thema)*;
 ~ út af vom Weg abkommen
 (in Graben fahren); **~ út** *með e-n*
 ausführen *(fortgehen mit jdm.)*;
 ~ yfir *e-ð* korrigieren; durchsehen;
 ~ brott abreisen;
 ~ e-um fram vorangehen *(mit Projekt z.B.)*;
 ~ í *e-ð* anziehen *(Kleidung)*
farangur, -s *(m3 Ez)* Gepäck
farangursgeymsl|a *(w1)*
 Gepäckaufbewahrung
farangursgrind, -ar, -ur *(w3)*
 Gepäckträger *(Dach)*
farangurshólf *(s2)* Schließfach *(Gepäck)*
farð|i *(m1)* Schminke
farfuglaheimili *(s3)* Jugendherberge
fargjald, -s, -gjöld *(Ö! s2)* Fahrpreis
far|inn **1** gegangen **2** weg; verloren
 ▶ Ég er farinn. Ich gehe jetzt.
farm|ur, -s, -ar *(m2)* Ladung *(Fracht)*
farmið|i *(m1)* Fahrkarte;
 ~ báðar leiðir Rückfahrkarte
farmið|i *(m1)* Fahrkarte
farsím|i *(m1)* Mobiltelefon
farsæl|l, -, -t glücklich
farveg|ur, -ar, -ir *(m2)* Flussbett
farþeg|i *(m1)* Passagier
fas|i *(m1)* Phase *(auch elektr.)*
fast|a *(v1)* fasten
fast|ur, föst *(Ö!)*, **fast** fest *(Material)*
fasteign, -ar, -ir Immobilienbesitz
fastráðinn: ver|a *(stV↑)*
 ~ í *e-ð* starf beschäftigt sein *(festangestellt)*
fastset|ja, fastset, -setti, -sett *(v4)*
 festlegen
fat, -s, föt *(Ö! s2)* **1** Fass
 2 Platte *(Unterlage: Kuchen≈, Fisch≈)*
 3 *(mst. in Mz föt)* Kleidungsstück
fat|a *(Ö! w1)* Eimer
fatageymsl|a *(w1)* Garderobe
fatahengi *(s3)* Garderobe *(zum Hinhängen)*
fataskáp|ur, -s, -ar *(m2)* Kleiderschrank
fatlað|ur, fötluð *(Ö!)*, **fatlað** behindert
fatnað|ur, -ar, -ir *(m2)* Kleidung
fatt|a *(v1)* *e-ð (fam.)* kapieren
botn|a *(v1)* *í e-u fam.)* begreifen
fatt|a *(v1)* *e-ð* verstehen

fax, fax, föx *(Ö! s2)* Fax
faxtæki *(s3)* Faxgerät
fá *(stV↑)* erhalten; bekommen;
~ e-um e-ð geben *(jdm. etw. ~)*;
~ e-n/e-ð **til** e-ð bringen *(jdn. / etw. zu etw. ~)*;
~ **sér** e-ð besorgen;
~ **sér í glas** trinken *(ein Gläschen ~)*
fár, -, fátt wenig *(zählbar)*
fá|st *(stV↑)* **við** e-ð befassen, s. ;
beschäftigen, s. *(mit etw. ~)*
fábreytt|ur, -, - einseitig *(ohne Abwechslung)*
fág|a *(v1)* putzen; polieren
fáir, fáar, fá wenige
fálm|a *(v1)* **eftir** e-u tasten *(nach etw.)*
fán|i *(m1)* Fahne; Flagge
fárviðri *(s3)* schwerer Orkan
fátæk|ur arm *(ohne Geld)*
fátækt, -ar *(w3 Ez)* Armut
fávit|i *(m1)* Idiot
febrúar *(m unv.)* Februar
feðg|ar *(m1 Mz)* Vater und Sohn/Söhne
feðgin *(s2 Mz)* Vater und Tochter/Töchter
fegurð, -ar *(w3 Ez)* Schönheit
feim|inn zurückhaltend; schüchtern
feit|ur fett; korpulent
fel|a *(stV↑)* e-um e-ð übertragen *(Aufgabe)*
fel|a, fel, faldi, falið *(v5)* e-ð verstecken
fel|ast *(stV↑)* **í** e-u bestehen *(darin ~)*
feld|ur, -ar, -ir *(m2)* Fell *(am Tier)*
felg|a *(w1)* Felge *(Auto)*
fell *(s2)* Hügel *(relativ groß, vereinzelt)*
fell|a, -i, -di, -t *(v2)* fällen;
~ **niður** ausfallen lassen *(Termin)*;
~ **tár** weinen
felling *(w2)* Falte
felmtri sleg|inn erschrocken; verstört
fen Sumpf
fer- Quadrat- *(Flächeneinheit)*
ferð, -ar, -ir *(w3)* **1** Fahrt **2** Reise
ferð|ast, -ast, -aðist, -ast *(v1)* reisen;
~ **á hestbaki** Reittour *(eine ~ machen)*;
~ **á puttanum** trampen
ferðaáætlun, -ar, ferðaáætlanir *(w5)*
Fahrplan
ferðabækling|ur, -s, -ar *(m2)*
Reiseführer
ferðakort *(s2)* Landkarte *(für Reisezwecke)*
ferðamaður *(↑ maður)* Reisender;
Tourist
ferðamannabrans|i *(m1)*
Tourismusbranche

ferðamannaskál|i *(m1)* Touristenhütte
ferðamannatímabil *(s2)*
Touristensaison
ferðaskrifstof|a *(w1)* Reisebüro
ferðatask|a *(Ö! w1)* Gepäckstück;
Koffer
ferðatékk|i *(m1)* Reisescheck
ferðaveður *(s2 Ez)*
reisegeeignetes Wetter
ferj|a *(w1)* Fähre
ferm|a, -i, -di, -t *(v2)* e-ð **1** konfirmieren
2 beladen *(Schiff)*
ferning|ur, -s, -ar *(m2)* Quadrat *(geometr.)*
fernir *(m)*, **fernar** *(w)*, **fern** *(s)* vier Paar
(bzw. paarige Gegenstände wie Hose, Schere)
fersk|ur frisch *(Obst)*
fertugsaldur *(s2)* zwischen 30 u. 40
Jahren alt, eher an die 40
fest|a, -i, -i, -t *(v2)* **sig** steckenbleiben;
blockieren *(Rad, Bremse)*
fest|ast, -ist, -ist, -ast *(v2)* festsitzen
(in Sand od. Schlamm)
festing *(w2)* Halterung
fé *(s2 Ez, m. Art. féð, Dat Ez fé [fénu],*
Gen Ez fjár [fjárins]) Vieh
félag, -s, -lög *(Ö! s2)* Gesellschaft;
Verein
félag|i *(m1)* Partner
félagsleg|ur gesellschaftlich; sozial
félagsskírteini *(s3)* Ausweis *(Mitglieds~)*
fés *(s2) (sl., pej.)* Gesicht
fiðl|a *(w1)* Geige
fiðrildi *(s2)* Schmetterling
fikt|a, -að *(v1)* basteln;
~ **við** e-ð beschäftigen *(s. mit etw.)*
film|a *(w1)* Film *(zur Analogfotografie)*
fimmtudag|ur, -s, -ar *(m2 unv.)*
Donnerstag
fimmtugsaldur *(s2)* zwischen
40 u. 50 Jahren alt
fingrarím *(s2)* altisländischer
Fingerkalender *(zur Berechnung*
von Sommeranfang u. Feiertagen)
fingur, -s, fingur *(m)* Finger
finn|a *(stV↑)* e-ð **1** finden **2** merken;
spüren; ~ **til** Schmerzen haben;
~ **upp** erfinden;
~ **út** sich klarwerden *(über etw.)*;
~ **út úr þessu** sehen, wie es
sich entwickelt

finn|ast *(stV↑)* **um e-ð** denken *(über etw. ~)*;
  e-um finn|st e-ð um e-ð denken *(über etw.)*;
  beurteilen
fisk|a *(v1)* fischen
fisk|ur, -s, ar *(m2)* Fisch
  (außer Hering, s. **sild***)*
fiskveið|ar *(w2 Mz)* Fischfang
fit|a *(w1)* Fett
fitn|a *(v1)* zunehmen *(Gewicht)*
fitug|ur fettig
fitukimikil|l, -mikil, -mikið fett
  (z.B. Fleisch)
fituskert|ur, -, - fettreduziert *(z.B. Milch)*
fitusnauð|ur, -, -snautt fettarm
fíf|a *(w1)* Wollgras
fíflsk|a *(w1)* Dummheit
fíflsk|ur dumm
fígúr|a *(w1)* Figur
fíl|a *(v1) (sl.)* **e-ð** Gefallen finden *an etw*;
  ~ sig wohlfühlen, s.
fín|n, fín, fínt fein; vornehm
  ▶ **Fínt!** Gut so!
fíngerður, -, -gert fein *(zierlich, kleinteilig)*
fítulítill, -lítil, -lítið fettarm
fjaðrapenn|i *(m1)* Feder *(Schreib~ auch:)*
fjall, -s, fjöll *(Ö! s2)* Berg
fjallagrös *(Ö! s2 Mz)* isländisches Moos
fjallaskál|i *(m1)* Hütte *(im Hochland)*
fjallgang|a *(Ö! w1)* Bergtour,
  Hochlandtour
fjallgarð|ur, -s, -ar *(m2)* Gebirg
fjallgöngumaður *(↑ maður)* Bergsteiger
fjallshlíð, -ar, -ir *(w3)* Abhang
fjallveg|ur, -ar, -ir *(m2)* Hochlandpiste
fjand|i *(m1)* Teufel
fjandakornið! *(Ausruf)* zum Teufel!
fjandsamleg|ur feindlich
fjar|a *(Ö! w1)* Ebbe
fjarlæg|ja, -i, -ði, -t *(v2)* **e-ð** entfernen;
  beseitigen
fjarlæg|ur fern
fjarlægð, -ar, -ir *(w3)* Entfernung;
  Abstand
fjarverandi: ver|a *(stV↑)* **~** *(unv.)* fehlen
  (abwesend sein)
fjár|i *(m1)* böser Geist; Teufel
  (eher schwächerer Kraftausdruck)
fjárfest|a, -i, -i, -fest *(v2)*
  anlegen *(Geld ~)*
fjárfesting *(w2)* Anlage *(Geld~)*
fjárhags(lega) finanziell

fjárhús *(s2)* Schafstall
fjárhættuspil *(s2)* Glücksspiel
fjármagn *(s2 Ez)* Kapital *(Wirtschaftsprinzip)*
fjármun|ir *(m2 Mz von munur)*
  Vermögen *(Gesamtbesitz z.B. e-r Firma)*
fjársekt, -ar, -ir *(w3)* Geldstrafe
fjárstýring *(w2)* Fernbedienung
fjárverandi *(unv.)* abwesend
fjólublá|r violett
fjórhjóladrif *(s2)* Allradantrieb
fjórhjóladrifinn bíl|l *(m5)* Allradwagen
fjós *(s2)* Kuhstall
fjúk|a *(stV↑)* davongeweht werden
fjöður, fjaðrar, fjaðrir *(Ö! w6)* Feder
  (Vogel, techn.)
fjöl, fjalar, fjalir *(Ö! w3)* Brett
fjölbreytt|ur, -, - bunt *(vielfältig)*
fjöld|i *(m1)* **1** Anzahl; Menge
  2 Menschenmenge
fjölg|a¹ *(v1)* **sér** *(vi)* vermehren
  (s. fortpflanzen);
  e-u fjölg|ar *(v1)* vermehren *(mehr werden)*
fjölg|a² *(v1)* e-u *(vt)* vermehren
  (etw. Zählbares ~)
fjölkynng|i, -i *(w8 Ez)* Zauber
  (geheimes Wissen)
fjölleik|ar *(m2 Mz von leikur)* Zirkus
fjölleikatjald, -s, -tjöld *(Ö! s2)*
  Zirkuszelt
fjöllunum: kom|a *(stV↑)* **af ~**
  ahnungslos sein
fjölmarg|ur, -mörg, -margt zahlreich
fjölmiðlar *(A! m5 Ez von -miðill)* Medien
fjölskyld|a *(w1)* Familie
fjör *(s2)* Stimmung, Lebendigkeit
fjörð|ur, fjarðar, firðir *(Ö! m6)* Fjord
fjörug|ur lebhaft
flak, -s, flök *(Ö! s2)* **1** Fischfilet
  2 Schiffswrack
flan|a *(v1)* **út í e-ð** stolpern in etw.
  (etw. unbedacht tun)
flas|a *(Ö! w1)* Schuppe *(Haare, Haut≈)*
flask|a *(Ö! w1)* Flasche
flass, flass, flöss *(Ö! s2)* Blitzlicht *(Foto)*
flat|ur, flöt *(Ö!)*, **flatt** eben; flach; platt
flatlendi *(s3)* Ebene
flaut|a *(v1)* **1** pfeifen **2** hupen
flaut|a *(w1)* **1** Flöte **2** Hupe
fleiri *(m/w)*, **fleira** *(s)*, **fleiru** *(Mz)*
  mehr *(zählbar)*
flek|i *(m1)* Platte *(Erd≈)*

flekamót *(s2 Mz)* Plattengrenze *(geol.)*

flens|a *(w1)* Grippe

fleyg|ja, -i, -ði, -t *(v2)* **e-u** wegwerfen

fleyg|ur, -s, -ar *(m2)* Keil

flétt|a *(w1)* Handlung *(eines Films, Buches)*

flétt|a *(w1, Gen Mz -tt(n)a)* Zopf

flétt|ur *(w1 Mz, Gen Mz -ttna)* Flechte

flík, -ar, -ar *(w3)* Kleidung

flís, -ar, -ar *(w3)* Splitter

flísatöng, -tangar, -tangir
  (auch -tengur)(w6) Pinzette

fljót *(s2)* großer Fluss

fljót|a *(stV↑)* fließen;
  ~ með *(fam.)* mitfahren

fljót|ur, -, fljótt schnell

fljótandi *(unv.)* flüssig

fljótlega *(Adv.)* **schnell**; **bald**

fljúg|a *(stV↑)* fliegen

flogaveikiskast, -s, -köst *(Ö! s2)*
  epileptischer Anfall

flokk|a *(v1)* **e-ð** kategorisieren

sorter|a *(v1)(fam.)* ordnen

flokk|ur, -s, -ar *(m2)* **1** Klasse *(Kategorie)*
  2 Partei

flosn|a *(v1)* **upp frá** **e-u** abbrechen

flotholt *(s2)* Schwimmer *(Angel, Netz)*

flott! *(unv.)(Adv.)* toll!

fló, -ar, flær *(w4)* Floh

fló|a *(v1)* fließen

fló|i *(m1)* Bucht *(weit u. offen)*

flóð *(s2)* **1** Flut *(Gezeiten)*
  2 Hochwasser; Überschwemmung

flóðvarnargarð|ur, -s, ar *(m1)* Deich

flók|inn kompliziert

flóttaleg|ur verunsichert

flug *(s2)* Flug

flug|a *(w1)* Fliege *(Insekt,*
  auch künstl. zum Fischen)

flugeld|ur, -s, -ar *(m2)*
  Feuerwerksrakete; **~ar** *(Mz)* Feuerwerk

flugfélag, -s, flugfélög *(Ö! s2)*
  Fluggesellschaft

flugfreyj|a *(w1)* Flugbegleiterin

flughál|l, -, -t höllisch glatt

flugmað|ur *(↑ maður)* Pilot

flugmið|i *(m1)* Flugticket

flugpóst|ur, -s, -ar *(m2)* Luftpost

flugrán *(s2)* Flugzeugentführung

flugstöð, -var, -var *(w3)* Flughafen

flugtak, -s, -tök *(Ö! s2)* Start *(Flugzeug)*

flugvél, -ar, -ar *(w3)* Flugzeug

flugvöll|ur *(m6)* Flughafen

flugþjón|n, -s, -ar *(m5)* Flugbegleiter

flus *(s2)* Schale

flus|a *(v1)* schälen

flutning|ur, -s, -ar *(m2)* **1** Transport
  (Handel, Verkehr) **2** Umzug *(Wohnung)*

flutningabíl|l *(m5)* Lastwagen

flúð, -ar, -ir *(w3) (mst. mit Untiefen)*
  Stromschnelle

flúðasigling *(w2)* Raftingtour

flygil|l, -s, flyglar *(A! m5)* Konzertflügel

flyt|ja, -, flutti, flutt *(v5)* **e-ð** transportie-
  ren; **~ inn** importieren; **~ út** exportieren

flý|ja, flý, flúði, flúið *(v5)* fliehen

flýt|a, -i, -ti, flýtt *(v2)* **e-u** beschleunigen;
  ~ sér beeilen, s.

flýt|ir *(m4)* Eile

flyt|ja, flyt, flutti, flutt *(v5)*
  1 transportieren **2** umziehen *(Wohnung)*

flæð|a, -i, flæddi, flætt *(v2)* **yfir** **e-ð**
  fließen *(über~)*

flökurt: e-um **er flökurt** übel
  (~ sein, mit Brechreiz)

flöskuopnar|i *(m1)* Flaschenöffner

flöt|ur, flatar, fletir *(m6)* **1** Fläche
  2 Ebene *(Geometrie)*

fokheld|ur, -, fokhelt sturmfest

fokk *(s2)* unbedeutende Tätigkeit;
  allt í ~i alles beim Teufel,
  alles durcheinander

fokking *(unv.) (grob)* verflucht; verdammt

fokvond|ur, -, vont fuchsteufelswild

fol|i *(m1)* junges Pferd

folald, -s, folöld *(Ö! s2)* Fohlen

fordóm|ur, -s, -ar *(m2)* Vorurteil

fordæmi *(s3)* Vorbild

forð|ast *(v1)* **e-s** vermeiden;
  umgehen *(etw.)*

forð|i *(m1)* Vorrat

foreldr|ar *(m2 Mz)* Eltern

forgang|ur, -s, -ar *(m2)* Vorfahrt;
  veit|a, -i, -ti, -t *(v2)* **e-um/e-u ~**
  bevorzugen *(jdn. od. etw. ~)*

forhengi *(s3)* Vorhang

forlag, -s, forlög *(Ö! s2)* Verlag

form *(s2)* Form

formað|ur *(↑ maður)* Vorsitzender

formál|i *(m1)* Einleitung; Vorwort

formennsk|a *(w1)* Vorsitz

forn, -, fornt *(auch: fornaldar-)*
  frühgeschichtlich *(frühe isl. Geschichte)*

fornafn, -s, -nöfn *(Ö! s2)* Vorname
fornleifafræð|i, -i *(w8 Ez)* Archäologie
fornleifafræðing|ur, -s, -ar *(m2)* Archäologe
forrétt|ur, -ar, -ir *(m2)* Vorspeise
forrit *(s2)* Computerprogramm
forrit|a *(v1)* programmieren
forritahönnun, -ar *(Ö! w5)* Programmierung
forritamál *(s2)* Programmiersprache
forritar|i *(m1)* Programmierer
forsend|a *(w1)* Voraussetzung;
  að þeim forsendum unter der Voraussetzung
forset|i, -a, -ar *(m1)* Präsident
forsíðufrétt, -ar, -ir *(w3)* Schlagzeile *(auf erster Seite)*
forstof|a *(w1)* Diele; Vorraum
forsætisráðherra *(m1, Nom Ez unreg. auf -a)* Ministerpräsident
forsöguleg|ur vorgeschichtlich
fortíð, -ar, -ir *(w3)* Vergangenheit
fortölur *(Ö! w1 Mz)* Überredung
forundrun, -ar *(w5 Ez)* Verwunderung
forvit|inn neugierig
foræði *(s3)* Sumpf
foss, -, -ar *(m2)* Wasserfall
fóðr|a *(v1)* füttern *(Tiere; in Kleidung einnähen)*
fóður *(s2)* Futter *(für Tiere; in Kleidung)*
fólginn: ver|a *(stV↑)* **~ í** *e-u* bestehen *(in od. aus etw.)*
fólk *(s2 Ez)* Leute
fón|n, -s, -ar *(m5)* Plattenspieler
fórn, -ar, -ir *(w3)* Opfer *(das jmd. bringt)*
fórn|a *(v1) e-u* opfern
fórnarlamb, -s, -lömb *(Ö! s2)* Opfer *(das jmd. wird, nicht Unfall)*
fóstr|a *(v1) e-n* adoptieren
fóstur *(s2)* Adoption
fósturbarn, -s, -börn *(Ö! s2)* Pflegekind
fóstureyðing *(w2)* Abtreibung
fósturforeldr|ar *(m2 Mz)* Pflegeeltern
fósturlát *(s2)* Fehlgeburt
fót|ur, fótar, fætur *(m)* Fuß
fótbolt|i *(m1)* Fußball *(Spielgerät)*
fótgangandi zu Fuß
fótlegg|ur, -jar, -ir *(m2)* Unterschenkel
fótstig *(s2)* Pedal
fragt, -ar, -ir *(w3)* Fracht
frakk|i *(m1)* Mantel
fram eftir in einen Zeitraum hinein

fram og tilbaka hin und her *(überlegen, besprechen)*
fram vorwärts;
  ~ og tilbaka hin und her;
  hin und zurück
framan: í ~ im Gesicht
framandi *(unv.)* fremd *(fremdartig)*
framanverð|ur, -, -vert vorderer;
  im / auf dem vorderen Teil befindlich
framburð|ur, -ar, -ir *(m2)* Aussprache *(Wort)*
frambúð: til ~ar für die Zukunft; dauerhaft
framfær|a, -i, -ði, -t *(v2) e-n* unterhalten *(jdn. finanziell)*
framfæri *(s3)* Unterhalt *(finanziell)*
framfærsl|a *(w1)* Versorgung *(Lebensunterhalt)*
framför, framfarar, framfarir *(Ö! w6)* Fortschritt
framhjá *(Dat)* vorbei *(räuml.)*
framhjáhald, -s, -höld *(Ö! s2)* Betrug *(in Beziehung)*
framhlið, -ar, -ar *(w3)* Fassade
framkvæm|a, -i, -di, -t *(v2)* handeln;
  ausführen; realisieren
framkvæmd, -ar, -ir *(w3)* Unternehmen;
  Realisierung
framkvæmdastjór|i *(m1)* Geschäftsführer
framköllun, -ar, framkallanir *(w5)* Fotoentwicklung; Abzug machen *(analog)*; **stafræn ~** Abzug vom Digitalfoto machen
framleið|a, -i, -leiddi, leitt *(v2)* herstellen; produzieren
framleiðand|i, -a, -leiðendur *(m1)* Hersteller
framleiðn|i, -i *(w8 Ez)* Leistungsfähigkeit
framleiðsl|a *(w1)* **1** Produktion **2** Erzeugnis
framleng|ja, -i, -di, -t *(v2)* verlängern *(Länge)*
framlenging *(w2)* Verlängerung *(Länge)*
framljós *(s2)* Frontscheinwerfer
frammi *(Adv.)* vorn
framrúð|a *(w1)* Windschutzscheibe
framtíð, -ar, -ir *(w3)* Zukunft
framtíðarhorf|ur *(w1 Mz)* Zukunftsperspektive

framvegis weiter

frauð *(s2)* Schaum *(in fester Form, z.B. Bau≈ oder Küche)*

frá *(Dat)* **1** ab *(zeitl. und räumlich)* **2** aus *(Herkunft)* **3** von *(räuml.)*

frábrugð|inn *e-u* verschieden *(andersartig)*

frábær ausgezeichnet

frágeng|inn abgeschlossen; fertig

frárein-, -ar, -ar *(w3)* Abfahrt *(von Hauptstraße)*

frárennsli *(s3)* Abfluss

fráskil|inn geschieden

frásögn, frásagnar, frásagnir *(Ö! w6)* Erzählung

frátek|inn besetzt

freðmýr|i, -ar, -ar *(w8)* Tundra; Permafrostboden

freist|a *(v1)* e-s reizen; verführen

freisting *(w2)* Versuchung

frek|ja *(w1)* Unverschämtheit

frek|ur frech

frekar *(Adv.)* zusätzlich

frekari *(Ez m / w)*, **frekara** *(Ez s)*, **frekari** *(Mz m/w/s)* *(Adj.)* zusätzlich

frels|a *(v1)* e-n/e-ð úr e-u befreien *(jdn. / etw.)*

frels|i, -ar *(w8 Ez)* Freiheit

fremri *(m/w Ez)*, **fremra** *(s Ez)*, **fremri** *(m/w/s Mz)* vorderer

fremur eher

frest|ur, s-, ar *(m2)* Frist; **slá** *(stV↑)* e-ð á ~ verschieben; zurückstellen

frest|a *(v1)* verschieben

frest|ur, -s, -ir *(m2)* Frist

frestun *(w5)* Verzögerung *(Aufschub)*

frétt, -ar, -ir *(w2)* Neuigkeit; Nachricht *(Medien, privat)*

frétt|a, -i, -i, frétt *(v2)* e-ð af e-um erfahren *(vi)* *(etw. von jdm. in Erfahrung bringen)* ▶ Allt gott að frétta. Es geht (uns) gut.

frið|a *(v1)* für geschützt erklären *(z.B. Land, Pflanzen)*

frið|ur, -ar *(m2 Ez)* Friede

frí *(s2)* Urlaub

fríð|ur, -, frítt nett; hübsch *(Aussehen)*

frímerk|ja, -i, -ti, -t *(v2)* frankieren

frímerki *(s3)* Briefmarke

frjáls, -, -t frei; unabhängig

frjó|r, -, frjótt fruchtbar

frjós|a *(stV↑)* **1** gefrieren

2 abstürzen *(Computer)*; **~ í hel** erfrieren *(sterben)*

frjósam|ur, -söm *(Ö!)*, **-samt** fruchtbar

froð|a *(w1)* Schaum

fros|inn gefroren

frosk|ur, -s, ar *(m1)* Frosch

frost *(s2 Ez)* Frost

frosthark|a *(w1)* strenger Frost

fróa *(v1)* sér befriedigen *(s. ~)*

frumefni *(s3)* Element *(chemisches ~)*

frumpart|ur, -s, ar *(m2)* Bestandteil

frú, -ar, frúr *(w7)* Dame des Hauses

fryst|a, -i, -i, fryst *(v2)* e-ð einfrieren

frystihús *(s2)* Gefrierhaus *(Fischverarbeitung)*

frystikist|a *(w1)* Gefriertruhe

fræ, fræs, fræ *(s2)* Pflanzensamen

fræð|i, -i *(w8 Ez)* Wissenschaft *(eng umgrenztes Gebiet)*

fræði *(s3 Mz)* die Wissenschaften *(generell)*

fræg|ur berühmt

frænd|i, -a, frændur *(m1)* männlicher Verwandter; Onkel; Neffe; Cousin

frændfólk *(s2)* Verwandte

frænk|a *(w1)* weibliche Verwandte; Tante; Nichte; Cousine

fugl, -s, -ar *(m3)* Vogel

fuglabúr *(s2)* Vogelkäfig

full|ur af e-u **1** voll *(gefüllt mit etw.)* **2** betrunken; **t af** e-u lauter; recht viele

fullger|a, -i, -ði, -t *(v2)* vervollständigen

fullkom|inn vollständig; ideal; perfekt

fullkomlega völlig; perfekt

fullkomn|a *(v1)* vollenden

fullnæg|ja, -i, -ði, -t *(v2)* befriedigen

fullorð|inn **1** erwachsen **2** über 60 Jahre alt

fullvax|inn ausgewachsen

fullviss|a *(v1)* e-n um e-ð versichern *(jdm. etw. beteuern)*

fullyrð|a, -i, -yrti, fullyrt *(v2)* behaupten

fullyrðing *(w2)* Behauptung

fund|ur, -ar, -ir *(m2)* Besprechung; Meeting;Treffen

funda(r)höld *(Ö! s2 Mz von hald)* Meeting;Treffen

fur|a *(w1)* Kiefer *(Baum)*

furð|a *(v1)* sig á staunen; e-n **furð|ar** e-ð / á e-u staunen *(über etw.)*

furð|a *(w1)* etw. Verwunderliches
▶ Engin furða þótt ... Kein Wunder, dass ...
furðuleg|ur seltsam
fú(k)kalyf *(s2)* Antibiotikum
fúl|l, -, -t zornig; sauer *(Laune)*
fús bereit *(zu etw.)*; **ver|a** *(stV↑)* ~ *(m/w)*
til e-s bereit sein *(zu etw.)*
fylg|ja, -i, -di, -t *(v2)* begleiten; folgen
fylg|jast, -ist, dist, -st *(v2)* með e-um/e-u beobachten
fylgihlut|ur, -ar, -ir *(m2)* Zubehör
fyll|a, -i, -ti, -t *(v2)*
fyll|a, -i, -ti, -t *(v2)* e-ð füllen;
~ **á** tanken; ~ **út** ausfüllen
fyllibytt|a *(w1)* Säufer
fylling *(w2)* Füllung
fynd|inn witzig
fyrir[1] *(Akk)* **1** vor *(Bewegung vor etw.hin)*
2 vor *(zeitl.):* ~ **hádegi** vor Mittag
3 für *(Zweck; Begünstigung)* **4** wegen
fyrir[2] *(Akk)* *(an bestimmtem Ort)*;
~ **austan** im Osten;
~ **austan fjall** östlich Hellisheiði
(Gegend von Selfoss); ~ **framan** vor *(räuml.)*;
~ **neðan** unter; ~ **norðan** im Norden;
~ **ofan** oberhalb; oben;
~ **sunnan** im Süden; ~ **utan** außerhalb;
~ **vestan** im Westen
fyrir *(Dat)* **1** für **2** vor **3** wegen;
vor *(von etw. betroffen sein; auf etw. stoßen)*
4 *(in sehr vielen Verbindungen)* **tef|ja ~ e-um**
jdn. aufhalten; **velt|a** e-ð ~ **sér** nachdenken über
etw.; ~ **löngu** längst;
~ **skömmu / stuttu** kürzlich
fyrirfar|a *(↑ fara)* **sér** umbringen, s.
fyrirfram im Voraus
▶ Með fyrirfram þökk. Vielen Dank im Voraus.
fyrirframgreiðsl|a *(w1)* Vorschuss
fyrirgef|a *(↑ gefa)* verzeihen
fyrirhöfn *(w6)* Umstand; Mühe;
Anstrengung
fyrirkomulag *(s2)* Regelung
fyrirlestur, -lestrar, -lestrar *(m2 A!)*
Vorlesung
fyrirmynd, -ar, -ir *(w3)* Vorbild
fyrirmæli *(s3 Mz)* Vorschrift
fyrirskip|a *(v1)* e-um e-ð vorschreiben
fyrirspurn, -ar, -ir *(w2)* Nachfrage
(förmlich)
fyrirstað|a *(Ö! w1)* Hindernis
fyrirsögn, -sagnar, sagnir *(w6)*

Titel *(Zeitungs≈)*
fyrtæki *(s3)* Firma; Geschäft;
Unternehmen
fyrirvar|i *(m1)* **1** Vorlaufzeit; Vorwarnung
2 Bedingung;
~**alaust** *(Adv.)* ohne Vorwarnung
fyrr eher *(Adv.)* *(zeitl. früher)*
fyrra: í ~ letztes Jahr
fyrradag: í ~ vorgestern
fyrrakvöld: í ~ vorgestern abend
fyrramálið: í ~ morgen früh
fyrri *(m/w Ez)*, **fyrra** *(s Ez)*,
fyrri *(m/w/s Mz)* vorig
fyrrverandi *(unv.)* **1** ehemalig
2 *(der/die)* Ex
fyrst *(Adv.)* erst; ~**a flokks** erstklassig;
~**a hjálp** *(s2)* Erste Hilfe;
~**a hæð** *(↑ hæð)* Erdgeschoss;
~ **um sinn** vorläufig
fyrst|ur erster
fýl|a *(w1 Ez)* Geruch
fýld|ur, -, fýlt ärgerlich
fæð|a, -i, fæddi, fætt *(v2)* gebären
fæð|ast, -ist, fæddist, fæst *(v2)*
geboren werden
fæði *(s3)* Nahrung *(Tier, Mensch)*
fæðing *(w2)* Geburt
fæg|ja, -i, -ði, -t *(v2)* polieren
fækk|a[1] *(v1)* e-u *(vi)* abnehmen
(zählbare Dinge: weniger werden);
e-u **fækk|ar** *(v1)* vermindern
fækk|a[2] *(v1)* e-u *(vt)* verringern *(Zählbares)*
fær, -, -t[1] *til* e-s / *um* e-ð fähig
(mit vielen Fähigkeiten)
fær, -, -t[2] **1** befahrbar
2 Verkehrsverbindung nicht gestört
fær|a, -i, -ði, -t *(v2)* e-um e-ð bringen
(jdm. etw. ~); ~ **sönnur** á e-ð beweisen;
~ e-ð **til** verschieben
færð, -ar, -ir *(w3)* Befahrbarkeit
færiband, -s, færibönd *(Ö! s2)*
Band *(Fließ~)*
færn|i, -i *(w8)* Fähigkeit
færri weniger
fæst|ur am wenigsten
föðurbróð|ir Onkel *(väterl.)*
föðurnafn, -s, -nöfn *(Ö! s2)*
Patronym *(vom Vater abgeleiteter Name*
wie Jóns**son**, Jóns**dóttir**)
föðursystir Tante *(väterl.seits)*
föl *(s2 Ez, kein Ö!)* hauchdünne

Schneelage *(gerade „überzuckert")*
föl|ur, -, -t blass *(Gesicht)*
föndr|a *(v1)* basteln *(für Weihnachten z.B.)*
föndur *(s2)* Beschäftigung *(f. kurze Zeit)*
för: haf|a *(stV↑)* **í ~ með sér**
bringen *(etw. mit sich ~)*
föstudag|ur, -s, -ar *(m2)* Freitag

G

gabb, -s, göbb *(Ö! s2)* Scherz;
april~ Aprilscherz
gadd|ur, -s, -ar *(m2)* **1** Stachel *(Insekt)*
2 hartgefrorene Erde
3 Zahnkrankheit *(bei Schafen)*
gaddavír, -s, -ar *(m3)* Stacheldraht
gaddfreð|inn hartgefroren *(in der Natur)*
gaffal|l, -s, gafflar *(A! m5)* Gabel
gagn|ast, -ast, -aðist, -ast
nützlich sein;
~ e-um í e-u dienen als/zu etw.
gagngerð|ur gründlich
gagnkvæm|ur gegenseitig
gagnleg|ur nützlich; sinnvoll
gagnrýn|a, -i, -di, -t *(v2)* **e-ð** kritisieren
gagnrýn|n, -, -t kritisch
gagnrýni *(s3)* Kritik
gagnslaus nutzlos
gagnstæð|ur, -, gagnstætt
entgegengesetzt
gagnsæ|r, gagnsæ, gagnsætt
durchsichtig
gakk(tu!) geh!
▶ **Gakktu í bæinn!** Komm rein!
gald|ur, -s, galdrar *(A! m3)* Magie,
Zauberei
galdramað|ur *(↑ maður)* Zauberer
gall *(s2)* Galle *(Flüssigkeit)*
gall|i *(m1)* Mangel; Defekt
gallabux|ur *(w1 Mz)* Jeans
gallað|ur, gölluð *(Ö!)***, gallað**
schadhaft; mangelhaft
gallblöðr|a *(Ö! w1)* Gallenblase
gallerí *(s2)* Galerie *(Ausstellung, Handel)*
gallharð|ur, -hörð *(Ö!)***, -hart** streng;
unnachgiebig
gamal|l, gömul *(Ö!)***, gamalt** alt
(nicht neu, nicht jung)
gamaldags *(unv.)* rückständig;

altmodisch
gaman *(s2 Ez)* Spaß;
haf|a *(stV↑)* **~ af e-u** Spaß haben *(mit etw.)*
gamanleik|ur, -s, -ir *(m2)*
Komödie *(Theater)*
gamanmynd, -ar, -ir *(w3)* Komödie *(Film)*
gambr|i *(m1)* selbstgebrautes Bier
gang|a *(stV↑)* gehen;
~andi *(unv.)* zu Fuß gehend;
~ frá e-u erledigen;
~ á e-n einreden *(auf jdn.)*;
~ niður beruhigen *(Wetter)*;
~ á passieren; **~ eftir e-um með**
grasið í skónum hinter *(~ jdm. her sein)*;
~ úr greipum e-s durch die Lappen
gehen; **~ úr skugga** um e-ð
vergewissern *(s. von etw. ~)*;
~ út á e-ð den Zweck haben;
~ út frá e-u voraussetzen
▶ **Gangi þér / ykkur vel.** Viel Glück dir /euch.
gang|ast *(stV↑)* **við e-ð** gestehen
gang|ur, -s, -ar *(m2)* **1** Gehen;
Lauf *(Mensch, Maschine; Leben)* **2** Korridor
3 Berggang *(geol.)*; **set|ja, set,**
setti, settur *(v2)* **í ~** in Gang setzen
gangbraut, -ar, -ir *(w3)*
Fußgängerüberweg
gangnamaður *(↑ maður)*
Viehsucher/ -abtreiber *(im Herbst)*
gangorð|ur, -, -ort knapp
(Ausdrucksweise)
gangstétt, -ar, -ir *(w3)* Gehweg
gangtegund, -ar, -ir *(w3)* Gang *(Pferden)*
gardín|a *(w1)* Vorhang; Gardine
garð|ur, -s, -ar *(m2)* Garten
garðablóðberg *(s2)* Thymian
garf|a *(v1)* treiben
gas, gass, gös *(Ö! s2)* Gas;
~hylki *(s3)* Gaskartusche
gat, -s, göt *(Ö! s2)* Loch
gat|a *(Ö! w1)* Straße
gatnamót *(s2 Mz)* Kreuzung
gáf|ur *(w1 Mz von gáfa)* Talent; Begabung
gáfað|ur begabt
gám|ur, -s, -ar *(m2)* Container
(Müll≈, Schiffs≈)
gát, -ar, gætur *(w4)* Aufmerksamkeit;
Vorsicht; **haf|a** *(stV↑)* **~ á e-u** bewachen
geðshræring *(w2)* Bewegung *(innere ~)*
geðveik|ur **1** verrückt; wahnsinnig
2 toll; fantastisch

geóþekk|ur sympathisch
gef|a *(stV1)* schenken;
~ *(stV↑)* í Gas geben;
~ e-ð **upp** *(á bátinn)* aufgeben *(nicht länger versuchen)*; ~ e-ð **upp** angeben *(nennen)*;
~ e-ð **út 1** ausgeben **2** ausstellen *(Dokument)* **3** veröffentlichen *(Buch, CD etc. herausgeben)*
gef|ast *(stV↑)* **upp** aufgeben *(resignieren)*
gefinn: ver|a lítið ~ *fyrir e-u* wenig für etw. übrig haben / mit etw. anfangen können
geggjaó|ur 1 verrückt; wahnsinnig **2** toll
gegn *(Dat)* entgegen *(z.B. Wille)*
gegnsteikt|ur, -, - durchgebraten
gegnt *(Präp.) (Dat)* entgegengesetzt; gegenüber
geil, -ar, -ir *(w3)* Schlucht *(sehr eng)*
geis|a *(v1)* stürmen
geisl|a *(v1)* strahlen *(phys. allg.)*
geisli *(s3)* Strahl
geislun *(w5)* Strahlung
geisp|a *(v1)* gähnen
geit, -ar, -ur *(w3)* Ziege
geitung|ur, -s, -ar *(m2)* Wespe
gel *(s2)* Gel
geld|a, -i, gelti, gelt *(v2)* kastrieren
gelding|ur, -s, -ar *(m2)* Hammel *(bis 1 Jahr nach Kastration)*
gell|a *(w1)* Mädchen *(Ausspr. gjälla ohne -ttl)*
gelt|a, -i, -i, gelt *(v2)* bellen
gelt|ur, -, - kastriert
gemling|ur, -s, -ar *(m2)* einjährig *(Schaf, Seehund)*
gems|i *(m1)* **1** einjähriges Schaf **2** Mobiltelefon
gengi *(s3)* Wechselkurs
ger|a, -i, -ói, -t *(v2)* machen *(tun)*;
~ e-ð **af sjálfsdáóum** freiwillig etw. tun;
~ e-um **bití vió** erschrecken *(vt)*;
~ e-um e-ð **kleift** ermöglichen;
~ **upp (reikninginn)** abrechnen *(Rechnung aufstellen)*;
~ e-ð **upptækt** beschlagnahmen;
~ **út** Schiff ausrüsten u. betreiben
~ e-um **vióvart** verständigen *(benachrichtigen)*; ~ e-ð **vió** reparieren
ger|ast, -ist, -óist, gerst geschehen; eintreten *(Ereignis)*;
~ e-ð **af sér** anstellen *(etw. Dummes ~)*

geró, -ar, -ir *(w3)* Handlung
geróu þaó! bitte! *(dringend)*
gersamlega völlig
gersovel *(1 Person)* bitte *(~ sehr, Aufforderung)*
gervi- künstlich
gerviefni *(s3)* Kunststoff
gervitanngaró|ur, -s, -ar *(m2)* Gebiss *(Zahnersatz)*
gest|ur, -s, -ir *(m2)* Gast; Besucher
gestgjaf|i *(m1)* Gastgeber
gestris|inn gastfreundlich
gestrisni *(w Ez)* Gastfreundschaft
get|a *(w1)* **1** Kraft *(Schaffens≈, Produktions≈)* **2** Leistungsfähigkeit
get|a¹ *(stV↑) (+ Partizip)* können *(fähig oder imstande sein zu etw.)*
get|a² *(stV↑)* **sér til** e-s erraten
getnaóarlim|ur, -s, -ir *(m2)* Penis
getnaóarvarnapill|a *(w1)* *(Aussprache: -pilla ohne „ttl")* Antibabypille
getnaóarvörn, -varnar, -varnir *(Ö! w6)* Verhütungsmittel
geym|a, -i, -di, -t *(v2)* e-u aufbewahren
geym|ast, -ist, -dist, geymst *(v2)* nicht verderben; haltbar sein
geym|ir *(m4)* Behälter
geymsl|a *(w1)* **1** Speicher *(Lagerraum)* **2** Aufbewahrung
geymsluþol *(s2)* Haltbarkeit
geymsluþol|inn haltbar *(gemacht)*
geyst|ur, -, - heftig
gifs *(s2 Ez* Gips
gift|ast, -ist, -ist, gifst *(v2)* *(für ♀ und ♂)* heiraten
gift|ur, -, - verheiratet
gikk|ur, -s, -ir *(m2)* Abzug *(Waffe)*
gil *(s2)* Schlucht *(von Bach eingeschnitten)*
gild|a, -i, gilti, gilt *(v2)* fyrir e-n gelten
gild|ur, gild, gilt gültig
gildi *(s3)* Gültigkeit;
fall|a *(stV↑)* **úr** ~ auslaufen *(Gültigkeit)*;
ver|a *(stV↑)* **í** ~ gelten *(gültig sein)*
gildr|a *(w1)* Falle
gimbur, gimbrar, gimbrar *(A! w3)* *(für ♀)* Lamm
gimstein|n *(m5)* Edelstein
giróing *(w2)* Zaun
girni *(s3)* Angelschnur
gis|inn dünn *(verteilt, Haar)*
gisk|a *(v1)* á e-ð erraten

gist|a, -i, -i, gist *(v2)* übernachten
gistiheimili *(s3)* Pension
gisting *(w2)* Übernachtung
gifurleg|ur riesig
gig|ur, -s, -ir *(m2)* Krater
gígaröð, -raðar, -raðir *(Ö! w6)* Kraterreihe
gír, -s, -ar *(m3)* Gang *(Auto)*; **set|ja, -, -ti, sett** *(v2)* í ~ Gang einlegen
gíróreikning|ur, -s, -ar *(m2)* Girokonto
gísl, -s, -ar *(m3)* Geisel
gítar, -s, -ar *(m3)* Gitarre
gjafarkort *(s2)* Gutschein *(von privat)*
gjald, -s, gjöld *(Ö! s2)* Gebühr
gjaldeyr|ir *(m4, in Mz ey → au)* Devisen *(nichtisländische ~)*
gjaldeyrishöft *(Ö! s2 Mz)* Devisenausfuhrbeschränkung
gjaldeyrisreikning|ur, -s, -ar *(m2)* Devisenkonto
gjaldeyrisviðskipti *(s3)* Devisenhandel
gjaldker|i *(m1)* Schalter; Kasse *(Ämter, Banken)*
gjaldmiðil|l, -, -miðlar *(A! m5)* Währung *(allg.)*
gjaldþrota *(unv.)* bankrott; pleite
gjall *(s2 Ez)* Asche; Bims *(vulkanisch)*
gjarnan gern
gjá, -r, -r *(w7)* Schlucht; Spalte *(geol.)*
gjós|a *(stV↑)* ausbrechen *(Vulkan, Geysir)*
gjósk|a *(w1)* Auswurf *(vulkanisch, von Asche bis Bomben)*
gjóskuflóð *(s2)* Aschenstrom; pyroklastischer Strom
gjót|a *(w1)* augunum til e-s Blick *(jdm. e-n ~ zuwerfen)*
gjöf, gjafar, gjafir *(Ö! w6)* Geschen
gjörð *(w6)* Felge *(Fahrrad)*
gjörið svo vel *(mehrere Personen)* bitte
gjörning|ur, -s, -ar *(m2)* Handlung
gjörv|i *(m1)* Prozessor
glað|ur, glöð *(Ö!), glatt** froh
glas, -s, glös *(Ö! s2)* Glas *(Trinkgefäß)*
glat|a *(v1)* e-u verlieren *(durch Zerstörung)*
gleð|i, -i *(w8 Ez)* Freude
gleð|jast, gleðst, gladdist, gladst *(v5)* yfir e-u freuen *(s. über etw. ~)*
gler *(s2 Ez)* Glas *(Material)*
glerauq|u *(s1 Mz)* Brille
gleraugnabúð, -ar, -ir *(w3)* Brillengeschäft

gleym|a, -i, -di, -t *(v2)* e-u vergessen
gliðn|a *(v1)* rutschen
glimrandi *(unv.)* blenden
glimrandi *(unv.)* *(fam.)* glänzend
gljá, -i, -öi, gljáð *(v2)* glänzen
gljúfur *(s2)* Schlucht *(tief, steile Wände)*
gljúp|ur, -, -t saugfähig; porös *(Boden)*
glopp|a *(w1)* Lücke; Zwischenraum
glorsolt|inn sehr hungrig
gló|a, -i, -öi, -að *(v2)* glühen
glóðaraug|a *(s1)* blaues Auge
glóðvolg|ur heiß *(aus dem Ofen oder auf frischer Tat ertappt)*
glós|a *(v1)* *(fam.)* notieren
gluf|a *(w1)* Riss; Spalte
glugg|i *(m1)* Fenster
gluggakarm|ur, -s, -ar *(m2)* Fensterrahmen
gluggatjald, -s, -tjöld *(Ö! s2)* Fenstervorhang
gluggaveður *(s2 Ez)* sonnig-kaltes Wetter
gluss|i *(m1)* Frostschutzmittel *(Auto)*
glæp|ur, -, -ir *(m2)* Verbrechen
glæpamaður *(↑ maður)* Verbrecher
glæpasag|a *(Ö! w1)* Krimi
glæsileg|ur elegant
glögg *(s2 Ez)* Glühwein
glögg|ur klug
glötun *(w5 Ez)* Verlust *(durch Zerstörung)*
gneista *(v1)* sprühen
goðadrottning *(w2)* Nelke *(Blume)*
gogg|ur, -s, -ar *(m2)* Schnabel
gol|a *(w1)* Wind *(schwache Brise)*
golf *(s2)* Golf
golfkylf|a *(w1)* Golfschläger
golfleik|ur, -s, -ir *(m2)* Golfspiel
golfvöll|ur *(m5)* Golfplatz
gorm|ur, -s, -ar *(m2)* Metallfeder
gort|a *(v1)* af e-u angeben; prahlen
gos *(s2)* **1** Ausbruch *(Vulkan, Geysir)* **2** Limonade
gosberg *(s2)* Eruptivgestein
gosbrunn|ur, -s, -ar *(m2)* Springbrunnen
gosdrykk|ur, -jar, -ir *(m2)* Limonade
goshver, -s, -ir *(m2)* heiße Springquelle; Geysir
gosmökk|ur, -makkar, -mekkir *(m6)* Eruptionswolke
gosop *(s2)* Krater
gossprung|a *(w1)* Eruptivspalte

gosstöð|var *(w3 Mz)* Vulkan
góð|ur, góð, gott gut
góðgæti *(s3)* Leckerbissen
gólf *(s2)* Fußboden
gólfteppi *(s3)* Teppich; Teppichboden
graðhest|ur *(m2)* Hengst
graf|a *(stV↑)* graben
graftarból|a *(w1)* Eiterpickel
gram|ur, gröm *(Ö!),*
gramt *við e-n* ärgerlich *(Stimmung)*
gramm, -s, grömm *(Ö! s2)* Gram
grann|ur, grönn, grannt schlank
gras, -s, grös *(Ö! s2)* Gras
graslauk|ur, -s, -ar *(m2)* Schnittlauch
graut|ur, -ar, -ar *(m1)* Brei
grá|r, grá, grátt grau
gráð *(s2 Ez)* leichtes Wellenkräuseln
gráð|a *(w1)* **1** Grad *(Winkel Temp.)*
2 akad. Titel
gráðaost|ur, -s, -ar *(m2)* Schimmelkäse
gráðug|ur gierig
gráert|a *(w1)* Erbse
gráglett|inn trocken
grát|a *(stV↑)* weinen
gráupplagð|ur, upplögð *(Ö!),*
upplagt ideal
greið|a *(w1)* **1** Kamm
greið|a¹, -i, greiddi, greitt *(v2) á sér hárið*
kämmen; **~ sér** frisieren, sich
greið|a², -i, greiddi, greitt *(v2)*
bezahlen; **~ niður** abzahlen;
~ (skaða)bætur entschädigen
greið|i *(m1)* Gefallen *(kleiner Dienst)*
greiðfær, -, -t einigermaßen befahrbar
greiðslulag *(s2)* Frisur
greikk|a *(v1)* sporið
den Schritt beschleunigen
grein, -ar, -ar *(w3)* **1** Ast *(Baum)*
2 fachlicher Zweig **3** Zeitungsartikel
4 Unterschied **5** Ansicht; Meinung;
ger|a, -i, -ði, -t *(v2)* sér **~ fyrir** e-ð
bewusst *(sich etw. ~ sein)*
greinarmun|ur, -ar, -ir *(m2)*
Unterschied; **ger|a, -i, -ði, -t** *(v2)* **~**
á e-u Unterschied machen
grein|a, -i, -di, -t *(v2)* e-n með e-ð
feststellen *(Diagnose)*
grein|ast, -ist, -dist, -st *(v2)* teilen
(s. gabeln, Weg, Fluss)
grein|ir *(m4)* Artikel *(Grammatik)*
greind|ur, -, greint intelligent; klug

greinleg|ur deutlich
greipaldin *(s2)* Grapefruit
grem|jast, gremst, gramdist, gramist
(v5) ärgern *(sich ~ über etw.)*
gren *(s2)* Bau *(Fuchs)*
grennd, -ar *(w3 Ez)* Umgebung
grettistak, -s, -tök *(Ö! s2)* Findling
(gletschertransportierter Steinblock)
grey *(s2)* armes Lebewesen *(Kind, Tier)*
grill *(s2)* *(Ausspr. wie im Dt. ohne -ttl)* Grill
grill|a *(v1)* *(Ausspr. wie grilla ohne -ttl)* grillen
grimm|ur hart; schlimm; grausam
(z.B. Frost, Schicksal, Verhalten)
grind, -ar, -ur *(w3)* Gitter; Rahmen
(Autokarosserie, technische Geräte)
grindhoraður, -horuð, -horað
klapperdürr
grip|ur, -s, -ir *(m2)* Gegenstand *(Ding)*
griðarleg|ur mächtig *(beeindruckend)*
griðarstór, -, -t riesig
gríma *(v1)* Maske; **tvær ~ur renn|a**
(stV↑) á e-n unentschlossen sein;
zweifeln
grín *(s2)* Scherz
gríp|a *(stV↑)* e-ð greifen;
zu fassen kriegen; **~ fram í fyrir**
e-um jdm. das Wort abschneiden;
~ e-n glóðvolgan *(fam.)* ergreifen
(auf frischer Tat); **~ í** e-ð ergreifen;
~ inn í e-ð einschalten *(sich in etw. ~)*
grjót *(s2)* Stein; Gestein *(Material,*
einzelner Brocken)
grjóthrun *(s2)* Steinschlag; Bergsturz
grobb|a *(v1)* af e-u angeben
gró|a *(stV↑)* *(vi)* heilen **1** *(Wunde)*
gróð|i *(m1)* Gewinn; Profit
gróðurset|ja, -set, -setti, -sett *(v4)*
pflanzen
gróf|ur derb; grob *(nicht fein,*
auch Verhalten)
grufl|a *(v1)* í e-u wühlen
gruggug|ur trübe *(Flüssigkeit)*
grun|a *(v1)* **1** ahnen
2 Verdacht schöpfen:
e-n **grunar** e-ð hat einen Verdacht;
e-n **grunar** e-n verdächtigt jdn.
▶ **Grunaði ekki Gvend!**
Habe ich es doch geahnt!
grun|ur, -s *(m2)* Ahnung; Verdacht
grundsemd, -ar, -ir *(w3)* Verdacht
grundvallar- grundsätzlich

grundvallaratriði *(s3)* Grundsatzfrage

grundvöll|ur *(m6)* Grundlage

grunn|ur flach; seicht

grunn|ur, -s, -ar *(m2)* Grund *(Fundament, auch übertr.)*

grunnskól|i *(m1)* Grundschule

grunnsæ|r, -, -sætt naiv

grunnvöll|ur *(m6)* Basis; Grundlage

grunsamleg|ur verdächtig

grýlukerti *(s3)* Eiszapfen

græð|a, -i, græddi, grætt¹ *(v2)* á e-u profitieren *(von etw.)*.

græð|a, -i, græddi, grætt² *(v2)* e-ð od. e-n af e-u heilen *(vt)*

græðg|i, -i *(w8)* Gier

græj|a *(v1)* reparieren *(fam.)*

græj|ur *(w1 Mz)* Ausrüstung; Stereoanlage

græn|n, græn, grænt grün

grænmeti *(s3)* Gemüse; **~sæt|a** *(w1)* Vegetarier *(für ♀ und ♂)*

gröf, grafar, grafir *(Ö! w6)* Grab

gröft|ur *(m6 Ez)* Eiter

gubb|a *(v1) (fam.)* kotzen

guð- Paten-; **~dótt|ir** *(↑ dóttir)* Patentochter; **~faðir** *(↑ faðir)* Pate; **~móðir** *(↑ móðir)* Patin; **~son|ur** *(↑ sonur)* Patensohn

Guð *(m3) (Aussprache: gvüð)* Gott

guðsþjónust|a *(w1)* Gottesdienst

guf|a *(v1)* upp **1** verdunsten **2** s. in Luft auflösen *(spurlos verschwinden)*

guf|a *(w1)* Dampf

gufubað, -s, gufuböð *(Ö! s2)* Dampfbad

gufugleyp|ir *(m4)* Dunstabzug

gufuhver, -s, -ir *(m2)* Dampfquelle

gufustraujárn *(s2)* Dampfbügeleisen

gufustrók|ur, -s, -ar *(m2)* Dampfsäule

gul|ur gelb

gull *(s2 Ez)* Gold

gull|inn golden

gulrót, -ar, -rætur *(w4)* Möhre

gúm- aus Gummi

gúmhansk|i *(m1)* Gummihandschuh

gúmmí *(s2)* Gummi

gúmmíbát|ur, -s, -ar *(m2)* Schlauchboot

gúmmístigvél Gummistiefel

gyðing|ur, -s, -ar *(m2)* Jude *(für ♂ und ♀)*

gys: ger|a, -i, -ði, -t *(v2)* ~ að e-um spotten *(über jdn.)*

gæ|i, gæja, gæjar *(m1) (sl.)* Kerl

gæd, -s, -ar *(m3) (fam.)* Bergführer

gæð|a *(v1) (fam.)* führen

gæði *(s3 Mz)* Qualität *(Beschaffenheit e-s Produkts)*

gæf|a *(w1)* Glück

gæf|ur zahm

gær: í ~ gestern

gærkvöld *(s2)*; í ~ gestern abend

gæs, -ar, -ir *(w3)* Gans

gæsl|a *(w1)* Überwachung

gæsluvarðhald *(s2 Ez)* U-Haft

gæt|a e-s aufpassen *(auf etw.)*; bewachen; ~ sín / að sér achtgeben

gæt|a, -i, -ti, gætt *(v2)* sín að gera e-ð ekki hüten *(s. ~ etw. zu tun)*

göfug|ur großzügig; edel

gögn *(Ö! s2 Mz)* Daten

göng|ur *(Ö! w1 Mz)* Schafabtrieb

göngudeild, -ar, -ir *(w3)* Ambulanz

göngugat|a *(Ö! w1)* Fußgängerzone

göngutúr, -s, -ar *(m2)* Wanderung; Spaziergang; fá *(stV↑)* sér ~ spazierengehen; wandern

H

haf, -s, höf *(Ö! s2)* Meer

haf|a *(stV↑)* haben *(Zeit, in der Tasche usw.)*

hafís, -s *(m3 Ez)* Treibeis

hafn|a *(v1) e-u* ablehnen

hafnarbakk|i *(m1)* Anleger; Kai

hafr|ar *(A! m3 Mz von hafur, nur Mz)* Hafer

hafragraut|ur, -ar, -ar *(m2)* Haferbrei

haframjöl *(s2 Ez)* Hafermehl

hafsbotn, -s, -ar *(m3)* Meeresgrund

hag|a *(v1) e-u* einrichten; organisieren

hag|ur, -s, -ir *(m2)* **1** Geschäftsertrag **2** günstige Situation

hagkvæm|ur günstig

hagkvæmn|i, -i *(w8)* Gunst *(der Stunde)*

haglabyss|a *(w1)* Gewehr *(Schrotflinte)*

haglél *(s2)* Hagel

hagn|ast *(v1) á e-u* verdienen *(an etw. ~)*

hagnað|ur, -ar *(m2 Ez)* Vorteil; Gewinn *(Bilanz)*

hagnýt|a *(v1) e-ð* nutzen

hagnýt|ur sinnvoll *(zweckmäßig)*

Hagstof|a *(w1)*

Statistisches Landesamt *(vergibt z.B. die pers. Kennzahl* **kennitala***)*

hagstæð|ur günstig *(förderlich)*

hagsýn|n, -, -t wirtschaftlich *(sparsam)*

hak|a *(Ö! w1)* Kinn

hakk *(s2 Ez)* Hackfleisch

hakk|a *(v1)* hacken *(zerkleinern)*;
~ sig inn *í tölvu* Computer hacken

hal|a *(v1)* **niður** herunterladen

hal|i *(m2)* Schwanz *(Rind, Ratte)*

hald, -s, höld *(Ö! s2)* Halt *(fester ~)*

hald|a¹ *(stV↑)* *(vi)* halten *(nicht brechen)*;
~ af stað aufbrechen; **~ endalaust áfram** abreißen *(nicht aufhören)*;
~ framhjá *e-um* betrügen *(in Beziehung)*;
~ sér saman Mund halten *(neutr.)*

hald|a² *(stV↑)* *e-ð (vt)* **1** denken; meinen **2** halten für etw. **3** veranstalten *(Konzert, Meeting)*; **~ e-ð hátíðlegt** feiern

hald|a3 *(stV↑)* *e-u (vt)* halten *(ab~, be~, ein~, er~, fest~)*; **~ e-u áfram** fortsetzen;
~ e-u fram behaupten; meinen;
~ e-u niðri í sér unterdrücken *(Lachen, Husten)*; **~ e-u við** unterhalten *(instand h.)*

hall|a¹ *(v1)* *(vi)* abfallen *(Gelände)*;
~ sér *að e-u* neigen; sich ins Bett legen

hall|a² *(v1)* *e-u (vt)* etw. schiefstellen

hall|ast, -ast, -aðist, -ast *(v1)* *að e-u* schräg sein; neigen;
zu Meinung tendieren

ham|ast, -ast, -aðist, -ast *(v1)* heftig *e* **heftig tun**

hamar, -s, hamrar *(A! m3)* **1** Hammer **2** Felswand

hamfaraflóð *(s2)* Sturzflut

hamingj|a *(w1)* Glück *(sgefühl)*

hamingjuósk, -ar, -ir *(w3)* Glückwunsch

hamingjusam|ur glücklich *(Gefühl)*

hamslaus wild; übergeschnappt

han|i *(m1)* Hahn *(Vogel)*

hananú *(Ausruf)* etwa: so, da ist es! fertig! bitteseehr!

handa: ver|a *(stV↑)* *e-um* **innan handa** jdm. zur Hand gehen

handan við *(Präp.)* *(Akk)* jenseits; auf der anderen Seite

handbók *(w4)* Handbuch

handfang, -s, handföng *(Ö! s2)*
1 Henkel **2** Türgriff *(am Auto, Türklinke)* **3** Stiel *(Löffel≈)*

handhæg|ur praktisch

handiðn, -ar, -ir *(w3)* Handarbeit

handjárn *(s2 Mz)* Handschellen

handklæði *(s3)* Handtuch

handlaug, -ar, -ar *(w3)* Becken

handlegg|ur, -jar, -ir *(m2)* Arm

handónýt|ur, -, -nýtt unbrauchbar

handrið *(s2)* Treppengeländer

handsam|a *(v1)* festnehmen

handtak|a *(↑ taka)* festnehmen

handtask|a *(Ö! w1)* Handtasche

handverk *(s2)* Handwerk

handvinn|a *(w1)* Handarbeit *(Textilarbeit)*

hang|a, -ir, hékk, héngum, hangið
(v3) *(vi)* *yfir e-u* herabhängen;
~ saman *með e-u / við e-ð* zusammenhängen *(nicht getrennt, logisch)*

hann *+ Name* der ...;
hann Georg der Georg

hann|a *(v1)* anlegen; errichten;
entwerfen

hansk|i *(m1)* Handschuh
(Fingerhandschuhe mst. aus Leder, Gummi etc.)

hanskahólf *(s2)* Handschuhfach

happdrætti *(s3)* Lotterie

happdrættismið|i *(m1)* Lotterielos

harð|ur, hörð *(Ö!)*, **hart** hart;
ver|a *(stV↑)* **af sér hart im Nehmen sein**

harðfisk|ur, -s, ar *(m2)* Trockenfisch

harðlífi *(s3)* Verstopfung *(Toilettengang)*

harðneskjuleg|ur hart

hark|a *(Ö! w1)* hart

harla sehr

harm|a *(v1)* bedauern *(etw. beklagen)*

harm|ur, -s, ar *(m2)* Schmerzen *(seelisch)*

harmakvein *(s2)* Klage

hask|a *(v1)* **sér** in die Gänge kommen

hat|a *(v1)* hassen

hat|ur *(s2 Ez)* Hass

hatt|ur, -s, -ar *(m2)* Hut

haug|ur *(m2)* Haufen

haus, -s, -ar *(m3)* Schädel *(pej. für Kopf)*

hauskúp|a *(w1)* Schädel

haust *(s2)* Herbst

hasutmisseri *(s3)* Herbstsemester

hausverk|ur, -jar, -ir *(m2)*
Kopfschmerzen

há|r, há, hátt **1** hoch; groß
2 laut *(sprechen)*

háaloft *(s2)* Dachboden;
Speicher *(Lagerraum)*

hádegi *(s3)* Mittag; **fyrir ~** vormittags;
~smat|ur, -ar, -ar *(m2)* Mittagessen

háð|ur, -, - abhängig; **ver|a** *(stV↑)* **~ e-u**
1 abhängen *(mit etw. verknüpft sein)*
2 suchtkrank

háf|ur, -s, -ar *(m2)* **1** Kescher *(Fisch, Vogel)*
2 Abzug *(Rauch)*

háhitasvæði *(s3)*
Hochtemperaturgebiet *(Dampf-
und Schlammquellen) (geol.)*

háhyrning|ur, -s, -ar *(m2)* Schwertwal

hákarl, -s, -ar *(m3)* Hai

hál|l, hál, hált glatt *(Eis, auch Verhalten)*

hálendi *(s3)* Hochland;
~sveg|ur, -ar, -ir *(m2)* Hochland

hálf- ein wenig

hálf|ur halb; **~t annað** anderthalb

hálk|a *(w1)* Glatteis

hálkublett|ur, -s, -ir *(m2)*
stellenweise auftretendes Glatteis

hálm|ur, -s *(m2 Ez)* Stroh

háls, -s, -ar *(m2)* Hals

hálsband, -s, -bönd *(Ö! s2)* Halsband

hálsfest|i *(m1)* Halskette

hálskirtil|l *(m5)* Mandel *(Hals)*

hálsmen *(s2)* Schmuckanhänger

hámark *(s2)* Höhepunkt
(von etw. länger Andauerndem)

hápunkt|ur, -s, -ar *(m2)* Höhepunkt
(besonderes Ereignis)

há|r, há, hátt hoch; **haf|a** *(stV↑)* **hátt**
laut sein; Lärm machen

hár *(s2)* Haar

hárgreið|a *(w1)* Kamm

hárgreiðsl|a *(w1)* Frisur

hárgreiðslumeistar|i *(m1)* Friseur

hárgreiðslustof|a *(w1)* Friseursalon

hárkoll|a *(w1)* Perücke

hárlakk, -s, -lökk *(Ö! s2)* Haarspray

hárrúll|a *(w1)* Lockenwickler

hársáp|a *(w1)* Shampoo

hársnyrtistof|a *(w1)* Friseursalon

hársprei *(s2) (sl.)* Haarspray

hárþurrkar|i *(m1)* Föhn *(Haartrockner)*

hás, hás, hást heiser

háset|i *(m1)* Matrose

háskól|i *(m1)* Universität

háslétt|a *(w3)* Hochebene

háspennulín|a *(w1)*
Hochspannungsleitung

hátalar|i *(m1)* Lautsprecher

hátíð, -ar, -ir *(w3)* Feier; Fest

hátíðleg|ur feierlich; festlich

hátt|a *(v1)* **sig** hinlegen

hátt|ur, -ar, hættir *(m2)* Art, Weise

háttaður: ver|a *(stV1)* **~** um e-e Sache
bestellt sein; so sein *(Lage)*

hávað|i *(m1)* Krach; Lärm

hávær, -, -t laut; lärmend

hef|ja *(stV↑)* heben;
~ sig á loft abheben *(Flugzeug)*

hef|jast *(stV↑)(vi)* beginnen

hefð, -ar, -ir *(w3)* Tradition

hefðbund|inn traditionell

hefl|a *(v1)* hobeln;
~ veginn Schotterpiste glattfräsen

hefnd, -ar, -ir *(w3)* Rache

hefti *(s3)* Heft

hegð|a *(v1)* **sér** verhalten *(s. benehmen)*

hegðun *(w5 Ez)* Benehmen; Verhalten

heið|i, -ar, -ar *(w8)* Anhöhe; Hochebene

heiðarleg|ur ehrlich; ehrenwert

heiðskír, -, -t wolkenlos

heiður, -s *(m3 Ez)* Ehre

heift, -ar, -ir *(w3)* Wut *(sehr heftig)*

heigul|l, -s, heiglar *(A! m5)* Feigling

heil|i *(m1)* Gehirn

heil|l, -, -t ganz; intakt; vollständig

heilag|ur, heilög *(Ö!)*, **heilagt** heilig

heilahristing|ur, -s, -ar *(m2)*
Gehirnerschütterung

heilarblóðfall *(Ö! s2)* Schlaganfall

heilbrigð|ur, -, -t gesund

heilbrigði *(s3 Ez)* Gesundheit

heild, -ar, -ir *(w3)* Gesamtheit

heildverslun *(w5)* Großhandel

heilhveiti Vollkornmehl

heilnæm|ur gesund

heils|a *(v1) e-um* begrüßen

heils|a *(w1)* Gesundheit

heils|ast, -ast, -aðist, -ast *(v1)*
grüßen *(s. be~)*

heilsufar *(s2 Ez)* Gesundheitszustand

heilsugæslustöð, -var, -var *(w3)*
Krankenhaus *(mediz. Dienst bes. a. d. Lande)*

heilsuhæli *(s3)* Kurort *(Einrichtung
z.B. in Hveragerði)*

heilsusamleg|ur gesund

heim nach Hause; **~a** zu Hause;
~an von zu Hause; **kom|a** *(stV1)* **~**
nach Hause zurückkehren *(nach Hause)*

kom|a *(stV↑)* **~ við** *e-ð* richtig sein;

übereinstimmen *(mit etw.);*
stand|a *(stV↑)* ~**a** zutreffen
heim|ur, -s, -ar *(m2)* Welt
heimagerð|ur, -, -gert hausgefertigt *(Gegenstände)*
heimahag|ar *(m1 Mz)* Heimat
heimalagað|ur, -löguð *(öl)*, **-lagað** hausgemacht *(Speise)*
heimaprjónað|ur zu Hause gestrickt
heimaverkefn|i *(s3)* Hausaufgabe
heimboð *(s2)* Einladung
heimil|l, -, -t legal
heimild, -ar, -ir *(w3)* **1** Genehmigung **2** Quelle *(Information)*
heimili *(s3)* Heim
heimilisfang, -s, heimilisföng *(öl s2)* Adresse
heimilishald *(s2)* Haushalt
heimilislaus obdachlos
heimilistæki *(s3)* Haushaltsgerät
heimkom|a *(w1)* Heimkehr
heimreið, -ar, -ir *(w3)* Zufahrt zu Gehöft
heimsk|a *(w1)* Dummheit *(Eigenschaft)*
heimsk|ur dumm
heimsókn, -ar, -ir *(w3)* Besuch
heimsæk|ja, -i, heimsótti, heimsótt *(v3)* besuchen
heimþrá, -r, -r *(w7)* Heimweh
heit|a, -i, hét, hétum, heitið *(v3)* heißen; ~ **í höfuðið á** *e-um* nach einem Verwandten benannt sein
heit|inn, -in *(wird nach d. Vornamen eingefügt)* verstorben; Jón heitinn Jónsson Der verstorbene Jón Jónsson
heit|ur warm; heiß *(Gegenstand, Flüssigkeit)*
heiti *(s3)* Bezeichnung
heitt á könnunni Kaffee in der Kanne
hel, -jar *(w3 Ez)* Hölle; ~**jar þröm, þramar, þramir** *(w6 öl)* Abgrund *(sinnbildlich)*
heldur 1 eher; lieber *(vorzugsweise)* **2** sondern
helg|a *(v1)* **sér** *e-u* intensiv widmen
helg|i, -ar, -ar *(w8)* Wochenende
helgidag|ur *(↑ dagur)* Feiertag
hell|a *(w1)* Platte *(allg., aus Stein, Glas, Koch≈)*
hell|a, -i, -ti, -t *(v2)* *e-u* gießen; schütten *(gießen)*; ~ **niður** verschütten; ~ **uppá (könnuna)** Kaffee aufgießen; ~ **út** ausgießen;

~ *e-u yfir* e-n/e-ð begießen
hell|ir *(m4)* Höhle
helling|ur, -s *(m2 Ez)* Menge *(sehr viel)*
hellirign|a, -ir, -di, -t *(v2)* schütten *(regnen)*
hellismunn|i *(m1)* Einstieg
helming|ur, -s, -ar *(m2)* Hälfte
helvíti *(s3)* Hölle; **helvíti** *(mit Adj.)* / **helvítis** *(m. Hauptwort)* verdammt *(Kraftausdruck)*
hemil|l, -s, hemlar *(m5)* Bremse
hend|a, -i, henti, hent *(v2)* *e-u* (weg)werfen
heng|ja, -i, -di, -t *(v2)* *e-ð á e-ð (vt)* hängen *(aufhängen, z.B Wäsche)*; ~ *e-ð* **upp** aufhängen
hengiflug *(s2)* hohe, senkrechte Felswand
hengilás, -s, -ar *(m3)* Vorhängeschloss
hentug|ur passend; praktisch; nützlich
heppileg|ur günstig
hepp|inn: ver|a *(stV↑)* ~ Glück haben
heppn|i, -i, -ar *(w8)* Glück *(gutes Ereignis)*
her, -s, -ir *(m2)* Armee
herbergi *(s3)* Zimmer
herð|a, -i, -ti, -t *(v2)* **1** härten **2** anziehen *(Schraube)*
herð|ar *(w3 Mz)* hinterer Teil der Schultern
herðatré *(s2)* Kleiderbügel
herkj|a *(w1 Mz)* große Schwierigkeit
herlið *(s2)* Armee
herm|a, -i, -di, -t *(v2)* *eftir* e-um nachahmen
hermaður *(↑ maður)* Soldat
hernaðarlegur militärisch
hernem|a *(↑ nema)* besetzen *(Land)*
herr|a, -a, -ar *(wie m1, nur Nom Ez auch auf -a)* Herr
herstöð, -var, -var *(w3)* Basis *(Militär~)*
hest|ur, -s, -ar *(m2)* Pferd *(eher ♂)*
hestaíþrótt, -ar, -ir *(w3)* Reitsport
hestaleig|a *(w1)* Pferdeverleih
hestamaður *(↑ maður)* Reiter(in)
hestamennsk|a *(w1)* Reiten
hestbak: ver|a *(stV↑)* **á ~i** reiten
hesthús *(s2)* Stall *(Pferde≈)*
hetj|a *(w1)* Held
hett|a *(w1)* Kapuze
hey *(s2 Ez)* Heu
heyr|a, -i, -ði, -t *(v2)* hören; ~ **í** *e-um/e-u* hören können *(jdn. überhaupt vernehmen)*

heyrn, -ar, -ir *(w3)* Gehör(ssinn)

heyrnarlaus taub *(Gehör)*

heyrnartól *(s2)* Kopfhörer

héðan von hier; **~ í frá** von jetzt an

hél|a *(w1 Ez)* Raureif

hér hier

hér|i *(m1)* Hase

hérað, -s, héruð *(s2, unreg. in Mz hier u statt ö)* **1** ländliches Gebiet *(außerh. Stadt)* **2** Verwaltungseinheit *(etwa wie Regierungsbezirk)*

hérna¹ hier *(wenn man drauf deuten kann od nachdrücklich)*

hérna² hier; äh *(Einschiebsel beim Sprechen)*

hf *(Abk. für hlutafélag)* GmbH

hið opinbera Staat *(Institution, von innen gesehen)*

hik|a *(v1) við að gera e-ð* zögern

hill|a *(w1)* Regal

himin|n, -s, himnar *(A! m5)* Himmel

hindber *(s2)* Himbeere

hindr|a *(v1) e-n/e-ð* behindern; blockieren; **~** *e-n í e-u* hindern *(jdn. an etw.)*

hindrun *(w5)* Hindernis

hingað hierher; **~ til** bisher

hinkr|a *(v1)* am Telefon bleiben; kurz warten

hinn daginn übermorgen

hins vegar jedoch

hinseginn *(fam.)* schwul

hinumegin *(Adv.)* jenseits *(auf der anderen Seite)*

hirð|a *(w1)* Pflege

hirð|a, -i, hirti, hirt *(v2) e-ð* pflegen *(s. kümmern um)*

hirð|ir *(m4)* Hirte

hirðing *(w2)* Pflege *(s. kümmern um)*

hissa: ver|a *(stV↑)* **~** *á e-u* staunen

hit|a *(v1) (vt)* erwärmen; **~** *e-ð* **upp** aufwärmen; heizen *(Haus, Auto)*

hit|i *(m1)* **1** Wärme *(phys.)* **2** Hitze **3** Fieber

hitabelti *(s2)* Tropen *(Region)*

hitamæl|ir *(m5)* Thermometer

hitastig *(s2)* Temperatur

hitaveit|a *(w1)* Fernheizung

hitaveitustokk|ur, -s, -ar *(m2)* Fernwärmeleitung

hitt|a, -i, -i, hitt *(v2)* treffen *(s. begegnen, Ziel)*

hitt|ast, -ist, -ist, hist *(v2)* begegnen, s.

hitti(ð)fyrra: í ~ vorletztes Jahr

híf|a *(v1)* hieven; hochziehen

hífað|ur beschwipst

hjart|a, -a, hjörtu *(s1)* Herz

hjartaáfall, -s, hjartaáföll *(Ö! s2)* Herzanfall

hjartanleg|ur herzlich

hjartans *(Adv.)* herzlich

hjartatruflanir *(w5 Mz von truflun)* Herzrhythmusstörungen

hjartfólg|inn hochgeschätzt; geliebt

hjá *(Dat)* bei

hjáleið, -ar, -ir *(w3)* Umleitung

hjálm|ur *(m2)* Helm

hjálmskyld|a *(w1)* Helmpflicht

hjálp, -ar, -ir *(w3)* Hilfe

hjálp|a *(v1) e-um* helfen

hjálpartæki *(s3)* Hilfsmittel *(Gerät)*

hjátrú, -ar *(w3 Ez)* Aberglaube

hjól *(s2)* Rad

hjólastól|l, -s, -stólar *(m5)* Rollstuhl

hjólbarð|i *(m1)* Reifen

hjólbarðaþjónust|a *(w1)* Reifendienst

hjólhýsi *(s3)* Wohnwagen

hjón *(s2 Mz)* Ehepaar

hjónaband, -s, -bönd *(Ö! s2)* Ehe

hjúkr|a *(v1) e-um* pflegen *(Kranke)*

hjúkrun *(w5)* Pflege *(Kranken≈)*

hjúkrunarkon|a *(w1)* Krankenschwester

hjörð, hjarðar, hjarðir *(w6)* Herde

hlað, -s, hlöð *(Ö! s2)* Eingang zu Hofbereich

hlað|a *(stV↑)* aufladen *(Batterie, Chip etc.)*

hlað|a *(stV↑)* beladen

hlaðborð *(s2)* kaltes Buffet

hlakk|a *(v1) til* *e-s* erwarten *(freudig ~)*

hland *(s2 Ez)* Urin

hlass, hlass, hlöss *(Ö! s2)* Last; Ladung

hlaup *(s2)* **1** Lauf *(das Laufen; Gewehr≈)* **2** Gletscherlauf **3** Gelee

hlaup|a *(stV↑)* laufen; rennen; **~** *yfir* *e-ð* vernachlässigen; weglassen

hlaupaból|a *(w1, Gen Mz -lna)* Windpocken

hlák|a *(w1)* Tauwetter

hlátur, -s, hlátrar *(A! m3)* Lachen

hleðsl|a *(w1)* Ladung *(Munition)*

hleðslutæki *(s3)* Ladegerät

hleif|ur, -s, ar *(m2)* Brotlaib

hlekk|ur, -jar,-ir *(m2)* Glied *(Ketten≈)*

hlerun *(w5)* Überwachung *(Datenverkehr)*

hleyp|a, -i, -ti, hleypt *(v2)* e-u út úr e-u
hinauslassen;
~ í sig kjarki sich selbst Mut machen

hlé *(s2)* 1 Lee 2 Unterbrechung; Pause

hlið *(s2)* Gatter; Tor

hlið, -ar, -ar *(w3)* Seite

hliðar- seitlich

hliðará *(w7)* Nebenfluss

hliðsjón, -ar *(w3 Ez)* af e-u Bezug

hlíð, -ar, -ar *(w3)* Hang

hlíf, -ar, -ar *(w3)* Schirm

hlíf|a, -i, -ði, -t *(v2)* e-u beschützen;
~ e-um við e-u ersparen *(jdm. etw ~)*

hljóð *(s2)* Geräusch; Schall *(phys.)*

hljóð|ur, -, hljótt leise;
haf|a *(stV↑)* hljótt leise sein

hljóðfæri *(s3)* Instrument *(Musik)*

hljóðnem|i *(m1)* Mikrophon

hljóðpíp|a *(w1)* Trillerpfeife

hljóm|a *(v1)* klingen *(auch: s. anhören)*

hljóm|ur, -s, -ar *(m2)* Klang

hljómborð *(s2)* Tastatur *(Instrument)*

hljómplat|a *(Ö! w1)* Schallplatte

hljómsveit, -ar, -ir *(w3)* Orchester

hljót|a² *(stV↑)* e-ð *(vt)* (ab)bekommen

hljóta¹ *(stV↑)* *(vi)* að müssen
(zwangsläufig, schlussfolgernd)
▶ Það hlýtur að vera. So muss es wohl sein.

hlunk|ur, -s, -ar *(m2)* Brocken
(auch übertragen)

hlust|a *(v1)* á e-n zuhören

hlustand|i, -a, hlustendur *(m1)*
Zuhörer

hlut|i *(m1)* 1 Teil *(vom Ganzen)*
2 Bestandteil

hlut|ur, -ar, -ir *(m2)* 1 Gegenstand
(Ding, Sache) 2 Teil *(Ware, Ersatz≈)*

hlutdeild, -ar *(w3)* í e-u Anteil
(an e-r gemeinsamen Sache)

hlutdræg|ur, -, -t einseitig *(Ansicht)*

hlutfall, -s, -föll *(Ö! s2)* Verhältnis
(math. Relation)

hlutlaus neutral

hlutlæg|ur objektiv; sachlich

hluttekning, -ar *(w2)* Anteil *(Mitgefühl)*

hlutverk *(s2)* 1 Funktion *(Stellung, Zweck)*
2 Rolle *(Theater, Film)*

hlý|ja *(v1)* wärmen

hlý|r, -, -tt 1 warm *(Umgebung;
auch übertragen)* 2 herzlich

hlýð|a, -i, hlýddi, hlýtt gehorchen
(hören auf jdn.)

hlýð|ast, -ast, -aðist, -ast *(v1)*
gehorchen

hlýindi *(s3 Mz)* Wärme *(Wetter)*

hlýj|a *(v1)* sér wärmen *(s. auf~)*

hlýj|a *(w1 Ez)* Wärme

hlýn|a *(v1)* *(vi)* wärmer werden
(z.B. Wetter)

hlýr|i *(m1)* Träger *(an Kleid)*

hlýrakjól|l, -, -kjólar *(m5)* Trägerkleid

hlæ|ja *(stV↑)* að e-um/e-u lachen
(über jdn./etw. ~)

hlægileg|ur lächerlich

hnakk|i *(m1)* Nacken

hnakk|ur, -s, -ar *(m2)* 1 Sattel 2 Hocker

hnapp|ur, -s, -ar *(m2)* Knopf

hnef|i *(m1)* Faust

hneig|jast, -ist, -ðist, -st að e-u neigen;
zu Meinung tendieren

hnepp|a, -i, -ti, hneppt *(v2)* e-u knöpfen;
~ frá sér aufknöpfen; ~ að sér zuknöpfen

hnerr|a *(v1)* niesen

hnet|a *(w1)* Nuss

hné *(s2)* Knie

hnign|a *(v1)* nachlassen

hnipp|a, -i, -ti, -t *(v2)* í e-n stoßen
(mit Ellbogen)

hnipping *(w2)* Stoß

hníf|ur, -s, -ir *(m2)* Messer

hnífsblað, -s, blöð *(Ö! s2)* Klinge

hnjót|a *(stV↑)* um e-ð stolpern
(auch bildl., stoßen auf etw.)

hnjúk|ur, -s, -ar *(m2)* Gipfel

hnoð|a *(v1)* kneten

hnot, -ar, hnetur od. hnotir *(w4)* Nuss

hnupla *(v1)* klauen

hnúk|ur, -s, -ar *(m2)* Gipfel

hnúkaþey|r, -s *(m2 Ez)* Föhn *(Fallwind)*

hnút|ur, -s, -ar *(m2)* Knoten

hnýs|inn neugierig

hnött|ur, hnattar, hnettir *(m6)* 1 Kugel
2 Ball 3 Planet

hnöttótt|ur, -, - rund

hobbí *(s2)* *(sl.)* Hobby

hof *(s2)* Tempel *(heidnisch)*

hol *(s2)* Vorraum

hol|a *(w1)* Loch

hol|ur hohl

holl|ur gesund *(Gemüse, Obst u. dgl.)*

holt *(s2)* Hügel *(niedrig, kaum bewachsen)*

hop|a *(v1)* zurückgehen *(Gletscher)*

hopp|a *(v1)* hüpfen; springen

horaður, -horuð, -horað mager

horf|a, -i, -ði, -t *(v2)* á e-ð schauen
(auf etw.); zusehen;
~ á sjónvarp fernsehen

horf|ur *(w1 Mz)* Aussicht *(Zukunfts~)*

horn *(s2)* **1** Horn *(Tier)* **2** Ecke
3 Winkel *(Geometrie)*
4 Finne *(Rückenflosse von Wal u. Hai)*

hornklof|i *(m1)* eckige Klammer

hornskel, -jar, -jar *(w3)* Hornpanzer

hó|a *(v1)* í e-n rufen *(jdn. etw. zu~, an~)*

hóf *(s2)* vernünftiges Maß;
að ~i in Maßen

hóf|ur *(m2)* Huf

hóflaus übermäßig

hófsam|ur, -söm *(Öl),*
-samt bescheiden; genügsam

hól|l, -s, -ar *(m5)* Hügel *(deutl.
abgehoben, teilw. steile Flanken)*

hólf *(s2)* Fach

hólk|ur, -s, -ar *(m2)* **1** (Metall)hülse
2 etw. sehr (zu) Weites *(Gefäß; Kleidung)*
3 Munitionstrommel *(Gewehr; Revolver)*

hólpinn: ver|a *(stV↑)* ~
in Sicherheit befinden

hóp|ur *(m2)* **1** Gruppe **2** Herde; Rudel

hór|a *(w1)* Prostituierte *(pej.)*

hóst|a *(v1)* husten

hóst|i *(m1)* Husten

hót|a *(v1)* e-um e-u (be)drohen

hótel *(s2)* Hotel

hótelþern|a *(w1)* Zimmermädchen

hótun *(w5)* Bedrohung; Drohung

hraðakstur, -s *(m3 Ez)* zu schnelles
Fahren ▶ Mörg slys vegna ~s.
Viele Unfälle wegen Raserei.

hrað|i *(m1)* **1** Geschwindigkeit
2 Eile; **haf|a** *(stV↑)* ~ann á beeilen, s.

hrað|ur, hröð *(Öl),* **hratt** schnell

hraðahindrun *(w5)* Straßenschwelle

hraðbank|i *(m1)* Geldautomat

hraðbraut, -ar, -ir *(w3)* Schnellstraße

hraðsuðukann|a *(Öl w1)* Wasserkocher

hrafn, -s, -ar *(m3)* Rabe

hrak|a *(v1)* schwächer werden *(z.B. Augen)*

hrap|a *(v1)* herabfallen; abstürzen
(Flugzeug)

hras|a *(v1)* um e-ð stolpern

hraun *(s2)* Lava

hraunbreið|a *(w1)* Lavafeld

hraunhell|ir *(m4)* Lavahöhle

hraunrennsli *(s3)* Lavafluss

hrá|r, -, -tt roh *(ungekocht)*

hráefni *(s3)* Rohstoff

hráslagaleg|ur rau *(Wetter)*

hreiður, -s, hreiður *(s2)* Nest

hreim|ur, -s, -ar *(m2)* Akzent *(Aussprache)*

hrein|n, -, -t rein; sauber; geputzt;
haf|a *(stV↑)* e-ð á ~u klar darstellen;
kom|a *(stV↑)* e-u á ~t klären
(Angelegenheit); **ver|a** *(stV↑)* með e-ð á ~u
geklärt haben *(etw. ~)*

hreinlát|ur hygienisch

hreinlega *(Adv.)* buchstäblich

hreinleik|i *(m1)* Reinheit *(z.B. Luft, Wasser)*

hreinlæti *(s3 Ez)* Hygiene; Sauberkeit

hreins|a *(v1)* reinigen; putzen

hreinskil|inn offen; ehrlich; aufrichtig;
í hreinskilni ehrlich *(gesagt)*

hreinsun *(w5)* Reinigung

hreinsunarefni *(s3)* Reinigungsmittel

hreistur *(s2)* Fischschuppe

hrekk|ja, -i, -ti, -t *(v2)* e-n erschrecken
(jdm. e-n Schrecken einjagen)

hrekk|ur, -s, -ir *(m2)* Schrecken

hrepp|ur, -s, -ar *(m2)* ländliches Gebiet
mit nur Streusiedlungen

hress, -, -t gesund und munter

hress|a, -i, -ti, hresst *(v2)* erfrischen

hressing *(w2)* Erfrischung

hret *(s2)* Kälteeinbruch *(mst. mit Schnee)*;
páska~ um Ostern auftretender
Kälteeinbruch

hreyf|a, -i, -ði, -t bewegen

hreyfanleg|ur beweglich

hreyfing *(w2)* Bewegung

hreysi *(s3)* Hütte *(heruntergekommen)*

hreyst|a, -i, -i, hreyst *(v1)* e-n
trösten *(aufmuntern)*

hrif|inn af e-u begeistert;
ver|a *(stV↑)* ~ af e-u lieben *(übertr., Dinge)*

hrifning *(w2)* Begeisterung

hrifs|a *(v1)* packen; ergreifen

hremm|a, -i, -di, -t *(v2)* packen
(z.B. ein Tier seine Beute)

hrind|a *(stV↑)* stoßen; schubsen;
~ í framkvæmd ein Projekt anstoßen;
~ um koll umwerfen; umstoßen
(Turm aus Bauklötzen z.B.)

hring|ja, -i, -di, -t *(v2)* läuten; klingeln;

~ í *e-n* telefonieren *(anrufen, mit jdm. ~)*

hring|ur, -s, -ar *(m2)* Ring
(Schmuckstück, techn.)

hring|ur, -s, -ir *(m2)* Kreis
(allg., geometr. Figur)

hringið|a *(w1)* **1** Flusswirbel **2** Hektik

hringlaga *(unv.)* rund *(2-dimensional)*

hringrás, -ar, -ir *(w3)* Kreislauf *(allg.)*

hringsjá, -r, -r *(w7)* Aussichtspunkt

hringtorg *(s2)* Kreisverkehr

hrist|a, -i, -i, hrist *(v2) e-ð* schütteln;
~ hausinn Kopf schütteln

hríð, -ar, -ir *(w3)* **1** eine Zeit lang
2 Schneesturm

hríf|a *(stv1) á e-n* wirken

hrím *(s2 Ez)* Raureif

hrísgrjón *(s2 Mz)* Reis

hrísluskóg|ur, -ar, -ar *(m2)* Wald

hrjóst(r)ug|ur kahl *(Landschaft)*

hrjót|a *(stv1)* schnarchen

hrjúf|ur rau *(Oberfläche. Wesen)*

hross *(s2)* Pferd *(♀ u. ♂)*

hrossahóp|ur, -s, -ar *(m2)* Pferdeherde

hrossastóð *(s2)* Herde

hrottafeng|inn brutal

hrottaleg|ur roh

hróp *(s2)* Ruf *(Ausruf)*

hróp|a *(v1)* rufen

hrós *(s2)* Kompliment

hrós|a *(v1) e-um* loben

hrukk|a *(v1)* runzeln

hrukk|a *(w1)* Runzel

hrun *(s2)* Zusammenbruch; Einsturz;
Hrunið Bankenzusammenbruch 2008

hrúg|a *(w1)* Haufen *(eher kleiner)*

hrút|ur, -s, -ar *(m2)* Widder

hrútaber *(s2)* Steinbeere

hrútlamb *(für ♂)* Lamm

hryggbrjót|a *(stv1) e-n*
einen Korb geben *(nach Heiratsantrag)*

hryggð, -ar, -ir *(w3)* Trauer *(still,
tiefe Betroffenheit)*

hryggjaliður, -s, -ir *(m2)* Wirbel
(an Wirbelsäule)

hryggjarsúl|a *(w1)* Wirbelsäule

hrylling|ur, -s *(m2 Ez)* Schauder;
Schrecken;
~ að sjá þig wie siehst du denn aus?

hryn|ja, hryn, hrundi, hrunið *(v5)*
einstürzen; zusammenbrechen;
~ (ofan) í *e-ð* einbrechen *(in z.B. Eis ~)*

hryss|a *(w1)* Stute

hrædd|ur, -, hrætt mit Angst;
~ um *e-n/e-ð* **1** Angst haben *(um etw./jdn.)*
2 befürchten *(dass etw. so ist)*;
~ við *e-ð* Angst haben *(vor etw.)*

hræð|a *(w1) (fam.)* Mensch *(Individuum)*

hræðileg|ur furchtbar; schrecklich

hræðsl|a *(w1)* Furcht *(eher unbegründet)*

hrær|a *(w1)* Paste

hrær|a, -i, -ði, -t *(v2)* umrühren

hræsn|a *(v1) fyrir e-um* heucheln

hrökk|va *(stv1) (vi) við* erschrecken

hug|ur, -ar, -ir *(m2)* Geist *(Verstand)*
ger|a *e-ð* **af ráðnum ~** bewusst
(etw. ~ tun)

hugboð *(s2)* **um** *e-ð* Ahnung *(vages Wissen)*

hugdett|a *(w1)* Augenblickslaune;
Einfall

hugg|a *(v1) e-n* trösten

hugguleg|ur gemütlich

huggun *(w5)* Trost

hughreyst|a, -i, -i, hreyst *(v1) e-n*
trösten *(aufmuntern)*

hughrif *(s2 Mz)* großer Eindruck

hugleið|a, -i, -leiddi, -leitt *(v2) e-ð*
erwägen

hugleiðing *(w2)* Erwägung

hugmynd, -ar, -ir *(w1)* **1** Idee
2 Eindruck; Begriff;
fá ~ *(stv1)* **~** Einfall bekommen

hugmyndaflug *(s2)* Fantasie

hugmyndarík|ur fantasievoll

hugrakk|ur, -rökk *(ö!),*
-rakkt mutig; tapfer

hugrekk|i *(s3)* Mut

hugs|a *(v1)* denken;
~ um *e-ð* denken *(an etw. ~)*;
nachdenken *(über etw. ~)*

hugsun *(w5)* Gedanke

hugtak, -s, hugtök *(ö! s2)* Begriff
(gedankl. Konzept, philosoph.)

huldufólk *(s2)* verborgenes Elfenvolk

hulstur *(s2)* Etui

hunang *(s2 Ez)* Honig;
~sflug|a *(w1)* Biene

hund|ur, -s, -ar *(m1)* Hund

hungur *(s2 Ez)* Hunger

hurð, -ar, -ir *(w3)* Tür

hurðarhún|n, -s, -ar *(m5)* Türgriff
(runder Knauf, mst. mit Druckknopf)

húdd *(s2)* Motorhaube

húð, -ar, -ir *(w3)* Haut

húð|a *(v1)* e-ð überziehen
(z.B. mit Glasur, schützender Schicht)

húf|a *(w1)* Mütze

húm *(s2)* Dämmernacht *(im Sommer)*

húmor *(s2)* Humor

hún + Name die ...; **hún Dísa** die Dísa

hún|n, -s, -ar *(m2)* **1** Türklinke *(rund)*
2 Bärenjunges

hús *(s2)* Haus

húsagarð|ar *(m2 Mz von garður)*
Innenhof *(begrünt)*

húsaport *(s2)* betonierter Innenhof;
Durchgangsbereich

húsaskjól *(s3)* Unterkunft *(kurzzeitig)*

húsbíl|l, -s, -ar *(m5)* Wohnmobil

húsbóndi *(m ↑ bóndi)* Hausherr

húsbúnað|ur, -ar, -ir *(m2)* Einrichtung

húsdýr *(s2)* Haustier

húsfreyj|a *(w1)* Hausfrau

húsgagn, -s, húsgögn *(ö! s2)* Möbel

húsmóðir *(↑ móðir)* Hausfrau

húsnæði *(s3)* Unterkunft

hvað 1 was **2** wie *(wie groß, viel)*;
~ eftir annað mehrmals

hvaða welche(r,s) *(aus e-er Auswahl)*

hvaðan woher; von wo

hval|ur, -s, -ir *(m2)* Wal

hvalablástur, -s, -blástrar *(A! m3)*
Walfontäne

hvalaskoðun *(w5)* Walbeobachtung

hvalveið|ar *(w8 Mz)* Walfang

hvar wo

hvarfla: e-ð **hvarfl|ar, -aði, -að** *(v1)* **að**
e-um einfallen; auf die Idee kommen
(mst. negativ)

hvass, hvöss *(Ö!)*, **hvasst**
1 scharf *(Kante, Wind)*
2 spitz *(scharfkantig; Winkel)*

hvassviðri *(s3)* Sturm

hvassyrt|ur, -, - scharf *(Wort, Kritik)*

hvat|i *(m1)* **1** Motiv *(Beweggrund)*
2 Katalysator

hvá, -i, -ði, hváð *(v2)* „wie bitte" sagen

hve(rsu) wie

hveiti *(s2)* Weizen; Mehl

hvelfing *(w2)* Kuppel

hvell|ur, -s, -ir *(m2)* Krach *(Knall)*

hvenær wann; **~ sem er** jederzeit

hver, -s, -ir *(m3)* heiße Quelle

hver¹ *(Pron.) (nur m od. w)* wer *(v. mehr als 2)*

hver² *(Pron.) (m / w)*, **hvert** *(s)*
1 jede(r,s) *(mehr als 2)*
2 jeweils *(mehr als 2)*;
~ sem er beliebig

hverabrauð *(s2)* in Heißquellendampf
gegartes Roggenbrot

hverafugl, -s, -ar *(m3)*
Heiß-Quellensittich *(angeblich in heißen*
Quellen tauchender od. lebender Vogel;
s. Stadtwappen von Hveragerði)

hverakipp|ur, -s, -ir *(m2)*
Erdbebenstoß in Heißquellengebiet

hverasvæði *(s3)* Heißquellengebiet

hverf|a *(stV↑)* verschwinden
(s. aus Sichtweite bewegen)

hverfi *(s3)* Stadtteil

hvergi nirgendwo; nirgendwohin

hvern annan *(m)*, **hverja aðra** *(w)*, **hvert**
annað *(s)* gegenseitig *(bei mehr als 2)*

hvernig 1 wie beschaffen *(Sache)*
2 auf welche Weise *(Handlung)*

hvers wessen *(bei mehreren)*

hvert 1 wer *(von mehreren m. u w.)*
2 wohin

hvess|a, -i, -ti, -t *(v2)* **augun** á e-n Blick

hvet|ja, hvet, hvatti, hvatt *(v5)*
auffordern

hvimleið|ur, -, -leitt unangenehm,
lästig

hvíl|a, -i, -di, -t *(v2)* **sig** ausruhen

hvíld, -ar, -ir *(w3)* Rast; Ruhepause;
Erholung

hvísl|a *(v1)* flüstern

hvít|ur weiß

hvítlauk|ur, -s, -ar *(m2)* Knoblauch

hvol|l, -s, -ar *(m5)* Hügel *(eher niedrig)*

hvolf|a, -i, -di, -t *(v2)* e-u drehen;
wenden *(oben nach unten drehen)*

hvor¹ *(Pron.) (nur m od. w)* wer *(wer von 2)*

hvor² *(Pron.) (m / w)*, **hvort** *(s)*
1 jede(r,s) *(von beiden)* **2** jeweils *(bei 2)*

hvorki ... né weder noch

hvorn annan *(m)*, **hvorja aðra** *(w)*, **hvort**
annað *(s)* gegenseitig *(bei 2)*

hvors wessen *(bei 2)*

hvort *(Konj.)* ob; **~ eð er** sowieso

hvutt|i *(m1)* Hund *(Kosewort, jüngere ~e)*

hyldýpi *(s3)* Abgrund *(Schlucht)*

hylki *(s3)* Etui; Kassette *(z.B. für Schmuck)*

hyrnd|ur, -, hyrnt eckig *(in Zssg.)*

hýði *(s3)* Schale *(Lebensmittel)*

hýr *(sl. pej.)* schwul

hýs|a, -i, -ti -t *(v2)* e-um unterbringen

hæð, -ar, -ir *(w3)* **1** Größe *(Höhe, Körper≈)*
2 Höhe **3** Hoch *(Wetter)* **4** Hügel
5 Stockwerk; **fyrsta ~** Erdgeschoss;
önnur ~ erster Stock

hæð|a, -i, hæddi, hætt *(v2)* e-n/e-ð
spotten *(~ über jdn./etw.)*

hæðarhrygg|ur, -jar, -ir *(m2)* Hochkeil

hæf|ur 1 fähig *(imstande zu etwas)*
2 angemessen; geeignet

hæfileik|i *(m1)* Fähigkeit; Talent

hæfn|i *(w8 Ez)* Qualifikation *(Befähigung)*

hæg|ja, -i, -ði, -t¹ *(v2)* *(vi)* verzögern
(langsamer werden); **~** *(v2)* **á sér** bremsen
(langsamer werden, auch bildl.)

hæg|ja, -i, -ði, -t² *(v2)* á e-u *(vt)* verlangsa-
men; verzögern *(langsamer machen)*

hæg|ur 1 langsam **2** ruhig

hægðalyf *(s2)* Abführmittel

hægðatregð|a *(w1)* Verstopfung
(Toilettengang)

hægindastól|l, -s, -ar *(m5)* Sessel

hæglát|ur ruhig; still

hægri *(m, w Ez)*, **hægra** *(s Ez)*, **hægri**
(m/w/s Mz) rechter;
hægra megin rechts

hæg|ur möglich; **ver|a** *(stV↑)* **hægt**
möglich sein

hækka¹ *(v1)* *(vi)* **1** höher werden
2 steigen

hækk|a² *(v1)* e-u *(vt)* **1** erhöhen
2 steigern **3** höher / lauter stellen
(Temperatur, Lautstärke);
~ *(flugi)* aufsteigen *(Flugzeug)*;
~ stöðu e-s befördern *(dienstlich)*

hækkun *(w5)* Anstieg *(Erhöhung)*

hæl|l, -s, -ar *(m5)* **1** Ferse
2 Schuhabsatz **3** Hering *(Zelt)*

hæn|a *(w1)* Henne

hænsnakof|i *(m1)* Hühnerstall

hænsni *(s3)* Geflügel

hæp|inn zweifelhaft *(evtl. gefährlich)*

hætt|a *(w1)* Gefahr

hætt|a, -i, -i, hætt e-u *(v2)* aufhören
(mit etw. ~); abbrechen; **~ við** absagen;
etw. nicht mehr machen

hætt|ur, -, - vergangen; aufgehört

hættuástand *(s2 Ez)* Alarmzustand

hættulaus gefahrlos

hættuleg|ur gefährlich

hættustig *(s2)* Alarmstufe

hættusvæði *(s3)* Gefahrengebiet

höfð|i *(m1)* Kap

höfðingsskap|ur, -ar *(m2 Ez)*
Großzügigkeit; Edelmut

höfn *(Ö! w6)* Hafen

höfnun, -ar, hafnanir *(Ö! w5)*
Ablehnung *(z.B. e-r Bitte, e-s Antrags)*

höfuð *(s2)* Kopf; **legg|ja, legg, lagði,
lagt** *(v5)* **~ið í bleytu** nachdenken
(gründlich ~ über etw.)

höfuðborg, -ar, -ir *(w3)* Hauptstadt

höfuðstól|l, -s, -ar *(m5)* Kapital
(konkret angelegtes ~)

höfuðstöð|var *(w3 Mz)* Hauptstelle
(Zentrale)

högg *(s2 kein Ö!)* Schlag; Stoß;
greið|a, -i, greiddi, greitt *(v2)* e-um **~**
Schlag versetzen *(jdm. e-n ~)*

höggdeyf|ir *(m4)* Stoßdämpfer

höggmynd, -ar, -ir *(w3)* Skulptur

högn|i *(m1)* Kater *(Tier)*

höll, hallar, hallir *(w6)* Schloss

hönd, handar, hendur *(w6)* Hand;
tak|a *(stV↑)* **í ~** e-um Hand drücken
(jdm. die ~)

hönnun, -ar, hannanir *(Ö! w5)* Design;
~arstof|a *(w1)* Designbüro

hörmuleg|ur furchtbar *(traurig)*;
schrecklich

hörundsár, -, -sárt empfindlich
(seelisch ~)

hött: ver|a *(stV↑)* **út í ~**
nicht in Frage kommen

I

íbúð, -ar, -ir *(w3)* Wohnung

íð|a *(w1)* Wirbel; Strudel

iðnaðarmaður *(↑ maður)* Handwerker

iðnað|ur, -ar *(m2 Ez)* Industrie

iðnaðar- industriell

iðngrein, -ar, -ir *(w3)* Gewerbe
(handwerkl. Fachrichtung)

iðnrekstur, -s, -rekstrar *(A! m3)*
Gewerbe *(Betrieb)*

il, -jar, -jar *(w3)* Fußsohle

ill|ur, -, illt *(Ausspr. mit spitzem i)* **1** böse;
übel **2** schlecht; schlimm

illgjarn, illgjörn *(Ö!)*, **illgjarnt** gemein;

niederträchtig; böse

illkvitt|inn böse *(in böser Absicht)*

ilm|a *(v1)* duften

ilm|ur, -s *(m2 Ez)* Duft

ilmvatn, -s, -vötn *(Ö! s2)* Parfüm

ilskó|r, -s, ilskór *(m2)* Sandale

indæl|l, -, -t nett

inn herein

inn í *(Akk)* in etw. hinein

innan *(Gen)* **1** innerhalb *(räuml.)*;
~ **um** *(Akk)* inmitten *(~ von etw.)*
2 binnen *(zeitl.)*;
~ **skamms tíma** demnächst

innanlandsflug *(s2)* Inlandsflug

innantók|ur *(w1 Mz)* Magen-Darm-
Erkrankung *(Durchfall)*

innari *(m, wEz; m/w/z Mz)*, **innara** *(s Ez)*
innerer; hinten *(Fjord, Tal, langer Raum)*

innarlega innen; hinten
(Fjord, Tal, langer Raum)

innborgun *(w5)* Einzahlung

innbrot *(s2)* Einbruch *(Verbrechen)*

innbú *(s2)* Wohnungseinrichtung

inneignarnót|a *(w1)* Gutschein
(von Geschäft z.B.)

innflutning|ur, -s, -ar *(m2)* Einfuhr

innfædd|ur, -, innfætt einheimisch;
Einheimischer

inngang|ur, -s, -ar *(m2)* Eingang

inngangsorð *(s2 Mz)* Einleitung

innheimt|a *(v1)* einfordern

inni (í) *(Dat)* in etw. drinnen

innihald, -s, innihöld *(Ö! s2)*
1 Inhalt; Gehalt *(an etw.)*
2 Zutat *(~en in Lebensmitteln)*

innihald|a *(↑ halda)* beinhalten

innileg|ur herzlich; ~**a** *(Adv.)* zutiefst

inniskór *(↑ skór)* Pantoffel

innkaup *(s2)* Einkauf

innkaupakerr|a *(w1)* *(auch -vagn)*
Einkaufswagen

innkeyrsl|a *(w1)* Einfahrt

innlegg *(s2)* Einlegesohle

innskot *(s2)* Unterbrechung
(jdn. beim Sprechen)

innspýting *(w2)* Einspritzung *(Auto)*

innst ganz innen / hinten *(Fjord, Tal,
langer Raum)*

innstung|a *(w1)* Steckdose

inntak, -s, inntök *(Ö! s2)* Inhalt
(abstrakt, z.B. von Buch, Gedanke)

inntak|a *(Ö! w1)* Aufnahme *(in Verein)*

í *(Dat)* **1** in *(etw. darin)* **2** *(Zeitangaben)*:
~ **bili** inzwischen; ~ **fyrstu** zuerst
3 *(in vielen Verbindungen)*: z.B. **áhuga á e-u**
Interesse an etw; **á ferð** auf der Reise;
~ **alvöru** ernst; ~ **bili** einstweilen;
~ **burtu** weg sein; ~ **dag** heute;
~ **framan** im Gesicht; ~ **fyrstu** erst;
~ **gamla daga** früher;
~ **gegnum** *(Akk)* durch *(räuml.)*;
~ **gær** gestern; ~ **klúðri** durcheinander;
~ **kring(um)** *(Akk)* um ... herum;
~ **ofanálag** noch dazu;
~ **raun og veru** wirklich *(verstärkend)*;
~ **rúst** *(unv.)* zerstört;
~ **staðinn fyrir** *(Akk)* anstelle von;
~ **stafrófsröð** alphabetisch;
~ **trúnaði** vertraulich;
~ **tæka tíð** rechtzeitig

í *(Akk.)* **1** in *(etw. hinein)* **2** *(Zeitdauer)*:
~ **allan daginn** den ganzen Tag;
~ **nótt** heute Nacht **3** *(in vielen Verbindungen)*:
z.B. **kipp|a ~ lag** in Ordnung bringen;
vitn|a ~ e-n jdn. zitieren

íbú|i *(m1)* Bewohner; Einwohner;
~**ar** *(m1 Mz [von íbúi])* Bevölkerung

ígulker *(s2)* Seeigel

íhaldssam|ur, íhaldssöm *(Ö!)*,
íhaldssamt konservativ

íhlut|ur, -ar, -ir *(m2)* Teil *(Bauteil)*

íhug|a *(v1)* e-ð erwägen; nachdenken

íhugun *(w5)* Erwägung

ílát *(s2)* Behälter; Gefäß

ímynd, -ar, -ir *(w3)* Begriff *(Inbegriff f. etw.)*

ímynd|a *(v1)* sér e-ð vorstellen *(s. etw.)*

ímyndun *(w5)* Vorstellung *(Imagination)*

ímyndunarafl, -s, -öfl *(Ö! s2)* Fantasie

ís, íss, ísar *(m3)* Eis; Speiseeis

ís|a *(v1)* vereisen

ísbjörn, ísbjarnar, ísbirnir *(m)* Eisbär

ísbúð, -ar, -ir *(w3)* Eisdiele

íshaf, -s *(s2 Ez)* Eismeer

íshaf, -s, íshöf *(Ö! s2)* Polarmeer

ísilagð|ur, -lögð *(Ö!)*, **-lagt** vereist;
eisbedeckt

ísing *(w2)* Vereisung

ísjak|i *(Ö! m1)* Eisberg

ískald|ur, ísköld *(Ö!)*, **ískalt** eiskalt

ískyggileg|ur finster

Ísland *(s2 Ez)* Island

íslensk|a(n) *(w1)* isländische Sprache

íslensk|ur isländisch
ísmol|i *(m1)* Eiswürfel
íspinn|i *(m1)* Eis am Stiel
ísrétt|ur, -ar, -ir *(m2)* Eisbecher
ístað, -s, ístöð *(Ö! s2)* Steigbügel
ístr|a *(w1)* dicker Bauch
ísöld, ísaldar, ísaldir *(w6)* Eiszeit
ítarleg|ur ausführlich
ítrek|a *(v1)* wiederholen *(mit Nachdruck)*
ítrekun *(w5)* Wiederholung *(Nachhaken)*
íþrótt, -ar, -ir *(w3)* Sport
íþróttaskó|r *(↑ skór)* Turnschuh
íþróttavöll|ur, -vallar, -vellir *(m6)*
  Sportplatz
íþyngj|a, -i, -di, -t *(v2)* e-ð belasten
  (Last aufladen)

J

jaðar, -s, jaðrar *(A! m3)* Rand
jafn, jöfn *(Ö!)*, **jafnt 1** einheitlich;
  gleichartig **2** gleichmäßig;
  jöfn tal|a *(Ö! w1)* gerade Zahl
jafn|a *(v1)* **sig** erholen s.; beruhigen, s.
jafnaðar- sozial *(politisch)*
jafnaðarstefn|a *(w1)* Sozialdemokratie
jafnframt zugleich *(parallel, als Folge)*
jafngild|a, -i, -gilti, jafngilt *(v2)* e-u
  entsprechen *(dasselbe wie)*
jafning|ur, -s *(m2 Ez)* dicke weiße Soße
  aus Milch und Mehl
jafnt og þétt *(Adv.)* gleichmäßig
jafnvel sogar
jafnvægi *(s3)* Gleichgewicht
jak|i *(Ö! m1)* Eisberg
jakk|i *(m1)* Jacke
jakkaföt *(Ö! s2 Mz)* feiner Anzug
janúar *(m unv.)* Januar
jarðarber *(s2)* Erdbeere
jarðarför, -farar, farir *(Ö! w6)*
  Beerdigung
jarðarhnött|ur, -hnattar, -hnettir *(m6)*
  Erdkugel
jarðbað, -s, -böð *(Ö1 s2)* Dampfbad
  in heißem Sand
jarðeðlisfræð|i, -i *(w8 Ez)* Geophysik
jarðeðlisfræðing|ur, -s, -ar *(m2)*
  Geophysiker
jarðefnafræð|i, -i *(w8 Ez)* Geochemie
jarðefnafræðing|ur, -s, ar *(m2)*

  Geochemiker
jarðfræð|i, -i *(w8 Ez)* Geologie
jarðfræðileg|ur geologisch
jarðfræðing|ur, -s, -ar *(m2)* Geologe
jarðgufuvirkjun *(w5)*
  geothermisches Kraftwerk
jarðgöng *(Ö! s2 Mz)* Tunnel
jarðhit|i *(m1)* Erdwärme *(Geothermie)*
jarðhitasvæði *(s3)* Gebiet mit
  erhöhter Erdtemperatur
jarðhræring *(w2)* Erdzittern *(leichtes Beben)*
jarðolí|a *(w1)* Erdöl
jarðskjálft|i *(m1)* Erdbeben
jarðskjálftafræð|i, -i *(w8 Ez)* Seismik
jarðskjálftafræðing|ur, -s, -ar *(m2)*
  Seismologe
jarðskjálftahrin|a *(w1)* Erdbebenserie
jarðskjálftakipp|ur, -s, -ir *(m2)*
  Erdbebenstoß
jarðskjálftarit *(s2)* Seismogramm
jarðsyngj|a *(↑ syngja)* e-n beerdigen
jarðveg|ur, -s *(m2 Ez)* Bodenmaterial;
  Erde *(als Material)*
jarðvísindi *(s3 Mz)* Geowissenschaften
jaxl, -s, -ar *(m3)* Backenzahn
já ja
jálk|ur, -s, -ar *(m2)* Pferd
  (eher schlecht zum Reiten; kastriert)
járn, -s *(m3 Ez)* Eisen; **~brá, -r, -r** *(w7)*
  Eisenfilm *(auf warmem Quellwasser)*
ját|a *(v1)* **1** bejahen **2** (ein)gestehen
jepp|i *(m1)* Geländewagen
jógúrt *(s2) od. (w3)* Joghurt
jól *(s2 Mz)* Weihnachten
jólaglögg *(s2 Ez)* Weihnachtsfeier
jólasvein|n, -s, -ar *(m5)*
  Weihnachtsgnom *(insg. 12 ~e)*
jurt, -ar, -ir *(w3)* krautige Pflanze
jú doch *(auf verneinte Frage)*
jæja also *(auffordernd)*
jökul|l, -s, jöklar *(A! m5)* Gletscher
jökulfýl|a *(w1)* Schwefelgeruch
  von Gletscherwasser
jökulhlaup *(s2)* Gletscherlauf
jökulsá, -r, -r *(w7)* Gletscherfluss
jökulsprung|a *(w1)* Gletscherspalte
jörð, jarðar, jarðir *(Ö! w6)* **1** Erde *(Boden)*
  2 Erde *(Planet)* **3** Grundbesitz
jötun|n, -s, jötnar *(A! m5)* Riese

K

kaðal|l, -s, kaðlar *(A! m5)* Kabel

kaf: far|a *(stV↑)* **á ~** untertauchen;
unter Schnee / Asche verschwinden

kaf|a *(v1)* tauchen

kafaldsbyl|ur, -jar, -jir *(m2)*
Schneetreiben

kafarabúning|ur, -s, -ar *(m2)*
Taucherausrüstung

kaffi *(s3 Ez)* Kaffee

kaffihús *(s2)* Café

kaffisop|i *(m1)* Tasse Kaffee

kaffitár *(s2)* Schluck Kaffee

kafl|i *(m1)* **1** Abschnitt **2** Kapitel;
með köflum abschnittsweise;
skýjað með köflum
abschnittsweise bewölkt

kafn|a *(s2 í e-u)* ersticken *(vi)* *(an etw.)*

kak|a *(Ö! w1)* Kuchen

kakó *(s2)* Kakao

kal *(s2 Ez)* Erfrierung *(z.B. an Zehen)*

kal|a *(stV↑)* erfrieren *(Gliedmaßen)*

kald|i *(m1)* frische Brise

kald|ur, köld *(Ö!)*, **kalt** kalt;
e-um **ver|a** *(stV↑)* **kalt** frieren

kaldavermsl *(s2)* kühle Quelle *(gefriert nie)*

kaldhæð|inn trocken *(Humor)*

kalk, -s *(s2 Ez)* **1** Kalk **2** Calcium

kalkún|n, -s, -ar *(m5)* Pute

kall, -s, -kallar *(m2)*
(fam., nur mit Zahlen) Banknote

kall, -s, köll *(Ö! s2)* Ruf

kall|a *(v1)* rufen;
~ e-ð e-ð bezeichnen *(als etw. ~)*;
~ í e-n / til e-s rufen *(jdn. ~)*;
~ e-n út alarmieren

kampavín *(s2)* Sekt

kanil|l, -s *(m5 Ez)* Zimt

kanín|a *(w1)* Kaninchen

kann|a *(v1)* untersuchen *(Unbekanntes)*

kann|a *(w1)* Kanne

kann|ast *(v1)* **við** *e-n/e-ð*
1 wissen *(eher lose ~ von etw.)*
2 *(jdm.)* bekannt vorkommen;
flüchtig kennen **3** eingestehen *(etw. ~)*

kannski vielleicht

kant|ur, -s, -ar *(m2)* Kante

kantað|ur, köntuð *(Ö!)*, **kantað** eckig

kapell|a *(w1)* Kapelle *(kl. Kirche)*

kapp|i *(m1)* Held

karf|a *(Ö! w1)* Korb

karf|i *(m1)* Karpfen

karl, -s, -ar *(m3)* Mann

karlkyns *(unv.)* männlich *(Geschlecht)*

karlmaður *(m; ↑ maður)* Mann

karlmannleg|ur männlich
(typisch für Männer)

karlmennsk|a *(w1)* Männlichkeit

kartafl|a, kartöflu, kartöflur *(Ö! w1)*
Kartoffel

kass|i *(m1)* **1** Kiste; Schachtel
2 Kasse *(zum Bezahlen im Laden)*

kassett|a *(w1)* *(fam.)* Kassette

kast, -s, -köst *(Ö! s2)* Anfall
(z.B. epileptischer ~)

kast|a *(v1)* *e-u* werfen; **~ upp** erbrechen

kaup *(s2 Ez)* Gehalt; **~** *(s2 Mz)* Kauf

kaup|a, -i, keypti, keypt *(v3)* kaufen;
~ inn einkaufen

kaupand|i, -a, kaupendur *(m1)* Käufer

kauphöll, -hallar, -hallir *(Ö! w6)*
Aktienbörse

kaupstað|ur, -ar, -ir *(m2)* Stadt

káet|a *(w1)* Kajüte

kál *(s2)* Kraut/Kohl

kálf|i *(m1)* Wade

kálf|ur, -s, -ar *(m2)* Kalb

kálfakjöt *(s2 Ez)* Kalbfleisch

káp|a *(w1)* **1** Mantel *(Kleidung)*
2 Buchumschlag

kát|ur fröhlich

keðj|a *(w1)* Kette *(allg., auch Fahrrad)*

kefli *(s)* Trommel *(z.B. für Kabel)*

keil|a *(w1)* Kegel

keiluspil *(s2)* Kegel *(Spiel)*

keipótt|ur launisch

keisar|i *(m1)* Kaiser

kemur *(+ Wochentag)*
nächster *(Wochentag)*;
þriðjudaginn kemur nächsten Dienstag

kenn|a, -i, -di, -t *(v2)* *e-um e-ð* lehren;
unterrichten

kenn|ari *(m1)* Lehrer(in) *(für ♀ u. ♂)*

kennd|ur, -, kennt betrunken

kenninafn, -s, -nöfn *(Ö! s2)* Vater- od.
(seltener) Muttername *(endet auf*
-son od. -dóttir)

kenning *(w2)* Theorie

kennital|a *(Ö! w1)* persönliche Kennzahl
(hat jeder Bürger Islands)

kennsl|a *(w1)* Unterricht
kennslubók *(w4)* Lehrbuch
ker *(s2)* Wanne
kerfi *(s3)* **1** System **2** Anlage *(techn.)*
kerfisbund|inn systematisch
kertaljós *(s2)* Kerzenlicht
kerti *(s3)* Kerze
ketill, -s, katlar *(m5)* Kessel *(Topf, auch Antrieb z.B. für Schiffe)*
keyr|a, -i, -ði, -t *(v2)* Auto fahren;
  Maschine betreiben;
  ~ framúr überholen *(mit dem Auto)*;
  ~ útaf von der Straße abkommen;
  ~ *(v2)* **yfir** *e-n* überfahren *(Unfall)*
kind, -ar, -ur *(w3)* Schaf
kindaslóð, -ar, -ir *(w3)* Schafspfad
kink|a, -i, -ti, -t *(v2)* **kolli** nicken
kinn, -ar, -ar *(w3)* Wange
kipp|a *(s3)* Bündel *vo*
kipp|a, -i, -ti, kippt *(v2)*
  schnell ergreifen / ziehen *(an etw.)*;
  ~ í spottann Verbindungen
  spielen lassen
kipp|ur, -s, -ir *(m2)* Erdbebenstoß
kirkj|a *(w1)* Kirche *(Gebäude, Institution)*
kirkjugarð|ur, -s, ar *(m2)* Friedhof
kirsuber *(s2)* Kirsche
kirtil|l, -s, kirtlar *(A! m5)* Drüse
kis|i *(m1)* *(fam.)* Katze
kist|a *(w1)* **1** Kiste **2** Sarg
kík|ir *(m4)* Fernglas
kík|ja, -i, -ti, -t *(v2)* *(fam.)* **1** schauen
  2 spähen *(eher heimlich)*;
  ~ *(v2)* **á e-ð 1** ansehen;
  2 näher befassen *(s. mit etw.)*
kíl|l, -s, -ar *(m5)* Keil
kíló *(s2)* Kilogramm
kílómetr|i *(m1)* Kilometer
kímnigáf|a *(w1 Ez)* Humor
  (persönl. Eigenschaft)
kjaft|ur, -s, -ar *(m2)* *(pej.)* Mund
kjaftstop: ver|ða *(stV↑)* **~** *e-um*
  hat es die Sprache verschlagen
kjaft|ur, -s, -ar *(m2)* **1** Maul
  (Tier; grob: Mensch) **2** Schimpfworte;
  Beschimpfung **3** Öffnung *(techn.)*
  4 *(sl.)* Person; **á kjaft** pro Person;
  brúk|a *(v1)* / **ríf|a** *(stV↑)* **kjaft** das Maul
  aufreißen; **gef|a** *(stV↑)* *e-um* **á kjaftinn**
  (jdm. e-e) aufs Maul geben
kjallar|i *(m1)* Keller

kjamm|i *(m1)* halber gekochter
  Schafskopf
kjarasamni|ur, -s, -ar *(m2)* Tarifvertrag
kjark|ur, -s *(m2 Ez)* Mut
kjarklaus feige
kjarkmikil|l, -, -mikið tapfer; mutig
kjarn|i *(m1)* Kern *(Obst; ~ e-r Sache, Erd≈)*
kjarr, -s, kjörr *(s2)* Gestrüpp; Gebüsch
kjarrskóg|ur, -ar, -ar *(m2)*
  Wald *(isländischer niedriger ~)*
kjálk|i *(m1)* Kiefer *(anatom.)*
kján|i *(m1)* Idiot
kjánaleg|ur dumm *(einfältig)*
kjól|l, -s, -ar *(m5)* Kleid
kjós|a *(stV↑) e-n* abstimmen; wählen
kjúk|a *(w1)* Fingerknöchel
kjúkling|ur, -s, -ar *(m2)* Hähnchen
kjör *(s2 Mz, kein Ö!)* Lebensumstände;
  wirtschaftliche Verhältnisse
kjördæmi *(s3)* oberste
  Verwaltungseinheit
  (Einteilung Islands in 6 **kjördæmi***)*
kjöt *(s2)* Fleisch
kjötbúð, -ar, -ir *(w3)* Fleischerei
kjötvax|inn fett
klabb *(s2 Ez)* *(manchm. pej.)*
  alles zusammen
klak|i *(m1)* Eis *(auf od. im Boden)*
klakabrynj|a *(w1)* Eispanzer
Klakinn Ísland *(fam.)*
klapp *(s2 Ez)* Beifall;
  gef|a *(stV↑) e-um* **~** applaudieren *(jdm. ~)*
klapp|a *(v1)* applaudieren
klassísk|ur klassisch
klauf|ast, -ast, -aðist, -ast *(v1) við e-ð*
  ungeschickt arbeiten
klauf|i *(m1)* ungeschickter Mensch
klaufaleg|ur ungeschickt *(bei der Arbeit)*
klaustur, -s, klaustur *(s2)* Kloster
kláð|i *(m1)* Juckreiz
klámfeng|inn anzüglich;
  pornographisch
klár, -, -t klug
klár, -s, -ar *(m3)* Pferd *(Kosewort, auch pej.)*
klár|a *(v1)* fertigmachen; beenden
klár|ast *(v1)* zu Ende gehen;
  aufgebraucht werden
klef|i *(m1)* Abteil; Kabine
klemm|a *(w1)* Klammer *(Wäsche≈, Büro≈)*
klepr|i *(m1)* vulkanische Schlacke
klepragíg|ur, -s, -ir *(m2)*

Schlackenkegel

klett|ur, -s, -ar *(m2)* Felsen

klifr|a *(v1)* **upp á e-ð** klettern

klikk|a *(v1) (fam.)* **1** misslingen
2 unzuverlässig *(s. als ~ erweisen)*

klink, -s *(s2) (fam.)* Kleingeld; Bargeld

klígj|a *(w1)* Übelkeit *(mit Brechreiz)*

klíp|a *(w1)* Problem *(klein od. groß)*

klístra *(v1)* **e-u á e-ð** klebrig sein;
kleben *(an etw.)*

kljúf|a *(stV↑)* spalten *(etw. ~)*

klof *(s2)* Schritt *(bei Kleidung)*

klofn|a *(v1)* spalten, s.;
zerfallen *(z.B. Uran)*

kló, -ar, -klær *(w4)* **1** Kralle **2** Stecker

klór|a *(v1)* kratzen *(Kratzer machen, Katze)*;
~ sér um e-ð kratzen, s. *(wegen Juckreiz)*

klósett *(s2) (fam.)* Toilette;
~pappír, -s, -ar *(m2)* Toilettenpapier

klukk|a *(w1)* **1** Uhr *(größer)* **2** Uhrzeit
3 Kirchenglocke

klukkan Uhrzeit

klukkustund, -ar, -ir *(w3)* Stunde

klukkutím|i *(m1)* Stunde

klunn|i *(m1)* ungeschickt

klúðr|ast, -ast, -aðist, -ast *(v1)* **e-u**
(etw.) durcheinanderbringen

klúður *(s2)* Klemme;
Problem *(verfahrene Situation)*

klúr, -, -t derb

klút|ur, -s, -ar *(m2)* Tuch *(Kleidung,
Taschen≈)*

klyft|ir *(w3 Mz)* Schritt *(bei Kleidung)*

klæð|a, -i, klæddi, klætt *(v2)*
anziehen, sich

klæðnað|ur, -ar, -ir *(m2)* Kleidung

klæðning *(w2)* **1** Straßenbelag
2 Hausumkleidung *(Holz, Wellblech)*

klæðsker|i *(m1)* Schneider

klæ|ja *(v1)* jucken;
e-um klæj|ar *(v1)* jdn. juckt etw.;
e-n klæ|jar *(v1)* **undan** e-ð
kratzig /rau anfühlen

klöpp, klappar, klappir *(Ö! w6)*
Felsen *(im Boden)*

knapp|ur, knöpp *(Ö!)*, **knappt**
knapp *(Zeit, Geld, Vorrat)*

knattspyrn|a *(w1)* Fußballspiel

kné *(s2)* Knie

kný|ja, kný, knúði, knúinn *(v5)*
antreiben *(tech.)*; **~** *(v5)* **e-n til e-s**

veranlassen

knæp|a *(w1) (fam.)* Kneipe

knött|ur, knattar, knettir *(m6)*
1 Kugel **2** Ball **3** Planet

kodd|i *(m1)* Kissen;
~aver *(s2)* Kissenbezug

kof|i *(m1)* Hütte

kokk|ur, -s, -ar *(m2)* Koch

kol|a *(w1)* Kohle

kolrabb|i *(m1)* Krake

koll|ur, -s, -ar *(m2)* **1** Kopf *(oberer Teil)*
2 Hocker

kollvarp|a *(v1)* **e-u** **1** Plan umwerfen
2 stürzen *(Regierung)*
3 völlig zunichte machen

kolvitlaust veður *(s2 Ez)*
schwerer Sturm

kom|a *(w1)* Ankunft; Einreise

kom|a *(stV↑)* kommen;
~ aftur zurückkehren;
~ fram hervorkommen;
~ fyrir vorkommen; geschehen;
~ e-u fyrir unterbringen *(etw. aufräumen)*;
~ e-um fyrir sig erkennen;
~ e-n í e-ð jdn. in e-e Lage bringen;
~ í veg fyrir e-u verhindern;
~ inn hereinkommen;
~ með e-ð mitbringen;
~ of seint verspäten, s.;
~ reglu á e-ð regeln; organisieren;
~ saman versammeln;
~ sér fyrir í íbúð einrichten, s. *(Wohnung)*;
~ til e-s erreichen; **~ út** erscheinen;
~ við e-ð berühren; **e-u við** angehen;
zu tun haben *(mit etw.)*;
~ *(stV↑)* **e-um við** jdn. etw. angehen

kom|ast *(stV↑)* kommen; gelangen;
~ að e-u herauskommen;
~ á leiðarenda Reiseziel erreichen;
~ á raun um e-ð feststellen *(erkennen)*;
~ að samkomulagi við e-n um e-ð
1 absprechen; übereinkommen
2 Vergleich *(vor Gericht)*
▶ Komdu inn fyrir! Komm herein!

komm|a *(w1)* **1** Komma
2 Akzent *(Zeichen über Vokal, z.B. á, é, í)*

kommon *(sl.)* komm schon

kompás, -s, -ar *(m3)* Kompass

kon|a *(w1)* **1** Frau **2** Ehefrau

kopar, -s *(m3 Ez)* Kupfer

korktapp|i *(m1)* Korken

korn (s2) **1** Korn (Getreide, Sand)
2 Getreide
kornmeti (s3) Getreideerzeugnis
kort (s2) **1** Landkarte **2** Kreditkarte
3 Spielkarte
kortasjálfsal|i (m1) Automat
(Tank~, Zigaretten~)
kosning|ar (w3 Mz) Wahlen (polit.)
koss (s2) Kuss
kost|a (v1) kosten (Preis)
kost|ur, -ar, -ir (m2) **1** Wahlmöglichkeit
2 Vorteil **3** (in Mz kostir) Qualität
kostnað|ur, -ar (m2 Ez) Kosten
kot (s2) Hütte
kotasæl|a (w1) Hüttenkäse
kók (s2) Cola
kóln|a (v1) (vi) **1** abkühlen
2 kühler werden (Wetter)
kóng|ur, -s, -ar (m2) König
kóp|ur, -s, -ar (m1) Robbenjunges
kór, -s, -ar (m3) Chor
kórón|a (w1) **1** Königskrone
2 Bischofsmitra **3** Krönung (Lebenswerk)
kós, -s (m3) Route; Kurs
kósi (unv., fam.) gemütlich
krabb|i (m1) Krabbe; Krebs (Tier)
krabbamein (s2) Krebs (Krankheit)
kraf|a (Ö! w1) Forderung
krafs|a (v1) e-ð kratzen; schaben
kraft|ur (m2) Kraft
kraftaverk (s2) Wunder (übernatürl.)
kraftlaus schwach
krag|i (m1) Kragen
krakk|i (m1) (fam.) Kind
kramp|i (m1) Krampf
kran|i (m1) **1** Wasserhahn **2** Handgriff
3 Kran
krap (s2) od. **krap|i** (m1)
Eis-Wassergemisch
krapp|ur, kröpp (Ö!), **krappt** eng
(heftig, bedrängend);
kröpp lægð, -ar, -ir (w3) kleines,
heftiges Sturmtief
kraum|a (v1) kochen; brodeln
krá (w7) Kneip
kref|ja, kref, krafði, krafið (v5) e-n e-s
fordern (von jdm. etw. ~)
kref|jast, krefst, krafðist, krafist (v5)
e-s af e-um verlangen; voraussetzen
(erforderlich sein)
krem (s2) Creme

krepp|a (w1) Krise
kringumstæð|ur (w1 Mz) Situation;
Verhältnisse; Umstände (~se, Umstände)
krist|inn christlich
kríl|i (s3) kleines Tierchen; Kosewort
für kleine Kinder
krjúp|a (stV↑) knien
kross, -, -ar (m3) Kreuz (allg., Symbol);
Rauði krossinn das Rote Kreuz
krók|ur, -s, -ar (m2) Umweg;
~aleið, -ar, -ir (w3) Umweg
krókótt|ur, -, - gewunden (Weg)
krón|a (w1) Krone (Geld, Zahn≈)
krukk|a (w1) Krug
krumm|i (m1) Rabe
krús, -ar, -ir (w3) Krug
krútt (s2) (Kosewort f. etw. niedliches)
krydd (s2) Gewürz
krækiber (s2) Krähenbeere
kræk|ja, -i, -ti, -t (v2) mit Haken o.ä.
festmachen (z.B. Fenster; Jacke; Schuhe);
~ í e-ð mit Haken heran/heraufholen
(z.B. Fisch); **sér í e-ð** beschaffen
(s.etw. ~; eher negativ);
sig á e-u / í e-ð hängenbleiben
(z.B. mit Pullover an Nagel)
kræl|a, -i, -di, -t (v2; od. hängt) e-ð
schnappen; krallen (s. etw. ~);
lát|a (stV↑) **á sér ~**
s. bemerkbar machen
kræs|inn anspruchsvoll (bes. beim Essen)
kræst! (sl.) mein Gott!
kröf|ur (Ö! w1 Mz) Anspruch
(anspruchsvoll sein)
kröfugang|a (Ö! w1) Protestmarsch
kröfuharð|ur, -hörð (Ö!), -hart
anspruchsvoll
kuld|i (m1) Kälte
kunn|a (stV↑) að können (etw. gelernt haben,
wissen); **~ betur við** að gera e-ð lieber tun;
~ ekki við e-ð s. nicht zu etw.
durchringen können;
~ vel við sig e-s staðar wohlfühlen, s.;
~ við e-ð für richtig halten
kunning|i, -ja, -jar (m1) (für ♀ und ♂)
Bekannte(r)
kunningsskap|ur, -s (m1 Ez)
Bekanntschaft (dass man sich kennt)
kurr (m3 Ez) Unruhe (in Gruppe)
kurteis höflich
kurteis|i, -i (w8 Ez) Höflichkeit

kúg|a *(v1)* e-ð út úr e-um erpressen
kúl *(sl.)* cool
kúl|a *(w1)* *(Gen Mz* kúlna*)* **1** Kugel
  2 Beule *(Kopf)* **3** *(sl.)* 100.000 Kronen
kúlulaga *(unv.)* rund *(3-dimensional, kugelig)*
kúlupenn|i *(m1)* Kugelschreiber
kúlutengi *(s3)* Kupplung
kúmen *(s2)* Kümmel
kúnn|i *(m1)* Kunde *(Ausspr. kunni, ohne -ttn)*
kúnst, -ar, -ir *(w3)* Kunst
  (nur ironisch od. scherzhaft)
kúpling *(w2)* Kupplung *(zum Gangwechseln)*
kúst|ur, -s, -ar *(m2)* Besen
kvabb, -s, kvöbb *(Ö! s2)* Gefallen
kvarg, -s, kvörg *(Ö! s2)* Quark
kvart|a *(v1)* klagen; reklamieren;
  ~ undan e-u / **yfir** e-u beschweren, s.;
  beanstanden *(etw. ~)*
kveð|ja, kveð, kvaddi, kvatt *(v5)* e-n
  verabschieden *(jdn. ~)*
kveð|jast, kveðst, kvaddist, kvast *(v5)*
  verabschieden, s.
kveðj|a *(w1)* **1** Gruß **2** Abschied
kvef *(s2 Ez)* Erkältung; Schnupfen
kveik|ja, -i, -ti, -t *(v2)* anzünden;
  ~ á e-u einschalten; anstellen *(Radio, Lampe)*;
  ~ í e-ð anzünden *(etw.)*
kveikjar|i *(m1)* Feuerzeug
kvel|ja, kvel, kvaldi, kvalið *(v5)*
  1 quälen **2** zu wenig füttern
kven- Weibchen;
  ~dýr *(s2)*Weibchen *(Tier)*;
  ~fugl, -s, -ar *(m3)* Vogelweibchen
kvenna *(Gen Mz von* kona*)*
kvenkyns *(unv.)* weiblich *(allg.)*
kvenleg|ur weiblich *(Aussehen)*
kverk, -ar, -ar *(w3)* Kehle
kvið|ur, -ar, -ir *(m2)* Bauch
  ▶ Áin er í kvið.
  Der Fluss geht (dem Pferd) bis zum Bauch.
kvik|a *(w1)* Magma
kvikmynd, -ar, -ir *(w3)* Film *(Spielfilm)*
kvikmynd|a *(v1)* filmen
kvikuhólf *(s2)* Magmakammer
kvikuhreyfing *(w2)* Magmabewegung
kvikuinnskot *(s2)* Magmaintrusion
kvittun *(w5)* Quittung
kvíð|i *(m1)* Angst *(Beunruhigung)*
kvíkindi *(s3)* *(fam.)* unangenehmes Tier
kvísl, -ar, -ir *(w3)* **1** Gabel *(Heu≈)*
  2 (kleiner) Flussarm

kvót|i *(m1)* Quote *(Fischfang)*
kvótakerfi *(s3)* Quotensystem *(Fischfang)*
kvæði *(s3)* Gedicht *(eher freiere Sprache)*
kvænt|ur verheiratet *(mit Frau)*
kvöld *(s2)* Abend; annað **~** morgen Abend;
  í **~** heute Abend; **undir ~** gegen Abend
kvöldmat|ur, -ar, -ar *(m2)* Abendessen
kvörtun, -ar, kvartanir *(Ö! w5)*
  Beschwerde; Reklamation
kylf|a *(w1)* Keule *(Gerät)*
kyn *(s2)* Geschlecht *(allg.)*
kynding *(w2)* Heizung
kynferði *(s3)* Geschlecht *(biol.)*
kynferðisleg|ur geschlechtlich
kyng|ja, -i, -di, -t *(v2)* schlucken
kynleg|ur merkwürdig
kynlíf *(s2)* Sex; **stund|a** *(v1)* **~** Sex haben
kynmök *(Ö! s2 Mz)* Geschlechtsverkehr
kynn|a, -i, -ti, -t *(v2)* e-n fyrir e-um
  vorstellen *(jdn. bekannt machen)*;
  ~ sig vorstellen *(s. jdm.)*
kynn|ast, -ist, -tist, kynnst *(v2)* e-um
  kennenlernen *(jdn. ~)*
kyrr, -, -t ruhig *(ohne Geräusch)*
kyrrð, -ar *(w3 Ez)* Stille
kyrrlát|ur, -, -látt ruhig
kyss|a, -i, -ti, -t *(v2)* küssen
ký|r *(w)* Kuh
kæ|i, kæja, kæjar *(m1)* Kai;Anlegestelle
kæf|a, -i, -ði, -ð *(s2)* e-ð ersticken,
  unterdrücken *(vt)*
kæl|a, -i, -di, -t *(v2)* abkühlen *(etw. ~)*
kæligeymsl|a *(w1)* Kühlung;
  ~ óþörf Kühlung nicht nötig
kæliskáp|ur *(m2)* Kühlschrank
kær|a *(w1)* Anzeige *(Polizei)*
kær|a, -i, -ði, -t *(v2)* e-n fyrir e-ð anzeigen
  (bei Polizei); **~ sig ekki um** *od.* **kollóttan**
  s. nicht kümmern um; ignorieren;
  nicht haben wollen
kær|a, -i, -ði, -t *(v2)* e-n til e-s fyrir e-ð
  anklagen *(jdn. bei od. vor etw. ~)*
kærast|a, kærustu, kærustu *(w)*
  feste Freundin
kærast|i *(m1)* fester Freund
kæri *(Ez m)* / **kæra** *(Ez w)* / **kæru**
  (Mz immer) liebe(r)...! *(Anrede)*
kærleik|ar *(m1 od. m2 Mz)*
  Zuneigung *(knisternd)*
kærulaus gleichgültig; uninteressiert
köfun, -ar, kafanir *(Ö! w6)*

Tauchen *(Tauchsport)*
kökudeig *(s2)* Kuchenteig
köllun, -ar, kallanir *(Ö! w5)* Ruf
kölsk|i *(m2)* Teufel; Satan
köngul|l, -s, könglar *(A! m5)*
Zapfen *(Nadelbaum)*
könguló, köngulóar, köngulær *(w7)*
Spinne
kött|ur, kattar, kettir *(m5)* Katze

L

labb|a *(v1) (fam.)* gehen
lag¹, -s, lög *(Ö! s2)* Melodie
mit u. ohne Text
lag², -s, lög *(Ö! s2)* Ordnung; Lage;
haf|a *(stV↑) ~ á e-u* Händchen *(ein ~
haben für; wissen, wie etw. zu machen ist)*;
í fyrsta ~i frühestens;
í heilu ~i komplett;
í hæsta / mesta ~i höchstens;
í minnsta ~i mindestens;
í síðasta ~i spätestens
lag|a *(v1) e-ð* reparieren
lag|færa *(v1) e-ð* reparieren
lager, -s, -ar *(m2)* Lager *(Vorräte)*
laggirnar *(Mz von lögg)*:
kom|a *(stV↑) e-u ~* einrichten;
set|ja, set, setti, sett *(v4) e-ð á ~*
gründen
laghent|ur, -, - geschickt *(handwerklich ~)*
lagleg|ur hübsch
lakk, -s, lökk *(Ö! s2)* Lack
lall|a *(v1)* schlendern; spazieren
lamb, -s, lömb *(ö! s2)* Lamm;
~akjöt *(s2 Ez)* Lammfleisch
lamp|i *(m1)* Lampe
land, -s, lönd *(Ö! s2)* **1** Land *(geogr.)*
2 Land *(kein Meer)* **3** Grundbesitz
land|i *(m1)* selbstgebrannter Schnaps
landafræð|i, -i *(w8 Ez)* Geographie
landafræðing|ur, -s, -ar *(m2)* Geograph
landakort *(s2)* Landkarte
landamæri *(s3 Mz)* Grenze
landbúnað|ur, -ar, -ir *(m2)*
Landwirtschaft
landpóst|ur Briefträger *(über Land)*
landris *(s2)* Landhebung *(geol.)*
lands- national

landsbyggð, -ar, -ir *(w3)* Provinz
landsfjórðung|ur, -s, -ar *(m2)*
Landesviertel *(histor. Einteilung Islands)*
landsig *(s2)* Landsenkung
landslag, -s, landslög *(Ö! s2)*
Landschaft
landslið *(s2)* Nationalmannschaft
lang|ur, löng *(Ö!),* **langt**
1 lang *(Zeit, Strecke)* **2** weit *(Entfernung)*
langermabol|ur, -s, -ir *(m2)* Sweatshirt
langlínusamtal, -s, -töl *(Ö! s2)*
Ferngespräch
langvinn|ur langfristig
las|inn krank *(leicht, wie Schnupfen)*
lasleg|ur ungesund
lasleik|i *(m1)* Krankheit *(leicht, z.B. Schnupfen)*
lat|ur, löt *(Ö!),* **latt** faul *(träge)*
lauf *(s2)* Laub
laug, -ar, -ar *(w3)* warme Quelle *(kann
trotzdem zu heiß zum Hände reinstecken sein)*
laugardag|ur, -s, -ar *(m2)* Samstag
lauk|ur, -s, -ar *(m2)* Zwiebel
laumufarþeg|i *(m1)* blinder Passagier
laun *(s2 Mz)* Gehalt *(Lohn)*
laus **1** frei *(Platz, Zimmer)* **2** locker; lose
-laus ohne; -los
lausn, -ar, -ir *(w3)* Lösung *(Problem; chem.)*
lautarferð, -ar, -ir *(w3)* Picknick
lax, lax, laxar *(m3)* Lachs
láðauð|ur, -, -dautt bewegungslose
Wasseroberfläche
lág|ur **1** niedrig **2** leise **3** schwach
4 tief *(Tonhöhe)*
lághitasvæði *(s3)* Tieftemperaturgebiet
(Zone mit vorw. kochenden Klarwasserquellen)
láglendi *(s3)* Tiefland
lágmarks- minimal
lágþrýsting|ur Kreislaufstörung
lán *(s2)* **1** Kredit **2** Ausleihe;
tak|a *(stV↑) e-ð að ~i* ausleihen
3 günstiges Geschick
lán|a *(v1) e-um e-ð* verleihen *(etw. an jdn. ~)*;
~ *e-ð hjá e-um* ausleihen *(sich etw. ~)*;
~ *(v1) e-ð út* ausleihen
lánsam|ur, -söm *(Ö!),* **-samt**
glücklich *(günstig)*
lás, -s, -ar *(m3)* Türschloss
láshnapp|ur, -s, -ar *(m2)*
Türsperrknopf *(an Innenseite)*
lá|st, láist, láðist, lást *(v2)*:
e-um **láist** *e-ð* etw. übersehen;

láta *(stV↑)* **1** lassen *(allg.)*
▶ **Mér láðist það. Ich hab's total verschwitzt.**
láta *(stV↑)* **1** lassen *(allg.)*
2 benehmen, s.; verhalten, s.;
~ **sér á sama standa** egal sein *(für jdn)*;
~ **e-n vita um e-ð** benachrichtigen *(jdn. von etw.)* ▶ **Láttu ekki svona!** Sag / tu das nicht!
látast *(stV↑)* **1** so tun als ob **2** sterben
látinn tot
látún *(s2)* Messing
leðja *(w1)* Schlamm
leður *(s2)* Leder
leðurblaka *(Ö! w1)* Fledermaus
leggja, legg, lagði, lagt *(v5)* e-ð
legen *(etw. positionieren)*;
~ **e-u** parken *(Fahrzeug)*;
~ **að** anlegen *(Schiff)*;
~ **frá e-u** ablegen *(Schiff)*;
~ **inn** *(á bankareikning)* einzahlen *(Bank)*;
~ **í hann** abfahren; aufbrechen;
~ **e-ð saman** addieren;
~ **sig fram** bemühen, s.;
~ **til** vorschlagen;
~ **e-ð undir** wetten um
leggöng *(Ö! s2 Mz)* Vagina
legubekkur, -jar, -ir *(m2)* Liege
leið, -ar, -ir *(w3)* **1** Weg **2** Straße
3 Buslinie
leiða, -i, leiddi, leitt *(v2)* e-n leiten
(an~; an der Hand führen)
leiðast, -ist, leiddist, leist *(v2)*
langweilen *(s. ~)*
leiður, -, leitt schade
leiðast: e-um leiðist, leiddist, leist *(v2)*
e-ð langweilen *(etw. langweilt jdn.)*
leiðbeining *(w2)* Anleitung
leiðinlegur **1** ärgerlich **2** langweilig
3 schade
leiðrétta, -i, -i, leiðrétt *(v2)*
berichtigen; korrigieren
leiðrétting *(w2)* Verbesserung
(Fehlerkorrektur)
leiðsla *(w1)* Leitung *(Strom≈, Wasser≈)*
leiðsögn *(w6)* Führung *(touristisch)*
leiðsögumaður *(↑ maður)* Bergführer
leiðtogi *(m1)* Leiter *(in Partei, Spiel etc.)*
leif, -ar, -ar *(w3)* Rest
leiga *(w1)* **1** Verleih *(Geschäft)* **2** Miete
leigja, -i, -ði, -t *(v2)* e-ð mieten;
~ **e-um e-ð** verleihen; vermieten
leigjandi, -a, leigjendur *(m1)* Mieter

leigubíll *(m5)* Taxi
leigubílstjóri *(m1)* Taxifahrer
leigutaki *(m1)* Mieter
leika *(stV↑)* **1** spielen **2** darstellen
(Bühne); ~ **sér** spielen *(Kinder)*
leikinn *i e-u* geschickt
leikur, -s, -ir *(m2)* Spiel
leikari *(m1)* Schauspieler
leikfang, -s, -föng *(Ö! s2)* Spielzeug
leikhús *(s2)* Theater
leikhússýning *(w2)* Theateraufführung
leikkona *(w1)* Schauspielerin
leikrit *(s2)* Theaterstück
leikskóli *(m1)* Kindergarten
leikstjóri *(m1)* Regisseur
leikvöllur *(m6)* Spielplatz *(Kinder)*
leir, -s *(m3 Ez)* Ton *(Erde)*
leirmunur, -ar, -ir *(m2)*
Keramikgegenstand
leirtau *(s2)* Geschirr
leirvara *(Ö! w1)* Keramik
leit, -ar, -ir *(w3)* e-ð e-u Suche *(nach etw.)*
leita *(v1)* **að** e-u suchen *(nach etw.)*;
~ **af sér grun** durchsuchen *(Zoll, Polizei)*
leka *(stV↑)* lecken *(Wasseraustritt)*;
auslaufen *(Flüssigkeit aus etw.)*
lemja, lem, lamdi, lamið *(v5)* schlagen
lenda, -i, lenti, lent *(v2)* landen
(Schiff, Flugzeug)
lending *(w2)* Landung
lengd, -ar, -ir *(w3)* **1** Länge *(Strecke)*
2 Dauer *(Zeit)*
lengi lange (Zeit); **lengur** länger;
lengst am längsten
lengra weiter
lengst am weitesten;
am längsten *(zeitl.)*
lesa *(stV↑)* lesen *(Text)*
lest, -ar, -ir *(w3)* Zug
letur *(s2)* Schrift *(~typ)*
leyfa, -i, -ði, -t *(v2)* e-um e-ð
erlauben *(jdm. etw.)*; zulassen *(jur.)*
leyfður, -, leyft erlaubt
leyfi *(s3)* Erlaubnis; Genehmigung
leyndarmál *(s2)* Geheimnis
leynilegur geheim
leyninúmer *(s2)* Geheimzahl
leyniorð *(s2)* Passwort
leysa, -i, -ti, -t *(v2)* lösen;
~ **e-ð upp** *í e-u* auflösen *(z.B. in Wasser)*;
~ **úr læðingi** freilassen;

~ **út tékka** einlösen *(Scheck)*

leys|ast, -ist, -tist, leyst *(v2)*
 1 (auf)lösen, sich **2** klären, sich

leyti *(s2)* Hinsicht; Beziehung *(Verweis auf Sachverhalt)*; **að nokkru ~** in gewisser Hinsicht; **að því ~** in dieser Hinsicht *(diesbezüglich)*

lé|leg|ur unzureichend; minderwertig

létt|a, -i, -i létt *(v2)* erleichtern

létt|ast, -ist, -ist, lést *(v2)* abnehmen
 (~ an Gewicht)

létt|ur, létt, létt leicht

léttskýjað|ur leicht bewölkt

lið *(s2)* Mannschaft *(Feuerwehr, Sport)*

lið|inn (hjá) vergangen; vorbei *(zeitl.)*

lið|amót *(s2 Mz)* Gelenk

lið|bönd *(Ö! s2 Mz)* Gelenkbänder

lið|sinn|a, -i, -ti, -t *(v2)* **e-um** helfen

lif|a, -i, -ði, lifað *(v2)* leben;
 ~ e-ð af etw. überleben;
 ~ á útigangi auf der Winterweide sein

lifur, lifrar, lifrar *(A! w3)* Leber

ligg|ja *(stV↑)* liegen;
 ~ *(stV↑)* á eilen *(dringend sein)*

lim|ur, -s, -ir *(m2)* **1** Körperglied **2** Penis

limgerði *(s3)* Hecke

lin|ur weich *(nachgiebig)*

lind, -ar, -ir *(w3)* Quelle *(kalt oder lau)*;
 ~arvatn, -s *(s2 Ez)* Quellwasser

lins|a *(w1)* optische Linse *(Kontakt≈, Foto)*

insubaun, -ar, -ir *(w3)* Linse *(Essen)*

list, -ar, -ir *(w3)* Kunst

list|i *(m1)* Liste

listamaður *(↑ maður)* Künstler

listhandverk *(s2)* Kunsthandwerk

listiðnaður, -ar *(m2 Ez)*
 Kunsthandwerk *(Gebrauchskunst)*

lit|ur, -ar, -ir *(m2)* Farbe

lit|ka *(v1)* *(Ausspr. wie lipka)* färben

litlaus blass

litr|i *(m1)* Liter

litrík|ur bunt *(vielfarbig)*

litskrúðug|ur bunt

lið|a¹ *(stV↑)* **1** bewegen, s. *(langsam)*
 2 vergehen *(Zeit)*

lið|a² *(stV↑)* **e-um 1** leiden; aushalten
 2 tolerieren; **~ yfir e-n** ohnmächtig
 werden; **Það leið yfir hana.**
 Sie ist ohnmächtig geworden.

líf *(s2)* Leben

líf|a, -i, -ði, -að *(v2)* leben

líffæri *(s3)* Organ

lífleg|ur lebhaft

lífskjör *(Ö! s2 Mz)* Lebensumstände

lífsýk|i, -i *(w8)* Durchfall

lík *(s2)* Leiche

lík|a *(v1)* **e-ð** mögen *(Gefallen finden an etw.)*;
 ~ e-um lík|ar *(v1)* **e-ð** gefallen

lík|jast, -ist, -ist, líkst e-um ähneln;
 gleichen *(jdm. od. etw. ~)*

lík|ur e-u ähnlich

lík|urnar *(w1 Mz + Artikel)* **á e-ð** Aussicht

líka auch; ebenfalls

líkam|i *(m1)* Körper

líkamsbygging *(w2)* Körperform

líkamsrækt, -ar *(w3 Ez)* Gymnastik

líkan, -s, líkön *(Ö! s2)* Modell

líkindi *(s2 Mz)* **1** Ähnlichkeit
 2 Wahrscheinlichkeit

líkj|ast, -ist, -tist, -st *(v2)* gleichen *(s. ~)*

líkjör, -s, -ar *(m2)* Likör

líkleg|ur möglich; wahrscheinlich

líklega *(Adv.)* wohl *(wahrscheinlich)*;
 ~r eher *(wahrscheinlicher)*

lím *(s2)* Klebstoff; Leim

lím|a, -i, -di, límd *(v2)* **e-ð við/á e-ð** *(vt)*
 kleben *(mit Klebstoff)*

límband, -s, -bönd *(Ö! s2)* Klebeband

lín|a *(w1)* **1** Linie *(Verbindung zw. Punkten)*
 2 elektrische Leitung *(Strom, Telefon)*
 3 Zeile

lít|a e-n/e-ð *(stV↑)* sehen; erblicken;
 ~ á e-n/e-ð sehen *(schauen auf jdn./etw.)*;
 ~ inn *hjá e-um (fam.)* vorbeischauen *(bei
 jdm.; kurz auf Besuch kommen)*; **~ um öxl
 sér** *(Ö! s2)* umsehen *(über d. Schulter)*;
 ~ út *fyrir e-ð* scheinen; aussehen als ob;
 ~ út aussehen; **~ við** *hjá e-um (fam.)*
 vorbeischauen *(jdn. kurz besuchen)*

lítast: **e-um líst** *(stV* leist, litist*)* **á e-ð**
 gefallen

lítil|l, -, lítið 1 klein **2** wenig *(nicht zählbar)*
 3 gering; schwach *(Leistung, Geschmack,
 Strom, Stimme, Wind u.v.m.)* ▶ **Það var lítið.**
 Gern geschehen *(Antwort auf* takk fyrir*)*

lítilfjörleg|ur gering; bescheiden

lítilræði *(s3)* Kleinigkeit

lítilsverð|ur, -, vert billig *(wertlos)*;
 minderwertig

lítilvæg|ur gleichgültig;
 nebensächlich *(eher abwinkend)*

ljóð *(s2)* Gedicht *(in gebundener Sprache)*

ljóm|a *(v1)* glänzen

ljómandi *(unv)* hervorragend; glänzend

ljós *(s2)* Licht *(physikal., künstl.)*;
  kom|a *(stV↑)* í ~ herausstellen, s.
  ▶ Þetta kemur í ~. Das wird sich zeigen.

ljós, -, -t 1 hell *(Licht, Farbe)*
  2 klar *(verständlich)*

ljósagangur: það er ~ es blitzt

ljósaskipti *(s3 Mz)*
  Dämmerungsbeginn *(Morgen / Abend)*

ljóshærð|ur blond

ljóskastar|i *(m1)* Scheinwerfer *(Flutlicht)*

ljósmynd, -ar, -ir *(w3)* Fotografie;
  tak|a *(stV↑)* ~ **af** *e-um/e-u* fotografieren

ljósmynd|a *(v1)* aufnehmen *(Foto)*

ljósmyndavél, -ar, -ar *(w3)* Fotokamera

ljósmyndun *(w5)* das Fotografieren

ljósop *(s2)* Blende *(Kamera)*

ljósrit *(s2)* Kopie

ljósrit|a *(v1)* kopieren

ljósritunarvél, -ar, -ar *(w3)*
  Fotokopiergerät

ljóstr|a *(v1)* **upp** *um e-n* verraten
  (etw. aufdecken)

ljót|ur hässlich

ljúf|ur lieb *(gutmütig, z.B. Hund)*

ljúffeng|ur schmackhaft

ljúg|a *(stV↑)* lügen

ljúk|a *(stV↑)* *e-u* **1** beenden; vollenden
  2 zumachen; schließen *(Tür z.B.)*;
  ~ **máli sínu** aussprechen *(fertigsprechen)*;
  ~ **upp** aufschließen

loð Pelz *(Kleidungsstück)*

loð|a, -ir, loddi, loðað *(v2)* *e-u od. við e-ð*
  haften bleiben

loðfeld|ur, -ar, -ir *(m2)* Pelz *(Fell am Tier)*

loðkáp|a *(w1)* Pelzjacke

loðrétt|ur aufrecht; stehend

loðskinn *(s2)* Fell; Pelz *(verarbeitet)*

lof *(s2)* Kompliment

lof|a *(v1)* *e-um e-ð* **1** versprechen
  (jdm. etw. ~) **2** versichern *(jdm. etw. ~)*

loforð *(s2)* Versprechen

loft *(s2)* Decke *(Zimmer~)*

loft *(s2)* **1** Luft **2** Speicher *(Lagerraum)*
  3 Zimmerdecke

loft|a *(v1)* *e-u* **út** lüften

loftbelg|ur, -s, -ir *(m2)* Heißluftballon

loftleiðis mit Luftpost

lofthelg|i, -i *(w8 Ez)* Luftraum *(Flugwesen)*

lofthrædd|ur, -, -hrædd schwindlig
  (Höhenangst)

loftnet *(s2)* Antenne

loftpúð|i *(m1)* Airbag

loftræsting *(w2)* Klimaanlage

loftslag *(s2 Ez)* Klima

loftþétt|ur, -þétt, -þétt luftdicht *(luft~)*

loftþrýsting|ur, -s, -ar *(m2)* Luftdruck

log|i *(m1)* Flamme

logn *(s2)* Windstille

lok *(s2)* Verschluss; Deckel;
  ~ *(s2 Mz)* Ende; Schluss

lok|a *(v1)* *e-u* schließen; sperren;
  ~ *e-ð* **inni** einschließen

lokað|ur geschlossen *(Tür etc.)*

lokar|i *(m1)* Verschluss *(Kamera)*

lokk|ur, -s, -ar *(m2)* Locke

loksins schließlich; endlich

lopapeys|a *(w1)* *(auch: -peisa)*
  isländischer Wollpullover

los|a *(v1)* *(vt)* *e-ð* **frá** *e-u* lösen
  (etw. losmachen)

losn|a *(v1)* **við** *e-ð od.* **undan** *e-u*
  befreien, s.

losn|a *(v1)* **við** *e-u* losmachen, s. *(von etw.)*;
  loswerden *(etw.)*

lost *(s2)* Schock *(allergisch u. psychisch)*

lostagjarn, -gjörn *(Ö!)*, **-gjarnt** sinnlich

lostæti *(s3)* Leckerbissen

losun *(w5)* Ablösung *(s. Entfernen von etw.)*

lottó *(s2)* Lotterie

lotukerfi *(s3)* Periodensystem

lóð, -ar, -ir *(w3)* Grundstück

lóf|i *(m1)* Handfläche

lófatak *(s2 Ez)* Beifall

lund, -ar, -ir *(w3)* Filet

lundarfar *(s2 Ez)* Charakter

lung|a *(s1)* Lunge

lúg|a *(w1)* Verkaufsschalter; Briefschlitz

lús, -ar, lýs *(w unreg.)* Laus

lúxus, lúxuss *(s2 Ez)* Luxus

lyf *(s2)* Medikament

lyfjabúð, -ar, -ir *(w3)* Apotheke

lyfjasalvía *(w1)* Salbei

lyfjastyrk|ur, -s, -ir *(m2)*
  Medikamentenstärke

lyfsal|i *(m1)* Apotheker

lyfseðil|l, -s, -seðlar *(A! m5)*
  Rezept *(Arzt)*

lyft|a *(w1)* Aufzug (Fahrstuhl)

lyft|a, -i, -ti, -t *(v2)* heben

lyftistöng, -stangar, stangir *(Ö! w6)*
  Hebel *(physikal.)*

lyg|i, -i, -ar (w8) Lüge
lykil|l, -s, lyklar Schlüssel (Tür, Schrauben~, auch i. übertr. Sinn)
lykkj|a (w1) **1** Schleife
2 Spirale (Verhütung)
lyklaborð (s2) Tastatur (Computer)
lykt, -ar (w3 Ez) Geruch (neutral);
finn|a (stV↑) ~ riechen (wahrnehmen)
lykt|a (v1) riechen (vi) (allg., gut od. schlecht); ~ **af e-u** riechen (an etw.);
~ **illa** stinken
lyng (s2) niedriges Beerengewächs
lyngmó|r, -s, -ar (m2) Krautheide
lystigarð|ur, -s, -ar (m2) Park
lý|jast, lýist, lúðist, lúst (v3) müde werden
lýðræði (s3) Demokratie
lýðveldi (s3) Republik
lýs|a, -i, -ti, -t (v2) **1** beleuchten
2 beschreiben; erläutern;
~ **yfir e-u** am Zoll deklarieren
lýsi (s3) Lebertran
lýsing (w2) **1** Beleuchtung
2 Beschreibung
læð|a (w1) Polarfuchs (♀)
læð|ast, -ist, læddist, læst (v2) schleichen
læg|ja, -i, -ði, -t (v2) beruhigen (Seegang, Wetter)
lægð, -ar, -ir (w3) Tief
lægðardrag, -s, -dróg (Ö! s2) Tiefausläufer
læk|ur, -jar, -ir (m2) Bach
lækka¹ (v1) (vi) **1** sinken
2 geringer werden
lækk|a² (v1) (vt) **1** senken
2 niedriger stellen (Lautstärke, Temperatur)
lækn|a (v1) e-n af e-u (vt) heilen (vt)
lækn|ast, -ast, -aðist, -ast (v1) genesen
læknastof|a (w1) Arztpraxis
lækni|r (m4) Arzt
læknisfræð|i, -i (w8 Ez) Medizin (Heilkunde)
læknisskoðun (w5) Untersuchung (Arzt)
læknisstof|a (w1) Arztpraxis
læknisþjónust|a (w1) Versorgung (ärztl.)
lær|a, -i, -ði, -t (v2) lernen
læri (s3) **1** Oberschenkel **2** Keule (Speise)
læs|a, -i, -ti, -t (v2) e-u abschließen; blockieren

læti (s3) Krach; Tumult
löður (s2) Schaum; Meeresgischt
lög (s2 Mz) Gesetz
lögbókand|i, -a, -bókendur (m1) Notar
lögbókandagerð, -ar, -ir (w3) notarieller Akt
lögbókandavottorð (s2) notarielle Beglaubigung
lögg, laggar, laggir (Ö! w6) Rest (von Getränk)
lögg|a (w1) (fam.) Polizei; Polizist
löggild|a, -i, -ti, -t (v2) beglaubigen (notariell ~)
löggæslumyndavél, -ar, -ar (w3) Radarfalle ▶ Munum eftir ~um. Denken wir an die Radarkontrollen.
lögheimili (s3) Wohnsitz
lögleg|ur gesetzlich; legal
lögmaður Anwalt
lögmannsstof|a (w1) Anwaltspraxis
lögmæt|ur berechtigt (juristisch)
lögregl|a (w1) Polizei
lögreglubíl|l, -s, -bílar (m5) Polizeiwagen
lögreglumað|ur (↑ maður) Polizeibeamter
lögreglustöð, -var, -var (w3) Polizeiwache
lögun, -ar, laga|nir (Ö! w5) Gestalt; Form
löm, lamar, lamir (Ö! w6) Türangel
löpp, lappar, lappir (Ö! w6) **1** Pfote (Tier) **2** Füße (fam.);
far|a (stV↑) **á lappir** aufstehen (fam.)

M

maður¹ (m unreg.) Mensch
maður² (unv.) man
mag|i (m1) **1** Magen **2** Bauch
magakveis|a (w1) Magen-Darmprobleme (Übelkeit etc.)
magasín (s2) Magazin (Waffe)
magaverk|ur, -jar, -ir Bauchschmerzen
magn, -s, mögn (Ö! s2) Menge; Quantität
magur, mögur (Ö!), **magurt** mager (Körperbau)
maís, -s (s2) Mais
majónes (s2) Mayonnaise

mak|i *(m1)* Lebenspartner
mal|a *(v1)* mahlen
malað|ur, möluð *(Ö!)*, **malað** gemahlen
malarbor|inn geschottert *(Piste)*;
~ **veg|ur, -ar, -ir** *(m2)* Schotterpiste
malbik *(s2 Ez)* Asphalt
malbikað|ur asphaltiert
maltöl *(s2)* Malzbier
mamm|a *(Ö! w1)* *(üblicher Ausdruck, auch Fremden gegenüber)* Mutter *(Familienmitgl.)*
mandarin|a *(w1)* Mandarine
mandl|a *(Ö! w1)* Mandel *(Kern)*
mann|a *(v1)* besetzen *(Stelle)*
manneskj|a *(w1)* Mensch
mannfólk *(s2 Ez)* Menschheit
mannkyn *(s2 Ez)* Menschheit
mannleg|ur menschlich
(nach Menschennatur)
mannorð *(s2)* Ruf *(Reputation)*
mannrán *(s2)* Entführung
mannskap|ur, -ar, -ir *(m2)* Mannschaft
mannsöfnuð|ur, -safnaðar, -söfnuðir *(Ö! m2)* Versammlung *(Menge)*
mannþyrping, -ar, -ar *(w3)* Betrieb
mapp|a *(Ö! w1)* Mappe
mar|inn blau *(mit ~en Flecken)*
maraþonhlaup *(s2)* Marathonlauf
marg|ir *(m Mz)*, **marg|ar** *(w Mz)*, **mörg** *(Ö! s Mz)* viele *(zählbar)*
margfald|a *(v1)* **með** *e-u* multiplizieren
marglit|ur bunt
marglytt|a *(w1)* Qualle
margsinnis oft; mehrmals
margvísleg|ur verschieden *(divers)*
mark, -s, mörk *(Ö! s2)* **1** Ziel **2** Merkmal **3** Beachtung **4** Tor *(Fußball)*
markað|ur, -ar, -ir *(m2)* Markt
markmið *(s2)* **1** Ziel; Zweck **2** Absicht
markvörð|ur, -varðar, -verðir *(m6)* Torwart
marmar|i *(m1)* Marmor
marmelað|i *(s3)* Marmelade
(aus Orangen)
maskar|i *(m1)* Wimperntusche
mass|i *(m1)* Masse
mastur, -s, möstur *(Ö! s2)* Mast
(Schiff, Sende≈; Fahnen≈, Leitungs≈)
mat, -s, möt *(Ö! s2)* Einschätzung
mat|ur, -ar, -ar *(m2)* Essen; Speise
mataráhöld *(Ö! s2 Mz)* Besteck
matarlyst, -ar *(w3 Ez)* Appetit

matarolí|a *(w1)* Speiseöl
matarstell *(s2)* Service *(Essgeschirr)*
mataræði *(s3)* Ernährung *(individuelle ~)*; Diät
matlauk|ur, -s, -ar *(m2)* Küchenzwiebel
matreiðsl|a *(w1)* Kochkunst; Zubereitung
matsal|ur, -s, -ir *(m2)* Speisesaal
matseðil|l, -s, -seðlar *(A! m5)* Speisekarte
matskeið, -ar, -ar *(w3)* Esslöffel
matvar|a *(Ö! w1)* Lebensmittel
matvæli *(s3 Mz)* Lebensmittel
(als Warengruppe)
maur, -s, -ar *(m2)* Ameise
má *s.* mega
mág|ur, -s, -ar *(m2)* Schwager
mágkon|a *(w1)* Schwägerin
mál¹ *(s2)* Sache; Angelegenheit
(Debatte, vor Gericht usw.) ▶ **Mér er mál.**
Ich muss mal. **Ekkert mál(ið).** Keine Ursache.
mál² *(s2)* Sprache
mál3 *(s2)* **1** Maß **2** Becher
mál|a *(v1)* **1** malen **2** anstreichen; ~ *sig* schminken
málaferli *(s3 Mz)* Prozess *(jurist.)*
málafærslumaður *(↑ maður)* Anwalt
málar|i *(m1)* Maler
málaralist, -ar, -ir *(w3)* Malerei
(als Kunstrichtung)
málfræð|i, -i *(w8)* Grammatik; Sprachlehre
mállaus stumm
málm|ur, -s, -ar *(m2)* Metall
málnotkun *(w5)* Sprachgebrauch
málsbót, -ar, -bætur *(w4)* mildernder Umstand *(jur.)*
málsgrein, -ar, -ar *(w3)* Textabsatz
málsvörn Verteidigung *(jur.)*
máltilfinning *(w2)* Sprachgefühl
máltíð, -ar, -ir *(w3)* Mahlzeit
málvenj|a *(w1)* Sprachgebrauch
málverk *(s2)* Gemälde
mánaðarleg|ur monatlich
mánudag|ur Montag
mánuð|ur, mánaðar, mánuðir *(m2)* Monat
mát|a *(v1)* anprobieren
mátt|ur, -ar *(m2 Ez)* Kraft
máttarvöld *(Ö! s2 Mz)* höhere Gewalt
máttlaus schwach; matt

mátuleg|ur 1 angemessen; passend *(z.B. Kleidung)*
2 was e-m zusteht *(eher negativ)*
máv|ur, -a, -ar (m2) Möwe
með (Dat) 1 mit *(als Instrument)*
2 zusammen mit; entlang
3 *(Art und Weise):* ~ því skilyrði unter der Bedingung;
~ góðum árangri mit gutem Erfolg
4 durch *(geteilt ~)*
með (Akk) 1 mit *(als Begleitung)*
2 *(sein / kommen / gehen mit etw.:* im Sinne von bei sich haben, bringen etc.):
ver|a með tösku e-e Tasche bei sich haben;
kom|a með kaffið den Kaffee bringen
3 mit *(Eigenschaft):*
með blá augu mit blauen Augen
meðal- durchschnittlich
meðal (Gen) inmitten;
~ annars unter anderem
meðal, -s, meðul (s2; Öl führt hier zu u, nicht ö) Mittel *(Substanz, Chemikalie)*
meðaltal, -s, -töl (Öl s2) 1 Durchschnitt
2 Mittel *(mathematisch)*
meðaumkun, -ar (w3 Ez) með e-um Mitleid
meðeigand|i, -a, -eigendur (m1) Teilhaber
meðferð, -ar, -ir (w3) 1 Behandlung *(Arzt)* **2** Gerichtsverfahren
meðfram (Dat) entlang
meðhöndl|a (v1) 1 behandeln *(ärztlich)*
2 bearbeiten *(~ mit etw.)*
meðhöndlun (w5) Behandlung *(Umgang; ärztlich)*
meðlim|ur, -s, -ir (m2) Mitglied
meðlæti (s3) Beilage *(Essen)*
meðmælabréf (s2) Empfehlungsschreiben
meðmæli (s3 Mz) Empfehlung
meðvitaður: ver|a **(stV↑) sér** ~ um e-ð bewusst
meðvitund, -ar (w3 Ez) Bewusstsein
meðvitundarlaus bewusstlos
meðvitundarleys|i, -i (w8) Bewusstlosigkeit
meg|a (stV↑) dürfen
meginland, -s (s2 Ez) Festland *(Island vom Meer bzw. von den Inseln aus)*
meginþorr|i (m1) überwiegende Mehrheit

megrunarfæði (s3) Diät *(Gewichtsreduktion)*
meidd|ur, -, meitt verletzt; verwundet
meið|a, -i, meiddi, meitt (v2) verletzen
meiðsli (s3) Verletzung
meik (s2) Makeup
meik|a (v1) ertragen; aushalten *(etw./jdn.)*
mein|a, -a, -ti, -t (unreg.: v1 in Gegenw., v2 in Verg.) 1 meinen *(beabsichtigen)*
2 meinen *(etw. sagen)*
meining (w2) Plan; Absicht *(z.B. für Ausflug, Ausgehen etc.)*
meinlaus harmlos; unschädlich
meira (Adv.) mehr; ~ en mehr als; über *(zeitl., länger als)*
meiri (m/w Ez; m/w/s Mz), meira (s Ez)
1 größer; bedeutender
2 mehr *(nicht zählbar)*
meirihlut|i (m1) Mehrheit
meistar|i (m1) Meister *(Handwerker; Champion)*
meistaramót (s2) Meisterschaft *(Sport)*
melón|a (w1) Melone
melt|a, -i, -i, melt (v2) verdauen
melting (w2) Verdauung *(Vorgang)*
meltingarfæri (s3 Mz) Verdauung *(Organe)*
meng|a (v1) verschmutzen *(vermische mit etw., Umwelt ~)*
mengun (w5) Verschmutzung *(etw. Hineingemischtes; Umwelt≈)*
menjú (s2) (fam.) Menü
menning (w2) Kultur
mennt, -ar, -ir (w3) Ausbildung
mennt|a (v1) sig bilden, s.
menntað|ur gebildet *(belesen)*
menntaskól|i (m1) Gymnasium
menntun (w5) Ausbildung; Bildung
mer|i, -ar, -ar (w8) Stute
merg|ur, -jar (m2 Ez) Mark
merk|ja, -i, -ti, -t (v2) bedeuten
merki (s3) 1 Merkmal **2** Signal; Spur *(von Ereignis)*
merkileg|ur bedeutend
merkilegheit (s2 Mz) Frechheit; Dreistigkeit
merking (w2) Bedeutung; Sinn
merkisstað|ur, -ar, -ir (m2) Sehenswürdigkeit
mestmegnis meistens *(hauptsächlich)*
mest|ur 1 größter; bedeutendster
2 am meisten *(nicht zählbar)*
met (s2) Rekord

met|a *(stV↑)* abschätzen; einschätzen

metr|i *(m1)* Meter

metsal|a *(w1)* Rekordverkauf

mið- mittlerer

mið|a *(v1)* á e-n zielen (auf jdn. / etw.);
~ *(v1)* e-um / e-u

  miðar áfram Fortschritte machen
  (z.B. Projekt); ~**að** við e-ð gemessen an

mið|i *(m1)* **1** (Eintritts)karte
  2 Kassenbon; Kontrollabschnitt
  3 Zettel

mið|ur, mið, mitt in der Mitte befindlich

miðbæ|r, -jar, -ir *(m2)* Altstadt

miðhálendi *(s3* zentrales Hochland

miðj|a *(w1)* Mitte; Zentrum

miðlæg|ur zentral gelegen

miðnótt, miðnætur *(w4 Ez)*
  Mitternacht *(0 bis ca. 3 Uhr)*

miðnætti *(s3)* Mitternacht *(um 0 Uhr)*

miðpunkt|ur, -s, -ar *(m2)* Zentrum

miðstöð, -var, -var *(w3)* **1** Zentrale
  2 Heizung *(Haus, Auto)*

miðstöðvarofn, -s, -ar *(m3)* Heizkörper

miður: ver|a *(stV↑)* **miður sín**
  bestürzt sein

miðvikudag|ur *(↑ dagur)* Mittwoch

mikið sehr

mikil|l, mikil, mikið **1** groß; bedeutend
  2 viel *(nicht zählbar)* ▶ **Mikið var.** Na endlich.

mikilfengleg|ur großartig

mikilleiki *(m2)* Größe *(Würde, Verdienst)*

mikilmenni *(s3)*
  bedeutende Persönlichkeit

mikilvæg|ur wichtig

mikilvægi *(s3)* Bedeutung *(Wichtigkeit)*

miklu *(Adv.)* weitaus

mild|ur **1** zart **2** mild *(Wetter)*

milli *(Gen)* **zwischen**

millibil *(s1)* **1** Abstand; Zwischenraum
  2 Übergang *(Zeitspanne)*

millilending *(w2)* Zwischenlandung

millistykki *(s3)* Adapter

milt|a *(s1)* Milz

minjagrip|ur, -s, -ir *(m1)* Andenken;
  Souvenir

minn / mín 1 mit Namen,
  z.B. Jón minn: gewisse Vertraulichkeit,
  etwa wie im Deutschen das Duzen
  2 ohne Namen: vertrauliche, ggf. ironische
  Anrede ▶ **Minn sko að koma heim!** Sieh an,
  der Herr kommt auch mal nach Hause!

minn|ast, -ist, -tist, -st *(v2)* e-s
  erinnern *(s. an etw.)*; ~ **á** e-ð erwähnen;
  ~ e-s gedenken *(jds. ~)*

minna *(Adv.)* weniger

minni *(m/w Ez; m/w/s Mz)*, **minna** *(s Ez)*
  (Adj.) **1** kleiner; unbedeutender
  2 weniger

minni *(s3)* **1** Gedächtnis
  2 Datenspeicher

minni: legg|ja, legg, lagði, lagt *(v5)* e-ð
  á ~ð merken, s. etw.

minnihlut|i *(m1)* Minderheit

minning *(w2)* um e-n/e-ð **1** Erinnerung
  2 Angedenken *(an jdn.)*;
  ~**argrein, -ar, -ir** *(w3)*
  Erinnerungsartikel über e-n
  Verstorbenen

minnisblokk, -ar, -ir *(w3)* Notizblock

minnisbók *(w6)* Notizheft

minnislykil|l, -s, -lyklar *(A! m5)*
  USB-Stick

minnisvarð|i *(m1)* um e-n/e-ð
  Denkmal *(für jdn./etw.)*

minnk|a¹ *(v1)* *(vi)* **1** kleiner werden
  2 weniger werden; abnehmen;
  nachlassen

minnk|a² *(v1)* um e-ð *(vt)*
  1 kleiner machen
  2 reduzieren *(nicht Zählbares)*

minnst *(Adv.)* am wenigsten

minnst|ur **1** kleinster; unbedeutendster
  2 wenigster

mint|a *(w1)* Minze

misgrip: tak|a *(stV↑)* e-ð ~**um**
  verwechseln *(etw. Falsches nehmen)*

misjafn, -jöfn *(Ö!)*, **-jafnt**
  1 unterschiedlich **2** zweifelhaft;
  unsauber *(auch ungesetzlich)*

miskunnsam|ur, -söm *(Ö!)*, **-samt**
  barmherzig; mild *(Urteil)*

mislynd|ur, -, -lynt launisch *(mal so, mal so)*

mismun|ur, -ar, -ir *(m2)* á e-u
  Unterschied

mismunandi *(unv.)* verschieden;
  unterschiedlich

mismæl|a *(v1)* **sig** versprechen
  (s. ~, Fehler machen)

misnot|a *(v1)* missbrauchen *(wie im Dt.)*

misnotkun *(w5)* Missbrauch *(wie im Dt.)*

misrit|a *(v1)* verschreiben
  (fehlerhaft schreiben)

miss|a, -i, -ti, -t *(v2)* e-ð verlieren
  (Zeit, Überblick, Haare etc.);
  ~ af e-u verpassen; versäumen *(Termin)*;
  ~ stjórn á bílnum schleudern *(Auto)*
miss|ir *(m4)* Verlust *(allg.)*
misseri *(s3)i* **1** Halbjahr
  2 Semester *(halbes Jahr)*
misskil|ja, -i, -di, -ið *(v2)* e-ð
  missverstehen
misskilning|ur, -s, -ar *(m2)*
  Missverständnis
mistak|ast *(stV↑)* misslingen
mistök *(Ö! s2)* Fehler *(Fehlhandlung)*;
  Irrtum *(im Tun)*;
  ger|a, -i, -ði, -t *(v2)* ~ e-n Fehler begehen
mitt *(Adv.)* mitten
mitti *(s3)* Taille
mig|a *(stV↑)* pinkeln; **~andi rigning** *(Sl.)*
  schütten wie aus Kübeln
migreni *(s2)* Migräne
mil|a *(w1)* Meile
mínút|a *(w1)* Minute
mjaðmagrind, -ar, -ur *(w3)*
  Becken *(Anat.)*
mjó|r, -, -tt schmal *(nicht dick)*
mjóhrygg|ur, -jar, -ir *(m2)* Kreuz *(Rücken)*
mjólk, -ur *(w3 Ez)* Milch
mjúk|ur **1** weich *(bei Berührung)*
  2 zart *(fein)*
mjúkleg|ur zärtlich
mjöðm, mjaðmar, mjaðmir *(Ö! w6)*
  Hüfte
mjög sehr
mok|a *(v1)* e-ð Schnee räumen
mokveið|i, -i *(w8 Ez)*
  ergiebiger Fischfang
moldrok *(s2)* Sand-/Staubsturm
molluleg|ur schwül
moln|a *(v1)* zerfallen *(in viele kleine Teile)*
mont|a *(v1)* sig af e-u angeben; prahlen
mont|ast, -ast, -aðist, -ast *(v1)* af e-u
  angeben; prahlen
morð *(s2)* Mord
morðing|i, -ja, -jar *(m1)* Mörder
morgun|n, -s, morgnar *(A! m5)* Morgen
morgunverð *(s2)* Frühstück
mos|i *(m1)* Moos
mosateygj|ur *(w1 Mz von* teygja)
  moosbewachsene grüne Streifen
mosaþemb|a *(w1)*
  moosbewachsene buckelige Lava

mott|a *(w1)* Matte
mó|i *(m1)* Heide
mó|r, -s, -ar *(m2)* trockene Krautheide
móð|a *(w1)* Dunst
móð|ur, móð, mótt erschöpft
  (z.B. vom Laufen)
móðg|a *(v1)* beleidigen
móðgun *(w5)* Beleidigung
móðir, móður, mæður *(förm.)* Mutter
móðurbróð|ir *(wie* bróðir) Onkel *(mütterl.)*
móðurlíf *(s2)* Gebärmutter
móðurnafn, -s, -nöfn *(Ö! s2)*
  Mutternamen *(wie Vaternamen auf* -son/-
  dóttir, *aber von Mutter abgeleitet)*
móðursystir *(↑ systir)* Tante *(mütterl.seits)*
mór|i *(m1)* Gespenst *(♂)*
mót *(s2)* Treffen; **lands~** das Landsmót
  (jährliches Pferdetreffen)
mót|a *(v1)* e-ð bestimmen
mótbyr, -jar, -ir *(m3)* Gegenwind
  (auch bildl.)
mótfall|inn e-u gegen *(contra)*
mótíf *(s2)* Motiv *(Bild, Foto)*
mótmæl|a, -i, -ti, -t *(v2)* e-um/e-u
  protestieren
mótmælagang|a *(Ö! w1)* Demonstration
mótmæli *(s3 Mz)* Protest
mótor, -s, -ar *(m3)* Motor
mótorhjól *(s2)* Motorrad
mótsagnakennd|ur, -, -kennt
  widersprüchlich
mótsetning *(w2)* Gegenteil
mótstað|a *(Ö! w1)* Widerstand
mótstöðumaður *(↑ maður)* Gegner
mótsögn við e-ð Widerspruch
mótsögn, -sagnar, -sagnir *(Ö! w6)*
  Widerspruch
móttak|a *(Ö! w1)*
  1 Empfang *(Erhalt, Radio/TV)*
  2 Rezeption **3** Empfang *(Veranstaltung)*
móttakand|i, -a, móttakendur *(m1)*
  Empfänger *(Post, E-Mail)*
mubl|a *(w1)* *(fam., iron.)* Möbel
mun|u *(mun, munt, mun, munum etc.)* **gera**
  e-ð etw. tun werden
  (mit Unsicherheit behaftet)
mun|ur, -ar, -ir *(m2)* á e-u Unterschied
mun|a[1] *(stV↑)* e-ð / eftir e-u erinnern
  (s. an jdn. / etw. ~) ; **~ eftir sér / til sín**
  zurückdenken können
  ▶ **Munum eftir …** Denken wir an …

mun|a² *(v1)* **1** Unterschied machen
2 in Richtung bewegen; weiterkommen
(z.B. bei schwieriger Wanderung; e-m Projekt);
e-u ~ar um e-ð e-n Unterschied machen
(um e-n Betrag o.ä.);
það ~ar *e-u* es besteht ein Unterschied
▶ Það munaði ekki miklu. Da fehlte nicht viel.

munað|ur, -ar *(m2 Ez)* Luxus
munaðarleysing|i *(m1)* Waisenkind
munaðarvar|a *(Ö! w1)* Luxusware
munk|ur, -s, -ar *(m2)* Mönch
munn|ur, -s, -ar *(m2)* Mund
munnleg|ur mündlich
munnskol *(s2)* Mundwasser
munnvatn *(s2 Ez)* Speichel
munnþurkk|a *(w1)* Serviette
munstur *(s2)* Muster *(regelmäßiges ~)*
munúðarfull|ur sinnlich
múr, -s, -ar *(m3)* Mauer
múrar|i *(m1)* Maurer
mús, -ar, mýs *(w7)* Maus
músík, -ur *(w3) (fam.)* Musik
mút|a *(v1) e-um* bestechen
mútur: greið|a, -i, greiddi, greitt *(v2)*
e-um ~ bestechen
mygl|a *(w1)* Schimmel *(Pilz)*
mygluost|ur, -s, -ar *(m2)* Schimmelkäse
myglusvepp|ur, -s, -ir *(m2)* Schwamm;
Schimmelbefall
myll|a *(w1)* Mühle
mynd, -ar, -ir *(w3)* **1** Bild **2** (Kino)Film;
tak|a *(stV↑) ~* Film drehen
mynd|a *(v1)* bilden *(etw. ~)*
mynd|ast, -ast, -aðist, -ast *(v1)*
entstehen
myndað|ur *úr e-u* gebildet aus
myndavél, -ar, -ar *(w3)* Kamera
(Film, Foto, Überwachungs≈)
myndbandsupptökuvél, -ar, -ar *(w3)*
Videokamera
mynddisk|ur, -s, -ar *(m2)* DVD
myndgæsl|a *(w1)* Überwachung
(eines Ortes mit Kamera)
myndhöggvar|i *(m1)* Bildhauer
myndlaus, -, -t formlos; derb *(Mineral)*
myndug|ur volljährig
mynt, -ar, -ir *(w3)* Münze
myrð|a, -i, -ti, -t *(v2)* ermorden
myrk|ur dunkel; finster
myrkur *(s2)* Dunkelheit
mys|a *(w1)* Sauermolke

(fermentierter Rückstand von Skyrherstellung)
mý *(s2)* Mückenschwarm
mýflug|a *(w1)* Mücke *(Einzelvieh)*
mýr|i *(s3)* Moor
mývarg|ur, -s, -ar *(m2)*
Stechmücke *(einzeln und in Wolke)*
mæðg|ur *(w1 Mz)* Mutter und
Tochter/Töchter
mæðgin *(s2 Mz)* Mutter und
Sohn/Söhne
mæl|a¹, -i, -di, -t *(v2)* messen
mæl|a², -i, -ti, -t *(v2) (literar.)* sprechen;
~ með *e-u við e-n* empfehlen *(jdm. etw. ~)*;
~ sér mót *við e-n* verabreden
(für ein Treffen ~)
mæl|ast, -ist, -dist, -st *(v2)* til *e-s*
unausgesprochen um etw. bitten
mæl|ir *(m4)* **1** Maß *(Gefäß)*
2 Anzeige *(an Messgerät)*
mæli *(s3)* Ausmaß
mæliband, -s, mælibönd *(Ö! s2)*
Maßband
mælieining *(w2)* Maßeinheit
mælikvarð|i *(m1)* Maßstab
mæt|a, -i, -ti, mætt *(v2) (á fund)*
zu Treffen kommen; teilnehmen
(dasein, zuhören); **ver|a** *(stV↑)* **að** *e-um*
es mit jdm. zu tun bekommen
mæting *(w2)* Anwesenheit *(Schule, Uni)*
möguleg|ur möglich
mögulega *(Adv.)* möglicherweise
möguleik|i *(m1)* Möglichkeit; Chance
mölv|a *(v1)* zerbrechen *(eher absichtl.)*
möndul|l, -s, -möndlar *(A! m5)* Achse
mötuneyti *(s3)* Kantine; Speisesaal

N

nabb|i *(m1)* Hautpickel
nafl|i *(m1)* Nabel
nafn, -s, nöfn *(Ö! s2)* Name
nafn|i *(m1)* Namensvetter
nafngrein|a, -i, -di, -t *(v2)* bestimmen
(z.B. Pflanze, Gestein)
nafnspjald, -s, -spjöld *(Ö! s2)*
Visitenkarte
nagl|i *(m1)* Nagel *(zum Festmachen)*
nagladekk *(s2)* Spikesreifen
naglalakk, -s, naglalökk *(Ö! s2)*
Nagellack

Wörterbuch Isländisch – Deutsch

naglabþjöl, -þjalar, -þjalir *(Ö! w6)* Nagelfeile

nagli: ver|a *(stV↑)* **(algjör) ~** hart im Nehmen sein

nak|inn nackt

nammi *(s3) (fam.)* Süßigkeiten

nauð, -ar, -ir *(w3)* Not

nauðg|a *(v1) e-um* vergewaltigen

nauðgun *(w5)* Vergewaltigung

nauðlending *(w2)* Notlandung

nauðsynleg|ur nötig

nauðsynleg|ur notwendig; unumgänglich

naum|ur knapp; haarscharf

nautakjöt *(s2)* Rindfleisch

nautgrip|ur, -s, -ir *(m2)* Rind

nautn, -ar, -ir *(w3) af e-u* Genuss

ná, nái, náði, náð *(v2) e-u* **1** bekommen; erhalten **2** erreichen **3** *(fam.)* kapieren; **~** *e-u* **fram** ausrichten; etw. zustandebringen; **~** *e-u* **fram** schaffen; **~ í** *e-ð* erreichen; **~ sér af** *e-u* erholen *(s. von etw.)*; **~ sér í** *e-n* anbaggern; abschleppen; **~** *e-u* **tökum** *á e-u* **1** etw. bewältigen; im Griff haben **2** Sprache gut gelernt haben; **~ yfir** umfassen; beinhalten

ná|inn nahe *(örtl., zeitl. Verwandtschaft etc.)*

nágrann|i *(m1)* Nachbar

nágrenni *(s3)* Umgebung *(Stadt)*

náhval|ur, -s, -ir *(m2)* Narwal

nákvæm(leg)|ur genau; präzise

▶ Nákvæmlega! Ganz genau!

nál, -ar, -ar *(w3)* Nadel *(Näh≈ mit Auge, Kompass≈)*

nálg|ast, -ast, -aðist, -ast *(v1) e-u* annähern *(s. etw. ~)*

nálæg|ur nah *(rául., zeitl.)*; **~t** *(Adv.)* nahe bei; ungefähr

nám *(s2)* Studium; **stund|a** *(v1)* **~** studieren

nám|a *(w1)* Bergwerk

námsgrein, -ar, -ir *(w3)* Fach *(Studien~)*

námskeið *(s2)* Kurs; Lehrgang; Seminar

nánast fast; nahezu

nánd, -ar, -ir *(w2)* Nähe

náttföt *(Ö! s2 Mz)* Schlafanzug

náttúr|a *(w1)* Natur *(Umwelt)*

náttúruhamfar|ir *(Ö! w6 Mz)* Naturkatastrophe

náttúruleg|ur natürlich *(nicht künstl.)*

náung|i *(m1)* Kerl

neðan: að ~ von unten

neðanjarðargöng *(Ö! s2)* Unterführung *(Tunnel)*

neðar weiter (nach) unten

neðr|i *(Ez m / w)*, **neðra** *(Ez s)*, **neðri** *(Mz m / w / s)* unterer

neðst ganz unten

nef *(s)* Nase

nefklút|ur, -s, -ar *(m2)* Taschentuch *(Papier)*

nefn|a, -i, -di, -t *(v2) e-ð* nennen; erwähnen

nefnd, -ar, -ir *(w3)* Rat

nefnilega *(Adv.)* nämlich

▶ Það er ~ það. Ah, so ist das *(Das kann man wohl nicht ändern).*

negull, -s, neglar *(A! m5)* Nelke *(Gewürz)*

nei nein

nei! *(Ausruf bei Begrüßung)* *(signalisiert Überraschung und Freude)*

neikvæð|ur, -, neikvætt negativ

neisti *(s3)* Funke

neit|a *(v1) e-u* verneinen; **~** *(v1)* **sér um** *e-ð* verzichten *(auf etw.)*

nem|a *(stV↑)* **staðar** *við e-ð* halten *(stehenbleiben)*

nem|i *(m1)* **1** Auszubildender **2** Student

nema (hvað) außer

nemand|i, -a, nemendur *(m1)* **1** Schüler **2** Auszubildende *(kollektiv vom Schüler zum Studenten)*

nenn|a, -i, -ti, -t *(v2) e-u* Lust zu etw. haben

nes *(s2)* Halbinsel

nesti *(s3)* Verpflegung; Proviant

net *(s2)* **1** Netz *(Fischen, Tor etc.)* **2** Internet

netframköllun *(w5) (auch:* **netprent***)* Abzug vom Digitalfoto

nett|ur, -, - nett

neydd|ur, -, -neytt *til e-s* gezwungen *(~ zu etw.)*

neyð, -ar, -ir *(w3)* Not *(äußerer Zwang)*

neyð|a, -i, neyddi, neytt *(v2) e-n til e-s* zwingen

neyðarástand *(s2 Ez)* Notlage *(z.B. nach Naturereignis)*

neyðarskýli *(s3)* unbewirtschaftete Schutzhütte *(f. Notfall)*

neyðarútgang|ur, -s, ar *(m2)* Notausgang

neysl|a *(w1)* Verbrauch
neytendasamtök *(Ö! s2 Mz von samtak)* Verbraucherschutz
nið|ur, -jar, -jar *(m2)* Nachkomme
niðapok|a *(w1)* dicker Nebel
niðdimm|ur finster
niðrandi *(unv.)* abschätzig
niðri unten *(Position)*
niður herunter; hinunter;
 ~ á við abwärts; **~ fjallið** bergab
niðurfelling *(w2)* Ausfallenlassen
 (Nichtstattfinden e-s Termins)
niðurfrá *(Adv.)* da unten *(an bekanntem Ort)*
niðurgang|ur, -s *(m2 Ez)* Durchfall
niðurkom|inn: ver|a *(stV↑)*
 abgeblieben sein
niðurlægjandi *(unv.)* peinlich
niðursoð|inn eingemacht
niðurstað|a *(Ö! w1)* Ergebnis; Resultat
niðursuð|a *(w1) (fam.)* Konserve
níræðisaldur *(s2)* Lebensjahre
 zwischen 80 u. 90
níræð|ur zwischen 80 u. 90 Jahren alt
nísk|ur geizig
nístandi *(unv.)* scharf, eisig *(Kälte)*
nístingskald|ur schmerzend kalt
njót|a *(stV↑)* e-s genießen
nokkr|ir *(m)*, **nokkr|ar** *(w)*, **nokkur** *(s)*
 einige
nokkuð etwa *(fragend)*
norðanátt, -ar *(w3 Ez)* Nordwind
norðanverð|ur, -, -vert nördlich
 (im Nordteil befindlich, nach N. schauen)
norðaustur *(↑ austur)* Nordosten
norðlæg|ur nördlich
norðlæg|ur nördlich *(aus ~er Richtung)*
norður *(s2 Ez)* Norden
norður- nördlich
Norður-Íshaf, -s *(s2 Ez)* Nordmeer
Norðurland *(s2 Ez)* Nordisland
norðurljós *(s2 Mz)* Nordlicht
norðurpól|l, -s, -ar *(m5)* Nordpol
norðvestur *(↑ vestur)* Nordwesten
norn, -ar, -ir *(w3)* Hexe
norræn fræði *(s3 Mz)* Skandinavistik
norræn|n, -, -t nordisch
norrænufræð|i, -i *(w8)* Nordistik
norrænufræðing|ur, -s, -ar *(m2)*
 Skandinavist
not|a *(v1)* verwenden; gebrauchen
notfær|a *(v1)* sér e-ð benutzen;

 bedienen *(s. etw. ~)*
notað|ur gebraucht
notaleg|ur angenehm
notand|i, -a, notendur *(m1)* Benutzer
notkun *(w5)* Gebrauch; Verwendung
nóg *(Adv.) (unv.)* genügend
nóg|ur *(Adj.)* genug
nót|a *(w1)* **1** Note *(Musik)* **2** Taste *(Klavier)*;
 ver|a *(stV↑)* **með á nótunum**
 wissen, worum es geht
nótt *(w4)* Nacht
nóvember *(m unv.)* November
nudd *(s2)* Massage
nudd|a *(v1)* e-u massieren
nunn|a *(w1)* Nonne
nú jetzt
nú! *(Ausruf)* ah so?
nú|a *(stV↑)* e-u reiben
núðl|a *(w1)* Nudel
núll *(s2) (Ausspr. null ohne -ttl)* Null
númer *(s2)* Nummer
núna jetzt *(genau jetzt, nachdrücklich)*
nútíð, -ar *(w3 Ez)* Gegenwart
 (Jetztzeit, auch grammat. Präsens)
nútímaleg|ur heutig; modern;
 zeitgenössisch
nytsam|ur, -söm *(Ö!)*, **-samt** nützlich
nytsamleg|ur sinnvoll *(nicht sinnentleert)*
ný- gerade eben geschehen;
 Nýlögð klæðning Frischer Straßenbelag
ný|r, ný, nýtt neu
nýár *(s2)* Neujahr
nýr|a *(s1)* Niere
nýt|a, -i, -ti, nýtt *(v2)* sér ausnutzen
nýtísk|ur modern
nægja, -i, -ði, -t *(v2)* ausreichen;
 genügen
nægileg|ur genügend
næl|a, -i, -di, -t *(v2)* e-ð í e-ð anstecken
 (Anstecknadel)
næm|ur fein *(empfindlich, z.B. Geruchssinn)*
nær näher
nærbol|ur, -s, -ir *(m2)* Unterhemd
nærbux|ur *(w1 Mz)* Unterhose
nærföt *(Ö! s2)* Unterwäsche
næring *(w2)* Ernährung; Kost
nærri *(Dat)* **1** nahe *(räuml.)*
 2 kurz vor *(zeitl.)*
nærver|a *(w1)* Gegenwart
næst am nächsten
næst|ur, -, - nächster

næstsíðast|ur vorletzter
næstum (því) fast
nætur- Nacht-
næturlíf (s2) Nachtleben
nætursal|a (Ö! w1) Nachtverkauf
nögl, naglar, neglur (w6)
  Nagel (Finger/Zehe)
nös, nasar, nasir (Ö! w6) Nasenloch

o

objektíf|ur objektiv
odd|i (m1) 1 Spitze 2 Landspitze
odd|ur, -s, -ar (m2) Spitze
oddatal|a (Ö! w1) ungerade Zahl
oddhvass scharf wg. Spitzen
  (z.B. Brockenlava)
oddklof|i (m1) spitze Klammer
oddskarp|ur, -skörp (Ö!), **-skarpt** spitz
oddvit|i (m1) Oberhaupt der
  Verwaltungseinheit hreppur
of zu sehr ((sehr)
ofan herunter (von oben kommend);
  ~ **á** e-ð auf etw.drauf ;
  ~ **í (oní)** e-ð in etw. hinein;
  ~**við** (Akk) oberhalb
ofauk|inn af e-u überflüssig
  (zuviel von etw.)
ofbeldi (s3) Gewalt (Verbrechen)
ofbirt|a (w1): **fá** (stV↑) ~**u í augun**
  geblendet werden
ofbjóð|a (↑ bjóða) **sér** übernehmen
  (s. ~, zuviel tun)
ofgnótt, -ar, -ir (w3) e-s Übermaß
ofhvörf (Ö! s2) Übertreibung (sprachlich)
ofkæld|ur, -, ofkælt unterkühlt
ofkæling (w2) Unterkühlung
ofn, -s, -ar (m3) Ofen (allg.)
ofnæmi (s3) Allergie; **ver|a** (stV↑) **með** ~
  fyrir e-u allergisch sein (gegen etw.)
ofreyn|a, -i, -di, -t (v2) e-ð við e-ð
  überlasten (z.B. Motor oder sich selbst)
ofsalega (Adv.) heftig; sehr stark
oft oft ; ~**ar** öfter; ~**ast** am häufigsten
ofurseldur: ver|a (stV↑) ~ e-u abhängig
ofvíða (unv.) : **ver|a** (stV↑) e-um ~
  unmöglich sein, nicht zu bewältigen
og und; ~ **svo framvegis** (Abk.: **osfr.**)
  und so weiter

október (m unv.) Oktober
olíubrák, -ar (w3 Ez) Ölfilm
olíupann|a (Ö! w1) Ölwanne
olnbog|i (m1) Ellbogen
olnbogaskot (s2) Stoß mit Ellenbogen
oná e-ð (fam.) auf etw. drauf
op (s2) Öffnung (z.B. Höhle, Krateröffnung)
op|inn 1 offen (Fenster, Tür)
  2 geöffnet;
  e-ð **kem|ur** (↑ koma) e-um **í opna skjöldu**
  völlig überrascht werden
opinber, -, -t öffentlich; offiziell;
  staatlich; amtlich
opinská|r, -, -tt offen (~es Wesen)
opn|a (v1) 1 öffnen; aufmachen;
  2 eröffnen (z.B. Geschäft);
  ~ (v1) **sig** aussprechen, s.
opn|ast, -ast, -aðist, -ast (v1)
  öffnen, s.;
  aufbrechen (z.B. neuer Krater) (vi)
opnar|i (m1) Öffner
opnun (w5) Eröffnung
opnunartím|ar (m1 Mz von tími)
  Öffnungszeiten
orð (s2) Wort; Ausdruck; Begriff
orð|a (v1) e-ð ausdrücken
orðabók, -ar, orðabækur (w4)
  Wörterbuch
orðaforð|i (m1) Wortschatz
orðáhersl|a (w1) Betonung (Aussprache)
orðhepp|inn witzig (treffend)
orgel, -s (s2) Orgel
ork|a (w1) Energie
orkuver (s2) Kraftwerk
orlofshús (s2) Ferienhaus
orm|ur, -s, -ar (m2) 1 Wurm (allg.)
  2 Wasserwesen (mytholog.);
  Lagarfljóts- sagenhaftes
  Wasserwesen im Lagarfljót
orrust|a (w1) Kampf; Schlacht
orsök, -sakar, -sakir (Ö! w6)
  Ursache; Grund
osfr. usw. (siehe og)
ost|ur, -s, -ar (m2) Käse
ostr|a (w1) Auster
óákveð|inn unentschieden (auch: Person)
óánægð|ur, -, - unzufrieden
óbrúað|ur unüberbrückt;
  óbrúuð á unüberbrückter Fluss
óbyggð, -ar, -ir (w3)
  unbesiedeltes Gebiet

óbærileg|ur unerträglich

ódýr, -, -t billig; günstig

óekta *(unv.)* unecht

ófrísk *(Adj. w)* schwanger

ófullnægjandi *(unv.)* ungenügend

ófús, -, -t widerwillig

ófær¹, -, -t *um að gera e-ð*
nicht in der Lage sein etw. zu tun

ófær², -, -t nicht befahrbar;
keine Verkehsverbindung besteht

ógeð *(s2 Ez)* Ekel; Abscheu

ógeðfelld|ur, -, -fellt unsympathisch

ógeðsleg|ur ekelhaft

ógerleg|ur unmöglich

ógift|ur, -, - ledig

ógilt|ur, -, - ungültig

óglatt: *e-um* **ver|a** *(stV↑)* ~
jdm. ist schlecht *(Übelkeit)*

ógleð|i, -i *(w8 Ez)* Übelkeit

ógn, -ar, -ir *(w3)* Bedrohung

ógn|a *(v1) e-um (með) e-u* (be)drohen
(jdn. mit etw. ~)

ógnun *(w5)* Drohung

ógreinileg|ur unklar *(Sicht, Aussage)*

ógurleg|ur mächtig

ógæt|inn unvorsichtig

óhamingjusam|ur, -söm *(Ö!)*, **-samt**
unglücklich *(Gefühl)*

óhapp, -s, óhöpp *(Ö! s2)* Unglück; Unfall

óháð|ur, -, - *(Dat* unabhängig

óheflað|ur derb

óheiðarleg|ur krumm *(unehrlich*

óheilbrigð|ur, -, -brigt kränklich
(Gesundheitszustand)

óheillakrák|a *(w1)* Unglücksvogel

óheilnæm|ur ungesund

óheimil|l, -, -t untersagt; illegal

óhepp|inn 1 kein Glück haben
2 dumm gelaufen

óheppileg|ur bedauerlich; unglücklich

óheppn|i, -i *(w8) með e-ð*
Pech *(bei / mit etw.)*

óhjákvæmileg|ur notwendig;
unvermeidlich

óhlutdræg|ur neutral; objektiv;
unbeeinflussbar

óholl|ur ungesund *(z.B. Essen)*

óhófleg|ur übermäßig

óhrein|n, -, -t schmutzig

óhreinindi *(s3 Mz)* Schmutz;
Verschmutzung *(äußerlich)*

óhreink|a *(v1) e-ð* verschmutzen *(äußerl.)*

óhult|ur,- ,- sicher

óhæf|ur unfähig

óhönduglega ungeschickt

ójafn, ójöfn *(Ö!)*, **ójafnt**
ungerade *(math.)*

ókeypis *(unv.)* kostenlos; umsonst

ókost|ur, -s, -ir *(m2)* Nachteil

ókunn|ur fremd *(ohne Ortskenntnis)*

ókurteis, -, -t unhöflich

ókvænt|ur, -, - (nur ♂) ledig

ókyrrð, -ar *(w3 Ez)* Unruhe *(auch vulk.)*

ólán *(s2)* Pech; Unglück

óleyst|ur, -, - ungelöst; unerledigt;
ungeklärt

ólok|inn unabgeschlossen; unfertig

ólétt *(w)* schwanger

ólg|a *(v1)* Unruhe; Tumult

ólíf|a *(w1)* Olive; **~uolí|a** *(w1)* Olivenöl

ólík|ur *e-u* verschieden *(von etw.)*

ólík|ur ungleich

óljós unklar; blass *(Erinnerung)*

ólm|ur heftig *(Verhalten, Leidenschaft)*

ólæti *(s3)* Krach; Tumult

óm|a *(v1)* klingen

ómak, -s, ómök *(Ö! s2)* Anstrengung

ómegi *(s3)* Ohnmacht

ómegin: fall|a *(stV↑)* **í ~**
Kreislaufkollaps erleiden

ómerkileg|ur bescheiden;
unbedeutend; nebensächlich

ómissandi *(unv.)* unentbehrlich

ómskoðun *(w5)*
Ultraschalluntersuchung

ómöguleg|ur unmöglich

ónauðsynleg|ur unnötig

ónáð|a *(v1)* belästigen

ónákvæm|ur ungenau

ónotaleg|ur unangenehm

ónothæf|ur ungeschickt *(ungeeignet)*

ónýt|ur, -, ónýtt . 1 kaputt
2 verdorben **3** unbrauchbar

ónæði *(s3)* Belästigung; Störung

ónæðissam|ur, -söm *(Ö!)*, **-samt** lästig

óp *(s2)* Ruf; Schrei

óper|a *(w1)* Oper

óráð|inn unentschieden
(s. nicht entschieden haben)

óreið|a *(w1)* Unordnung

óréttlát|ur ungerecht

óréttlæti *(s3 Ez)* Ungerechtigkeit

óréttsýn|n, -, -t ungerecht
óró|i (m1) Unruhe
ós, -s, **ósar** (m2) Flussmündung (ins Meer)
ósamræmi (s3) Widerspruch
(nicht Zusammenpassendes)
ósamstæð|ur, -, -stætt ungleich
(bei zusammengehörigen Paaren)
ósek|ur unschuldig
ósiðað|ur unanständig
ósigur, -s, **ósigrar** (A! m3) Niederlage
ósk, -ar, -ir (w3) Wunsch
ósk|a (v1) e-um e-s wünschen (jdm. etw. ~);
~ **eftir** e-u wünschen (etw. fordern);
~ **sér** e-s wünschen (s. etw. ~);
~ e-um **til hamingju** með e-ð
beglückwünschen (zu etw.)
óskil: í ~**um** gefundenes fremdes
Eigentum (dessen Besitzer man nicht kennt)
óskilamunadeild, -ar, -ir (w3)
Fundbüro
óskynsam|ur, -söm (Ö!), -samt
unvernünftig
óskýr, -, -t unklar (unverständlich,
schlecht sichtbar, Erinnerung, Vorstellung)
ósköp (Ö! s2 Mz) Unglück; Pech; Schick-
salsschlag; **mikil** ~ O je!
óstundvís(leg|ur) unpünktlich
(grundsätzlich)
ósvik|inn unverfälscht; echt
ósvíf|inn unverschämt; frech;
schamlos
ósynd|ur, -, **ósynt**
Nichtschwimmer sein
ósýnileg|ur unsichtbar
ósæmileg|ur unpassend; unanständig
ótakmarkað|ur, -takmörkuð (Ö!),
-takmarkað unbegrenzt
ótímabær, -, -t zur falschen Zeit
ótraust|ur, -, - unsicher; unzuverlässig
ótrúleg|ur unglaublich
ótrygg|ur unsicher (in Gefahr)
ótt|ast, -ast, -aðist, -ast (v1) e-ð
fürchten (etw. ~)
ótt|i (m1) Angst (vor etw. bestimmtem,
eher begründet)
ótæk|ur unmöglich (nicht zu verwenden)
ótær, -, -t trüb (z.B. Wasser, Luft)
óumflýjanleg|ur unvermeidlich
óútkljáð|ur, -, - unentschieden
(Angelegenheit)
óvanaleg|ur ungewöhnlich

(den Sitten zuwider)
óvandað|ur, -vönduð (Ö!), -vandað
nachlässig; schlampig
óvarkár, -, -t unvorsichtig
óvarleg|ur unvernünftig (Risiko)
óvart: kom|a (stV↑) e-um **að** ~ með e-u
überraschen (jdn. mit etw. ~)
óveður (s2) Unwetter
óvenjuleg|ur ungewöhnlich (nicht üblich)
óviðeigandi (unv.) unanständig
(unpassend)
óviðfelld|inn unsympathisch
óviðkomandi unbefugt
▶ Óviðkomandi aðgangur bannaður.
Unbefugten ist der Zutritt verboten.
óviðunandi (unv.) inakzeptabel
óvin|ur, -ar, -ir (m2) Feind
óvinveitt|ur, -, - feindlich
óviss unklar; unsicher; ungewiss
óviss|a (w1) Ungewissheit
óvænt|ur, -, - unerwartet
óvörum: e-um **að** ~
jdn. böse überraschen
óþarfi (unv.) unnötig
óþef|ur, -jar (m2 Ez) Geruch (schlecht)
óþekkt|ur fremd; unbekannt
óþolandi (unv.) unerträglich
óþolinmóð|ur, -, -mótt ungeduldig
óþreyjufull|ur ungeduldig (erwartungsvoll)
óþægileg|ur unangenehm
óörugg|ur unsicher (gefährlich;
ohne Selbstvertrauen)

P

pabb|i (m1) Vater (üblicher Ausdruck,
auch Fremden gegenüber)
padd|a (Ö! w1) (fam.) Insekt
pakk|a (v1) e-ð **inn** einwickeln/-packen;
verpacken; ~ e-u **niður** Koffer packen;
einpacken (für Reise)
pakk|i (m1) Packung; Paket;
Schachtel (kleinere Packung)
pakkaferð, -ar, -ir (w3) Pauschalreise
pallbíl|l (m5) Lieferwagen (offen)
pann|a (w1) Pfanne
pant|a (v1) bestellen; reservieren
pant|ur, -s, -ar (m2) Pfand
papp|i (m1) Pappe
pappír (m3) Papier

paprikuduft *(s2)* Paprika *(Gewürz)*
paprik|a *(w1)* Paprika *(Gemüse)*
par, -s, pör *(Ö! s2)* Paar
  (Pärchen u. paarige Gegenstände)
paradís, -ar *(w3 Ez)* Paradies
part|ur, -s, ar Stück; Teil
partý *(s2)* Party
pass|a *(v1)* **1** stimmen **2** sitzen *(passen)*
  3 beaufsichtigen; ~ börn Kinder hüten
páf|i *(m1)* Papst
pálm|i *(m1)* **1** Palme
  2 *(fam.)* Palmsonntag;
  stand|a *(stV1)* **með ~ann í höndunum**
  siegen *(Wettkampf)*
pás|a *(w1)* *(fam.)* Pause
pásk|ar *(m2 Mz)* Ostern
páskadag|ur, -s, -ir *(m2)* Ostersonntag
pedal|i *(m1)* Pedal
pedal|l, -s, -ar Pedal
peis|a *(w1)* Pullover
pel|i *(m1)* Babyflasche
pels, pels, pelsar *(m2)*
  Frauenpelzmantel
pening|ur, -s, -ar Geld *(allgemein)*
peningabudd|a *(w1)* Geldbörse;
  Portemonnaie
peningaskáp|ur, -s, -ar *(m2)*
  Safe *(Tresor)*
peningaveski *(s3)* Portemonnaie
penni *(m1)* Stift *(Schreib≈)*
per|a *(w1)* **1** Birne **2** Glühbirne
perlufest|i, -i, -ar *(w8)* Perlenkette
persón|a *(w1)* Person;
  í eigin ~u höchstpersönlich
persónuleg|ur persönlich
persónuskilríki *(s3 Mz)*
  Ausweis *(Personal≈)*
pest, -ar, -ir *(w3)* Unpässlichkeit;
  Schnupfen, Magen-Darm-Erkrankung
peys|a *(w1)* Pullover
pikk|a *(v1)* tippen *(unbeholfen)*
pill|a *(w1)* *(Aussprache wie pilla ohne ttl)* Pille
pils, -, - *(s2)* Rock
pilt|ur, -s, -ar *(m2)* Junge
pinn|i *(m1)* Zapfen *(techn.)*
pipar, -s *(m3 Ez)* Pfeffer
piparmint|a *(w1)* Pfefferminz
piparrót, -ar, -rætur *(w4)* Meerrettich
pirr|a *(v1)* **e-n** ärgern;
  stören *(auf die Nerven gehen)*
pirrandi *(unv.)* ärgerlich; lästig

piss|a *(v1)* pinkeln
píanó *(s2)* Klavier
pík|a *(w1)* *(sl., ggf. pej.)* Scheide *(anatom.)*
píl|a *(w1)* Pfeil
pín|a, -i, -di, -t *(v2)* quälen;
  wehtun *(stärker)*
pínu *(fam.)* bisschen; ein wenig
píp|a *(w1)* **1** Rohr **2** Pfeife *(für Töne)*
  3 Tabakspfeife
plakat, -s, plaköt *(Ö! s2)* Plakat
plant|a *(v1)* **e-u** pflanzen
plant|a *(Ö! w1)* Pflanze
plast *(s2)* Kunststoff *(Plastik)*
plastpok|i *(m1)* Plastikbeutel
plat|a *(v1)* hereinlegen; Streich spielen;
  Gefallen erbitten
plat|a *(Ö! w1)* Platte
pláss *(s2)* **1** Stauraum **2** Platz *(öffentl.)*
plástur, -s, plástrar *(A! m3)*
  Pflaster *(Erste Hilfe)*
plebb|i *(m1)* verwahrloster Mensch
plokkar|i *(m1)* Augenbrauenpinzette
plóg|ur, -s, -ar *(m2)* Pflug
plóm|a *(w1)* Pflaume
plum|a *(v1)* **sig** *(fam.)* erfolgreich sein
plús plus
plæg|ja, -i, -ði, -t *(v2)* pflügen
plöntufræð|i, -i *(w8 Ez)* Botanik
plöntufræðing|ur, -s, ar *(m2)* Botaniker
plötuspilar|i *(m1)* Plattenspieler
pok|i *(m1)* Beutel; Tüte
poll|ur, -s, -ar *(m2)* Pfütze;
  Teich *(eher kleiner)*
postulín *(s2)* Porzellan
pott|ur, -s, -ar *(m2)* Topf
pottþétt|ur, -, - sicher;
  vertrauenswürdig; zuverlässig
pól|l, -s, -ar *(m5)* Pol
pólitík, -ur *(w3 Ez)* *(fam.)* Politik
póst|ur, -s, -ar *(m2)* **1** Post *(Dienstleistung,
  Lieferung)* **2** Briefträger
pósthólf *(s2)* **1** Postfach *(Briefe)*
  2 E-mailordner
pósthús *(s2)* Postamt
póstkass|i *(m1)* Briefkasten
póstkort *(s2)* Post- / Ansichtskarte
póstlegg|ja *(↑ leggja)* einwerfen *(Brief)*
póstnúmer *(s2)* Postleitzahl
prent|a *(v1)* drucken
prentun *(w5)* Druck *(Buch≈)*
press|a *(w1)* Presse

prest|ur, -s, -ar *(m2)* Priester
prik *(s2)* Stab
prins, -, -ar *(m3)* Prinz
prinsipp *(s2) (fam.)* Prinzip
prímus, -ar, -ar *(m3)* Kocher
  (Gas≈, Benzin≈)
prís, -s, -ar *(m3) (fam.)* Preis; Kosten
privat *(unv.)* privat
prjón|a *(v1)* stricken
prjón|n, -s, -ar *(m5)* Nadel *(ohne Auge)*
prjónaskyrt|a *(w1)* Strickjacke
próf *(s2)* Prüfung; **fall|a** *(stV↑)*
  á ~inu durchfallen *(Prüfung)*
próf|a *(v1) e-n í e-u* prüfen *(Schule, Uni)*
prófessor, -s, -ar *(m2)* Professor
prósent *(unv.)* Prozent
pruf|a *(v1) (fam.)* versuchen; probieren;
  prüfen
prútt|a *(v1)* handeln *(feilschen)*
prýð|a, -i, prýddi, prýtt *(v2) e-ð e-u*
  schmücken
pull|a *(w1) (Ausspr. púlla, ohne -ttl-)*
  Kissen *(Sitz≈, Zier≈)*
pump|a *(v1) (fam.)* pumpen
pump|a *(w1) (fam.)* Pumpe
pund *(s2)* Pfund
punkt|a *(v1) e-ð* **niður** notieren *(s. etw.)*
punkt|ur, -s, -ar *(m1)* Punkt
putt|i *(m1)* kleiner Finger
púð|i *(m1)* Kissen
púður *(A! s2)* Puder *(Kosmetik)*;
  Schießpulver
púss|a *(v1)* glänzen lassen, polieren
pústkerfi *(s3)* Auspuffsystem
púströr *(s2)* Auspuff
pyls|a *(w1)* Würstchen
pæl|a, -i, -di, pælt *(v2) í e-u* **1** überlegen
  2 vorhaben
pöntun, -ar, pantanir *(Ö! w5)*
  Reservierung; Bestellung

R

rabarbar|i *(m1)* Rhabarber;
  ~asult|a *(w1)* Rhabarbermarmelade
rabb|a *(v1)* plaudern;
  ~ *(v1)* **saman** unterhalten, s.
rað|a *(v1) e-u* in Reihenfolge bringen
raf(magns)- elektrisch

rafkerti *(s3)* Zündkerze
rafmagn *(s2 Ez)* Strom; Elektrizität
rafmagnsgirðing *(w2)*
  elektrischer Weidezaun
rafmagnskynding *(w2)* Stromheizung
rafmagnsleysi *(s3)* Stromausfall
rafvirk|i, -ja, -jar *(m1)* Elektriker
rag|ur feige
rak|a *(v1) sig* rasieren
rak|i *(m1)* Feuchtigkeit
rak|ur, rök *(Ö!)***, rakt** feucht
rakaravél, -ar, -ar *(w3)* Rasierapparat
ramm- echt
ramm|i *(m1)* **1** Rahmen *(Bilder≈, Finanz≈)*
  2 Bereich *(abgegrenzter ~)*
rammgerð|ur, -, -gert
  stark *(sicher, vertrauenserweckend)*
rang|ur, röng *(Ö!)***, rangt** falsch;
  verkehrt *(falsch)*;
  haf|a *(stV↑)* **~t fyrir sér** Unrecht haben
rangindi *(s3 Mz)* Unrecht
rannsak|a *(v1)* erforschen
rannsókn, -ar, -ir *(w3)* **1** Forschung
  2 Untersuchung *(Zoll, Polizei)*
rask|a *(v1)* stören *(Stille, Schlaf etc.)* ;
  ~ svefnfrið die Nachtruhe stören
rass, -, -ar *(m3)* Gesäß
rat|a *(v1)* auskennen, s. *(den Weg finden)*;
  ~ *(v1)* **út úr** *e-u* herausfinden *(aus Gebäude)*
rauð|ur, -, rautt rot
rauðber *(s2)* Preiselbeere
rauðgul|ur orange
rauf, -ar, -ar *(w3)* Spalte
raul|a *(v1)* summen
raun, -ar, -ir *(w3)* Wirklichkeit
  (Erfahrung, Realität)
raunhæf|ur praktisch; realistisch
raunveruleg|ur wirklich *(real)*
raunveruleik|i *(m1)* Wirklichkeit
raus *(s2)* Quatsch
ráð *(s2)* **1** Rat(schlag) **2** Mittel *(Abhilfe)*
  3 Ratsversammlung;
  ger|a ~ fyrir *e-u* annehmen *(vermuten)*;
  veit|a, -i, -ti, -t *(v2) e-um* **~ í e-u**
  beraten *(jdn. Rat erteilen)*
ráð|a *(v1)* entscheiden;
  ~ *e-n* **í vinnu** einstellen *(jdn. in Arbeit ~)*;
  ~ við *e-ð* zurechtkommen *(mit etw.)*
  ▶ **Þú ræður.** Wie du willst *(deine Entscheidung)*.
ráð|ast *(stV↑)* **á** *e-n* **/ að** *e-um*
  überfallen; angreifen

ráðgát|a *(w1)* Rätsel

ráðgjöf, -gjafar, -gjafir *(Ö! w6)* Beratung

ráðherr|a, -a, -ar *(m1, Nom Ez unreg. auf -a)* Minister

ráðhús *(s2)* Rathaus

ráðinn: ver|a *(stV1) ~ í e-ð starf* beschäftigt sein *(als [festangestellter] Arbeitnehmer)*

ráðlegg|ja *(↑ leggja) e-um um e-ð* beraten

ráðning *(w2)* Einstellung *(~ e-s Beschäftigten)*

ráðstöfun, -ar, ráðstafanir *(Ö! w5)* Maßnahme *(Plan)*

ráðuneyti *(s3)* Ministerium

ráðþrota *(unv.)* ratlos

rák, -ar, -ir *(w3)* Streifen

rám|a *(v1): e-n rámar í e-ð* undeutlich erinnern *(s. ~ an etw.)*

rám|ur rau *(Stimme)*

rán *(s2)* Raub; Überfall

rándýr *(s2)* Raubtier

ránfugl, -s, -ar *(m3)* Raubvogel

ránsfeng|ur, -jar, -ir *(m2)* Beute *(Räuber)*

rás, -ar, -ir *(w3)* 1 Lauf *(Fluss≈; schnelles Laufen, Verlauf v. Geschehnissen)*
2 Fernsehkanal

redd|a *(v1) e-um e-u* besorgen *(jdm. etw. ~)*; beschaffen

redd|ast *(v1)* s. irgendwie lösen *(kleines Problemchen)* ▶ Þetta reddast. Das wird schon irgendwie gehen.

ref|ur, -s, -ir *(m2)* Fuchs *(allg.)*

refs|a *(v1) e-um fyrir e-ð* bestrafen *(jdn. für etw. ~)*

refsing *(w2)* Strafe *(nicht finanzielle Bestrafung)*

regl|a *(w1)* Regel; Vorschrift

reglubund|inn regelmäßig

reguleg|ur regelmäßig

reglusam|ur, -söm *(Ö!),* **-samt** ordentlich; gewissenhaft

vandvirk|ur sorgfältig arbeitend

dugleg|ur ordentlich

regnbog|i *(m1)* Regenbogen

regnhlíf, -ar, -ar *(w3)* Regenschirm

regnkáp|a *(w1)* Regenmantel

reið, -ar, -ir *(w3)* Reiten

reið|a, -i, reiddi, reitt *(v2) e-n / e-ð* mit Pferd (od. Fahrrad) transportieren;
~ sig á e-n zählen *(auf jdn. ~)*;

~ upp á e-n verlassen *(s. auf jdn. ~)*

reið|i, -i *(w8)* Wut

reið|ur, -, reitt wütend

reiðarslag, -s, slög *(Ö! s2)* Schicksalsschlag

reiðhjól *(s2)* Fahrrad

reiðikast, -s, -köst *(Ö! s2)* Wutanfall

reiðlag, -s, reiðlög *(Ö! s2)* Reitstil

reiðtúr *(m3)* Reittour

reiðubú|inn bereit *(zu etw.)*

reiðufé *(s Ez)* Bargeld

reikn|a *(v1)* (be)rechnen;
~ (v1) með e-u rechnen *(mit Zahlen, Risiko)*

reikning|ur, -s, -ar *(m2)* 1 Rechnung
2 Konto

reikningsyfirlit *(s2)* Kontoauszug

reipi *(s3)* Seil

reiprennandi fließend *(sprechen)*

reis|a, -i, -ti, -t *(v2) e-ð* errichten

rek|a *(stV↑) e-n / e-ð* 1 treiben *(vor s. her~)*
2 betreiben *(Geschäft; Unternehmen)*
3 feuern *(entlassen)*
4 schlagen *(mit Hammer; Ohrfeige)*
5 ununterbrochen geschehen *(z.B. ein Unfall nach d. anderen)*;
e-ð (Akk!) **rek|ur** im Wasser treiben *(vi)*;
~ sig á e-ð stoßen *(s. an etw. ~)*

rek|ast *(stV↑) á e-ð* 1 stoßen *(auf etw. ~)*
2 zusammenstoßen *(Auto, Konflikt)*

rekkj|a *(w1)* Liege

renn|a *(stV↑)* fließen *(Wasser, Lava)*;
~ af e-um nüchtern werden; beruhigen,
s.; **lát|a** *(stV↑) ~ af e-um* ausnüchtern;
~ til rutschen *(unfreiwill. z.B. m. Auto auf Eis)*;
e-ð **rennur** *(stV↑)* **upp** *fyrir e-um* klar
(unmissverständlich) s. ~ werden über etw.

renn|a, -i, -ti, rennt *(v2) e-ð*
1 gießen; schütten 2 schmelzen *(Metall)*
3 laufen lassen *(z.B. Pferd)*;
~ e-u niður schlucken;
~ sér á sleða / skautum
Schlittenfahren / Schlittschuh laufen;
~ við vorbeischauen *(mit dem Auto ~)*

rennilás, -s, -ar *(m3)* Reißverschluss

rett|a *(w1) (fam.)* Zigarette

reyk|ja, -i, -ti, -t *(v2)* rauchen;
dampfen *(Zigarette etc.)*

reyk|ur, -jar, -ir *(m2)* 1 Rauch
2 *(mst. in Mz reykir)* Dampf von heißen
Quellen; **legg|ja, legg, lagði, lagt** *(v5)*
~ frá e-u aufsteigen *(Rauch, Dampf)*

reykháf|ur, -s, -ar *(m2)* Kamin; Schornstein

reyking|ar *(w2 Mz)* Rauchen

▶ Reykingar bannaðar! Rauchen verboten!

reykjarpíp|a *(w1)* Tabakspfeife

reyklaus nicht rauchend; mit Rauchverbot

reykt|ur, -, - geräuchert

reykvíking|ur, -s, -ar *(m2)* Bewohner Reykjavíks

reykvísk|ur aus Reykjavík

reyn|a, -i, -di, -t *(v2)* **1** versuchen **2** erleben; **~ á** *e-ð* beanspruchen *(belasten, z.B. Motor)*; **við** *e-n* anflirten

reyn|ir *(m4)* Vogelbeere

reynd, -ar, -ir *(w3)* Wirklichkeit *(Wahrheit)*

reynd|ur, -, reynt erfahren *(Adj.)* *(Erfahrung habend)*

reyndar eigentlich

reynsl|a *(w1* **1** Erfahrung **2** Erlebnis

reyr *(s2)* Schilf

rétt *(Adv.)* **1** gleich *(örtl. direkt)* **2** gerade *(soeben)*; **~ núna** gerade jetzt vorhin

rétt, -ar, -ir *(m2)* Pferch

rétt|a, -i, -i, rétt *(v2)* strecken; gerademachen; **~** *e-um* *e-ð* geben; reichen *(jdm. etw.)*; **~** *e-ð* **fram** reichen *(strecken z.B. Hand)*

rétt|a¹ *(v1) í málinu* verhandeln *(gerichtlich)*

rétt|a² *(v1)* *e-ð / e-u* in Pferch treiben; **~ féð / fénu** Schafe in Pferch bringen *(zum Sortieren im Herbst)*

rétt|ir *(m2 Mz)* Schafabtrieb *(im Herbst)*

rétt|ur, -, - richtig; korrekt; **haf|a** *(stV↑)* **~ fyrir sér** recht haben

rétt|ur¹, -ar, -ir *(m2)* Gericht *(Speise)*

rétt|ur², -ar, -ir *(m2)* **1** Recht **2** *(fam.)* Vorfahrt

réttarhald, -s, -höld *(Ö! s2)* Prozess *(jurist.)*

réttilega *(Adv.)* richtig

réttindi *(s3 Mz)* Berechtigung; **~ til** *e-s* Rechtsanspruch *(auf etw.)*; **eig|a** *(stV↑)* **réttinn** Vorfahrt haben

réttlát|ur gerecht(fertigt)

réttleið|a, -i, -leiddi, -leitt *(v2)* korrigieren *(Fehler verbessern)*

réttleiðing *(w2)* Korrektur

réttmæt|ur berechtigt *(z.B. Einwand)*

réttritun *(w5)* Rechtschreibung

réttvís gerecht

rif *(s2)* Riff

rif|a *(w1)* Riss; Spalte

rifbein *(s2)* Rippe

riffil|l, -s, rifflar *(A! m5)* Gewehr

rifn|a *(v1) (vi)* reißen *(von selbst auseinander~)*; aufbrechen *(Erde)*

rifrildi *(s3)* Diskussion; Streit

rifsber *(s2)* rote Johannisbeere

rift|a, -i, -i, rift *(v2)* *e-u* ungültig *(Vertrag)*

rign|a, -ir, -di, rignt *(v2)* *e-u* regnen

rigning, -ar, -ar *(w2)* Regen

rimlahlið *(s2)* Viehsperre *(Rohrgitter über Straßen, um das Vieh in bestimmten Bezirken zu halten)*

rimlakass|i *(m1)* Käfig

rimlaverk *(s2)* Gitter

ringlað|ur verwirrt

ris *(s2)* Dachboden

risastór, -, -t riesig

ris|i *(m1)* Riese

risíbúð, -ar, -ir *(w3)* Dachwohnung

risp|a *(v1) e-ð* einen Kratzer machen

risp|a *(w1)* Kratzer

riss *(s2)* Skizze

rist, -ar, -ir *(w3)* Grillrost

rist|a *(v1)* rösten; toasten

rit *(s2)* Schrift *(Aufsatz, Text)*

ritar|i *(m1)* (für ♀ und ♂) Sekretärin

rithöfund|ur, -ar, -ar *(m2)* Schriftsteller

rithönd, -handar, -hendur *(w4)* Handschrift

ritning *(w2)* Schrift *(Aufsatz, Text)*

ríð|a, - *(stV↑)* *e-u* reiten; **~ á (léttu) brokki** leichten Trab reiten; **~ á stökki** im Galopp reiten

ríf|a *(stV↑)* *e-ð (vt)* reißen *(etw. zer~; an etw. ~)*; **~ kjaft** das Maul aufreißen

ríf|a|st um *e-ð (stV↑)* streiten

ríki *(s3)* Staat

ríkidæmi *(s3)* Reichtum

ríkisborgar|i *(m1)* Staatsbürger

ríkissaksóknar|i *(m1)* Staatsanwalt

ríkisstarfsmað|ur *(↑ maður)* Beamter

ríkisstjórn, -ar, -ir *(w3)* Regierung

rík|ja, -i, -ti, -t *(v2)* herrschen; **~jandi** *(unv.)* herrschend *(z.B. Meinung)*

ríkmannleg|ur fein

rík|ur reich

rímspillisár *(s2)* Jahr, bei dem aus

astronom. Gründen der erste Sommertag
am Donnerstag nach dem 17.4. beginnt
rísa *(stV↑)* aufgehen *(Sonne)*
rísla *(v1)* treiben *(etw. Unbedeutendes tun)*
rjómi *(m1)* Sahne
rjómaís, -íss, -ísar *(m3)* Speiseeis
rjúfa *(stV↑)* **1** brechen *(ab~, Schweigen)*
 2 unterbrechen *(Strom, Telefon)*
rjúpa *(w1)* Schneehuhn;
 fara *(stV↑)* á ~u
 auf Schneehuhnjagd gehen
rof *(s2)* **1** Unterbrechung *(Strom, Telefon)*
 2 Bruch *(Vertrag, Beziehung)*
rofa til *(v1)* teilweise aufklaren *(Wetter)*
rofi *(m1)* Schalter *(Gerät)*
rofabarð, -s, -börð *(Ö! s2)*
 pilzförmiger Erosionsrest
 der Bodenschwarte
rogast, -ast, -aðist, -ast *(v1)*
 með e-u / **undir** e-u schleppen *(tragen)*
rok *(s2)* Orkan
rolla *(w1)* *(fam.)* Mutterschaf
ropvatn, -s *(s2 Ez)* *(fam.)*
 Mineralwasser *(mit Kohlensäure)*
roskinn über 60 Jahre alt
rota *(v1)* bewusstlos schlagen
rotinn faul *(verfault)*
rotta *(w1)* Ratte
ró, -ar *(w3 Ez)* Ruh *(innere ~)*
ró, róar, rær *(w4)* Mutter *(Schrauben≈)*
róa[1] *(stV↑)* e-u rudern
róa[2] *(v1)* e-n/ e-ð *(niður)*
 beruhigen *(jdn. od. etw.)*
róast, -ast, -aðist, -ast *(v1)*
 beruhigen *(sich ~)*
rófa[1] *(w1, Gen Mz rófna)* Rübe; Wruke
rófa[2] *(w1, Gen Mz rófa)* Katzenschwanz
rófustappa *(Ö! w1)* Rübenmus
rólegur ruhig; gelassen
róni *(m1)* Säufer
rósa *(w1)* Rose
rósemd, -ar *(w3)* innere Ruhe
rósmarín *(s2)* Rosmarin
rósukál *(s2)* Rosenkohl
rót, -ar, rætur *(w6)* Wurzel
róta *(v1)* í e-u durchsuchen
ruddalegur grob; roh *(Verhalten)*
rugl *(s2)* Unsinn;
 vera *(stV↑)* í rugli in Unordnung sein
rugla *(v1)* **1** verwirren **2** durcheinander-
 bringen **3** mischen *(Karten)*;

 ~ *(v1)* e-u **saman** verwechseln
 (eins mit dem anderen)
ruglaður **1** verwirrt
 2 durcheinandergeworfen
ruglast *(v2)* á e-um verwechseln *(Personen)*
ruglingur, -s *(m2 Ez)*
 Unordnung *(Verwirrung)*
rukka *(v1)* kassieren *(z.B. auf Zeltplatz)*
runa *(w1)* Reihe
runka *(v1)* sér befriedigen, s.
runnur, -ar, -ir *(m2)* Strauch; Gebüsch
rusl *(s2 Ez)* Müll; Abfall; **vera** *(stV↑)* í ~i
 (fam.) yfir e-u am Boden zerstört sein
ruslafata *(Ö! w1)* Mülleimer
rúða *(w1)* Glasscheibe
rúðuþúrrka *(w1)* Scheibenwischer
rúgur, -s *(m2)* Roggen;
 ~brauð *(s2)* Roggenbrot
rúgmjöl *(s2)* Roggenmehl
rúlla *(v1)* *(Ausspr. rulla ohne -tll)* rollen
rúlla *(w1)* *(Ausspr. rulla ohne -tll)*
 Rolle *(Gegenstand)*
rúllustigi *(m1)* Rolltreppe
rúm *(s2)* Bett
rúmur ungefähr
rúmföt *(s2 Mz)* Bettwäsche
rúmlegur ungefähr
rúmmál *(s2)* Volumen
rúmtak, -s, rúmtök *(Ö! s2)*
 Volumen *(nicht genau gemessen)*
rúnnstykki *(s2)* Brötchen
rúntur, -s *(m2 Ez)* Rundreise;
 Runde um die Reykjavíker Innenstadt
rúsína *(w1)* Rosine
rúst, -ar, -ir *(w3)* Ruine;
 vera *(stV↑)* í ~ in schlechtem Zustand
 sein *(fertig sein, nach Alkohol; mittellos)*
rúta *(w1)* Reisebus
ryð *(s2)* Rost *(Eisenoxid)*
ryðga *(v1)* einrosten
ryðja, ryð, ruddi, rutt *(v5)* räumen
 (Weg befahrbar machen);
 ~ e-ð **úr vegi** beseitigen *(etw. ~)*
ryk *(s2)* Staub
ryksuga *(v1)* staubsaugen
ryksuga *(w1)* Staubsauger
rysjóttur, -, - wechselhaft
rýma, -i, -di, -t *(v2)* räumen; evakuieren
rýmd, -ar *(w3 Ez)* Kapazität
 (Aufnahmevermögen)
rými *(s3)* Raum; Volumen

rýming *(w2)* Evakuierung
rýr, -, -t bescheiden *(gering)*
rýr|a, -i, -ði, -t *(v2)* verringern
(aicht Zählbares)
ræð|a *(w1)* Rede
ræð|a, -i, ræddi, rætt *(v2)* e-ð
besprechen; beraten, s.;
ver|a *(stV↑)* **um að** ~ e-ð gehen um;
Thema sein
ræðismannsskrifstof|a *(w1)* Konsulat
rækileg|ur gründlich
rækt, -ar *(w3 Ez)* **1** Aufzucht *(Pflanzen)*
2 Gymnastik
rækt|a, -i, -i, rækt *(v2)*
1 anbauen *(Landwirtschaft)* **2** züchten
ræn|a, -i, -di, -t *(v2)* e-n überfallen
(ausrauben); ~ e-u frá e-um berauben *(jdn. ~)*;
~ e-um entführen
ræning|i, -ja, -jar *(m2)* Räuber
ræs|a, -i, -ti, ræst *(v2)* einschalten *(Gerät)*
ræsi *(s3)* Abwasserkanal
rætast: lát|a *(stV↑)* ~
verwirklichen *(Traum)*
rödd, raddar, raddir *(Ö! w6)* Stimme
röð, raðar, raðir *(Ö! w6)* Reihenfolge;
Serie; **~ og regla** geordnete Zustände
röfl|a *(v1)* út af e-u murren
rökkur *(s2 Ez)* Abenddämmerung
rökrétt|ur, -, - logisch
rökræð|a, -i, ræddi, rætt *(v2)*
diskutieren
rökstudd|ur, -, rökstutt berechtigt
röl|a, -i, -i, rölt *(v2)* schlendern; gehen ;
~um umsehen, s. *(Gegend erkunden)*
rönd, randar, rendur *(w6)* Rand;
Streifen
röntgenmynd, -ar, -ir *(w3)*
Röntgenaufnahme
rör, -s, - (s2, kein Ö!) Rohr *(dünn)*

S

sac|d|ur, södd *(Ö!)*, **satt** satt
saf|i *(m1)* Saft
safn, -s, söfn *(Ö! s2)* Museum
safn, -s, söfn *(Ö! s2)* Sammlung
safn|a *(v1)* e-u sammeln *(Kollektion)*;
~ e-um **saman** versammeln;
e-u **saman** einsammeln *(Dinge)*

safn|ast *(v1)* **saman** versammeln, s.
safn|ast, -ast, -aðist, -ast *(v1)* **fyrir**
ansammeln, s.
sag|a *(v1)* sägen
sag|a *(Ö! w1)* Geschichte *(Historie)*
sagnfræð|i, -i *(w8)* Geschichte
(Wissenschaft)
sakfell|a, -i, -di, -t *(v2)* e-n
verurteilen *(nur jur.)*
saklaus harmlos *(unschuldig)*
sakn|a *(v1)* e-s vermissen
sal|a *(Ö! w1)* Verkauf
sal|ur, -ar, -ir *(m2)* Saal; Halle
salat, -s, salöt *(Ö! s2)* Salat
salerni *(s3)* Toilette;
~spappír, -s, -ar *(m2)* Toilettenpapier
salt, -s, sölt *(Ö! s2)* Sal
salt|a *(v1)* salzen
salt|ur, sölt *(Ö!)*, **salt**
salzig *(von Natur aus)*
saltað|ur, söltuð *(Ö!)*, **saltað** gesalzen
saltbauk|ur, -s, -ar *(m2)* Salzstreuer
saltfisk|ur, -s, ar *(m2)* gepökelter Fisch;
Salzfisch
saltkjöt *(s2 Ez)* Salzfleisch
sam|ur, söm *(Ö!)*, **samt** gleich *(identisch)*
sama hver egal *(~ wer, ~ was)*
sama og þegið nein danke!
saman gemeinsam; zusammen
samanburð|ur, -ar, -ir *(m2)* Vergleich
samanlagt alles zusammen *(Summe)*
samanstand|a *(↑ standa)* **af** e-u
bestehen *(~ aus mehreren Teilen)*
samantekt, -ar, -ir *(w3)*
Zusammenfassung
samband, -s, sambönd *(Ö! s2)*
1 Verbindung *(Telefon)*
2 Kontakt *(geschäftlich, privat, elektrisch)*
3 Verhältnis *(pers. Beziehung)*
4 Verband *(Organisation)*;
haf|a *(stV↑)* ~ **við** e-n kontaktieren
samein|a *(v1)* vereinigen
sameinað|ur geschlossen
(ohne Abweichler z.B. in Partei)
sameining *(w2)* Vereinigung
(das Zusammenlegen)
samfar|ir *(w6 Mz)* Geschlechtsverkehr
samfélag, -s, -félög *(Ö! s2)*
Gemeinschaft
samfélagsleg|ur sozial
samfleytt|ur, -, - kontinuierlich *(zeitl.)*

samgöngutæki *(s3)* Verkehrsmittel
samheld|inn sparsam
samhengi *(s3)* Zusammenhang
samhrygg|jast, -ist, -ðist, -st *(v2)* Beileid ausdrücken
samkeppni *(s3)* Wettbewerb
samkom|a *(w1)* Versammlung *(Zusammenkunft)*
samkomulag, -s, -lög *(Ö! s2)* Abmachung; Verabredung;
ger|a, -i, -ði, -t *(v2)* ~ einigen *(s. auf etw.)*
samkvæmt *(Dat)* laut; nach;
~ **áætlun** planmäßig;
~ **lögunum** den Gesetzen gemäß
samkynhneigð|ur *(form.)* homosexuell
samlag|a *(v1) e-u* vereinigen
sammála: ver|a *(stV↑) um e-ð* einig; einverstanden
samning|ur, -s, -ar *(m2)* Vertrag
samræð|a *(w1)* Gespräch
samskeyti *(s3 Mz)* Schweißnaht
samskipti *(s3 Mz)* Kommunikation *(in breiterem Sinne, Beziehungspflege)*
samstarfsmaður *(↑ maður)* Mitarbeiter
samstæð|a *(w1)* Garnitur
samsvar|a *(v1) e-u* entsprechen;
~**andi** *(unv.)* übereinstimmend; entsprechend
samt (sem áður) dennoch; trotzdem
samtal, -s, samtöl *(Ö! s2)* Gespräch; Unterhaltung
samtals insgesamt
samtímis *með e-u (Adv.)* gleichzeitig; zugleich mit *(zeitl.)*
samtök *(Ö! s2 Mz)* Vereinigung *(organisatorisch, z.B. Firmen)*
samúð, -ar *(w3 Ez)* Beileid; Anteil *(bes. im Trauerfall)*
samvisk|a *(w1)* Gewissen
samviskubit *(s2 Mz)* Gewissensbisse
samþykk|ja, -i, -ti, -t *(v2) e-ð* zustimmen
samþykk|ur, -, -t einig
▶ Samþykkt! Einverstanden!
samþykki *(s3)* Zustimmung
sand|ur, -s, -ar *(m2 Ez)* Sand; Sander *(Sandfläche vor Gletscher)*
sandal|i *(m1)* Sandale
sandfok *(s2)* Sandsturm
sandfönn, -fannar, -fannir *(Ö! w6)* Düne
sandskafl, -s, ar *(m3)* Düne

sann|a *(v1) e-ð* beweisen;
~ *e-ð á e-n* überführen *(jur.)*
sann|ur, sönn *(Ö!)*, **satt** wahr *(Antwort: jú, nicht já)*
▶ Ekki satt? Nicht wahr?
sannfær|a, -i, -ði, -t *(v2) e-n um e-ð* überzeugen; ~**andi** *(unv.)* überzeugend
sannfæring *(w2)* Überzeugung
sanngjarn, -gjörn *(Ö!)*, **-gjarnt** wahrheitsgemäß; recht und billig
sannleik|ur *(m2)* Wahrheit
sannreyn|a, -i, -di, -t *(v2)* bestätigen *(beweisen, z.B. Theorie)*
sannsögul|l, -, -t zuverlässig *(wahrhaftig)*
sans, -ar *(w3 Ez)* Vernunft
sauð|ur, -ar, -ir *(m2)* Schaf; Widder; Hammel *(kastriert)*
sauðdrukk|inn völlig besoffen
sauðkind, -ar, -ur *(w3)* Schaf
saum|a *(v1)* nähen;
~ *e-ð* **út** (be)sticken
saum|ur, -s, -ar *(m2)* Naht
saumavél, -ar, -ar *(w2)* Nähmaschine
saur, -s, -ar *(m3)* **1** Kot *(neutr.)* **2** Schmutz
saurg|a *(v1)* beschmutzen *(auch bildl.)*
sax|a *(v1)* hacken *(z.B. Fleisch)*
sá *(Pron.)* der; er;
~ **eini** der einzige;
~ **sami** derselbe
sá, sái, sáði, sáð *(v2) e-u* säen
sál, -ar, -ir *(w3)* Seele
sáp|a *(w1)* Seife
sár *(s2)* Wunde
sár, -, -t ärgerlich; bitter; schmerzlich
sárabindi *(s3)* Binde *(Wundverband)*
sáraumbúð|ir *(w3 Mz von búð)* Verband *(medizin.)*
sáravaf, -s, -vöf *(Ö! s2)* Umschlag *(Wunde)*
sársauk|i *(m1)* Schmerz
sátt|ur, -, - einig
seðil|l, -s, seðlar *(A! m5)* Banknote
seðlaveski *(s3)* Brieftasche
sef *(s2 Ez)* Rohr; Schilf
seg|ja, -i, sagði, sagt *(v3)* sagen;
~ **af** *sér* zurücktreten *(von Amt)*;
~ **frá** *e-u* erzählen; berichten;
~ **frá** *e-um* verraten *(jdn. ~)*;
~ **ósátt** lügen; ~ *e-ð* **skýrt og skorinort** ausdrücklich *(etw. ~ sagen)*;
~ *e-ð* **um** *e-n* sagen *(etw. über jdn./etw. ~)*;

~ e-ð upp kündigen *(Vertrag)*;
~ e-ð við e-n sagen *(etw. zu jdm.)*
▶ **Hvað segir þú?** Wie geht es dir?
segl *(s2)* Segel
seglbretti *(s3)* Surfbrett
segull, -s, seglar *(A! m5)* Magnet
segulband, -s, bönd *(Ö! s2)*
Magnetband
seigur zäh *(nichtflüssig)*
seigfljótandi *(unv.)* zähflüssig
seinn, -, -t 1 spät
2 unpünktlich *(verspätet)*
seinfarinn vegur langwieriger Weg
seinka *(v1)* *(vi)* verzögern *(später werden)*;
e-um **seinkar** *(v1)* verspäten, s.
seinkun *(w5)* Verspätung
seinlátur langsam *(träge)*
sekur schuldig *(jur.)*
sekkur, -jar, -ir *(m2)* Sack
sekt, -ar, -ir *(w3)* 1 Geldstrafe; Bußgeld
2 Schuld *(Verantwortung)*
sekta *(v1)* bestrafen *(Geldstrafe)*
sektartilfinning *(w2)* Schuldgefühl
sekúnda *(w3)* Sekunde
selja, sel, -di, -t *(v4)* verkaufen
selur, -s, -ir *(m2)* Robbe
seljurót, -ar, seljurætur *(w4)* Sellerie
selspik *(s2)* Robbenspeck
sem¹ *(Relativpron.)* der / die / das
sem² *(Adv.)* als; wie;
~ betur fer *(Vergangenheit:* **fór)**
glücklicherweise; **~ og** sowie;
~ sagt also; **~ sé** beziehungsweise
semja, sem, samdi, samið *(v5)*
1 verfassen *(Text)*
2 verhandeln *(geschäftlich)*
senda, -i, -i, sent *(v2)* e-ð
1 senden; schicken *(z.B. Post, Email)*
2 übertragen *(TV/Radiosendung)*
3 liefern *(losschicken)*
sendandi, -a, sendendur *(m1)*
Absender
sendibíll *(m5)* Lieferwagen *(geschlossen)*
sendiherra, -a, -ar *(m1)* Botschafter
sending *(w2)* 1 Sendung 2 Lieferung
sendiráð *(s2)* Botschaft *(diplomat.)*
senn bald;
í ~ gleichzeitig; zur selben Zeit;
einn í ~ nur einer auf einmal;
tveir í ~ nur zwei auf einmal
senra *(w1)* Diskussion

sennilegur wahrscheinlich
sentimetri *(m1)* Zentimeter
seppi *(m1)* Hund *(Kosewort)*
september *(m unv.)* September
sería *(w1)* Serie
servíetta *(w1)* Serviette
sessa *(w1)* Kissen
setja, set, -ti, sett *(v4)*
1 setzen *(jdn. oder etw.)*
2 positionieren; legen; stellen *(etw.)*;
~ e-ð að e-u ansetzen *(an etw. daranbringen)*;
~ á einlegen *(z.B. CD)*;
~ inn í e-ð einführen *(hineinstecken)*;
~ upp anstecken *(Ring)*;
~ út á e-ð/e-n auszusetzen haben
(etw. ~ an)
setjast, sest, settist, sest *(v4)*
1 hinsetzen, s. 2 untergehen
setning *(w2)* 1 Satz *(Sprache)*
2 Einleitung *(~ eines Verfahrens)*
sett *(s2)* af e-u Set *(von Dingen)*
sextugsaldur *(s2)* zwischen
50 u. 60 Jahren alt
seyða, -i, seyddi, seytt *(v2)*
1 kochen *(in Wasser)*
2 in Dampf garen; **seytt rúgbrauð**
in Heißquellendampf gesottenes Roggenbrot
seyði *(s3)* Brühe *(Absud, oft pflanzl.)*
seyðingur, -s *(m2 Ez)* Schmerz
(ständiger leichter ~)
seytla *(v1)* fließen *(langsam u. wenig)*
séður: vera *(stVↄ)* **~**
versehen mit
séns, -, -ar *(m3)* *(fam.)*
Gelegenheit; Chance
sér- speziell; **sérsaltaður**
extra gesalzen *(Butter)*
sérfræðiálit *(s2)* Gutachten
(juristisch verwertbar)
sérfræðingur, -s, -ar *(m2)* Fachmann
sérkenni *(s3)* Kennzeichen
(Charakteristikum)
sérkennilegur besonderer
(charakteristisch)
sérstakur, -stök *(Ö!)*, **-stakt**
1 besonderer; außergewöhnlich
2 speziell *(für sich, abgesondert)*
sérstaklega *(Adv.)* besonders
sérstæður, -, -stætt
1 speziell *(anders als andere)*
2 ungewöhnlich

sértilboð *(s2)* Sonderangebot

sið|ur, -ar, ir *(m2)* Tradition; Brauch; Sitte

siðsam|ur, -söm *(Ö!)*, **-samt** anständig *(sittsam)*

sigdal|ur, -s, -ir *(m2)* Graben *(geol.)*

sigl|a, -i, -di, siglt *(v2)* fahren *(Schiff)*

sigling *(w2)* Schifffahrt

sigr|a *(v1)* (be)siegen; gewinnen *(Sport)*

sigur, -s, sigrar *(m3 A!)* **yfir e-um** Sieg *(~ über jdn.)*

sigurvegar|i *(m1)* Sieger; Gewinner *(Sport)*

silfur *(s2 Ez)* Silber

silki *(s3)* Seide

sindr|a *(v1)* sprühen *(Funken)*

sinn *(s2)* Mal; **einu ~** einmal; **í fyrsta ~** erstmals

sinnep *(s2)* Senf

sirka etwa

sirkus, -, -ar *(m3) (fam.)* Zirkus

sit|ja *(stV1)* sitzen; **~ á / í** *e-u* sitzen *(auf etw.)*; **~ fast** feststecken; **~ uppi** *með e-u* dasitzen mit etw. *(nicht mehr loswerden)*

sitt hvoru megin beidseitig

sixpensar|i *(m1)* Mütze *(aus Wolle mit weichem Rand)*

sí- ständig

sí og æ dauernd

sí|a *(w1)* Filter

síð|ur, -, sítt lang *(Haar)*

síðan **1** seit **2** dann

síðast *(Adv.)* zuletzt

síðast|i *(m)* / **síðast|a** *(w)* / **síðast|a** *(s)* letzte(r, s)

síðastlið|inn letzter *(bestimmter Zeitraum)*; **~ið haust** im letzten Herbst

síðdegi *(s3)* Nachmittag; **~s** nachmittags

síðkastið: upp á ~ in letzter Zeit

sífellt immer

sífrer|i *(m1)* Permafrost

sígarett|a *(w1)* Zigarette

sígild|ur, -, sígilt klassisch

sígó *(w unv.) (fam.)* Zigarette

síld, -ar, -ar *(w3)* Hering *(Fisch)*

sím|i *(m1)* Telefon *(Festnetz≈)*

símaskrá, -r, -r *(w7)* Telefonbuch

símkall, -s, símköll *(Ö! s2)* Anruf *(Telefon)*

símsvar|i *(m1)* Anrufbeantworter

símtal, -s, -töl *(Ö! s2)* Telefongespräch

símtól *(s2)* Telefonhörer

sísona nur so

sítrón|a *(w1)* Zitrone

sívalning|ur, -s, -ar *(m2)* Zylinder *(techn., math.)*

sjaldan *(Adv.)* selten

sjaldséð|ur *(Adj.)* selten (zu sehen)

sjá *(stV1)* **1** sehen **2** erleben *(eher unangenehm)*; **~ af** *e-u* verzichten *(auf etw.)*; **~ eftir** *e-u* bereuen; **~** *e-um* **fyrir** *e-ð* beschaffen *(jdm. etw.~)*; **~ fyrir sér** verpflegen, s. selbst; **~ um** *e-ð* kümmern ▶ **Sjáum til.** Wir werden sehen.

sjáanleg|ur sichtbar

sjáldgæf|ur selten

sjálf|ur *(m)* / **sjálf** *(w)* / **sjálft** *(s)* selbst

sjálfbjarga: ver|a *(stV1)* **~** *(unv.)* zurechtkommen

sjálfheld|a *(w1)* Ort / Situation, aus der man sich aus eigener Hilfe nicht befreien kann

sjálfkrafa automatisch *(von selbst)*

sjálfsafgreiðsl|a *(w1)* Selbstbedienung

sjálfsagð|ur, sjálfsögð *(Ö!)*, **sjálfsagt** selbstverständlich

sjálfsal|i *(m1)* Automat *(Tank~, Zigaretten~)*

sjálfsábyrgð, ar, -ir *(w3)* Selbstbeteiligung

sjálfsmorð *(s2)* Selbstmord

sjálfstæð|ur, -, sjálfstætt selbstständig

sjálfsörugg|ur sicher *(selbstsicher)*

sjálfviljug|ur freiwillig

sjálfvirk|ur automatisch

sjávarföll *(Ö! s2)* Gezeiten

sjávarhásk|i *(m1)* Seenot

sjávarströnd, strandar, strandir *(auch: strendur) (w6)* Meeresufer; Strand

sjokk *(s2) (fam.)* Schock *(auch bildl.)*

sjopp|a *(w1)* Kiosk

sjó|r, sjávar, sjóir *(m2)* **1** Meer **2** Salzwasser **3** *(im Mz sjóir)* Brecher; große Wellen

sjóbirting|ur, -s, -ar *(m2)* Forelle *(meergängig)*

sjóð|a *(stV1) (vi)* kochen *(sieden, z.B. Topf, Quelle)*

sjógang|ur, **-s** *(m2 Ez)* Seegang
sjómaður (↑ maður) Seemann
sjómíl|a *(w1)* Seemeile
sjón, **-ar**, **-ir** *(w3)* Gesichtssinn
sjónarhorn *(s2)* Perspektive;
Blickwinkel
sjóndeildarhring|ur, **-s**, **-ir** *(m2)*
Horizont
sjóntækjafræðing|ur, **-s**, **-ar** *(m2)*
Optiker
sjónvarp *(s2)* Fernsehen
sjónvarp|a *(v1) e-u* senden *(Fernsehen)*
sjónvarpshol *(s2)* Vorraum mit
Fernseher *(isl. Wohnungsschnitt)*
sjónvarpstæki *(s3)* Fernseher
sjónvarpsþátt|ur, **-ar**, **-þættir** *(m2)*
Fernsehsendung
sjópóst|ur, **-s**, **-ar** *(m2)* Schiffspost
sjóslys *(s2)* Schiffsunglück
sjóstangaveiði, **-i**, **-ar** *(w8)*
Hochseeangeln
sjóveik|ur seekrank
sjúg|a *(stV↑) e-ð* lutschen
sjúkdóm|ur *(m2)* Krankheit
(allg., auch ernster)
sjúkling|ur, **-s**, **-ar** *(m2)* Patient
sjúkrabíl|l *(m5)* Krankenwagen
sjúkrahús *(s2)* Klinik
sjúkrakass|i *(m1)* Verbandkasten
sjúkratrygging *(w2)*
Krankenversicherung
sjúskað|ur beschwipst
sjúss, sjúss, **-ar** *(m3)* Schluck *(Alkohol)*;
fá *(stV↑) sér ~* Schluck Alkohol nehmen
sjö níu þrettán *(Ausruf)* toi toi toi!
sjötugsaldur *(s2)* zwischen
60 u. 70 Jahren alt
skað|a *(v1)* schaden; beschädigen
skað|i *(m1)* Beschädigung
skaðabótaskyld|a *(w1)* Haftpflicht
skaðleg|ur schädlich
skaff|a *(v1) e-um e-ð* besorgen
skafl, **-s**, **-ar** *(m2)* Schneeverwehung
skafrenning|ur, **-s**, **-ar** *(m2)*
Schneetreiben
skaft, **-s**, **sköft** *(Ö! s2)* Handgriff
skag|i *(m1)* Halbinsel *(große ~)*
skakk|ur, **skökk** *(Ö!)*, **skakkt** schief
skal ég segja þér *(Floskel)*
pass mal auf ...
skamm|a *(v1) e-n* schimpfen *(jdn. ~)*

skamm|ast, **-ast**, **-aðist**, **-ast** *(v1) sín*
schämen, s.
skamm|ur, **skömm** *(Ö!)*, **skammt**
kurz *(eher Zeitdauer betonend)*;
~a hríð vorübergehend
skammarleg|ur peinlich
skammbyss|a *(w1)* Pistole
skammdegi *(s3)* Winterdunkelheit
skammhlaup *(s2)* Kurzschluss
skammstaf|a *(v1)* abkürzen *(Schreibung)*
skammstöfun, **-ar**, **skammstafanir**
(Ö! w5) Abkürzung *(Wort)*
skammt|a *(v1)* einteilen *(z.B. Vorräte)*
skammt|ur, **-s**, **-ar** *(m2)* Portion
skans, **-**, **skansar** *(m3)* Festung
skap *(s2 Ez)* **1** Charakter *(Person)*
2 Laune; Stimmung *(Gemütszustand)*;
ver|a *(stV↑) í ~i til e-s*
in der Stimmung sein *(zu etw.)*
skap|a *(v1)* schaffen *(erschaffen)*
skapgerð, **-ar**, **-ir** *(w3)* Charakter
skapraun|a *(v1) e-um* reizen
skarð, **-s**, **skörð** *(Ö! s2)* Gebirgspass
skarp|ur, **skörp** *(Ö!)*, **skarpt** scharf
skart *(Ö! s2)* Schmuck *(Schmuckstück)*
skartgrip|ur, **-s**, **ir** *(m2)* Schmuck
skartgripasal|i *(m1)* Juwelier
skatt|ur, **-s**, **-ar** *(m2)* Steuer *(Abgabe)*
skattstof|a Finanzamt
skaut *(s2)* Pol *(Batterie)*
skaut|ar *(m1 Ez von skauti)* Schlittschuhe
skáhall|ur schräg
skák, **-ar**, **-ir** *(w3)* Schach
skák|a *(v1) e-u til e-s* etw. rüberschieben
skál, **-ar**, **-ar** *(w3)* Schale; Schüssel
skál|a *(v1) fyrir e-u* anstoßen *(auf jdn. ~)*
skál|i *(m1)* **1** Hütte *(mst. bewirtschaftet)*
2 Vorraum
skáld *(s2)* Dichter; **~kona** *(w1)* Dichterin
skáldsag|a *(Ö! w1)* Roman
skáldverk *(s3)* Dichtung *(Text)*
skán, **-ar**, **-ir** *(w3)* Film
(dünne Schicht, z.B. Fett≈)
skán|a *(v1)* etwas besser werden
(nicht mehr ganz so schlecht sein)
skáp|ur, **-s**, **-ar** *(m2)* Schrank;
koma *(stV↑) úr ~um* bekennen *(s. zu*
etw. intimem); Coming-Out
skárri *(m/w Ez; m/w/s Mz)*, **skárra** *(s Ez)*
weniger schlecht
skást|ur, **-**, **-** am wenigsten schlecht

(von mehreren die am wenigsten schlechte Wahl)

skát|i Pfadfinder

ske, skeður, skeði, skeð *(unreg., gibt es nur in 3. Pers Ez)* geschehen

skegg|ur, -s, -ir *(m1)* Bart

skeið, -ar, -ar *(w3)* Löffel

skeif|a *(w1)* Hufeisen

skel, -jar, -jar *(w3)* Muschelschale

skeldýr *(s2)* Muschel *(Tier)*

skelfileg|ur schrecklich; fürchterlich

skelfing *(w2)* Schrecken

skelfisk|ur, -s, -ir *(m2)* Muschel *(Tier)*

skell|ur, -s, -ir *(m2)* Schlag *(auch übertr.)*

skelþunn|ur *(fam.)* stark verkatert

skemm|a *(w1)* Scheune

skemm|a, -i, -di, -t *(v2) e-ð* beschädigen; verderben

skemm|ast, -ist, -dist, skemmst *(v2)* kaputtgehen

skemmd, -ar, -ir *(w3)* Beschädigung; Schaden

skemmd|ur, -, skemmt beschädigt

skemmt|a, -i, -i, skemmt *(v2) sér* amüsieren, s.; vergnügen

skemmtiferð, -ar, -ir *(w3)* Kreuzfahrt

skemmtileg|ur lustig

skemmtisigling *(w2)* Kreuzfahrt

skemmtitúr, -s, -ar *(m2)* Ausflug

skemmtun *(w5)* Unterhaltung; Vergnügen

skenk|ja, -i, -ti, -t *(v2)* eingießen; einschenken

skepn|a *(w1)* 1 Geschöpf; Tier 2 Haustier *(außer Hund und Katze)*

skepnuleg|ur tierisch; brutal

sker *(s2)* Schäre; Felsklippe im Meer

sker|a *(stV↑) e-ð* schneiden; ~ *e-ð af e-u* abtrennen; abschneiden; ~ **sig úr** ausscheren; auffallen; ~ *e-ð* **sundur** zerschneiden; ~ schneiden *(s. ~, verletzen)*

skerð|a, -i, skerti, skert *(v2)* 1 beschränken 2 vermindern *(etw. Zählbares)*

Skerið *(s2 m. Art.)* „die Schäre" *(fam. für Island)*

skikkanleg|ur anständig; ordentlich

skil|a *(v1) e-u* zurückgeben

skil|a *(v1) e-um e-u* 1 abgeben 2 zurückgeben *(jdm. etw. ~)*

skil|ja, skil, -di, -ið *(v4)* verstehen;

~ *e-ð* **sundur** trennen

skilaboð *(s2 Mz)* Botschaft *(die man ausgerichtet bekommt)*

skilagjald -s, -gjöld *(Ö! s2)* Flaschen-/Dosenpfand

skiljanleg|ur verständlich

skilnað|ur, -ar, -ir *(m2)* Scheidung; Trennung *(Lebensgemeinschaft)*

skilning|ur, -s *(m2 Ez)* 1 Verstand 2 Bedeutung

skilningarvit *(s2 Mz)* Sinn *(die 5 ~e)*

skilríki *(s2 Mz)* Dokument(e)

skilti *(s3)* Schild *(Verkehrs≈, Werbe≈)*

skilyrði *(s3)* Bedingung; Voraussetzung

skink|a *(w1)* Schinken

skip *(s2)* Schiff

skip|a¹ *(v1) e-um e-ð* 1 befehlen; anweisen 2 regeln *(planen, organisieren)*; ~ *e-u* **niður** ordnen

skip|a² *(v1)* **upp** ausschiffen, entladen *(Schiff)*; ~ **út** beladen

skipaskurð|ur, -ar, -ir *(m2)* Schiffskanal

skipstjór|i *(m1)* Kapitän

skipt|a, -i, -i, skipt *(v2) e-u* 1 aufteilen; zerteilen 2 einteilen 3 unterscheiden 4 wechseln; tauschen 5 umsteigen *(z.B. Bus, Flugzeug)*; ~ **á** *e-u fyrir e-ð* tauschen *(etw. gegen etw. ~)*; ~ *e-u* **í** *e-ð* 1 einteilen *(ordnen, aufteilen)* 2 umtauschen *(etw. ~ in)*; *e-ð* **skipt|ir, -i, skipt** *e-um* **máli** ausmachen *(jdm. etw. ~)*; Wert legen *(auf etw.)*; ~ **sér af** *e-u* einmischen; kümmern. s. *(eher ungebeten)*; ~ **sundur** trennen; ~ **um** *e-ð* austauschen; ~ *e-u* **út fyrir** *e-ð* ersetzen; auswechseln *(etw. gegen etw. austauschen)*; ~ *e-u* **yfir í** *e-ð* wechseln *(Geld umtauschen)*

skiptap|i *(m1)* Untergang *(Schiff)*

skipt|ast, -ist, -ist, skipst *(v2)* **á** *við e-n* tauschen *(mit jdm. ~)*

skipt|i *(s3)* Mal *(Auftreten e-s Ereignisses)*; **í eitt ~** einmal; **í fyrsta ~** erstmals; **í hvert ~** jedes Mal; ~ **e-ð** 1 Austausch 2 Umtausch; Wechsel

skiptiklef|i *(m1)* Ankleidekabine

skiptimið|i *(m1)* Umsteigekarte

skiptimynt, -ar, -ir *(w3)* Wechselgeld *(Kleingeld)*

skiptinem|i *(m1 für ♀ u. ♂)*

Austauschschüler/student
skipt|ir *(m4)* Umwerfer *(Fahrrad)*
skipulegg|ja *(↑ leggja)* planen; organisieren
skipun *(w5)* **1** Anordnung, Befehl **2** Regelung **3** Ordnung;Vorschrift
skiss|a *(w1)* Skizze *(gezeichnet)*
skíðagang|a *(Ö! w1)* Skilanglauf
skíðalyft|a *(w1)* Skilift
skíðamaður *(↑ maður)* Skifahrer
skíðastaf|ur, -s, -ir *(m2)* Skistock
skíði *(s3)* Ski
skíf|a *(w1)* Scheibe *(allg. techn, z.B. Beilag≈, auch Schallplatte)*
skín|a *(stV↑)* scheinen *(Sonne)*
skír|a, -i, -ði, -t *(v2)* e-n taufen
skirn, -ar, -ir *(w3)* Taufe
skít|a *(stV↑)* e-ð **út** *(fam.)* verschmutzen
skít|ur, -s, -ar *(m2)* **1** Kot **2** *(fam.)* Schmutz; Verschmutzung
skítug|ur, -, -t *(fam.)* schmutzig
skjal, -s, skjöl *(Ö! s2)* Urkunde
skjalatask|a, skjalatösku, skjalatöskur *(Ö! w1)* Aktenmappe
skjaldarmerki *(s3)* Wappen
skjá|r, -s, skjáir *(m2)* Bildschirm
skjálf|a *(stV↑)* zittern *(eher stärker)*
skjálft|i *(m1)* Erdbeben
skjálftavirkn|i, -i *(w8)* Erdbebentätigkeit
skjátla: *e-um* **skjátl|ast, -aðist, -ast** *(v1)* täuschen; irren, s.
skjót|a *(stV↑)* **1** feuern; schießen **2** erschießen
skjót|ur rasch
skjöld|ur, skjaldar, skildir *(m6)* **1** Panzer *(Schildkröte)* **2** Schild *(Wikinger)*
sko *(Füllwort)* sieh mal; hör mal
skoð|a *(v1)* **1** ansehen **2** untersuchen *(Arzt)*; ~ **sig um** umsehen, s. *(Gegend erkunden)*
skoð|a *(v1)* anschauen; ansehen; besichtigen; betrachten
skoðun *(w5)* **1** Ansicht; Einstellung **2** Meinung **3** Besichtigung; **stand|a** *(stV↑)* **við sína** ~ auf Meinung bestehen
skokk|a *(v1)* joggen
skol *(s2)* Tönung
skol|a *(v1)* spülen *(allg., ab~, aus~)*
skolhærð|ur, -, -hært dunkelblond

skollitað|ur grau *(Haar)*
skopp|a *(v1)* hüpfen
skor, -ar, -ir *(w3)* Institut *(Uni)*
skor|a *(v1)* **mark** Tor schießen
skordýr *(s2)* Insekt
skorp|a *(w1)* Kruste
skorstein|n *(m5)* Kamin; Schornstein *(Haus, Schiff)*
skort|a, -ir, -i, skort *(v2)* *(e-n ~ e-ð)* fehlen
skort|ur, -s *(m2 Ez)* Mangel *(Knappheit)*
skot *(s2)* Schuss
skot|inn *í e-um* verliebt
skott *(s2)* **1** Schwanz *(Hund, Maus, Fuchs)* **2** Kofferraum
skott|a *(w1)* Gespenst *(♀)*
skotthúf|a *(w1)* Kopfbedeckung der Frauen *(isl. Feiertagstracht)*
skó|r, -s, -r *(m2 Mz unreg. skór)* Schuh
skóáburð|ur, -ar, -ir *(m2)* Schuhcreme
skófl|a *(w1)* Schaufel
skóg|ur, -ar, -ar *(m2)* Wald
skóhorn *(s2)* Schuhlöffel
skól|i *(m1)* Schule
skólaár *(s2)* Schuljahr
skólaost|ur, -s, -ar *(m2)* fester Schnittkäse, Art Gouda
skólatafla *(Ö! w1)* Tafel *(Schul≈)*
skóreim, -ar, -ar *(w3)* Schnürsenkel
skósmið|ur, -s, -ir *(m2)* Schuster
skradd|i *(m1)* Schneider
skramb|i *(m1)* *(eher schwächer)* Teufel; böser Geist
skratt|i *(m1)* **1** Hexenmeister **2** Ungeheuer; böser Geist
skraut *(s2)* Schmuck *(Zierde)*
skrá, -r, -r *(w7)* um e-ð Liste *(über etw.)*
skrá, skrái, skráði, skráð *(v2)* registrieren *(in Liste)*; ~ *(v2)* **sig inn** *í e-ð* einloggen *(Computer)*; einchecken *(Flugzeug)*; anmelden, s.; ~ **sig út** ausloggen *(s. ~)*
skráning *(w2)* Anmeldung
skref *(s2)* Schritt
skrepp|a *(stV↑)* schnell wohinfahren
skreyt|a, -i, -ti, skreytt *(v2)* e-ð **með** e-u schmücken; verzieren
skreyting *(w2)* Schmuck
skriðdrek|i *(m1)* Panzer *(Militär)*
skriðn|a *(v1)* rutschen
skriðufall, -s, skriðuföll *(Ö! s2)* Erdrutsch

skrif|a *(v1)* e-ð schreiben;
~ e-ð **hjá sér** aufschreiben *(notieren)*;
~ **undir** e-ð unterschreiben
skrifborð *(s2)* Schreibtisch
skrifleg|ur schriftlich
skrifstof|a *(w1)* **1** Büro **2** Amt *(Gebäude)*
skrift, -ar, -ir *(w3)* Schrift
(Buchstaben, Geschriebenes)
skrifvör|ur *(Ö! w1 Mz von -vara)*
Schreibware
skrika: e-um **skrikar fótur** ausrutschen
skríð|a *(stV↑)* kriechen
skrímsli *(s3)* Wesen *(eher ungeheuer)*
skróp|a blau machen
skrum|a *(v1)* um e-ð angeben
(vor jdm. mit etw. ~)
skrúðgang|a *(Ö! w1)* Umzug *(Parade)*
skrúf|a *(v1)* schrauben
skrúf|a *(w1)* Schraube
skrúfjárn *(s2)* Schraubenzieher
skrúflykil|l, -s, -lyklar *(A! m5)*
Schraubenschlüssel
skrýt|inn komisch;
merkwürdig *(eher lustig)*
skræl *(s2)* Schale *(Kartoffel)*
skræl|a, -i, -di, -t *(v2)* schälen
skræling|ur, -s, -ar *(m2)* Schale
skræln|a *(v1)* welken
skrökv|a *(v1)* e-u schwindeln *(lügen)*
skugg|i *(m1)* Schatten
skuggaleg|ur finster *(z.B. Gestalt, Plan)*
skuld, -ar, -ir *(w3)* Schuld, Schulden
skuld|a *(v1)* e-um e-ð . schulden *(Geld)*
skuldbind|a *(↑ binda)* e-n til e-s verpflichten
skurð|ur, -ar, -ir *(m2)*
1 Schnitt *(Schneiden, ~wunde)*
2 Graben *(z.B. Entwässerungs≈)*
skurðaðgerð, -ar, -ir *(w3)* Operation
skurölækn|ir *(m4)* Chirurg
skurn, -ar, -ir *(w3)* Schale *(Ei)*
skutl|a *(v1)* jdn. wohinbringen;
mit dem Auto mitnehmen
skúff|a *(w1)* Schublade
skúffað|ur eingeschnappt
skúr, -ar, -ir *(w3)* Regenschauer
skúraveður *(s2)* Schauerwetter
skvís|a *(w1)* Mädchen
(modisch gekleidet, iron.)
skyggn|a *(w1)* Dia
skyggni *(s3)* Sicht
skyld|a *(w1)* Pflicht

skyld|ur, -, skylt verwandt
(von der Art her)
skyldfólk *(s2)* Verwandte
skyldleik|i *(m1)* Verwandtschaft
(Zusammengehörigkeit)
skyldmenni *(s3)* Verwandter
skyn Sinn *(Wahrnehmung)*
skyn *(s2)* Absicht;
gef|a *(stV↑)* e-ð í ~ andeuten
(etw. nicht klar sagen)
skynj|a *(v1)* wahrnehmen
skynjun *(w5)* Gefühl *(Wahrnehmung)*
skynsamleg|ur sinnvoll; vernünftig
(rational)
skyr *(s2)* Skyr *(isländ. Milchprodukt aus*
entrahmter Milch mit speziellen
Skyrkulturen versetzt)
skyrt|a *(w1)* Hemd
skyss|a *(w1)* Versehen;
e-um **verð|ur á ~u**
aus Versehen etw. *(Dummes)* tun
ský, skýs, ský *(s2)* Wolke
skýfall *(s2)* Wolkenbruch
skýjað|ur **1** bewölkt *(Wetter)*
2 trübe *(Flüssigkeit, m. Schlieren/Flocken)*
skýjahul|a *(w1)* Wolkenschleier
skýjalaus wolkenlos
skýli *(s3)* unbewirtschaftete Hütte
skýr, -, -t deutlich
skýr|ast, -ist, -ðist, -st aufklären *(sich ~)*
skýrleik|i *(m1)* Klarheit *(z.B. von Gedanken)*
skýrsl|a *(w1)* Bericht
skær, -, -t blendend hell
skær|i *(s2 Mz)* Schere
sköflung|ur, -s, -ar *(m2)* Unterschenkel
sköllótt|ur, -, - kahl *(Glatze)*
skömm, skammar, skammir *(Ö! w6)*
Schande
skömmu *(Adv.)* kurz; ~ **áður** kurz zuvor
sköp *(Ö! s2 Mz)* Scheide *(äußerl.)*
slabb *(s2)* nasser Schnee
slag, -s, slög *(Ö! s2)* **1** Glockenschlag
2 Schlaganfall
slagæð, -ar, -ar *(w3)* Schlagader
slak|a *(v1)* e-ð lockern *(entspannt machen)*;
~ **á** entspannen, s.
slak|ur, slök *(Ö!)* **slakt**
locker *(entspannt, z.B. Seil)*
slang|a *(Ö! w1)* **1** Schlauch
2 Schlange *(Tier)*
slapp|ur, slöpp *(Ö!)*, **slappt**

1 weich; schlaff

2 unwohl *(nicht ganz gesund)*

slatti *af e-u* beträchtliche Menge *(von etw.)*

slauf|**a** *(w1)* Schleife

slaufusvig|**i** *(m1)* geschweifte Klammer

slá *(stV1)* **1** schlagen *(mit Hammer)*

2 schlagen; prügeln

3 schlagen *(Rekord)*

4 mähen *(Gras)*;

~ *á* **þráðinn** *(fam.)* anrufen;

~ *e-n* **gullhamra** Komplimente machen

(jdm. ~ eher übertriebene ~);

~ *e-n* **um** *e-ð* anpumpen *(um Geld)*

slást *(stV↑)* prügeln, s.

slátrar|**i** *(m1)* Fleischer

slátt|**ur, -ar, slættir** *(m2)*

Schlag *(Herzklopfen, Uhrticken)*

sleð|**i** *(m1)* Schlitten

sleik|**ja, -i, -ti, -t** *(v2)* lecken *(m. Zunge)*

sleip|**ur** rutschig *(wg. Wasser)*

slepp|**a, -i, -ti, -t** *(v2)* *e-um/e-u*

loslassen; freilassen

slétt|**a** *(w1)* Ebene *(flaches Land)*

slétt|**ur, -, -** eben; flach

sléttlendi *(s3 Ez)* Flachland

slides *(fam.)* Dia

slitn|**a** *(v1)* zerreißen *(Seil, Kabel)*

slitna *(v1)* reißen *(z.B. Seil unter Ruck zer~)*

slíður *(s2)* Messerscheide

slík|**ur, -, -t** solche

slít|**a** *(stV↑)* *e-ð* **1** zerreißen *(zer~, z.B. Seil)*

2 abnutzen *(z.B. Reifen ~)*

sljó|**r, -, -tt** stumpf; gleichgültig

slompað|**ur** angeheitert

slot|**a** *(v1)* *e-u* beruhigen *(Wetter)*

slóð, -ar, -ir *(w3)* Pfad; Spur

slóð|**i** *(m1)* Pfad

slydd|**a** *(w1)* Schneeregen

slydduél *(s2)* Schneeregen

slys *(s2)* **1** Unfall **2** Unglück

slys|**ast** *(v1)* *til e-s / á að*

zufällig *(pos. u. neg.)* etw. tun

slysasvæði *(s3)* unfallträchtige Strecke

slysa- og bráðadeild, -ar, -ir *(w3)*

Unfallchirurgie

slæm|**ur** schlimm; ernst; böse; übel

slökk|**va** *(stV↑)* *e-u* löschen *(Feuer; Licht)*;

~ *á* *e-u* ausmachen; ausschalten

slökkvilið *(s2)* Feuerwehr

slökkviliðsmaður *(↑ maður)*

Feuerwehrmann

slökkvitæki *(s3)* Feuerlöscher

smakk|**a** *(v1)* kosten; probieren;

~ **til** abschmecken

smal|**a** *(v1)* *e-u* Schafe abtreiben

(ab 21. Sommerwoche);

~ *e-u* **saman** einsammeln

(Schafe im Herbst, aber auch Leute, Dinge ...)

smal|**i** *(m1)* Viehtreiber

(für Schafabtrieb Ende Sommer)

smalamaður *(↑ maður)* Viehtreiber

smá ein wenig; bisschen

smáatriði *(s3)* Einzelheit

smágerð|**ur, -, smágert** klein, niedlich

smákök|**ur** *(Ö! Mz w1)* Gebäck

smám saman allmählich

smámunasam|**ur** kleinlich

smán, -ar, -ir *(w3)* Schande

smánarleg|**ur** peinlich

smápening|**ur, -s, -ar** *(m2)* Kleingeld

smáræði *(s3)* Kleinigkeit

smásjá, -r, -r *(w7)* Mikroskop

smekk|**ur, -s, -ir** *(m2)* Geschmack *(Stil)*

smekklaus geschmacklos *(Stil)*

smell|**a** *(w1)* Druckknopf *(z.B. am Anorak)*

smell|**a** *(stV↑)* *(vi)* **1** knallen *(z.B. Tür)* *(vi)*

2 sehr gut passen;

~ *í* *e-u* Knall von sich geben

smell|**a, -i, -ti, -t** *(v2)* *e-u* *(vt)*

1 knallen lassen *(z.B. Tür)*

2 verschließen *(Druckknopf)*

3 klicken *(auf etw.; Computer)*;

~ *á* *e-ð* anklicken;

~ **af einni** ein Foto schießen

smetti *(s3)* *(sl., pej.)* Gesicht

smit *(s2)* Ansteckung

smit|**ast, -ast, -aðist, -ast** *(v1)*

übertragen *(Krankheit)*;

~ **af** *e-u* anstecken *(Krankheit, s. ~ mit etw.)*

smitandi *(unv.)* ansteckend

smithætt|**a** *(w1)* Ansteckungsgefahr

smitun *(w5)* Infektion

smíð|**a, -að** *(v1)* basteln *(heimwerken)*

smjaðr|**a** *(v1)* *fyrir e-um*

schmeicheln *(jdm. ~)*

smjaður *(s2)* Kompliment *(Schmeichelei)*

smjör *(s2)* Butter

smjörlíki *(s3)* Margarine

smokk|**ur, -s, -ar** *(m2)* Kondom

smokkfisk|**ur, -s, -ar** *(m2)* Tintenfisch

smotterí *(s2)* *(fam.)* Kleinigkeit

smug|**a** *(w1)* Lücke *(zum Hindurchschlüpfen)*

smurost|ur, -s, -ar *(m2)* Streichkäse

smyr|ja, smyr, smurði, smurt *(v5)*
 1 streichen *(Brot)* **2** schmieren *(mit Öl)*;
 ~ sér nesti Proviant zurechtmachen

smyrsl *(s2)* Creme; Salbe

smækk|a *(v1) um e-ð* verkleinern

snafs, -, ar *(m3)* Schnaps

snag|i *(m1)* Haken

snarbratt|ur, -brött *(Ö!)*, **-bratt**
 sehr steil

snarl, -s, snörl *(Ö! s2)* Imbiss

snarp|ur, snörp *(Ö!)*, **snarpt**
 scharf *(Wort, Kritik)*

snefil|l, -s *(m5 Ez)* Spur *(sehr wenig)*

sneið, -ar, -ar *(w3)* Scheibe

sneið|a, -i, sneiddi, sneitt *(v2) hjá e-u /
 fyrir e-ð* vermeiden; umgehen *(etw. ~)*

snemma *(Adv.)* früh; **~r** früher;
 ~ morguns am frühen Vormittag

snert|a, -i, -i, snert *(v2) e-n / e-ð od.
 á / við e-u* **1** berühren **2** betreffen

snerting *(w2)* Berührung

snið *(s2) á e-u* Schnitt *(Kleidung)*

sniðhall|ur schräg

sniðug|ur praktisch;
 gut *(passend, ganz gut, „super")*

snigil|l, -s, sniglar *(m5 A!)* Schnecke

sník|ja, -i, -ti, -t *(v2) sér e-ð* betteln

snjall, snjöll *(Ö!)*, **snjallt** geschickt

snjó|a *(v1)* schneien

snjó|r, -s *(m2)* Schnee

snjóflóð *(s2)* Lawine

snjókeðj|a *(w1)* Schneekette

snjókom|a *(w1)* Schneefall

snjóþekj|a *(w1)* Schneedecke

snopp|a *(w1)* Schnauze *(Schaf, Pferd)*

snork|a *(w1)* Schnorchel

snot|ur, snot, snott hübsch *(auch übertr.)*

snuð *(s2)* Schnuller *(zum Beruhigen)*

snú|a *(stV↑) e-u* drehen; wenden;
 ~ sér til e-s með e-ð wenden *(s. ~ an jdn.
 mit etw.)*; **~ við** umkehren *(zurückfahren)*;
 ~ e-u við umdrehen *(etw.)*

snú|ast *(stV↑)* drehen *(um d. eigene Achse)*;
 ~ um e-ð gehen um *(s. drehen um)*

snúningsmöndul|l, -s, -möndlar *(A! m5)*
 Drehachse

snúr|a *(w1)* Leine

snyrt|a, -i, -i, snyrt *(v2) sig* pflegen
 (Kosmetik)

snyrtiaðstað|a *(Ö! w1)* Anlage

snyrtileg|ur ordentlich;
 aufgeräumt, gepflegt

snyrting *(w2)* **1** Pflege **2** Kosmetik
 3 Waschraum; Toilette

snýt|a, -i, -ti, snýtt *(v2) sér* schneuzen

snæri *(s3)* Schnur

snögg|ur, -, -t schnell

snögglega *(Adv.)* plötzlich

soð *(s2)* Brühe *(Grundlage f. Suppe)*

soddan *(sl.) (abgek. aus svolítlan)*
 einen kleinen; ein bisschen *(im Akk)*

sof|a *(stV↑)* schlafen;
 ~ hjá e-um miteinander schlafen

sofn|a *(v1)* einschlafen

sogrör, -s, sogrör *(s2, kein Ö!)*
 Strohhalm *(zum Trinken)*

sokk|ur, -s, -ar *(m2)* Socke; Strumpf

sokkabux|ur *(w1 Mz)* Strumpfhose

sold|inn *(fam.) (aus svo lítill, -lítil, -lítið)*
 bisschen

-son *(wie **sonur**, nur Nom Ez ohne -ur)*
 Sohn von *(Patronym)*

son|ur, -ar, synir *(m2)* Sohn

sop|i *(m1)* Schluck

sorg, -ar, -ir *(w3)* Trauer

sorgleg|ur traurig

sort, -ar, -ir *(w3)* Sorte

só|a *(v1) e-u* verschwenden

sóðavatn, -s, sóðavötn *(Ö! s2)*
 Mineralwasser

sóf|i *(m1)* Sofa

sól, -ar, -ir *(w3)* Sonne

sólarhring|ur, -s, -ar *(m2)* 24 Stunden
 ▶ **Allan sólarhringinn**
 Tag und Nacht; rund um die Uhr

sólber *(s2)* schwarze Johannisbeere

sólbrenn|a *(↑ brenna)*
 sonnenbraun werden;
 Sonnenbrand bekommen

sólbrun|i *(m1)* Sonnenbrand

sólg|inn *í e-ð* gierig *(nach etw.)*

sólgleraug|u Sonnenbrille

sól|i *(m1)* Schuhsohle

sólkrem *(s2)* Sonnencreme

sólrík|ur sonnig

sólsetur *(s2)* Sonnenuntergang

sólskin *(s2)* Sonnenschein

sólskinsdag|ur, -s, -ar *(m2)* Sonnentag

sólsting|ur, -s, -ir *(m2)* Sonnenstich

sólund|a *(v1) e-u* verschwenden

sóp|a *(v1)* fegen; kehren

sóp|ur, -s, -ar (m2) Besen
sór|i (m1) Schuppenflechte
sós|a (w1) Soße
sósíalísk|ur sozialistisch (eher Mitte)
sótthit|i (m1) Fieber
sótthreins|a (v1) desinfizieren
sótthreinsunarefni (s3)
  Desinfektionsmittel
spak|ur, spök (Ö!), **spakt 1** weise
  2 zahm (von Natur aus)
spann|a (v1) umfassen (Buch)
spar|a (v1) sparen; **~ sér** e-ð
  ersparen, s. (etw. vermeiden können)
sparijakk|i (m1) Sakko
sparikass|i (m1) Sparkasse
spark|a (v1) e-u/e-um treten (mit dem Fuß ~)
sparneyt|inn sparsam
  (im Verbrauch: Auto, Leben)
sparsam|ur, -söm (Ö!), **-samt** sparsam
spá (w7) Vorhersage
spá, -i, -ði, -ð (v2) **fyrir** um e-ð
  voraussagen; vorhersagen;
  ~ í e-ð überlegen;vorhaben (planen)
spegil|l, -s, speglar (A! m5) Spiegel
spelk|a (w1) Schiene (medizin.)
spenn|a (w1)
  1 Klammer (Haar≈, an Kleidung)
  2 Spannung (Strom, Krimi)
spenn|a, -i, -ti, -t (v2) spannen
  (etw. an≈, etw. um≈ mit etw.)
spennandi (unv.) aufregend; spannend
spennt|ur gespannt; aufgeregt
spergil|l, -s (m5) Spargel
spergilkál (s2) Brokkoli
spes (fam.) besonders; eigenartig
spik (s2) Speck
spikað|ur fett
spil (s2) Spiel (Karten)
spil|a (v1) á e-u spielen (Musik);
  ~ á spil Karten spielen
spill|a, -i, -ti, -t (v2) e-u beschädigen;
  ver**derben** (etw. ~)
spill|ast, -ist, -tist, spillst (v2)
  ver**derben**; schlecht werden
spír|at, -s (s2 Ez) Spinat
spíral|l, -s, -ar (m5) Spirale
spítal|i (m1) Klinik
spjald, -s, spjöld (Ö! s2)
  Schild (kleines Hinweis≈, Namens≈)
spjall|a (v1) **saman** plaudern;
  unterhalten, s.

splunkuný|r, ný, nýtt nigelnagelneu
spor (s2) Spur
sporð|ur, -s, -ar (m2) Schwanz
  (Fisch, Drache)
sporðblað|a (Ö! w1) Walfluke
sporn|a (v1) við / gegn e-u widerstehen
  (aktiv kämpfen gegen etw.)
spott|a (v1) e-n spotten
spott|i (m1) kurze Strecke
spól|a (w1) Kassette (Musik~, Video~)
spraut|a (v1) e-u spritzen
  (Injektion, etw. ver~)
spraut|a (w1) Spritze (Injektion; Feuerwehr)
sprei (s2) (sl.) Spray
sprengigos (s2) Explosivausbruch
sprenging (w2) Explosion
  (Bombe, Gas, Vulkan)
sprengj|a (w1) Bombe
spring|a (stV1) platzen
sprot|i (m1) Zweig (Baum)
sprung|a (w1) **1** Sprung (z.B. in Porzellan);
  Riss **2** Bruch; Spalte (geol.);
  ~ugos (s2) Spaltenausbruch
spurning (w2) Frage
spurningarmerki (s3) Fragezeichen
spú|a, -i, -ði, -að (v2) spucken
spún|n (m5) Blinker (Angel)
spyr|ja, spyr, spurði, spurt (v5) fragen
spyr|jast, spyrst, spurðist, spurst (v5)
  fyrir um e-ð erkundigen, sich (nach etw.)
spölkorn (s2) Stück Weg
stað|a (Ö! w1) **1** Position; Lage (räuml.)
  2 Situation; Stand (der Dinge)
  3 Stellung (berufl.)
stað|ur, -ar, -ir (m2) Ort; Stelle;
  legg|ja, legg, lagði, lagt (v5) **af ~**
  abreisen
staðbund|inn örtlich
staðfest|a, -i, -i, staðfest (v2) e-ð
  bestätigen (Aussage)
staðfesting (w2) Bescheinigung
staðgengil|l, -s, -nglar (A! m5)
  Vertreter (Ersatz)
staðhæf|a, -i, -ði, -t (v2) behaupten
staðreynd, -ar, -ir (w3) Tatsache
staðsetning (w2) Lage;
  Position (geograph.)
staf|a¹ (v1) buchstabieren
staf|a² (v1) **af** e-u stammen
  (herrühren von etw.)
staf|ur, -s, -ir (m2) Stock; Schriftzeichen

stafn, -s, -ar *(m3)* Fassade

stafróf *(s2)* Alphabet

stafrófsröð, -raðar, -raðir *(Ö! w6)* Alphabet

stafræn|n, -, -t digital; **~ myndavél, -ar, -ar** *(w3)* Digitalkamera

stak, -s, stök *(Ö! s2)* Element *(Teil e-r Menge)*

stak|ur, stök *(Ö!)*, **stakt** einzeln

stakk|ur, -s, -ar *(m2)* Felsnadel; steiler, vereinzelter Felsen

stamp|ur, -s, -ar *(m2)* **1** Gefäß **2** Wanne *(mst. aus Holz)*

stand: ver|a *(stV↑)* **í ~i til** *e-s* in der Lage sein *(zu etw.)*

stand|a *(stV↑)* stehen *(fest auf einem Platz; in e-m Text)*; **~ e-n að verki** auf frischer Tat ertappen; **~ á** *e-u* verhalten *(Umstände: es verhält s.)*; **~ sig á móti** *e-u* behaupten *(Position halten)*; **~ til** geplant sein; **~ yfir** dauern *(andauern)*

stand|ast *(stV↑)* **1** widerstehen *(standhalten)* **2** bestehen *(Prüfung)*

standberg *(s2)* Felsen

stang|ast *(v1)* **á við** *e-u* widersprechen *(s. ~, nicht zusammenpassen)*

stans|a *(v1)* stehenbleiben ▶ **Stans!** Stehenbleiben!

stapp|a *(v1)* **stálinu í** *e-n* Mut zusprechen *(jdm. ~)*

starafló Vogelfloh

starf, -s, störf *(Ö! s2)* **1** Beschäftigung; Tätigkeit *(Aufgabe)* **2** Beruf

starfhæf|ur funktionsfähig

starfsem|i, -i *(w8 Ez)* Tätigkeit *(Betriebsamkeit)*

starfsfélag|i *(m1)* Kollege

starfsfram|i *(m1)* Karriere

starfsmaður *(↑ maður)* Angestellter; Arbeitnehmer

start|a *(v1)* *e-u (fam.)* starten

startar|i *(m1)* Anlasser

statíf *(s2)* Stativ

staur, -s, -ar *(m3)* Mast

stál *(s2)* Stahl

stef *(s2)* Melodie *(Refrain, Thema)*

stefn|a *(w1)* Richtung; Kurs

stefn|a, -i, -di, -t *(v2)* **að** *e-u* in eine Richtung gehen

stefnuljós *(s2)* Blinker *(Auto)*

stefnumót *(s2)* **við** *e-n* Verabredung *(Treffen)*

steik, -ar, -ur *(w3)* Braten

steik|ja, -i, -ti, -t *(v2)* braten; **~jandi hiti** sehr warm *(Wetter; für isländische Verhältnisse)*

steikt|ur, steikt, steikt gebraten

stein|n, -s, ar *(m5)* Stein; **ver|a** *(stV↑)* **í ~inum** hinter Gittern sitzen

steind, -ar, -ir *(w3)* Mineral

steindafræð|i, -i *(w8 Ez)* Mineralogie

steindafræðing|ur, -s, ar *(m2)* Mineraloge

steingleym|a, -i, -di, -t *(v2)* *e-u* völlig vergessen

steinhald|a kjafti *(pej.)* Klappe halten

steinolí|a *(w1)* Mineralöl

steinrunn|inn steinern; versteinert

steinselj|a *(w1)* Petersilie

steinsofa *(↑ sofa)* schlafen wie ein Stein

steinsteyp|a *(w1)* Beton

stel|a *(stV↑)* *e-u frá e-um* stehlen; bestehlen *(jdn. ~)*

stell *(s2)* **1** Rahmen *(Fahrrad)* **2** Service *(Geschirr)*

stemm|a, -i, -di, -t *(v2)* stimmen

stemming *(w2)* Laune

stemning *(w2)* *(Atmosphäre)* Stimmung

sterk|ur **1** stark **2** fest *(solide, kräftig)* **3** heftig *(z.B. Wind)* **4** scharf *(pikant, Essen, Alkohol)*

sterkj|a *(w1)* Wäschestärke

steyp|a *(w1)* Beton

steyp|a, -i, -ti, -t *(v2)* **sér** stürzen *(in die Tiefe)*

stél *(s2)* Schwanz *(Vogel)*

stétt, -ar, -ir *(w3)* Ebene; gesellschaftl. Schicht

stéttarfélag, -s, -félög *(Ö! s2)* Gewerkschaft

stifti *(s3)* Stift *(Verbindungs≈)*

stig *(s2)* **1** Stufe **2** Grad *(Temperatur)*

stig|i *(m1)* **1** Leiter *(Gerät)* **2** Treppe

stilk|ur, -s, -ar *(m2)* Stiel *(Blatt, Frucht)*

still|a *(v1)* stimmen *(Instrument)*; einstellen *(Gerät)*

still|a, -i, -ti, -t *(v1)* *e-ð á e-ð* einstellen *(Radio/Fernseher)*; umschalten

stillas, -, -ar *(m3) (Aussr. stillas ohne ttl)* Baugerüst

stilling *(w2)* Einstellung *(Radio/Fernseher)*

stilltur, -, - ruhig; bewegungslos

stimpill, -s, **stimplar** *(A! m5)* Stempel

stimpla *(v1)* stempeln

stinga *(stV↑)* stechen *(Nadel)*; ~ e-u í / **undir** e-ð stecken *(etw. wo hinein, unter etw.)*; ~ **upp** á e-u Vorschlag machen

stingur, -s, -ir *(m2)* Stich *(Schmerz, Nadelstich)*

stinnur unflexibel

stirður, -, stirt hölzern

stirðbusalegur steif; zugeknöpft *(kaum zugänglich)*

stirtla *(w1)* Walschwanz

stífur steif

stífkrampi *(m1)* Tetanus

stífla *(v1)* e-ð verstopfen

stífla *(w1)* **1** Verstopfung *(Leitun, Ader etc.)* **2** Staudamm

stíflaður verstopft

stíga *(stV↑)* steigen *(Flugzeug; Wassertand, Wärme)*

stígur, -s, -ir *(m2)* Gasse

stígvél *(s2)* Stiefel

stíll, -s, -ar *(m5)* Stil

stíma *(v1)* schnell fahren *(nur bei Schiffen)*

stírður, -, stírt steif *(schwer beweglich)*

stjaka *(v1)* frá e-u abstoßen s. ab~

stjarna *(Ö! w1)* Stern

stjóri *(m1)* Chef

stjórn, -ar, -ir *(w3)* Führung; Verwaltung; Leitung *(e-s Betriebs)*

stjórna *(v1)* e-u **1** leiten *(Betrieb)* **2** verwalten **3** regieren

stjórnarandstaða, -andstöðu, -andstöður *(Ö! w1)* Opposition

stjórnmál *(s2 Mz)* Politik

stjórnmálamaður *(↑ maður)* Politiker

stjórnsýsla *(w1)* Verwaltung

stjúp- Stief-; ~**faðir** *(↑ faðir)* Stiefvater; ~**móðir** *(↑ móðir)* Stiefmutter

stoð, -ar, -ir *(w3)* **1** Träger **2** Säule; Stützpfeiler **3** Unterstützung **4** Unterstützer; renna, -i, -ti, -t *(v2)* ~um undir e-ð etw. begründen

stofa *(w1)* **1** Wohnzimmer **2** Amt

stofn, -s, -ar *(m2)* Stamm *(der Hauptteil von etw., Wort≈)*

stofna *(v1)* einrichten; gründen; ~ e-um í hættu jdn. in Gefahr bringen

stofnun *(w5)* **1** Einrichtung *(Gründung)* **2** Institut;Anstalt

stokka *(v1)* mischen

stolt *(s2)* Stolz

stoltur, -, - af e-u stolz *(auf etw.)*

stopp *(s2)* Halt *(Stop)*

stoppa *(v1)* e-n **1** anhalten *(z.B. Auto)* **2** stopfen *(ausbessern)*

stoppistöð, -var, -var *(w3) (fam.)* Bushaltestelle

storkinn fest *(erstarrt, z.B. Lava)*

storkna *(v1)* erstarren *(z.B. Lava)*

stormur, -s, -ar *(m2)* Sturm

stóð *(s2)* Herde

stóla *(v1)* upp á e-n *(fam.)* verlassen

stóll, -s -ar *(m5)* Stuhl; Hocker *(hoch, lehnenlos)*

stólparok *(s2)* schwerer Sturm

stór groß

stórfenglegur herrlich; beeindruckend

stórhríð, -ar, -ir *(w3)* Schneesturm

stórkostlegur fantastisch; großartig; wunderbar

stórmarkaður, -ar, -ir *(m2)* Supermarkt

strand: verja *(stV↑)* ~ *(unv.)* e-s staðar festsitzen *(nicht weiterkommen, z.B. wg. Wetter)*

strangur, ströng *(Ö!)*, **strangt** streng

strauja *(v1)* **1** bügeln **2** bezahlen mit Kreditkarte *(mit erhabenen Buchstaben auf der Karte für den Durchschlag)*

straujárn *(s2)* Bügeleisen

straumur, -s, -ar *(m2)* Strömung

straumkast, -s, -köst *(Ö! s2)* starke Strömung

strax gleich; sofort

▶ **Ertu strax farinn?** Gehst du jetzt gleich?

strá *(s2 Ez)* Strohhalm *(einzelner Halm)*

strákur, -s, -ar *(m2)* Junge

streða við e-ð *(v1)* abschleppen

streita *(w1)* Stress

strekkja, -i, -ti, -t *(v2)* strecken

strekkingur, -s, -ar *(m2)* starker Wind

-strendur, -, -strent eckig

strengja, -i, -di, -t *(v2)* spannen *(auf~, unter Zugspannung setzen)*

strengur, -jar, -ir *(m2)* Leine

stressaður gestresst

streym|a, -i, -di, -t *(v2)* fließen;strömen

strik *(s2)* Strich

strik|a *(v1)* **undir** unterstreichen *(Strich machen, betonen)*;
~ út durchstreichen

strit *(s2)* Mühe

stríð *(s2)* Krieg

stríð|a, -i, striddi, strítt *(v2) e-um* necken; reizen; ärgern

stríð|ur, -, strítt unbequem

stríp|a *(w1) (fam.)* Streifen

strjúk|a¹ *(stV↑)(vi)* entkommen; fliehen

strjúk|a² *(stV↑)(vt) e-um* streicheln

strok|a *(v1) e-ð* **út** ausradieren

strýt|a *(w1)* kegelförmiger Berg

stræti *(s3)* Straße

strætó, -s, -ar *(m3)* Bus *(Stadt~)*

strönd, strandar, strandir *(w6)* Strand; Küste

stuð *(s2)* **1** Lust *(Bereitschaft)*
2 Stimmung *(fröhliche)*
3 Schlag *(elektr. ~, Schicksals≈)*;
ver|a *(stV↑)* **ekki í ~i** *til að gera e-ð* nicht in der Laune zu etw. sein

stuðar|i *(m1)* Stoßstange

stuðningsmaður *(↑ maður)* Anhänger; Unterstützer

stund, -ar, -ir *(w3)* Weile

stund|a *(v1)* treiben *(Fischerei, Handel, Hobby, Sport, Studium)*; ausüben *(Beruf)*

stundarkorn *(s2)* kleine Weile

stundum manchmal

stundvís, -, -t pünktlich

stundvíslega *(Adv.)* pünktlich

stung|a *(w1)* Stich *(Messer o.ä.)*

sturt|a *(v1)* ausgießen; ausschütten;
~ e-u niður Toilette spülen

sturt|a *(w1)* Dusche

stutt|ur, stutt, stutt kurz *(Strecke, Zeit)*

stuttermabol|ur, -s, -ir *(m2)* T-Shirt

stuttorð|ur, -, -ort knapp

stúdent|ur, -s, -ar *(m2)* Student

stúdentspróf *(s2)* Abitur

stúlk|a *(w1)* Mädchen

stúss|a *(v1) við e-ð / í e-u* etw. tun mit ungewissem Erfolg

styð|ja, styð, studdi, stutt *(v5) e-n/e-ð*
1 unterstützen *(eher nicht finanziell)*
2 vertreten *(Meinung)*

stykki *(s3)* Stück;Teil

styrjöld, styrjaldar, styrjaldir *(Ö! w6)* Krieg

styrk|ja, -i, -ti, -t *(v2)* **1** (ver)stärken
2 fördern; unterstützen *(finanziell)*

styrk|ur, -s, -ir *(m2)* **1** Kraft
2 Unterstützung *(finanziell)*

styrkleik|i *(m1)* Stärke *(Kraft, Haltbarkeit)*

styrkur, -s, -ir *(m2)* Stärke
(~ e-s Medikaments, e-r Säure etc.)

stytt|a *(w1)* Statue

stytt|a, -i, -i, stytt *(v2)* kürzen *(ab~, ver~)*

stýr|a, -i, -ði, -t *(v2) e-u* lenken; steuern *(Fahrzeug)*

stýri *(s3)* **1** Steuerruder
2 Lenkrad

stýring *(w2)* Regelung *(tech.)*

stækk|a¹ *(v1) (vi)* wachsen;
größer werden

stækk|a² *(v1) (vt)* **1** vergrößern
2 steigern **3** erweitern

stæl|l, -s, -ar *(m5) (fam.)* **1** Mode
2 Schnitt *(modischer ~ an Kleidung)*
3 Stil; Eleganz
4 *(Mz stælar)* Marotte; Spleen;
ver|a *(stV↑)* **með ~a** nervig od. dümmlich sein
▶ Hvaða stælar eru í þér?
Was hast du denn für Marotten?

stærð, -ar, -ir *(w3)* Größe

stöð, -var, -var *(w3)* Kanal

stöðug|ur ständig; dauernd

stöðumæl|ir *(m4)* Parkuhr

stöðumælagjald, -s, -gjöld *(Ö! s2)* Parkgebühr *(an der Parkuhr)*

stöðv|a *(v1) e-n* **1** anhalten; stoppen
2 blockieren

stökk *(s2)* Galopp

stökk|ur, -s, -ir *(m2)* Sprung *(Hüpfer)*

stökk|va *(stV↑)* springen

stöng, stangar, stangir *(Ö! w6)* Stange; Mast

stöpul|l, -s, stöplar *(A! m5)* Brückenpfeiler

sudd|i *(m1)* Nieselregen

suð|a *(v1)* summen

suðaustur *(↑ austur)* Südosten

suðlæg|ur südlich

suður- südlich

suður *(s2 Ez)* Süden

Suðurland *(s2 Ez)* Südisland

suðvestur *(↑ vestur)* Südwesten

sult|a *(w1)* Marmelade

sult|ur, -ar *(m2 Ez)* Hunger *(nur aus Armut)*

sumar, -s, sumur *(s2)* Sommer

sumarbústað|ur, -ar, -ir *(m2)*
Ferienwohnung; Sommerhaus

sumardagurinn fyrsti
erster Sommertag *(am ersten
Donnerstag nach dem 18. bzw. 17.4.)*

sumardekk *(s2)* Sommerreifen

sumarfrí *(s2 Ez)* Sommerferien

sumarhús *(s2)* Ferienhaus

sumarsólstöð|ur *(Ö! w1 Mz)*
Sommersonnenwende

sund *(s2)* Schwimmen *(Betätigung / Sport)*;
far|a *(stV↑)* **í ~** schwimmen gehen;
ver|a *(stV↑)* **á ~í** beim Schwimmen sein

sundbol|ur, -s, -ir *(m3)* Badeanzug

sundfit, -jar, -jar *(w3)*
Schwimmflosse *(Tiere)*

sundföt *(Ö! s2 Mz)* Badeanzug

sundhöll *(w6)* Schwimmbad
(mit Innenanteil)

sundkapp|i *(m2)* Sportschwimmer

sundkút|ur, -s, -ar *(m2)* Schwimmflügel

sundlaug, -ar, -ar
Schwimmbad/-becken

sundskýl|a *(w1)* Badehose

sunnanátt, -ar *(w3 Ez)* Südwind

sunnanverð|ur, -, -vert südlich

sunnudag|ur, -s, -ar *(m2)* Sonntag

sú *(Pron.)* die; sie; **~ eina** die einzige;
~ sama dieselbe

súkkulaði *(s3 Ez)* Schokolade;
Trinkschokolade

súl|a *(w1)* Säule

súld, -ar, -ir *(w3)* Nieselregen

súp|a *(w1)* Suppe

súr *(s2)* saure Molke *(zur Haltbarmachung)*

súr, -, -t **1** sauer *(Geschmack)* **2** ärgerlich

súrefni *(s3)* Sauerstoff

súrmeti *(s3)* in Molke gesäuerte
Lebensmittel

súrmjólk, -ur *(w3 Ez)* Sauermilch

svaka super toll

sval|a *(v1)* erfrischen;
~ þorsta sínum Durst löschen

sval|ir *(w6 Mz)* **1** Balkon **2** Rang *(Theater)*

sval|ur, svöl *(Ö!)*, **svalt** **1** frisch; kühl
2 *(fam.)* cool

svamp|ur, -s, -ar *(m2)* Badeschwamm

svan|ur, -s, -ir *(m2)* Schwan

svang|ur, svöng *(Ö!)*, **svangt** hungrig

svar, -s, svör *(Ö! s2)* **við e-ð**
Antwort *(auf etw.)*

svar|a *(v1)* **e-um** antworten;
~ ábyrgð fyrir e-ð verantworten;
~ kostnaði Kosten decken;
~ fyrir sig verteidigen, s.

svart|ur, svört *(Ö!)*, **svart** schwarz

svefn, -s *(m3 Ez)* Schlaf

svefnfrið|ur, -ar *(m2)* Nachtruhe

svefnherbergi *(s3)* Schlafzimmer

svefnlyf *(s2)* Schlaftablette

svefnpok|i *(m1)* Schlafsack

svefnpokapláss *(s2)*
Schlafsackunterkunft

sveif, -ar, -ar *(w3)* Schalthebel;
Kurbel; Griff

sveigjanleg|ur biegsam;
flexibel *(auch übertr.)*

sveit, -ar, -ir *(w3)* **1** Truppe; Abteilung;
Gruppe **2** ländliches Gebiet *(außerh. Stadt)*
3 untere Verwaltungseinheit
(in etwa wie Landkreis)

sveitabyggð, -ar, -ir *(w3)*
Siedlungsgebiet

sveitaleg|ur provinziell

sveitarfélag, -s, -félög *(Ö! s2)*
Verwaltungsbezirk *(unterhalb d.
kjördæmi (s. dort); vergleichbar Landkreisen:
versehen die Grundversorgung u. Infrastruktur)*

sveitó *(fam.)* provinziell

svelg|ur, -s, -ir *(m2)* Strudel in Fluss

svengd, -ar *(w3 Ez)* Hunger
(körperl. Auszehrung)

svell *(s2)* Eisschicht

svepp|ur, -s, -ir *(m2)* Pilz *(im Wald, am Fuß)*

sver, -, -t kurz und dick

sverð *(s2)* Schwert

svið¹ *(s2)* **1** Bühne **2** Fachbereich
3 Feld *(phys.)*

svið² *(s2 Mz)* abgesengter Schafskopf
und Schaffüße *(selten vom Rind)*

svig|i *(m1)* runde Klammer *(Satzzeichen)*

svik *(s2)* Betrug

svikar|i *(m1)* Betrüger

svim|a *(v1)*: **e-um svim|ar** schwindlig sein
(z.B. wg. Kreislauf)

svip|a *(w1)* Reitgerte

svip|ast, -ast, -aðist, -ast *(stV↑)* **um**
eftir e-u umsehen *(suchen nach etw.)*

svip|ur, -s, -ir *(m2)* **1** schnelle Bewegung
2 Windstoß **3** Ähnlichkeit

4 Gesichtsausdruck; **set|ja, set, setti, sett** (v4) **svipinn** á e-ð etw. prägen (z.B. ein Berg eine Landschaft)

svipað|ur e-u gleichartig; vergleichbar

svipbrigði (s3 Mz) Gesichtsausdruck

svipmót (s2) Stil (Charakteristik)

svipt|a, -i, -i, svipt (v2) e-n e-u berauben; bestehlen

Sviss (s2) Schweiz

Svisslending|ur (m2) Schweizer(in)

svissnesk|ur schweizerisch

svitalyktareyði|r (m5) Deodorant

svitasprei, -s (s2) (fam.) Deodorant

svitn|a (v1) schwitzen

svið|a (stV1) (vt) versengen; e-n ~**ar í** e-ð Schmerz empfinden in

svik|ja (stV1) e-n um e-ð betrügen; verraten

svíkari|i (m1) Verräter

svín (s2) Schwein

svínakjöt (s2) Schweinefleisch

svít|a (w1) Schweiß

svo dann; ~ **lengi sem** (Konj.) solange

svoleiðis (unv.) so

svolítið ein bisschen

svona (unv.) so

svunt|a (w1) Schürze

svæði (s3) **1** Region; Raum (geogr.) **2** Gebiet; Gegend (außerhalb der Stadt)

svæðisnúmer (s2) Vorwahl

svæfing (w2) Betäubung (Vollnarkose)

syfjað|ur schläfrig; verschlafen

sykur (s2) Zucker

sykursýk|i, -i (w8) Diabetes

synd (Adv.) schade

synd, -ar, -ir (w3) Sünde

synd|a, -i, synti, synt (v2) schwimmen

syng|ja (stV1) singen

▶ Hvað syngur í honum? Wie geht es ihm?

syrp|a (w1) Serie (Abfolge, auch geol.)

systir (w unreg.) Schwester

systkin (s2 Mz) Geschwister

sýking (w2) Infektion

sýn|a, -i, -di, -t (v2) e-um e-ð **1** zeigen **2** ausstellen (Messe); ~ e-um **virðingu** respektieren

sýnileg|ur sichtbar

sýning (w2) **1** Ausstellung **2** Aufführung (Bühne)

sýningarsal|ur, -ar, -ir (m2) Ausstellungsraum; Galerie

sýnishorn (s2) **1** Warenmuster **2** Probe (geol., biol., chem.)

sýr|a (w1) Säure

sýrður rjóm|i (m1) Sauerrahm

sýsl|a (v1) að e-u / við e-ð beschäftigen (s. mit etw.)

sýsl|a (w1) regionale Verwaltungseinheit (histor.; heute noch als zusammengehörig empfundenes Gebiet)

sýslumaður (↑ maður) oberster Verwaltungsbeamter für sveitarfélög (hat staatsanwaltliche, polizeiliche und verwaltungstechn. Funktion)

sæ|r, sjávar (m2 Ez) Meer

sæk|ja, -i, sótti, sótt (v3) e-ð / e-n **1** holen **2** aufsuchen **3** bewegen, s. (in e-e bestimmte Richtung ~) **4** ziehen (Auto in bestimmte Richtung); ~ **sjó** Meeresfischerei betreiben; ~ **um stöðu** hjá e-um bewerben (s. um eine Stellung bei jdm. ~); ~ e-ð **til** e-s holen (etw. von jdn. ~); ~ e-n **til** e-s abholen (jdn./etw. ~ von)

sæl|a (w1) Lust

sælgæti (s3) Süßigkeiten

sæmileg|ur geeignet (worauf man sich einigen kann)

sæng, -ur, -ur (w3) Decke (Bett~); ~**urver** (s2) Deckenbezug

sær|a, -i, -ði, -t (v2) e-n verwunden

særð|ur, -, sært verwundet (seel. / körperl.)

særok (s2) Seesturm (vom Meer kommend)

sæt|ur 1 süß (Geschmack) **2** niedlich (Aussehen)

sæti (s3) Sitz

sætisól, -ar, -ar (w3) Sicherheitsgurt (Flugzeug)

sætt|ast, -ist, -ist, sæst (v2) **1** Übereinkunft treffen **2** versöhnen (s. mit jdm. ~); ~ (v2) á e-ð einigen (s. auf etw.)

sætuefni (s3) Süßstoff

söfnuð|ur, safnaðar, söfnuðir (Ö! m6) Gemeinde (kirchlich)

sög, sagar, sagir (Ö! w6) Säge

söguleg|ur geschichtlich

söguþráð|ur, -ar, -þræðir Handlung (e-r Erzählung)

sök, sakar, sakir (Ö! w6) Schuld; **gef|a** (stV1) e-um ~ á e-u beschuldigen

sökkv|a¹ (stV1) (vi) versinken;

untergehen *(Schiff)*

sökkv|a[2] *(vt)*, **-i, sökkti, sökkt** *(v2) e-ð* versenken *(Thema)*;

~ *(v2)* **sér í** *e-ð* vertiefen *(Thema)*

sölumaður Händler; Verkäufer

sölutorg *(s2)* Marktplatz

söluturn, -s, -ar *(m3)* Kiosk

sömuleiðis ebenfalls; gleichfalls *(Antwortfloskel)*

söng|ur, -s, -var *(m2)* Gesang

söngfélag, -s, söngfélög *(Ö! s2)* Chor

sönglag, -s, sönglög *(Ö! s2)* Lied *(mit Text)*

söngvar|i *(m1)* Sänger

sönnun, -ar, sannan|ir *(Ö! w5)* Beweis

sönsum: tak|a *(stV↑)* **(engum)** ~ (keine) Vernunft walten lassen

T

tað|a *(Ö! w1)* Heu von der Hauswiese

tafl, -s, töfl *(Ö! s2)* Schach *(auch: Schachbrett mit Figuren)*

tafl|a *(Ö! w1)* **1** Tafel **2** Tabelle **3** Tablette

tagl, -s, tögl *(Ö! s2)* Schwanz *(Pferd)*

tak|a *(w1)* das Nehmen; Übernahme; **góðar tökur á málinu** Sprache gut beherrschen

tak|a *(stV↑)* nehmen;

~ **af borðinu** abräumen *(Esstisch)*;

~ **áhættu** *með e-u* riskieren;

~ **á móti** *e-um / e-u* annehmen; empfangen *(bekommen, Gäste, Gerät)*;

~ *e-ð* **að sér** übernehmen *(Aufgabe)*;

~ **eftir** *e-u/e-um* auffallen *(jdm. etw. ~)*; bemerken *(etw. mitbekommen)*;

~ *e-ð* **fram yfir** vorziehen; bevorzugen;

~ **frá** vorbestellen; belegen *(Platz)*;

~ *e-ð* **frá** *e-um* wegnehmen;

~ *e-n* **inn til sín** aufnehmen *(jdn. bei sich)*;

~ *e-ð* **í gegn** gründlich reinigen *(instandsetzen)*; ~ **ofan** abnehmen *(Hut)*;

~ **saman** zusammenziehen *(wohnen)*;

~ *e-ð* **saman** einsammeln *(allg.)*;

~ *e-ð* **til** aufräumen;

~ *e-n* **tíma** dauern *(eine bestimmte Zeit ~)*;

~ *e-ð* **upp 1** aufheben *(vom Boden)* **2** aufnehmen *(Ton)*; **snjóinn tekur upp** Schnee taut; ~ **upp úr** *e-u* auspacken;

~ **utan** *um e-n* umarmen;

~ **út** abheben *(Geld)*;

~ *e-ð* **út** *úr e-u* herausnehmen *(aus etw. ~)*;

~ **við** *e-u frá e-um* übernehmen *(etw. von jdm. ~)*

tak|ast *(stV↑)* gelingen

takk fyrir! Danke!;

takk fyrir komuna Danke fürs Kommen *(bei Verabschiedung e-s Besuchs)*;

takk fyrir mig Danke für das Essen / Gespräch *(gesagt am Ende e-r Mahlzeit od. e-s Zusammenseins)*;

takk fyrir síðast Danke für neulich *(gesagt beim Wiedersehen)*

takk|i *(m1)* Schalterknopf; Taste *(Computer)*

takmark, -s, takmörk *(Ö! s2)* Begrenzung

takmark|a *(v1)* beschränken

takmörkun, -ar, takmarkanir *(Ö! w5)* Beschränkung

tal|a *(v1)* sprechen;

~ **bjagað mál** gebrochen sprechen;

~ **kjark í** *e-n* Mut zusprechen;

~ **um** *e-ð* sprechen *(über etw.)*;

~ **við** *e-n* sprechen *(mit jdm.)*;

~ **við** *e-n* **um** *e-ð* reden *(mit jdm über etw. ~)*

tal|a *(Ö! w1)* **1** Zahl **2** Knopf *(Kleidung)*

taland|i *(m1)* Ausdrucksfähigkeit; Sprachgewandtheit

talsverð|ur beträchtlich

talsvert *(Adv.)* ziemlich

tam|inn gezähmt

tang|i *(m1)* kleine, niedrige Halbinsel, Landspitze

tank|ur, -s, -ar *(m2)* Tank

tannburst|i *(m1)* Zahnbürste

tannfylling *(w2)* Plombe

tannhold *(s2)* Zahnfleisch

tannlækn|ir *(m4)* Zahnarzt

tannsáp|a *(w1)* Zahnpasta

tannspöng, -spangar, -spangir *(auch: spengur)(w6)* Zahnspange

tannstöngul|l, -s, -stönglar *(A! m5)* Zahnstocher

tap, -s, töp *(s2)* Verlust *(bes. finanziell)*

tap|a *(v1)* verlieren *(Wettkampf)*

tapp|i *(m1)* Stöpsel

tappatogar|i *(m1)* Korkenzieher

task|a *(Ö! w1)* Tasche *(Hand~, Trage~)*

taug, -ar, -ar *(w3)* **1** Leine **2** Nerv;

far|a *(stV↑)* **á ~um** die Nerven verlieren;
far|a *(stV↑)* **í ~arnar** *á e-um*
auf die Nerven gehen;
ver|a *(stV↑)* **á ~inni** *(fam.)* nervös sein
taugaóstyrk|ur nervös
taum|ur, -s, -ar *(m2)* Zügel
taxt|i *(m1)* Tarif *(fester Preis, ~lohn)*
taxtakaup *(s2 Mz)* Tariflohn
tá, -ar, tær *(w7)* Zehe
tákn *(s2)* **um** *e-ð* Zeichen
tákn|a *(v1)* bedeuten; darstellen
tálkn *(s2)* Kiemen
tálm|a *(v1)* *e-ð* (be)hindern
tálm|i *(m1)* Hindernis
tár *(s2)* **1** Träne
　2 kleine Tasse Kaffee/Tee;
　Schluck Alkohol
te *(s2)* Tee
tef|ja, tef, tafði, tafið *(v5)* *e-n od. fyrir e-um*
　1 aufhalten *(jdm. die Zeit stehlen)*
　2 verzögern *(etw. behindern)*
tegund, -ar, -ir *(w3)* Art; Sorte
teikn|a *(v1)* zeichnen
teiknimynd, -ar, -ir *(w3)* Trickfilm
teiknimyndblað, -s, -blöð *(Ö! s2)*
　Comicheft
teikning *(w2)* Zeichnung
tein|n, -s, -ar *(m5)* **1** Stange
　2 Schiene *(techn.)*
tekj|ur *(w1 Mz)* Einkommen
tel|ja, tel, taldi, talið *(v5)* *e-ð* **1** zählen
　2 halten für;
　~ *e-n* **á** *e-ð* gewinnen *(jdn. für etw. ~)*;
　e-n **á sitt mál** überreden;
　~ með *í e-ð* einschließen;
　~ um *fyrir e-um* überreden *(jdn. zu etw. ~)*
telp|a *(w1)* kleines Mädchen
teng|ja, -i, -di, -t *(v2)* *e-ð við e-ð*
　zusammenhängen; verbinden
tengd|ur, -, tengt **1** verbunden;
　verknüpft **2** verwandt *(familiär)*
tengda- Schwieger-
tengikló, -ar, -klær *(w4)* Stecker
tenging *(w2)* Anschluss *(elektr.,*
　Telefon, Reiseverbindung)
tengivagn, -s, -ar *(m2)* Anhänger *(Auto~)*
tengsl *(s2, mst. Mz)* **1** Verbindung
　(z.B. Seil; log. Zusammenhang)
　2 Beziehung *(enge Verbindung)*
tening|ur, -s, -ar *(m2)* Würfel
tenn|ur *(w Mz, ↑ tönn)* Gebiss *(Zähne)*

tennis, -s *(m3 Ez)* Tennis;
　~spað|i *(m1)* Tennisschläger
tepp|a *(w1)* Stau
tert|a *(w1)* Torte
teskeið, -ar, -ar *(w3)* Teelöffel
text|i *(m1)* Text
teyg|ja, -i, -ði, -t *(v2)* strecken
teyg|ur, -s, -ar *(m2)* Schluck *(langer Zug)*
teygj|a *(w1)* Gummiband
teygjanleg|ur elastisch; dehnbar
tékk|a *(v1)* *á e-ð (fam.)* **1** versuchen
　2 überprüfen; **~ á** *e-um* kurz anrufen
tékk|i *(m1)* Scheck
til *(Präp.) (Gen)* zu; nach *(Richtung)*;
　~ að byrja með anfangs;
　~ baka **1** rückwärts **2** zurück;
　~ bráðabirgða(r) vorläufig;
　~ einskis umsonst;
　~ hliðar **1** seitlich; zur Seite
　2 beiseite; **~ hægri** nach rechts;
　~ vinstri nach links;
　~ þess að *(Konj.)* um zu; **~ þessa** bisher
tilboð *(s2)* Angebot
tilboðsverð *(s2)* Angebotspreis
tilbreytingarlaus, -, -t einseitig
tilbú|inn **1** fertig **2** bereit;
　~ til *e-s* bereit *(zu etw.)*
tilefni *(s3)* Grund *(Anlass)*
tileink|a *(v1)* *e-ð e-um* widmen *(jdm. etw. ~)*;
　~ sér *e-u* widmen *(s. etw.)*
tilfinning *(w2)* **1** Eindruck *(Ahnung)*
　2 Gefühl *(Emotion)*
tilgang|ur, -s, -ar *(m1)* Zweck; Sinn
tilgangslaus sinnlos *(zwecklos)*
tilgerð|ur, -, tilgert künstlich
　(etw. Nachgemachtes)
tilheyr|a, -i, -ði, -t *(v2)* *e-um* gehören
tilhlökkun *(w5)* Erwartung
tilhneiging *(w2)* Hang *(Neigung)*;
　haf|a *(stV↑)* **~u** *að e-u* neigen *(zu etw.)*
tilhögun *(w5)* Regelung
tilkynn|a, -i, -di, -t *(v2)* *e-um e-ð* melden;
　mitteilen; ankündigen
tilkynning *(w2)* Bekanntmachung;
　Meldung; Mitteilung
tillag|a *(Ö! w1)* *að e-u* Vorschlag; **ger|a,**
　-i, -ði, -t *(v2)* **tillögu um** *e-ð* vorschlagen
tillit *(s2)* **1** Bezug; Hinsicht *(in ~ auf etw.)*
　2 Rücksicht
tillitsam|ur, -söm *(Ö!),* **-samt**
　rücksichtsvoll ▶ Þokkum **~an** akstur.

Danke für rücksichtsvolles Fahren.

tilneyddur, -, -neytt *til e-s* gezwungen *(~ zu etw.)*

tilraun, -ar, -ir *(w3)* Experiment; Versuch

tiltekinn bestimmt *(ein ~er von mehreren)*

tilviljun *(w5)* Zufall

tilþrif *(s2 Mz)* Kraft; etw. Mitreißendes *(z.B. in e-r Rede)*

tilþrifalítill, -, -lítið schwach; langweilig

timbraður verkatert

timbur *(s2)* Holz

timburmenn *(m Mz von maður)* Kater *(nach Alkohol)*; **vera** *(stV↑)* **með ~** e-n Kater haben

tin *(s2 Ez)* Zinn

tindur, -s, -ar *(m2)* Gipfel; Spitze *(auch bildl.)*

tippa *(v1)* á e-ð *(fam.)* tippen *(raten; Lotto)*

titill, -s, titlar *(A! m5)* **1** Titel *(Buch)* **2** Titel *(akad. Grad)*

titra *(v1)* zittern

tittur, s-, -ir *(m2)* Zapfen

titlingur, -s, -ar *(m2)* Spatz

tíð, -ar, -ir *(w3)* Zeit *(bestimmter Zeitabschnitt)*; **~ir** *(w3 Mz)* Menstruation

tíður häufig

tíðatappi *(m1)* Tampon

tígulsteinn, -s, -ar *(m5)* Ziegel *(Stein)*

tíma, -i, -di, tímt *(v2)* mögen; Lust zu etw. haben

tími *(m1)* Zeit *(allg.)*; **taka** *(stV↑)* **~a** dauern *(bestimmte Zeit)*

tímabil *(s2)* Periode; Phase

tímabundinn vorübergehend

tímalengd-, ar, -ir *(w3)* Dauer

tímarit *(s2)* Magazin;Zeitschrift

tína *(v1)* e-ð pflücken; sammeln *(Beeren, Pilze etc.)*; **~ upp** aufsammeln

tíska *(w1)* Mode; **vera** *(stV↑)* **í ~u** aktuell *(in Mode)*

tískulegur modern *(modisch)*

titt *(Adv.)* häufig

títuprjónn, -s, -ar *(m5)* Stecknadel

tjakkur, -s, -ar *(m2)* Wagenheber

tjald, -s, tjöld *(Ö! s2)* Zelt

tjaldborg, -ar, -ir *(w3)* Zeltlager / -camp

tjaldbúðir *(w3 Mz)* Zeltlager / -camp

tjaldmaður *(↑ maður)* Camper

tjaldstæði *(s3)* Zeltplatz *(Platz für ein Zelt)*

▶ **Tjaldstæði** bönnuð. Zelten verboten.

tjaldsvæði *(s3)* Campingplatz

tjá, -i, -ði, -ð *(v3)* sig ausdrücken, s.

tjáskipti *(s3 Mz)* Kommunikation *(reiner Informationsaustausch)*; **hafa** *(stV↑)* **~ við e-n** kommunizieren *(mit jdm.)*

tjón *(s2)* Beschädigung; Schaden

tjörn, tjarnar, tjarnir *(Ö! w6)* Teich

toga *(v1)* e-ð ziehen *(leicht, z.B. Tür)*

tognun *(w5)* Verstauchung

tolla, -i, -di, tollað *(v2)* halten; hängenbleiben; *(nicht ab/herausfallen)*

tollur, -s, -ar *(m2)* **1** Zoll **2** Maut *(z.B. durch Tunnel Hvalfjarðargöng)*

tollafgreiðsla *(w1 Ez)* Zollabfertigung

tollhlið *(s2)* Mautstation

tollstöð, -var, -var *(w3)* Zollamt

tollvörður *(m6)* Zollbeamter

tonn *(s2)* Tonne *(Gewichtseinheit)*

toppgígur, -s, -ir *(m2)* Gipfelkrater

torfæra *(w1)* Gelände *(Offroad, schwieriges ~)*

torfærubifhjól *(s2)* Geländemaschine

torg *(s2)* Platz *(öffentl.)*

torleiði *(s3)* Hochlandpiste

torskilinn schwer verständlich

tortíma, -i, -di, -t *(v2)* e-u vernichten; zerstören *(völlig)*

tortrygginn misstrauisch

tortryggni, -i *(w8 Ez)* Misstrauen *(allg. Haltung jds.)*

torveldur, -, torvelt schwierig

tóbak *(s2 Ez)* Tabak

tófa *(w2)* Polarfuchs *(♀)*

tófusteggur-, -s, -ir *(m2 für ♂)* Fuchs

tómur leer

tómat(ur), -s, -ar *(m2 od. m3)* Tomate

tómstundir *(w3 Mz)* Freizeit

tómstundastarf, -s, -störf *(Ö! s2)* Hobby

tónn, -s, -ar *(m5)* Ton

tónleikar *(m2 Mz)* Konzert

tónlist, -ar *(w3 Ez)* Musik

tónlistamaður *(↑ maður)* Musiker

tónskáld *(s2)* Komponist

traðka *(v1)* á e-ð treten *(auf etw. ~)*

trampa *(v1)* treten *(etw. nieder~)*

traust *(s2 Ez)* Vertrauen

traustur fest; vertrauenswürdig;sicher

trefill, -s, treflar *(A! m5)* Schal

trekt, -ar, -ir *(w3)* Trichter

treyja *(w1)* Jacke

treysta, -i, -i, treyst *(v2)* e-um vertrauen;

~ sér zutrauen *(s. etw. ~)*;

~ sér ekki vorsichtig mit etwas sein

tré *(s2)* **1** Baum **2** Holz

trésmið|ur, -s, -ir *(m2)* Tischler

trix, -, - *(s2) (fam.)* Trick

trjá- 1 *(siehe* **tré***)* **2** hölzern

trjábol|ur, -s, -ir *(m2)* Baumstamm

trjástofn, -s, -ar *(m2)* Baumstamm

troð|a *(stV↑) e-ð* (nieder)treten;

  trampeln; **~ e-u í e-ð** hineinstopfen

  (etw. wo ~); **~ e-ð niður** niedertreten

troðfull|ur überfüllt

troðning|ur, -s, -ar *(m2)* Trampelpfad

troml|a *(w1)* Trommel

  (rotierend, z.B. Waschmaschine, Heu)

tromm|a *(w1)* (eher modern)

  Trommel *(Musik)*

tromp|a *(v1)* stechen *(Karte)*

trompet *(s2)* Trompete

trufl|a *(v1) við e-ð* stören *(unterbrechen)*

truflun *(w5)* Störung *(e-s Ablaufes)*

trunt|a *(w1)* Pferd *(schlechtes Reitpferd)*

trú, -ar *(w3 Ez)* Glaube *(Überzeugung, Religion)*

trú|a, -i, -ði, -að *(v2)* glauben;

  ~ e-um fyrir e-u anvertrauen

trú|r, -, -tt treu *(bes. in Beziehung)*

trúað|ur religiös

trúarbrögð *(Ö! s2 Mz von* **bragð***)* Religion

trúlofað|ur verlobt

trúnaðarmál *(s2)* vertraulich *(Angelegenheit)*

trygg|ja, -i, -ði, -t *(v2) e-ð* **fyrir e-u**

  sichern *(etw. ~ vor)*;

  ~ e-ð gegn e-u versichern *(gegen Schaden)*

trygg|ur treu

trygging *(w2)* Versicherung

tryllt|ur wild; übergeschnappt

trýni *(s3)* Schnauze *(Katze, Hund)*

tröllvax|inn riesig

tröpp|ur *(Ö! w1 Mz)* Treppe

tuð|a *(v1)* nörgeln

tug|ur, -ar, -ir *(m2)* Zehnereinheit

  (Dutzend wird kaum verwendet)

tung|a *(w1)* **1** Zunge **2** Sprache

  3 längliches Gebiet

  (z.B. zwischen Flussarmen)

tungl *(s2)* Mond

tungumál *(s2)* Sprache

tunn|a *(w1)* Tonne *(Behälter)*

turn, -s, ar *(m3)* Turm

tusk|a *(w1)* Lappen; Tuch *(zum Abwischen)*

tuss|a *(w1) (pej.)* **1** Scheide *(anatom.)*

2 Schlampe

túlípan|i *(m1)* Tulpe

túlk|ur, -s, -ar *(m2)* Dolmetscher

tún *(s2)* Wiese *(bewirtschaftet)*

túndr|a *(w1)* Tundra

túp|a *(w1)* Tube

túr, -s, -ar *(m2)* Runde *(Gang, Fahrt)*

túrism|i *(m1)* Tourismus

túrist|i *(m1)* Tourist

tútt|a *(w1)* Schnuller *(Trinksauger)*;

  ~ur *(Sl.)(w1 Mz)* Reifen

tveggja manna herbergi *(s3)*

  Doppelzimmer

tvennir *(m)*, **tvennar** *(w)*, **tvenn** *(s)*

  zwei Paar *(bzw. paarige Gegenstände*

  wie Hose, Schere)

tví- doppel-

tvíbreitt rúm *(s2)* Doppelbett

tvíbur|i *(m1)* Zwilling

tvístígandi *(unv.)* **yfir e-u** unentschieden

tvöfald|a *(v1) upp í e-ð* verdoppeln

tvöfald|ur, tvöföld *(Ö!)*, **tvöfalt** doppelt

tygg|ja, tygg, tuggði, tuggið *(v5)*

  kauen

tyggigúm(m)í *(s2) (auch* **tyggjó***)*

  Kaugummi

typpi *(s3) (fam.)* Penis

týn|a, -i, -di, -t *(v2) e-u*

  verlieren *(Gegenstand)*

týn|ast, -ist, -dist, -týnst *(v2)*

  verschwinden *(unauffindbar sein)*

týtuber *(s2)* Preiselbeere

tæki *(s3)* Gerät; Apparat

tækifæri *(s2)* Chance; Gelegenheit

tækn|i, -i *(w8 Ez)* Technik *(allg.)*

tæknibúnað|ur, -ar, -ir *(m2)*

  Technik *(Gerät, Ausstattung)*

tæknileg|ur technisch

tæknimaður *(↑* **maður***)* Techniker

tæl|a, -i, -di, -t *(v2) e-n* verführen;

  täuschen; blenden

tæm|a, -i, -di, -t *(v2)* leeren

tæp|ur knapp *(nicht ganz; Nähe von Gefahr)*

tær, -, -t klar *(Wasser, Luft)*

tær|a *(v1)* korrodieren

tærandi *(unv.)* scharf *(ätzend)*

töf, tafar, tafir *(Ö! w6)* Verzögerung

  (eher nicht beeinflussbar)

töff *(sl.)* cool

töffar|i *(m1)* cooler Typ

töfr|ar *(m1 Mz)* Zauber *(Attraktivität)*

tök|ur *(Ö! w1)* Filmaufnahmen
töluverð|ur beträchtlich; ganz schön
töluvert ziemlich
tölv|a *(w1)* Computer
tölvupóst|ur, -s, -ar *(m2)* E-mail
tölvuskjal, -s, tölvuskjöl *(Ö! s2 Mz)* Datei
tölvuskjá|r *(w7)* Computerbildschirm
töng, tangar, tangir *(w6)* Zange
tönn, tannar, tennur *(w6)* Zahn

U

ufsalýsi *(s3)* Lebertran *(vom Seelachs)*
ugg|i *(m1)* Fischflosse
ugl|a *(w1)* Eule
ullarteppi *(s3)* Wolldecke
um *(Akk)* über *(Thema)*; **~ daginn** neulich;
  ~ leið og *(Konj.)* sobald; gleichzeitig;
  ~ ... leytið gegen *(zeitlich)*;
  ~ nóttina nachts;
  ~ það bil etwa *(ungefähr)*
umboð *(s2)* Agentur
umboðsmaður *(↑ maður)* Gesandter;
  Vertreter *(Repräsentant)*
umboðsverslun *(w5)*
  Vertretung einer ausländischen
  Firma mit Direktverkauf
umbrot *(s2)* Buchsatz; Umbruch
umbúð|ir *(w3 Mz von umbúð)*
  1 Verpackung **2** Umschlag *(Kompresse)*
umfang, -s, -föng *(Ö! s2)* Umfang *(Menge)*
umfangsmikil|l, -, -mikið umfangreich
umferð, -ar *(w3 Ez)*
  1 Verkehr *(Fahrzeuge)*
  2 Runde *(Durchgang z.B. Spiel, Sport)*
umferðarljós *(s2)* Ampel
umferðarmiðstöð, -var, -var *(w3)*
  Busbahnhof
umgang|ast *(stV↑)* **e-n/e-ð** umgehen
  (~ mit etw.: verwenden; Umgang haben mit)
umgerð, -ar, -ir *(w3)* Rahmen
umhirðing *(w2)* Pflege *(s. kümmern um)*
umhleypingasam|ur, -söm *(Ö!)*, **-samt**
  wechselhaft *(Wetter)*
umhverfi *(s3 Ez)* Umwelt
umhverfisvernd, -ar, -ir *(w3)*
  Umweltschutz
umhverfisvæn|n, -, -t ökologisch;

  umweltgerecht
umkomulaus einsam *(hilflos)*
umlyk|ja, -lyk, -lukti, -lukið *(v2)*
  umgeben
ummál *(s2)* Umfang *(math.)*
ummerki *(s3)* Spur *(von Ereignis)*
umreikn|a *(v1)* **e-ð yfir í e-ð** umrechnen
  (Währung, Einheit etc.)
umræð|a *(w1)* Diskussion
umræðuefni *(s3)* Gesprächsthema
umskipti *(s3)* Übergang
  (in anderen Zustand)
umslag, -s, -slög *(Ö! s2)* Umschlag *(Brief)*
umsókn, -ar, -ir *(w3)* Antrag *(amtlich)*
umsóknarfrest|ur, -s, -ir *(m2)*
  Antragsfrist
umstang *(s2 Ez)* Umstand
umsögn, -sagnar, -sagnir *(w6)*
  Gutachten; Zeugnis *(Arbeits≈)*
umönnun *(w5)* Pflege *(auch Alten≈)*
unaður, -ar *(m2 Ez)* Lust; Vergnügen
undanbragð, -s, undanbrögð *(Ö! s2)*
  Vorwand
undanfar|inn
  kürzlich vergangen / geschehen;
  ~ið kürzlich; neulich;
  ~na daga die letzten Tage
undanrenn|a *(w1)* Magermilch
undantekning *(w2)* Ausnahme
undarleg|ur komisch;
  merkwürdig; seltsam
undir *(Akk)* **1** unter etw. hinunter
  (in die Position bewegen)
  2 bis gegen *(zeitl.)*: **~ kvöldið** bis gegen Abend
undir *(Dat)* **1** unter *(Position)*
  2 während *(zeitl.)*:
  ~ vinnunni während der Arbeit;
  ~ lögaldri minderjährig
undirald|a *(w1)* Dünung
undirbú|a **e-ð** *(wie búa)* vorbereiten
undirbú|inn vorbereitet
undirbúning|ur, -s, -ar *(m2)*
  Vorbereitung
undirgöng *(Ö! s2)* Unterführung
  (oberirdisch)
undirlak *(Ö! s2)* Laken
undirok|a *(v1)* **e-n** unterdrücken
  (jdn. kleinhalten)
undirrit|a *(v1)* **e-ð** **1** unterschreiben
  2 abschließen *(Vertrag)*
undirritun *(w5)* Unterschrift

undirskrift, -ar, -ir *(w3)* Unterschrift

undirstað|a *(Ö! w1)* Grundlage

undirstrika *(v1)* unterstreichen

undr|ast *(v1) e-ð* wundern *(s. ~)*

undur, -s, - *(s2)* Wunder

ung|i *(m1)* Tierjunges

ung|ur jung

ungbarn, -s, ungbörn *(Ö! s2)* Baby

ungdóm|ur, -s *(m2 Ez)* Jugend

ungling|ur, -s, -ar *(m2)* Jugendlicher *(für ♂ und ♀)*

unnust|a, unnustu, unnustu *(w)* feste Freundin

upp aufwärts; **~ fjallið** bergauf; **~ yfir** *(Akk)* über *(über etwas hinaus)*

uppástung|a *(w1)* Vorschlag

uppblás|inn aufgeblasen; aufblasbar

uppbú|inn gemacht; bezogen (Bett)
▶ Gisting með uppbúnu rúmi Übernachtung in bezogenem Bett (kein Schlafsack)

uppburðarlaus schüchtern

uppeldi *(s3)* Erziehung

uppfinning *(w2)* Erfindung

uppfyll|a, -, -ti, -t *(v2)* erfüllen; entsprechen *(z.B. Forderung)*

uppgang|a *(w1)* Anstieg *(auf Berg)*

uppgáf|a *(w1)* Aufgabe

uppgef|inn erschöpft

uppgötv|a *(v1)* entdecken

uppgötvun *(w5)* Entdeckung

upphaf, -s, upphöf *(Ö! s2)* Beginn

upphæð, -ar, -ir *(w3)* Summe; Betrag

uppi oben

uppistöðulón *(s2)* Stausee

uppivið *(Adv.)* auf dem Tisch

uppkast: ger|a, -i, -ði, -t *(v2) ~ að e-u* entwerfen

upplagð|ur, upplögð *(Ö!)*, **upplagt** ideal

upplausn, -ar, -ir *(w3)* Lösung *(chem.)*

upplíf|a *(v1) e-ð* erleben

upplifun *(w5)* Erlebnis

upplýs|a, -i, -ti, -t *(v2) e-n um e-ð* informieren *(jdn. von etw.)*

upplýsing *(w2)* Auskunft; Angabe

upplýsing, -ar, -ar *(w2)* Information; Auskunft

upplýsingamiðstöð, -var, -var *(w3)* Informationsstelle

upplýsingatafl|a *(Ö! w1)* Infotafel; Anzeigetafel

uppnám *(s2)* Aufregung *(Ärger)*; **kom|a** *(stV!) e-um í ~* erregen; aufregen

upprétt|ur aufrecht; stehend

upprun|aleg|ur ursprünglich

upprun|i *(m1)* Herkunft; Ursprung

uppseld|ur, -, uppselt ausverkauft

uppsker|a *(↑ skera)* ernten

uppsker|a *(w1)* Ernte

uppskrift, -ar, -ir *(w3)* Rezept *(Kochen)*

uppskurð|ur, -ar, -ir *(m2)* Operation

uppsprett|a *(w1)* Quelle *(Wasser; kalt bis warm; eher klein)*

uppstú(f) *(s2)* Soße *(weiß, dick, aus Mehl und Milch; meist zu hangikjöt)*

uppstökk|ur launisch *(hochfahrend)*

upptak|a *(Ö! w1)* Tonaufnahme

upptek|inn beschäftigt *(mit etw)*; besetzt; **ver|a** *(stV↑)* **~ af e-u** beschäftigt sein *(keine Zeit haben)*

upptök *(Ö! s2 Mz)* **1** Anfang; Beginn **2** Ursprung *(Fluss)* **2** Erdbebenherd

uppúr *(Ausruf)* aus dem Becken! *(beim Schließen des Schwimmbads)*

uppúr|inn alle *(aufgebraucht)*

uppþvottalaug, -ar, -ar *(w3)* Geschirrspülbecken

uppþvottarvél, -ar, -ar *(w3)* Spülmaschine

urrið|i *(m1)* Bachforelle

utan *(Gen)* außerhalb

utanbókar *(unv.)* auswendig

utanríkisráðuneyti *(s3)* Auswärtiges Amt

úð|a *(v1) e-u* sprühen

úð|i *(m1)* **1** Tröpfchennebel; Spray **2** Nieselregen

úf|inn 1 uneben; rau *(z.B. Lavafeld)* **2** ungekämmt; verwirrt *(Haar*

úld|inn faul *(Fisch, Fleisch)*

úlf|ur, -s, -ar *(m2)* Wolf

úll, -ar *(w3 Ez)* Wolle

úlnlið|ur, -s, -ir *(m2)* Handgelenk

úlp|a *(w1)* Anorak

úr *(Dat)* **1** aus *(heraus)* **2** aus *(Material)*; **~ því að** *(Konj.)* weil; da

úr *(s2)* Uhr *(Armband≈)*

úrbót *(w4)* Verbesserung *(allg.)*

úreld|ur, -, úrelt 1 altmodisch **2** veraltet; rückständig *(Technologie)*

úrhellisrigning *(w2)* Kübelschütte *(Drinnenbleib-Regen)*

úrkom|a *(w1)* Niederschlag *(meist Regen)*

úrkomusvæði *(s3)* Niederschlagsgebiet

úrlausn, -ar, -ir *(w3)* Lösung *(e-s Problems)*

úrræði *(s3)* **1** Ausweg **2** Trick *(Kunstgriff)*

úrskurð|a *(v1)* entscheiden
(in Gerichtsverfahren ~)

úrskurð|ur, -ar, -ir *(m2)* Ergebnis;
Entscheidung

úrval *(s2 Ez)* Auswahl; Sortiment

út 1 heraus; hinaus **2** von Island ins
Ausland; ~ **af** wegen;
~ **um allt** überall *(wenn etwas überall
verteilt ist)*; ~ **úr** *(Dat)* heraus aus

útafakstur *(m3)* Unfall
(vom Weg abgekommen)

útbúnað|ur, -ar, -ir *(m2)* Vorrichtung

útflutning|ur, -s, -ar *(m1)* Ausfuhr

útgang|ur, -s, -ar *(m2)* Ausgang

útgáf|a *(w1)* Buchausgabe

útgerð, -ar, -ir *(w3)* Reederei

útgerðarfélag, -s, -félög *(Ö! s2)*
Reedereigesellschaft

úthaf, -s, höf *(Ö! s2)* Ozean

úthljóð *(s2)* Ultraschall

úthlut|a *(v1) e-um e-u* **1** zuteilen *(jdm. etw.)*
2 verteilen; austeilen

úthverfi *(s3)* Vorstadt

úti draußen

útibú *(s2)* Filiale

útigang|a *(Ö1 w1)* Winterweide *(Pferde)*

útihátíð, -ar, -ir *(w3)* Volksfest *(Kirmes)*

útilokað|ur ausgeschlossen
(nicht in Frage kommend)

útisundlaug, -ar, -ar *(w3)* Freibad;
Freibecken

útkeyrð|ur, -, útkeyrt erschöpft;
ausgebrannt

útkeyrsl|a *(w1)* Ausfahrt

útkljá, -kljái, -kljáði, -kljáð *(v2)*
entscheiden *(strittige Sache beenden)*

útlán *(s2)* Verleih *(das Verleihen)*

útlending|ur *(m2)* Ausländer

útlensk|ur fremd *(ausländisch)*

útlú|inn erschöpft; ausgelaugt

útlönd *(Ö! s2 Mz)* Ausland

útprentun *(w5)* Ausdruck *(Computer≈)*

útrunn|inn abgelaufen *(Pass)*

útsal|a *(Ö! w1)* Ausverkauf;
Schlussverkauf

útsending *(w2)* Sendung *(Rundfunk)*

útskot *(s2)* Ausweichstelle

(z.B. auf einspurigen Brücken)

útskrif|ast, -ast *(v1)* abschließen *(Studium)*

útskýr|a, -i, -ði, -t *(v2) e-ð fyrir e-um*
ausführen; erklären *(jdm. etw.)*

útskýring *(w2)* Erklärung *(Erläuterung)*

útsýni *(s3)* Aussicht *(von Berg)*

útúrsnúning|ur, -s, -ar *(m1)* Ausrede

útvarp *(s2)* Radio *(Anstalt oder Gerät)*

útvarp|a *(v1) e-u* senden *(Rundfunk)*

útvarpstæki *(s3)* Radio *(Gerät)*

útveg|a *(v1) e-um e-ð* besorgen;
beschaffen *(jdm. etw. ~)*

V

vað, -s, vöð *(Ö! s2)*
Übergang *(über Fluss)*; Furt

vað|a *(stV↑)* **1** (durch)waten *(Fluss)*
2 durch Masse od. Hindernis
hindurchschreiten
3 hereinplatzen; stürmen;
~ **í fæturna** an den Füßen nass
werden/sein; ~ **uppi** nervig sein;
~ **yfir höfuðið** *á e-um* überfahren;
das Wort abschneiden

vaf|i *(m1)* Zweifel

vafasam|ur, -söm *(Ö!)*, **-samt**
zweifelhaft

vafr|a *(v1)* schwanken; torkeln;
~ **á netinu** im Internet surfen

vagg|a *(v1) e-u* **1** wiegen *(Kind ~)*
2 wackeln **3** torkeln **4** schwanken;
schaukeln *(Schiff im Seegang)*

vagn, -s, -ar *(m2)* Wagen

vakandi *(unv.)* wach

vakn|a *(v1)* aufwachen

vakt, -ar, -ir *(w3)*
1 Schicht *(im Schichtdienst)* **2** Wacht

vakt|a *(v1)* bewachen

val *(s2 Ez)* Wahl *(das Auswählen)*

vald, -s, völd *(Ö! s2)*
legitime Gewalt; Macht;
tak|a *(stV↑)* **á sitt** ~ besetzen *(Land)*

vald|a *(stV↑) e-u* verursachen;
hervorrufen; ~ *e-um* **vonbrigðum**
enttäuschen *(vt) (jdn. ~)*

valkost|ur, -ar, -ir *(m2)*
Wahl *(Auswahl vor Entscheidung)*

valmynd, -ar, -ir *(w3)* Menü *(Computer)*

van- **1** nicht ganz; nicht genügend

2 falsch

van|i *(m1)* Gewohnheit; **legg|ja, legg, lagði, lagt** *(v5)* e-ð í ~a sinn angewöhnen, s. etw.

vanaleg|ur durchschnittlich

vand|i *(m1)* Problem

vandamál *(s2)* Problem; Schwierigkeit

vandfýs|inn anspruchsvoll

vandleg|ur sorgfältig *(Arbeit)*

vandræðaleg|ur peinlich berührt

vandræði *(s3)* Schwierigkeit

vandvirk|ur sorgfältig *(Mensch)*

vandvirkn|i, -i *(w8)* Sorgfalt

vang|i *(m1)* Wange

vanhag|a (v¹): e-um **vanhagar um** e-ð benötigen *(etw.)*

vanheil|l, -, -t ungesund

vanhæf|ur unfähig

vanmet|a (↑ meta) unterschätzen

vanræk|ja, -i, -ti, -t *(v2)* e-ð vernachlässigen *(s. nicht kümmern)*

vansvefta *(unv.)* mit Schlafmangel

vanta: e-um **vant|ar** e-ð es fehlt *(jdm. etw)*

vantraust *(s2)* Misstrauen *(z.B. Politik)*

vanþakklát|ur undankbar

vanþóknun, -ar *(w3 Ez)* Ablehnung *(Missbilligung)*

var¹: verð|a *(stV↑)* ~ **við** e-ð merken; **ger|a, -i, -ði, gert** *(v2)* ~**t við sig** aufmerksam machen *(auf s.)*

var² + *(Wochentag)* letzter *(Wochentag)*; þriðjudaginn var letzten Dienstag

var|a *(v1)* e-n **við** e-u warnen; ~ **sig** á e-u hüten *(s. ~ vor etw.)*

var|a *(Ö! w1)* Ware

vara- Ersatz-; ~**dekk** *(s2)* Reservereifen; ~**hjól** *(s2)* Reserverad; ~**hlut|ur, -ar, -ir** *(m2)* Ersatzteil

varalit|ur, -ar, -ir *(m2)* Lippenstift

varanleg|ur dauerhaft *(auf Dauer)*

varð|a *(Ö! w1)* Steinmännchen *(Wegmarkierung)*

varð|a *(v1)* e-ð betreffen; ~**andi** e-ð *(unv.)* bezüglich; betreffend

varðhald *(s2 Ez)* Haft *(vorübergehend)*

varðveit|a, -i, -ti, varðveitt *(v2)* erhalten *(bewahren)*

varfær|inn vorsichtig

varhugaverð|ur, -, -vert riskant

varkár, -, -t vorsichtig

varkárn|i, -i *(w8 Ez)* Vorsicht *(Umsicht)*

varla kaum

varleg|ur vernünftig *(vorsichtig)*

varnarlín|a *(w1)* Grenze
  ▶ ~ **búfjársjúkdóma** Tierseuchengrenze

varning|ur, -s *(m2 Ez)* Ware

varp|a *(v1)* **akkeri** ankern

varpland, -s, -lönd *(Ö! s2)* Vogelbrutgebiet

vartapp|i *(m1)* Sicherung *(elektr.)*

varúð, -ar *(w3 Ez)* Vorsicht

vas|ast *(v1)* í e-u lose betreiben; einmischen *(s. in etw.~)*

vas|i *(m1)* Tasche *(in Kleidung)*

vasahníf|ur, -s, -ar *(m2)* Taschenmesser

vasaklút|ur, -s, -ar *(m2)* Taschentuch *(Stoff)*

vasaljós *(s2)* Taschenlampe

vasareikn|ir *(m4)* Taschenrechner

vasatölv|a *(w1, kein Ö!)* Taschenrechner

vasaþjóf|ur, -s, -ar *(m2)* Taschendieb

VASK *(Abk.)* Mehrwertsteuer

vask|a upp *(fam.)* waschen *(Geschirr)*

vask|ur, -s *(m2 Ez)* **1** Waschbecken
  2 *(fam.)* Mehrwertsteuer

vatn¹ *(s2 Ez)* Wasser

vatn², -s, vötn *(Ö! s2)* See *(Binnensee)*

vatn|a *(v1)* e-u bewässern; gießen *(Blumen)*

vatnasvæði *(s3)* Einzugsgebiet *(von Gewässern bzw. von Gletscherläufen betroffenes Gebiet)*

vatnavöxtur *(m6)* (steigendes) Hochwasser

vatnsból *(s2)* Trinkwasserbrunnen

vatnsdýpi *(s2)* Wassertiefe

vatnsfall, -s, -föll *(Ö! s2)* *(bedeutender)* Fluss

vatnsglas ein Glas Wasser

vatnsheld|ur, -, -helt wasserdicht *(nicht bildl.)*

vatnskass|i *(m1)* Kühler

vatnskran|i *(m1)* Wasserhahn

vatnsmikil|l, -, -mikið hochwasserführend

vatnspoll|ur, -s, -ar *(m2)* Pfütze

vatnsveit|a *(w1)* Trinkwasserversorgung *(Anlage)*

vatnsveitustokk|ur, -s, -ar *(m2)* Trinkwasserleitung

vatnsverndarsvæði *(s3)* Wasserschutzgebiet

vatnsþétt|ur, -, - wasserdicht *(nicht bildl.)*

vax, -, vöx *(Ö! s2)* Wachs

vax|a *(stV↑)* **1** wachsen *(s. entwickeln)*
 2 anschwellen *(Fluss)* **3** zunehmen *(Wind)*

vaxkerti *(s3)* Wachskerze

vaxtarlag, -s, vaxtarlög *(Ö! s2)*
 Figur *(Körperform)*

vá, -r *(w7 Ez)* Gefahr

veð *(s2)* Pfand

veðj|a *(v1) e-u* wetten

veðmál *(s2)* Wette

veðrátt|a *(w1)* Witterung
 (*Wetter einiger Tage bis Monate*)

veður *(s2 Ez)* Wetter

veður(athugunar)stöð, -var, -var *(w3)*
 Wetterstation

veðurfræð|i, -i *(w8)* Meteorologie

veðurfræðing|ur, -s, -ar *(m2)*
 Meteorologe

veðurhorf|ur *(w1 Mz)* Wetteraussichten

veðurhæð *(w3 Ez)* Sturmstärke

veðurkort *(s2)* Wetterkarte

veðurspá *(w7)* Wettervorhersage

veðurstof|a *(w1)* Wetteramt

veðurteppt|ur festsitzen *(wg. Wetter)*

vef|ja, vef, vafði, vafið *(v5)* wickeln;
 ~ í e-ð einwickeln (in etw.);
 ~ e-u upp aufwickeln *(z.B. Draht)*

veg|a *(stV↑)* wiegen *(Gewicht haben/messen)*

veg|ur, -ar, -ir *(m2)* **1** Weg *(allg.; auch bildl.)*
 2 Straße *(Überland≈, Hochland≈)*

vegabréf *(s2)* Reisepass

vegabréfaeftirlit *(s2)* Grenzübergang;
 Passkontrolle

vegalengd, -ar, -ir *(w3)* Strecke

vegarhit|i *(m1)* Straßentemperatur

vegarnesti *(s3)* Verpflegung

vegavinn|a *(w1)* Straßenbaustelle

vegfarand|i, -a, vegfarendur *(m1)*
 Fußgänger

vegg|ur, -jar, -ir *(m2)* Wand

veggfóður, -s, - *(s2)* Tapete

veggjalús, -ar, -lýs *(w4, Mz unreg.)* Wanze

veggrip *(s2)* Halt der Reifen auf Eis

veggspjald, -s, -spjöld *(Ö! s2)* Plakat

vegklæðning *(w2)* Straßenbelag

veglynd|ur großzügig; edel *(Gesinnung)*

vegna *(Gen)* wegen; **~ þess að** weil

veið|a, -i, veiddi, veitt *(v2)*
 1 jagen; fangen *(Säugetiere, Fische, Vögel)*
 2 Fisch fangen; angeln

veið|i, -i (-ar), -ar *(w8)* Fang *(Fisch od. Jagdtiere)*; **veið|ar** *(w8 Mz von veiði)* Jagd

veiðileyfi *(s3)* Angellizenz

veiðimaður *(↑ maður)* **1** Jäger
 2 Fischer *(Binnengewässer)*

veiðistöng, -stangar, -stangir *(Ö! w6)*
 Angelrute

veif|a *(v1) með e-u* winken

veigr|a *(v1) sér við e-u* weigern

veik|jast, -ist, -tist, veikst *(v2) af e-u*
 erkranken

veik|ur **1** krank *(eher ernster)*
 2 schwach *(Körperkraft)*

veikburða *(unv.)* angegriffen *(Gesundheit)*

veikleik|i *(m1)* Schwäche

veikluleg|ur ungesund *(Aussehen)*

veisluborð *(s2)* Tafel *(festliche ~)*

veit|a *(w1)* Versorgung *(Wasser, Strom etc.)*

veit|a, -i, -ti, -t *(v2) e-um e-ð*
 1 versorgen *(mit etw.)*
 2 verleihen *(Kraft, Mut)* gewähren;
 ~ e-um/e-u athygli Notiz *(~ von jdm./etw. nehmen)*; **~ e-um hjálp** Hilfe leisten;
 ~ e-um réttinn Vorfahrt gewähren;
 ~ e-um viðnám Widerstand leisten

veitingahús *(s2)* Restaurant

veitingamaður *(↑ maður)* Wirt

veitingastað|ur, -ar, -ir *(m2)*
 Restaurant

vek|ja, vek, vakti, vakið *(v3)* wecken

vekjaraklukk|a *(w1)* Wecker

vel *(Adv.)* gut; wohl *(gut)*;
 ~ á minnst übrigens;
 ~ bú|inn ordentlich; aufgeräumt;
 gepflegt; **~ gef|inn** begabt; klug

vel|ja, vel, valdi, valið *(v5)* wählen;
 ~ um e-ð wählen *(~ zwischen)*;
 ~ e-ð út úr auswählen *(aus etw. ~)*

veldi *(s3)* Quadrat *(hoch zwei)*

velkom|inn willkommen

vell|a *(stV↑)* spritzen; sprudeln;
 aufschäumen

velt|a *(stV↑)* **1** (um)drehen; (um)wenden
 2 schaukeln *(Schiff im Seegang)*
 3 rollen *(hinunter~)*
 4 umkippen *(Auto: von Straße abkommen)*

velt|a, -i, -i, velt *(v2) e-u* umstürzen;
 umwerfen; **~ e-u fyrir sér**
 nachdenken *(über etw.)*; erwägen;
 ~ um koll umstürzen; umwerfen

velvild, -ar *(w3 Ez)* Gunst; Wohlwollen

ven|ja, ven, vandi, vanið *e-n við e-ð*
gewöhnen *(jdn. an etw. ~)*
ven|jast, venst, vandist, vanist *(v5)*
e-u gewöhnen *(s. an etw. ~)*
venj|a *(w1)* **1** Gewohnheit **2** Brauch
venjuleg|ur üblich; gewöhnlich
ventil|l, -s, ventlar *(A! m5)* Ventil
ver *(s2)* Bezug *(Stoffhülle)*
ver|a *(stV↑)* **1** sein **2** geben *(existieren)*
3 befinden *(s. an einem Ort ~)*;
~ að los sein; passieren;
~ í *e-u* tragen; anhaben *(Kleidung, Schuhe)*;
~ kyrr bleiben *(da~; sitzen~)*;
~ með *e-ð* haben *(dabeihaben; Zeit;*
Schnupfen etc.); **~ (gerður) úr** *e-u*
bestehen *(~ aus e-m Material)*;
~ til sein; bestehen; vorkommen;
existieren
ver|a *(w1)* Wesen *(eher menschlich)*
ver|ja¹, ver, varði, varið *(v5)* *e-n gegn e-u*
schützen *(s. selbst od. andere)*;
verteidigen *(auch jur.)*
ver|ja², ver, varði, varið *(v5)* *e-um*
verbringen *(Zeit)*
verð *(s2)* Preis; Kosten
verð|a *(stV↑)* werden;
~ *e-um* **verður** + *Partizip (z.B.* litið *von* líta*)*
zufällig / ungewollt etw. tun:
Mér varð litið út um gluggann.
Ich habe zufällig aus dem Fenster gesehen.;
~ að *gera að* etw. tun müssen
(eher schwächer);
~ *e-um* **verður** *e-ð* **á** begehen
(unabsichtl. einen Fehler ~);
~ sér úti *um e-ð* besorgen;
~ til entstehen
verði þér að góðu bitte
(Antwort auf Dank nach Geschenk
oder Essen, „Wohl bekomms")
verðgildi *(s3)* Wert *(finanzieller ~)*
verðlaun *(s2 Mz)* **1** Belohnung
2 Preis *(z. B. Nobel≈)*
verðlaus wertlos
verðlækkun *(w5)* Ermäßigung
verðmæt|ur wertvoll
verðmæti *(s3)* Wert *(ideeller ~)*;
~ *(s3 Mz)* Wertsachen
verð|ur, -, vert **1** wert *(für etw.)*
2 würdig *(für etw.)*
vergangsmaður *(↑ maður)* Bettler
verj|a *(w1)* Schutz *(etw. das schützt)*

verk *(s2)* Musikstück; Werk
verk|a *(v1)* wirken *(Medikament)*
verk|ja *(v1)* schmerzen *(wehtun)*; *e-n*
verkjar í *e-ð* Schmerzen empfinden
verk|ur, -jar, -ir *(m2)* Schmerz *(stärker)*
verkahringur: ver|a *(stV↑)* **í** *~ e-s*
zuständig sein für etw.
verkamaður *(↑ maður)* Arbeiter
verkefni *(s2)* Aufgabe
verkfall, -s, -föll *(Ö! s2)* Streik
verkfræðing|ur, -s, -ar *(m2)* Ingenieur
verkfæri *(s3)* Werkzeug
verklag|inn geschickt
verknað|ur, -ar, -ir *(m2)* Werk
(Stück Arbeit, Tun und Ergebnis)
verksmiðj|a *(w1)* Werk; Fabrik
verkstæði *(s3)* Werkstatt
verkun *(w5)* Wirkung
vernd, -ar *(w3 Ez)* Schutz *(für andere)*
vernd|a *(v1)* *e-n/ -ð* schützen ;
~ *e-n/e-ð* **gegn** *e-u* beschützen
(jdn. / etw. vor etw.);
~ *e-n* **fyrir** *e-um* verteidigen *(jdn. vor jdm.)*
verp|a, -i, -ti, -t *(v2)* *eggjum* Eier legen
versl|a *(v1)* einkaufen
verslun *(w5)* Geschäft; Laden
verslunarmaður *(↑ maður)* Händler
verslunarmiðstöð, -var, -var *(w3)*
Einkaufszentrum
versn|a *(v1)* verschlechtern, s.
veruleg|ur beträchtlich;
wesentlich *(hauptsächlich)*
veruleik|i *(m1)* Wirklichkeit
veröld, veraldar, veraldir *(Ö! w6)* Welt
verönd, verandar, verandir *(Ö! w6)*
Terrasse
vesalings *(unv.)* arm *(bedauernswert)*
vesen *(s2 Ez)* Ärger *(Umstände, Probleme)*
vesen|ast *(v1)* treiben *(eher vergeblich,*
überflüssig)
veski *(s3)* **1** kleine Damenhandtasche
2 Geldbörse
3 Metallschachtel für Zigaretten etc.
vest|ur *(A! s2 Ez)* Westen
vestanátt, -ar, -ir *(w3)* Westwind
vestanverð|ur, -, -vert westlich
(im Westteil befindlich)
vesti *(s3)* Weste
vestlæg|ur westlich *(aus ~er Richtung)*
vestræn|n, -, -t westlich *(kulturell)*
vestur- westlich

Vesturland, -s *(s2 Ez)* Westisland

vesæl|l, -, -t arm

vesöld, vesaldar, vesaldir *(Ö! w6)* Elend *(schlimmer Zustand)*

vetrardekk *(s2)* Winterreifen

vetrarhark|a *(w1)* Härte des Winters

vetrarveg|ur, -ar, -ir *(m2)* Winterweg *(um ihm Winter lokale Schneeverwehungen zu umfahren)*

vettling|ur *(m2)* Handschuh *(aus Wolle)*

vettvang|ur, -s, -ar *(m2)* Ort *(~ eines Ereignisses)*

vetur, vetrar, vetur *(m3 unreg.)* Winter

vex|a, -i, -ti, -t *(v2)* e-ð wachsen *(mit Wachs bestreichen)*

vext|ir *(m6 Mz von vöxtur)* Zinsen

vexti *(von vöxtur)*:

ver|a *(stV↑)* í **vexti** anschwellen *(Fluss ~)*

vél, -ar, -ar *(w3)*

1 Maschine *(auch: Flugzeug)* **2** Motor

vél|a *(v1)* blenden

vélarhlíf, -ar, -ar *(w3)* Motorhaube

vélknú|inn motor/maschinengetrieben

vélrit|a *(v1)* tippen *(schreiben)*

vélsleð|i *(m1)* Motorschlitten

vélvirk|i, -ja, -jar *(m1)* Mechaniker

við *(Akk)* **1** bei; an *(örtl.)* **2** an; bei; um *(zeitl.)* **3** mit; in; bei *(begleitende Umstände)* **4** zu *(jdm. etw. sagen; bekennen)* **5** über *(Gemütsbewegung)* **6** von *(trennen ~)*

við *(Dat)* **1** mit *(wenn zwei gegenseitig aufeinander einwirken)* **2** gegen *(Schutz; Medikament)*

við + (Name) ... und ich

▶ **Við Guðmundur** Guðmundur und ich

við hliðina á e-um/e-u neben *(räuml.)*

við|a *(v1)* e-u að sér sammeln

við|ur, -ar, -ir *(m2)* Holz

viðbit *(s2)* Aufstrich

viðbjóðsleg|ur ekelhaft

viðbjóður *(m3 Ez)* Ekel *(Empfindung)*

viðbót, -ar, viðbætur *(w6)* Ergänzung

viðburð|ur, -ar, -ir *(m2)* Veranstaltung *(Konzert etc.)*

viðbúnað|ur, -ar, -ir *(m2)* Vorbereitung

viðbæt|ir *(m4)* Beilage *(in CD etc.)*

viðeigandi *(unv.)* angemessen; entsprechend

viðfangsefni *(s3)* Gegenstand *(Thema)*

viðfelld|inn sympathisch

viðgangast: lát|a *(stV↑)* e-ð ~ zulassen *(ohne Widerstand)*

viðgerð, -ar, -ir *(w3)* Reparatur

viðhald, -s, -höld *(Ö! s2)* Unterhaltung *(Instandhaltung)*

viðhald|a *(↑ halda)* e-u warten *(instandhalten)*

viðhorf *(s2)* Meinung

viðkom|a Empfindung bei der Berührung

viðkunnanleg|ur sympathisch

viðkvæm|ur **1** empfindlich *(z.B. zerbrechlich)* **2** zart **3** sensibel *(Empfindung; auch Thema)*

viðleitn|i, -i *(w8 Ez)* í e-u / til e-s Bemühung *(um etw.)*; Anstrengung *(Versuch zu etw.)*

viðræð|a *(w1)* Gespräch; Besprechung; Aussprache *(Klärung, Streitgespräch)*

viðsjárverð|ur, -, -vert riskant

viðskipta- geschäftlich *(Geschäfts-)*; **~maður** *(↑ maður)* Geschäftsmann; **~samband, -s, -sambönd** *(Ö! s2)* geschäftliche Beziehung; **~vin|ur, -ar, -ir** *(m2)* Kunde

viðskiptaaðil|i *(m1)* Geschäftspartner

viðskiptafræð|i, -i *(w8 Ez)* Wirtschaft

viðskipti *(s3 Mz)* Geschäft *(Deal)*; Handel

viðstadd|ur, viðstödd *(Ö!)*, **viðstatt** anwesend

viðtal, -s, viðtöl *(Ö! s2)* Gespräch

viðtalstím|i *(m1)* Sprechstunde

viðurkenn|a, -i, -di, -t anerkennen *(loben, akzeptieren)*

viðurnefni *(s3)* Beiname; charakteristischer Namenszusatz

viðurvist, -ar, -ir *(w3)* Gegenwart *(Beisein von jdm.)*

viðver|a *(w1)* Anwesenheit

viðvörun, -ar, -varanir *(Ö! w6)* Warnung; Alarm

viðvörunartím|i *(m1)* Vorwarnzeit *(z.B. vor Eruption)*

vift|a *(w1)* Ventilator

viftureim, -ar, -ar *(w3)* Keilriemen

vik|a *(w1)* Woche

vilj|a *(stV↑)* wollen; wünschen

vilj|a *(w1)* Wille

viljandi absichtlich

vill|a¹ *(m1)* *(Aussprache ohne -ttl-)* Villa

vill|a² *(w1)* Fehler; Irrtum *(gedanklich)*

vill|ast, -ist, -tist, villst *(v2)* verirren, s.

villibráð, -ar, -ir *(w3)* Wild

villt|ur, -, - wild *(von / in Natur)*

vin|ur, -ar, -ir *(m2)* Freund

vind|a *(stV↑)* **1** wickeln; winden *(um etw.)*
2 schleudern *(Wäsche)*

vind|ur, -s, -ar *(m2)* Wind *(allg.)*

vindátt, -ar, -ir *(w3)* Windrichtung

vindhvið|a *(w1)* Windstoß

vindil|l, -s, vindlar *(A! m5)* Zigarre

vindstig *(s2)* Windstärke *(bei Sturm)*

vindsveip|ur, -s, -ir *(m2)* Windböe

vindsæng, -ur, -ur *(w3)* Luftmatratze

vingjarnleg|ur freundlich

vinkon|a *(w1)* Freundin

vinn|a *(stV↑)* **1** arbeiten
2 gewinnen *(siegen)*;
~ saman *með e-um við e-ð*
zusammenarbeiten *(mit jdm. ~)*;
~ sér *e-ð* **inn** *(v1)* verdienen *(Geld, durch Arbeit)*; **~ úr** *e-u* bearbeiten

vinn|a *(w1)* Arbeit *(berufl., auch phys.)*

vinning|ur, -s, -ar *(m2)* Gewinn *(z.B. Lotto)*

vinningshaf|i *(m1)* Gewinner *(Lotto)*

vinnukon|ur *(w1 Mz)* *(fam.)*
Scheibenwischer

vinnupall|ur, -s, -ar *(m2)* Gerüst

vinnustað|ur, -ar, -ir *(m2)* Arbeitsplatz

vinnusvæði *(s3)* Baustelle *(Straßen≈)*
▶ **~ endar.** Ende der Baustelle.

vinnuveitand|i, -a, -veitendur *(m1)*
Arbeitgeber

vinsamlega(st) Bitte *(etw. zu tun)*
▶ **~ lokið hliðinu.** Bitte das Gatter zu schließen.

vinstri *(Ez m/w)*, **vinstra** *(Ez s)*, **vinstri** *(Mz m/w/s)* linker;
vinstra megin auf der linken Seite

vinsæl|l, -, -t *(meðal e-s)* beliebt

virð|a, -i, -ti, -t *(v2)* **1** achten;
respektieren **2** wertschätzen

virð|ast, -ist, virtist, virst *(v2)*
erscheinen *(den Anschein haben)*

virði *(s3)* Wert; **ver|a** *(stV↑)* *e-s* **~**
wert *(etw. ~ sein)*

virðing *(w2)* Achtung; Respekt

virðisaukaskatt|ur, -s, -ar *(m2)*
Mehrwertsteuer

virðuleg|ur anständig; würdig *(Charakter)*

virk|a *(v1)* **1** wirken *(s. aus~, funktionieren)*
2 wirken *(Anschein erwecken)*

virk|ja *(v1)* fördern *(z.B. heißes Wasser, Dampf, Öl)*

virk|ur **1** aktiv *(z.B. Vulkan)*
2 wirksam; **~a daga** an Werktagen;

~ur dag|ur, -s, -ar *(m2)* Werktag

virki *(s2)* Festung

virkileg|ur wirklich; wahr

virkjun *(w5)* Kraftwerk

virkn|i, -i *(w8 Ez)* **1** (Aus)wirkung *(auf etw.)*
2 Tätigkeit *(Vulkan, Erdbeben, Geysir)*

visn|a *(v1)* welken

viss **1** sicher **2** gewiss; ein gewisser;
~ um *e-ð* sich sicher sein *(über etw.)*

vissuleg|ur sicher; gewiss

vistvæn|n, -, -t ökologisch

vit *(s2)* Sinn; Vernunft

vit|a *(stV↑)* **1** wissen **2** nachprüfen
3 erleben; **~ af** *e-u* Bescheid wissen

vit|i *(m1)* Leuchtturm

vitfirring *(w2)* Dummheit

vitlaus **1** sinnlos *(unvernünftig)*
2 *(fam.)* falsch

vitleys|a *(w1)* Dummheit; Quatsch;
Unsinn *(Tat)*

vitn|a *(v1)* als Zeuge aussagen

vitni *(s3)* Zeuge *(auch: ~naussage)*

vitur, vitur, viturt weise

víð|ur, -, vítt weit *(Kleidung)*;
~a weit verbreitet;
~ar weiter (verbreitet);
auf größerem Gebiet

víðáttumikil|l, -mikil, mikið
weit *(ausgedehnt)*

víðtæk|ur umfangreich *(inhaltlich)*

vífilengjur: ver|a *(stV↑)* **með ~**
Vorwände vorschieben

vígi *(s3)* Burg

vík, -ur, -ur *(w3)* Bucht *(flach u. kurz)*

víking|ur, -s, -ar *(m2)* Wikinger

víkingaöld *(w6 Ez)* Wikingerzeit

víkk|a *(v1)* erweitern *(Umfang ~)*

vín *(s2)* **1** Wein **2** Alkohol *(allg.)*

vínarbrauð *(s2)* Gebäck
(Blätterteig u. Zuckerguss)

vínber *(s2)* Weintraube

vísbending *(w2)* Hinweis

vísindaleg|ur wissenschaftlich

vísindamaður *(↑ maður)*
Wissenschaftler

vísindi *(s3)* Wissenschaft

víst *(Adv.)* bestimmt; gewiss

víti *(s3)* Hölle

vof|a *(w1)* Geist

vof|a, -i, -ði, vofað *(v2)* **yfir**
drohen *(bevorstehen)*

vog, -ar, -ir *(w3)* Waage

vog|a (v1) e-ð **wagen** (eher höheres Risiko)
vog|ur, -s, -ar (m2) **Bucht**
vogarstöng, -stangar, -stangir (Ö! w6)
Hebel (phys.)
voldug|ur mächtig (mit Einfluss)
volg|ur lauwarm
volgr|a (w1) warme Quelle
von, -ar, -ir (w3) **Hoffnung; eig|a** (stV↑)
~ á e-um erwarten (Person)
von|a (v1) e-ð **hoffen**
von|ast, -ast, -aðist, -ast (v1) til e-s
erhoffen (s. etw. ~)
vonandi (unv.) hoffentlich
vond|ur, -, vont schlimm; böse (Absicht)
vopn (s2) Waffe
vopnað|ur bewaffnet
vor (s2) Frühling
vorkenn|a, -i, -di, -t (v2) e-um **bedauern;**
Mitleid haben (mit jdm.)
vormisseri (s3) Frühjahrssemester
vot|ur feucht
votlendi (s3) Feuchtgebiet; Moor
votfest|ur beglaubigt
votторð (s2) Bescheinigung
voveifleg|ur furchtbar (plötzlich passiert)
væg|ja, -i, -ði, -t (v2) e-um **schonen**
væl|a, -i, -di, -t (v2) jammern
væn|n, -, -t 1 dauerhaft (widerstandsfähig)
2 lieb; gut (auch ironisch);
þyk|ja, -i, þótti, þótt (v3) **vænt um**
etw. mögen; gernhaben
vændishús (s2) Bordell
vændiskon|a (w1) Prostituierte
(neutr. Ausdruck)
væng|ur, -jar, -ir (m2) **Flügel**
(Vogel, Flugzeug)
vær t|a, -i, -i, vænt (v2) e-s
erwarten (allg. etw. ~);
~ sér e-s af e-um erwarten (etw. von jdm. ~)
værting (w2) Erwartung
væt|a (w1) Feuchtigkeit
vöð|vi (m1) Muskel
vök:un, -ar, vaktanir (Ö! w5)
Überwachung
vök:vi (m1) Flüssigkeit
völ, valar (Ö! w6 Ez) **Wahl**
völl|ur (m6) 1 Ebene
2 Feld (Fußball≈; Roll≈)
vönd|ur, vandar, vendir (m6)
Blumenstrauß
vör, varar, varir (Ö! w6) Lippe
vörð|ur, varðar, verðir (m6)

Wachposten
vörn, varnar, varnir (Ö! w6) gegn e-u
Verteidigung; Schutz (s. selbst)
vörumerki (s3) **Marke** (Warenzeichen)
vörusýning (w2) **Messe** (Handel)
vöruúrval (s2 Ez) Warensortiment

Y

yfir (Akk) 1 über (an Position hinbewegen)
2 über (Überschreitung e-s Maßes)
~ tíu þúsund krónur über zehntausend Kronen
3 (in vielen Verbindungen): z.B.
horf|a yfir e-ð etw. überblicken
yfir (Dat) 1 über (Position)
2 (in vielen Verbindungen): z.B.
bú|a yfir e-u über etw. verfügen
yfir(varar)skegg (s2) Schnurrbart
yfirborð (s2) **Oberfläche**
yfirborðsleg|ur oberflächlich
yfirbragð (s2) Aussehen;
äußere Erscheinung
yfirbygging (w2) Karosserie
yfirdrag|a (↑ draga) überziehen (Konto)
yfirfar|a (↑ fara) e-ð überprüfen
(Motor, Rechnung, Text etc.)
yfirferð, -ar, -ir (w3) Überprüfung
yfirfær|a, -i, -ði, -t (v2) e-ð übertragen
(von A zu B; von Entwurf auf Endzustand usw.)
yfirgef|a (↑ gefa) e-ð
verlassen (Person, Ort)
yfirgnæfandi (Adj.) (unv.) überwiegend
yfirgrip (s2) Umfang
(inhaltliche Reichweite, z.B. e-s Textes)
yfirgripsmikil|l, -, -mikið umfangreich
yfirheyr|a, -i, -ði, -t (v2) e-n verhören
yfirheyrsl|a (w1) Verhör
yfirhöfn, -hafnar, hafnir (w6) Jacke
yfirhöfuð überhaupt
yfirleitt generell
yfirlit (s2) yfir e-ð Überblick
yfirlýsing (w2) Aussage; Erklärung
(Bekanntmachung)
yfirmaður (↑ maður) Chef; Leiter
(e-r Gruppe, Versammlung)
yfirskin (s2) Vorwand
yfirskrift, -ar, -ir (w3) Überschrift
yfirsýn, -ar, -ir (w3) Überblick
yfirtak|a (↑ taka) übernehmen
(eine Funktion ~; auch maschinell)
yfirvöld (Ö! s2 Mz) Behörde

yl|ur, -jar *(m2 Ez)* Wärme
  (angenehme Umgebungstemp.)
yndi *(s3)* Lust
yppt|a, -i, -i, yppt *(v2)* **öxlum** mit der
  Schulter zucken
ytri *(Ez m, w)*, **ytra** *(Ez s)*, **ytri** *(Mz)* äußerer
ýfð|ur, ýfð, ýft rau *(See)*
ýk|ja, -i, -ti, ýkt *(v2)* übertreiben
ýkj|ur *(w1 Mz von ýkja)* Übertreibung
ýkt voll *(fam.)*
ýmisleg|ur verschieden
ýms|ir *(m)*, **ýms|ar** *(w)*, **ýmis** *(s)*
  einige *(verschiedene)*
ýt|a, -i, -ti, ýtt *(v2)* **e-u** **1** schieben
  2 drücken *(Tür)*

Þ

Þ þ Buchstabe „Thorn"
það¹ *(Pron.)* das; es; **~ eina** das einzige;
  ~ sama dasselbe
það² *(Adv.)* so; **~ mikið** so viel
þagg|a *(v1)* **niður** *i* **e-um**
  zum Schweigen bringen *(jdn. ~)*
þak, -s, þök *(Ö! s2)* Dach
þakgrind, -ar, -ur *(w3)*
  Dachträger *(am Fahrzeug)*
þakk|a *(v1)* **e-um fyrir e-ð** danken *(jdm.*
  für etw.) ▶ **Ekkert að þakka.** Nichts zu danken.
þakklát|ur dankbar
þakplat|a *(Ö! w1)* Dachplatte
  (mst. Wellblech)
þangað dorthin; **~ til núna** bisher
þank|i *(m1)* Gedanke
þannig so; auf diese Weise;
  ~ að so dass
þar da; dort; **~ eð** weil
þarflaus überflüssig; unnötig
þarfn|ast, -ast, -aðist, -ast *(v2)* **e-s**
  brauchen; benötigen
þarm|ur, -s, -ar *(m2)* Darm
þarna dort *(wenn man draufdeutet)*
þau + *(Frauenname)* er und *(Frauenname)*
  ▶ **Þau Dísa** Er und Dísa
þau + *(Männername)* sie und *(Männername)*
  ▶ **Þau Palli** Sie und Palli
þaul- gründlich *(Adv.)* ;
  ~kann|a *(v1)* **e-ð** gründlich untersuchen;
  ~reynd|ur, -, -reynt sehr erfahren
þá **1** da(mals); zu dem Zeitpunkt
  (bes. in der Vergangenheit)

2 danach; anschließend *(zeitl.)*
þátíð, -ar, -ir *(w3)* Vergangenheit
  (Grammatik)
þátt|ur, -ar, þættir *(m2)*
  1 Abschnitt; Kapitel
  2 Sendung *(Rundfunk)*; **tak|a** *(stV↑)* **~**
  teilnehmen *(aktiv mitmachen)*
þáttaröð, -raðar, -raðir *(Ö! w6)*
  Serie *(Fernseh≈, Buch≈)*
þátttakand|i, -a, -takendur *(m1)*
  Teilnehmer
þef|a *(v1)* schnüffeln; riechen *(Geruch*
  bestimmen); **~ af e-u** **1** riechen *(an etw.)*
  2 einen ersten Eindruck verschaffen
  (s. von etw.)
þef|ja *(v1)* riechen *(Geruch verströmen)*
þef|ur, -jar *(m2 Ez)* Geruch *(unangenehm)*
þeg|ja, -i, þagði, þagað *(v5)* schweigen
þegar¹ *(Adv.)* **1** schon *(bereits)*
  2 sofort; **~ í stað** auf die Stelle
þegar² *(konj.)* als *(zeitl.)*; sobald *(wenn)*
þeir + *(Männername)* er und *(Männername)*
  ▶ **Þeir Palli** Er und Palli
þek|ja, þek, þakti, þakið *(v5)*
  be-/zudecken
þekk|ja, -i, -ti, -t *(v2)* **1** kennen
  2 erkennen
þekkt|ur, -, - bekannt
þema *(s1)* Thema
þemb|a *(w1)* Blähung
þess vegna deshalb
þey! pst!
þén|a *(v1)* verdienen *(Geld)*
þétt|ur, þétt, þétt dicht
þétting *(w2)* Dichtung *(Isolierung)*
þið + *(Name)* du und *(Name)*
  ▶ **Þið Dísa** du und Dísa
þiðn|a *(v1)* tauen
þilfar, -s, þilför *(Ö! s2)* Deck *(Schiff)*
þinn/þín/þitt ...! du ...!
  (Anrede, meist schimpfend)
þíðviðri *(s3)* Tauwetter
þjapp|a *(v1)* **e-u saman**
  zusammendrücken
þjálf|a *(v1)* trainieren
þjálfar|i *(m1)* Trainer
þjálfun *(w5)* Ausbildung;
  Training(szustand)
þjást, þjáist, þjáðist, þjást *(v2)* **af e-u**
  leiden *(Schmerzen haben)*
þjóð(ar)- national
þjóð, -ar, -ir *(w3)* Nation; Volk

þjóðarskrá *(w7)* Verfassung *(polit.)*
þjóðerni *(s3)* Nationalität
þjóðfélag, -s, -félög *(Ö! s2)*
Gesellschaft *(soziolog.)*
þjóðfélagsleg|ur gesellschaftlich
þjóðhátíð, -ar, -ir *(w3)* Nationalfeiertag
þjóðhætt|ir *(m Mz, ↑ háttur)* Folklore
þjóðsöng|ur, -s, -var *(m2)*
Nationalhymne
þjóðveg|ur, -ar, -ir *(m2)* Hauptstraße;
~ **ur. 1** Ringstraße um Island
Þjóðverj|i *(m1) (für♀ und ♂)* Deutsch(er)
þjóðþing *(s2)* Parlament *(allg.)*
þjóf|ur, -s, -ar *(m2)* Dieb
þjófnað|ur, -ar, -ir *(m2)* Diebstahl
þjón|a *(v1) e-um* dienen
þjón|n, -s, -ar *(m5)* Kellner;
Ober *(Restaurant)*
þjónust|a *(w1)* Bedienung;
Service; Dienst
þjónustustúlk|a *(w1)* Bedienung
þjórfé *(s2 Ez)* Trinkgeld
þjót|a *(stV↑)* **1** stürmen; wehen *(Wind)*
2 springen; rennen
þjöl, þjalar, þjalir *(Ö! w6)* Feile
þok|a *(w1)* Nebel
þokkalega *Adv.)* sauber
þol|a, -i, -di, -að *(v2)* aushalten; leiden;
ertragen
þolinmóð|ur, -, -mótt geduldig
þolinmæð|i, -i *(w8)* Geduld
þor *(s3 Ez)* Mut
þor|a, -i, -ði, -að *(v2) e-ð* wagen;
zutrauen *(s. etw. ~)*
þorp *(s2)* Dorf
þorr|i[1] *(m1)* Mehrheit
þorr|i[2] *(m1)* Mittwintermonat
*(4. Wintermonat, ab Freitag
der 13. Winterwoche, 19. - 26. Jan)*
þorrablót *(s2 Ez)* Mittwinterfest
þorramat|ur, -ar, -ar *(m2)*
Mittwinteressen *(in saurer Molke
haltbar gemacht)*
þorsk|ur, -s, -ar *(m2)* Kabeljau
þorskalýsi *(s3)* Lebertran *(von Kabeljau)*
þorskflak, -s, -flök *(Ö! s2)* Kabeljaufilet
þorsti *(m1)* Durst
þot|a *(w1)* Düsenflugzeug
þó denn noch; trotzdem;
~ **að** obwohl; ~ **nokkuð** beträchtlich
þras|a *(v1)* nörgeln; keifen
þrautseig|ur hartnäckig;

ausdauernd; zäh
þrá|r, -, -tt widerspenstig; unnachgie-
big; querköpfig
þráð|ur, -ar, þræðir *(m2)* **1** Faden
2 Draht; **slá** *(stV↑)* **á ~inn** *(fam.)*
telefonieren
þrátt fyrir *(Präp.) (Akk)* trotz
þreif|a *(v1)* **á** *e-u* anfassen
þrennir *(m)*, **þrennar** *(w)*, **þrenn** *(s)*
drei Paar *(bzw. paarige Gegenstände
wie Hose, Schere)*
þrep *(s2)* Stufe; Phase
þreyt|a, -i, -ti, þreytt *(v2)*
ermüden *(vt) (jdn.)*
þreyt|a, -i, -ti, þreytt *(v2)* erschöpfen
þreyt|ast, -ist, -tist, þreyst *(vi) (v2)*
müde werden
þreytandi *(unv.)* anstrengend;
ermüdend
þreytt|ur müde
þriðjudag|ur, -s, -ar *(m2)* Dienstag
þrif|inn sauber; geputzt
þrifnað|ur, -ar *(m2 Ez)* Pflege;
Sauberkeit
þríf|a *(stV↑)* **1** erfassen; ergreifen; pa-
cken **2** saubermachen; aufräumen;
~ **í** *e-ð* / **til** *e-s* greifen *(nach etw.)*
þríhyrning|ur, -s, -ar *(m2)* Dreieck
þrítugsaldur *(s2)* zwischen 20 u. 30
Jahren alt, eher an die 30
þrjósk|ur hartnäckig; stur
þroska|ður 1 reif *(Frucht, Person)*
2 erwachsen
þrot *(s2)* Elend *(Mangel)*
þró|a *(v1)* entwickeln
þró|ast, -ast, -aðist, -ast *(v1)*
entwickeln, s.
þróað|ur fortgeschritten
(Kenntnisse, Krankheit etc.)
þrótt|ur, -ar *(m2)* Stärke *(Kraft, Ausdauer)*
þróun *(w5)* Entwicklung
þrum|a *(w1)* Donner
þrumuský *(s2)* Gewitterwolke
þrumuveður *(A! s2)* Gewitter
þrútn|a *(v1)* anschwellen
þrýst|a, -i, -i, þrýst *(v2)* drücken
(allg., Knopf)
þrýsting|ur, -s, -ar *(m2)* Druck *(physikal.)*
þröng|ur 1 eng **2** schmal
3 knapp *(Kleidung)*
þumal|l, -s, þumlar *(A! m5)* Daumen
þumalfingur, -s, -fingur *(m)*

Wörterbuch Isländisch – Deutsch

(↑ **fingur**) Daumen
þung|ur schwer *(Gewicht)*
þungbrýn|n, -, -t verärgert;
stirnrunzelnd
þungbú|inn tiefbewölkt
þungfær, -, -t schwer befahrbar
(wg. Schnee)
þunglyndi *(s3)* Depression
þunn|ur dünn *(Durchmesser)*
þurf|a *(stV↑)(stV* þarf, þurfti, þurft) *að gera e-ð*
müssen; ~ *e-ð / e-s* benötigen; brauchen
þurr, -, -t trocken
þurrk|a *(v1)* **1** (ab)wischen
2 (ab)trocknen *(vi, vt) (von sich aus
und etw. ~)*; ~ *e-ð* **út** ausradieren
þurrk|ur, -s, -ar *(m2)* Trockenheit
þurrkari *(m1)* Wäschetrockner
þú|a *(v1)* duzen
þúf|a *(w1)* Erdbülte *(auf Buckelwiesen)*
þvag *(s2 Ez)* Urin
þvagblaðr|a *(Ö! w1)* Harnblase
þver, -, -t **1** quer *(Position zu etw. anderem)*
2 querköpfig; stur; störrisch
þverá, -r, -r *(w7)* Nebenfluss
þvergat|a *(Ö! w1)* Querstraße
þverhaus, -s, -ar *(m3)* Querkopf
þverhnípi *(s3)* Abgrund
þverhnípt|ur senkrecht abfallend
(Felswand)
þvermál *(s2)* Durchmesser
þvers og kruss durcheinander
þverslauf|a *(w1)* Fliege *(Binder)*
þverúðug|ur hartnäckig
þving|a *(v1)* zwingen *(bedrängen)*
því¹ *(Adv.)* um so;
~ **miður** leider; **því ... því** je ...desto
því² *(Adv.)* weil
þvílík|ur, -, -t solch ein(e)
þvo, þvæ, þvoði, þvegið *(v2)*
waschen *(allg., auch Wäsche)*;
~ **upp** abwaschen; spülen *(Geschirr)*
þvott|ur, -s, -ar *(m2)* Wäsche *(Waschgut)*
þvottaduft *(s2)* Waschpulver
þvottaklemm|a *(w1)* Wäscheklammer
þvottaplan, -s, -plön *(Ö! s2)*
Autowaschplatz
þvottastöð, -var, -var *(w3)*
Autowaschanlage
þvottavél, -ar, -ar *(w3)* Waschmaschine
þvæl|ast, -ist, -dist, -st *(v2)*
1 herumtreiben, s.
2 lustlos gehen

3 abnützen, s.
þybb|inn dick
þykj|a, -ir, þótti, þótt *(v3)*
vorkommen *(den Anschein haben)*;
e-um **þykir** *e-ð* **leitt** bedauern *(etw. ~;
Höflichkeitsausdruck)*;
~ **vænt um** *e-n/e-ð* lieb haben;
gerne mögen
þykj|ast, -ist, þóttist, þóst *(v3)*
vorkommen *(s. ~, glauben von s.)*
þykk|ur dick *(voluminös)*
þykkn|a *(v1)* **upp** bedecken *(Himmel)*
þykkt, -ar, -ir *(w3)* Dicke;
Stärke *(von Material)*
þyngd, -ar, -ir *(w3)* Gewicht
þyrl|a *(w1)* Hubschrauber
þyrm|a, -i, -di, -t *(v2) e-um*
verschonen *(jdn. ~)*
þyrnir *(m4)* Stachel *(Pflanze)*
þyrst|ur durstig
þýð|a, -i, þýddi, þýtt *(v2)* **1** bedeuten
2 übersetzen *(Sprache)*;
~ **ekkert** keinen Sinn ergeben
þýð|ur, -, þýtt sanft *(im Umgang)*
þýðand|i, -a, þýðendur *(m1)* Übersetzer
þýðing *(w2)* **1** Bedeutung **2** Übersetzung
þýsk|a *(w1)* Deutsch
þýsk|ur deutsch; ~**t mál** *(s2)* Deutsch
Þýskaland *(s2 Ez)* Deutschland
þæfingur, -s *(m3 Ez)* schlechtes
Durchkommen *(wg. neugefallenem Schnee)*
~**sferð, -ar, -ir** *(w3)* schwierige Fahrt
wg. Schnee
þæg|ur brav, folgsam
þægileg|ur angenehm; bequem
þær + *(Frauenname)* sie und *(Frauenname)*
▶ **Þið Dísa** Sie und Dísa
þögul|l, -, -t schweigsam
þökk *(w6)* Dank; ~ **sé** *(Dat)* dank *(jdm.)*
þörf, þarfar, þarfir *(Ö! w6)* Bedürfnis

Æ

æ immer *(immer besser, schlechter etc.)*
æð, -ar, -ar *(w3)* Ader *(allg.)*
æð|a, -i, æddi, ætt *(v2)* rennen
æf|a, -i, -ði, -t *(v2)* üben; proben *(z.B. Chor)*
æfing *(w2)* Übung
æja, æi, áði, áð *(v2)* Station
(~ machen auf Reise)

æl|a, -i, -di, -t (v2) kotzen; speien
(z.B. Seevögel Tran zur Verteidigung)

æp|a, -i, -ti, -t (v2) schreien; brüllen;
~ *að e-um* anbrüllen *(jdn. ~)*

ær, ær, ær (w unreg.) Mutterschaf

æs|a, -i, -ti, æst (v2) *e-n* erregen;
~ *(til reiði)* aufregen *(jdn. ~)*;
~ *sig upp yfir* *e-u / e-um* aufregen
(s. ~ über etw. / jdn.);
~ *upp á móti sér* aufbringen
(jdn. gegen sich ~)

æsandi (unv.) erregend; aufregend *(erot.)*

æsing (w2) Unruhe *(Aufregung)*

æsk|a (w1 Ez) Jugend

æskustöð|var (w3 Mz) Heimat
(Herkunftsdorf oder -hof)

æt|ur, -, ætt essbar

ætandi (unv.) scharf

ætl|a (v1) wollen; vorhaben

ætli (unv.) wohl *(fraglich: ob wohl …)*

ætt, -ar, -ir (w3) Familienstammbaum;
Clan

ættað|ur stammen *(Familie)*

ættarmót (s2) Treffen des
Familienclans

ættarnafn, -s, -nöfn (Ö! s2)
Nachname *(~ e-s Familienclans)*

ættbyggð, -ar, -ir (w3)
Heimat *(Familiensitz)*

ætting|i, -ja, -jar (m1) Angehöriger;
Verwandter

æv|i, -i, -ir (w8) Lebensgeschichte
(individuelle ~)

ævintýri (s3) **1** Abenteuer **2** Märchen

Ö

öðrumegin einseitig
(nur eine Seite von zwei)

öðruvísi (unv.) (Adv.) verschieden; anders

öfg|a (v1) übertreiben *(mst. negativ)*

öfg|ar (w3 od. m2 Mz) Übertreibung

öflug|ur heftig; stark *(energiereich)*

öfug|ur **1** verkehrt **2** umgekehrt

öfundsjúk|ur neidisch

ögr|a (v1) aufreizen

ökkl|i (m1) Fußknöchel

ökuljós (s2) Scheinwerfer

ökumaður (↑ maður) Fahrer

ökuskírteini (s3) Führerschein

ökutæki (s3) Fahrzeug

öl (s2) Leichtier *(unter 2,25 %)*

öld, aldar, aldir (Ö! w6) Jahrhundert

öldugang|ur, -s, -ar (m2) Wellengang

ölkeld|a (w1) kohlensäurehaltige Quelle

ölvað|ur, ölvuð (Ö!), **ölvað** betrunken

ömurleg|ur bestürzend, schrecklich
(Aussehen, Ereignis)

önd, andar, endur (w6) Ente

öngul|l, -s, önglar (A! m5) Angelhaken

önn, annar, annir (Ö! w6) Vierteljahr

önnum: vera (stV↑)
~ *kafin(n)* sehr beschäftigt sein

ör, -var, -var (w3) Pfeil *(Bogen, Zeichen)*

ör, örs, ör (s2) Narbe

örbylgjuofn, -s, -ar (m3)
Mikrowellengerät

örðugleik|i (m1) **1** Schwierigkeit
(widrige Umstände, oft finanziell) **2** Krise

örgjörv|i (m1) Mikroprozessor

örlítil|l, -, -lítið winzig

örlög (Ö! s2 Mz) Schicksal

örmagna (unv.) schwach *(erschöpft)*

örn, arnar, arnir (Ö! w6) Adler

örugg|ur sicher *(gefahrlos)*

örugglega (Adv.) sicher

örvæntingarfull|ur verzweifelt

öryggi (s3) Sicherung *(auch elektr.)*

öryggisbelti (s3) Sicherheitsgurt *(Auto)*

öryggishjálm|ur, -s, -ar (m2)
Schutzhelm

öryggislok|i (m1) Sicherheitsventil

öryggismyndavél, -ar, -ar (w3)
Überwachungskamera

öryggisnæl|a (w1) Sicherheitsnadel

örþreytt|ur erschöpft

öræfi (s3 Mz) Wüste

ös, asar, asir (Ö! w6) Betrieb

öskr|a (v1) brüllen; schreien

öskubakk|i (m1) Aschenbecher

öskufall (s2 Ez) Aschenfall

öskufok (s2) Aschenflug

öskuill|ur wütend

öskulag, -s, öskulög (Ö! s2)
Aschenlage

öskuspá, -r, -r (w7)
Aschenfallvorhersage

öxi, axar, axir (Ö! w6) Axt

öxl, axlar, axlir (w6) Schulter

öxul|l, -s, öxlar (A! m5) Achse

A

Aal ál|l, -s, -ar *(m5)*
ab **1** *(Adv.) (abgetrennt)* af *(Dat)*
 2 *(Präp.) (zeitl. / räuml.)* frá *(Dat)*;
 ~ **16** frá 16 ára aldri
ab und zu af og á; annað veifið
abbiegen beyg|ja, -i, -ði, -t *(v2)*
abbrechen **1** *(vorzeitig beenden)* hætt|a, -i,
 -i, hætt *(v2)*; bind|a *(stV↑)* enda *á* e-ð
 2 *(z. B. Studium ~)* flosn|a *(v1)* upp frá e-u
 3 *(herunterbrechen)* brjót|a *(stV↑)* e-ð af e-u
Abend kvöld *(s2)*; zu ~ essen borð|a *(v1)*
 kvöldmat; ~**rot** rökkur *(s2 Ez)*
 (m. Art. rökkrið A!); heute ~ í kvöld
Abendessen kvöldmat|ur, -ar, -ar *(m2)*
 (Dat Ez -mat, *m. Art.* -matnum)
abends að kvöldlagi; að kvöldi til
Abenteuer ævintýri *(s3)*
aber en
Aberglaube hjátrú, -ar *(w3 Ez)*
abfahren **1** *(losfahren)* legg|ja,
 legg, lagði, lagt *(v5)* af stað;
 legg|ja, legg, lagði, lagt *(v5)* í hann
 2 *(Reifen ~)* slíta *(stV↑)* dekkjunum
Abfahrt **1** *(losfahren)* brottför, -farar, -farir
 (Ö! w6) **2** *(von Hauptstraße)* fráaein, ar, -ar
 (w3); afrein, -ar, -ar *(w3)*
 3 *(Ski)* brekk|a *(w1)*
Abfall rusl *(s2)*
abfallen **1** *(wegfallen von etw.)* dett|a
 (stV↑) af e-u **2** *(Gelände)* hall|a
 3 *(~ gegenüber, schlechter sein)* ver|a *(stV↑)*
 lakari *(Ez m/w, Mz m/w/s)* / lakara *(Ez s)* en
abfliegen **1** *(Passagier)* far|a *(stV↑)* af landi
 brott **2** *(Flugzeug)* hef|ja *(stV)* sig á loft
Abflug brottflug *(s2)*
Abfluss afrennsli *(s3)*; frárennsli *(s3)*
Abführmittel hægðalyf *(s2)*
abgeben *(jdm. etw. ~)* skil|a *(v1)* e-um e-u
abgehen *(Lawine, Mure)* fall|a *(stV↑)*
abgelaufen *(Pass)* útrunn|inn
 ▶ **Der Pass ist ~.** Vegabréfið er runnið út.
abgelegen afskekkt|ur
abgemacht! segjum það!
Abgrund **1** *(Schlucht)* hyldýpi *(s3)*;
 þverhnípi *(s3)* **2** *(sinnbildlich)* heljar þröm,
 þramar, þramir *(w6 Ö!)*
 ▶ **vor dem ~ stehen** vera á heljar þröm
Abhang brekk|a *(w1)*; fjallshlíð, -ar, -ir *(w3)*

abhängen **1** *(von Wand)* tak|a *(stV↑)*
 e-ð niður af e-u **2** *(mit etw. verknüpft sein)*
 ver|a *(stV↑)* háð|ur, -, - e-u
abhängig **1** *(von etw. ~ sein)* ver|a *(stV↑)*
 kom|inn undir e-u
 2 *(süchtig)* ver|a *(stV↑)* háð|ur, háð, háð e-u;
 ver|a *(stV↑)* ofurseld|ur, -, -selt e-u
 ▶ **Das ist davon abhängig, wie das Wetter wird.**
 Það er undir því komið hvernig veðrið verður.
abheben **1** *(Geld)* tak|a *(stV↑)* út
 2 *(Flugzeug)* hef|ja *(stV↑)* sig á loft
abholen *(jdn./etw. ~ von)* sækj|a,
 -i, sótti, sótt *(v5)* e-n á e-n stað
 ▶ **Ich hole dich vom Flughafen ab.**
 Ég sæki þig út á flugvöll.
Abitur stúdentspróf *(s2)*
abkühlen¹ *(vi) (kälter werden)* kóln|a *(v1)*
 ▶ **Es kühlt ab** *(Wetter).* Það fer að kólna.
abkühlen² *(vt)* kæl|a, -i, -di, -t *(v2)* e-ð
abkürzen **1** *(kürzer machen)* stytt|a, -i, -i,
 stytt *(v2)* **2** *(Weg)* stytt|a, -i, -i, stytt *(v2)* sér
 leið **3** *(Schreibung)* skammstaf|a *(v1)*
Abkürzung **1** *(Weg)* styttri leið, -ar, -ir *(w3)*
 2 *(Wort)* skammstöfun, -ar,
 skammstafanir *(Ö! w5)*
ablegen *(Schiff)* legg|ja, legg, lagði, lagt
 (v5) frá e-u
ablehnen *(Bitte)* hafn|a *(v1)* e-u;
 (höflich etw. Angebotenes) afþakka *(v1)* e-ð
Ablehnung **1** *(z. B. einer Bitte, eines Antrags)*
 höfnun, -ar, hafnanir *(Ö! w5)*
 2 *(Missbilligung)* vanþóknun, -ar *(w3 Ez)*
Abmachung samkomulag, -s, -lög *(Ö! s2)*
abmelden afskrá, afskrái, afskráði,
 afskráð *(v2)* sig frá e-u
abnehmen¹ *(vi)* **1** *(s. verringern)* minnk|a
 (v1); *(Anzahl)* e-u fækk|ar, -aði, -að *(v1)*
 2 *(~ an Gewicht)* létt|ast, -ist, -ist, lést *(v2)*
 ▶ **Es werden immer weniger Besucher.**
 Gestum fækkar stöðugt.
abnehmen² *(vt)* **1** *(jdm. etw. ~)* tak|a *(stV↑)*
 e-ð frá e-um **2** *(Telefon)* svar|a *(v1)*
 3 *(Hut)* tak|a *(stV↑)* ofan
Abonnement áskrift, -ar, -ir *(w3)*
Abonnent áskrifandi, -a,
 áskrifendur *(m1)*
abonnieren ger|ast, -ist, -ðist, -st *(v2)*
 áskrifandi að e-u
abräumen *(Esstisch)* tak|a *(stV↑)*
 af borðinu
abrechnen **1** *(Rechnung aufstellen)*

ger|a, -i, -ði, -t *(v2)* upp
2 *(zur Rede stellen)* lát|a *(stV↑) e-n*
standa reikningsskap gerða sinna
Abreise brottför, brottfarar,
brottfarir *(Ö! w6)*
abreisen legg|ja, legg, lagði,
lagt *(v5)* af stað
abreißen 1 *(etw. ~ von etw.)* ríf|a *(stV↑)*
e-ð af e-u **2** *(nicht aufhören)* hald|a *(stV↑)*
endalaust áfram ▶ **den Kontakt (nicht)**
~ lassen missa (ekki) sambandið við e-n
absagen hætt|a, -i, -i, hætt við *(v2)*
Absatz 1 *(Text)* málsgrein, -ar, -ar *(w3)*
2 *(Schuh)* hæl|l, -s, hælar *(m5)*
abschaffen afnem|a *(↑ nema) e-ð*
abschätzen met|a *(stV↑)*; áætl|a *(v1)*;
~ig niðrandi *(unv.)*
abschicken send|a, -i, -i, sent *(v2)*
(af stað)
Abschied kveðj|a *(w1)*
abschleppen 1 *(Auto)* drag|a *(stV↑)*
2 *(s. ~ mit)* baks|a *(v1) við e-ð*; streð|a *(v1)*
við e-ð **3** *(jdn. anbaggern)* ná, nái, náði,
náð *(v2)* sér í *e-n*; fífl|a *(v1)* í konu;
(erfolgreich) skor|a *(v1)* ▶ **Kannst du**
mein Auto zur nächsten Werkstatt ~?
Geturðu dregið bílinn minn á næsta
verkstæði?
Abschleppseil dráttartaug,
-ar, -ar *(w3)*
Abschleppwagen dráttarbíl|l,
-s, -ar *(m5)*
abschließen 1 *(Tür)* læs|a, -i, -ti, -t
(v2) e-u; **Tür ~** læsa hurðinni
2 *(Vertrag)* undirrit|a *(v1)*
3 *(beenden)* ljúk|a *(stV↑) e-u*
4 *(Studium)* útskrif|ast *(v1)*
abschneiden sker|a *(stV↑)* af *e-u;*
(jdn. das Wort ~) gríp|a *(stV↑)*
fram í fyrir *e-um*
Abschnitt kafl|i *(m1)*; þátt|ur, -ar,
þættir *(m2) (Dat Ez þætti, Dat Mz þáttum)*
abschrauben skrúf|a *(v1)* af *e-u*
abschreiben 1 *(Text)* afrit|a *(v1)*
2 *(verloren geben)* afskrif|a *(v1)*
abschwäch|en *(s. ~, z. B. Hochwasser)*
rén|a *(v1);* **~ung** rénun *(w5 Ez)*
▶ **Der Ausbruch schwächt sich ab.**
Gosið er í rénun.
absenden send|a, -i, -i, sent *(v2) e-ð*
(af stað)

Absender sendand|i, -a,
sendendur *(m1)*
Absicht áform *(s2)*; skyn *(s2)*;
ásetning|ur, -s, -ar *(m2) (Dat Ez -ingi,*
m. Art. -ingnum) ▶ **Das war keine ~.**
Ég ætlaði ekki að gera þetta.
absichtlich viljandi; að ásettu ráði
Abstand 1 *(räuml.)* fjarlægð, -ar, -ir *(w3)*;
2 *(zeitl.)* (milli)bil *(s2)* ▶ **in regelmäßigen**
Abständen með reglulegu millibili
abstimmen 1 *(Stimme abgeben)*
kjós|a *(stV↑)*; greið|a *(v1, -i, greiddi,*
greitt *(v2)* atkvæði
2 *(etw. aufeinander ~)* aðlag|a *(v1) e-ð e-u*
Abstimmung atkvæðagreiðsl|a *(w1)*
Abstinenz *(kein Alkohol)* bindindi *(s3)*;
~ler bindindismaður *(↑ maður)*
abstürzen 1 *(Flugzeug)* hrap|a *(v1)*
2 *(Computer)* frjós|a *(stV↑)*
Abteil klef|i *(m1)*
Abteilung deild, -ar, -ir *(w3)*
Abtreibung fóstureyðing *(w2)*
abtrennen 1 *(abschneiden)* sker|a *e-ð*
af *e-u* **2** *(getrennt halten)* aðskil|ja,
-i, -di, aðskilið *(v2) e-ð frá e-u*
abtrocknen þurrk|a *(v1)*
abwärts niður (á við) ▶ **Es geht ~**
mit jdm. Það hallar undan fæti e-s.
abwaschen þvo, þvæ, þvoum,
þvoði, þvegið *(v2)* upp
abwesend 1 *(nicht präsent)* fjárverandi
(unv.) **2** *(geistig ~)* annars hugar *(unv.)*
abzahlen *(Schulden)* borg|a *(v1) e-u*;
greið|a, -i, greiddi, greitt *(v2)* niður
Abzug 1 *(Foto)* framköllun, -ar,
framkallanir *(w5)*; *(Digitalfoto)*
netprent *(s2)*; netframköllun *(w5)*;
stafræn framköllun *(w5)*
2 *(Dunst≈)* gufugleyp|ir *(m4)*;
háf|ur, -s, -ar *(m2) (Dat Ez háfi,*
m. Art. háfnum) **3** *(Waffe)* gikk|ur,
-s, -ir *(m2) (Dat Ez gikk, m. Art. gikknum)*
Achse 1 *(Auto≈)* öxul|l, -s, öxlar *(A! m5)*
2 *(Dreh≈)* (snúnings-) möndul|l,
-s, -möndlar *(A! m5)*
achten *(respektieren)* virð|a, -i, virti,
virt *(v2)*
Achtung 1 *(Respekt)* virðing *(w2)*;
2 *(Aufmerksamkeit)* athygli *(s3)*
▶ **Achtung!** ATH! *(Abk. für „athygli")*
Acker akur *(m3)*

Adapter millistykki *(s3)*

addieren leggja, legg, lagði,
agt *(v5) e-ð* saman

Ader **1** *(allg.)* æð, -ar, -ar *(w3)*
2 *(Arterie)* slagæð, -ar, -ar *(w3)*
3 *(Vene)* bláæð, -ar, -ar *(w3)*

Adler örn, arnar, ernir *(Ö! w6)*

Adresse heimilisfang, -s,
∣ eimilisföng *(Ö! s2)*

Affe api *(m1)*; apaköttur *(m6)*

Agentur umboð *(s2)*

äh *(Einschiebsel)* hérna

ähneln líkjast, -ist, -tist, líkst *e-um*

ähnlich líkur *e-u*; svipaður *e-u*

Ähnlichkeit **1** *(gewisse ~)* svipur, -s, -ir
með *e-um (m2) (Dat Ez* svip, *m. Art.* svipnum)
2 líkindi *(s2 Mz) (auch: Wahrscheinlichkeit)*

Ahnung **1** *(Verdacht)* grunur, -s *(m2)*
2 *(vages Wissen)* hugboð *(s2) um e-ð*
▶ **Ich habe keine ~.** (Ég hef) enga hugmynd.

Airbag *(Auto)* loftpúði *(m1)*

aktiv **1** *(s. einbringend)* virkur; duglegur
2 *(Vulkan)* virkur; ≈ität virkni *(m Ez unv.)*

aktuell **1** *(Nachrichten, Geschehnis)*
nýjastur, nýjust, nýjast
2 *(n der Diskussion)* efst á baugi
3 *(n Mode)* ~ sein vera *(stV↑)* í tísku

Akzent **1** *(Aussprache)* hreimur,
-s, -ar *(m2) (Dat Ez* -mi, *m. Art.* -mnum);
mit ~ sprechen talja *(v1)* með hreim
2 *(zeichen über Vokal)* kommja *(w1)*;
broddur, -s, -ar *(m2)*

Alarm viðvörun, -ar, viðvaranir *(Ö! w5)*;
~zustand hættuástand *(s2 Ez)*; **~stufe**
hættustig *(s2)*
▶ **Es wurde ~stufe Rot ausgelöst.**
Lýst var yfir hæsta hættustigi. **Der ~zustand wur-**
de aufgehoben. Hættuástandi var aflýst.

alarmieren gefja *(stV↑)* út viðvörun; jdn.
~ kallja *(v1) e-n* út

Alkohol áfengi *(s3 Ez)*

alkoholfrei áfengislaus

alkoholisch áfengur; ~e Getränke áfen-
gir drykkir *(m2 Mz)*

alle **1** *(gesamt)* allir *(m)*, allar *(w)*,
öll *(Ö! s)* **2** *(zu Ende)* búinn
3 *(aufgebraucht)* uppúrinn
▶ **Das Bier ist ~.** Bjórinn er búinn.

alleir einn *(m)*, ein *(w)*, eitt *(s)*
♦ *(Adv.)* upp á eigin spýtur
▶ **Ich bin allein unterwegs.**

Ég ferðast einn.

Allergie ofnæmi *(s3)*

allergisch *(~ sein gegen etw.)* vera *(stV↑)*
með ofnæmi fyrir *e-u*
▶ **Ich bin ~ gegen Gräser.**
Ég er með ofnæmi fyrir grösum.

alles allt; **Alles klar!** Allt í lagi!

allgemein *(Adj.)* almennur
♦ *(Adv.)* almennt

allmählich smám saman

Allradantrieb fjórhjóladrif *(s2)*;
~wagen fjórhjóladrifinn bíll *(m5)*

alltäglich daglegur

Alphabet stafróf *(s2)*; stafrófsröð,
-raðar, -raðir *(Ö! w6)*;
≈isch í stafrófsröð

als **1** *(zeitl.)* þegar **2** *(Vergleich)* en
3 *(in der Eigenschaft von)* sem

als ob eins og

also **1** *(folglich)* þess vegna
2 *(Interj.)* nú; bara; jæja; sko; sem sagt
(deutsches „also" bleibt oft unübersetzt)
▶ **Also hör mal!** Heyrðu mig nú!

alt gamall, gömul *(Ö!)*, gamalt;
(über 60) fullorðinn; roskinn

Alter **1** *(Lebensabschnitt)* aldur *(m3)*
2 *(hohes Alter)* elli *(s3)*

altmodisch úreldur, -, úrelt;
gamaldags *(unv.)*

Altstadt *(gamli)* miðbær *(↑ bær)*
▶ **In der ~ von Akureyri** í miðbæ Akureyrar

Alufolie álpappír, -s, -ar *(m2)*
(Dat Ez -ir, *m. Art.* -irnum)

Aluminium ál *(s2)*

Ambulanz göngudeild, -ar, -ir *(w3)*

Ameise maur, -s, -ar *(m3) (Dat Ez* maur,
m. Art. maurnum)

Ampel umferðarljós *(s2)*

Amt **1** *(Gebäude)* skrifstofa *(w1)*
2 *(Institution)* deild, -ar, -ir *(w3)*;
stofa *(w2)*;
Finanz≈ skattstofa *(w2)*;
Auswärtiges ~ utanríkisráðuneyti *(s3)*
3 *(was man innehat)* embætti *(s3)*

amtlich opinber, -, -t

amüsieren *(s. ~)* skemmta, -i, -i,
skemmt sér *(v2)*

an **1** *(räuml.)* á *(Dat)*; við *(Akk)*
2 *(bis heran ~)* að *(Dat)* **3** *(zeitl.)* á *(Dat)*;
am Freitag á föstudag

anbauen **1** *(hinzubauen)* byggja,

-i, -ði, -t *(v2)* við e-ð
2 *(Landwirtschaft)* rækt|a, -i, -i, rækt *(v2)*
anbieten bjóð|a *(stV↑) e-um e-ð*
▶ **Darf ich dir etwas ~?**
Má bjóða þér eitthvað?
Andenken 1 *(Gedenken)* minning *(w2) um e-n*
2 *(Souvenir)* minjagrip|ur, -s, -ir *(m2)*
andere/r/s annar *(m Ez)*, önnur *(ö! w Ez)*,
annað *(s Ez)*, aðr|ir *(m Mz)*, aðr|ar *(w Mz)*,
önnur *(ö! s Mz)*
ändern breyt|a, -i, breytti,
breytt *e-u (v2)*
anders öðruvísi
anderswo annars staðar
Änderung breyting *(w2)*
andeuten *(nicht klar sagen)* gef|a *(stV↑)*
e-ð í skyn; (bitten) far|a *(stV↑)* fram á e-ð
anerkennen 1 *(loben, akzeptieren)*
viðurkenn|a, -i, -di, -t
2 *(Forderung)* fall|ast *(stV↑)* á e-ð
▶ **Man muss ~, dass ...**
Það verður að viðurkenna að ...
Anfall 1 *(Wut~)* reiðikast, -s, -köst *(ö! s2)*
2 *(epileptischer ~)* (flogaveikis)kast,
-s, -köst *(ö! s2)*
3 *(Arbeits~)* vinnuham|ur, -s, -ir *(m2)*
(Dat Ez -ham, m. Art. -hamnum)
Anfang byrjun *(w5)*
▶ **Ein ganz guter ~.** Ágætis byrjun.
anfangen byrj|a *(v1)*
Anfänger byrjand|i, -a, byrjendur *(m1)*
anfangs til að byrja með
anfassen 1 *(berühren)* snert|a, -i, -i, snert
(v2) e-n; á / (fig.) þreif|a *(v1)* á e-u *(v2)* **2** *(s. ~)*
ver|a *(stV↑)* ... viðkomu
▶ **Nicht ~!** Ekki snerta á þessu!
Angabe upplýsing *(w2)*
(meist in Mz als upplýsingar*)*
angeben *(nennen)* gef|a *(stV↑) e-ð* upp
2 *(Zoll)* lýs|a, -i, -ti, -t *(v2) yfir e-u*
3 *(behaupten)* fullyrð|a, -i, fullyrti,
fullyrt *(v2)* **4** *(Ton ~)* gef|a *(stV↑)* tóninn
5 *(prahlen)* gort|a *(v1) af e-u;*
grobb|a *(v1) af e-u;* mont|a *(v1) sig af e-u;*
(vor jdm. mit etw.) skrum|a *(v1) um e-ð*
Angebot tilboð *(s2)*
angehen kom|a *(stV↑) e-um* við
▶ **Das geht dich nichts an.**
Þetta kemur þér ekkert við.
Angehöriger ætting|i, -ja, -jar *(m1)*
Angel 1 *(Fischerei)* veiðistöng,

-stangar, -stangir *(ö! w6)*
2 *(Tür~)* löm, lamar, lamir *(ö! w6)*
Angellizenz veiðileyfi *(s3)*
Angelschnur girni *(s3)*
Angelegenheit mál *(s2)*
angeln veið|a, -i, veiddi, veidd *(v2)*
Angelrute veiðistöng, -stangar,
-stangir *(ö! w6)*
angemessen hæfileg|ur;
viðeigandi *(unv.)*
angenehm ánægjuleg|ur; notaleg|ur;
þægileg|ur ▶ **Wie angenehm!** En notalegt!
Angestellter starfsmaður *(↑ maður)*
angreifen 1 *(attackieren)* ráða|st *(stV↑)*
á e-n **2** *(Kritik)* gagnrýn|a, -i, -di, -t *(v1)*
harðlega **3** *(chemisch)* tær|a *(v1);*
4 *(angegriffen, beschädigt)* haf|a *(stV↑)*
orðið fyrir skaða;
(Gesundheit) veikburða *(unv.)*
Angreifer árásamaður *(↑ maður)*
Angriff árás, -ar, -ir *(w3)*
Angst 1 *(Beunruhigung)* kvíð|i *(m1);*
áhyggj|ur *(w1 Mz)* **2** *(Furcht)* hræðsl|a *(w1);*
ótt|i *(m1); ~ haben vor etw.* ver|a *(stV↑)*
hrædd|ur *(m)*, hrædd *(w)* við e-ð
anhaben *(Kleidung)* ver|a *(stV↑)* í e-u
▶ **Du hast keine geeigneten Schuhe an.**
Þú ert ekki í réttum skóm.
anhalten *(stoppen)* stöðv|a *(v1)*
Anhalter *(per ~ fahren)* far|a *(stV↑)*
á puttanum
Anhänger 1 *(Auto~)* tengivagn, -s, -ar
(m2) **2** *(Unterstützer)* stuðningsmaður
(↑ maður) **3** *(Schmuck)* (háls)men *(s2)*
(Dat Mz menjum Gen Mz menja)
Anker akkeri *(s3)*; *vor ~ liegen*
ligg|ja *(stV↑)* við akkeri
ankern varp|a *(v1)* akkeri
anklagen *(jdn. bei od. vor etw. ~)*
kær|a, -i, -ði, -t *(v2) e-n til e-s fyrir e-ð*
Ankleidekabine *(Kaufhaus)*
(skipti)klef|i *(m1)*
anklicken smell|a *(stV↑)* á e-ð
ankommen kom|a *(stV↑)* á áfangastað
ankündigen tilkynn|a, -i, -ti, -t *(v2)*
Ankunft kom|a *(w1)*
Anlage 1 *(techn.)* kerfi *(s3)* **2** *(sanitäre ~)*
snyrting *(w2)*; snyrtiaðstað|a *(ö! w1)*
3 *(Stereo≈)* græj|ur *(w1 Mz)*
4 *(Grün≈)* graseyj|a *(w1) (zwischen*
Fahrbahnen); grænt svæði *(s3) (Park)*

... (Geld≈) fjárfesting (w2)

Anlasser startari (m1)

anlegen 1 (Geld ~) fjárfest|a, -i, -i, -fest (v2) **2** (errichten) hann|a (v1); skipulegg|ja (↑ **leggja**) **3** (Schiff) legg|ja, legg, lagði, lagt (v5) að

Anlegestelle kæ|i, kæja, kæjar (m1); hafnarbakk|i (m1)

Anleitung leiðbeining (w2)

anmachen 1 (Maschine einschalten) ræs|a, -i -ti, -t (v2) **2** (Lampe, Radio, TV) kveik|ja, -i, -t, -t (v2) á e-u **3** (jdn. anmachen) reyn|a, -i, -di, -t (v2) við e-n; drag|a (stV↑) sig eftir e-um
▶ **Mach nicht mit von der Seite an!**
Vert' ekki að bögga mig! (sl.)

anmelden 1 (ankündigen) tilkynn|a, -i, -ti, -t (v2) **2** (sich eintragen in etw.) skrá, skrái, skráði, skráð (v2) sig í e-ð

Anmeldung skráning (w2)

annähern nálg|ast (v1)

annehmen 1 (entgegen nehmen) tak|a (stV↑) á móti e-u **2** (akzeptieren) samþykk|ja, -i, -ti, -t (v2) e-ð **3** (~vermuten) ger|a (stV↑) ráð fyrir e-u
▶ **Ich nehme an, dass er krank ist.**
Ég geri ráð fyrir því að hann sé lasinn.

Anorak úlp|a (w1)

anpassen aðlag|a (v1) e-ð að e-u

anprobieren mát|a (v1)

anpumpen slá (stV↑) e-n um e-ð
▶ **Er hat mich um 5000 Kronen angepumpt.**
Hann sló mig um fimmþúskall.

Anruf (Telefon) símkall, -s, símköll (Ö! s2)

Anrufbeantworter símsvari (m1)

anrufen hring|ja, -i, -di, -t (v2) í e-n; bjall|a (v1, fam.) í e-n; slá (stV↑) á þráðinn (fam.) ▶ **Ich ruf dich an.** Ég hringi í þig.

anschauen skoð|a (v1)

anscheinend að því er virðist

Anschluss 1 (Telefon, Verkehrsmittel) teng|ing (w2) **2** (sozialer Kontakt) samband, -s, sambönd (Ö! s2)

anschwellen 1 (s. aufblähen) bólgn|a (v1); þrútn|a (v1) **2** (Fluss) ver|a (stV↑) í vexti; vax|a (stV↑)

ansehen skoð|a (v1); (s. mit etw. näher befassen) kík|ja, -i, -ti, -t (v2) á e-ð

ansetzen 1 (an etw. anbringen) set|ja, set, seti, sett (v4) e-ð að e-u

2 (veranschlagen mit) met|a (stV↑) e-ð á e-ð

Ansicht (Meinung) skoðun (w5)

Ansichtskarte póstkort (s2)

Ansiedlung (kleiner Ort) bæ|r, -jar, -ir (m4)

ansprechen ávarp|a (v1) e-n

Anspruch 1 (anspruchsvoll sein) kröf|ur (Ö! w1 Mz); Ansprüche stellen ger|a, -i, -ði, -t (v2) kröfur **2** (Rechts≈) réttindi (s3 Mz) til e-s

anspruchsvoll kröfuharð|ur, -hörð (Ö!), -hart; vandfýs|inn; (bes. beim Essen) kræs|inn

Anstalt stofnun (w5)

anständig 1 (ordentlich) almennileg|ur; skikkanleg|ur; anständige Portion almennilegur skammtur **2** (bürgerlich ~) almennileg|ur; virðuleg|ur **3** (sittsam) siðsam|ur, -söm (Ö!), -samt ♦ (Adv.) (richtig, ordentlich) almennilega; skikkanlega
▶ **Benimm dich ~ !** Hagaðu þér eins og maður!

anstecken 1 (Ring) set|ja, set, setti, sett (v4) upp **2** (Anstecknadel) næl|a, -i, -di, -t (v2) e-ð í e-ð **3** (Krankheit) smit|ast (v1) af e-u

ansteckend smitandi (unv.)

Ansteckung smit (s2)

anstelle von í staðinn fyrir (Akk)

anstellen 1 (sich, in Warteschlange~) stand|a (stV↑) í biðröð **2** (in Arbeit ~) ráð|a (stV↑) e-n í vinnu **3** (Radio) kveik|ja, -i, -ti, -t (v2) á e-u **4** (etw. Dummes ~) ger|a, -i, -ði, gert (v2) e-ð af sér ▶ **Stell dich nicht so an!** Láttu ekki einsog kelling.

Anstieg 1 (auf Berg) uppgang|a (Ö! w1) **2** (Erhöhung) hækkun (w5)

anstrengend þreytandi (unv.)

Anstrengung 1 (Versuch zu etw.) viðleitni (w Ez unv.); den ~ zu etwas machen sýn|a, -i, -di, -t (v2) viðleitni í e-u / til e-s **2** (Kraftaufwand) áreynsl|a (w1); fyrirhöfn, -hafnar, hafnir (Ö! w6); ómak, -s, ómök (Ö! s2)

Anteil 1 (an e-r Sache) hlutdeild, -ar, -ir (w3) í e-u **2** (von etw. in einer Menge) hlut|i (m1) **3** (Mitgefühl) hluttekning (w2); (bes. im Trauerfall) samúð, -ar (w3 Ez)

Antenne antenn|a (w1); loftnet (s2)

Antibabypille getnaðarvarnapill|a *(w1)*
  (Aussprache: -pilla ohne „ttl")
Antibiotikum fú(k)kalyf *(s2)*
antik forn, -, fornt; fornaldar-
Antrag **1** *(amtlich)* umsókn, -ar, -ir *(w3)*;
  ~sfrist umsóknarfrest|ur, -s, -ir *(m2)*
  2 *(Heirats≈)* bónorð *(s2)*
Antwort svar, -s, svör *(Ö! s2) vlð e-u*
antworten *(jdm.)* svar|a *(v1) e-um*
anvertrauen trú|a, -i, -ði, -að *(v2)*
  e-um fyrir e-u
Anwalt lögmaður;
  málafærslumaður *(↑ maður)*
anwesend viðstadd|ur,
  viðstödd *(ö!),* viðstatt
Anwesenheit **1** *(vor Ort sein)*
  viðver|a *(w1);* viðurvist, -ar, -ir *(w3)*
  2 *(Schule, Uni)* mæting *(w2)*
Anzahl fjöld|i *(m1)*
Anzahlung afborgun *(w5)*
Anzeige **1** *(Polizei)* kær|a *(w1)*
  2 *(Bekanntmachung, in Zeitung)*
  tilkynning *(w2);* auglýsing *(w2)*
  3 *(an Messgerät)* mæl|ir *(m4)*
anzeigen **1** *(bei Polizei)* kær|a, -i, -ði, -t *(v2)*
  e-n fyrir e-ð **2** *(Messgerät)* sýn|a, -i,
  -di, -t *(v2)* ▶ **Ich möchte einen Diebstahl ~.**
  Ég ætla að kæra þjófnað.
anziehen **1** *(Schraube)* herð|a, -i,
  herti, hert *(v2)* **2** *(Kleidung)*
  far|a *(stV↑) í e-ð;* **s. anziehen** klæð|a, -i,
  klæddi, klætt *(v2)* sig
  3 *(~d sein)* ver|a *(stV↑)* aðlaðandi *(unv.)*
Anzug jakkaföt *(Ö! s2 Mz)*
anzünden kveik|ja, -i, -ti, -t *(v2) í e-ð*
Apfel epl|i *(s3)*
Apfelsine appelsín|a *(w1)*
Apotheke apótek *(s2);*
  lyfjabúð, -ar, -ir *(w3)*
Apotheker lyfsal|i *(m1)*
Apparat tæki *(s3)*
Appetit matarlyst, -ar *(w3 Ez)*
  ▶ **Guten ~!** Gerið svo vel. *(Wird nur vom*
  Gastgeber gesagt, ansonsten unüblich!)
applaudieren klapp|a *(v1);*
  jdm. **~** gef|a *(stV↑) e-um* (gott) klapp
Aprikose aprikós|a *(w1)*
April apríl *(m unv.);* **im ~** í apríl
Arbeit vinn|a *(w1);*
  starf, -s, störf *(Ö! s2)*
arbeiten vinn|a *(stV↑)*

Arbeiter verkamaður *(↑ maður)*
Arbeitgeber vinnuveitand|i, -a,
  -veitendur *(m1)*
Arbeitnehmer starfsmaður *(↑ maður)*
arbeitslos atvinnulaus; **~ gemeldet sein**
  ver|a *(stV↑)* á atvinnuleysisskrá
Arbeitsplatz vinnustað|ur, -ar, -ir *(m2)*
  (Dat Ez -stað, *m. Art. -staðnum)*
Archäo|logie fornleifafræð|i, -i
  (w8 Ez); **~loge** fornleifafræðing|ur,
  -s, -ar *(m2) (Dat Ez -ingi, m. Art. -ingnum)*
Architekt arkitekt, -s, -ar *(m3)*
Architektur byggingarfræð|i, -i *(w8)*
Ärger vesen *(s2 Ez)* ▶ **Nichts als ~!**
  Ekkert nema vesen!
ärgerlich **1** *(Stimmung)* gram|ur,
  gröm *(ö!),* gramt *vlð e-n;* sár, sár, sárt;
  fýld|ur, fýld, fýlt; súr, súr, súrt
  2 *(~ Sache)* leiðinleg|ur; pirrandi *(unv.)*
ärgern **1** *(s. ~ über etw.) e-um* gremst *(v5) e-*
  ð; ver|a *(stV↑)* svekkt|ur, -, - *od.*
  ergileg|ur **2** *(jdn. ~)* erg|ja *(v1) e-n;*
  pirr|a *(v1) e-n*
arm **1** *(ohne Geld)* fátæk|ur
  2 *(bedauernswert)* vesalings *(unv.);*
  vesæl|l, -, -t
Arm handlegg|ur, -jar, -ir *(m2) (Dat Ez*
  -legg, *m. Art.* -leggnum); arm|ur, -s, -ar *(m2)*
Armband armband, -s, armbönd *(Ö! s2)*
Armee her, -s, -ir *(m2) (Dat Ez her, m. Art.*
  hernum); herlið *(s2)*
Ärmel erm|i, -ar, -ar *(w8)*
Armut fátækt, -ar *(w3 Ez)*
Art **1** *(Sorte)* tegund *(w5)* **2** *(Weise)* hátt|ur, -
  ar, hættir *(m2) (Dat Ez hætti)* **auf diese ~**
  und Weise með þessum hætti
Artikel **1** *(Ware)* hlut|ur, -ar, -ir
  (m2) (Dat Ez hlut, m. Art. hlutnum)
  2 *(Zeitungs≈)* grein, -ar, -ar *(w5)*
  3 *(Grammatik)* grein|ir *(m4)*
Arzneimittel lyf *(s2)*
Arzt lækni|r *(m4)*
Arztpraxis læknisstof|a *(w1)*
Asche **1** *(Verbranntes)* ask|a *(Ö! w1)*
  2 *(vulkanisch)* ask|a *(Ö! w1);* gjall *(s2 Ez);*
  ~nfall öskufall *(s2 Ez);*
  ~nfallvorhersage öskuspá, -r, -r *(w7)*
  ▶ **Vom Berg wird ~ heruntergeweht.**
  Það er öskufok ofan af fjallinu.
Aschenbecher öskubakk|i *(m1)*
Aschenlage öskulag, -s, öskulög *(Ö! s2)*

Aschenstrom *(pyroklastischer Strom)*
 gjóskuflóð *(s2)*
Ase ás, -s, æsir *(m3)*;
 ~nglauben ásatrú, -ar *(w3 Ez)*;
 Gesellschaft der ~ngläubigen
 Ásatrúarfélag *(s2 Ez)*
Asphalt malbik *(s2 Ez)*;
 ≈iert malbikað|ur, malbikuð, malbikað
Ast grein, -ar, -ir *(w3)*
Asthma astma *(s2)*
Atem and|i *(m1)*; **~zug** andadrátt|ur,
 -ar, -drættir *(m2)*
atmen and|a *(v1)*; drag|a *(stV↑)* andann;
 ein~ and|a *(v1) e-u* að sér
Atom atóm *(s2)*;
 ~dichter atómskáld *(s2)*
auch líka; *(auch nicht)* ekki heldur
auf á *(Dat/Akk)*; **~ etwas drauf**
 ofan á *(oná) e-ð*
aufbewahren geym|a, -i, -di, -t *(v2) e-ð* ▶
 Kannst du mir das zwei Tage ~?
 Geturðu geymt þetta fyrir mig í tvo daga?
Aufbewahrung geymsl|a *(w1)*;
 in ~ í geymslu
aufblasbar uppblás|inn
 (auch: aufgeblasen)
aufblasen blás|a *(stV↑) e-ð* upp
aufbrechen¹ *(vi)* **1** *(s. öffnen)* opn|ast *(v1)*;
 (Erde) rifn|a *(v1)* **2** *(losfahren)* legg|ja,
 legg, lagði, lagt *(v5)*
 í hann; hald|a *(stV↑)* af stað
aufbrechen² *(vt)* *(etw. öffnen)*
 brjót|a *(stV↑) e-ð* upp;
 (Wohnung, Auto) brjótast *(stV↑)* inn
Aufenthalt dvöl, dvalar, dvalir *(Ö! w6)*
Auffahrt 1 *(Zufahrt zu Schnellstraße)*
 aðrein, -ar, -ar *(w3)* **2** *(zu Grundstück)*
 heimreið, -ar, -ir *(w3)*
Auffahrunfall aftanákeyrsl|a *(w1)*
auffallen 1 *(jdm. etw. ~)* tak|a *(stV↑)*
 eftir *e-u/e-um* **2** *(Aufmerksamkeit erregen)*
 sker|a *(stV↑)* sig úr; ber|a *(stV↑)* á *e-u*;
 ~d áberandi *(unv.)* ▶ **Mir fiel auf, dass ...**
 Ég tók eftir því að ...
auffordern hvet|ja, hvet, hvatti,
 hvatt *(v5)*
Aufführung *(Bühne)* sýning *(w2)*
Aufgabe uppgáf|a *(w1)*
 (Gen Mz uppgáfna); verkefni *(s3)*
aufgeben 1 *(Gepäck)* skrá, -i, -ði, -ð *(v2)*
 sig inn **2** *(Aufgabe)* f á *(stV↑)*

3 *(resignieren)* gef|ast *(stV↑)* upp
4 *(etw. nicht länger versuchen)*
 gef|a *(stV↑) e-ð* upp *(á bátinn)*
 ▶ **Ich geb's auf.** Ég gefst upp.
aufgehen 1 *(Sonne)* rís|a *(stV↑)*
 2 *(etw. Verschlossenes)* opn|ast *(v1)*
 3 *(ein Licht ~)* ná, nái, náði, náð *(v2) e-u*
 4 *(Teig)* lyft|a, -i, -i, lyft *(v2)* sér
 ▶ **Jetzt ist mir ein Licht aufgegangen.**
 Nú er ég loksins búinn að ná því.
aufhalten 1 *(jdn. stoppen)* stöðv|a *(v1)*
 e-n; stopp|a *(v1) e-n*
 2 *(jdm. die Zeit stehlen)* tef|ja, tef, tafði, ta-
 fið *(v5) e-n / fyrir e-um* **3** *(Hand ~)* rétt|a,
 -i, -i, rétt *(v2)* fram lófann
 ▶ **Ich wurde noch aufgehalten.**
 Ég varð fyrir töfum.
aufhängen heng|ja, -i, -di, -t *(v2)* upp
aufheben 1 *(vom Boden)* tak|a *(stV↑)* upp
 2 *(aufbewahren)* geym|a, -i, -di, -t *(v2) e-ð*
 3 *(beenden, z.B. Alarmstufe)* aflýs|a, -i, -di,
 -t *(v2) e-u*
aufhören *(mit etw. ~)* hætt|a, -i, -i,
 hætt *e-u (v2)*
aufklaren *(Wetter: teilw. ~)* rof|a *(v1)* til;
 birt|a *(v1)* til
aufklären 1 *(erklären)* (út)skýr|a, -i,
 -ði, -t *(v2) e-ð* **2** *(Irrtum)* leiðrétt|a, -i,
 -i, leiðrétt *(v2)* **3** *(Verbrechen)*
 upplýs|a, -i, -ti, upplýst *(v2)*;
 (s. ~) skýr|ast, -ist, -ðist, -st *(v2)*
aufladen *(Batterie, Chip)* hlað|a *(stV↑)*
aufmachen opn|a *(v1)*
aufmerksam athugul|l, -, -t;
 aðgæt|inn; eftirtektarsam|ur,
 -söm *(Ö!)*, -samt
Aufmerksamkeit 1 *(Achtsamkeit)*
 eftirtekt, -ar *(w3 Ez)*; **jdm. ~ schenken**
 veit|a, -i, veitti, veitt *(v2) e-um / e-u*
 eftirtekt **2** *(kleines Geschenk)* (smá)gjöf,
 gjafar, gjafir *(Ö! w6)*
Aufnahme 1 *(Film, Foto)* tök|ur *(Ö! w1)*
 2 *(Ton≈)* upptak|a *(Ö! w1)* **3** *(in Verein)* inn-
 tak|a *(Ö! w1)*; upptak|a *(Ö! w1)*
aufnehmen 1 *(Film)* kvikmynd|a *(v1)*
 2 *(Foto)* ljósmynd|a *(v1)*
 3 *(Ton)* tak|a *(stV↑)* upp
 4 *(jdn. bei sich ~)* tak|a *(stV↑) e-n* inn *til sín*
aufpassen 1 *(achtgeben)* gæt|a, -i, -ti,
 gætt *(v2)* sín */ að sér* **2** *(auf etw. ~, hüten)*
 gæt|a, -i, gætti, gætt *(v2) e-s*; haf|a

(stV↑) auga með *e-um /e-u*
▶ **Pass auf!** Gættu þín! / Gættu að þér!

Aufpreis aukagjald, -s, aukagjöld *(Ö! s2)*; **gegen** ~ fyrir aukagjald

aufpumpen *(Reifen, Boot etc. ~)* dæl|a, -i, -di, -t *(v2)* lofti í *e-ð*

aufräumen tak|a *(stV↑) e-ð* til; þríf|a *(stV↑)*

aufrecht *(stehend)* upprétt|ur; loðrétt|ur

aufregen 1 *(jdn. ~)* æs|a, -i, -ti, -t *(v2) e-n (til reiði)* **2** *(s. ~)* æs|a, -i, -ti, -t *(v2)* sig upp *yfir e-u* ▶ **Reg dich nicht auf!** Vertu ekki að æsa þig upp.; ≈**ung** *(Ärger)* uppnám *(s2)*; ólg|a *(w1)*

aufregend 1 *(spannend)* spennandi *(unv.)* **2** *(erot.)* æsandi *(unv.)*

aufschließen ljúk|a *(stV↑)* upp

aufschreiben *(notieren)* skrif|a *(v1) e-ð hjá sér*; punkt|a *(v1) e-ð* niður; glós|a *(v1)*

Aufschrift áletrun *(w5)*

aufstehen far|a *(stV↑)* á fætur

aufsteigen 1 *(auf Berg)* far|a *(stV↑)* upp *á e-ð* **2** *(Flugzeug)* hækk|a *(v1) flugi*

Aufstrich viðbit *(s2)*

aufsuchen 1 *(jdn. ~)* heimsæk|ja, -i, heimsótti, heimsótt *(v3)* **2** *(etw. ~)* leit|a *(v1) að e-u*

aufwachen vakn|a *(v1)*

aufwärmen 1 *(s. ~)* hlý|ja *(v1)* sér **2** *(Essen ~)* hit|a *(v1) upp*

aufwärts upp

Aufzug lyft|a *(w1)*

Auge aug|a *(s1) (Gen Mz augna)*

Augenarzt augnlækn|ir *(m4)*

Augenblick augnablik *(s2)*
▶ **Einen** ~ **bitte!** Augnablik!

Augenbrauen augnabrún, -ar, -ir *(w3)*

Augentropfen augndrop|ar *(m1 Mz von dropi)*

August ágúst *(m unv.) (↑ April)*

aus 1 *(heraus aus)* út úr *(Dat)* **2** *(Herkunft)* frá *(Dat)* **3** *(Material)* úr *(Dat)*

ausatmen and|a *(v1)* frá *sér*

Ausbildung mennt, -ar, -ir *(w3)*; menntun *(w5)*; *(Schulung)* þjálfun *(w5)*

Ausblick útsýni *(s3)*

ausbrechen 1 *(fliehen)* strjúk|a *(stV↑)* **2** *(Vulkan, Geysir)* gjós|a *(stV↑)*; brenn|a *(stV↑)*
▶ **Die Hekla ist ausgebrochen.**

Hekla er farin að gjósa. / Hekla brennur.

Ausbruch 1 *(Vulkan, Geysir)* gos *(s2)*; *(nur Vulkan)* eldgos *(s2)*; eldsumbrot *(s2)* ▶ **Das war vor dem ~.** Þetta var fyrir gos.

Ausdruck 1 *(Gesichts≈)* svipbrigði *(s3 Mz)* **2** *(Computer≈)* útprentun *(w5)* **3** *(Bezeichnung)* orð *(s2)*

ausdrücken 1 *(s. ~)* tjá, -i, -ði, -ð *(v3) sig*; orð|a *e-ð (v2)* **2** *(Zigarette)* drep|a *(stV↑)* í ▶ **Ich habe mich wohl falsch ausgedrückt.** Ég var víst að orða þetta vitlaust.

ausdrücklich *(Adv.)* skýrt; *(etw. ~ sagen)* seg|ja, -i, sagði, sagt *(v5) e-ð* skýrt og skorinort

ausfahren far|a *(stV↑)* út úr *e-u*

Ausfahrt útkeyrsl|a *(w1)*

Ausfall 1 *(Termin)* niðurfelling *(w2)* **2** *(Funktion)* bilun *(w5)*; **Strom**≈ rafmagnsleysi *(s3)*

ausfallen 1 *(nicht stattfinden)* fall|a *(stV↑)* niður; *(nicht funktionieren)* bil|a *(v1)*; ~ **lassen** fell|a, -i, -di, -t *(v2) niður* ▶ **Der Strom ist ausgefallen.** Það varð rafmagnslaust.

Ausflug skemmtitúr, -s, -ar *(m2)*

Ausfuhr útflutning|ur, -s, -ar *(m2) (Dat Ez -ingi, m. Art. -ingnum)*

ausführen 1 *(exportieren)* flýt|ja, flýt, flutti, flutt *(v5)* út *til e-s* **2** *(Befehl ~)* framkvæm|a, -i, -di, -t *(v3)* **3** *(fortgehen mit jdm.)* far|a *(stV↑)* út *með e-n* **4** *(erklären)* útskýr|a, -i, -ði, -t *(v2) e-ð (itarlega)*

ausführlich ítarleg|ur ♦ *(Adv.)* ítarlega

ausfüllen fyll|a, -i, -ti, -t *(v2)* út

Ausgabe 1 *(Aushändigung)* afhending *(w2)* **2** *(Buch≈)* útgáf|a *(w1)*

Ausgang útgang|ur, -s, -ar *(m2)*

ausgeben 1 *(Geld)* eyð|a, -i, eyddi, eytt *(v2) e-u í e-ð* **2** *(verteilen)* dreif|a, -i, -ði, -t *(v2)* **3** *(aushändigen)* afhend|a, -i, afhenti, afhent *(v2) e-um e-ð*; gef|a *(stV↑) e-ð* út

ausgehen 1 *(bummeln)* rölt|a, -i, -i, rölt *(v2)*; lall|a *(v1)*; fá *(stV↑)* sér göngutúr **2** *(feiern)* djamm|a *(v1)* **3** *(zu Ende gehen)* klár|ast *(v1)* **4** *(erwarten)* bú|ast *(stV↑)* við *e-u* ▶ **Ich gehe davon aus.** Ég byst við því.

▶ **ausgeschlossen** *(nicht in Frage kommend)* útilokað|ur ▶ **Das ist ~!** Það er útilokað.

ausgezeichnet frábær, -, -t
aushalten *(etw. ~)* þol|a, -i, -di, -að *(v2)*
auskennen *(s. ~)* rat|a *(v1)*
▶ Du kennst dich ja aus. Þú ratar.
Auskunft upplýsing *(w2)*
Ausland útlönd *(s2 Mz)*; im ~ erlendis
Ausländer útlending|ur *(m2)*
(Dat Ez -ingi, *m. Art.* -ingnum)
ausländisch erlend|ur, -, erlent
auslaufen 1 *(Flüssigkeit aus etw.)* lek|a
(stV↑) **2** *(Gültigkeit)* fall|a *(stV↑)* úr gildi
3 *(Schiff aus Hafen)* sigl|a, -i, -di, -t
(v2) úr höfn
ausleihen lán|a *(v1)* e-ð út;
(s. etw. ~) lán|a *(v1)* e-ð hjá e-um;
tak|a *(stV↑)* e-ð að láni
ausloggen *(s. ~)* skrá, -i, -ði,
skráð *(v3)* sig út
ausmachen 1 *(ausschalten)* slökk|va *(stV↑)*
á e-u; *(Auto ~)* drep|a *(stV↑)*
á bílnum **2** *(jdm. etw. ~)* e-ð skipt|ir,
-i, skipt *(v2)* e-um máli; e-um mun|ar,
-aði, -að *(v1)* um e-ð
3 *(einen Betrag ~)* kost|a *(v1)*
▶ Das macht mir nichts aus.
Mér er alveg sama.
Ausmaß mæli *(s3)*
Ausnahme undantekning *(w2)*
ausnüchtern lát|a *(stV↑)* renna af sér
ausnutzen nýt|a, -i, -ti, nýtt *(v2)* sér;
notfær|a, -i, -ði, -t *(v2)* sér
auspacken tak|a *(stV↑)* upp úr e-u
Auspuff púströr *(s2)*; pústkerfi *(s3)*
ausradieren strok|a *(v1)* e-ð út;
þurrk|a *(v1)* e-ð út
ausräumen 1 *(Schrank)* tæm|a,
-i, -di, -t *(v2)* **2** *(Verdacht)* eyð|a, -i,
eyddi, eytt *(v2)* grunsemd
Ausrede útúrsnúning|ur, -s, -ar *(m1)*
ausreichen næg|ja, -i, -ði, -t *(v2)*
Ausreise brottför, brottfarar,
brottfarir *(Ö! w6)*
ausrichten 1 *(etw. zustande bringen)*
ná, -i, -ði, -ð *(v2)* e-u fram
2 *(Mitteilung)* fær|a, -i, -ði,
-t *(v2)* e-um frétt
ausruhen hvíl|a, -i, -di, -t *(v2)* sig
Ausrüstung búnað|ur, -ar, -ir *(m2)*;
græj|ur *(w1 Mz)*
ausrutschen skrik|a *(v1)* *(í spori)*; e-um
skrik|ar, -aði, -að *(v1)* fótur

▶ Ich bin ausgerutscht. Mér skrikaði fótur.
Aussage yfirlýsing *(w2)*
aussagen 1 *(als Zeuge ≈ vor)* ber|a *(stV↑)*
vitni fyrir e-u **2** *(ausdrücken)* seg|ja,
-i, sagði, sagt *(v3)*
ausschalten slökk|va *(stV↑)* á e-u;
(Auto ~) drep|a *(stV↑)* á bílnum
ausschiffen skip|a *(v1)* upp
aussehen lít|a *(stV↑)* út;
(das Aussehen) yfirbragð *(s2)*
aussetzen *(etw. an etw. ~)* set|ja,
set, -ti, sett út *(v4)* á e-ð/e-n
▶ Hast du etw. daran auszusetzen?
Hefurðu eitthvað út á það að setja?
außen fyrir utan
außer 1 *(nur nicht)* auk; nema
2 *(es sei denn)* nema hvað
▶ Es war eine gute Tour, ~ dass ich mir
den Fuß verstaucht habe. Það var góð
ferð nema hvað ég tognaði á fæti.
äußerer ytri *(Ez m, w)*, ytra *(Ez s)*,
ytri *(Mz)*
außerdem auk þess
außerhalb utan *(Gen)*; fyrir utan *(Akk)*;
~ des Orts utan bæjarins
außerordentlich óvenjuleg|ur
♦ *(Adv.)* óvenjulega
Aussicht 1 *(von Berg)* útsýni *(s3)*
2 *(Zukunfts≈)* horf|ur *(w1 Mz)*
3 *(Möglichkeit)* möguleik|i *(m1)*;
lík|urnar *(w1 Mz + Artikel)* á e-ð
Aussichtspunkt hringsjá, -r, -r *(w7)*
Aussprache 1 *(Wort)* framburð|ur, -ar, -ir
(m2) **2** *(Klärung, Streitgespräch)*
viðræð|ur *(w1 Mz)*
aussprechen 1 *(Wort)* ber|a *(stV↑)* fram
2 *(fertigsprechen)* ljúk|a *(stV↑)* máli sínu
3 *(s. ~)* opn|a *(v1)* sig **2** *(etw. klären)*
rökræð|a, -i, -ddi, rökrætt
▶ Lass mich mal aussprechen.
Leyfðu mér að ljúka máli mínu.
Ausstattung búnaður, -ar, -ir *(m2)*
aussteigen far|a *(stV↑)* út úr *(Dat)*
ausstellen 1 *(Messe)* sýn|a, -i, -di, -t *(v2)*
2 *(Dokument)* gef|a *(stV↑)* e-ð út
Ausstellung sýning *(w2)*
Austausch skipti *(s3)*;
~schüler / student skiptinem|i
(m1 für ♀ u. ♂)
austauschen skipt|a, -i, -i,
skipt *(v2)* e-ð út fyrir e-ð

Auster ostr|a *(w1)*
austrinken drekk|a *(stV↑)* e-ð út
ausüben 1 *(Beruf)* stund|a *(v1)*
  2 *(Funktion)* framkvæm|a, -i, -di, -t *(v2)*
  3 *(Macht, Druck)* beit|a, -i, -ti, beitt
  (v2) e-u við e-n **4** *(Wirkung)* haf|a
  (stV↑) áhrif á e-n
Ausverkauf útsal|a *(Ö! w1)*
ausverkauft uppseld|ur, -, uppselt
Auswahl úrval *(s2 Ez)*
auswählen vel|ja, vel, valdi,
  valið *(v5)* e-ð út *úr e-u*
auswechseln skipt|a, -i, -i,
  skipt *(v2)* e-u út
Ausweichstelle útskot *(s2)*
Ausweis 1 *(Personal≈)* persónuskilríki
  (s3 Mz) **2** *(Mitglieds≈)* félagsskírteini *(s3)*
auswendig utanbókar *(unv.)*
Auswurf *(vulkanisch)* gjósk|a *(w1)*
auszahlen *(Bank)* borg|a *(v1)* út
ausziehen 1 *(eigene Kleidung)* afklæð|ast,
  -ist, afklæddist, afklæðst *(v2)*
  2 *(aus Wohnung)* flyt|ja, flyt, flutti,
  flutt *(v5)* út *úr íbúð*
Auszubildender nem|i *(m1)*;
  nemand|i, -a, nemendur *(m1)*
Auto bíl|l *(m5)*; bifreið, -ar, -ir *(w3)*;
  mit dem ~ da sein ver|a *(stV↑)* á bíl
Autobahn hraðbraut, -ar, -ir *(w3)*
Autoverleih bílaleig|a *(w1)*
Autowerkstatt bílaverkstæði *(s3)*
Automat 1 *(Geld≈)* hraðbank|i *(m1)*
  2 *(Tank≈, Zigaretten≈)*
  (korta)sjálfsal|i *(m1)*
automatisch sjálfvirk|ur
  ♦ *(Adv.)* sjálfvirkt; *(von selbst)* sjálfkrafa
Autonummer bílnúmer *(s2)*
Autor rithöfund|ur, -ar, -ar *(m2)*
Autowaschanlage þvottastöð,
  -var, -var *(w3)*
Autowaschplatz þvottaplan, -s,
  -plön *(Ö! s2)*

B

Baby ungbarn, -s, ungbörn *(Ö! s2)*
Babyflasche pel|i *(m1)*
Babynahrung mat|ur, -ar, -ar *(m2)*
  fyrir ungbörn

Bach læk|ur, -jar, -ir *(m2)*
  (Dat Ez læk, *m. Art.* læknum)
backen bak|a *(v1)*
Backenzahn jaxl, -s, -ar *(m3)*
Bäcker bakar|i *(m1)*
Bäckerei bakarí *(s2)* *(auch Konditoreien)*
Bad 1 *(Zimmer)* baðherbergi *(s3)*
  2 *(Schwimm≈)* sundlaug, -ar, -ar *(w2)*;
  (Freibecken≈) útisundlaug, -ar, -ar *(w2)*
Badeanzug sundbol|ur, -s, -ir *(m3)*
  (Dat Ez -boli, *m. Art.* -bolnum);
  baðföt *(Ö! s2 Mz)*; sundföt *(Ö! s2 Mz)*
Badehose sundskýl|a *(w1)*
Bademantel baðslopp|ur, -s, -ar *(m2)*
  (Dat Ez -pp(i), *m. Art.* -ppnum)
baden 1 *(Wanne)* baðа sig
  2 *(Schwimmbad)* ver|a *(stV↑)* í sundlaug
  3 *(Meer, See)* ver|a *(stV↑)* á sundi
Badetuch (stórt) handklæði *(s3)*
Badezimmer baðherbergi *(s3)*
bald bráðum
Balkon sval|ir *(Ö! w6 Mz)* *(Dat Mz* svölum);
  auf dem ~ á svölum
Ball 1 *(Sport)* bolt|i *(m1)*
  2 *(Tanzabend)* ball, -s, böll *(Ö! s2)*
  (Ausspr. ball, böll ohne „ttl")
Ballon *(Heißluft≈)* loftbelg|ur, -s, -ir *(m2)*
  (Dat Ez belg, *m. Art.* belgnum);
  (Spielzeug) blaðr|a *(ö! w1)*
Banane banan|i *(m1)* *(Dat Mz* banönum)
Band 1 *(Stoff≈)* band, -s, bönd *(Ö! s2)*
  2 *(Gummi≈)* teygj|a *(w1)*
  3 *(Maß≈)* mæliband, -s, mælibönd *(Ö! s2)*
  4 *(Ton≈)* (segul)band, -s, bönd *(Ö! s2)*
  5 *(Fließ≈)* færiband, -s, færibönd *(Ö! s2)*
  6 *(Gelenkbänder)* liðbönd *(Ö! s2 Mz)*
  ▶ Ich habe mir die Bänder gezerrt.
  Það tognuðu í mér liðbönd.
Bank 1 *(Geldinstitut)* bank|i *(m1)*
  2 *(Sitzbank)* bekk|ur, -jar, -ir *(m2)*
  (Dat Ez bekk, *M. Art.* bekknum)
Bankautomat hraðbank|i *(m1)*
Banknote seðil|l, -s, seðlar *(A! m5)*;
  -kall, -s, -kallar *(m2)* *(fam., nur mit Zahlen)*
  ▶ Kannst du mir fünftausend Kronen leihen?
  Geturðu lánað mér fimmþús(und)kall?
bankrott gjaldþrota *(unv.)*; ~ gehen
  far|a *(stV↑)* á hausinn
Bar 1 *(Kneipe)* bar, -s, -ir *(m2)* *(Dat Ez* bar,
  m. Art. barnum) **2** *(Luftdruck)* bar, -s, bör
  (Ö! s2) ▶ 2,3 bar tvö komma þrjú bör

Bär björn, bjarnar, birnir *(Ö! m6)*
barfuß berfætt|ur
Bargeld reiðufé *(s Ez) (Gen -fjár)*;
klink, -s *(s2 Ez) (fam.)*
Bart skegg *(s2) (Dat Mz -ggjum,*
Gen Mz -ggja)
Basis 1 *(Grundlage)* grunnvöll|ur *(m6)*
2 *(Militär≈)* herstöð, -var, -var *(w3)*
basteln 1 *(heimwerken)* smíð|a *(v1)*
2 *(für Weihnachten z.B.)* föndr|a *(v1)*;
dútl|a *(v1)*
3 *(etw. als Hobby tun)* fikt|a,-að *(v1)*
Batterie batterí *(s2)*
Bau 1 *(Gebäude)* bygging *(w2)*
im ~ sein ver|a *(stV↑)* í smíðum
2 *(Tier~)* bæli *(s3)*; *(Fuchs)* gren *(s2)*
(Dat Mz grenjum, Gen Mz grenja)
Bauch mag|i *(m1)*; kvið|ur, -ar, -ir *(m2)*
(Dat Ez -ði, m. Art. -ðnum);
~schmerzen magaverk|ur, -jar, -ir *(m2)*;
dicker ~ ístr|a *(w1)*; bumb|a *(w1)*
▶ **Der Fluss geht dem Pferd bis zum ~**
Áin er í kvið.
bauen bygg|ja, -i, -ði, -t *(v2)*
Bauer bónd|i, -a, bændur *(m1)*
(Dat Mz bændum, Gen Mz bænda)
Bauernhof bóndabæ|r, -jar, -ir *(m2)*
(Dat Ez -bæ, m. Art. -bænum)
Baum tré *(s2, m. Art. tréð, Dat Ez tré [trénu],*
Dat Mz trjám [trjánum], Gen Mz trjáa [trjánna])
Baumwolle bómull, -ar *(w3 Ez)*
Baustelle 1 *(Straße)* vegavinn|a *(w1)*
2 *(Haus)* byggingarlóð, -ar, -ir *(w3)*
Bauwerk bygging *(w2)*
Beamter *(ríkis)*starfsmað|ur; *(Polizei≈)*
lögreglumað|ur *(↑ maður)*
beanspruchen 1 *(Anspruch stellen)*
kref|jast, krefst, krafðist, krafist *(v5) e-s*
2 *(belasten)* reyn|a, -i, -di, -t *(v2) á e-ð*
beanstanden kvart|a *(v1)* yfir e-u
▶ **Wir möchten die Sauberkeit beanstanden.**
Við ætlum að kvarta yfir skorti á hreinlæti.
bearbeiten 1 *(Antrag)* vinn|a *(stV↑)* úr e-u
2 *(Material)* vinn|a *(stV↑)* úr e-u; *(~ mit etw.)*
meðhöndl|a *(v1)* með e-u
3 *(auf jdn. einreden)* gang|a *(stV↑)* á e-n
beaufsichtigen pass|a *(v1)*
Becken 1 *(Wasch≈)* vask|ur, -s, -ar *(m2)*;
handlaug, -ar, -ar *(w3)*;
(Geschirrspül≈) uppþvottalaug, -ar, -ar *(w3)*
2 *(Schwimm≈)* *(sund)*laug, -ar, -ar *(w3)*

3 *(Anat.)* mjaðmagrind, -ar, -ur *(w3)*
bedanken *(s. ~)* þakk|a *(v1) e-um fyrir e-ð*
bedauer|n 1 *(Höflichkeitsausdruck)* þyk|ja,
-i, -ti, -t *(v2) e-ð leitt*; **~lich** óheppileg|ur
2 *(beklagen)* harm|a *(v1)*
3 *(bemitleiden)* vorkenn|a, -i, -di, -t *(v2) e-um*
▶ **Ich bedauere sehr, dass ...**
Mér þykir mjög leitt að ...
bedecken 1 *(überdecken)* þek|ja,
þek, þakti, þakið *(v5)*
2 *(m. Bettdecke)* breið|a, -i, breiddi,
breitt *(v2) yfir e-n*
3 *(Himmel)* þykkn|a *(v1) upp*;
bedeckt *(Himmel)* skýjað|ur, skýjuð, skýjað
bedeuten 1 *(Wort)* þýð|a, -i, þýddi,
þýtt *(v2)*; merk|ja, -i, -ti, -t *(v2)*
2 *(Symbol, Signal etc.)* tákn|a *(v1)*; **~ð**
merkileg|ur; **un~ð** ómerkileg|ur
▶ **Was soll das ~?** Hvað á þetta að þýða?
Bedeutung 1 *(Sinn)* merking *(w2)*;
þýðing *(w2)*; skilning|ur, -s, -ar *(m2)*
(Dat Ez -ingi, m. Art. -ingnum)
2 *(Wichtigkeit)* mikilvægi *(s3)*;
3 *(Beachtung)* mark, -s, mörk *(Ö! s2)*
bedienen 1 *(Kunde)* afgreið|a, -i,
-greiddi, -greitt *(v2)*
2 *(Maschine)* keyr|a, -i, -ði, -t *(v2)*
3 *(s. ~ lassen)* lát|a *(stV↑)* e-n þjóna sér
Bedienung 1 *(Restaurant)* þjón|n, -s,
-ar *(m5)*; þjónustustúlk|a *(w1)*
2 *(Service)* þjónust|a *(w1)*
3 *(~ e-s Geräts)* notkun *(w5)*
Bedingung skilyrði *(s3)* ▶ **Unter der**
Bedingung, dass ... með því skilyrði að ...;
bedrohen hót|a *(v1) e-um e-u*;
ógn|a *(v1) e-um (með) e-u*
Bedrohung hótun *(w5)*; ógn, -ar, -ir *(w3)*
Bedürfnis þörf, þarfar, þarfir *(Ö! w6)*;
▶ **Ich habe ein dringendes ~**
(ich muss mal) Mér er mál.
beeilen *(es eilig haben)* flýt|a, -i, -ti, -t *(v2)*
sér; *(s. mit etwas ~)* dríf|a *(stV↑)* sig
beeindruckend áhrifarík|ur
beeinflussen haf|a *(stV↑)* áhrif á
beenden *(etw. ~)* ljúk|a *(stV↑)* e-u
beerdigen jarðsyng|ja *(↑ syngja) e-n*
Beerdigung jarðarför, -farar,
-farir *(Ö! w6)*
Beere ber *(s2) (Dat Mz berjum,*
Gen Mz berja); **niedriges ~ngewächs**
(typ. für isl. Krautheide) lyng *(s2)*

Beerenrechen *(langzinkiger Handrechen mit Sack zum Beerenpflücken)* berjatín|a *(w1)*

Beet beð *(s2)*

befahrbar færð; einigermaßen ~ greiðfær; nicht ~ ófær ▶ **Die Straße über Mývatnsöræfi ist nicht befahrbar.** Mývatnsöræfi er ófært.

Befahrbarkeit færð, -ar, -ir *(w3)*

befassen *(s. ~ mit etw.)* fá|st *(stV↑)* við e-ð

Befehl skipun *(w5)*

befehlen skip|a *(v1)* e-um e-ð

befestigen fest|a *(v1)* e-ð við

befinden 1 *(s. an einem Ort)* ver|a *(stV↑)*; finn|ast *(stV↑)* 2 *(s. in einer Lage)* ver|a *(stV↑) í einhverri stöðu* 3 *(etw. für etw. ~)* tel|ja, tel, taldi, talinn e-ð e-ð 4 *(über etw. ~)* tak|a *(stV↑)* ákvörðun *um e-ð*

befördern 1 *(transportieren)* flyt|ja, flyt, flutti, flutt *(v5)* 2 *(dienstlich)* hækk|a *(v1) stöðu e-s*

befreien 1 *(jdn. od. etw.)* frels|a *(v1)* e-n/e-ð *úr e-u* 2 *(s. ~)* losn|a *(v1)* við e-ð *od. undan e-u*

befriedigen fullnæg|ja, -i, -ði, -t *(v2)*; uppfyll|a, i, -ti, -t *(v2)* 2 *(s. ~)* fró|a *(v1) sér*; runk|a *(v1) sér*

begabt gáfað|ur, gáfuð, gáfað

Begabung gáf|ur *(w1 Mz)*

begegnen *(s. ~)* hitt|ast, -ist, -ist, hist *(v2)*

begehen 1 *(auf etw. gehen)* gang|a *(stV↑)* á/í e-ð 2 *(besichtigen)* skoð|a *(v1)* 3 *(unabsichtl. einen Fehler ~)* e-um verður e-ð e-ð; e-um lá|st, láðist, lást *(v2)* e-ð; ger|a *(stV↑)* mistök 4 *(Verbrechen)* frem|ja, frem, framdi, framið *(v5)* glæp

begeistert hrif|inn; nicht sehr ~ sein von etw. ver|a *(stV↑)* lítið gefinn *(m)* / gefin *(w)* fyrir e-u

Begeisterung hrifning *(w2)*

begießen 1 *(Blumen mit Wasser ~)* vatn|a *(v1)* e-u 2 *(übergießen mit etw.)* hell|a, -i, -ti, -t *(v2)* e-u yfir e-n/e-ð 3 *(feiern)* skál|a *(v1) fyrir e-u*

Beginn byrjun *(w5)*; upphaf, -s, upphöf *(Ö! s2)*; upptök *(Ö! s2 Mz)*

beginnen[1] *(vi)* hef|jast *(stV↑)*

beginnen[2] *(vt)* byrj|a *(v1)* e-ð

beglaubig|en *(notariell ~)* löggild|a, -i, löggilti, löggilt *(v2)*; **~t** vottfest|ur

Beglaubigung *(notarielle ~)* lögbókandagerð, -ar, -ir *(w3)*

begleiten fylg|ja, -i, -di, -t *(v2)*

beglückwünschen ósk|a *(v1)* e-um til hamingju *með e-ð*

begreifen skil|ja, skil, -di, skilið *(v4)*; fatt|a *(v1)* e-ð *(fam.)*; botn|a *(v1) í e-u (fam.)*

Begriff 1 *(Wort)* orð *(s2)* 2 *(Vorstellung)* hugmynd, -ar, -ir *(w3)* 3 *(Inbegriff, Image)* ímynd, -ar, -ir *(w3)* 4 *(Konzept, philosoph.)* hugtak, -s, hugtök *(Ö! s2)* ▶ **Das ist mir kein ~.** Ég hef enga hugmynd um þetta.

begrüßen *(jdn. ~)* heils|a *(v1)* e-um

behalten 1 *(bei sich ~)* hald|a *(stV↑)* e-u fyrir sig sjálfa(n); etw. im Kopf ~ geym|a, -i, -di, -t *(v2)* e-u í kollinum 2 *(zurück~)* hald|a *(stV↑)* e-u af e-u

Behälter geym|ir *(m4)*; ílát *(s2)*

behandeln 1 *(Person)* far|a *(stV↑)* með e-n; jdn. gut/schlecht ~ far|a vel/illa með e-n 2 *(ärztlich)* meðhöndl|a *(v1)*

Behandlung 1 *(Arzt)* meðferð, -ar, -ir *(w3)* 2 *(Umgang)* meðhöndlun *(w5)*

behaupten 1 *(sagen)* hald|a *(stV↑)* e-u fram; staðhæf|a, -i, -ði, -t *(v2)*; fullyrð|a, -i, fullyrti, fullyrt *(v2)* 2 *(seine Position halten)* stand|a *(stV↑)* sig á móti e-u; viðhald|a *(↑ halda)* e-u

Behauptung fullyrðing *(w2)*

beheizen hit|a *(v1)*

beherrschen 1 *(kontrollieren)* haf|a *(stV↑)* stjórn *á e-u*; s. ~ hafa stjórn á sér 2 *(gut können)* kunn|a e-ð

behindern hindr|a *(v1)* e-n/e-ð; tálm|a *(v1)* e-ð

behindert fatlað|ur, fötluð *(Ö!)*, fatlað

Behörde yfirvöld *(Ö! s2 Mz)*

bei 1 *(einer Person, zuhause)* hjá *(Dat)* 2 *(an etw.)* við *(Akk)*; á *(Dat)*; ~ sich sein ver|a *(stV↑)* með sjálfum *(m)* / sjálfri *(w)* sér; ~ sich haben ver|a *(stV↑)* með e-ð 3 *(nahe an etw.)* nálægt *(Dat)* 4 *(während e-r Tätigkeit)* meðan *(Dat)*

beibringen 1 *(jdn. etw. lehren)* kenn|a, -i, -di, -t *(v2)* e-um e-ð 2 *(auftreiben)* útveg|a *(v1)* 3 *(etw. schonend ~)* tilkynn|a, -i, -ti -t *(v2)* e-um e-ð af varfærni

beide *(bei gleichen Dingen)* báðir *(m)*, báðar *(w)*, bæði *(s)*; beide Kinder bæði börn *(↑ „sowohl ... als auch"!)*

Beifall lófatak *(s2 Ez)*; klapp *(s2 Ez)*

Beilage 1 *(Essen)* meðlæti *(s3)* 2 *(in Zeitung)* blaðauk|i *(m1)*

3 *(in CD etc.)* viðbæt|ir *(m4)*

Beileid samúð, -ar *(w3 Ez)*; ~ ausdrücken samhrygg|jast, -ist, -ðist, -st
▶ **Mein Beileid!** Ég samhryggist!

Bein fót|ur, fótar, fætur *(m)*
(Dat Ez fæti, *Dat Mz* fótum, *Gen Mz* fóta);
(Unterschenkel) fótlegg|ur, -jar, -ir *(m2)*
(Dat Ez -legg, *m. Art.* -leggnum)

Beiname viðurnefni *(s3)*

beiseite til hliðar; ~ **legen** legg|ja, legg, lagði, lagt *(v5)* til hliðar

Beispiel dæmi *(s3)*; **zum ~** til dæmis

beißen bít|a *(stV↑)* ▶ **Der Hund hat mich gebissen.** Hundurinn beit mig.

bekämpfen berj|ast *(stV↑)* gegn e-um/e-u

bekannt þekkt|ur, -, -; *(s. ~ machen)* kynn|a, -i, -ti, -t sig *(v2)*

Bekannte(r) kunning|i, -ja, -jar *(m1)*

Bekanntschaft 1 *(dass man sich kennt)* kunningsskap|ur, -s *(m2 Ez)*
(Dat Ez -skap, *m. Art.* -skapnum)
2 *(bekannte Person)* kunning|i, -ja, -jar *(m1)*

bekommen fá *(stV↑)*

beladen 1 *(aufladen)* íþyng|ja, -i, -di, -t *(v2)* e-ð **2** *(Gerät)* reyn|a, -i, -di, -t *(v2)* á e-ð **3** *(seelisch)* ligg|ja *(stV↑)* þungt á e-um **4** *(beschuldigen)* ver|a *(stV↑)* bendla|ður *(m)* / bendluð *(w)* við e-ð misjafnt

belästig|en ónáð|a *(v1)*;
≈**ung** ónæði *(s3)*

beleidig|en móðg|a *(v1)*;
≈**ung** móðgun *(w5)*

beleucht|en lýs|a, -i, -ti, -t *(v2)* upp;
≈**ung** lýsing *(w2)*

beliebig hver *(m/w)* / hvað *(s)* sem er

beliebt vinsæl|l, -, -t *(meðal e-s)*;
~ **sein** njót|a *(stV↑)* vinsælda

bellen gelt|a, -i, -i, gelt *(v2)*

Belohnung verðlaun *(s2)*

bemerk|en 1 *(mitbekommen)* tak|a *(stV↑)* eftir e-u; átt|a *(v1)* sig á e-u
2 *(Äußerung machen)* ger|a *(stV↑)* athugasemd við e-ð **3** *(s. ~bar machen)* ger|a *(stV↑)* vart við sig; lát|a *(stV↑)* á sér kræla ▶ **Er bemerkte die Eisglätte nicht.** Hann áttaði sig ekki á hálkunni.

Bemerkung athugasemd, -ar, -ir *(w3)*

bemühen *(s. ~)* legg|ja, legg, lagði, lagt *(v5)* sig allan *(m)* / alla *(w)* fram;

reyn|a, -i, -di, -t *(v2)*

Bemühung *(~ um etw.)* viðleitn|i, -i *(w8)* í e-u / til e-s

benachrichtigen *(jdn. von etw. ~)* lát|a *(stV↑)* e-n vita um e-ð

benannt *(~ nach e-m Verwandten)* heit|a *(stV↑)* í höfuðið á e-um

benehmen *(s. ~)* *(stV↑)* hegð|a *(v1)* sér ▶ **Benimm dich nicht wie ein Idiot.** Láttu ekki eins og fábjáni.

Benehmen hegðun *(s5 Ez)*

benötigen þurf|a *(stV↑)* e-ð; þarfn|ast *(v1)* e-s; þurf|a *(stV↑)* á e-ð að halda; **etw. dringend ~** ver|a *(stV↑)* í brýnni þörf fyrir e-ð

benutzen not|a *(v1)* sér; notfær|a *(v1)* sér e-ð

Benutzer notand|i, -a, notendur *(m1)*

Benzin bensín *(s2)*

Berg-/Hochlandtour fjallgang|a *(ö! w1)*

beobachten fylg|jast, -ist, -dist, -st *(v2)* með e-um/e-u

Beobachtung 1 *(das Observieren)* athugun *(w5 Ez)*
2 *(gezielt gemachte ~)* athuganir *(w5 Mz)* **3** *(zufällig gemachte ~)* haf|a *(stV↑)* séð e-ð

bequem ♦ þægileg|ur ♦ *(Adv.)* þægilega

beraten¹ 1 *(jdn. Rat erteilen)* veit|a, -i, veitti, veitt *(v2)* e-um ráð í e-u; ráðlegg|ja *(↑ legg|ja)* e-um um e-ð
2 *(s. ~)* ræð|a, -i, ræddi, rætt *(v2)* e-ð

beraten² *(~ sein)* **Du bist gut ~, das nicht zu tun.** Ég ræð þér frá að gera það.

Beratung 1 *(Ratschlag)* ráðgjöf, -gjafar, -gjafir *(ö! w6)*
2 *(Besprechung)* viðræð|ur *(w1 Mz)*; *(in Gremien)* umræð|a *(w1)*

berauben svipt|a, -i, -i, svipt *(v2)* e-n e-u; ræn|a, -i, -di, rænt *(v2)* e-u frá e-um

berechtigt 1 *(juristisch)* lögmæt|ur; með réttu **2** *(begründet, z.B. Einwand)* réttmæt|ur; rökstudd|ur, -, - rökstutt

Bereich 1 *(geogr.)* svæði *(s3)*;
in diesem ~ á þessu svæði
2 *(fachlich)* svið *(s2)* **3** *(abgegrenzter ~)* ramm|i *(m1)*; **innerhalb dieses ~s** innan þessa rammans

bereit tilbú|inn *til e-s*; reiðubú|inn *til e-s*;
~ **sein zu etw.** ver|a *(stV↑)* til í/með e-ð
▶ **Bist du bereit zu ... ?** Ert þú til í ... ?

bereiten ger|a, -i, -ði, -t *(v2)* e-ð tilbúið

fyrir e-n; vor~ undirbú|a (↑ búa)
Bereitschaft 1 (zu etw.) ver|a (stV↑)
fús (m/w) til e-s
2 (~sdienst) bakvakt, -ar, -ir (w3)
bereuen sjá (stV↑) eftir e-u
Berg fjall, -s, fjöll (Öl s2)
bergab niður fjallið; ~ gehen
ganga niður fjallið
bergauf upp fjallið; ~ gehen
ganga upp fjallið
Bergsteiger fjallgöngumaður (↑ maður)
Bergsturz grjóthrun (s2)
Bergwerk nám|a (w1)
Bericht skýrsl|a (w1) (Gen Mz -slna)
berichten seg|ja, -i, sagði, sagt
(v3) frá e-u; gef|a (stV↑) skýrslu um e-ð
Beruf starf, -s, störf (Öl s2)
beruhigen 1 (jdn. od. etw.) ró|a (v1) e-n/ e-ð
(niður) **2** (s. ~) ró|ast (v1) **3** (Wetter) læg|ja,
-i, -ði, -t (v2); gang|a (stV↑) niður; slot|a
(v1) e-u **4** (Seegang) læg|ja, -i, -ði, -t (v2)
▶ Der Sturm beruhigt sich. Storminn slotar.
berühmt fræg|ur
berühren 1 (mit den Fingern) snert|a,
-i, -i, snert (v2) e-n, á/við e-u; kom|a (stV↑)
við e-ð **2** (seelisch) snert|a (stV↑) e-n;
tief berührt djúpsnort|inn
▶ Nicht ~ ! Ekki snerta!
Berührung snerting (w2)
Besatzung (Crew) áhöfn, áhafnar,
áhafnir (Öl w6)
beschädigen skað|a (v1)
Beschädigung skað|i (m1); skemmd,
-ar, -ir (w3); tjón (s2)
beschäftigen 1 (s. mit etw. ~)
fá|st (stV↑) við e-ð; sýsl|a (v1) að e-u /
við e-ð; fikt|a (v1) við e-ð; (gedanklich)
pæl|a, -i, -di, -t (v2) í e-u;
beschäftigt sein (keine Zeit haben)
ver|a (stV↑) upptekin(n) af e-u;
2 (als Arbeitnehmer) ráð|a (stV↑) e-n í vinnu;
beschäftigt sein (als Arbeitnehmer) ver|a
(stV↑) [fast]ráðinn í e-ð starf
Beschäftigung 1 (kurze Zeit) föndur (s2)
(m. Art. -ndrið A!); smávinn|a (w1)
2 (Arbeitsverhältnis) atvinn|a (w1)
3 (Aufgabe) starf, -s, störf (Öl s2)
Bescheid 1 (~ wissen) vit|a (stV↑) af e-u;
~ geben lát|a (stV↑) e-n vita af e-u;
upplýs|a, -i, -ti, -t (v2) e-n um e-ð
2 (amtlicher ~) tilkynning (w2);

Steuerbescheid álagningarseðil|l,
-s, -seðlar (A! m5)
bescheiden 1 (genügsam) hófsam|ur,
-söm (Ö!), -samt
2 (gering) rýr; lítilfjörleg|ur
3 (unzureichend) léleg|ur; ómerkileg|ur
Bescheinigung vottorð (s2);
staðfesting (w2)
beschlagnahmen ger|a (stV↑) e-n
upptækan (m) / e-a upptæka (w) /
e-ð upptækt (s)
beschleunigen (Fahrt ~) auk|a (stV↑)
hraða á e-u; (Vorgang ~) flýt|a, -i, -ti,
flýtt (v2) e-u; den Schritt ~
greikk|a (v1) sporið
beschließen 1 (entscheiden) ákveð|a
(stV↑); (endgültig ~) afgreið|a, -i,
afgreiddi, afgreitt (v2); tak|a (stV↑)
ákvörðun um e-ð
2 (etw. beenden) ljúk|a (stV↑) e-u
beschmutzen óhreink|a (v1); at|a (v1)
sig út; (auch bildl.) saurg|a (v1)
beschränken takmark|a (v1); skerð|a,
-i, skerti, skert (v2)
Beschränkung takmörkun, -ar,
takmarkanir (Öl w5)
beschreiben lýs|a, -i, -ti, -t (v2) e-u
Beschreibung lýsing (w2)
beschützen vernd|a (v1) e-ð
gegn e-u; hlíf|a, -i, -ði, -t (v2) e-u
beschuldig|en ásak|a (v1) e-n um e-ð;
≈ung ásökun, -ar, ásakanir (Öl w5)
Beschwerde kvörtun, -ar, kvartanir
(Öl w5)
beschweren (s. ~) kvart|a (v1) undan e-u
beseitigen 1 (entfernen) fjarlæg|ja,
-i, -ði, -t (v2); ryð|ja, ryð, ruddi, rutt
(v5) e-ð úr vegi (Fehler, Missverständnis)
leiðrétt|a, -i, -i, leiðrétt (v2)
Besen kúst|ur, -s, -ar (m2); sóp|ur, -s,
-ar (m2)
besetzen 1 (Platz) pant|a (v1); tak|a (stV↑)
frá **2** (Stelle) mann|a (v1)
3 (Land) hernem|a (↑ nema);
tak|a (stV↑) á sitt vald
besetzt frátek|inn; upptek|inn; (Toilette)
Besetzt! Upptekið!
besichtigen skoð|a (v1)
Besichtigung skoðun (w5)
besiedeltes Gebiet byggð, -ar, -ir (w3)
Besitz eign, -ar, -ir (w3); (Immobilien≈)

-asteign, -ar, -ir *(w3)*; **in Privat≈** í einkaeign
besitzen eig|a *(stV↑)*
Besitzer eigand|i, -a, eigendur *(m1)*
besonderer 1 *(auffallend)* sérstak|ur, sérstök *(Ö!)*, sérstakt
2 *(ungewöhnlich)* óvenjuleg|ur
3 *(charakteristisch)* sérkennileg|ur; spes *unv.) (fam.)*
besonders *(Adv.)* sérstaklega; einstaklega; eindæma
besorgen 1 *(jdm. etw. ~)* útveg|a *(v1)* e-um *ə-ð*; redd|a *e-um e-u*; skaff|a *(v1) e-um e-ð*
2 *(s. etw. ~)* útveg|a *(v1)* sér e-ð; fá *(stV↑)* sér e-ð; verð|a *(stV↑)* sér úti *um e-ð*
besprech|en ræð|a, -i, ræddi, rætt *(v2) e-ð*; **~ung** fund|ur, -ar, -ir *(m2)*
besser betri *(m/w Ez)*, betra *(s Ez)*, betri *(m/w/s Mz)*; *(nicht ganz so schlecht)* skárri *(m/w Ez)*, skárra *(s Ez)*, skárri *(m/w/s Mz)* ♦ *(Adv.)* betur; *(nicht ganz so schlecht)* skár
Bestandteil hlut|i *(m1)*; frumpart|ur, -s, -ar *(m2)*
bestätigen *(Aussage)* staðfest|a, -i, -i, staðfest *(v2) e-ð*; *(beweisen, z.B. Theorie)* sannreyn|a, -i, -di, -t *(v2)*
bestechen mút|a *(v1) e-um*; greið|a, -i, greiddi, greitt *(v2) e-um* mútur
Besteck mataráhöld *(Ö! s2 Mz)*
bestehen¹ *(vi)* **1** *(aus Material)* ver|a *(stV↑)* (gerð|ur) úr *e-u* **2** *(aus mehreren Teilen)* samanstand|a *(↑ standa)* af *e-u*
3 *(existieren)* ver|a *(stV↑)* (til)
4 *(darin ~)* fell|ast *(stV↑)* í *e-u*; ver|a *(stV↑)* fólg|inn í *e-u*
▶ **Es besteht aus Gold.** Það er gert úr gulli.
bestehen² *(vt)* **1** *(auf Meinung ~)* stand|a *(stV↑)* við sína skoðun **2** *(auf Forderung ~)* kref|a, kref, krafði, krafið *(v5) e-s* (framvegis) **3** *(Prüfung)* stand|ast *(stV↑) e-ð*
bestehlen *(jdn. ~)* stel|a *(stV↑) e-ð frá e-um*; svipt|a, -i, -i, svipt *(v2) e-n e-u*
bestellen pant|a *(v1)*
Bestellung pöntun, -ar, pantanir *(Ö! w5)*
bester best|ur, -, -; *(am wenigsten schlecht)* skást|ur, -, - ♦ *(Adv.)* best; *(am wenigsten schlecht)* skást
bestimmen 1 *(entscheiden)* ákveð|a *(stV↑)* **2** *(z.B. Pflanze, Gestein)* (nafn)grein|a, -i, -di, -t *(v2)*; ákvarð|a *(v1)*
3 *(prägen)* set|ja, set, setti, sett *(v2)* svip

(sinn) á e-ð; mót|a (v1) e-ð
bestimmt *(Adj.)* **1** *(definiert, klar; Auftreten)* ákveð|inn **2** *(ein ~er von mehreren)* tiltek|inn; viss- ♦ *(Adv.)* víst; örugglega
▶ **Nein. Doch. ~!** Nei. Jú víst.
bestrafen *(jdn. für etw. ~)* refs|a *(v1)* e-um fyrir e-ð; *(Geldstrafe)* sekt|a *(v1)*
Besuch heimsókn, -ar, -ir *(w3)*
besuchen 1 *(Als Gast)* heimsæk|ja *(↑ sæk-ja)* **2** *(Schule)* far|a *(stV↑)* í skólann
Besucher gest|ur, -s, -ir *(m2)*; *(Zuschauer)* áhorf|andi, -a, áhorfendur *(m1)*; *(Teilnehmer)* þátttakandi, -a, þátttakendur *(m1)*
Betäubung *(Spritze)* deyfing, -ar, -ar *(w2)*; *(Vollnarkose)* svæfing *(w2)*
beten bið|jast *(stV↑)* fyrir; far|a *(stV↑)* með bæn
Beton (stein)steyp|a *(w1)*
betonen 1 *(Aussprache)* haf|a *(stV↑)* áherslu á e-u **2** *(eine Sache ~)* legg|ja, legg, lagði, lagt *(v5)* áherslu á e-ð
Betonung *(Aussprache)* (orð)áhersl|a *(w1)*
betrachten skoð|a *(v1)*
beträchtlich *(Adj.)* talsverð|ur; töluverður; veruleg|ur
♦ *(Adv.)* talsvert; verulega; þó nokkuð
Betrag upphæð, -ar, -ir *(w3)*
betreffen varð|a *(v1)*; snert|a, -i, -i, snert *(v2) e-n*
betreffend *(Adv.)* varðandi e-ð
betreiben 1 *(Geschäft)* rek|a *(stV↑)*
2 *(Tätigkeit)* framkvæm|a, -i, -di, -t *(v2)*
3 *(techn. antreiben)* kný|ja, kný, knúði, knúið *(v5)*; **mit Erdwärme betrieben** knúinn af jarðvarma
betreten far|a *(stV↑)* inn í /á e-ð; **~ verboten!** Óviðkomandi aðgangur bannaður!
Betrieb 1 *(Unternehmen)* fyrirtæki *(s3)*
2 *(techn. in ~ nehmen)* set|ja, set, setti, sett *(v2)* í gang **3** *(viel los sein)* eril|l, -s *(m5 Ez)*; ös, asar, asir *(Ö! w6)*; mannþyrping, -ar, -ar *(w3)* ▶ **Hier ist aber viel ~.** Hér er bara mikið um að vera.
betrinken drekk|a *(stV↑)* sig (blind)fullan *(m)* /-fulla *(w)*; drekk|a sig út úr
Betrug svik *(s2)*
betrügen svík|ja *(stV↑) e-n um e-ð*; *(in Beziehung)* hald|a *(stV↑)* framhjá *e-um*
Betrüger svikar|i *(m1)*

betrunken ölva|ur, ölvuð (ö!), ölvað;
(sauð)drukk|inn; kennd|ur, -, kennt
Bett rúm (s2); bæli (s3) (fam.);
~ **machen** bú|a (stV↑) (upp) um rúm
▶ **ins ~ gehen** fara í rúmið / ganga í háttinn.

betteln betl|a (v1); sník|ja, -i, -ti, -t
(v2) sér e-ð

Bettler betlar|i (m1); vergangsmaður
(↑ maður)

Bettwäsche rúmföt (s2 Mz)

Beule 1 (Kopf) kúl|a (w1) (Gen Mz. kúlna)
2 (Blech) beygl|a (w1)

beurteilen dæm|a, -i, -di, -t (v2); e-um
finn|st (stV↑) um e-ð ▶ **Wie beurteilst du
die Sache?** Hvað finnst þér um málið?

Beute 1 (Tier) bráð, -ar, -ir (w3)
2 (Räuber) (ráns)feng|ur, -jar, -ir (m2)
(Dat Ez -feng, m. Art. -fengnum)

Beutel (allg.) pok|i (m1);
(Plastik≈) plastpok|i (m1);
(Geld≈) (peninga)budd|a (w1); veski (s3)

Bevölkerung íbú|ar (m1 Mz [von íbúi])

bevor áður en; nicht ~ ekki til

bevorzugen (jdn. od. etw. ~) veit|a, -i,
veitti, veitt (v2) e-um/e-u forgang;
tak|a (stV↑) e-n/e-ð fram yfir e-n/e-ð

bewachen vakt|a (v1); gæt|a, -i,
-ti, gætt (v2) e-s; haf|a (stV↑) gát á e-u

bewaffnet vopnað|ur, vopnuð, vopnað

bewegen 1 (etw. ~) hreyf|a, -i, -ði, -t (v2);
(vom Platz ~) hrær|a, -i, -ði, -t e-ð (v2) e-u
2 (jdn. zu etw. ~) hvet|ja, -, hvatti,
hvatt (v5) e-n til e-s
3 (s. räuml. ~) hreyf|ast, -ist, -ðist, -st (v2)

beweglich hreyfanleg|ur

Bewegung 1 (körperlich, politisch)
hreyfing (w2) **2** (innere) geðshræring (w2)
3 (Erd~) jarðhræringar (w2 Mz)

Beweis sönnun, -ar, sannan|ir (ö! w5)

beweisen sann|a (v1) e-ð; fær|a, -i,
-ði, -t (v2) sönnur á e-ð

bewerben (s. ~) sæk|ja, -i, sótti,
sótt (v3) um stöðu hjá e-um

bewohnen bú|a (stV↑) á e-u (Insel);
bú|a (stV↑) í e-u (Land)

Bewohner íbú|i (m1)

bewölkt skýjað|ur, skýjuð, skýjað;
stark ~ þungbú|inn;
leicht ~ léttskýjað|ur, -skýjuð, -skýjað

bewundern dá (v1) e-n; haf|a (stV↑)
dálæti á e-um

bewusst 1 (s. etw. ~ sein) ger|a (stV↑)
sér grein fyrir e-ð; ver|a (stV↑) sér
meðvitað|ur (m) / meðvituð (w) um e-ð
2 (etw. ~ tun) ger|a (stV↑) e-ð
af ráðnum hug

bewusstlos meðvitundarlaus;
≈**igkeit** meðvitundarleys|i, -i (w8);
ómegi (s3) ; ~ **werden** fall|a (stV↑) í ómegi

Bewusstsein meðvitund, -ar (w3 Ez)

bezahlen borg|a (v1); greið|a, -i,
greiddi, greitt (v2);
(mit Kreditkarte ~) strauj|a (v1) (fam.)

bezeichnen 1 (als etw. ~) kall|a (v1) e-ð e-ð;
nefn|a, -i, -di, -t (v2) e-ð e-ð
2 (s. ~) kall|a (v1) sig e-ð

Bezeichnung heiti (s3);
(Kennzeichnung) einkenni (s3)

Beziehung 1 (Kontakt, allg.)
samband, -s, sambönd (ö! s2)
2 (enge Verbindung) tengsl (s2)
3 (Liebes≈) samband, -s, sambönd (ö! s2)
4 (als Verweis auf Sachverhalt) leyti (s2)
in dieser ~ (diesbezüglich) að því leyti

beziehungsweise eða (sem sé)

Bezug 1 (bezüglich etw.) tillit (s2);
hliðsjón, -ar (w3 Ez) af e-u; **mit ~ darauf**
með tilliti til þess / með hliðsjón af því
2 (Stoffhülle) ver (s2); **Kissen≈** koddaver;
Decken≈ sængurver

bezüglich varðandi (unv.)

bezweifeln ef|a (v1) e-ð; ef|ast (v1) um e-ð

Bibliothek bókasafn, -s, bókasöfn (ö! s2)

biegen (etw. krümmen; Auto: abbiegen)
beygj|a, -i, -ði, -t (v2); (sich, unter Gewicht,
Wind) bogn|a (v1)
▶ **Bieg hier nach links ab.**
Beygðu hérna til hægri.

biegsam sveigjanleg|ur

Biene hunangsflug|a (w1) (Gen Mz -flugna)

Bier (über 2,25%) bjór, -s, -ar (m3) (Dat Ez
bjór, m. Art. bjórnum); (Leicht≈) öl (s2);
Malz≈ maltöl; **ein Bierchen zischen**
fá sér einn kaldan.

bieten bjóð|a (stV↑) e-um (upp á) e-ð

Bild mynd, -ar, -ir (w3); (Foto) ljósmynd;
(Gemälde) málverk (s2)

bilden 1 (etw. ~) mynd|a (v1) **2** (hervorrufen)
vald|a (stV↑) e-u **3** (s. ~) mennt|a (v1) sig

Bildhauer myndhöggvar|i (m1)

Bildschirm skjá|r, -s, skjáir (m2);
Computer~ tölvuskjár

Bildung menntun *(w5)*

billig 1 *(preiswert)* ódýr **2** *(wertlos)*
lítils verð|ur, -, vert **3** *(recht und ~)*
sanngjarn, -gjörn *(ö!)*, -gjarnt
4 *(plump, z.B. Trick)* augljós;
blygðunarlaus; ósvíf|inn

Bims gjall *(s2 Ez)*

Binde 1 *(allg.)* bindi *(s3)*
2 *(Damen~)* dömubindi *(s3)*
3 *(Wundverband)* sárabindi *(s3)*

binden bind|a *(stV↑)*

binnen innan *(Gen)*

Birne *(Frucht, Glüh≈)* per|a *(w1)*

bis¹ *(Präp.)* **1** *(örtl.)* að *(Dat)*;
~ hier hingað; ~ dort þangað
2 *(zeitl.)* þangað til; þar til; uns

bis² *(Konj.)* þangað til; áður en

Bischof biskup, -s, -ar *(m2)*

bisher hingað til; til þessa;
þangað til núna

bisschen *(ein ~)* svolítið; soldið *(fam.)*;
hálf- *(unbetont, ↑ halb)*; smá *(fam.)*;
pínu *(fam.)*

bitte 1 *(„gern geschehen")* Það var lítið /
Ekkert málið / Ekkert að þakka.
2 *(„wohl bekomm's")* verði þér að góðu
3 *(„~ sehr", Aufforderung)* gersovel,
(1 Person) gjörðu svo vel; *(mehrere
Personen)* gjörið svo vel
4 *(dringende Bitte)* gerðu það!; plís! *(sl.)*
5 *(in Aufschriften)* vinsamlegast

Bitte beiðn|i, -i, -ir *(w Ez unv., Mz wie w3)*

bitten bið|ja *(stV↑)*

bitter 1 *(Geschmack, Erfahrung)* bitur, bitur,
biturt; beisk|ur
2 *(schmerzend)* sár, sár, sárt
3 *(Kälte)* nístandi *(unv.)*;
Es ist ~kalt. Það er nístandi kuldi.

Blähung þemb|a *(w1)*

Blase 1 *(Wasser≈, Luft≈; am Fuß)* blaðr|a
(Ö! w1); *(Bläschen)* ból|a *(w1)* *(Gen Mz bólna)*
2 *(Harn≈)* þvagblaðr|a *(Ö! w1)*

blasen blás|a *(stV↑)*

blass 1 *(Gesicht)* föl|ur **2** *(Farbe)* föl-;
blassrot fölrauður; *(farblos)* dauf|ur; litlaus
3 *(Erinnerung)* óljós

Blatt 1 *(Laub)* lauf *(s2)*
2 *(Papier)* blað, -s, blöð *(Ö! s2)*

blau 1 *(Farbe)* blá|r, -, blátt
2 *(mit ~en Flecken)* mar|inn; ~es Auge
glóðarauga **3** *(betrunken)* (dauða)drukk|inn;

ölvað|ur, ölvuð, ölvað; (blind)full|ur
4 *(~ machen)* skróp|a *(v1)*

Blech blikk *(s2)*

Blechbüchse blikkdós, -ar, -ir *(w3)*

Blei blý *(s2)*

bleiben ver|a *(stV↑)* kyrr
▶ **Bleib sitzen!** Sittu kyrr!

Bleistift blýant|ur, -s, -ar *(m2)*;
~spitzer blýantsyddar|i *(m1)*

Blende *(Kamera)* ljósop *(s2)*

blende|n 1 *(Licht)* blind|a *(v1)*;
~nd hell skær-
2 *(täuschen)* blekk|ja, -i, -ti, -t *(v2)*;
tæl|a, -i, -di, -t *(v2)*; vél|a *(v1)*
3 *(~d, hervorragend)* ljómandi *(unv)*;
glimrandi *(unv.)* *(fam.)*

Blick augnaráð *(s2)*; (augna)tillit *(s2)*

blind blind|ur, -, blint;
~ für etw. blindur fyrir e-ð

Blinddarm botnlang|i *(m1)*;
~entzündung botnlangabólg|a *(w1)*

Blinker 1 *(Auto)* stefnuljós *(s2)*
2 *(Angel)* spún|n *(m5)*

Blitz 1 *(Gewitter)* elding *(w2)*;
~schlaggefahr eldingarhætt|a *(w1)*
2 *(Lichtblitz)* bloss|i *(m1)* ▶ **Der ~ hat
eingeschlagen.** Það laust niður eldingu.

blitzen *(es blitzt)* það er ljósagangur

Blitzlicht *(Foto)* flass, flass, flöss *(Ö! s2)*

blockieren 1 *(Straße)* lok|a *(v1)* e-u
2 *(Vorhaben)* stöðv|a *(v1)*; hindr|a *(v1)*
3 *(Rad)* fest|a *(v1)*; læs|a, -i, -ti, -t *(v2)*
▶ **Die Straße ist durch Steinschlag blockiert.**
Veginum er lokað vegna grjóthruns.

blond ljóshærð|ur

bloß *(Adj.)* ber, ber, bert; nak|inn
♦ *(Adv.)* *(abschwächend)* bara; (~ etw. tun wol-
len) bara rétt; *(ausschließlich)* eingöngu
▶ **Ich wollte doch bloß ...** Ég bara rétt ætlaði að ...

blühen blómg|ast *(v1)*;
ver|a *(stV↑)* í blóma

Blume blóm *(s2)*

Blumenkohl blómkál *(s2)*

Blumenladen blómabúð, -ar, -ir *(w3)*;
blómaverslun *(w5)*

Blumentopf blómapott|ur, -s, -ar *(m2)*

Bluse blúss|a *(w1)*

Blut blóð *(s2)*

Blutdruck blóðþrýsting|ur, -s, -ar *(m2)*
(Dat Ez -ingi, m. Art. -ingnum)

Blüte 1 *(einzelne ~)* blóm *(s2)* **2** *(kollektiv)*

blómstur *(s2)*; **~zeit** blómaskeið *(s2)*
bluten blæð|a, -i, blæddi, blætt *(v2)*;
ver~ blæða e-m út
blutig blóðug|ur; *(Steak)* lítið steiktur
Boden 1 *(Erd≈)* jörð, jarðar, jarðir
(Ö! w6) (Akk und Dat Ez auch jörðu)
2 *(~material)* jarðveg|ur, -s *(m2 Ez)*
3 *(Grund und ~)* lóð, -ar, -ir *(w3)*;
land, -s, lönd *(Ö! s2)*
4 *(Gefäß≈)* botn, -s, -ar *(m2)*
5 *(Dach≈)* háaloft *(s2)*; ris *(s2)*;
am ~ sein ver|a *(stV↑)* miður sín
Bogen 1 *(Form allg., an Gebäude, Schieß≈)*
bog|i *(m1)* **2** *(Weg, Kurve)* beygj|a *(w1)*
Bohne baun, -ar, -ir *(w3)*
bohren bor|a *(v1)*
Bohrmaschine borvél, -ar, -ar *(w3)*
Bombe sprengj|a *(w1)*
Bonbon brjóstsykur *(s2) (m. Art. -krið A!)*
Boot bát|ur *(m2) (Dat Ez -ti, m. Art. -tnum)*
Bord *(Schiff, Flugzeug)* borð *(s2)*;
an ~ gehen fara um borð
Bordell vændishús *(s2)*
Börse 1 *(Geld≈)* (peninga)budd|a *(w1)*
2 *(Aktien≈)* kauphöll, -hallar, -hallir *(Ö! w6)*
böse 1 *(zornig)* fúl|l, fúl, fúlt;
(fok)vond|ur, -, vont; bálreið|ur, -, bálreitt
2 *(Absicht)* vond|ur, -, vont;
ill|ur, ill, illt; illgjarn, illgjörn, illgjarnt
3 *(schlimm)* slæm|ur; hræðileg|ur
▶ Das sieht ~ aus. Þetta lítur illa út.
Botanik plöntufræð|i, -i *(w8 Ez)*; ~er
plöntufræðing|ur, -s, -ar *(m2)*
(Dat Ez -ingi, m. Art. -ingnum)
Botschaft 1 *(diplomat.)* sendiráð *(s2)*
2 *(Nachricht)* skilaboð *(s2 Mz)*
Botschafter sendiherr|a, -a, -ar *(m1)*
Brand eld|ur *(m2)*; *(Groß≈)* eldsvoð|i *(m1)*
Brandung brim *(s2)*
braten steik|ja, -i, -ti, -t *(v2)*
Braten steik, -ar, -ur *(w3)*
Brauch venj|a *(w1)*; sið|ur, -ar, -ir *(m2)*
(Dat Ez sið, m. Art siðnum)
brauchen 1 *(benötigen)* þurf|a *(stV↑)* e-ð;
(fehlen) e-n vant|ar *(v1)* e-ð;
(dringend) þarfn|ast *(v2)* e-s; e-um
vanhag|ar *(v1)* um e-ð
2 *(ge~)* not|a *(v1)* ▶ Ich brauche Wasser.
Mig vantar vatn.
braun brún|n, -, -t
bräunen 1 *(s. ~)* fá *(stV↑)* á sig brúnan lit

2 *(Kartoffeln)* brún|a *(v1)*
Braut brúð|ur, -ar, -ir *(w3) (Ez Akk Dat brúði)*
Bräutigam brúðgum|i *(m1)*
brav *(folgsam)* þæg|ur; dugleg|ur
brechen¹ *(vi)* **1** *(von selbst zer~, auch Licht)*
brotn|a *(v1)*; *(Eis)* brest|a *(stV↑)*
2 *(er~)* gubb|a *(v1)*; kast|a *(v1)* upp;
æl|a, -i, -di, -t *(v2)*
brechen² *(vt)* *(etw. zer~, auch bildlich)*
brjót|a *(stV↑)*; *(ab~, Schweigen)* rjúf|a *(stV↑)*
Brei graut|ur, -ar, -ar *(m2)*
breit breið|ur, -, breitt
Breite breidd, -ar, -ir *(w3)*
Bremse brems|a *(w1)*; hemil|l, -s, hemlar
(A! m5); auf die ~ steigen stíga á bremsuna
bremsen brems|a *(v1)*; *(langsamer werden)*
hægj|a, -i, -ði, -t *(v2)* á sér
brennen 1 *(Feuer)* brenn|a *(stV↑)*
2 *(Wunde)* svíð|a *(stV↑)*
Brennstoff brenniefni *(s3)*;
(Holz) brennivið|ur, -ar, -ir *(m2)*
Brett *(Holz~)* bretti *(s3)*;
fjöl, fjalar, fjalir *(Ö! w3)*;
(Regal≈) hill|a *(w1)*
Brief bréf *(s2)*
Briefkasten póstkass|i *(m1)*
Briefmarke frímerki *(s3)*
Briefschlitz (bréf)lúg|a *(w1)*
Brieftasche seðlaveski *(s3)*
Briefträger póst|ur, -s, -ar *(m2)*;
(über Land) landpóst|ur
Brille glerau|gu *(s1 Mz) (Gen Mz -gna)*
Sonnen≈ sólglerau|gu;
~ngeschäft gleraugnabúð, -ar, -ir *(w3)*
bringen 1 *(herbei~)* kom|a *(stV↑)* með e-ð;
(jdm. etw. ~) fær|a, -i, -ði, -t *(v2)* e-um e-ð
2 *(weg~)* fjarlægj|a, -i, -ði, -t *(v2)*
3 *(jdn. / etw. zu etw. ~)* fá *(stV↑)* e-n/e-ð til e-ð
4 *(jdn. in eine Lage ~)* kom|a *(stV↑)* e-n í e-ð
5 *(etw. mit sich ~)* haf|a *(stV↑)* í för með sér
Brokkoli brokkólí *(s2)*; spergilkál *(s2)*
Bronze brons *(s2)*
Brot brauð *(s2)*; **Vollkorn~** heilhveitibrauð;
Roggen~ (seytt) rúgbrauð;
in Dampf gegartes ~ hverabrauð
Brötchen rúnnstykki *(s2)*
Bruch 1 *(allg., auch Zahl)* brot *(s2)*
2 *(Knochen≈)* beinbrot *(s2)*
3 *(Vertrag, Beziehung)* rof *(s2)*
4 *(Geologie)* brot *(s2)*; sprung|a *(w1)*
Brücke brú, -ar, brýr *(w)*

(Dat Mz brúm *Gen Mz* brúa*)*
Bruder bróð|ir, -ur, bræður *(m)*
  (Dat Mz bræðrum *Gen Mz* bræðra*)*
Brühe 1 *(Grundlage f. Suppe)* soð *(s2)*;
  (Absud, oft pflanzl.) seyði *(s3)*
  2 *(schmutzige Flüssigkeit)* drull|a *(w1)*
brüllen öskr|a *(v1)*; æp|a, -i, -ti, -t
  (v2) að e-um
Brunnen 1 brunn|ur, -s, -ar *(m2)*;
  Spring~ gosbrunnur
  2 *(Trinkwasser~)* vatnsból *(s2)*
Brust 1 *(Körperregion)* bring|a *(w1)*;
  brjóst *(s2)* **2** *(weiblich)* brjóst *(s2)*;
  die ~ geben gefa barni brjóst
Brustkorb brjóstkass|i *(m1)*
brutal 1 *(gewalttätig)* grimm|ur; skepnu-
  leg|ur; hrottafeng|inn
  ♦ *(Adv.)* grimmt; með ofbeldi
  2 *(sehr stark) (Adv.)* ofsalega;
  grimmilega; hræðilega
Buch bók *(w4)*
buchen bók|a *(v1)* ▶ Ich möchte einen
  Flug nach Egilsstaðir ~. Ég ætla að bóka
  flug til Egilsstaða.
Buchhandlung bókaverslun *(w5)*
Buchstabe bókstaf|ur, -s, -ir *(m2)*
  (Dat Ez -fi, *m. Art.* -fnum*)*
buchstabieren staf|a *(v1)*
  ▶ Kannst du das ~? Geturðu stafað þetta?
Bucht vog|ur, -s, -ar *(m2)*; *(weit u. offen)*
  fló|i *(m1)*; *(flach u. kurz)* vík, -ur, -ur *(w3)*
Buchung bókun *(w5)*
Bügel *(Kleider≈)* herðatré *(s2)*
  (Dat Mz -trjám *Gen Mz* -trjáa*)*
Bügeleisen straujárn *(s2)*;
  Dampf≈ gufustraujárn
bügeln strau|ja *(v1)*
Bühne svið *(s2)*
bunt 1 *(vielfarbig)* litrík|ur;
  litskrúðug|ur; marglit|ur
  2 *(vielfältig)* fjölbreytt|ur, -, -
Burg virki *(s3)*; vígi *(s3)*
bürgen *(~ für etw.)* ábyrg|jast, -ist,
  -ðist, -st *(v2)* e-ð
Bürger *(Staats≈)* (ríkis)borgar|i *(m1)*
Bürgermeister borgarstjór|i *(m1)*;
  der ~ von Reykjavík borgarstjórinn í Reykjavík
Bürgersteig gangstétt, -ar, -ir *(w3)*;
  beheizter ~ snjóbræðsla í gangstétt
Büro skrifstof|a *(w1)*
Bürste burst|i *(m1)*; ≈n burst|a *(v1)*

Bus 1 *(Stadt≈)* strætó, -s, -ar *(m3)*
  2 *(Reise≈)* rút|a *(w1)*
Busbahnhof umferðarmiðstöð,
  -var, -var *(w3)*
Bushaltestelle stoppistöð,
  -var, -var *(w3)*
Busen barm|ur, -s, -ar *(m2)*
Bußgeld sekt, -ar, -ir *(w3)*
Büste *(Statue)* brjóstmynd, -ar, -ir *(w3)*
Büstenhalter brjóstahaldar|i *(m1)*
Butter smjör *(s2)*; *(besonders gesalzene* ~
  *(sér)*saltað smjör

C

Café kaffihús *(s2)*
Camp *(Zelt≈)* tjaldborg, -ar, -ir *(w3)*;
  tjaldbúð|ir *(w3 Mz)*
Camper tjaldbú|i *(m1)*
Campingplatz tjaldsvæði *(s3)*;
  (Platz für ein Zelt) tjaldstæði *(s3)*
  ▶ Kein ~! Tjaldstæði bönnuð!
Chance tækifæri *(s3)*; möguleik|i *(m1)*;
  séns, séns, sénsar *(m3) (fam.)*
  ▶ Keine ~! Ekki séns!
Charakter 1 *(Person)* skap *(s2 Ez;*
  *nicht in Mz „*skóp*“!)*; skapgerð, -ar, -ir *(w3)*;
  lundarfar, -, -för *(ö! s2)*
  2 *(e-r Sache)* eðli *(s3)*
charakteristisch *(~ sein für etw.)*
  einkenn|a, -i, -di, -t *(v2)* e-ð með e-u
Chef yfirmaður *(↑ maður)*; stjór|i *(m1)*;
  boss|i *(m1)*
Chirurg skurðlækn|ir *(m4)*
Chor kór, -s, -ar *(m3)*
  (Dat Ez. kór, *m. Art.* kórnum*)*;
  söngfélag, -s, söngfélög *(ö! s2)*
Christ kristinn maður *(m)* /
  kristin kona *(w)*
Cola kók *(s2)*
Comic *(~heft)* teiknimyndblað, -s,
  -blöð *(ö! s2)*
Computer tölv|a *(w1)*
Container *(Müll≈, Schiffs≈)* gám|ur,
  -s, -ar *(m2)*
cool töff; kúl *(sl.)*; **~er Typ** töffar|i *(m1)*
Cousin frænd|i, -a, -ur *(m3)*
  (m1; Mzform unregl. -ur, *Dat Mz* frændum,
  Gen Mz frænda*)*
Cousine frænk|a *(w1)*

Creme 1 *(Salbe)* áburð|ur, -ar, -ir *(m2)*; smyrsl *(s2)*; krem *(s2)*
2 *(zum Essen)* krem *(s2)*

D

da 1 *(Adv.)* *(örtl.)* þar; *(wenn man daraufdeutet)* þarna; *(zeitl.)* þá **2** *(konj.)* *(als)* þegar; *(weil)* úr því að; þar eð
da(r)- *(Formen wie dabei, danach, daran, darüber, davor, dazu etc. werden so gebildet wie am Beispiel darüber gezeigt:* **sprechen über** = tala um + *(Akk)* *(über entspricht in diesem Fall* um. **da(r)-** *wird durch* hann, hún *oder* það *im entsprechenden Fall wiedergegeben, hier Akk. Im Beispielsatz* **Ich will darüber nicht sprechen** *bezieht sich* **darüber** *weder auf ein männliches noch ein weibliches Wort, also bleibt nur die sächliche Form* það*, deren Akk. ebenfalls* það *lautet. So wird* **darüber** *in diesem Fall mit* um það *wiedergegeben:* Ég ætla ekki að tala um það.
Dach þak, -s, þök *(Ö! s2)*
Dachboden háaloft *(s2)*; ris *(s2)*; **~wohnung** risíbúð, -ar, -ir *(w3)*
daheim heima
dahinter (á) bak við *(Akk)*
damals þá; seit ~ síðan þá
Dame dam|a *(Ö! w1)*; ~ des Hauses frú, -ar, frúr *(w7)*
damit[1] *(Adv.)* með þetta *(↑ da(r)-)*; ~ (nichts) zu tun haben kom|a *(stV↑)* málinu (ekki) við ▶ **Das hat damit nichts zu tun.** Þetta kemur málinu ekki við.
damit[2] *(Konj.)* til þess að
Dämmerung 1 *(Morgen≈)* dögun *(w5)* **2** *(Abend≈)* rökkur, -s, rökkur *(A! s2)* **3** *(allg. Beginn der ≈)* ljósaskipti *(s3 Mz)*; in der ~ í ljósaskiptunum **4** *(nicht ganz dunkle Nacht)* húm *(s2)*
Dampf guf|a *(w1)*; *(heiße Quellen)* reyk|ur, -jar, -ir *(m2)* *(Dat Ez -k, m. Art.* -knum*)* **~säule** gufustrók|ur, -s, -ar *(m2)*; **~bad** gufubað, -s, gufuböð *(Ö! s2)* ▶ ~ steigt von den Quellen auf. Reykir stíga upp af hverunum.
Dampfquelle gufuhver, -s, -ir *(m3)* *(Dat Ez -r, m. Art.* -rnum*)*
dämpfen 1 *(Stimme)* lækk|a *(v1)* röddina

2 *(Schwingung etc.)* deyf|a, -i, -ði, -t *(v2)*; demp|a *(v1)* **3** *(bügeln)* strau|ja *(v1)* með gufustraujárni
dank fyrir *(Dat)*; vegna *(Gen)*; þökk sé *(Dat)*
dankbar þakklát|ur
danke! takk fyrir! ▶ **Nein ~!** Nei takk, sama og þegið.
danken þakk|a *(v1)* e-um fyrir e-ð
dann svo; síðan
Darm þarm|ur, -s, -ar *(m2)*; Magen-~ (Übelkeit etc.) magakveis|a *(w1)*; innantök|ur *(w1 Mz)*
darstellen 1 *(erläutern)* lýs|a, -i, -ti, -t *(v2)* e-u **2** *(bezeichnen)* þýð|a, -i, þýddi, þýtt *(v2)*; tákn|a *(v1)* **3** *(Bühne)* leik|a *(stV↑)*
darum 1 *(deshalb)* þess vegna **2** *(um etw. herum)* í kringum þetta ▶ **Es geht darum, dass ...** Málið snýst um það að ...
dass að
dasselbe það sama
Datei tölvuskjal, -s, tölvuskjöl *(Ö! s2 Mz)*
Daten gögn *(Ö! s2 Mz)*
Datum dagsetning *(w2)*
Dauer *(tíma-)*lengd, ar, -ir *(w3)*; auf ~ til frambúðar
dauerhaft *(auf Dauer)* varanleg|ur; *(widerstandsfähig)* væn|n, -, vænt; endingargóð|ur *(↑ góður)*
dauern 1 *(eine bestimmte Zeit ~)* tak|a *(stV↑)* e-n tíma **2** *(andauern)* stand|a *(stV↑)* yfir ▶ **Wie lange ~t es?** Hvað tekur þetta langan tíma?
dauernd *(Adj.)* stöðugur ♦ *(Adv.)* stöðugt; sí og æ
Daumen þumalfingur, -s, -fingur *(m)* *(↑ fingur)*; þumal|l, -s, þumlar *(A! m5)*
davonwehen *(im Sturm)* fjúk|a *(stV↑)*
Debitkarte *(EC-Karte)* debetkort *(s2)*
Deck *(Schiff)* þilfar, -s, þilför *(Ö! s2)*; an ~ uppi á þilfari *od.* dekki
Decke 1 *(Bett~)* sæng, -ur, -ur *(w3)* **2** *(Tisch~)* borðdúk|ur, -s, -ar *(m2)* *(Dat Ez -k(i), m. Art.* -knum*)* **3** *(Zimmer~)* loft *(s2)*
Deckel *(s2)*; Topf~ pottalok
decken 1 *(Tisch ~)* legg|ja, legg, lagði, lagt *(v5)* á borð **2** *(Haus, Farbe)* þek|ja, -ur, þakti, þakið *(v5)* **3** *(Kosten ~)* svar|a *(v1)* kostnaði
Defekt bilun *(w5)*; gall|i *(m1)*

Deich (flóð)varnargarð|ur, -s, -ar *(m2)*
demnächst innan skamms tíma;
á næstunni; á næstu grösum
▶ Katla wird ~ wohl ausbrechen.
Kötlugos gæti verið á næstu grösum.
Demokra|tie lýðræði *(s3)*;
≈**tisch** lýðræðisleg|ur
Demonstration mótmælagang|a *(Ö! w1)*
denken 1 (an etw. ~) hugs|a *(v1)* um e-ð
2 (über etw. ~) finn|ast *(stV↑)* um e-ð;
hald|a *(stV↑)* **3** (gedacht sein als) ver|a *(stV↑)*
ætlað|ur, ætluð, ætlað *sem*
4 (für sich im Stillen ~) hugs|a *(v1)* með sér
▶ Wie denkst du darüber?
Hvað finnst þér um þetta?
Denkmal (für jdn./etw.) minnisvarð|i
(m1) um e-n/e-ð
dennoch samt (sem áður);
þrátt fyrir það að
Deodorant svitasprei, -s *(s2) (fam.)*;
svitalyktareyð|i|r *(m5)*
Depression þunglyndi *(s3)*
der, die, das (Rel.pron.) sem *(unv.)*;
er *(unv., literar.)*
derb 1 (grob) gróf|ur; ruddaleg|ur;
óheflað|ur, -hefluð, -heflað
2 (anzüglich) klámfeng|inn; klúr, klúr,
klúrt **3** (Mineral) myndlaus
der/die/dasselbe sá sami *(m)*,
sú sama *(w)*, það sama *(s)*
deshalb þess vegna
Design hönnun, -ar, hannanir *(Ö! w5)*;
~**büro** hönnunarstof|a *(w1)*
desinfizieren sótthreins|a *(v1)*
Desinfektionsmittel
sótthreinsunarefni *(s3)*
Dessert eftirrétt|ur, -ar, -ir *(m2)*
desto því; je größer ~ besser
því stærri því betri
deutlich greinileg|ur; (klar) skýr,
skýr, skýrt ♦ *(Adv.)* skýrt
deutsch þýsk|ur; ~**sprachig** þýskumælandi
Deutsch (Sprache) þýsk|a *(w1)*;
þýskt mál *(s2)*
Deutsche/r Þjóðverj|i *(m1)* ~er sein
vera þýskur / vera af þýsku bergi brotinn
Deutschland Þýskaland *(s2 Ez)*
Devisen (erlendur) gjaldeyr|ir *(m4 Ez)*;
~**handel** gjaldeyrisviðskipti *(s3)*;
~**konto** gjaldeyrisreikning|ur, -s, -ar
(m2) (Dat Ez -ingi, m. Art. -ingnum)

~**ausfuhrbeschränkung**
gjaldeyrishöft *(Ö! s2 Mz)*
Dezember desember *(m unv.)* (↑April)
Dia slides *(fam.)*; skyggn|a *(w1)*
Diabetes sykursýk|i, -i *(w8)*
Diamant demant|ur, -s, -ar *(m2)*
Diät 1 (Gewichtsreduktion) megrunarfæði
(s3) **2** (bestimmte Nahrungsform) (sérstakt)
mataræði *(s3)* ▶ Ich muss ~ halten.
Ég verð að fylgja sérstöku mataræði.
dicht 1 (z.B. Gestrüpp) þétt|ur, þétt, þétt
2 (wasser~) vatnsheld|ur, -, -helt
3 (luft~) loftþétt|ur, -þétt, -þétt
4 (betrunken) full|ur, -s, -fullt
Dichter skáld *(s2)* (das gramm. Geschlecht
stimmt nicht mit natürlichem überein!);
~**in** skáldkona (↑ kona)
Dichtung 1 (Isolierung) þétting *(w2)*
2 (Text) skáldverk *(s3)*
dick 1 (korpulent) feit|ur; þybb|inn
2 (voluminös) þykk|ur **3** (kurz und ~)
sver, -, svert **4** (geschwollen) bólg|inn
Dieb þjóf|ur, -s, -ar *(m2) (Dat Ez -fi,
m. Art. -f(i)num)*
Diele forstof|a *(w1)*
Diebstahl þjófnað|ur, -ar, -ir *(m2)*
dienen þjón|a *(v1) e-um*; ~ als etw.
gagn|ast *(v1) e-um í e-u*
Dienst 1 (Service) þjónust|a *(w1)*
2 (Schicht) vakt, -ar, -ir *(w3)*;
≈**habender Arzt** vakthafandi læknir
Dienstag þriðjudag|ur, -s, -ar *(m2)*
(Dat Ez -degi); am ~ á þriðjudaginn
Diesel dísílolí|a *(w1)*;
~**motor** dísílvél, -ar, -ar *(w3)*
dieser, diese, dieses þessi *(m)*,
þessi *(w)*, þetta *(s)* ▶ dieses Jahr á þessu ári
digital stafræn|n, -, -t
Digitalkamera stafræn myndavél,
-ar, -ar *(w3)*
Ding hlut|ur, -ar, -ir *(m2)*; **armes ~**
(mitleidig) ræfil|l, -s, ræflar *(A! m5)*
direkt (Adj.) bein|n, -, beint;
≈**übertragung** í beinni ♦ *(Adv.)* beint;
beinlínis; (offen gesagt) hreint út;
(ohne Zwischenglied) milliliðalaust
Direktor framkvæmdastjór|i *(m1)*
Diskothek diskótek *(s2)*
Diskussion umræð|a *(w1)*;
(hitzig) deil|a *(w1)*; senn|a *(w1)*; rifrildi *(s3)*
diskutieren (rök)ræð|a, -i, ræddi,

rætt *(v2)*

dividieren deil|a, -i, -di, -t *(v2)* e-ð með e-ð

doch[1] *(Adv.)* **1** *(Antwort auf nein)* jú (jújú)
2 *(Füllwort)* nú; bara ▶ **Du kommst nicht mit?**
Doch! Þú kemur ekki með? Jújú ég kem.

doch[2] *(Konj.)* *(trotzdem)* en ... samt
(sem áður); þó ▶ **Ich bat sie zu bleiben,**
doch sie ging. Ég bað hana um að vera
kyrra en hún fór samt.

Dokument(e) skilríki *(s2 Mz)*

Dollar dollar|i *(m1)*;
(bandaríkja)dal|ur, -s, -ir *(m2)*

Dolmetscher túlk|ur, -s, -ar *(m2)*
(Dat Ez -ki, *m. Art.* -k(i)num)

Dom dómkirkj|a *(w1)*; der Reykjavíker ~
Dómkirkjan í Reykjavík

Donner *(Gewitter)* þrum|a *(w1)*;
zum ~wetter í ósköpunum

Donnerstag fimmtudag|ur, -s, -ar
(m2 ↑ *dagur)*; jeden ~ á fimmtudögum

doppelt tvöfald|ur, tvöföld *(Ö!)*,
tvöfalt; tví-

Doppelbett tvíbreitt rúm *(s2)*

Doppelzimmer tveggja manna
herbergi *(s3)*

Dorf bæ|r, -jar, -ir *(m2)*; þorp *(s2)*

dort þar; *(wenn man draufdeutet)* þarna

dorthin þangað

Dose dós, -ar, -ir *(w3)*

Dosenöffner dósaopnar|i *(m1)*

Draht þráð|ur, -ar, þræðir *(m2)*
(Dat Ez þræði, *Dat Mz* þráðum, *Gen Mz* þráða)

draußen úti; nach ~ út; von ~ að utan

drehen 1 *(wenden)* snú|a *(stV↑)* e-u
2 *(umwenden)* velt|a, -i, -ti, -t *(v2)* e-u;
hvolf|a, -i, -di, -t e-u
3 *(s. um d. eigene Achse)* snú|ast *(stV↑)*
4 *(Film ~)* tak|a *(stV↑)* mynd
▶ **Es dreht sich darum, dass ...**
Málið snýst um það að ...

Dreieck þríhyrning|ur, -s, -ar *(m2)*
(Dat Ez -ingi, *m. Art.* -ingnum)

dringend *(Adv.)* áríðandi *(unv.)*; brýnt
▶ **Die Sache ist ~.** Málið er brýnt.

drinnen inni; ~ in etw. inni í e-u

Droge eiturlyf *(s2)* *(Dat Mz* lyfjum,
Gen Mz lyfja*)*

drohen 1 *(jdm. ~)* hót|a *(v1)* e-um e-u;
ógn|a *(v1)* e-um *(með)* e-u
2 *(bevorstehen)* vof|a, -i, -ði, vofað *(v2)* yfir

Drohung hótun *(w5)*; ógnun *(w5)*

drüben hinumegin; handan við *(Akk)*

Druck 1 *(physikal.)* þrýsting|ur, -s, -ar
(m2) *(Dat Ez* -ingi, *m. Art.* -ingnum)
2 *(Buch~)* prentun *(w5)*; **~knopf** *(an Türen)*
láshnapp|ur, -s, -ar *(m2)*

drucken prent|a *(v1)*; aus~ prenta út

drücken 1 *(Hand ~)* tak|a *(stV↑)* í hönd e-um
2 *(allg., Knopf)* þrýst|a, -i, -i, -þrýst *(v2)*
3 *(Tür)* ýt|a, -i, -ti, ýtt *(v2)* e-u

Drüse kirtil|l, -s, kirtlar *(A! m5)*

du þú du und Pétur þið Pétur;

Duft ilm|ur, -s, -ar *(m2)*

duften ilm|a *(v1)*

dumm heimsk|ur; bjánaleg|ur;
(einfältig) kjánaleg|ur; fíflsk|ur

Dummheit 1 *(Eigenschaft)* heimsk|a *(w1)*;
fíflsk|a *(w1)*; bjánaskap|ur *(m2)*
2 *(Tat)* vitleys|a *(w1)*; vitfirring *(w2)*

Düne sandskafl, -s, -ar *(m3)*; sandfönn,
-fannar, -fannir *(Ö! w6)*

Dünger áburð|ur, -ar, -ir *(m2)*

Dünung undirald|a *(w1)*

dunkel 1 *(Nacht, bewölkt)* dimm|ur
2 *(lichtlos, finster)* myrk|ur
3 *(Stimme, Klang)* dimm|ur
4 *(Farbe)* dökk|ur; dunkelgrün dökkgrænn

dunkelblond skolhærð|ur, -, -hært

Dunkelheit myrkur *(s2)* *(m. Art.* myrkrið A!*)*

dünn 1 *(Durchmesser)* þunn|ur
2 *(verteilt, Haar)* gis|inn

durch 1 *(räuml.)* í gegnum *(Akk)*;
quer ~ þvert í gegnum **2** *(geteilt ~)* með e-u
3 *(bewirkt ~)* af e-um/e-u

durcheinander 1 *(vermischt)* þvers og
kruss; í klúðri; á rúi og stúi
2 *(verwirrt)* ruglað|ur, rugluð, ruglað;
ringlað|ur, ringluð, ringlað;
etw. ~bringen klúðr|ast *(v1)* e-u

durchfahren 1 *(hindurchfahren)* keyr|a,
-i, -ði, -t *(v2)* í gegnum e-ð
2 *(unten ~)* keyr|a, -i, -ði, -t *(v2)* undir e-ð

Durchfahrt *(das Durchfahren)*
gegnumakstur, -s *(m3 Ez)*

Durchfall niðurgang|ur, -s *(m2 Ez)*;
lífsýk|i, -i *(w8)*

durchfallen *(Prüfung)* fall|a *(stV↑)*
á prófinu

durchführen 1 *(realisieren)* framkvæm|a,
-i, -di, -t *(v2)* **2** *(hindurchgeleiten)* leið|a, -i,
leiddi, leitt *(v2)* e-n í gegnum

Durchgang aðgangur, -ar, -ir *(w3)*

durchgehen far|a *(stV↑)* í gegnum e-ð
Durchmesser þvermál *(s2)*
Durchreise *(auf der ~ sein)* ver|a *(stV↑)*
í stuttu stoppi
Durchschnitt meðaltal, -s, -töl *(Ö! s2)*;
durchschnittlich *(Adj.)* vanaleg|ur;
venjuleg|ur; meðal- ♦ *(Adv.)* að meðaltali
durchsichtig gagnsæ|r, gagnsæ,
gagnsætt
durchsuchen *(gründlich ~)* leit|a *(v1)*
(ítarlega) að e-u; leita af sér grun;
(wühlen in etw.) rót|a *(v1)* í e-u
dürfen meg|a *(stV↑)*
▶ **Darf ich...?** Má ég ...?
Durst þorst|i *(m1)*
durstig þyrst|ur / þyrst *(w)*
Dusche sturt|a *(w1)*
duschen *(gehen)* far|a *(stV↑)* í sturtu;
(beim ~ sein) ver|a *(stV↑)* í sturtu
Dutzend tylft, -ar, -ir *(w3)*;
(Einheiten zu je zehn sind gebräuchlicher)
tug|ur, -ar, -ir *(m2)* *(Dat Ez tug, m. Art. tugnum)*
duzen þú|a *(v1)*
DVD mynddisk|ur, -s, -ar *(m2)*

E

Ebbe fjar|a *(Ö! w1)*
eben[1] *(Adj.)* **1** *(waagerecht)* flat|ur, flöt *(Ö!)*,
flatt **2** *(glatte Oberfläche)* slétt|ur, -, -
eben[2] *(Adv.)* **1** *(gerade jetzt)* rétt núna;
(vorhin) rétt áðan; ný-
2 *(genau)* einmitt; akkúrat
3 *(nun mal)* (nú) bara ▶ **Das ist ~ so.**
Það er nú bara þannig.
Ebene 1 *(flaches Land)* slétt|a *(w1)*;
flatlendi *(s3)*; *(Tief≈)* láglendi *(s3)*; *(Hoch≈)*
háslétt|a *(w3)*; *(Anhöhe)* heið|i, -ar, -ar *(w3)*
2 *(Geometrie)* flöt|ur, flatar, fletir *(m6)*
ebenfalls sömuleiðis; líka
Echo bergmál *(s2)*
echt ekta *(unv.)*; *(unverfälscht)* ósvik|inn;
ramm- ▶ **Echt isländisch!** Rammíslenskt!
Ecke horn *(s2)*; *Straßen≈* götuhorn;
Zimmer≈ stofuhorn; **in der Ecke** í horninu
eckig kantað|ur, köntuð *(Ö!)*, kantað;
(bis 4) -hyrnd|ur, -hyrnd, -hyrnt;
(ab 6) -strend|ur, -strend, -strent;
drei~ þríhyrndur; **vier~** ferhyrndur
edel 1 *(Gegenstand)* eðal- **2** *(Gesinnung)*

veglynd|ur, -, -lynt; göfug|ur, -, -t
Edelstein gimstein|n *(m5)*
egal *(jdm. etw. ~ sein)* lát|a *(stV↑)* sér á
sama standa; kær|a, -i, -ði, -t *(v2)* sig
ekki um *od.* kollóttan;
(~ wer, ~ was) sama hver; hver
sem er / sama hvað; hvað sem er
▶ **Mir ist es völlig ~.** Mér er nákvæmlega sama
Ehe hjónaband, -s, -bönd *(Ö! s2)*
Ehefrau eiginkon|a *(w1)*
ehemalig fyrrverandi *(unv.)*
Ehemann eiginmaður *(↑ maður)*
Ehepaar hjón *(s2 Mz)*
eher *(Adv.)* **1** *(zeitl. früher)* fyrr; fljótar;
(vor etw. anderem) áður
2 *(lieber)* heldur; fremur;
3 *(wahrscheinlicher)* líklegar
Ehre heiður, -s *(m3 Ez)*;
≈**nhalber** í heiðursskyni
ehrlich 1 *(ehrenwert)* heiðarleg|ur
2 *(aufrichtig)* hreinskil|inn; í hreinskilni;
einlæg|ur; **~ gesagt** í hreinskilni sagt
Ei egg *(s2)* *(Dat Mz -jum, Gen Mz -ja)*
Eiche eik, -ur, -ur *(w3)*
Eierstock eggjastokk|ur, -s, -ar *(m2)*
eifersüchtig afbrýðisam|ur,
-söm *(Ö!)*, -samt
eigen eigin *(m/w)*, eigið *(s)*; eigin-
Eigenschaft eiginleik|i *(m1)*
eigentlich *(Adj.)* eiginleg|ur
♦ *(Adv.)* eiginlega; reyndar
Eigentum eign, -ar, -ir *(w3)*
Eile flýt|ir *(m4)*; hrað|i *(m1)*
eilen 1 *(laufen)* skokk|a *(v1)*; hlaup|a *(stV↑)*
2 *(dringend sein)* ligg|ja *(stV↑)* á; ver|a *(stV↑)*
áríðandi *(unv.)* od. brýn|n, -, brýnt
▶ **Es eilt (sehr).** Það liggur (mikið) á.
eilig *(es ~ haben)* flýt|a, -i, -ti, flýtt *(v2)* sér;
Ich habe es ~ Ég er að flýta mér.
Eimer fat|a *(Ö! w1)*
einander hvor annan *(m)* /
hvor aðra *(w)* / hvort annað *(s od. m + w)*
einatmen and|a *(v1)* e-u að sér
Einbahnstraße einstefn|a *(w1)*
einbrechen 1 *(Verbrechen)* brjót|ast *(stV↑)*
inn *í e-ð* **2** *(in z.B. Eis ~)* hryn|ja, hryn,
hrundi, hrunið *(v5)* *(ofan)* í e-ð **3** *(einstürzen)*
hryn|ja, hryn, hrundi, hrunið *(v5)*
Einbruch 1 *(Verbrechen)* innbrot *(s2)*
2 *(Höhle, Caldera)* hrun *(s2)*
einchecken skrá, -i, -ði,-ð *(v3)* sig inn í e-ð

Eindruck *(Bild v. etw.)* hugmynd, -ar,
-ir *(w1)*; *(Ahnung)* tilfinning *(w2)*;
(großer ~) hughrif *(s2 Mz)*
der eine … der andere
annar … hinn *(m)* / önnur … hin *(w)* /
annað … hitt *(s)* ▶ **Der eine ist blau, der**
andere rot. Annar er blár en hinn er rauður.
einerseits … andererseits
annars vegar … hins vegar
einer / eine / eins von …
(von beiden) annar *(m)* / önnur *(w)* /
annað *(s)* þeirra; *(von mehreren)* einn *(m)* /
ein *(w)* / eitt *(s)* af *(Dat)* ▶ **Einer von**
beiden ist kaputt. Annar þeirra er bilaður.
einfach 1 *(~ zu tun)* einfald|ur,
-föld *(Ö!)*, -falt **2** *(nicht vielfältig)* einsleit|ur
3 ~ so bara
Einfahrt innkeyrsl|a *(w1)*
einfallen *(eine Idee bekommen)* dett|a *(stV↑)*
e-um í hug; fá *(stV↑)* hugmynd;
(auf den Gedanken kommen, etw. zu tun) e-ð
hvarfl|ar, -aði, -að *(v1)* að *e-um*
Einfluss áhrif *(s2 mst. in der Mz)*
einfrieren *(etw. ~)* fryst|a, -i, -i, fryst
(v2) e-ð
Einfuhr innflutning|ur, -s, -ar *(m2)*
(Dat Ez -ingi, *m. Art.* -ingnum)
einführen 1 *(hineinstecken)* set|ja, set,
setti, sett *(v4)* e-ð inn *í* e-ð **2** *(importieren)*
flyt|ja, flyt, flutti, flutt *(v5)* e-ð *inn*
3 *(jdn. in etw. ~)* kynn|a, -i, -ti, -t *(v2)* e-ð *fyrir e-um*
Eingang inngang|ur, -s, -ar *(m2)*;
aðgang|ur, -s, -ar *(m2)*
Eingeborener *(Adj.)*
innfædd|ur, -, innfætt
eingemacht niðursoð|inn;
~ Früchte niðursoðnir ávextir
eingießen skenk|ja, -i, -ti, -t *(v2)*;
Kaffee ~ skenkja kaffi
einheimisch innfædd|ur, innfædd,
innfætt
Einheit eining *(w2)*; **Deutsche ~**
Sameining Þýskalands
einheitlich jafn, jöfn *(Ö!)*, jafnt;
einsleit|ur, -, -leitt
einig samþykk|ur, -, -t; sátt|ur, sátt, sátt;
(s. ~ sein) ver|a *(stV↑)* sammála *um e-ð*
einige nokkr|ir *(m)*, nokkr|ar *(w)*,
nokkur *(s)*; *(verschiedene)* ýms|ir *(m)*,
ýms|ar *(w)*, ýmis *(s)* ▶ **Ich habe ~**
Bekannte getroffen. Ég hitti ýmsa kunningja.

einigen *(s.)* sætt|ast, -ist, -ist, sæst
(v2) á e-ð; ger|a, -i, -ði, -t *(v2)* samkomulag
einjährig einær, einær, einært;
(Kind) eins árs; *(Schaf, Seehund)*
gemling|ur, -s, -ar *(m2, Dat Ez* -ingi,
m. Art. -ingnum); gems|i *(m1)*
Einkauf innkaup *(s2)*
einkaufen versl|a *(v1)*; kaup|a, -i,
keypti, keypt *(v3)* inn
Einkaufswagen *(innkaupa)*kerr|a *(w1)*;
innkaupavagn, -s, -ar *(m2)*
Einkaufszentrum verslunarmiðstöð,
-var, -var *(w3)*
Einkommen tek|jur *(w1 Mz)*
einladen bjóð|a *(stV↑)* e-um heim;
(zu sich ~) bjóð|a *(stV↑)* e-um heim til sín
Einladung *(heim)*boð *(s2)*
einlegen 1 *(z.B. CD)* set|ja, -, -ti, sett *(v2)* á
2 *(Gang ~)* set|ja, set, setti, sett *(v2)* í gír;
3 *(Pause ~)* ger|a, -i, -ði, -t *(v2)* pásu *od.* hlé
4 *(ein gutes Wort für jdn. ~)* legg|ja, legg,
lagði, lagt *(v5)* inn gott orð fyrir *e-n*
Einlegesohle innlegg *(s2)*
Einleitung 1 *(Vorwort)* formál|i *(m1)*;
inngangsorð *(s2 Mz)*
2 *(z.B. Wasser, Dampf)* aðveit|a *(w1)*
3 *(~ eines Verfahrens)* setning *(w2)*
einloggen skrá, -i, -ði, -ð *(v2)* sig inn
einlösen *(Scheck)* leys|a, -i, -ti, -t *(v2)*
út tékka
einmal 1 *(ein Mal)* einu sinni
2 *(Aufforderung)* aðeins; bara
3 *(beim Einkaufen)* eitt stykki *(fam.)*
▶ **Ich war ~ da.** Ég var einu sinni þar.
einmalig í eitt skipti
einmischen *(s. ~)* bland|a *(v1)* sér inn í e-ð;
skipt|a, -i, -i, skipt *(v2)* sér af *e-u*
▶ **Ich mische mich da nicht ein.**
Ég skipti mér ekki af þessu.
einpacken 1 *(Einkauf)* pakk|a *(v1)* e-u inn
2 *(Reise)* pakk|a *(v1)* e-u niður
Einreise kom|a *(w1)*
einrichten 1 *(Wohnung ~)* kom|a *(stV↑)*
sér fyrir *í íbúð* **2** *(s. auf etw. ~)* aðlag|a
(v1) sig að e-u **3** *(organisieren)* hag|a *(v1)* e-u
4 *(etw. gründen)* stofn|a *(v1)*; kom|a *(stV↑)*
e-u á laggir(nar)
Einrichtung 1 *(Wohnungs≈)* innbú *(s2)*;
húsbúnað|ur, -ar, -ir *(m2)*
2 *(Gründung)* stofnun *(w5)*
einsam 1 *(abgelegen, isoliert)* einangrað|ur,

einangruð, einangrað; afskekkt|ur, -, -
2 *(vereinzelt)* einn, ein, eitt; einsamal|l,
einsömul *(ö!)*, einsamta

3 *(Gefühl)* einmana *(unv.)*; *(hilflos)*
umkomulaus, -, -t

einsammeln 1 *(allg.)* tak|a *(stV↑)* e-ð sa-
man; safn|a e-u saman
2 *(Schafe im Herbst, aber auch Leute, Dinge …)*
smal|a *(v1)* e-u saman

einschalten 1 *(Gerät)* ræs|a, -i, -ti,
ræst *(v2)*; kveik|ja, -i, -ti, kveikt *(v2)* á e-u
2 *(s. in etw. ~)* gríp|a *(stV↑)* inn í e-ð

einschenken skenk|ja, -i, -ti, -t *(v2)*

einschiffen *(s. ~)* far|a *(stV↑)* um borð

einschlafen sofn|a *(v1)* **einschließen 1**
(etw. in einen Raum ~) lok|a *(v1)* e-ð inni
2 *(etw. mit hineinnehmen)* tel|ja, tel, taldi,
talið *(v5)* e-ð með í e-ð

einschließlich að e-u meðtöldum *(m)* /
meðtalinni *(w)* / meðtöldu *(s)*

Einschreiben ábyrgðarbréf *(s2)*; als ~
senden senda í ábyrgð

einseitig **1** *(Ansicht)* hlutdræg|ur;
einhliða *(unv.)* **2** *(ohne Abwechslung)* fá-
breytt|ur, -, -; tilbreytingarlaus **3** *(nur auf
einer Seite von zwei)* öðrumegin **Einspritz-
zung** *(Auto)* innspýting *(w2)*

einsteigen far|a *(stV↑)* inn í e-ð

einstellen **1** *(Beschäftigten ~)* ráð|a *(stV↑)* **2**
(Radio/Fernseher) still|a, -i, -ti, -t *(v2)* e-ð á e-ð
3 *(beenden)* ljúk|a *(stV↑)*; hætt|a, -i, -i, hætt
(v2) e-u

Einstellung 1 *(~ e-s Beschäftigten)* ráðning
(w2) **2** *(Radio/Fernseher)* stilling *(w2)* **3** *(An-
schauung)* skoðun *(w5)*

Einstieg 1 *(Fahrzeug)* hurð, -ar, -ir *(w3)* **2**
(z.B. Höhle) op *(s2)*; gat, -s, göt *(ö! s2)*; hel-
lismunn|i *(m1)* **3** *(Anfang)* byrjun *(w5)*

einstürzen hryn|ja, hryn, hrundi, hrunið
(v5)

einstweilen í bili ▶ **Machs gut ~!** Bless í bili!

einteilen **1** *(ordnen, aufteilen)* skipt|a, -i, -i,
skipt *(v2)* e-u í e-ð; **2** *(z.B. Vorräte)* skammt|a
(v1)

eintreten **1** *(hineingehen)* ar|a *(stV↑)* inn í e-
ð **2** *Ereignis* ger|ast, -ist, -ðist, gerst *(v2)*;
ske *(skeður, skeði, skeð)*

Eintritt aðgang|a *(ö! w1)*

Eintrittsgeld aðgangseyr|ir, -is,
aðgangsaurar *(m4; in Mz -ey- → -au-!)*

Eintrittskarte atgöngumið|i *(m1)*

einverstanden *(~ sein)* ver|a *(stV↑)* sam-
mála ▶ **Einverstanden!** Samþykkt!

einwerfen 1 *(Brief)* póstlegg|ja *(↑ leggja)* **2**
(Bemerkung machen) ger|a,
-i, -ði, -t *(v2)* athugasemd
3 *(Münze)* kast|a *(v1)* inn mynt

einwickeln vef|ja, vef, vafði, vafið *(v5)* í e-
ð; pakk|a *(v1)* e-ð inn

Einwohner íbú|i *(m1)*

einzahlen *(Bank)* legg|ja, legg, lagði, lagt
(v5) inn *(á bankareikning)*;
borg|a *(v1)* inn

Einzahlung innborgun *(w5)*

Einzelheit *(smá)*atriði *(s3)*;
in allen ~en í öllum smáatriðum

einzeln stak|ur, stök *(ö!)*, stakt; ~e
*(fá)*einir, *(fá)*einar, *(fá)*ein

Einzelzimmer eins manns herbergi *(s3)*

einzig *(der/die/das ~e)* sá eini *(m)*,
sú eina *(w)*, það eina *(s)*;
(nicht ein ~er) ekki einn einasti *(m)* /
ein einasta *(w)* / eitt einasta *(s)*
♦ *(Adv.)* einungis; eingöngu

einzigartig einstak|ur, einstök *(ö!)*,
einstakt; einstakleg|ur

Einzugsgebiet *(Gewässer, Gletscherläufe)*
vatnasvæði *(s3)*

Eis 1 *(gefrorenes Wasser)* ís, íss, ísar
(m3) (Dat Ez is, m. Art ísnum); *(im Boden)*
klak|i *(m1)*; *(~-Wassergemisch)* krap|i *(m1)*
2 *(Eisglätte)* hálk|a *(w1)* **3** *(Speiseeis)*
*(rjóma)*ís, -íss, -ísar *(m3)*

Eisbär ísbjörn, ísbjarnar, ísbirnir *(m6)*;
~enjunges hún|n, -s, húnar *(m5)*;
~in birn|a *(w1)*

Eisbecher ísrétt|ur, -ar, -ir *(m2)*

Eisberg *(ís)*jak|i *(ö! m1)*;
(großer ~) borgarísjak|i *(ö! m1)*

Eisdiele ísbúð, -ar, -ir *(w3)*

Eisen járn, -s *(m3 Ez)*

eisig 1 *(Kälte)* ískald|ur, ísköld *(ö!)*, ískalt;
nístingskald|ur **2** *(Wind)* nístandi *(unv.)*
3 *(vereist)* ísilagð|ur, -lögð *(ö!)*, -lagt

Eiswürfel ísmol|i *(m1)*; krap *(s2 Ez)*

Eiszapfen grýlukerti *(s3)*

Eiszeit ísöld, ísaldar, ísaldir *(w6)*;
Ende der ~ ísaldarlok *(s2 Mz)*

Eiter gröft|ur *(m6 Ez)*

Ekel *(Empfindung)* viðbjóður *(m3 Ez)*;
andstyggð *(w3 Ez)*; ógeð *(s2 Ez)*;
andúð *(w3 Ez)*

ekelhaft viðbjóðsleg|ur;
andstyggileg|ur; ógeðsleg|ur

elastisch *(dehnbar)* teygjanleg|ur;
(federnd, biegsam) sveigjanleg|ur

elegant glæsileg|ur

Elektriker rafvirk|i, -ja, -jar *(m1)*

elektrisch raf-; rafmagns-;
~er Weidezaun rafmagnsgirðing *(w2)*

Elektrizität rafmagn *(s2 Ez)*

Element 1 *(chemisches ~)* frumefni *(s3)*
2 *(Teil e-r Menge)* stak, staks, stök *(Ö! s2)*

Elend *(Mangel)* þrot *(s2)*; *(schlimmer Zustand)*
vesöld, vesaldar, vesaldir *(Ö! w6)*

Ellbogen olnbog|i *(m1)*

Eltern foreldr|ar *(m2 Mz)*

E-Mail tölvupóst|ur, -s, -ar *(m2)*;
~ordner pósthólf *(s2)*

Empfang *(Radio, Hotel)* móttak|a *(Ö! w1)*

empfangen *(Gäste, Radio, Geschenk)*
tak|a *(stV↑)* á móti *e-um / e-u*

Empfänger *(Post, E-Mail)* móttakand|i,
-a, móttakendur *(m1)*

empfehlen *(etw.)* mæl|a, -i, -ti, -t *(v2)*
með *e-u við e-n*

Empfehlung meðmæli *(s3 Mz)*;
~sschreiben meðmælabréf *(s2)*

empfindlich viðkvæm|ur;
(seelisch ~) hörundsár, -, -sárt

Ende 1 *(zeitlich)* end|ir *(m4)*
2 *(Spitze von etw.)* end|i *(m1)*; odd|i *(m1)*

enden end|a *(v1)*

endgültig endanleg|ur
♦ *(Adv.)* endanlega

endlich *(Adj.)* **1** endanleg|ur
2 *(Adv.)* loksins ▶ **Na endlich!** Mikið var!

Energie ork|a *(w1)*; afl, -s, öfl *(Ö! s2)*

eng þröng|ur; *(heftig, bedrängend)* krapp|ur,
kröpp *(Ö!)*, krappt; **~e Kurve** kröpp beygja

Engel engil|l, -s, englar *(A! m5)*

Englisch *(Sprache)* ensk|a *(w1)*
▶ **Sprichst du ~?** Talarðu ensku?

Enkel(in) barnabarn, -s, barnabörn
(Ö! s2)

entdecken uppgötv|a *(v1)*

Entdeckung uppgötvun, -ar, -götvanir
(kein Ö! w5); **~ Islands** fundur Íslands

Ente önd, andar, endur *(w6)*

entfernen fjarlæg|ja, -i, -ði, -t *(v2) e-ð*;
(s. ~) far|a *(stV↑)* burt frá *e-u*

entfernt *(weit weg)* fjarlæg|ur

Entfernung fjarlægð, -ar, -ir *(w3)*

entführen ræn|a, -i, -di, -t *(v2) e-um*

Entführung mannrán *(s2)*;
Flugzeug≈ flugrán

entgegen *(Präp.) (Richtung)* á móti
(Dat); *(z.B. Wille)* gegn *(Dat)*

entgegengesetzt *(Adj.)* gagnstæð|ur,
-, gagnstætt; *(Präp.)* andspænis *(Dat)*;
gegnt *(Dat)*

enthalten 1 *(etw. ~)* innihald|a *(↑ halda)*
2 *(s. ~, verzichten)* neit|a *(v1)* sér um *e-ð*;
afsal|a *(v1)* sér *e-u*

entladen 1 *(Batterie)* tæm|a, -i, -di -t *(v2)*
2 *(Fahrzeug)* afferm|a, -i, -di, -t *(v2) e-ð*

entlang meðfram *(Dat)*; *(Weg)*
(fram) eftir *(Dat)*

entlassen *(Arbeit)* rek|a *(stV↑)*
▶ **Du bist ~!** Þú ert rekinn!

entschädigen greið|a, -i, greiddi,
greitt *(v2)* *(skaða)*bæt|ur

Entschädigung bót, -ar, bætur *(w4)*

entscheiden 1 *(etw.)* ákveð|a *(stV↑) e-ð*
2 *(Konflikt)* útkljá, -kljái, -kljáði, -kljáð *(v2)*
3 *(für sich ~)* ræð|a, -ir, ræddi, rætt *(v3)*
4 *(vor Gericht)* úrskurð|a *(v1)* í máli
▶ **Die Sache ist entschieden.** Málið er útkljáð.

Entscheidung ákvörðun, -ar,
ákvarðanir *(Ö!
w5)*; *(Ergebnis)* úrskurð|ur, -ar, -ir *(m2)*

entschließen *(s. zu etw. ~)* ákveð|a
(stV↑) e-ð ; **s. nicht zu etw. ~ können**
kunn|a *(stV↑)* ekki við *e-ð*

entschuldigen *(s. ~)* afsak|a *(v1)*

Entschuldigung afsökun, -ar,
afsakanir *(Ö! w5)*; **um ~ bitten für etw.**
bið|jast *(stV↑)* afsökunar á *e-u*
▶ **Ich bitte um ~!** Ég biðst afsökunar!

entspannen *(s. ~)* slak|a *(v1)* á
▶ **Komm entspann dich!** Slakaðu á maður!

entsprechen 1 *(s. gleichen)* jafngild|a, -i,
-gilti, jafngilt *(v2) e-u* ; samsvar|a *(v1) e-u*
2 *(Forderung, Wunsch)* uppfyll|a, -i, -ti, -t *(v2)*

entsprechend *(übereinstimmend)*
samsvarandi *(unv.)*;
(angemessen) viðeigandi *(unv.)*

entstehen verð|a *(stV↑)* til; mynd|ast *(v1)*
▶ **Dieser Kraterhügel entstand 1973.**
Þessi gígur myndaðist 1973.

enttäuschen[1] *(vi)* *(~d sein)* vald|a
(stV↑) vonbrigðum

enttäuschen[2] *(vt)* *(jdn. ~)* vald|a *(stV↑)*
e-um vonbrigðum; bregð|ast *(stV↑)*

vonum *e-s*

entweder ... oder ...
annaðhvort ... eða ...

entwerfen ger|a, -i, -ði, -t *(v2)*
uppkast að *e-u; (Design)* hann|a *(v1)*

entwickeln þró|a *(v1); (s. ~)* þró|ast *(v1);*
(vorangehen mit etw.) far|a *(stV↑)* fram *e-um;*
mið|a *(v1) e-um / e-u* áfram
▶ **Wie entwickelt sich die Sache?**
Hvernig miðar málinu áfram?

Entwicklung þróun *(w5)*

Entwurf drög *(Ö! s2 Mz)* að *e-u;*
tillag|a *(Ö! w1)*

Entzündung *(medizin.)* bólg|a *(w1)*

Erbe 1 *(Erbnehmer)* erfing|i, -ja, -jar *(m1)*
2 *(Erbteil)* arf|ur, -s, -ar *(m2)*
3 *(kollektives ~)* arfleifð, -ar, -ir *(w3)*

erben erf|a, -i, -ði, -t *(v2) e-ð eftir e-n*

Erbse (grá)ert|a *(w1)*

Erdbeben (jarð)skjálft|i *(m1); (leichteres ~)*
jarðhræring *(w2);* ~serie
jarðskjálftahrin|a *(w1);*
~stoß jarðskjálftakipp|ur, -s, -ir *(m2) (Dat
Ez -kippi, m. Art. -kippnum)*
~tätigkeit skjálftavirkn|i, -i *(w8)*

Erdbeere jarðarber *(s2)*
(Dat Mz -berjum, Gen Mz -berja)

Erdbülte *(auf Buckelwiesen)* þúf|a *(w1)*

Erde *(Planet, Boden)* jörð, jarðar, jarðir *(Ö! w6)*

Erdgeschoss fyrsta hæð *(↑ hæð)*

Erdrutsch skriðufall, -s, skriðuföll
(Ö! s2); aurskrið|a *(w1);*
(Schlammflut) aurflóð, -ar, -ir *(w3)*

Erdwärme *(Geothermie)* jarðhit|i *(m1);*
~gebiet jarðhitasvæði *(s3)*

Erdöl jarðolí|a *(w1)*

Ereignis atburð|ur, -ar, -ir *(m2)*

erfahren¹ *(vi) (in Erfahrung bringen)*
frétt|a, -i, -i, frétt *(v2) e-ð af e-um*

erfahren² *(Adj.) (Erfahrung habend)*
reynd|ur, -, reynt

Erfahrung reynsl|a *(w1)* ▶ **Nach meiner ~ ...**
Samkvæmt minni reynslu ...

erfinden finn|a *(stV↑) e-ð upp*

Erfindung uppfinning *(w2)*

Erfolg árangur *(A! m3)*

erfolgreich árangursrík|ur

erforschen rannsak|a *(v1)*

erfrier|en 1 *(teilweise stark unterkühlen)*
e-n kel|ur *(stV* kelur, kól, kalið von kala)
2 *(sterben)* frjós|a *(stV↑)* í hel

▶ **Meine Zehen sind erfroren.** Mig kal á tánum.
≈**ung** kal *(s2 Ez)*

erfrischen *(bei Wärme)* sval|a *(v1); (nach
Anstrengung)* hress|a, -i, -ti, hresst *(v2);*
(s. ~) svala sér; hressa|st, -ist, -tist,
hresst; ~d svalandi; hressandi *(unv.)*

Erfrischung hressing *(w2)*

ergänzen bæt|a, -i, -ti, bætt *(v2) e-u*
við *e-ð*

Ergänzung viðbót, -ar, viðbætur *(w6);*
auk|i *(m1);* aukning *(w2)*

Ergebnis niðurstað|a *(Ö! w1)*

ergreifen gríp|a *(stV↑)* í *e-ð;*
hrifs|a *(v1) e-ð til sín*

erhalten 1 *(bekommen)* fá *(stV↑)*
2 *(bewahren)* varðveit|a, -i, -ti,
varðveitt *(v2)*

erhöhen 1 *(nach oben)* hækk|a *(v1) e-ð*
2 *(vermehren)* auk|a *(stV↑)*

erhoffen *(s. etw. ~)* von|ast *(v1) til e-s*

erholen *(s. von etw. ~)* ná, nái, náið,
náð *(v2)* sér af *e-u;* jafn|a *(v1)* sig

Erholung hvíld, -ar, -ir *(w3)*

erinnern 1 *(jdn. an etw. ~)* minn|a, -i,
-ti, minnt *(v2) e-n* á *e-ð*
2 *(s. an etw. ~)* mun|a *(stV↑)* eftir *e-u*
▶ **Ich ~ mich daran.** Ég man eftir þessu.

Erinnerung minning *(w2)*

erkältet sein ver|a *(stV↑)* með kvef

Erkältung kvef *(s2 Ez);* kvefpest,
-ar, -ir *(w3)*

erkennen 1 *(s. über etw. klar werden)*
þekk|ja, -i, -ti, -t *(v2);* kom|a *(stV↑) e-um* fy-
rir sig; ber|a *(stV↑)* kennsl á *e-n / e-ð*
2 *(wieder~)* þekk|ja, -i, -ti, -t *(v2) e-n* aftur

erklären *(jdm. etw.)* útskýr|a, -i, -ði,
-t *(v2) e-ð fyrir e-um* ▶ **Kannst du mir das ~?**
Geturðu útskýrt þetta fyrir mér?

Erklärung 1 *(Erläuterung)* útskýring *(w2)*
2 *(Bekanntmachung)* yfirlýsing *(w2)*

erkranken veik|jast, -ist, -tist,
veikst *(v2) af e-u*

erkundigen *(s. nach etw. ~)* spyr|jast,
spyrst, spurðist, spurst *(v5)* fyrir um *e-ð*

erlangen *(etw. ~)* ávinn|a *(↑ vinna)* sér *e-ð*

erlauben *(jdm. etw. ~)* leyf|a, -i, -ði, -t
(v2) e-um e-ð

Erlaubnis leyfi *(s3)*

erlaubt leyfð|ur, -, leyft

erleben upplif|a *(v1) e-ð;* reyn|a, -i, -di,
-t *(v2) e-ð;* sjá *(stV↑);* vit|a *(stV↑)*

▶ **So etwas habe ich noch nie erlebt.**
Ég hef aldrei vitað (séð) annað eins.

Erlebnis upplifun *(w5)*; reynsl|a *(w1)*

erledigen afgreið|a, -i, -greiddi, -greitt *(v2) e-ð*; gang|a *(stV↑)* frá *e-u*;
erledigt *(abgeschlossen)* frágeng|inn; *(erschöpft)* uppgef|inn
▶ **Die Sache ist damit erledigt!** Málið er dautt!

erleichtern *(etw.)* auðveld|a *(v1)*; ger|a, -i, -ði, -t *(v2) e-um e-ð* léttara; létt|a, -i, -i létt *(v2)*

Ermäßigung afslátt|ur, -ar, afslættir *(m2) (Dat Ez afslætti)*; verðlækkun *(w5)*

ermöglichen ger|a, -i, -ði, -t *(v2) e-um e-ð* kleift

ermorden myrð|a, -i, -ti, -t *(v2)*

ermüden¹ *(vi)* þreyt|ast, -ist, -tist, þreyst *(v2)*; lýj|ast, lýist, lúðist, lúst *(v3)*;

ermüden² *(vt) (jdn.)* þreyt|a, -i, -ti, þreytt *(v2) e-n*; ~**d** þreytandi *(unv.)*

Ernährung næring *(w2)*; mataræði *(s3)*

ernst *(Adj.)* alvarleg|ur; *(Miene)* alvörugef|inn ♦ *(Adv.)* alvarlega; í alvöru ▶ **Im ~?** Í alvöru?

ernstlich *(Adv.)* alvarlega

Ernte uppsker|a *(w1)*

ernten uppsker|a *(↑ skera)*; *(z.B. Spott)* hljót|a *(stV↑) e-ð*

eröffnen opn|a *(v1)*

Eröffnung opnun *(w5)*

erpressen kúg|a *(v1) e-ð út úr e-um*

erraten get|a *(stV↑)* sér til *e-s*; gisk|a *(v1)* á *e-ð*

erregen 1 *(ärgern)* æs|a, -i, -ti, æst *(v2) e-n* upp *á móti sér* **2** *(Menschenmenge ~)* kom|a *(stV↑)* e-um í uppnám **3** *(erot.)* æs|a, -i, -ti, æst *(v2) e-n*; ~**d** æsandi

erreichbar sem hægt er að ná í / að komast

erreichen ná, nái, náði, náð *(v2)* í *e-ð*; *(Reiseziel ~)* kom|ast *(stV↑)* á leiðarenda; kom|a *(stV↑)* til *e-s*

errichten reis|a, -i, -ti, -t *(v2) e-ð*; *(gründen)* stofn|a *(v1)*

Ersatz bæt|ur *(w3 Mz)*; **Ersatz-** vara-

Ersatzteil varahlut|ur, -ar, -ir *(m2)*

erscheinen 1 *(allg.)* birt|ast, -ist, -ist, birst *(v2)* **2** *(den Anschein haben)* virð|ast, -ist, virtist, virst *(v2)* **3** *(Buch)* birt|ast, -ist, -ist, birst *(v2)*; kom|a

(stV↑) út

erschießen skjót|a *(stV↑)*

erschöpfen þreyt|a, -i, -ti, þreytt *(v2)*

erschöpft örþreytt|ur; útlú|inn; útkeyrð|ur, -, útkeyrt

erschrecken¹ *(vi)* hrökk|va *(stV↑)* við; *e-um* bregður *(stV↑)*; *e-um* verð|ur *(stV↑)* bilt við; **erschrocken** *(verstört)* felmtri sleg|inn ▶ **Ich bin zu Tode erschrocken.** Mér dauðbrá.

erschrecken² *(vt) (necken)* hrekk|ja, -i, -ti, hrekkt *(v2) e-n*; *(stärker)* ger|a, -i, -ði, -t *(v2) e-um* bilt við

ersetzen 1 *(austauschen)* skipt|a, -i, -i, skipt *(v2) e-u* út fyrir *e-ð* **2** *(Verlust)* bæt|a, -i, -ti, bætt *(v2) e-um e-ð* upp

ersparen *(vermeiden können)* spar|a *(v1)* sér *e-ð*; *(jdm. etw ~)* hlíf|a, -i, -ði, -að *(v2) e-um við e-u*

erst *(Adv.)* fyrst; í fyrstu; *(nicht vor)* ekki fyrr en

erstarren *(z.B. Lava)* storkn|a *(v1)*

Erste Hilfe fyrsta hjálp *(s2)*

ersticken¹ *(vi)* *(~ an etw.)* kafn|a *(s2 í e-u)*; **in Arbeit ~** að vera að kafna í annríki

ersticken² *(vt)* kæf|a, -i, -ði, -ð *(s2) e-ð*

erstmals í fyrsta skipti / í fyrsta sinn

ertragen þol|a, -i, -di, -að *(v2) e-ð*; meik|a *(v1) e-ð/e-n (fam.)* ▶ **Ich halte das nicht aus.** Ég meika það ekki.

ertrinken drukkn|a *(v1)*

Eruption eldgos *(s2)*; ~**swolke** gosmökk|ur, -makkar, -mekkir *(m6)*

Eruptivgestein gosberg *(s2)*

Eruptivspalte gossprung|a *(w1)*

erwachsen fullorð|inn; fullvax|inn; þroskað|ur, þroskuð, þroskað

Erwachsener fullorð|inn, -ins, -nir *(m Mz; Ist Adjektiv auf -inn)*

erwägen velt|a, -i, -i, velt *(v2) e-u* fyrir sér; hugleið|a, -i, -leiddi, -leitt *(v2) e-ð*; íhug|a *(v1) e-ð*

Erwägung hugleiðing *(w2)*; íhugun *(w5)*

erwähnen nefn|a, -i, -di, -t *(v2) e-ð*; drep|a *(stV↑)* á *e-ð*; minn|ast, -ist, -tist, minnst *(v2)* á *e-ð*

erwärmen¹ *(vi)* hlýn|a *(v1)*
▶ **Es wird wärmer.** Það hlýnar í veðri.

erwärmen² *(vt)* **1** *(etw.~)* hit|a *(v1) e-ð* upp; hlý|ja, -jað *(v1) e-ð* upp **2** *(s. aufwärmen)* hlý|ja *(v1)* sér

erwarten 1 (mit etw. rechnen) bú|ast við e-u **2** (Person) eig|a (stV↑) von á e-um **3** (allg. etw. ~) vænt|a, -i, -i, vænt (v2) e-s; (etw. von jdm. ~) vænt|a sér e-s af e-um **4** (freudig ~) hlakk|a (v1) til e-s

Erwartung vænting (w2); (freudige ~) eftirvænting (w2); tilhlökkun, -ar, -hlakkanir (Ö! w5)

erweitern 1 (Umfang ~) víkk|a (v1) **2** (hinzufügen) auk|a (stV↑) **3** (vergrößern) stækk|a (v1)

erzählen 1 (berichten ~) seg|ja, -i, sagði, sagt (v3) frá e-u

Erzählung frásögn, -sagnar, -sagnir (Ö! w6)

erzeugen framleið|a, -i, -leiddi, -leitt (v2)

Erzeuger framleiðand|i, -a, -leiðendur (m1)

Erzeugnis framleiðsl|a (w1) **isländisches ~** íslensk framleiðsla

erziehen al|a (stV↑) e-n upp

Erziehung uppeldi (s3)

Esel asn|i (m1)

essbar æt|ur, -, ætt

essen borð|a (v1); ét|a (stV↑) (sl.)

Essen mat|ur, -ar, -ar (m2) (Dat Ez -mat, m. Art. -matnum); (Mahlzeit) máltíð, -ar, -ir (w3)

Essig edik (s2)

Esszimmer borðstof|a (w1)

Etage hæð, -ar, -ir (w3); **dritte ~** fjórða hæð

Etui hylki (s3); hulstur (s2) (m. Art. -strið A!)

etwa 1 (ungefähr) um það bil; sirka **2** (fragend) nokkuð ▶ Bist du ~ krank? Ertu nokkuð lasinn?

etwas 1 (irgend~) eitthvað **2** (ein wenig) pínu; smá; hálf- ▶ Ich bin etwas müde. Ég er hálfslappur (m) / hálfslöpp (Ö! w).

EU Evrópusamband (s2 Ez) (Abk: ESB)

Eule ugl|a (w1)

Euro evr|a (w1); **50 Euro** fimmtíu evrur

Europa Evróp|a (w1)

Europäer Evrópumaður (↑ maður)

europäisch evrópsk|ur; **≈e Kommission** Framkvæmdastjórn Evrópusambandsins;

Evakuierung rýming (w2)

ewig eilíf|ur

Ewigkeit eilífð, -ar, -ir (w3)

Ex (der / die ~) sá (m) / sú (w) fyrrverandi

existieren ver|a (stV↑) til

Experiment tilraun, -ar, -ir (w3)

Explosion sprenging (w2)

Explosivausbruch sprengigos (s2)

extra (zusätzlich) auka-; **≈gebühr** aukagjald, -s, -gjöld (Ö! s2)

F

Fabrik verksmiðj|a (w1)

Fach 1 (Schrank) hólf (s2) **2** (Studien~) námsgrein, -ar, -ir (w3) **3** (beruflich) fag, -s, fög (Ö! s2)

Fachmann sérfræðing|ur, -s, -ar (m2) (Dat Ez -ingi, m. Art. -ingnum); fagmaður (↑ maður)

fade 1 (Geschmack) bragðdauf|ur **2** (langweilig) leiðinleg|ur

Faden þráð|ur, -ar, þræðir (m2) (Dat Ez þræði, Dat Mz þráðum, Gen Mz þráða)

fähig 1 (imstande zu etw.) hæf|ur **2** (mit vielen Fähigkeiten) fær, fær, fært til e-s / um e-ð

Fähigkeit hæfileik|i (m1); færn|i, -i (w8)

Fahne fán|i (m1)

Fahrbahn akbraut, -ar, -ir (w3)

Fähre ferj|a (w1)

fahren 1 (reisen) far|a (stV↑); ferð|ast (v2) **2** (Auto) keyr|a, -i, -ði, -t (v2); ak|a (stV↑) **3** (jdn. mitnehmen) skutl|a (v1) e-um **4** (Schiff schnell ~) stím|a (v1) ▶ Fahr vorsichtig! Aktu varlega!

Fahrer ökumaður (↑ maður)

Fahrerlaubnis akstursleyfi (s3)

Fahrkarte farmið|i (m1)

Fahrplan ferðaáætlun, -ar, ferðaáætlanir (w5)

Fahrpreis fargjald, -s, -gjöld (Ö! s2)

Fahrrad reiðhjól (s2)

Fahrspur akrein, -ar, -ar (w3)

Fahrstuhl lyft|a (w1)

Fahrt 1 (Reise) ferð, -ar,-ir (w3); **2** (das Fahren) akstur (m3 Ez) **3** (Geschwindigkeit) hrað|i (m1)

Fahrzeug ökutæki (s3)

fair sanngjarn, sanngjörn (Ö!), sanngjarnt

Fall 1 (Sturz hinab) fall, -s, föll; (Zusammenbruch) hrun (s2) **2** (Angelegenheit) mál (s2) **3** (grammatikalisch) fall, -s, föll (Ö! s2)

Falle gildr|a (w1)

fallen 1 *(herab~)* hrap|a *(v1)*
2 *(stürzen)* dett|a *(stV↑)*; fall|a *(stV↑)*
3 *(zusammenbrechen)* hrynja, hryn,
hrundi, hrunið *(v5)*
4 *(geringer werden)* lækk|a *(v1)*
falls ef
falsch rang|ur, röng *(Ö!)*, rangt;
vitlaus *(fam.)* ♦ *(Adv.)* rangt; vitlaust *(fam.)*
▶ **Das habe ich falsch gemacht.**
Ég gerði þetta vitlaust.
Falte 1 *(Haut~)* hrukk|a *(w1)*
2 *(Kleidung)* brot *(s2)* **3** *(geol.)* felling *(w2)*
falten brjót|a *(stV↑)* e-ð saman;
(Stirn) hnykl|a *(w1)*
Familie fjölskyld|a *(w1)*
Familienname ættarnafn, -s,
ættarnöfn *(s2)*; eftirnafn, -s,
eftirnöfn *(s2)* *(↑ kenninafn)*
Fang *(Fisch, Jagdtiere)* afl|i *(m1)*;
veið|i, -i *(w8 Ez; die Mz veiðar*
bedeutet „Jagd"!)
fangen fang|a *(v1)*; *(Fisch)* veið|a,
-i, veiddi, veitt *(v2)*
Fantasie ímyndunarafl, -s, -öfl
(Ö! s2); hugmyndaflug *(s2)*;
≈**voll** hugmyndarík|ur
fantastisch *(großartig)* stórkostleg|ur;
geðveik|ur *(sl.)*
Farbe lit|ur, -ar, -ir *(m2)*
(Dat Ez -ti, m. Art. -tnum)
färben litk|a *(v1)* *(Ausspr. wie lípka)*
Fass fat, -s, föt *(Ö! s2)*
Fassade framhlið, -ar, -ar *(w3)*; stafn,
-s, -ar *(m3)*
fassen 1 *(ergreifen)* þríf|a *(stV↑)*;
zu ~ kriegen gríp|a *(stV↑)*
2 *(langen)* þríf|a *(stV↑)* **3** *(kapieren)* skil|ja,
skil, -di, -ið *(v4)* ▶ **Nicht zu ~!** Alveg ótrúlegt!
fast næstum *(því)*; nánast
faul 1 *(träge)* lat|ur, löt *(Ö!)*, latt
2 *(verfault)* rot|inn **3** *(Fisch, Fleisch)* úld|inn
Faust hnef|i *(m1)*
Fax fax, fax, föx *(Ö! s2)*;
~**gerät** faxtæki *(s3)*
Februar febrúar *(m unv.)* *(↑ April)*
Feder 1 fjöður, fjaðrar, fjaðrir *(Ö! w6)*
2 *(Schreib≈)* fjaðrapenn|i *(m1)*
3 *(Metall≈)* gorm|ur, -s, -ar *(m2)*
fegen sóp|a *(v1)*
fehlen 1 *(ermangeln)* e-um vant|ar, -aði, -að
(v1) e-ð; *e-n* skort|ir, -i, skort *(v2)* e-ð

2 *(abwesend sein)* ver|a *(stV↑)* fjarverandi
(unv.) **3** *(verschwunden sein)* ver|a *(stV↑)*
horf|inn **4** *(knapp ausgehen)* ▶ **es fehlte**
nicht viel það munaði ekki miklu
Fehler vill|a *(w1)*; *(Fehlhandlung)* mistök
(Ö! s2); **einen ~ machen** ger|a, -i, -ði,
-t *(v2)* mistök
Fehlgeburt fósturlát *(s2)*
Feier hátíð, -ar, -ir *(w3)*
feierlich hátíðleg|ur
feiern *(etw. ~)* hald|a *(stV↑)* e-ð hátíðlegt;
(ausgehen) djamm|a *(v1)*
Feiertag helgidag|ur *(↑ dagur)*
feig|e kjarklaus; rag|ur;
≈**ling** heigul|l, -s, heiglar *(A! m5)*
Feile þjöl, þjalar, þjalir *(Ö! w6)*;
Nagel≈ naglaþjöl, -þjalar, -þjalir *(Ö! w6)*
feilschen prútt|a *(v1)* *(verðl niður)*
fein 1 *(dünn, schmal, gut)* fín|n, fín, fínt;
2 *(zierlich, kleinteilig)* fíngerð|ur, -, -gert
3 *(empfindlich, z. B. Geruchssinn)* næm|ur
4 *(vornehm)* fín|n, fín, fínt;
ríkmannleg|ur **Fein!** Fínt!
Feind óvin|ur, -ar, -ir *(m2)*
feindlich óvinveitt|ur, -, -;
fjandsamleg|ur
Feld 1 *(landwirtsch.)* akur *(A! m3)*
2 *(Fußball≈)* völl|ur *(m6)* **3** *(elektr.)* svið *(s2)*
Felge 1 *(Auto)* felg|a *(w1)*
2 *(Fahrrad)* gjörð *(w6)*
Fell loðskinn *(s2)*; feld|ur, -ar, -ir *(m2)*
Felsen 1 *(im Boden)* klöpp, klappar,
klappir *(Ö! w6)* **2** *(gr. Stein, Felswand)* bjarg,
-s, björg *(Ö! s2)*; klett|ur, -s, -ar *(m2)*
3 *(~wand)* hamar, -s, hamrar *(A! m3)*;
standberg *(s2)* **4** *(~nadel)* stakk|ur, -s, -ar
(m2) *(Dat Ez stakk(i), m. Art. stakknum)*
Fenster glugg|i *(m1)*
Ferien *(Große Ferien)* sumarfrí *(s2 Ez)*
(m. Art. -frið, Dat Mz -frijum, Gen Mz -frija);
in ~ fahren far|a *(stV↑)* í frí
Ferienhaus sumarhús *(s2)*;
orlofshús *(s2)*
Ferienwohnung sumarbústað|ur,
-ar, -ir *(m2)* *(Dat Ez -ð, m. Art -ðnum)*
fern fjarlæg|ur
Fernbedienung fjárstýring *(w2)*
Ferngespräch langlínusamtal,
-s, -töl *(Ö! s2)*
Fernglas kík|ir *(m4)*
fernsehen horf|a, -i, -ði, -t *(v2)*

á sjónvarp

Fernsehen *(Rundfunk)* sjónvarp *(s2)*

Fernseher *(Gerät)* sjónvarpstæki *(s3)*

Fernwärmeleitung hitaveitustokk|ur, -s, -ar *(m2)*

Ferse hæl|l *(m5)*

fertig 1 *(abgeschlossen)* bú|inn; klár, -, -t
▶ **Fertig!** Komið! **2** *(z.B. Essen)* tilbú|inn
3 *(völlig ~ sein)* ver|a *(stV↑)* bú|inn að vera
4 *(etw. ~ machen)* klár|a *(v1)* e-ð;
gang|a e-u *(stV↑)* frá e-u
5 *(~ sein)* ver|a *(stV↑)* bú|inn að ger|a, -i, -ði, -t *(v2)* e-ð

fest 1 *(Material)* fast|ur, föst *(Ö!)*, fast
2 *(solide)* sterk|ur **3** *(vertrauenswürdig)*
traust|ur **4** *(erstarrt, z.B. Lava)* stork|inn
5 *(Händedruck)* þétt handtak, -s, -tök *(Ö! s2)*

Fest hátíð, -ar, -ir *(w3)*

Festland *(Insel vom Meer aus)*
meginland, -s *(s2 Ez)*

festlegen fastset|ja, fastset, -setti, -sett *(v4)*

festlich hátíðleg|ur

festnehmen handtak|a *(↑ taka)*;
handsam|a *(v1)*

festsitzen *(auch Vieh)* ver|a *(stV↑)*
í sjálfheldu

feststellen 1 *(Bemerkung machen)*
kom|ast *(stV↑)* á raun um e-ð
2 *(Diagnose)* grein|a, -i, -di, -t *(v2)*
e-n með e-ð

Festung virki *(s2)*; skans, skans, skansar *(m3)*

fett 1 *(z.B. Fleisch)* fitukimikil|l, -mikil, -mikið **2** *(dick)* feit|ur; kjötvax|inn,
spikað|ur, spikuð, spikað;
~arm fituskert|ur;
fitusnauð|ur, -, -snautt
~e Milch fitusnauð mjólk

Fett fit|a *(w1)*

fettig fitug|ur

feucht rak|ur, rök *(Ö!)*, rakt; vot|ur;
≈gebiet votlendi *(s3)*

Feuchtigkeit rak|i *(m1)*; væt|a *(w1)*

Feuer eld|ur, -s, -ar *(m2)*;
(Vulkaneruption) eldar *(Mz)*;

Feuerlöscher slökkvitæki *(s3)*

feuern 1 *(schießen)* skjót|a *(stV↑)*
2 *(entlassen)* rek|a *(stV↑)*
3 *(werfen)* fleyg|ja, -i, -ði, -t *(v2)* e-u frá sér

Feuerwehr slökkvilið *(s2)*

Feuerwehrmann slökkviliðsmaður
(↑ maður)

Feuerzeug kveikjar|i *(m1)*

Fieber *(sótt)* hit|i *(m1)*

Figur 1 *(Körperform)* vaxtarlag, -s,
vaxtarlög *(Ö! s2)* **2** *(Statuette)* fígúr|a
(w1); stytt|a *(w1)*

Filet 1 *(Fisch≈)* flak, -s, flök *(Ö! s2)*;
Kabeljau≈ þorskflak **2** *(Fleischgericht)* lund, -ar, -ir *(w3)*; *(als Körperteil)* lundir *(w3 Mz)*

Filiale útibú *(s2)*; **Bank~** bankaútibú

Film 1 *(Spielfilm)* kvikmynd, -ar, -ir *(w3)*
2 *(Analogfotografie)* film|a *(w1)*
3 *(dünne Schicht, z.B. Fett≈)* skán, -ar, -ir *(w3)*; **Öl≈** olíubrák, -ar *(w3 Ez)*;
Eisen≈ *(auf warmem Quellwasser)*
járnbrá, -r, -r *(w7)*

filmen kvikmynd|a *(v1)*

Filter sí|a *(w1)*

finanziell fjárhags- ♦ *(Adv.)* fjárhagslega

finden 1 *(auf etw. stoßen)* finn|a *(stV↑)*
2 *(denken über etw.)* e-um finn|st *(stV↑)*
e-ð um e-ð ▶ **Wie findest du diese Idee?**
Hvað finnst þér um þessa hugmynd?

Finger fingur, -s, fingur *(m)* *(Dat Ez -gri,
Dat Mz -grum, Gen Mz -gra)*

Finne *(Rückenflosse)* horn *(s2)*

finster 1 *(lichtlos)* myrk|ur; niðdimm|ur
2 *(z.B. Gestalt, Plan)* skuggaleg|ur;
ískyggileg|ur **3** *(Laune)* þungbrýn|n
(Ausspr. -briddn), -, -t

Firma fyrirtæki *(s3)*

Fisch *(außer Hering)* fisk|ur, -s, -ar *(m2)*
(Dat Ez -ki, m. Art. -k(i)num);
Trocken≈ harðfiskur;
Pökel≈ saltfiskur;
~fang fiskveið|ar *(w3 Mz)*

fischen fiskveið|a, -i, veiddi, veitt
(v2); fisk|a *(v1)*

Fischer veiðimaður *(↑ maður)*

Fjord fjörð|ur, fjarðar, firðir *(Ö! m6)*

flach 1 *(eben)* flat|ur, flöt *(Ö!)*, flatt;
slétt|ur, -, - **2** *(seicht)* grunn|ur
3 *(nicht steil)* aflíðandi *(unv.)*

Fläche flöt|ur, flatar, fletir *(Ö! m6)*

Flachland sléttlendi *(s3 Ez)*

Flagge fán|i *(m1)*

Flamme log|i *(m1)*; *(große ~)*
eldtung|a *(w1)*

Flasche flask|a *(Ö! w1)*

Flaschenöffner flöskuopnar|i *(m1)*

Flechte flétt|ur (w1 Mz, Gen Mz -ttna)

Fleck blett|ur, -s, -ir (m2)

Fledermaus leðurblak|a (Ö! w1)

Fleisch kjöt (s2)

Fleischer slátrar|i (m1)

Fleischerei kjötbúð, -ar, -ir (w3)

fleißig dugleg|ur; afkastamikil|l, -, -mikið

flicken (z.B. Schlauch, Hose) bæt|a, -i, -ti, bætt (v2)

Fliege 1 (Insekt) flug|a (w1) (Gen Mz -gna)
2 (Binder) þverslauf|a (w1)

fliegen fljúg|a (stV↑)

fliehen flý|ja, flý, flúði, flúið (v5)

fließen renn|a (stV↑); fló|a (v1);
(Fluss, Bach) fall|a (stV↑);
(strömen) streym|a, -i, -di, -t (v2);
(langsam u. wenig) seytl|a (v1);
(über~) flæð|a, -i, flæddi, flætt (v2) yfir e-ð;
(aus~) fljót|a (stV↑) út úr e-u ; ~d (sprechen)
reiprennandi ▶ Sie spricht fließend
Deutsch. Hún talar reiprennandi þýsku.

flirten daðr|a (v1) við e-n

Floh fló, -ar, flær (w4); Vogel≈ starafló

Flosse 1 (Fisch≈) ugg|i (m1)
2 (Taucher≈) blaðk|a (Ö! w1)

Flöte flaut|a (w1)

fluchen bölv|a (v1); blót|a (v1)

Flug flug (s2)

Flugbegleiter flugþjón|n (Ausspr. -þjóuttn), -s, -ar (m5); ~in flugfreyj|a (w1)

Flügel 1 (Vogel, Flugzeug) væng|ur, -jar, -ir (m2) (Dat Ez væng, m. Art. vængnum)
2 (Konzert~) flygil|l, -s, flyglar (A! m5)

Fluggesellschaft flugfélag, -s, flugfélög (Ö! s2)

Flughafen flugstöð, -var, -var (w3); (bes. kleinere Landeplätze) flugvöll|ur (m6)

Flugticket flugmið|i (m1)

Flugzeug flugvél, -ar, -ar (w3);
Düsen≈ þot|a (w1)

Flur (Korridor) gang|ur, -s, -ar (m2)

Fluss 1 (Fließgewässer) á (w7); vatnsfall, -s, vatnsföll (Ö! s2); (großer ~) fljót (s2)
2 (das Fließen) hreyfing (w2);
~bett (ár)farveg|ur, -ar, -ir (m2);
~mündung (in anderen Fluss) ármót (s2 Mz); (ins Meer) ós, óss, ósar (m3) (Dat Ez ós, m. Art. ósnum)

flüssig fljótandi (unv.); (geschmolzen) bráð|inn

Flüssigkeit vökv|i (m1)

flüstern hvísl|a (v1)

Flut (Gezeiten, Überschwemmung) flóð (s2)

Föhn 1 (Haartrockner) hárþurrkar|i (m1)
2 (Fallwind) hnúkaþey|r, -s (m2 Ez)

Fohlen folald, -s, folöld (Ö! s2)

Folge 1 (Reihen≈) röð, raðar, raðir (w6)
2 (Resultat) niðurstað|a (Ö! w1)

folgen fylg|ja, -i, -di, -t (v2) e-um

Folklore alþýðumenning (w2);
þjóðhætt|ir (m Mz, ↑ háttur)

fordern (von jdm. etw. ~) kref|ja, kref, krafði, krafið (v5) e-n e-s; krefjast, krefst, kraföist, krafist (v5) e-s af e-um

fördern 1 (unterstützen) styð|ja, styð, studdi, stutt (v5); styrk|ja, -i, -ti, -t (v2); efl|a, -i, -di, -t (v2) 2 (z.B. Dampf, Öl) virk|ja (v1); dæl|a, -i, -di, -t (v2) e-u upp

Forderung kraf|a (Ö! w1)

Forelle (Bach≈) urrið|i (m1);
(Meer≈) sjóbirting|ur, -s, -ar (m2) (Dat Ez -ingi, m. Art. -ingnum)

Form form (s2); lögun, -ar, laganir (Ö! w5)

Formular eyðublað, -s, eyðublöð (Ö! s2)

Forschung rannsókn, -ar, -ir (w3)

fortgeschritten (Kenntnisse, Krankheit) þróað|ur, þróuð, þróað

Fortschritt framför, framfarar, framfarir (Ö! w6; mst. in Mz verwendet); ~e machen hald|a (stV↑) framförum í e-u

fortsetzen hald|a (stV↑) e-u áfram

Fortsetzung áframhald, -s, -höld (Ö! s2)

Fotoapparat ljósmyndavél, -ar, -ar (w3)

Fotografie 1 (Bild) ljósmynd, -ar, -ir (w3)
2 (das Fotografieren) ljósmyndun (w5);
ein Foto schießen smell|a -i, -ti, -t (v2) af einni (mynd)

fotografieren tak|a (stV↑) ljósmynd af e-um/e-u

Fotokopiergerät ljósritunarvél, -ar, -ar (w3)

Fracht (Allg.) farm|ur, -s, -ar (m2); (meist Luft≈) fragt, -ar, -ir (w3)

Frage spurning (w2); in ~ kommen kom|a (stV↑) til greina / til mála ▶ Das kommt nicht in ~. Þetta kemur ekki til greina.

Fragebogen eyðublað, -s, eyðublöð (Ö! s2); einen ~ ausfüllen fyll|a, -i, -ti, -t út eyðublað

fragen spyr|ja, spyr, spurði, spurt (v5)

Fragezeichen spurningarmerki (s3)

frankieren frímerk|ja, -i, -ti, -t *(v2)*
Frau *(auch Ehefrau)* kon|a *(w1)*
  (Gen Mz kvenna); **Ehe**≈ eiginkon|a *(w1)*
frech frek|ur; djarf|ur;
  ≈**heit** merkilegheit *(s2 Mz)*;
  (agressiv) frek|ja *(w1)*
frei *(unabh.)* frjáls, -, -t; frí, frí, frítt
  2 *(Platz, Zimmer)* laus
  3 *(kostenlos)* ókeypis *(unv.)*
  ▶ *(Taxi)* Sind Sie ~? Ert þú laus?
Freibad útisundlaug, -ar, -ar *(w3)*
Freiheit frels|i, -i *(w8 Ez)*
Freitag föstudag|ur, -s, -ar *(m2)*
freiwillig sjálfviljug|ur;
  ♦ *(Adv.)* etw. ~ tun ger|a *(stV↑)* e-ð
  af sjálfsdáðum
Freizeit tómstund|ir *(w3 Mz)*
fremd 1 *(fremdartig)* framandi *(unv.)*
  2 *(unbekannt)* ókekkt|ur
  3 *(ohne Ortskenntnis)* ókunn|ur
  4 *(ausländisch)* útlensk|ur; erlend|ur,
  -, erlent
Fremde útlönd *(Ö! s2)*; in der ~ sein
  ver|a *(stV↑)* í útlöndum
Freude gleð|i, -i *(w8 Ez)*
freuen *(s. über etw. ~)* gleð|jast, gleðst,
  gladdist, glaðst *(v5)* yfir e-u
Freund *(guter ~)* vin|ur, -ar, -ir *(m2)*;
  (fester ~) kærast|i *(m1)*
Freundin *(gute)* vinkon|a *(w1)*;
  (feste) kærast|a, kærustu, kærustu *(w)*;
  unnust|a, unnustu, unnustu *(w)*
freundlich vingjarnleg|ur
Frieden frið|ur, -ar *(m2 Ez)*
  (Dat Ez -ði, m. Art. -ðnum)
Friedhof kirkjugarð|ur, -s, ar *(m2)*
frieren 1 *(gefrieren)* frjós|a *(stV↑)*
  2 *(Kälte empfinden)* e-um ver|a *(stV↑)* kalt
frisch 1 *(Obst)* fersk|ur
  2 *(gesund)* hress, -, -t **3** *(kühl)* sval|ur,
  svöl *(Ö!)*, svalt; ~e Brise kald|i *(m1)*
Friseu|r hárgreiðslumeistar|i *(m1)*; ~se
  hárgreiðslumeistar|i *(m1)*,
  hárgreiðslukon|a *(w1)*
Friseursalon hárgreiðslustof|a *(w1)*;
  hársnyrtistof|a *(w1)*
frisieren greið|a, -i, greiddi,
  greitt *(v2)* hár
Frist frest|ur, -s, -ir *(m2)*
Frisur hárgreiðsl|a *(w1)*; greiðslulag *(s2)*
froh glað|ur, glöð *(Ö!)*, glatt

fröhlich kát|ur
Front *(Wetter)* skil *(s2 Mz)*; **Warm**≈ hitaskil;
  Kalt≈ kuldaskil
Frosch frosk|ur, -s, -ar *(m2)*
  (Dat Ez -ki, m. Art. -knum)
Frost frost *(s2 Ez)*;
  ~**schutzmittel** gluss|i *(m1)*
Frucht ávöxt|ur, -ar, -ir *(Ö! m6)*
fruchtbar 1 *(geschlechtsreif)* frjó|r, -, frjótt
  2 *(mit zahlr. Nachkommen)* frjósam|ur,
  -söm *(Ö!)*, -samt
früh *(Adv.)* snemma; ~er snemmar
  ▶ morgen früh í fyrramálið
früher *(davor)* áður;
  (damals) fyrr á tímum; í gamla daga
frühestens í fyrsta lagi; ekki fyrir en
  ▶ Ich komme ~ um neun.
  Ég kem í fyrsta lagi um níu.
Frühling vor *(Ö!)*
Frühstück morgunverð *(s2)*
frühstücken fá *(stV↑)* sér morgunverð
Fuchs ref|ur, -s, -ir *(m2)*
  (Dat Ez -fi, m. Art. -fnum); *(Polar*≈) tóf|a *(w2)*;
  tófustegg|ur, -s, -ir *(m2)* *(für ♂)*;
  tóf|a *(w1)* od. læð|a *(w1)* *(für ♀)*
fühlen 1 *(etw. spüren)* finn|a *(stV↑)* til e-s
  2 *(s. ~)* líð|a *(stV↑)* e-um ▶ Ich fühle
  mich nicht gut. Mér líður ekki vel.
führen gæð|a *(v1)* *(fam.)*
Führer *(Berg*≈) leiðsögumaður *(↑ maður)*;
  gæd, -s, -ar *(m3)* *(fam.)*
Führerschein ökuskírteini *(s3)*
Führung 1 *(touristisch)* leiðsögn *(w6)*
  2 *(Leitung)* stjórn, -ar, -ir *(w3)*
füllen fyll|a, -i, -ti, -t *(v2)* e-ð af e-u
Füllung fylling *(w2)*
Fund|büro óskilamunadeild, -ar, -ir *(w3)*
  (in Reykjavík auf der Polizei „Lögreglan")
Funke neisti *(s3)*
Funktion 1 *(Stellung, Zweck)* hlutverk *(s2)*
  2 *(das Funktionieren)* vinn|a *(w1)*
funktionieren virk|a *(v1)*
funktionsfähig starfhæf|ur
  ▶ Das Gerät ist nicht ~. Tækið virkar ekki.
für 1 *(zwecks)* fyrir *(Akk)* **2** *(gegen Krankheit)*
  við *(Akk)* **3** *(anstatt)* í staðinn fyrir *(Akk)*
  4 hvaða; hvernig
Furcht ótt|i *(m1)*; hræðsl|a *(w1)*
furchtbar hræðileg|ur;
  (traurig) hörmuleg|ur;
  (schrecklich) skelfileg|ur;

(plötzlich passiert) voveifleg|ur
fürchten 1 *(etw.)* ótt|ast *(v1)* e-ð
2 *(s. ~)* ver|a *(stV↑)* hræddur *(m)* /
hrædd *(w)* við e-ð ▶ **Ich fürchte, dass
es so ist.** Ég er hræddur um að svo sé.
Furt vað, vaðs, vöð *(Ö! s2)*;
furten far|a *(stV↑)* yfir á
Fuß fót|ur, fótar, fætur *(m) (Dat Ez fæti,
Dat Mz fótum, Gen Mz fóta)*;
zu ~ fótgangandi
Fußball *(Spiel)* knattspyrn|a *(w1)*;
(Ball) fótbolt|i *(m1)*; **~ spielen**
leik|a *(stV↑)* fótbola
Fußboden gólf *(s2)*
Fußgänger *(einzeln)* gangandi *(unv.)*
maður *(↑ maður)*; vegfarand|i, -a,
vegfarendur *(m1)*; *(kollektiv)*
gangandi fólk *(s2)*
Fußgängerüberweg gangbraut,
-ar, -ir *(w3)*
Fußgängerzone göngugat|a
(Ö! w1) (Gen Mz -tna)
Futter *(für Tiere; in Kleidung)*
fóður *(s2) (m. Art. -ðrið A!)*
füttern *(Tiere; Kleidung)* fóðr|a *(v1)*;
(Wasservögel) gef|a *(stV↑)* e-u
▶ **die Enten ~** gefa öndunum.

G

Gabel gaffal|l, -s, gafflar *(A! m5)*
gähnen geisp|a *(v1)*
Galerie *(Ausstellung)* gallerí
(s2, m. Art. -ílð); sýningarsal|ur, -ar, -ir
(m2, Dat Ez -sal, m. Art. -salnum)
Galle gall *(s2)*;
~nblase gallblaðr|a *(Ö! w1)*
Galopp stökk *(s2)*; **im ~ reiten**
ríð|a *(stV↑)* á stökki
Gang 1 *(Gangart)* gang|ur, -s, -ar *(m2)*;
(Pferd) gangtegund, -ar, -ir *(w3)*
2 *(Auto)* gír, -s, -ar *(m3, Dat Ez gír [girnum])*
3 *(Korridor)* gang|ur, -s, -ar *(m2)*
4 *(geol.)* *(berg)*gang|ur, -s, -ar *(m2)*;
in die Gänge kommen hask|a *(v1)* sér
5 *(Menü)* rétt|ur, -ar, -ir *(m2)*;
festliches Menü mit 5 Gängen fimm réttuð
veislumáltíð, -ar, -ir *(w3)*
gangbar fær, -, -t
Gans gæs, -ar, -ir *(w3)*

ganz 1 *(intakt)* heil|l, -, -t
2 *(alles)* all|ur, öll *(Ö!)*, allt
♦ *(Adv.)* alveg; aldeilis
3 *(ganz schön)* meiri *(+ Hauptwort m. Artikel)*
▶ **Das ist eine ganz schöne Klemme.**
Það er nú meiri klípan.
gar *(Adv.)* alls; **~ nicht** alls ekki;
~ keiner alls enginn
gar *(Speise)* tilbú|inn;
(durcherhitzt) *(gegn)*soð|inn;
(durchgebraten) gegnsteikt|ur, -, -
Garage bílskúr, -s, -ar *(m3, Dat Ez -r,
m. Art. -rnum)*
Garantie ábyrgð, -ar, -ir *(w3)*
garantieren ábyrg|jast, -ist,
-ðist, -st *(v2)* e-ð
Garderobe *(zum Abgeben)* fatageymsl|a
(w1); *(zum Hinhängen)* fatahengi *(s3)*
Gardine gardín|a *(w1)*
Garnitur samstæð|a *(w1, Gen Mz -ðna)*
Garten garð|ur, -s, -ar *(m2)*
Gas gas, gass, gös *(Ö! s2)*;
~ geben gef|a *(stV↑)* í
Gaskartusche gashylki *(s3)*
Gaspedal bensíngjöf *(Ö! w6)*
Gasse stíg|ur, -s, -ir
(m2, Dat Ez stíg [-gnum])
Gast gest|ur, -s, -ir *(m2)*
gastfreundlich gestris|inn
Gastfreundschaft gestrisni *(w Ez)*
Gastgeber gestgjaf|i *(m1)*
Gaststätte veitingahús *(s2)*
Gatter hlið *(s2)* ▶ **Bitte das ~ schließen!**
Vinsamlegast lokið hliðinu.
Gebäck smákök|ur *(Ö! Mz w1)*;
(Blätterteig) vínarbrauð *(s2)*
gebären fæð|a, -i, fæddi, fætt *(v2)*
Gebärmutter móðurlíf *(s2)*
Gebäude bygging *(w2)*
geben 1 *(jdm. etw. ~)* fá e-um e-ð
2 *(reichen)* rétt|a, -i, -i, rétt *(v2)* e-um e-ð
3 *(existieren)* ver|a *(stV↑)* ▶ **Gib mir bitte
das Salz.** Viltu fá mér saltið.
Gebet bæn, -ar, -ir *(w3)*
Gebiet 1 *(geogr.)* svæði *(s3)*
2 *(Fach≈)* svið *(s3)*
gebildet 1 *(belesen)* menntað|ur
2 *(gebaut aus)* myndað|ur úr e-u
Gebirge fjallgarð|ur, -s, -ar *(m2)*
Gebiss 1 *(Zähne)* tenn|ur *(w Mz, ↑ tönn)*
2 *(Zahnersatz)* gervitanngarð|ur,

-s, -ar *(m2)*

geboren werden fæð|ast, -ist, fæddist, fæst *(v2)*

gebraten steikt|ur, steikt, steikt

Gebrauch notkun *(w5)*

gebraucht notað|ur

gebrochen brot|inn; ~sprechen tal|a *(v1)* bjagað mál; *(Hände u. Füße)* bjarg|a *(v1)* sér

Gebühr gjald, -s, gjöld *(Ö! s2)*

Geburt fæðing *(w2)*

Geburtstag afmælisdag|ur, -s, -ar *(m2, Dat Ez -degi)* ▶ Ich habe heute ~. Ég á afmæli í dag.

Gebüsch runn|ur, -s, -ar *(m2)*; kjarr, -s, kjörr *(Ö! s2)*

Gedächtnis 1 *(Speicher)* minni *(s3)* 2 *(Gedenken)* minning *(w2)*

Gedanke hugsun *(w5)*; þank|i *(m1)*

gedenken minn|ast, -ist, -tist, -st *(v2)* e-s

Gedicht ljóð *(s2)*; *(freie Sprache)* kvæði *(s3)*

Geduld þolinmæð|i, -i *(w8)*

geduldig þolinmóð|ur, -, -mótt

geeignet hæfileg|ur; viðeigandi *(unv.)*; *(Kompromiss)* sæmileg|ur

Gefahr *(konkret)* hætt|a *(w1, Gen Mz -tna)*; *(abstrakt)* vá, -r *(w7 Ez)*; ≈los hættulaus; jdn. in ~ bringen stofn|a *(v1)* e-um í hættu

Gefahrengebiet hættusvæði *(s3)*

gefährlich hættuleg|ur

gefallen e-um líst *(stV↑)* á e-ð; e-um lík|ar *(v1)* e-ð ▶ Das gefällt mir. Mér líkar það.

Gefallen 1 *(klein)* greið|i *(m1)*; kvabb, -s, kvöbb *(Ö! s2)* 2 *(Sympathie)* ánægj|a *(w1)*; ~ finden an etw. fíl|a *(v1)* *(sl.)* e-ð ▶ Mir gefällt der Ort. Ég fíla þennan stað.

Gefängnis fangelsi *(s3)*

Gefäß ílát *(s2)*

Geflügel hænsni *(s3)*; *(Fleisch)* hænsnakjöt *(s2 Ez)*

Gefriertruhe frystikist|a *(w1, Gen Mz -tna)*

gefroren fros|inn; *(hart~)* gaddfreð|inn

Gefühl 1 *(Wahrnehmung)* skynjun *(w5)* 2 *(Emotion)* tilfinning *(w2)*

gegen 1 *(Richtung)* á móti *(Dat)* 2 *(zeitlich)* um ... leytið; ~ vier Uhr um fjögurleytið 3 *(heran)* á *(Akk)* 4 *(contra)* ver|a *(stV↑)* mótfall|inn / á móti *(Dat)*; gegn *(Dat)* 5 *(Medikament ~)* við *(Dat)*; ~ Übelkeit við ógleði

Gegend 1 *(Stadt)* hverfi *(s3)* 2 *(Land)* svæði *(s3)*

Gegensatz andstæð|ur *(w1 Mz, Gen Mz -öna)*

gegenseitig gagnkvæm|ur; hvorn annan *(m)*, hvorja aðra *(w)*, hvort annað *(s)*

Gegenstand 1 *(Ding)* hlut|ur, -ar, -ir *(m2)*; grip|ur, -s, -ir *(m2)* 2 *(Verhandlungs~)* mál *(s2)* 3 *(Thema)* viðfangsefni *(s3)*

Gegenteil andstæð|a *(w1, Gen Mz -öna)*; mótsetning *(w2)*; ▶ Im ~! Þvert á móti!

gegenüber gegnt *(Dat)*; andspænis *(Dat)*

Gegenwart 1 *(Anwesenheit)* viðurvist, -ar, -ir *(w3)*; nærver|a *(w1)* 2 *(Jetztzeit)* nútíð, -ar *(w3 Ez)*

Gegenwind mótbyr, -jar, -ir *(m3, Dat Ez -r [-rnum])*

Gegner andstæðing|ur, -s, -ar *(m2)*; mótstöðumaður *(↑ maður)*

Gehalt 1 *(Lohn)* laun *(s2 Mz)*; kaup *(s2)* 2 *(Inhalt)* innihald *(s2 Ez)*

geheim leynileg|ur

Geheimnis leyndarmál *(s2)*

Geheimzahl leyninúmer *(s2)*; *(PIN)* PIN-númer *(s2)*

gehen 1 *(fortbeweg.)* far|a *(stV↑)*; labb|a *(v1)* *(fam.)*; in die Schule ~ far|a *(stV↑)* í skólann / háskólann ▶ Uns geht es gut. Héðan er allt gott að frétta. 2 *(s. drehen um)* snúa|st *(stV↑)* um e-ð; ver|a *(stV↑)* um að ræða e-ð; ▶ Es geht darum, dass ... Málið snýst um það að ... 3 *(möglich)* ver|a *(stV↑)* hægt

Gehirn heil|i *(m1)*

Gehirnerschütterung heilahristing|ur, -s, -ar *(m2)*

Gehör heyrn, -ar, -ir *(w3)*

gehorchen hlýð|n|ast *(v1)*; hlýð|a, -i, hlýddi, hlýtt

gehören tilheyr|a, -i, -ði, -t *(v2)* e-um; ver|a *(stV↑)* í eign e-s ▶ Wem gehört das? Hver á þetta? Mir. Ég á það.

Gehweg *(gang)*stétt, -ar, -ir *(w3)*; beheizter ~ gangstétt með snjóbræðslu

Geige fið|l|a *(w1)*

Geisel gísl, -s, -ar *(m3)*

Geist 1 *(Verstand)* hug|ur, -ar, -ir *(m2, Dat Ez hug, m. Art. hugnum)*; and|i *(m1)*

2 *(Spuk)* draug|ur, -s, -ar
(m2, Dat Ez -gl [-gnum]*);* vof|a *(w1);*
(Wiedergänger) afturgang|a *(Ö! w1);*
(Gespenst) mór|i *(m1);* skott|a *(w1)*
geistreich andrík|ur
geizig nísk|ur
gekocht eldað|ur
Gel gel *(s2);* hlaup *(s2)*
Gelände *(schwieriges ~)* torfær|a
(w1, Gen Mz -rna)
Geländer *(Treppe)* handrið *(s2);*
(Fallschutz) brjóstrið *(s2)*
Geländemaschine torfærubifhjól *(s2)*
Geländewagen jepp|i *(m1);*
torfærubíl|l, -s, -ar *(m5)*
gelangen **1** *(wohin)* kom|ast *(stV↑)*
á *e-n* stað **2** *(etw. erlangen)* kræk|ja, -i,
-ti, -t *(v2)* sér *í e-ð*
gelb gul|ur
Geld **1** *(allg.)* pening|ur, -s, -ar *(m2)*
2 *(Bar≈)* reiðufé *(s2 Ez, m. Art.* -féð,
Dat Ez -fé [-fénu], *Gen Ez* -fjár [-fjárins]*);*
klink *(s2) (fam.)* ▶ Das kostet viel Geld.
Þetta kostar mikinn pening.
Geldautomat hraðbank|i *(m1)*
Geldbörse peningabudd|a *(w1)*
Gelegenheit tækifæri *(s3);* séns, -, -ar
(m3) (fam.); die ~ nutzen nota tækifærið til *e-s*
Gelenk liðamót *(s2 Mz)*
Geliebte(r) elskhug|i *(m1, über und);*
ástmaður *(↑ maður, über);*
ástkon|a *(↑ kona, über)*
gelingen tak|ast *(stV↑)*
gelten gild|a, -i, gilti, gilt *(v2)*
fyrir e-n; *(gültig)* ver|a *(stV↑)* í gildi
Geltung **1** *(gültig)* gildi *(s3)*
2 *(Ansehen)* álit *(s2)*
gemahlen malað|ur, möluð *(Ö!),* malað
Gemälde málverk *(s2)*
gemein illgjarn, illgjörn *(Ö!),* illgjarnt;
illkvitt|inn
Gemeinde **1** *(Verwalt.)* bæjarfélag,
-s, -félög *(Ö! s2)* **2** *(kirchl.)* söfnuð|ur,
safnaðar, söfnuðir *(Ö! m6, Dat Ez* -nuði,
Dat Mz -nuðum, *Gen Mz* -naða)
gemeinsam saman
Gemeinschaft samfélag, -s,
-félög *(Ö! s2)*
gemischt blandað|ur, blönduð *(Ö!),*
blandað
Gemüse grænmeti *(s3)*

gemütlich hugguleg|ur; kósí *(unv., fam.)*
genau nákvæm|ur
♦ *(Adv.)* nákvæmlega; akkúrat
▶ Ganz ~! Nákvæmlega!
genehmigen leyf|a, -i, -ði, -t *(v2)*
Genehmigung leyfi *(s3);* heimild,
-ar, -ir *(w3)*
generell yfirleitt
genesen *e-um* batn|ar *(v1)*
genießen njót|a *(stV↑)* e-s
▶ Genieß das Leben! Njóttu lífsins!
genug *(Adj.)* nóg|ur; nægileg|ur
♦ *(Adv.)* nóg; nægilega
genügen nægj|a, -i, -ði, -t *(v2);* ver|a
(stV↑) nóg ▶ Das genügt vollauf.
Þetta nægir alveg.
genügend *(Adv.)* nóg *(unv.)*
Genuss nautn, -ar, -ir *(w3) af e-u*
Geochemie jarðefnafræð|i, -i *(w8 Ez)*
Geochemiker jarðefnafræðing|ur,
-s, -ar *(m2, Dat Ez* -ingi [-ingnum])
Geographie landafræð|i, -i *(w8 Ez)*
Geograph landafræðing|ur, -s, -ar *(m2)*
Geologie jarðfræð|i, -i *(w8 Ez)*
Geologe jarðfræðing|ur, -s, -ar *(m2)*
geologisch jarðfræðileg|ur
Geophysik jarðeðlisfræð|i, -i *(w8 Ez)*
Geophysiker jarðeðlisfræðing|ur,
-s, -ar *(m2)*
Geowissenschaften jarðvísindi *(s3 Mz)*
geöffnet op|inn
Gepäck farangur, -s *(m3 Ez, Dat Ez* -ngri A!)
Gepäckaufbewahrung
farangursgeymsl|a *(w1)*
Gepäckstück ferðatask|a *(Ö! w1)*
Gepäckträger *(Dach)* farangursgrind,
-ar, -ur *(w3);* *(Fahrrad)* böggglaber|i *(m1)*
gerade *(nicht krumm)* bein|n, -, -t
♦ *(Adv.)* *(soeben)* rétt; *(geschehen)* ný-; *(ge-
nau)* einmitt; ~ **rechtzeitig** rétt í tæka tíð
geradeaus beint áfram
Gerät tæki *(s3)*
geräuchert reykt|ur, reykt, reykt
Geräusch hljóð *(s2)*
gerecht réttvís; *(~fertigt)* réttlát|ur
Gericht **1** *(Justiz)* dómstól|l, -s, -ar *(m5);*
rétt|ur, -ar, -ir *(m2)* **2** *(Speise)* rétt|ur,
-ar, -ir *(m2)*
gern gjarnan
Geruch *(neutral)* lykt, -ar *(w3 Ez);*
(angenehm) ilm|ur, -s *(m2 Ez);*

ɛngan, -ar (w3 Ez); (unangenehm) þef|ur,
– ar (m2 Ez, Dat Ez þef, m. Art. þefnum);
(schlecht) óþef|ur, -jar (m2 Ez, Dat Ez óþef,
m. Art. óþefnum); fýl|a (w1 Ez);
Schwefel≈ von Gletscherwasser jökulfýla
Gerüst (Bau≈) stillas, -, -ar (m3)
Ausspr. ohne ttl); vinnupall|ur, -s, -ar (m2)
Gesamtheit heild, -ar, -ir (w3)
Gesandter erindrek|i (m1);
umboðsmaður (↑ maður)
Gesang söng|ur, -s, -var (m2)
Gesäß rass, -, -ar (m3)
Geschäft **1** (Laden) verslun (w5)
2 (Deal) viðskipti (s3 Mz); bísniss (m unv.)
(sl.); díll, -s, -ar (m5, sl.)
3 (Unternehmen) fyrirtæki (s3)
geschäftlich (Geschäfts-) viðskipta-;
~e Beziehung viðskiptasamband,
-s, -sambönd (Ö! s2)
Geschäftsführer
framkvæmdastjór|i (m1)
Geschäftsmann viðskiptamaður
(↑ maður)
geschehen ger|ast, -ist, -ðist, -st (v2);
ske, skeður, skeði, skeð (unreg.,
nur 3. Pers Ez) ▶ Was ist ~? Hvað gerðist?
Geschenk gjöf, gjafar, gjafir (Ö! w6)
Geschichte **1** (Historie) sag|a (Ö! w1,
Gen Mz -gna); (Wissenschaft) sagnfræð|i,
-i (w8) **2** (Erzählung) frásögn,
frásagnar, frásagnir (Ö! w6)
geschichtlich söguleg|ur
▶ zu ~er Zeit á sögulegum tímum
geschickt leik|inn í e-u; snjall, snjöll,
snjallt; (handwerklich ~) laghent|ur, -, -;
verklag|inn
geschieden fráskil|inn
Geschirr leirtau (s2, m. Art. -uið)
Geschlecht (allg.) kyn (s2, Dat Mz -jum,
Gen Mz -ja); (biol.) kynferði (s3)
geschlechtlich kynferðisleg|ur
♦ (Adv.) kynferðislega
Geschlechtsverkehr kynmök
(Ö! s2 Mz); samfar|ir (w6 Mz)
geschlossen **1** (Tür) lokað|ur
2 (z.B. in Partei) sameinað|ur
3 (einstimmig) einróma (unv.)
Geschmack **1** (Essen) bragð, -s,
brögð (Ö! s2) **2** (Stil) smekk|ur,
-s, -ir (m2, Dat Ez smekk [-kknum]);
≈los (Essen) bragðlaus;

(Stil) smekklaus
geschottert (Piste) malarbor|inn
Geschwindigkeit hrað|i (m1)
Geschwister systkin (s2 Mz)
Gesellschaft **1** (soziolog.)
þjóðfélag, -s, -félög (Ö! s2)
2 (Verein) félag-, -s, -félög (Ö! s2)
gesellschaftlich (þjóð)félagsleg|ur
Gesetz lög (s2 Mz)
gesetzlich lögleg|ur;
(gesetzesgemäß) samkvæmt lögunum
Gesicht andlit (s2); fés (s2) (sl., pej.);
smetti (s3) (sl., pej.); im ~ í framan;
~sausdruck svip|ur, -s, -ir (m2)
gespannt (aufgeregt) spennt|ur
Gespräch viðtal, -s, viðtöl (Ö! s2);
samtal, -s, samtöl (Ö! s2);
viðræð|a (w1); samræð|a (w1)
Gestalt **1** (Körper) (líkams)bygging (w2)
2 (Design) lögun, -ar, laganir (Ö! w5)
gestehen gang|ast (stV↑) við e-ð;
ját|a (v1) e-ð
gestern í gær
Gestrüpp kjarr, -s, kjörr (s2)
gesund **1** (nicht krank) heilbrigð|ur, hress,
-, -t **2** (Gemüse, Obst) holl|ur;
heilnæm|ur; heilsusamleg|ur
Gesundheit heilbrigði (s3 Ez);
heils|a (w1); ~szustand heilsufar (s2 Ez)
Getränk drykk|ur, -jar, -ir
(m2, Dat Ez -kk [-kknum])
Getreide korn (s2);
~erzeugnis kornmeti (s3)
getrennt aðskil|inn
Getriebe (Auto) drif (s2)
Gewalt **1** (legitime ~) vald, -s, völd (Ö! s2);
3 (Verbrechen) ofbeldi (s3)
gewaltsam með valdi; með ofbeldi
Gewehr riffil|l, -s, rifflar (A! m5);
(Schrotflinte) haglabyss|a (w1)
Gewerbe (Betrieb) iðnrekstur, -s,
-rekstrar (A! m3); (Handel) verslun (w5);
(handwerkl. Fach) iðngrein, -ar, -ir (w3)
Gewerkschaft stéttarfélag, -s,
-félög (Ö! s2)
Gewicht þyngd, -ar, -ir (w3)
Gewinn **1** (z.B. Lotto) vinning|ur, -s,
-ar (m2) **2** (aus Tätigkeit) arð|ur, -s, -ar (m2);
gróð|i (m1); ábat|i (m1);
ávinning|ur, -s, -ar (m2)
3 (Bilanz) hagnað|ur, -s, -ar (m2)

gewinnen 1 *(siegen)* vinn|a *(stV↑)*;
(Sport) sigr|a *(v1)* **2** *(Vorteil)* græð|a, -i,
græddi, grætt *(v2)* á e-u;
3 *(e-n Freund ~)* eign|ast *(v1)* vin
4 *(jdn. für etw. ~)* tel|ja, tel, taldi,
talinn *(v5)* e-n á e-ð

Gewinner 1 *(Lotto)* vinningshaf|i *(m1)*
2 *(Sport)* sigurvegar|i *(m1)*

gewiss *(Adv.)* víst; vissulega

Gewissen samvisk|a *(w1)*;
~sbisse samviskubit *(s2 Mz)*

Gewitter þrumuveður *(A! s2,
m. Art. -ðrið A!)*; **~wolke** þrumuský *(s2,
m. Art. -skýið, Dat Mz -skýjum, Gen Mz -skýja)*

gewöhnen *(s. an etw. ~)* ven|jast,
venst, vandist, vanist *(v5)* e-u;
(jdn. an etw. ~) ven|ja, ven, vandi,
vanið e-n við e-ð; *(s. etw. an~)* legg|ja,
legg, lagði, lagt *(v5)* e-ð í vana sinn

Gewohnheit venj|a *(w1)*; van|i *(m1)*
▶ **Es ist meine ~** . Það er vani minn.

gewöhnlich venjuleg|ur
♦ *(Adv.)* venjulega

gewunden *(Weg)* krókótt|ur, -, -

Gewürz krydd *(s2)*

Geysir *(Springquelle allg.)* goshver,
-s, -ir *(m2)*

Gezeiten sjávarföll *(Ö! s2)*

Gier græðg|i, -i *(w8)*; ágirnd, -ar, -ir *(w3)*

gierig gráðug|ur; ~ **nach etw.** sólg|inn í e-ð

gießen hell|a, -i, -ti, -t *(v2)* e-u;
Blumen ~ vökv|a blómin

Gift eitur *(A! s2, m. Art. -trið A!)*

giftig eitrað|ur

Gipfel hnjúk|ur, -s, -ar *(m2,
Dat Ez -ki [-knum])* *(auch: hnúkur)*;
tind|ur, -s, -ar *(m2)*; **~krater** toppgíg|ur,
-s, -ir *(m2, Dat Ez -g(i) [-gnum])*

Gips gifs *(s2 Ez)*

Girokonto gíróreikning|ur, -s, -ar *(m2)*

Gitarre gítar, -s, -ar *(m2, Dat Ez -r [-rnum])*

Gitter grind, -ar, -ur *(w3)*; rimlaverk *(s2)*;
hinter ~ ver|a *(stV↑)* í steininum *(fam.)*

glänzen gljá, -i, -ði, gljáð *(v2)*;
ljóm|a *(v1)*; ~d ljómandi *(unv.)*;
glimrandi *(unv., fam.)*

Glas 1 *(Material)* gler *(s2 Ez)*
2 *(Trinkgefäß)* glas, -s, glös *(Ö! s2)*;
ein ~ Wasser vatnsglas

gläsern úr gleri

glatt hál|l, hál, hált; **sehr ~** flughállл

Glatteis hálk|a *(w1)*; **stellenweise ~**
hálkublett|ir *(m2 Mz von blettur)*;
bei ~ í hálkunni

Glaube *(allg. und religiös)* trú, -ar *(w3 Ez)*

glauben trú|a, -i, -ði, -að *(v2)*
▶ **Ich glaube es einfach nicht!**
Ég trúi þessu ekki!

gleich 1 *(~artig)* jafn, jöfn *(Ö!)*, jafnt;
svipað|ur **2** *(identisch)* sam|ur, söm *(Ö!)*,
samt *(meist mit schwacher Beugung:
sá sami, sú sama, það sama)*; ~ **groß wie** ...
jafnstór og ...; **~altrig wie** ... á sama aldri og ...
3 *(zeitl. sofort)* strax **4** *(örtl. direkt)* rétt;
~ **in der Nähe** rétt hjá ▶ **Gehst du ~?**
Ert þú strax farinn? **Morgen gibt es das ~e
Wetter.** Það verður svipað veður á morgun.

gleichen *(jdm. od. etw. ~)* lík|jast, -ist,
-tist, -st *(v2)* e-u; *(s. ~)* líkj|ast, -ist,
-tist, -st *(v2)*

gleichfalls *(Antw.)* sömuleiðis

gleichmäßig *(Adv.)* jafnt og þétt

Gleichgewicht jafnvægi *(s3)*;
im ~ í jafnvægi

gleichgültig 1 *(unwichtig)* lítilvæg|ur
2 *(Stimmung)* kærulaus; sljó|r, -, sljótt
▶ **Es ist mir ~.** Mér stendur á sama um það.

gleichzeitig *(Adv.)* samtímis;
um leið og

Gletscher jökul|l, -s, jöklar *(A! m5)*;
~fluss jökulsá, -r, -r *(w7)*;
~lauf *(jökul)hlaup *(s2)*

Glied 1 *(Gliedmaßen, Penis)* lim|ur,
-s, -ir *(m2, Dat Ez -mi [-mnum])*
2 *(Ketten≈)* hlekk|ur, -jar,-ir
(m2, Dat Ez -kk [-knum])

Glocke bjall|a *(Ö! w1)*;
(Kirchen≈) klukk|a *(w1, Gen Mz -kkna)*

Glück 1 *(gutes Ereignis)* heppn|i, -i *(w8)*;
~ **haben** ver|a *(stV↑)* hepp|inn *(m)* /
heppin *(w)* **2** *(günstiges Geschick)* lán *(s2)*;
gæf|a *(w1)* **3** *(~sgefühl)* hamingj|a *(w1)*
▶ **Viel ~!** Gangi þér allt í haginn!

glücklich 1 *(günstig)* lánsam|ur,
-söm *(Ö!)*, -samt; farsæl|l, -, -t
2 *(Gefühl)* hamingjusam|ur

glücklicherweise sem betur fer

Glücksspiel fjárhættuspil *(s2)*

Glückwunsch hamingjuósk, -ar, -ir *(w3)*

Glühbirne (ljósa)per|a *(w1)*

glühen gló|a, -i, -ði, -að *(v2)*
▶ **~de Lava** glóandi hraun

Glühwein glögg *(s2 Ez)*

GmbH hf *(Abk. für hlutafélag)*

Gold gull *(s2 Ez)*

golden gull|inn; úr gulli

Golf golf *(s2)*; **~platz** golfvöll|ur *(m5)*;
~schläger golfkylf|a *(w1)*;
~spiel golfleik|ur, -s, -ir
(m2, Dat Ez -k [-knum])

Gott Guð *(m3) (Aussprache: gvüð)*
▶ Mein ~! Guð minn góður / Kræst! *(fam./sl.)*

Gottesdienst guðsþjónust|a *(w1)*

Grab gröf, grafar, grafir *(Ö! w6)*

graben graf|a *(stV↑)*;
(wühlen) grufl|a *(v1)* í e-u

Graben 1 *(Entwässerung)* skurð|ur,
-ar, -ir *(m2)* 2 *(geol.)* sigdal|ur, -s, -ir
(m2, Dat Ez -dali, m. Art. -dalnum)

Grad *(Temperatur)* stig *(s2)*;
(Winkel) gráð|a *(w1)* ▶ +5 °C Fimm stiga hiti;
-8 °C Átta stiga frost; Es sind 15 Grad.
▶ Það eru fimmtán gráður.

Gramm gramm, -s, grömm *(Ö! s2)*
▶ 200 Gramm tvöhundruð grömm

Grammatik málfræð|i, -i *(w8)*

Grapefruit greipaldin *(s2)*

Gras gras, -s, grös *(Ö! s2)*

grau grá|r, grá, grátt; *(Stimmung, Wetter)*
dauflegur; drungaleg|ur;
þungbú|inn; *(Haar)* skollitað|ur

grausam grimmi|legur ♦ *(Adv.)* grimmilega

greifen *(nach etw. ~)* gríp|a *(stV↑)* í e-ð;
þríf|a *(stV↑)* í e-ð / til e-s

Grenze landamæri *(s3 Mz)*;
(Begrenzung) takmark, -s, takmörk *(Ö! s2)*

Grenzübergang vegabréfaeftirlit *(s2)*

Griff *(Hand≈)* skaft, -s, sköft *(Ö! s2)*

Grill grill *(s2) (Aussspr. wie im Dt. ohne -ttl)*

grillen grill|a *(v1) (Aussspr. wie grilla ohne -ttl)*

Grippe flens|a *(w1)*

grob *(nicht fein)* gróf|ur;
(Verhalten) gróf|ur; ruddaleg|ur

groß stór; mikil|l, mikil, mikið;
(hoch) há|r, há, hátt

großartig stórfengleg|ur;
stórkostleg|ur;
magnað|ur, mögnuð *(Ö!)*, magnað

Größe 1 *(Volumen, Kleidung)* stærð, -ar,
-ir *(w3)*; *(Höhe, Körper≈)* hæð, -ar, -ir *(w3)*
2 *(bedeutsam)* mikilvægi *(s3)*
3 *(Verdienst)* mikilleiki *(m2)*; ver|a *(stV↑)*
mikilmenni *(s3)*; *(kulturell)* stærð, -ar,

-ir *(w3)*; *(großzügig)* höfðingsskap|ur,
-ar *(m2 Ez, Dat Ez -p [-pnum])*

Großmutter amm|a *(Ö! w1)*

Großvater af|i *(m1)*

großzügig göfug|ur; veglynd|ur

grün græn|n, græn, grænt

Grund 1 *(Ursache)* ástæð|a
(w1, Gen Mz -ðna); orsök, orsakar,
orsakir *(Ö! w6)*; *(Anlass)* tilefni *(s3)*
2 *(~stück)* lóð, -ar, -ir *(w3)*; jörð, jarðar,
jarðir *(Ö! w6)* 3 *(Fundament, auch übertr.)*
grunn|ur, -s, -ar *(m3)* 4 *(Gewässer)* botn,
-s, -ar *(m3)*; **Meeres≈** hafsbotn

gründen stofn|a *(v1)*; set|ja, set,
setti, sett *(v4)* e-ð á laggirnar

Grundlage grundvöll|ur *(m6)*;
undirstað|a *(Ö! w1)*

gründlich rækileg|ur; gagngerð|ur
♦ *(Adv.)* rækilega, þaul-;
etw. ~ untersuchen þaulkann|a *(v1)* e-ð;
~ gelesen þaulles|inn

grundsätzlich grundvallar-;
~e Frage grundvallaratriði
♦ *(Adv.)* etw. ~ tun haf|a *(stV↑)* e-ð fyrir reglu

Grundschule grunnskól|i *(m1)*

Grundstück lóð, -ar, -ir *(w3)*

Gruppe hóp|ur *(m2, Dat Ez -pi [-pnum])*

Gruß kveðj|a *(w1)*

grüßen 1 *(jdn. be~)* heils|a *(v1)* e-um
2 *(s. be~)* heils|ast *(v1)*
3 *(Grüße übermitteln)* bið|ja *(stV↑)* að heilsa
e-um ▶ Grüße Pétur und Jóna von mir.
Bið að heilsa Pétri og Jónu.

gültig gild|ur, gild, gilt; gildandi *(unv.)*

Gummi gúmmí *(s2)*; aus ~ úr gúmmíi, gúm-;
(Kondom) smokk|ur, -s, -ar *(m2)*;
~handschuh gúmhansk|i *(m1)*

Gunst 1 *(Wohlwollen)* velvild, -ar *(w3 Ez)*
2 *(~ der Stunde)* hagkvæmn|i, -i *(w8)*

günstig 1 *(förderl.)* hagstæð|ur;
hagkvæm|ur; heppileg|ur
2 *(preiswert)* ódýr, -, -t

Gurke ágúrk|a *(w1)*

Gurt belti *(s3)*; **Sicherheits≈** öryggisbelti

Gürtel belti *(s3)*

Güte *(meine ~!)* blessaður *(zu m)* /
blessuð *(zu w)* vertu!

gut góð|ur, góð, gott; *(ganz ~, in Ordnung)*
ágæt|ur, -, ágætt; *(passend, „super")*
sniðug|ur; *(anerkennend)* flott! *(unv.)*;
~ machen *(erfolgreich)* plum|a *(v1)* sig *(fam.)*

♦ *(Adv.)* vel ▶ **Ich verstehe dich gut.**
Ég skil þig vel. **Gut, in Ordnung, passt!** Ágætt!

Gutachten umsögn, -sagnar,
-sagnir *(w6)*; *(jur.)* sérfræðiálit *(s2)*

Gutschein *(privat)* gjafarkort *(s2)*;
(Geschäft) inneignarnót|a
(w1, Gen Mz -nótna*)*

Gymnasium menntaskól|i *(m1)*

Gymnastik (líkams)rækt, -ar *(w3 Ez)*

H

Haar hár *(s2)*; s. **das ~ schneiden lassen**
lát|a *(stV↑)* klippa sig

Haarspray hárlakk, -s, -lökk *(Ö! s2)*; hár-
sprei *(s2) (sl.)*

haben **1** *(besitzen)* eig|a *(stV↑)*
2 *(dabeihaben)* ver|a *(stV↑)* með e-ð
3 *(übertr. Sinn; Zeit usw.)* haf|a *(stV↑)*

hacken **1** *(zerkleinern)* hakk|a *(v1)*;
sax|a *(v1) (klein~, z.B. Fleisch)*;
bryt|ja *(v1) (eher gröber)*
2 *(Computer)* brjót|ast *(stV↑)*
inn *í tölvu*; hak|ka *(v1)* sig inn *í tölvu*

Hackfleisch hakk *(s2 Ez)*;
Rinder≈ nautahakk; **Schweine≈** svínahakk;
Lamm≈ lambahakk

Hafen höfn *(Ö! w6)*

Hafer hafr|ar *(A! m3 Mz von hafur,
nur in Mz)*; ~brei hafragraut|ur, -ar,
-ar *(m2)*; ~mehl haframjöl *(s2 Ez)*

Haft *(zeitl. begrenzt)* (gæslu)varðhald
(s2 Ez)

haften **1** *(bürgen)* ábyrg|jast, -ist, -ðist,
-st *(v2) er-on od. e-ð fyrir e-n*
2 *(kleben)* loð|a, -ir, loddi, loðað
(v2) á e-u od. við e-ð

Haftpflicht skaðabótaskyld|a *(w1)*;
~**versicherung** ábyrgðartrygging *(w2)*

Haftung ábyrgð, -ar, -ir *(w3)*

Hagel haglél *(s2, Dat Mz* -jum, *Gen Mz* -ja*)*

Hahn **1** *(Vogel)* han|i *(m1)*
2 *(Wasser≈)* (vatns)kran|i *(m1)*

Hähnchen *(Speise)* kjúkling|ur, -s,
-ar *(m2)*

Hai hákarl, -s, -ar *(m3)*

Haken **1** *(Angel)* öngul|l, -s, önglar *(A! m5)*
2 *(Kleider~)* snag|i *(m1)*

halb hálf|ur; hálf- *(mit Betonung auf hálf;
unbetontes hálf bedeutet „ein bisschen"!)*;

halb fünf Uhr hálf fimm; **eineinhalb** hálft annað;
halbfertig hálfkláraður

Halbinsel nes *(s2, Dat Mz* -jum, *Gen Mz* -ja*)*;
(abgelegen) annes *(s2, Dat Mz* -jum, *Gen Mz* -ja*)*;
(klein, niedrig) tang|i *(m1)*; *(groß)* skag|i *(m1)*

Halbjahr misseri *(s3) (auch: Semester)*

Hälfte helming|ur, -s, -ar *(m2)*

Halle sal|ur, -s, -ir *(m2, Dat Ez* sal,
m. Art. salnum*)*

Hallenbad sundhöll *(Ö! w6)*

hallo! halló!

Hals **1** *(zw. Kopf-Rumpf)* háls, -s, -ar *(m2)*
2 *(Kehle)* kverk, -ar, -ar *(w3)*

Halsband hálsband, -s, -bönd *(Ö! s2)*

Halt **1** *(fester ~)* hald, -s, höld *(s2)*
2 *(Stop)* stopp *(s2)*; ~ **!** Stopp! Stans!
3 *(Reifen auf Eis)* (veg)grip *(s2)*

haltbar geymsluþol|inn;
≈**keit** geymsluþol *(s2)* ▶ **Haltbar bis ...
siehe Deckel** Best fyrir ... sjá lok.

halten¹ *(vi)* **1** *(nicht brechen)* hald|a
(stV↑); toll|a, -i, -di, tollað *(v2)*
2 *(stehenbleiben)* stans|a *(v1)*; nem|a
(stV↑) staðar *við e-ð* **3** *(nicht verderben)*
geym|ast, -ist, -dist, geymst *(v2)*;
*(s. nicht abnutzen, nicht schnell verbraucht
werden)* end|ast, -ist, entist, enst *(v2)*
▶ **Das Eis hält** *(bricht nicht)*. Ísinn heldur.

halten² *(vt)* **1** *(ab~, be~, ein~, er~, fest~)*
hald|a *(stV↑) e-u*; **Wort halten** halda orð sín;
den Kontakt aufrechter~ halda sambandi *við e-
n*; **ein Pferd ~** *(= pflegen)* halda hest;
2 *(halten für etw.)* hald|a *(stV↑) e-ð*
3 *(Mund ~) (neutr.)* hald|a *(stV↑)* sér saman;
þegja, -i, þagði, þagað *(v3)*; *(pej.)*
(stein)hald|a kjafti ▶ **Ich halte das für
richtig.** Ég held að þetta sé rétt. **Halt den Mund!**
Þegiðu! / *(grob)* Steinhaltu kjafti!

Halter(ung) festing *(w2)*

Haltestelle stoppistöð, -var, -var
(w3) (fam.)

Hammel sauð|ur, -ar, -ir *(m2, Dat Ez* -ði
[-ðnum]); **gelding|ur**, -s, -ar *(m2)*
(bis 1 Jahr nach Kastration)

Hammer hamar, -s, hamrar *(A! m3)*

Hand hönd, handar, hendur
(w6, Dat Ez hendi, *Dat Mz* höndum*)*

Handarbeit *(handwerkl. Berufe)* handverk
(s2); handiðn, -ar, -ir *(w3)*;
(bes. Textilarbeit) handvinn|a *(w1)*

Handbuch handbók *(w4)*

Händchen *(ein ~ haben für)* haf|a
lag á *e-u* ▶ Sie weiß mit den Männern
umzugehen. Hún hefur lag á karlmönnum.
Handel viðskipti *(s3 Mz)*
handeln 1 *(etw. ausführen)* framkvæm|a, -
i, -di, -t *(v2)* **2** *(Geschäft)* versl|a *(v1)*
3 *(feilschen)* prútt|a *(v1)*
Handfläche lóf|i *(m1)*
Handgelenk úlnlið|ur, -s, -ir
(m2, Dat Ez -ði [-ðunum])
Händler sölumaður; verslunarmaður
(↑ maður)
Handlung 1 *(Tat)* athæfi *(s3)*; gerð,
-ar, -ir *(w3)*; gjörning|ur, -s, -ar *(m2)*
2 *(Film, Buch)* flétt|a *(w1)*; söguþráð|ur, -ar,
-þræðir *(Dat Ez -þræði, Dat Mz -þráðum)*
Handschellen handjárn *(s2 Mz)*
Handschuh *(Wolle)* vettling|ur *(m2)*;
(Finger) hansk|i *(m1)*
Handschuhfach hanskahólf *(s2)*
Handtasche handtask|a *(Ö! w1)*
Handtuch handklæði *(s3)*
Handwerk handverk *(s2)*
Handwerker iðnaðarmaður *(↑ maður)*
Handy gems|i *(m1)*; farsím|i *(m1)*
Hang 1 *(Hügel)* brekk|a *(w1)*; hlíð, -ar, -ar
(w3) **2** *(Neigung)* tilhneiging *(w2)*
hängen¹ *(vi)* **1** *(herabhängen)* hang|a,
-ir, hékk, héngum, hangið *(v3)*
(an etw.) á *e-u* / *(über etw.)* yfir *e-u*
2 *(~bleiben)* toll|a, -i, -di, tollað *(v2)*;
loð|a, -ir, loddi, loðað *(v2)* á *e-u* / við *e-ð*;
(an Nagel ~bleiben) kræk|ja, -, -ti, -t
(v2) sig á *e-u* / í *e-ð*; *(nicht weiterkommen)*
ver|a *(stV↑)* strand *(unv.)* e-s staðar
3 *(verbunden mit)* ver|a *(stV↑)* tengd|ur,
tengd, tengt við e-ð
4 *(emotional ~ an jdm./etw.)*
haf|a *(stV↑)* tekið ástfóstri við e-ð
▶ Ich hänge auf dem Kjölur fest.
Ég er strand upp á Kili.
hängen² *(vt)* *(aufhängen, z.B Wäsche)*
heng|ja, -i, -di, -t *(v2)* e-ð á e-ð;
Wäsche ~ hengja þvottinn út til þerris
harmlos *(unschädlich)* meinlaus;
(unschuldig) saklaus
hart 1 *(nicht weich, Winter, Schlag,
Umstände, abgehärtet)* harð|ur, hörð *(Ö!)*,
hart; ~ im Nehmen sein ver|a *(stV↑)*
(algjör) nagli; ver|a *(stV↑)* harður *(m)* /
hörð *(Ö!)* *(w)* / hart *(s)* af sér

2 *(schlimm, Frost, Schicksal, Verhalten)*
grimm|ur; harðneskjuleg|ur;
hark|a *(Ö! w1)*; harter Frost frostharka;
harter Winter vetrarharka
hartnäckig 1 *(querköpfig)* þrá|r, þrá,
þrátt; þrjósk|ur; þverúðug|ur
2 *(ausdauernd)* þrautseig|ur
Hase hér|i *(m1)*
Hass hat|ur *(s2 Ez)*
hassen hat|a *(v1)*
hässlich ljót|ur
Haufen haug|ur *(m2, Dat Ez -gi
[-gnum])*; *(kleiner)* hrúg|a *(w1)*
häufig tíð|ur; *(gewöhnl.)* algeng|ur
♦ *(Adv.)* títt; oft
Hauptgericht aðalrétt|ur, -ar, -ir *(m2)*
hauptsächlich *(Adj.)* aðal-
♦ *(Adv.)* aðallega; í fyrsta lagi;
fyrst og fremst
Hauptstadt höfuðborg, -ar, -ir *(w3)*
Hauptstelle *(Zentrale)* aðalskrifstof|a
(w1); höfuðstöð|var *(w3 Mz)*
Hauptstraße aðalbraut, -ar, -ir *(w3)*
Haus hús *(s2)*; zu ~e heima;
von zu ~e að heiman; nach ~e heim
Hausaufgabe heimaverkefni *(s3)*
Häuserblock blokk, -ar, -ir *(w3)*
Hausfrau húsfreyj|a *(w1)*;
húsmóðir *(↑ móðir)*
hausgemacht *(Speise)* heimalagað|ur,
-löguð *(Ö!)*, -lagað; *(Pullover)* heimaprjónað|ur;
(sonstiges) heimagerð|ur, -, -gert
Haushalt heimilishald *(s2)*
Haushaltsgerät heimilistæki *(s3)*
Hausherr húsbóndi *(m ↑ bóndi)*
Haustier húsdýr *(s2)*;
skepn|a *(w1)* *(außer Hund/Katze)*;
kvíkindi *(s3)* *(fam.)* *(Hund u. Katze)*
Haut húð, -ar, -ir *(w3)*
Hebel 1 *(phys.)* vogarstöng, -stangar,
-stangir *(Ö! w6)* **2** *(etw. anheben)* lyftistöng
(Ö! w6) **3** *(Schalt≈)* sveif, -ar, -ar *(w3)*
heben lyft|a, -i, -ti, -t *(v2)*
Hecke limgerði *(s3)*
Heft hefti *(s3)*
heftig *(z.B. Wind)* sterk|ur;
öflug|ur; *(Verhalten)* ólm|ur; geyst|ur, -, -;
etw. heftig tun ham|ast *(v1)*
Heide *(isl. Krautheide)* mó|r, -s, -ar *(m2)*;
mó|i *(m1)*; *(mit Beeren)* berjamó|r,

-s, -ar *(m2)*; lyngmó|r, -s, -ar *(m2)*

Heidelbeere aðalbláber *(s2)*

heilen[1] *(vl) (Wunde)* gró|a *(stV↑)*;
(*Krankheit*) ab~ lækn|ast *(v1)*
▶ **Die Wunde verheilt.** Sárið er að gróa.

heilen[2] *(vt)* lækn|a *(v1) e-n af e-u*;
græð|a, -i, græddi, grætt *(v2)*
e-ð od. e-n af e-u

heilig heilag|ur, heilög *(ö!)*, heilagt

heim heim *(↑ dt. Haus)*

Heim heimili *(s3)*

Heimat átthag|ar *(m1 Mz)*;
heimahag|ar *(m1 Mz)*;
(*~dorf/-hof*) æskustöð|var *(w3 Mz)*;
(*Familiensitz*) ættbyggð, -ar, -ir *(w3)*

Heimweh heimþrá, -r, -r *(w7)*

heiraten gift|ast, -ist, -ist, gifst *(v2)*
(*für und*)

heiser hás, hás, hást

heiß 1 *(Temperatur)* heit|ur
2 *(aus Ofen, auf frischer Tat)* glóðvolg|ur
3 *(aufregend)* eldfim|ur; spennandi *(unv.)*

heißen heit|a, -i, hét, hétum, heitið *(v3)*
▶ **Ich heiße Peter und wie heißt du?**
Ég heiti Peter og hvað heitir þú?

Heißquellengebiet hverasvæði *(s3)*

heiter 1 *(Stimmung)* kát|ur;
létt|ur, -, -í lund **2** *(Wetter)* bjart|ur,
björt *(ö!)*, bjart; ~es **Wetter** bjartviðri *(s3)*

heizen *(Haus, Auto)* hit|a *(v1)* upp

Heizung *(Haus, Auto)* miðstöð,
-var, -var *(w3)*; kynding *(w2)*;
Strom≈ rafmagnskynding *(w2)*;
Fern≈ hitaveit|a *(w1)*

Held hetj|a *(w1)*; kapp|i *(m1)*

helfen hjálp|a *(v1) e-um*; liðsinn|a, -i, -ti, -t
(v2) e-um; (*gering*) aðstoð|a *(v1)*

hell 1 *(Licht, Tag)* bjart|ur, björt *(ö!)*, bjart
2 *(Farbe; verständlich)* ljós, ljós, ljóst;
~blau ljósblár ▶ **Das ist klar.** Þetta er ljóst.

Helm *(Schutz~)* hjálm|ur *(m2)*;
~**pflicht** hjálmskyld|a *(w1)*

Hemd skyrt|a *(w1)*

Hengst graðhest|ur *(m2)*

Henkel handfang, -s, handföng *(ö! s2)*

Henne hæn|a *(w1)*

heraus út

herausfinden 1 *(aus Gebäude)* rat|a *(v1)*
út úr e-u **2** *(s. klarwerden)* finn|a *(stV↑) e-ð út*;
kom|ast *(stV↑)* að *e-u*

herausnehmen 1 *(aus etw. ~)* tak|a *(stV↑)*

e-ð út úr e-u **2** *(dreist)* dirf|ast, ist, -ðist, -st *(v2)*

Herberge gisting *(w2)*;
Jugend≈ farfuglaheimili *(s3)*

Herbst haust *(s2)*; diesen ~ í haust;
letzten ~ síðasta haust; zur ~zeit á haustin

Herd 1 *(Küchen*≈*)* eldavél, -ar, -ar *(w3)*
2 *(Erdbeben*≈*)* upptök *(ö! s2 Mz)*

Herde hjörð, hjarðar, hjarðir *(w6)*;
(*Pferde*) (hrossa)hóp|ur, -s, -ar *(m2)*;
(hrossa)stóð *(s2)*

Herdplatte (eldavélar)hell|a
(w1, Gen Mz -llna)

herein inn

hereinkommen koma *(stV↑)* inn
▶ **Komm herein!** Komdu inn fyrir!

Hering 1 *(Fisch)* síld, -ar, -ar *(w3)*
2 *(Zelt)* hæl|l, -s, -ar *(m5)*

Herkunft upprun|i *(m1)*

Herr herr|a, -a, -ar *(wie m1,*
nur Nom Ez auch auf -a*) (als Anrede*
z.B. „Herr Gunnarsson" nicht gebräuchlich!)

herrlich dásamleg|ur; *(beeindruckend)*
stórfengleg|ur; mikilfengleg|ur
▶ **Es ist ~stes Wetter.** Það er dásamleg
veðurblíða.

herrschen ríkj|a, -i, -ti, -t *(v2)*;
~**d** *(Meinung, Zustand)* ríkjandi *(unv.)*

herstellen framleið|a, -i, -leiddi,
leitt *(v2)*

Hersteller framleiðand|i, -a,
-leiðendur *(m1)*

herunter niður; ofan; ~**fallen** dett|a
(stV↑) ofan ▶ **Komm ~!** Komdu ofan!

herunterladen hal|a *(v1)* niður

Herz hjart|a, -a, hjörtu *(s1)*;
~**anfall** hjartaáfall, -s, hjartaáföll
(ö! s2); ~**rhythmusstörungen**
hjartatruflanir *(w5 Mz von* truflun*)*

herzlich *(Wesen)* hjartanleg|ur; hlý|r, hlý,
hlýtt; *(Dank, Gruß)* best|ur, best, best; ein-
læg|ur; inniileg|ur ♦ *(Adv.)* hjartanlega;
hjartans ▶ ~**en Dank!** Innilegar þakkir!
≈**e Grüße!** Bestu kveðjur! ≈**st,** dein Pétur
Þinn einlægi Pétur

Heu hey *(s2 Ez)*

heucheln hræsn|a *(v1) fyrir e-um*

heute í dag

heutig 1 *(der ~e Tag)* dagurinn í dag
2 *(modern)* nútímaleg|ur

Hexe norn, -ar, -ir *(w3)*

hier hér; *(beim Sprecher)* hérna

hierher hingað
Hilfe hjálp, -ar, -ir *(w3); (eher kleinere Sache)* aðstoð, -ar *(w3 Ez)*;
um ~ rufen kall|a *(v1)* á hjálp ▶ Hilfe! Hjálp!
Hilfsmittel *(Gerät)* hjálpartæki *(s3)*
Himbeere hindber *(s2)*
Himmel himin|n, -s, himnar *(A! m5)*
hin und her *(überlegen)* fram og tilbaka
hinabsteigen far|a *(stV↑)* niður
hinaufsteigen far|a *(stV↑)* upp
hinaus út
hinausgehen far|a *(stV↑)* út
hindern hindr|a *(v1)*; tálm|a *(v1)*
Hindernis hindrun *(w5)*; fyrirstað|a *(Č! w1)*; tálm|i *(m1)*
hineingehen far|a *(stV↑)* inn *í e-ð*
Hinfahrt **1** *(im Ausland gesagt: nach Island)* ferðin til Íslands **2** *(in Island gesagt: nach Island)* ferðin hingað **3** *(in Island gesagt: ins Ausland)* ferðin út *(↑ Fahrt)*
hinfallen dett|a *(stV↑)*
Hinsicht leyti *(s3)*; in dieser ~ að þessu leyti
hinkriegen redd|a *(v1) e-u*; bjarg|a *(v1) e-u* ▶ Das kriegen wir hin. Við björgum því.
hinlegen **1** *(~ etw. sein)* legg|ja, legg, lagði, lagt *(v5) e-ð* **2** *(s. zum Schlafen ~)* far|a *stV↑)* að sofa; hátt|a *(v1)* sig
hinten *(Adv.)* **1** *(Reihe, offenes Gebiet)* að aftanverðu; baka til *(Akk)*; ziemlich weit ~ aftarlega; ganz ~ aftast **2** *(Fjorde, Täler, längliche Räume)* innarlega; langt inni; ganz ~ innst
hinter **1** *(~ etw. sein)* ver|a *(stV↑)* bak við *e-ð* **2** *(Bewegung hinter)* **3** *(~ jdm. her sein)* gang|a *(stV↑)* eftir *e-um* með grasið í skónum **4** *(jenseits von)* handan við *e-ð*
hinterer aftari *(m, wEz; m/w/z Mz)*, aftara *(s Ez)*
Hintergrund bakgrunn|ur, -s, -ar *(m2)*
hinunter niður
Hinweis vísbending *(w2)*; ábending *(w2)*; merki *(s3) um e-ð*
hinweisen *(jdn. auf etw. ~)* bend|a, -i, -ti, bent *(v2) e-um á e-ð*
▶ Ich möchte dich darauf hinweisen, dass ...
Ég ætla að benda þér á það að ...
hinzufügen bæt|a, -i, -ti, bætt *(v2) e-u við*
Hirte hirð|ir *(m4)*
Hitze hit|i *(m1)*

Hobby tómstundastarf, -s, -störf *(Ö! s2)*; áhugaefni *(s3)*; hobbí *(s2) (sl.)*
hoch **1** *(nach oben)* há|r, há, hátt **2** *(Wasser, Schnee)* djúp|ur, -, -t **3** *(Zahl)* há|r, há, hátt **4** *(Verlust, Wertschätzung)* mikil|l, -, mikið; hoher Sachschaden mikið tjón
Hoch *(Wetter)* hæð, -ar, -ir *(w3)*; ~keil hæðarhrygg|ur, -jar, -ir *(m2, Dat Ez -gg [-ggnum])*
Hochland hálendi *(s3)*; ~piste fjallveg|ur, -ar, -ir *(m2)*; hálendisveg|ur, -ar, -ir *(m2)*; *(bes. schwierig)* torleiði *(s3)*; Zentrales ~ miðhálendi; im ~ á hálendinu
Hochseeangeln sjóstangaveiði, -i, -ar *(w8)*
Hochspannungsleitung (háspennu)lín|a *(w1)*
höchstens í mesta lagi; í hæsta lagi
Hochtemperaturgebiet *(geol.) (Dampf- u. Schlammquellen)* háhitasvæði *(s3)*
Hochwasser flóð *(s2)*; vatnavöxt|ur, vatnavaxtar, vatnavextir *(m5, Dat Ez -vexti, Dat Mz -vöxtum, Gen Mz -vaxta)*
Hochzeit *(Feier)* brúðkaup *(s2)*
hochziehen híf|a *(v1) e-ð* upp; drag|a *(stV↑) e-ð* upp
Hocker *(niedrig)* koll|ur, -s, -ar *(m2)*; hnakk|ur, -s, -ar *(m2, Dat Ez -kki [-kknum])*; *(hoch, lehnenlos)* stól|l, -s, -ar *(m5)*
Hoden eist|a *(s1)*
Hof **1** *(Bauernhof)* bóndabæ|r, -jar, -ir *(m2)*; aufgegebener ~ eyðibýli *(s3)* **2** *(Innenhof, begrünt)* bakgarð|ar, húsagarð|ar *(m2 Mz von garður)*; *(Innenhof, betoniert)* (húsa)port *(s2)*
hoffen von|a *(v1) e-ð*
hoffentlich vonandi *(unv.)*
Hoffnung von, -ar, -ir *(w3)*
höflich kurteis
Höflichkeit kurteis|i, -i *(w8 Ez)*
Höhe hæð, -ar, -ir *(w3)*
Höhepunkt hámark *(s2)*; *(besonderes Ereignis)* hápunkt|ur, -s, -ar *(m2)*; hátind|ur, -s, -ar *(m2)*
hohl hol|ur
Höhle hell|ir *(m4)*; Lava≈ hraunhellir
holen *(etw. von jdn. ~)* sæk|ja, -i, sótti, sótt *(v3) e-ð til e-s* ▶ Ich hole das Buch von Jón. Ég sæki bókina til Jóns.

Hölle (hel)víti *(s3)*
Holz timbur *(s2)*; við|ur, -ar, -ir *(m2, Dat Ez* viði*, m. Art.* viðnum*)*; tré *(s2 Ez)*
hölzern úr timbri; trjá-; *(steif)* stíf|ur; stirð|ur, -, stirt
Honig hunang *(s2 Ez)*
hören heyr|a, -i, -ði, -t *(v2)*; jdn./etw. ~ können heyra í *e-um/e-u*
▶ **Lass von dir ~!** Láttu heyra í þér!
Hörer **1** *(Zuhörer)* hlustand|i, -a, hlustendur *(m1)* **2** *(Telefon)* (sím)tól *(s2)*
Horizont sjóndeildarhring|ur, -s, -ir *(m2, Dat Ez* -hring*, m. Art.* -hringnum*)*
Horn *(Schaf)* horn *(s2)*
Hose bux|ur *(w1 Mz, Gen Mz* -xna*)*
Hosenträger axlabönd *(Ö! s2 Mz)*
Hotel hótel *(s2)*
hübsch fríð|ur, -, frítt; lagleg|ur; *(auch übertr.)* snot|ur, snot, snott; **ein ~es Mädchen** lagleg stelpa; **~e Summe** snot upphæð
Hubschrauber þyrl|a *(w1)*
Huf hóf|ur *(m2, Dat Ez* -fi [-fnum]*)*
Hufeisen skeif|a *(w1, Gen Mz* -fna*)*
Hüfte mjöðm, mjaðmar, mjaðmir *(Ö! w6)*
Hügel hæð, -ar, -ir *(w3)*; *(niedrig, kaum bewachsen)* holt *(s2)*; *(niedrig)* hvol|l, -s, -ar *(m5)*; *(abgehoben, steil)* hól|l, -s, -ar *(m5)*; *(schildartig)* bung|a *(w1, Gen Mz* -ngna*)*; *(groß, vereinzelt, flach)* fell *(s2)*
Huhn hænsni *(s3)*
Hühnerfleisch kjúkling|ur, -s, -ar *(m2)*; hænukjöt *(s2)*
Humor húmor *(s2)*; *(persönl. Eigenschaft)* kímnigáf|a *(w1 Ez)*
Hund hund|ur, -s, -ar *(m1)*; *(Kosewort)* sepp|i *(m1)*; hvutt|i *(m1)*
Hunger hungur *(s2 Ez)*; *(Armut)* sult|ur, -ar *(m2 Ez)*; *(Auszehrung)* svengd, -ar *(w3 Ez)*
hungern ver|a *(stV↑)* svangur *(↑ svangur)*
hungrig svang|ur, svöng *(ö!)*, svang|t; **sehr ~** glorsolt|inn; banhungrað|ur
Hupe (bíl)flaut|a *(w1)*
hupen flaut|a *(v1)*
hüpfen hopp|a *(v1)*; skopp|a *(v1)*
husten hóst|a *(v1)*
Husten hóst|i *(m1)*; etw. gegen ~ lyf *(s2)* við hósta
Hut hatt|ur, -s, -ar *(m2)*
hüten **1** *(Kinder)* pass|a *(v1)* börn

2 *(s. ~ vor etw.)* var|a *(v1)* sig *á e-u*; *(s. ~ etw. zu tun)* gæt|a, -i, -ti, gætt *(v2)* sín *að gera e-ð ekki*
Hütte **1** *(armselig)* kof|i *(m1)*; kot *(s2)*; *(heruntergekommen)* hreysi *(s3)* **2** *(Schutzhütte)* (neyðar)skýli *(s3)* **3** *(mst. bewirtsch.)* (ferðamanna)skál|i *(m1)*; *(Hochland)* fjallaskál|i *(m1)*
Hygiene hreinlæti *(s3 Ez)*
hygienisch hreinlát|ur; *(gepflegt)* snyrtileg|ur; þrif|inn

I

ich ég; **Pétur und ich** Við Pétur; **meine Mutter und ich** Við mamma
ideal *(perfekt)* fullkom|inn; (grá)upplagð|ur, upplögð *(ö!)*, upplagt
▶ **Wäre es nicht ideal, wenn …** Væri það ekki gráupplagt ef …
Idee hugmynd, -ar, -ir *(w3)*
Idiot bján|i *(m1)*; fávit|i *(m1)*; kján|i *(m1)*
▶ **Du ~!** Kjáninn þinn!
Imbiss snarl, -s, snörl *(ö! s2)*; **s. e-n kleinen ~ genehmigen** fá *(stV↑)* sér smá snarl
immer **1** *(stets)* alltaf **2** *(immer besser, schlechter etc.)* æ; sífellt; **immer mehr** æ fleiri
impfen *(gegen etw. ~)* bóluset|ja *(↑ setja)* *við e-u* ▶ **Ich bin (nicht) geimpft gegen Tetanus.** Ég er (ekki) bólusettur við stífkrampa.
in **1** *(in etw. drin)* í *(Dat)* **2** *(in etw. hinein)* inn í *(Akk)*; *(von oben kommend)* ofan í (oní) *e-ð* **3** *(zeitl.)* eftir *(Akk)* ▶ **In zwei Tagen** eftir tvo daga
inakzeptabel óviðunandi *(unv.)*
Industrie iðnað|ur, -ar *(m2 Ez)*
industriell iðnaðar-
Infektion smitun *(w5)*; sýking *(w2)*
Information **1** *(Auskunft)* upplýsing, -ar, -ar *(w2)* **2** *(~sstelle)* upplýsingamiðstöð, -var, -var *(w3)*
informieren upplýs|a, -i, -ti, -t *(v2)* *e-n*
Ingenieur verkfræðing|ur, -s, -ar *(m2)*
Inhaber eigand|i, -a, eigendur *(m1)*
Inhalt innihald, -s, innihöld *(ö! s2)*; *(abstrakt, z.B. Buch, Gedanke)* inntak, -s, inntök *(ö! s2)*
Inland landið *(s2 m. Art., nur Ez)*;

~sflug innanlandsflug *(s2)*
▶ Im ~ á landinu; hérlendis
inmitten (~ von etw.) innan um *(Akk)*;
  meðal *(Gen)*
innen inni í *(Dat)*
innerer innari *(m, wEz; m/w/z Mz)*,
  innara *(s Ez)*
innerhalb innan *(Gen)*
Insekt skordýr *(s2)*; padd|a
  (Ö! w1) (fam.); kvíkindi *(s3) (fam.)*
▶ Irgendein ~ hat mich gestochen.
Einhver padda beit mig.
Insel ey, -jar, -jar *(w3)*
insgesamt samtals; alls
Institut stofnun *(w5)*; *(Uni)* skor,
  -ar, -ir *(w3)*
Instrument 1 *(Gegenstand)* áhald, -s, áh-
  öld *(Ö! s2)* **2** *(Musik)* hljóðfæri *(s3)*
intelligent greind|ur, -, greint
interessant athyglisverð|ur;
  áhugaverð|ur
Interesse áhug|i *(m1)*;
  ~ haben für etw. haf|a *(stV↑)* áhuga á *e-u*
interessieren *(s. für etw.)* haf|a
  (stV↑) áhuga á *e-u*
international alþjóðleg|ur
Internet net *(s2 Ez)*; Im ~ á netinu
Interview viðtal, -s, viðtöl *(Ö! s2)*
inzwischen á meðan
irgendein einhver *(Ez m, w)*,
  eitthvert *(Ez s)*, einhverjir *(Mz m)*,
  einhverjar *(Mz w)*, einhver *(Mz s)*
irgendwann einhvern tíma
irgendwie einhvern veginn
irgendwo einhvers staðar
irgendwohin eitthvert
irren *(s. ~)* e-um skjátla|st,
  -ast, -ðist, -ast *(v1)*
▶ Ich habe mich geirrt. Mér skjátlaðist.
Irrtum 1 *(gedanklich)* vill|a *(w1)*
  2 *(im Tun)* mistök *(Ö! s2)*
Island Ísland *(s2 Ez)*; In ~ á Íslandi
Islandpullover lopapeys|a *(w1)*
isländisch íslensk|ur; ~e Sprache
  íslensk|a *(w1)*

J

ja 1 já **2** *(doch, auf verneinte Frage)* jú
  (auch auf er það ekki*)*

Jacke jakk|i *(m1)*; treyj|a *(w1)*;
  yfirhöfn, -hafnar, hafnir *(w6)*
Jagd veið|ar *(w3 Mz von veiði)*;
  Wildgänse≈ gæsaveiðar
jagen *(auch fischen)* veið|a, -i, veiddi,
  veitt *(v2)*; ▶Die Katze jagt eine Maus.
Kisinn veiðar mús.
Jäger veiðimaður *(↑ maður)*
Jahr 1 *(Zeitangabe)* ár *(s2)*; dieses í ár;
  nächstes ~ á næsta ári; letztes ~ á síðasta ári;
  seit letztem ~ frá fyrra ári; vorletztes ~
  í hitti(ð)fyrra; übernächstes ~ á þarnæsta ári;
  anderthalb ~e hálft annað ár; das ganze ~ über
  allt árið; jedes ~ hvert ár; pro Jahr á ári
  2 *(Jahrzehnte)* in den Siebzigern / Achtzigern
  des verg. Jahrhunderts á sjöunda / áttunda
  áratugnum **3** *(bei Lebensalter steht ár im Gen)*
▶Meine Mutter ist in den 90ern.
Mamma mín er níræð.
Jahreszeit árstím|i *(m1)*
Jahrhundert öld, aldar, aldir *(Ö! w6)*
jährlich árleg|ur ♦ *(Adv.)* árlega
Jahrzehnt áratug|ur, -ar, -ir *(m2)*;
  ≈elang í áratugi; áratugum saman
jammern væl|a, -i, -di, -t *(v2)*
Januar janúar *(m unv.)*
je ... desto því ... því
▶ Je eher, desto besser. Því fyrr því betra.
Jeans gallabux|ur *(w1 Mz, Gen Mz -xna)*
jedenfalls allavega(na)
jeder, jede, jedes 1 *(von mehr als zwei)*
  hver *(m / w)*, hvert *(s)*
  2 *(~ von beiden)* hvor *(m/w)*, hvort *(s)*
▶ Jeder von beiden (Jungen) bekam Bücher.
Drengirnir fengu hvor bækur.
jedermann *(Pron.)* all|ir *(m)*, all|ar *(w)*, öll
  (Ö! s)
jederzeit hvenær sem er
jedes Mal í hvert skipti
jedoch hins vegar
Jeep jepp|i *(m1)*
jemand einhver
jenseits *(Präp.)* handan við *(Akk)*;
  (andere Seite) (Adv.) hinumegin;
  ~ des Flusses handan við ána
Jet *(Flugzeug)* þot|a *(w1)*
jetzt 1 *(gerade)* nú **2** *(nachdrückl.)* núna
jeweils 1 *(mehrere)* hver *(m/w)*, hvert *(s)*
  2 *(zeitl., jedes Mal)* hverju sinni
▶ Die Schüler bekommen ~ ein Buch.
Nemarnir fengu hver eina bók.

joggen skokk|a *(v1)*

Joghurt jogúrt *(s2) od. (w3)*

Johannisbeere *(rot)* rifsber *(s2)*; *(schwarz)* sólber *(s2, Dat Mz -berjum, Gen Mz -berja,*

Journalist blaðamaður *(↑ maður)*

jucken *e-um* klæj|ar *(v1)*

Juckreiz kláð|i *(m1)*

Jude gyðing|ur, -s, -ar *(m2) (für und)*

Jugend ungdóm|ur, -s *(m2 Ez, Dat Ez -mi [-mnum]); æsk|a (w1 Ez)*

Jugendherberge farfuglaheimili *(s3)*

Jugendlicher ungling|ur, -s, -ar *(m2)* *(für und);*

Jugendliche *(koll.)* ungling|ar *(m2 Mz); ungt fólk (s2); æsk|a (w1)*

Juli júlí *(m unv.)*

jung ung|ur

Junge strák|ur, -s, -ar *(m2, Dat Ez -ki [-knum]); dreng|ur, -s, -ir (m2); pilt|ur, -s, -ar (m2) (auch für Kumpel, Kollegen)*

▶ Hört mal, Jungs! Heyriði strákar!

Junges *(Tier)* ung|i *(m1);* afkvæmi *(s3);* Bären≈ hún|n, -s, -ar *(m5);* Robben≈ kóp|ur, -s, -ar *(m1)*

Juni júlí *(m unv.)*

Juwelier skartgripasal|i *(m1)*

K

Kabel kaðal|l, -s, kaðlar *(A! m5)*

Kabeljau þorsk|ur, -s, -ar *(m2)*

Kabine klef|i *(m1); (Schiff)* káet|a *(w1)*

Käfer bjall|a *(Ö! w1)*

Kaffee kaffi *(s3 Ez);* Tasse ~ kaffisop|i *(m1)*

Käfig rimlakass|i *(m1);* Vogel≈ fuglabúr *(s2)*

kahl 1 *(Glatze)* sköllótt|ur, -, - **2** *(Landschaft)* hrjóst(r)ug|ur

Kai kæ|i, kæja, kæjar *(m1)*

Kaiser keisar|i *(m1)*

Kajüte káet|a *(w1)*

Kakao kakó *(s2);* (heitt) súkkulaði *(s3 Ez)*

Kalb kálf|ur, -s, -ar *(m2)*

Kalbfleisch kálfakjöt *(s2 Ez)*

Kalender *(einfacher)* dagatal, -s, dagatöl *(Ö! s2); (m. Erläuterungen)* almanak, -s, almanök *(Ö! s2)*

Kalk kalk, -s *(s2 Ez) (auch: Calcium)*

kalt kald|ur, köld *(Ö!)*, kalt; eis≈ iskaldur; **~es Buffet** hlaðborð *(s2)*

▶ Mir ist ~. Mér er kalt.

Kälte kuld|i *(m1);* große ~ mikill kuldi

Kamera *(Film, Foto, Überwachung≈)* myndavél, -ar, -ar *(w3);* Foto≈ ljósmyndavél

Kamin 1 *(Schornstein)* reykháf|ur, -s, -ar *(m2);* skorstein|n *(m5)* **2** *(offener ~)* arin|n, -s, arnar *(A! m5, Dat Ez arni, Dat Mz örnum Ö!)*

Kamm *(hár)*greið|a *(w1)*

kämmen greið|a, -i, greiddi, greitt *(v2) á sér hárið*

Kampf bardag|i *(m1);* *(Schlacht)* orrust|a *(w1)*

kämpfen berjast, berst, barðist, börðumst, barist *(v5) við e-n/e-ð*

Kanal 1 *(Abwasser≈)* ræsi *(s3)* **2** *(Schiffs≈)* skipaskurð|ur, -ar, -ir *(m2)* **3** *(Fernseh≈)* rás, -ar, -ir *(w3);* stöð, -var, -var *(w3)*

Kaninchen kanín|a *(w1)*

Kanister brús|i *(m1);* Benzin≈ bensínbrúsi

Kanne kann|a *(Ö! w1)*

Kanone fallbyss|a *(w1)*

Kante *(Rand, scharfe Ecke)* kant|ur, -s, -ar *(m2);* brún, -ar, -ir *(w3)*

Kantine mötuneyti *(s3)*

Kap höfð|i *(m1)*

Kapazität 1 *(Volumen)* rýmd, -ar *(w3 Ez)* **2** *(Fachmann)* einn af helstu sérfræðingum *(m2)*

Kapelle 1 *(kl. Kirche)* kapell|a *(w1)* **2** *(Musik≈)* hljómsveit, -ar, -ir *(w3)*

Kapital 1 fjármagn *(s2 Ez);* **~ismus** *(eher negativ)* auðvald *(s2 Ez)* **2** *(konkret angelegtes ~)* höfuðstól|l, -s, -ar *(m5)*

Kapitän skipstjór|i *(m1)*

Kapitel kafl|i *(m1); (Abschnitt)* þátt|ur, -ar þættir *(m2)*

kaputt bilað|ur; ónýt|ur, -, -t

kaputtgehen bil|a *(v1);* skemm|ast, -ist, -dist, skemmst *(v2)*

▶ Die Kamera ist kaputtgegangen. Myndavélin bilaði.

kaputtmachen *(zerstören)* eyðileggja *(↑ leggja);* skemm|a, -i, -di, -t *(v2) e-ð*

Kapuze hett|a *(w1)*

Karosserie yfirbygging *(w2);* boddí

Karpfen karf|i *(m1)*

Karriere starfsfram|i *(m1);*
~ **machen** ná *(stV↑)* starfsframa

Karte **1** *(z.B. Kredit≈)* kort *(s2)*
2 *(Land≈)* landakort *(s2)*
3 *(Eintritts≈)* (aðgöngu)mið|i *(m1)*
4 *(Fahr≈)* (far)mið|i *(m1);* kort *(s2)*
5 *(Ansichts≈)* póstkort *(s2)*
6 *(Grüne ~ für Arbeitserlaubnis)* græna kortið
(s2 m. Art) **7** *(Spiel≈)* kort *(s2)*

Kartoffel kartafl|a, kartöflu,
kartöflur *(ö! w1)*

Käse ost|ur, -s, -ar *(m2); Hütten≈*
kotasæl|a *(w1); Streich≈* smurostur;
Schimmel≈ gráð(a)ostur; ~ **am Stück**
brauðostur; skólaostur; *Frisch≈* rjómaostur

Kasse **1** *(Laden, auch Finanzlage)* kass|i *(m1)*
2 *(auf Ämtern, Banken etc.)* gjaldker|i *(m1)*
3 *(Kranken≈)* sjúkratrygging, -ar, -ar *(w2)*
▶ **Bitte an der ~ bezahlen.**
Vinsamlegast snúið ykkur til gjaldkerans.

Kassenbon afrit *(s2);* ▶ **Kann ich bitte**
den ~ haben? Get ég fengið afrit?

Kassette **1** *(Musik~, Video~)* spól|a *(w1);*
kassett|a *(w1) (fam.)*
2 *(z.B. für Schmuck)* hylki *(s3);* askj|a *(ö! w1)*

kassieren **1** *(z.B. auf Zeltplatz)* rukk|a *(v1);*
(Abrechnung) ger|a *(stV↑)* upp reikning
2 *(konfiszieren)* ger|a *(stV↑)* e-ð upptækt

Kassierer(in) **1** *(Laden)*
afgreiðslumaður *(↑ maður);*
afgreiðslukon|a *(w1, Gen Mz -kvenna*
2 *(Bank)* gjaldker|i *(m1)*

Kasten kass|i *(m1)*

kastrier|en geld|a, -i, gelti, gelt *(v2);*
~**t** gelt|ur, -, -

Katastrophenschutz *(staatl. Einrichtung)*
Almannavarnir ríkisins *(↑ vörn)*

Kater **1** *(Tier)* högn|i *(m1)*
2 *(Alkohol)* timburmenn *(m Mz von maður);*
e-n ~ haben ver|a *(stV↑)* með
timburmenn / timbrað|ur; ver|a *(stV↑)*
(skel)þunnur *(fam.)*
▶ **Ich habe einen fürchterlichen ~!** Ég er bara
skelþunnur maður!

Katze kött|ur, kattar, kettir *(m5);*
kis|i *(m1) (fam.)*

kauen tygg|ja, tygg, tuggði, tuggið *(v5);*
(mümmeln) bryð|ja, bryð, bruddi, brutt *(v5)*

Kauf kaup *(s2 Mz)*

kaufen kaup|a, -i, keypti, keypt *(v3)*

Käufer kaupand|i, -a, kaupendur *(m1)*

Kaufhaus stórmarkað|ur, -markaðar,
-markaðir *(m2)*

Kaugummi tyggjó *(s2) (fam.);*
tyggigúm(m)í *(s2)*

kaum varla

Kegel keil|a *(w1); (Spiel)* keiluspil *(s2);*
Vulkan≈ eldkeila

Kehle kverk, -ar, -ar
(w3, mst. in Mz kverkar)

kehren **1** *(fegen)* sóp|a *(v1)*
2 *(etw. wenden)* snú|a *(stV↑)* e-u

Keil kíl|l, -s, -ar *(m5);* fleyg|ur, -s, -ar *(m2)*

Keilriemen viftureim, -ar, -ar *(w3)*

kein engin *(m Ez),* engin *(w Ez),*
ekkert *(s Ez),* engir *(m Mz),* engar *(w Mz),*
engin *(s Mz)*

keineswegs alls ekki

Keller kjallar|i *(m1)*

Kellner þjón|n, -s, -ar *(m5)*

kennen þekk|ja, -i, -ti, -t *(v2);*
(jdn. flüchtig ~) kann|ast *(v1)* við e-n

kennenlernen *(jdn. ~)* kynn|ast, -ist,
-tist, kynnst *(v2) e-um; (einander ~)*
kynn|ast, -ist, -tist, kynnst *(v2)*
▶ **Ich habe sie in Dalvik kennengelernt.**
Ég kynntist henni á Dalvík.

Kennzeichen **1** *(Auto≈)* bílnúmer *(s2)*
2 *(Charakteristikum)* sérkenni *(s3);*
einkenni *(s3)*

Keramik **1** *(Material)* (brenndur) leir,
-s *(m3 Ez, Dat Ez -r [-rnum])*
2 *(Gegenstand aus ~)* leirmun|ur,
-ar, -ir *(m2);* leirvar|a *(ö! w1)*

Kerl náung|i *(m1);* gæ|i, gæja,
gæjar *(m1) (sl.) (auffällig modisch*
Gekleidete, Rocker etc.)

Kern kjarn|i *(m1);* **des Pudels ~**
kjarni málsins

Kerze kerti *(s3);* ~**nlicht** kertaljós *(s2)*

Kescher *(für Fisch, Vogel)* háf|ur, -s,
-ar *(m2)*

Kessel *(Topf, auch Antrieb z.B. für Schiffe)* ke-
til|l, -s, katlar *(m5, Dat Ez katli,*
Dat Mz kötlum)

Kette **1** *(allg., auch Fahrrad)* keðj|a *(w1)*
2 *(Hals≈)* (háls)fest|i, -ar, -ar *(w8);*
Perlen≈ perlufesti

Keule **1** *(Gerät)* kylf|a *(w1)*
2 *(Körperteil, Speise)* læri *(s3)*

Kiefer 1 *(anatom.)* kjálk|i *(m1)*
2 *(Baum)* fur|a *(w1)*
Kilogramm kíló *(s2, m. Art.* kílóið,
Dat Mz kílóum, *Gen Mz* kílóa)*;
10 kg tíu kíló; **Reisetasche mit 15 kg**
fimmtán kílóa ferðataska
Kilometer kílómetr|i *(m1)*;
20 km tuttugu kílómetrar;
ein Weg von 10 km tíu kílómetra leið
Kind barn, -s, börn *(Ö! s2)*; krakk|i *(m1)*
(fam.) ▶ **Kinder!** Krakkar! *(auch Anrede*
für eine Gruppe von guten Bekannten)
Kinderarzt barnalækn|ir *(m4)*
Kindergarten leikskól|i *(m1)*
Kindersitz barnastól|l, -s, -ar *(m5)*
Kinderwagen barnakerr|a *(w1)*;
barnavagn, -s, -ar *(m3)*
Kindheit barndóm|ur, -s, -ar *(m2,*
Dat Ez -mi [-mnum]*) (auch: Altersdemenz);*
bernsk|a *(w1)*
Kinn hak|a *(Ö! w1)*
Kino bíó *(s2, m. Art.* bíóið, *Dat Ez* bíói [bíói-
nu])*; ▶ **Was gibt es im ~?** Hvað er í bíó? **Wir ge-**
hen ins ~. Við förum í bíó.
Kiosk sjopp|a *(w1)*; söluturn, -s, -ar *(m3)*
Kirche *(Gebäude, Institution)*
kirkj|a *(w1, Gen Mz* -kna)*
Kirsche kirsuber
(s2, Dat Mz -jum, *Gen Mz* -ja)*
Kissen 1 *(allg., bes. Kopf≈)* kodd|i *(m1)*
2 *(Sitz≈, Zier≈)* pull|a *(w1) (Aussspr.* púlla,
ohne -ttl-); sess|a *(w1)*; púð|i *(m1)*
Kiste kass|i *(m1)*; kist|a *(w1, Gen Mz* -tna)*
Klage 1 *(jur.)* kær|a *(w1)*
2 *(Jammern)* (harma)kvein *(s2)*
Klammer 1 *(allg.)* klemm|a *(w1)*;
Wäsche≈ þvottaklemma; **Brief≈** bréfklemma
2 *(Haar≈, an Kleidung)* spenn|a *(w1)*;
Haar≈ hárspenna **3** *(Satzzeichen)*
runde ~ svig|i *(m1)*; **eckige ~** hornklof|i *(m1)*;
~affe (@) edd *(s2)*
Klang hljóm|ur, -s, -ar
(m2, Dat Ez -mi [mnum])*
klar 1 *(Wasser, Luft)* tær, tær, tært
2 *(verständlich)* ljós, -, -t;
3 *(unmissverständlich)* **s. ~ werden über etw.**
e-ð rennur *(stV↑)* **upp** *fyrir e-um*;
s. ~ sein über ger|a, -i, -ði, -t *(v2)* sér grein
fyrir *e-u*; ▶ **Ich bin mir darüber im ≈en.**
Ég geri mér grein fyrir því.
klären 1 *(Angelegenheit)* kom|a *(stV↑)*

e-u á hreint; **s. (auf)~** leys|ast, -ist, -tist,
leyst *(v2)* **2** *(etw. reinigen)* hreins|a *(v1)*
Klarheit 1 *(Gedanke)* skýrleik|i *(m1)*
2 *(Reinheit z.B. Luft, Wasser)* hreinleik|i *(m1)*
Klasse 1 *(Kategorie)* flokk|ur, -s,
-ar *(m2)*; **erstklassig** fyrsta flokks
2 *(Schul≈)* bekk|ur, -jar, -ir *(m2)*
klassisch klassísk|ur; sígild|ur, -, sígilt
klauen hnupl|a *(v1)*
Klavier píanó *(s2, m. Art.* píanóið,
Dat Ez píanó)*; **~ spielen** spil|a *(v1)* á píanó
Klebeband límband, -s, -bönd *(Ö! s2)*
kleben¹ *(vi) (mit Klebstoff)* lím|ast,
-ist, -dist, límst *(v2)* við *e-ð*;
(haften) loð|a, -i, loddi, loðað *(v2)* við *e-ð*
kleben² *(vt) (mit Klebstoff)* lím|a,
-i, -di, límd *(v2) e-ð við/á e-ð*;
klístr|a *(v1) e-u á e-ð*
klebrig klístrug|ur
Klebstoff lím *(s2)*
Kleid kjól|l, -s, -ar *(m5)*
Kleiderschrank fataskáp|ur,
-s, -ar *(m2)*
Kleidung *(~sstück)* föt *(Ö! s2 Mz)*; flík,
-ar, -ar *(w3) (fam.)*; *(kollektiv)* fatnað|ur,
-ar, -ir *(m2)*; klæðnað|ur, -ar, -ir *(m2)*
klein *(Körper uvm.)* lítil|l, lítil, lítið;
~er minni, minni, minna;
der ~ste minnst|ur
Kleingeld klink *(s2)*; smápening|ur,
-s, -ar *(m2)*
Kleinigkeit smáræði *(s3)*;
lítilræði *(s3)*; smotterí *(s2) (fam.)*
kleinlich smámunasam|ur
klettern klifr|a *(v1)* upp á *e-ð*
Klima veðurfar *(s2 Ez)*
Klimaanlage loftræsting *(w2)*
Klinge *(hnífs)*blað, -s, blöð *(Ö! s2)*
Klingel *(Tür, Fahrrad)* bjall|a *(Ö! w1)*
klingeln hring|ja, -i, d-i, -t *(v2) e-u*;
an der Tür ~ hringja dyrabjöllunni
klingen hljóm|a *(v1) (auch: s. anhören)*;
óm|a *(v1)* ▶ **Das klingt gut / schlecht.**
Þetta hljómar vel / illa.
Klinik sjúkrahús *(s2)*; spítal|i *(m1)*
Klinke handfang, -s, handföng *(Ö! s2)*;
(rund) (hurðar)hún|n, -s, -ar *(m2)*
klopfen bank|a *(v1)* upp á *hjá e-um*
Kloster klaustur, -s, klaustur
(s2, m. Art. -trið A!)*
klug klár, klár, klárt; glögg|ur;

greind|ur, -, greint
knapp **1** *(nicht ganz)* tæp|ur;
knapp 10 kg tæp tíu kíló
2 *(Zeit, Geld, Vorrat)* naum|ur; knapp|ur,
knöpp *(Öl)*, knappt **3** *(Nähe v. Gefahr)*
tæp|ur **4** *(eng)* þröng|ur, -, -t
5 *(Ausdrucksweise)* gangorð|ur, -,
-ort; stuttorð|ur, -, -ort
Kneipe krá *(w7)*; knæp|a *(w1)* *(fam.)*
Knie hné *(s2, m. Art. hnéð,*
Dat Ez hné [hnénu]*, Dat Mz* hnjám [hnjánum]*,*
Gen Mz hnjáa [hnjánna]*)*;
in Zusammensetzungen oft) kné *(s2)*;
auf den Knien á hnjánum
knien krjúp|a *(st1)*;
hin~ fall|a *(st1↑)* á kné
Knoblauch hvítlauk|ur, -s, -ar
(m2, Dat Ez -lauk, m. Art. -lauknum)
Knöchel **1** *(Finger)* kjúk|a *(w1)*
2 *(Fuß)* ökkl|i *(m1)*
Knochen bein *(s2)*
Knopf **1** *(Kleidung)* tal|a *(Ö! w1,*
Gen Mz -lna)*; hnapp|ur, -s, -ar *(m2)*
2 *(Schalter)* takk|i *(m1)*
Knospe brum *(s2)*
Knoten **1** *(Verknotung)* hnút|ur, -s, -ar
(m2, Dat Ez -ti [-tnum]) **2** *(Verkehrs≈)*
umferðarmiðstöð, -var, -var *(w3)*
Koch kokk|ur, -s, -ar *(m2,*
Dat Ez -kki [-kknum]*)*
kochen[1] *(vi) (Topf, Quelle)* sjóð|a *(st1↑)*;
kraum|a *(v1)*
kochen[2] *(vt) (Essen zubereiten)* eld|a *(v1)*
Kocher *(Spiritus≈, Gas≈)* prímus, -ar, -ar
(m3, Dat Ez -si [-snum]*)*
Kochplatte *(rafmagns)hell|a*
(w1, Gen Mz -llna)
Koffer ferðatask|a *(Ö! w1)*
Kofferraum skott *(s2)*
Kohl kál *(s2)*; Weiß≈ hvítkál;
Rot≈ rauðkál; Grün≈ grænkál
Kohle kol|a *(w1)*
Kollege starfsfélag|i *(m1)*
komisch skrýt|inn; undarleg|ur
Komma komm|a *(w1)*
kommen *(allg.)* kom|a *(st1↑)*;
(gelangen) kom|ast *(st1↑)*
▶ Komm! Komdu! / Kondu! *(fam.)*
Kommunikation *(reiner Informations-*
austausch) tjáskipti *(s3 Mz)*;
(Beziehungspflege) samskipti *(s3 Mz)*

kommunizieren haf|a *(st1↑)*
tjáskipti við e-n
Komödie *(Film)* gamanmynd, -ar,
-ir *(w3)*; *(Theater)* gamanleik|ur, -s, -ir
(m2, Dat Ez -leik, m. Art. -leiknum)
Kompass áttavit|i *(m1)*; kompás, -s, -ar
(m3, Dat Ez -si [-snum]*)*
komplett í heilu lagi
Kompliment hrós *(s2)*; lof *(s2)*;
(Schmeichelei) smjaður *(s2)*;
fagurgal|i *(m1)*; jdm. schöne ~e machen
slá *(st1↑)* e-n gullhamra
kompliziert flók|inn
Komponist tónskáld *(s2)*
Konditorei konditorí *(s2)* *(sehr selten,*
mst. bakarí, ↑Bäckerei)
Kondom smokk|ur, -s, -ar *(m2)*
König kóng|ur, -s, -ar *(m2,*
Dat Ez -gi [-gnum]*)*
Königin drottning *(w2)*
können **1** *(imstande)* get|a *(st1↑)*
(+ Partizip) **2** *(gelernt)* kunn|a *(st1↑)* að
▶ Kann ich helfen? Get ég aðstoðað?
Ich kann Klavier spielen.
Ég kann að spila á píanó.
konservativ íhaldssam|ur,
íhaldssöm *(Öl)*, íhaldssamt
Konserve niðursuðuvar|a *(Öl w1)*;
niðursuð|a *(w1)* *(fam.)*
Konsulat ræðismannsskrifstof|a *(w1)*
Kontakt *(geschäftl. u. priv. Beziehung, elektr.)*
samband, -s, sambönd *(s2)*;
im ~ zu jdn. stehen ver|a *(st1↑)*
í sambandi við e-a
kontaktieren haf|a *(st1↑)*
samband við e-n
Kontaktlinse *(snerti)lins|a *(w1)*
Konto *(banka)reikning|ur, -s, -ar *(m2)*
Kontoauszug reikningsyfirlit *(s2)*
Kontostand stað|a *(Öl w1)* reiknings
Kontrolle eftirlit *(s2)*
Kontrolleur eftirlitsmaður *(↑ maður)*
kontrollieren haf|a *(st1↑)* eftirlit með e-u
Konzert tónleik|ar *(m2 Mz)*
Kopf höfuð *(s2, m. Art. höfuðið, Dat Ez* -ðið A!*)*;
(oberer Teil des Kopfes) koll|ur, -s, -ar *(m2)*;
(Schädel, pej. für Kopf) haus, -, -ar
(m3, Dat Ez haus [hausnum]*)*; den ~
schütteln hrist|a, -i, -i, hrist *(v2)* hausinn;
~schmerzen hausverk|ur, -jar, -ir
(m2, Dat Ez -k [-knum]*)*

▶ **Ich habe ~schmerzen.** Ég er með hausverk.

Kopfhörer heyrnartól *(s2)*;
Ohr≈ í eyra; Bügel≈ yfir eyra

Kopie *(Foto≈)* ljósrit *(s2)*; afrit *(s2)*

kopieren 1 *(foto~)* ljósrit|a *(v1)*
2 *(abschreiben)* afrit|a *(v1)*

Korb karf|a *(Ö! w1)*; e-n ~ geben
(nach Heiratsantrag) hryggbrjót|a *(stV↑)* e-n

Korken korktapp|i *(m1)*

Korkenzieher tappatogar|i *(m1)*

Korn *(Getreide, Sand)* korn *(s2)*

Körper líkam|i *(m1)*

korrekt rétt|ur, -, - ♦ *(Adv.)* rétt;
~ sprechen tal|a *(v1)* rétt

Korrektur réttleiðing *(w2)*

Korridor gang|ur, -s, -ar *(m2)*

korrigieren *(durchsehen)* far|a *(stV↑)*
yfir e-ð; *(verbessern)* réttleið|a, -i,
-leiddi, -leitt *(v2)*

Kosmetik *(andlits)*snyrting *(w2)*

Kost fæði *(s3 Ez)*; næring *(w2)*

kostbar dýrmæt|ur

kosten 1 *(Preis)* kost|a *(v1)*
2 *(probieren)* smakk|a *(v1)*

Kosten kostnað|ur, -ar *(m2 Ez)*

kostenlos ókeypis

Kostüm 1 *(Damen≈)* dragt, -ar, -ir *(w3)*
2 *(Theater, Verkleidung)* búning|ur,
-s, -ar *(m2)*

Kot *(neutr.)* saur, -s, -ar *(m3, Dat Ez -r
[-rnum])*; skít|ur, -s, -ar *(m2)*

Krabbe krabb|i *(m1)*

Krach hávað|i *(m1)*; *(Tumult)*
(ó)læti *(s3)*; *(Knall)* hvell|ur, -s, -ir *(m2)*

Kraft 1 *(phys.)* afl, -s, öfl *(s2)*
2 *(Körper≈)* kraft|ur *(m2)*; styrk|ur, -s,
-ir *(m2, Dat Ez -k [-knum])*; mátt|ur,
-ar *(m2 Ez, Dat Ez mætti)*
3 *(Schaffens≈, Produktions≈)* get|a *(w1)*
4 *(mitreißend)* tilþrif *(s2 Mz)*

Kraftstoff eldsneyti *(s3)*

Kraftwerk 1 virkjun *(w5)*; orkuver *(s2)*
2 *(Fernwärme~)* hitaveit|a *(w1)*
3 *(Geothermie~)* jarðgufuvirkjun *(w5)*

Kragen krag|i *(m1)*

Krähenbeere krækiber
(s2, Dat Mz -jum, Gen Mz -ja)

Krake kolkrabb|i *(m1)*

Kralle kló, -ar, klær *(w4)*

Krampf kramp|i *(m1)*

krank 1 *(leicht)* las|inn

2 *(eher ernst)* veik|ur

Krankenhaus 1 *(größer)* sjúkrahús *(s2)*;
spítal|i *(m1)* 2 *(med. Dienst)*
heilsugæslustöð, -var, -var *(w3)*

Krankenschwester
hjúkrunarkon|a *(w1, Gen Mz -kvenna)*

Krankenversicherung
sjúkratrygging *(w2)*

Krankenwagen sjúkrabíl|l *(m5)*

Krankheit 1 *(leicht)* lasleik|i *(m1)*;
(smá)pest, -ar, -ir *(w3) (fam.)*
2 *(allg., auch ernster)* sjúkdóm|ur
(m2, Dat Ez -mi [-nnum])

Krater gíg|ur, -s, -ir *(m2,
Dat Ez gíg(i), m. Art. gígnum)*;
gosop *(s2)*; ~reihe gígaröð, -raðar,
-raðir *(Ö! w6)*

kratzen¹ *(vi)* 1 *(s. rau anfühlen)* e-n klæ|jar
(v1) undan e-ð; vald|a *(stV↑)* kláða
▶ **Die Wolle kratzt.** Mig klæjar undan ull.

kratzen² *(vt)* 1 *(Kratzer machen)* klór|a *(v1)*;
risp|a *(v1)* e-ð; ger|a, -i, -ði, -t *(v2)* rispu *í e-ð*
2 *(etw. weg~, schaben)* krafs|a *(v1)* e-ð burt
3 *(s. ~ wegen Juckreiz)* klór|a *(v1)* sér um e-ð;
▶ **Die Katze hat mich gekratzt.**
Kötturinn klóraði mig.

Kratzer risp|a *(w1)* ▶ **Da sind Kratzer
am Kotflügel.** Það eru rispur á brettinu.

Kraut 1 *(nicht verholzende Pflanze)*
jurt, -ar, -ir *(w3)* 2 *(Kohl)* kál *(s2)*;
~heide (lyng)mó|r, -s, -ar *(m2)*;
(mit Beeren) berjamó|r, -s, -ar *(m2)*

Krawatte bindi *(s3)*

Krebs 1 *(Tier)* krabb|i *(m1)*; *(koll.)*
krabbadýr *(s2)*
2 *(Krankheit)* krabbamein *(s2)*

Kredit lán *(s2)*

Kreditkarte kreditkort *(s2)*

Kreis 1 *(geometr.)* hring|ur, -s, -ir
(m2, Dat Ez -ng [-ngnum]);
im ~ gehen gang|a *(stV↑)* í hring
2 *(Gruppe)* hóp|ur, -s, -ar
(m2, Dat Ez -pi [-pnum])

kreisen *(Vogel, Flugzeug)* far|a *(stV↑)* í hring

Kreislauf 1 *(allg.)* hringrás, -ar, -ir *(w3)*
2 *(medizin.)* blóðrás, -ar, -ir *(w3)*;
~störung (haben) ver|a *(stV↑)* með lág-
þrýsting; ~kollaps *(erleiden)* fall|a *(stV↑)*
í ómegin; líð|a *(stV↑)* yfir e-n *(vegna lágbrys-
tings)* ▶ **Er hatte einen ~.** Það leið yfir hann.

Kreisverkehr hringtorg *(s2)*

Kreuz **1** *(allg., christl. Symbol)* kross, -,
-ar *(m3)*; **Das Rote ~** Rauði Krossinn
2 *(Rücken)* mjóhrygg|ur, -jar, -ir
m2, Dat Ez -gg [-ggnum]
Kreuzfahrt skemmtiferð, -ar, -ir *(w3)*;
skemmtisigling *(w2)*;
~schiff skemmtiferðaskip *(s2)*
Kreuzung gatnamót *(s2 Mz)*
kriechen skríð|a *(stV↑)*
Krieg styrjöld, styrjaldar, styrjaldir
(Ö! w6); stríð *(s2)*; **1. / 2. Welt≈**
Fyrri / seinni heimsstyrjöldin
Krimi glæpasag|a *(Ö! w1, Gen Mz* -sagna)
Krise krepp|a *(w1)*; *(Schwierigkeiten)*
örðugleik|i, -i *(m1)*
Kritik gagnrýni *(s3)*
kritisch gagnrýn|inn; gagnrýn|n, -, -t
kritisieren gagnrýn|a, -i, -di, *(v2)* e-ð
Krone **1** *(Geld, Zahn≈)* krón|a *(w1)*
2 *(Königs≈)* kórón|a *(w1)* ▶ **Das macht 341
Kronen.** Þrjúhundruð fjörutíu og eina krónu.
(Die Zahl steht im Akk.!)
Krug krús, -ar, -ir *(w3)*; krukk|a *(w1)*
krumm **1** *(gebogen)* bog|inn
2 *(Füße)* hjólfætt|ur, -, -
3 *(unehrlich)* óheiðarleg|ur
Küche **1** *(Raum)* eldhús *(s2)*
2 *(Kochkunst)* matreiðsl|a *(w1)*
Kuchen kak|a *(Ö! w1)*
Kugel **1** *(geometr. Körper)* hnött|ur
(knöttur), hnattar, hnettir *(m6)*; kúl|a *(w1,
Gen Mz* -lna); **Erd≈** jarðarhnöttur
2 *(Munition)* kúl|a *(w1, Gen Mz* -lna)
Kugelschreiber kúlupenn|i *(m1)*
Kuh ký|r *(w, Akk + Dat Ez* kú,
Gen Ez + Nom Mz + Akk Mz kýr,
Dat Mz kúm [kúnum]; **Gen Mz** kúa [kúnna]);
belj|a *(w1)*
kühl sval|ur, svöl *(Ö!)*, svalt;
~er werden *(Wetter)* kóln|a *(v1)*
kühlen kæl|a, -i, -di, -t *(v2)*
Kühler vatnskass|i *(m1)*
Kühlschrank kæliskáp|ur *(m2)*
Kühlung *(Kühlschrank)* kæligeymsl|a *(w1)*;
~ nicht nötig kæligeymsla óþörf
Kultur menning *(w2)*
Kümmel kúmen *(s2)*
kümmern sjá *(stV↑)* um e-ð; *(ungebeten)*
skipt|a, -i, -i, skipt *(v2)* sér af e-u
▶ **Kümmere du dich nicht darum.**
Vertu ekki að skipta þér af þessu.

Kunde kúnn|i *(m1)* *(Ausspr. kunni, ohne -ttn)*;
viðskiptavin|ur, -ar, -ir *(m2)*
kündigen *(Vertrag)* seg|ja, -i,
sagði, sagt *(v3)* e-ð upp
Kunst list, -ar, -ir *(w3)*;
(nur scherzhaft) kúnst, -ar, -ir *(w3)*
Kunsthandwerk listhandverk *(s2)*;
(Gebrauchskunst) listiðnaður, -ar *(m2 Ez)*
Künstler listamaður *(↑ maður)*
künstlich *(nachgemacht)* tilgerð|ur,
-, tilgert; gervi-
Kunststoff gerviefni *(s3)*;
(Plastik) plast *(s2)*
Kupfer kopar, -s *(m3 Ez)*; eir, -s
(m3 Ez, Dat Ez eir, *m. Art.* eirnum)
Kuppel hvelfing *(w2)*
Kupplung **1** *(Gang)* kúpling *(w2)*
2 *(Anhänger≈)* dráttartengi *(s3)*;
kúlutengi *(s3)*
Kurbel sveif, -ar, -ar *(w3)*
Kurort heilsuhæli *(s3)*
Kurs **1** *(Lehrgang)* námskeið *(s2)*;
Isländisch≈ íslenskunámskeið
2 *(Fahrtrichtung)* kós, -s *(m3)*; stefn|a *(w1)*
3 *(Wechsel≈)* gengi *(s3)*
Kurve beygj|a *(w1)*
kurz **1** *(Strecke, Zeit)* stutt|ur, stutt, stutt
2 *(eher zeitl.)* skamm|ur, skömm *(Ö!)*,
skammt; *(kurz vor)* nærri; **für ~e Zeit**
til skamms tíma; **~ zuvor** skömmu áður;
~ danach stuttu síðar
kürzen stytt|a, -i, -i, stytt *(v2)*
kürzlich fyrir stuttu; fyrir skömmu
Kurzschluss skammhlaup *(s2)*
Kuss koss *(s2)*
küssen kyss|a, -i, -ti, -t *(v2)*
Küste strönd, strandar, strandir *(Ö! w6)*

L

lächeln bros|a *(v1)*; **jdn. an~**
brosa við e-um; **über etw. ~** brosa að e-u
Lächeln bros *(s2)*
lachen *(über jdn./etw. ~)* hlæ|ja *(stV↑)*
að e-um/e-u; **herzlich ~** hlæja dátt
Lachen hlátur, -s, hlátrar *(A! m3)*;
Aus≈ aðhlægja
lächerlich hlægileg|ur
Lachs lax, lax, laxar *(m3)*
Lack lakk, -s, lökk *(Ö! s2)*

Ladegerät hleðslutæki *(s3)*

laden 1 *(Akku)* hlað|a *(stV↑)*

2 *(Fracht)* ferm|a, -i, -di, -t *(v2)* e-ð vörum

Laden búð, -ar, -ir *(w3)*; verslun *(w5)*

Ladung 1 *(Fracht)* farm|ur, -s, -ar *(m2)*

2 *(Munition)* hleðsl|a *(w1)*

Lage 1 *(Situation)* stað|a *(Ö! w1)*;
in der ~ sein ver|a *(stV↑)* í standi til e-s;
nicht in der ~ sein ver|a *(stV↑)* ófær *um að ge-*
ra e-ð; s. in jds ~ versetzen set|ja, set, setti,
sett *(v4)* sig í spor e-s

2 *(geograph.)* staðsetning *(w2)*

Lager 1 *(Vorräte)* lager, -s, -ar *(m2)*;
birgð|ir *(w3 Mz)* **2** *(Zelt≈)* tjaldborg,
-ar, -ir *(w3)*; tjaldbúð|ir *(w3 Mz)*

Laib *(Brot)* hleif|ur, -s, ar *(m2,*
Dat Ez -fi [-fnum])

Laken (undir)lak *(Ö! s2)*

Lamm lamb, -s, lömb *(Ö! s2)*;
(Milchlamm im Herbst) dilk|ur, -s, -ar *(m2)*;
hrútlamb *(für)*; gimbur, gimbrar,
gimbrar *(A! w3)* *(für)*

Lammfleisch lambakjöt *(s2 Ez)*

Lampe lamp|i *(m1)*

Land 1 *(Nation)* rík|i *(s3)*

2 *(kein Meer)* land, -s *(s2 Ez)*

3 *(keine Stadt)* sveit, -ar, -ir *(w3)*

4 *(Grundbesitz)* jörð, jarðar, jarðir *(Ö! w6)*

5 *(Hausgrundstück)* lóð, -ar, -ir *(w3)*

landen *(Schiff, Flugzeug)* lend|a, -i,
lenti, lent *(v2)*

Landhebung *(vulk.)* landris *(s2)*

Landkarte kort *(s2)*; landakort *(s2)*;
(Reise) ferðakort *(s2)*

Landschaft landslag, -s,
landslög *(Ö! s2)*

Landsenkung landsig *(s2)*

Landung lending *(w2)*

Landwirtschaft landbúnað|ur,
-ar, -ir *(m2)*

lang 1 *(Strecke, Zeit)* lang|ur, löng *(Ö!)*,
langt **2** *(Haar)* síð|ur, -, sítt;
mit ~em Haar með sítt hár

lange *(Zeit)* *(Adv.)* í langan tíma; lengi; län-
ger lengur; am längsten lengst

▶ Wie ~ dauert es? Hvað tekur það langan tíma?

Länge *(Zeit, Strecke)* lengd, -ar, -ir *(w3)*

langfristig langvinn|ur; langtíma-
♦ *(Adv.)* til lengri tíma

Langlauf *(Ski)* skíðagang|a *(Ö! w1)*

langsam 1 *(nicht schnell)* hæg|ur

2 *(träge)* seinlát|ur ♦ *(Adv.)* hægt;
(allmählich) smám saman

längst fyrir löngu; noch ~ nicht langt frá því

langweilen *(vt) (s. ~)* leið|ast, -ist,
leiddist, leist *(v2)*; *(etw. langweilt jdn.)* e-um
leiðist, leiddist, leist *(v2)* e-ð

langweilig leiðinleg|ur;
leiðinda- *(auch: lästig)*

Lappen tusk|a *(w1)*; durch die ~ gehen
gang|a *(stV↑)* úr greipum e-s

Lärm hávað|i *(m1)*; læti *(s2 Mz)*

▶ Was soll denn dieser ~ hier?
Hvaða læti eru þetta?

lassen 1 *(allg.)* lát|a *(stV↑)*

2 *(aufhören)* hætt|a, -i, -i, hætt *(v2)*

3 *(etw. zu~)* leyf|a, -i, -ði, -t *(v2)* e-um e-ð

4 *(veran~)* kný|a, kný, knúði,
knúið *(v5)* e-n til e-s **5** *(heraus~)* hleyp|a,
-i, -ti, hleypt *(v2)* e-u til úr e-u; ▶ Kannst du
mich hier aussteigen ~? Geturðu hleypt mér
út hér? Lass das! Vert' ekki að þessu!

Last byrð|i, -ar, -ar *(w3)*;
(Ladung) hlass, hlass, hlöss *(Ö! s2)*

lästig ónæðissam|ur, -söm *(Ö!)*, -samt;
pirrandi *(unv.)*

Lastwagen (vöru)flutningabíl|l *(m5)*

Laub lauf *(s2)*

Lauf 1 *(das Laufen; Gewehr≈)* hlaup *(s2)*; Ma-
rathon≈ maraþonhlaup **2** *(Maschine, Zeit, Be-*
trieb) gang|ur, -s, -ar *(m2)*

3 *(Fluss≈; schnelles Laufen, Verlauf)* rás,
-ar, -ir *(w3)*

laufen 1 *(schnell)* hlaup|a *(stV↑)*

2 *(gehen)* gang|a *(stV↑)*; labb|a *(v1)* *(fam.)*

3 *(fließen)* renn|a *(stV↑)* **4** *(in Betrieb sein,*
z.B. Maschine) ver|a *(stV↑)* í gangi

▶ Wie läuft's? Hvernig gengur?
Die Sache ist ge~. Málið er dautt.

Laune 1 *(Stimmung)* skap *(s2 Ez;*
nicht in Mz sköp!); stemming *(w2)*;
stuð *(s2)*; nicht in der ~ zu etw. sein
ver|a *(stV↑)* ekki í stuði *til að gera e-ð*

2 *(Einfall)* hugdett|a *(w1)*

launisch *(hochfahrend)* uppstökk|ur;
(mal so, mal so) mislynd|ur, -, -lynt;
keipótt|ur; *(schwermütig)* duttlungafull|ur

Laus lús, -ar, lýs *(w unreg.,*
Mz m. Art lýsnar, Dat Mz lúsum, Gen Mz lúsa)

laut[1] *(Adj.)* **1** *(sprechen)* há|r, há, hátt
♦ *(Adv.)* hátt;
(~ denken) hugs|a *(v1)* upphátt

2 *(lärmend)* hávær, -, -t; haf|a *(stV↑)* hátt;
~er stellen skrúf|a *(v1)* upp *i e-u*
▶ Nicht so ~ ! Ekki svo hátt!
laut² *(Präp.)* samkvæmt *(Dat)*
läuten hring|ja, -i, -di, -t *(v2)*
lauter *(recht viele)* fullt af
▶ Ich habe ~ einzelne Socken.
Ég er með fullt af ósamstæðum sokkum.
Lautsprecher hátalar|i *(m1)*
lauwarm volg|ur
Lava hraun *(s2)*; ~feld hraunbreið|a *(w1)*;
~höhle hraunhell|ir *(m4)*;
~fluss hraunrennsli *(s3)*;
~zunge hraunbreið|a *(w1)*
Lawine snjóflóð *(s2)*
leben líf|a, -i, -ði, -að *(v2)*;
Leben **1** *(biol.)* líf *(s2)*;
am ~ sein ver|a *(stV↑)* á lífi;
s. das ~ nehmen stytt|a, -i, -i, stytt *(v2)* sér
aldur; das tägliche ~ daglegt líf;
2 *(individuelles ~)* æv|i, -i, -ir *(w8)*;
~sumstände *(lífs)*kjör *(Ö! s2 Mz)*;
unter guten ~n leben bú|a *(stV↑)* við góð kjör
lebendig lífandi *(unv.)*
Lebensmittel 1 *(einzelnes)* matvar|a
(Ö! w1) **2** *(Warengruppe)* matvæli *(s3 Mz)*;
matvör|ur *(Ö! w1 Mz)*
Leber lifur, lifrar, lifrar *(A! w3)*
Lebertran lýsi *(s3)*; ~ vom Seelachs
ufsalýsi; ~ vom Kabeljau þorskalýsi
lebhaft lifleg|ur; fjörug|ur; *(heftig)*
ákaf|ur, áköf *(Ö!)*, ákaft ♦ *(Adv.)* ákaflega
lecken 1 *(m. Zunge)* sleik|ja, -i, -ti, -t *(v2)*
2 *(Wasseraustritt)* lek|a *(stV↑)*
Leckerbissen lostæti *(s3)*; góðgæti *(s3)*
Leder leður *(s2, m. Art. -ðrið A!)*
ledig *(unverheiratet)* einhleyp|ur;
ógift|ur, -, -; ókvænt|ur, -, - *(nur)*
leer 1 *(Hohlraum)* tóm|ur
2 *(Landschaft, Haus)* auð|ur, -, autt
leeren tæm|a, -i, -di, -t *(v2)*
legal lögleg|ur; heimil|l, -, -t;
ıı~ óheimil|l, -, -t
legen 1 *(an Platz)* legg|ja, legg,
lagði, lagt *(v5)* e-ð; set|ja, set, -ti,
sett *(v2)* e-ð; s. hin~ leggja sig
2 *(Wert ~ auf etw)* e-ð skipt|ir, -i, skipt
e-um miklu máli **3** *(Eier ~)* verp|a, -i, -ti,
-t *(v2)* eggjum ▶ Ich lege großen Wert darauf.
Þetta skiptir mér miklu máli.
Lehm aur, -s, -ar *(m3)*

Lehrbuch kennslubók *(w4)*
lehren kenn|a, -i, -di, -t *(v2)* e-um e-ð
Lehrer(in) kenn|ari *(m1)* *(für u.)*
Leiche lík *(s2)*
leicht 1 *(Gewicht)* létt|ur, létt, létt
2 *(zu tun)* auðveld|ur, -, auðvelt; auð-;
~ zu fahren *(Straße)* auðfar|inn;
~ zu lesen auðles|inn;
~ zu lernen auðlærð|ur, -, -lært
leiden 1 *(Schmerzen)* þjást, þjáist,
þjáðist, þjást *(v2)* af e-u
2 *(aushalten)* þol|a, -i, -di, -að *(v2)* e-ð
▶ Ich kann das nicht leiden. Ég þoli þetta ekki.
Leidenschaft ástríð|a *(w1)*;
≈lich ástríðufull|ur
leider því miður
leidtun *(jdm. etw. ~)* e-um þýk|ir,
þótti, þótt *(v3)* e-ð leitt/leiðinlegt
▶ Mir tut es sehr leid. Mér þykir þetta mjög leitt.
leihen *(s. etw. ~)* fá *(stV↑)* e-ð lánað;
(etw. ver~) lán|a *(v1)* e-um e-ð
Leim lím *(s2)*
Leine snúr|a *(w1)*; taug, -ar, -ar *(w3)*;
streng|ur, -jar, -ir *(m2, Dat Ez -ng [-ngnum])*
leise hljóð|ur, -, hljótt;
~ sein haf|a *(stV↑)* hljótt
leisten *(etw. schaffen)* afkasta *(v1)*; *(gro-
ße Leistung)* afrek|a *(stV↑)*
2 *(Hilfe, Widerstand)* veit|a, -i, -ti,
veitt *(v2)* e-um hjálp / e-u viðnám
3 *(s. etw. ~)* leyf|a, -i, -ði, leyft *(v2)* sér e-ð
Leistung 1 *(Arbeitsergebnis)* afköst
(Ö! s2 Mz); *(große ~)* afrek *(s2)*
2 *(~sfähigkeit)* framleiðn|i, -i *(w8 Ez)*
leiten 1 *(Betrieb)* stjórn|a *(v1)*
2 *(an~)* leið|a, -i, leiddi, leitt *(v2)* e-n
3 *(weiter~)* bein|a, -i, d-i, -t *(v2)* e-u að e-u
Leiter 1 *(Gerät)* stig|i *(m1)*
2 *(e-r Gruppe, Versammlung)* yfirmaður
(↑ maður); *(in Partei, Spiel etc.)* leiðtog|i *(m1)*
Leitung 1 *(Betrieb)* stjórn, -ar, -ir *(w3)*
2 *(Telefon≈)* lín|a *(w1)*
3 *(Strom≈, Wasser≈)* leiðsl|a *(w1)*
lenken *(steuern)* stýr|a, -i, -ði, -t *(v2)* e-u;
(als Vorgesetzter) stjórn|a *(v1)* e-u
Lenkrad stýri *(s3)*
lernen lær|a, -i, -ði, -t *(v2)*
lesbisch samkynhneigð; lesbísk *(fam.)*
lesen 1 *(Text)* les|a *(stV↑)*;
ein Buch fertig~ klár|a *(v1)* bók;
(gründlich durch~) lúsles|a *(↑ lesa)*;

leicht zu ~ auðles|inn
 2 *(aufsammeln)* tín|a, -i, -di, -t *(v2)* e-ð upp
letzt|er síðast|ur, síðust, síðast;
 (bei Wochentagen) var; **in der ~en Freitag**
 föstudaginn var; **in der ~en Zeit** undanfarið;
 upp á síðkastið; **~en Herbst** síðastliðið haust
leuchten *(auch: be~)* lýs|a, -i, -ti, -t *(v2)*
Leuchtturm vit|i *(m1)*
Leute fólk *(s2 Ez)*
 ▶ **Die ~ sind doof!** Fólk er fífl!
Licht 1 *(physikal., künstl.)* ljós *(s2)*
 2 *(Helligkeit)* birt|a *(w1)*; **Tages≈** dagsbirta
Lid augn(a)lok *(s2)*
Lidschatten augnskugg|i *(m1)*
lieb 1 *(gutmütig)* ljúf|ur
 2 *(sei so ~)* góð|ur, -, gott; væn|n, -, -t
 3 *(von jdm. geschätzt)* ver|a *(stV↑)* e-um
 hjartfolg|inn; *(Eltern z.B.)* ástkær, -, -t
 4 *(jdn./etw. ~ haben)* þyk|ja, -ir,
 þótti, þótt *(v3)* vænt um e-n/e-ð;
 etw. ~er tun kunn|a *(stV↑)* betur við *að gera*
 e-ð; **etw. am ~sten haben** e-um finnst e-ð best
Liebe ást, -ar, -ir *(w3)*
lieben 1 *(Personen)* elsk|a *(v1)*
 2 *(Dinge)* ver|a *(stV↑)* hrifinn/hrifin af e-u
 ▶ **Ich liebe fermentierten Haifisch!**
 Ég er hrifinn af hákarli!
lieber 1 *(vorzugsweise)* heldur
 2 *(Anrede)* kæri *(Ez m)* / kæra *(Ez w)* / kæ-
 ru *(Mz immer)*; elsku *(unv.)*;
 (auch ironisch) væn|n, -, -t;
 ▶ **Mein lieber Freund!** Elsku vinur!
 Hör mal, mein Lieber ... Heyrðu væni minn...
 Ich nehme ~ Tee. Ég vil heldur te.
Liebling *(nicht unbedingt nahestehend)*
 elsk|an *(w1 m. Art)*;
 (ausschließlich in Familie) ástin mín
Lied 1 *(mit u. o. Text)* lag, -s, lög *(Ö! s2)*
 2 *(mit Text)* sönglag, -s, sönglög *(Ö! s2)*
liefern *(losschicken)* send|a, -i, -i,
 sent *(v2)* e-ð; *(aushändigen, an~)* afhend|a,
 -i, -ti, afhent *(v2)* e-um e-ð
Lieferung sending *(w2)*;
 (Aushändigung) afhending *(w2)*
Lieferwagen *(geschlossen)* sendibíl|l
 (m5); *(offen)* pallbíl|l *(m5)*
Liege rekkj|a *(w1)*; legubekk|ur, -jar,
 -ir *(m2, Dat Ez* -kk *[-kknum)*
liegen ligg|ja *(stV↑)*
Likör líkjör, -s, -ar *(m2)*
Limonade gos *(s2)*; gosdrykk|ur,

-jar, -ir *(m2, Dat Ez* -kk *[-kknum])*
Linie 1 *(Verbindung zw. Punkten)* lín|a *(w1)*
 2 *(Bus≈)* leið, -ar, -ir *(w3)*;
 in erster ~ fyrst og fremst
linker vinstri *(Ez m/w)*, vinstra *(Ez s)*,
 vinstri *(Mz m/w/s)*
links vinstra megin; **nach ~** til vinstri
Linse 1 *(Kontakt≈)* (kontakt)lins|a *(w1)*
 2 *(Foto≈)* lins|a *(w1)*
 3 *(Essen)* linsubaun, -ar, -ir *(w3)*
Lippe vör, varar, varir *(Ö! w6)*
Lippenstift varalit|ur, -ar, -ir *(m2)*
Liste *(über etw.)* skrá *(w7)* um e-ð;
 list|i *(m1)* yfir e-ð; **auf e-r ~ stehen** stand|a
 (stV↑) á lista; **~ machen** sem|ja, sem,
 samdi, samið *(v5)* lista
Liter litr|i *(m1)* ▶ **3 Liter** þrir litrar
Literatur bókmennt|ir *(w3 Mz)*
loben hrós|a *(v1)* e-um; lof|a *(v1)* e-n
Loch *(in etw. hinein)* hol|a *(w1)*; *(ganz durch)*
 gat, -s, göt *(Ö! s2)*; **Bohr≈** borhola
 ▶ **Geothermales Bohr≈ mit Dampfausstoß**
 blásandi borhola
Locke lokk|ur, -s, -ar *(m2)*
Lockenwickler hárrúll|a *(w1)*
locker laus; *(entspannt, z.B. Seil)*
 slak|ur, slök *(Ö!)* slakt;
 (relaxed) afslappaður, afslöppuð *(Ö!)*,
 afslappað
Löffel skeið, -ar, -ar *(w3)*;
 Ess≈ matskeið; **Tee≈** teskeið
logisch rökrétt|ur, -, -
 ▶ **Logisch!** *(Zustimmung)* Sjálfsagt!
 Auðvitað! Akkúrat! Ég segi það!
Lohn 1 *(Arbeits≈)* kaup *(s2)*
 2 *(sinnbildlich)* laun *(s2 Mz)*;
 etw. als ~ erhalten fá *(stV↑)* e-ð í laun fyrir e-ð
lohnen *(s. ~)* borg|a *(v1)* sig
 ▶ **Das lohnt sich nicht.** Það borgar sig ekki.
Los *(Lotterie)* happdrættismið|i *(m1)*
löschen 1 *(Licht, Feuer)* slökk|va,
 slekk, slökkti, slökkt *(v4)*
 2 *(Durst)* sval|a *(v1)* þorsta sínum
lösen¹ *(vi)* **1** *(s. losmachen)* losn|a *(v1)*
 við e-u **2** *(s. auflösen)* leys|ast, -ist, -tist, -st
 (v2) upp í e-u; **s. in Luft auf~** guf|a *(v1)* upp
lösen² *(vt)* **1** *(etw. losmachen)* los|a *(v1)* e-ð
 frá e-u **2** *(auf~ z.B. in Wasser)* leys|a, -i, -ti, -t
 (v2) e-ð upp í e-u **3** *(entspannt werden)* slak|a
 (v1) e-ð
los 1 *(nicht fest)* laus

2 *(passieren)* gang|a *(stV↑)* á; ver|a *(stV↑)* að
▶ Was ist hier ~? Hvað er í gangi hérna?
Was ist mit dir ~? Hvað er að þér?
≈ jetzt! Áfram (gakk)!
losgehen legg|ja, legg, lagði,
lagt *(v5)* af stað / í hann
loslassen slepp|a, -i, -ti, -t *(v2) e-um/e-u*
lausan (m) / lausa (w) / laust (s);
ley|s, -i, -ti, -t *(v2) e-n* úr læðingi
Lösung **1** *(e-s Problems)* (úr)lausn, -ar,
-ir *(w3)* **2** *(chem.)* (upp)lausn, -ar, -ir *(w3)*
3 *(s. Entfernen von etw.)* losun *(w5)*
loswerden *(etw.)* losn|a *(v1)* við e-ð
Lotterie happdrætti *(s3)*; lottó *(s2)*
Lücke **1** *(Zwischenraum)* glopp|a *(w1)*; bil *(s2)*
(auch zeitl.); *(wo etw. fehlt)* eyð|a *(w1)*;
(Durchschlüpfen) smug|a *(w1, Gen Mz -gna)*
Luft loft *(s2)*; **~raum** *(Flugwesen)*
lofthelg|i, -i *(w8 Ez)*; an die frische ~ gehen fá
(stV↑) sér ferskt loft; die ~ anhalten hald|a
(stV↑) niðri í sér andann;
keine ~ bekommen ná, -i, -ði, -ð *(v2)*
ekki andann; in die ~ gehen *(explodieren)*
springa *(stV↑)* í loft upp;
in der ~ liegen ligg|ja *(stV↑)* í loftinu;
aus der ~ gegriffen úr lausu lofti gripið
Luftdruck loftþrýsting|ur, -s, -ar *(m2)*;
~messgerät loftþrýstimæl|ir *(m4)*
Luftmatratze vindsæng, -ur, -ur *(w3)*
Luftpost flugpóst|ur, -s, -ar *(m2)*;
per ~ loftleiðis
lüften loft|a *(v1) e-u* út
Lüge lyg|i, -i, -ar *(w8)*
lügen ljúg|a *(stV↑)*; seg|ja, -i, sagði,
sagt *(v5)* ósátt
Lunge lung|a *(s1)*
Lust **1** *(Bereitschaft)* stuð *(s2)*
2 *(Vergnügen)* unaður, -ar *(m2 Ez)*;
yndi *(s3)*; sæl|a *(w1)*; ~ zu etw. haben
ver|a *(stV↑)* í stuði *til að gera e-ð*;
nenn|a, -i, -ti, -t *(v2) e-u* ▶ Ich habe keine
Lust zu kommen. Ég nenni því ekki að koma.
lustig **1** *(Person)* kát|ur; skemmtileg|ur
2 *(Sache, Zeit)* skemmtileg|ur
3 *(s. ~ machen über e-n/etw.)* ger|a *(stV↑)*
grín að *e-um/e-u*
lutschen sjúg|a *(stV↑)* e-ð
Luxus munað|ur, -ar *(m2 Ez)*; lúxus,
lúxuss *(s2 Ez)*; im ~ leben lif|a *(v1)*
í munaði; **~ware** munaðarvar|a *(w1)*

M

machen **1** *(tun)* ger|a, -i, -ði, -t *(v2)*
2 *(herstellen)* framleið|a, -i, -leiddi,
-leitt *(v2)* ▶ Mach schon! Svona!
Macht vald, -s, völd *(Ö! s2)*
mächtig **1** *(mit Einfluss)* voldug|ur;
áhrifamikill, -mikil, mikið
2 *(groß, beeindruckend)* gríðarleg|ur;
ógurleg|ur, geysistór, -, -t
Mädchen **1** *(Kind)* telp|a *(w1, Gen Mz -pna)*
2 *(Jugendliche)* stúlk|a *(w1, Gen Mz -kna)*;
(modisch gekleidet, ironisch) skvís|a *(w1)*;
gell|a *(w1)* *(Ausspr. gjälla ohne -ttl)*
Magazin **1** *(Zeitschrift)* tímarit *(s2)*
2 *(Waffe)* magasín *(s2)*
Magen mag|i *(m1)* *(auch: Bauch)*
mager **1** *(Körperbau)* magur,
mögur *(Ö!)*, magurt; *(abgemagert)*
(grind)horaður, -horuð, -horað
2 *(Milch)* fituskert|ur, -, -; fitulítill,
-lítil, -lítið **3** *(Ergebnis)* rýr, rýr, rýrt;
lítilfjörleg|ur; ómerkileg|ur
Magermilch undanrenn|a *(w1)*;
~pulver undanrennuduft *(s2)*
Magma kvik|a *(w1)*;
~bewegung kvikuhreyfing *(w2)*;
~intrusion kvikuinnskot *(s2)*;
~kammer kvikuhólf *(s2)*
Magnet segul|l, -s, seglar *(A! m5)*
mahlen mal|a *(v1)*
Mahlzeit máltíð, -ar, -ir *(w3)*
(als Gruß in Island ungebräuchlich)
Mai maí *(↑ April)*
Mais maís, -s *(s2)*
Makeup meik *(s2)*; andlitsfarð|i *(m1)*
mal sehen! Sjáum bara til! /
Við skulum sjá! / Sjáum hvað setur!
Mal skipt|i *(s3)*; sinn *(s2)*;
ein≈ einu sinni / í eitt skipti;
viele ~e margsinnis; zum ersten ~ í fyrsta sinn;
zum letzten ~ í síðasta sinn
malen mál|a *(v1)*
Maler málar|i *(m1)*
Malerei *(Gemälde)* málverk *(s2)*;
(als Kunstrichtung) málaralist, -ar, -ir *(w3)*
man maður
manchmal stundum
Mandarine mandarín|a *(w1)*
Mandel **1** *(Kern)* mandl|a *(Ö! w1)*

2 *(Hals)* hálskirtil|l *(m5)*

Mangel 1 *(Knappheit)* skort|ur, -s *(m2 Ez)*
2 *(Fehler)* gall|i *(m1)*; ~ haben an etw.
skort|a, -i, -i, skort *(v2)* e-ð;
≈haft gallað|ur, gölluð *(Ö!)*, gallað

Mann karlmaður *(m; ↑ maður)*;
karl, -s, -ar *(m3)*

Männchen *(vom Tier)* karldýr *(s2)*;
karl-; *Vogel≈* karlfugl, -s, -ar *(m3)*;
(s. Bär, Fuchs etc.)

männlich 1 *(Geschlecht)* karlkyns *(unv.)*
2 *(typisch für Männer)* karlmannleg|ur; ≈keit
karlmennsk|a *(w1)*

Mannschaft 1 *(Feuerwehr, Sport)* lið *(s2)*
2 *(Schiff)* mannskap|ur, -ar, -ir
(m2, Dat Ez -p [-pnum])

Mantel 1 *(Kleidung)* káp|a *(w1)*;
frakk|i *(m1)* **2** *(Reifen)* dekk
(s2, Dat Mz -jum, Gen Mz -ja)

Mappe mapp|a *(Ö! w1)*;
Akten≈ skjalatask|a, skjalatösku,
skjalatöskur *(Ö! w1)*

Märchen ævintýri *(s3)*

Margarine smjörlíki *(s3)*

Mark merg|ur, -jar *(m2 Ez)*;
Knochen≈ beinamergur

Marke 1 *(Warenzeichen)* vörumerki *(s3)*
2 *(Brief≈)* frímerki *(s3)*
3 *(Kennzeichen)* mark, -s, mörk *(Ö! s2)*;
Ohr≈ *(Vieh)* eyrnamark

Markt markað|ur, -ar, -ir *(m2)*;
~platz sölutorg *(s2)*

Marmelade sult|a *(w1)*;
(aus Orangen) marmelað|i *(s3)*

Marmor marmar|i *(m1)*

März mars *(↑ April)*

Maschine *(auch: Flugzeug)* vél, -ar, -ar *(w3)*
▶ Die ~ hat Verspätung. Vélin er seinkuð.

Maß 1 *(Einschätzung)* mat, -s, möt *(Ö! s2)*
2 *(Gefäß)* mæl|ir *(m4)*
3 *(Maßeinheit)* mælieining *(w2)*;
in großem ~e í miklum mæli;
in ~en að hófi; mátulega

Massage nudd *(s2)*

Masse mass|i *(m1)*

Maßnahme aðgerð, -ar, -ir
(w3, mst. in der Mz aðgerðir);
(Plan) ráðstöfun, -ar, ráðstafanir *(Ö! w5)*

Maßstab mælikvarð|i *(m1)*

Mast *(Schiff, Sende≈)* mastur, -s, möstur
(Ö! s2, Nom Ez m. Art. -trið A!)

2 *(Fahnen≈, Leitungs≈)* stöng, stangar,
stangir *(w6)*; staur, -s, -ar *(m3)*

Material efni *(s3)*

Matratze dýn|a *(w1)*

Matrose háset|i *(m1)*

Matte *(für Sport)* dýn|a *(w1)*;
(Fuß≈) mott|a *(w1)*

Mauer múr, -s, -ar
(m3, Dat Ez múr, m. Art. múrnum)

Maurer múrar|i *(m1)*

Maus mús, -ar, mýs
(w4, Mz unreg., Dat Mz músum, Gen Mz músa)

Maut toll|ur, -s, -ar *(m2)*;
≈station tollhlið *(s2)*

Mayonnaise majónes *(s2)*

Mechaniker vélvirk|i, -ja, -jar *(m1)*

Medikament lyf
(s2, Dat Mz -jum, Gen Mz -ja)

Medizin *(Heilkunde)* læknisfræð|i, -i
(w8 Ez)

Meer haf, -s, höf *(Ö! s2)*; sjó|r *(m, Akk u.
Dat Ez sjó, Gen Ez sjávar)*
▶ auf dem ~ draußen í hafi; úti á rúmsjó

Meerrettich piparrót, -ar, -rætur *(w4)*

Meeting fund|ur, -ar, -ir *(m2)*;
in e-m ~ sein ver|a *(stV↑)* á fundi

Mehl hveit|i *(s3)*; Vollkorn≈ heilhveiti

mehr *(Adj.)* fleiri *(m./w.)*, fleira *(↑)*,
fleiru *(Mz)* ◆ *(Adv.)* meira
▶ Immer ~ æ meira; Mehr ~ ekki lengur; nie ~
aldrei aftur; Das ist nichts ~ . Þar er ekkert eftir.

Mehrheit meirihlut|i *(m1)*;
(megin)þorr|i *(m1)*; ≈lich meirihluta-;
in der ~ í meirihluta; die (große) ~ der Isländer
(megin)þorri Íslendinga

mehrmals *(Adv.)* margsinnis;
hvað eftir annað

Mehrwertsteuer virðisaukaskatt|ur,
-s, -ar *(m2)*; vask|ur, -s
(m2 Ez) (fam.); Abk.: VASK

Meile míl|a *(w1, Gen Mz. -lna)*

meinen 1 *(glauben)* hald|a *(stV↑)*
2 *(etw. sagen)* mein|a, -a, -ti, -t
(unreg.: v1 in Gegenw., v2 in Verg.) e-ð;
hald|a *(stV↑)* e-u fram;
eig|a *(stV↑)* við *með e-u*
3 *(beabsichtigen)* mein|a, -a, -ti, -t
(unreg.: v1 in Gegenw., v2 in Verg.)
▶ Es war gut gemeint. Það var vel meint.
Was meinst du damit? Hvað átt þú við með því?

Meinung álit *(s2)*; skoðun *(w5)*;

viðhorf (s2); seine ~ ändern skipt|a, -i, -i, skipt (v2) um skoðun; *(Position zu etw.)* afstað|a, afstöðu, afstöður (Ö! w1) til e-s;
▶ **Ich bin der ~, dass ...**
Ég er þeirrar skoðunar að ...

meistens í flestum tilfellum; *(hauptsächl.)* mestmegnis; að mestu leyti

Meister *(Handwerker; Champion)* meistar|i (m1)

Meisterschaft *(Sportturnier)* meistaramót (s2)

melden 1 *(bekanntgeben)* tilkynn|a, -i, -di, -t (v2) e-um e-a
2 *(benachrichtigen)* lát|a (stV↑) e-n vita af e-u
3 *(kurz bei wem anrufen)* tékk|a (v1) á e-um

Meldung tilkynning (w2); auglýsing (w2)

Melodie lag, -s, lög (Ö! s2); *(Refrain, Thema)* stef (s2, Dat Mz -jum, Gen Mz -ja)

Melone melón|a (w1); Honig≈ hunangsmelóna; Wasser≈ vatnsmelóna

Menge 1 *(Quantität)* magn, -s, mögn (Ö! s2) **2** *(sehr viel von etw.)* helling|ur, -s (m2 Ez) **3** *(Menschen≈)* fjöld|i (m1)
▶ **Er besitzt eine Menge Bücher.**
Hann á helling af bókum.

Mensch maður (m unreg.,); manneskj|a (w1); *(einzelnes Individuum)* hræð|a (w1) *(fam.)*
▶ **Komm jetzt, ~!** Komdu maður!
Nicht ein Mensch war zu sehen.
Enga hræðu var að sjá.

Menschheit mannkyn (s2 Ez); mannfólk (s2 Ez)

menschlich mannleg|ur; *(umgangl., z.B. Chef)* almennileg|ur

Menstruation tíð|ir (w3 Mz); blæðing|ar (w2 Mz)

Menü 1 *(Speisekarte)* matseðil|l, -s, -seðlar (A! m5) **2** *(3 Gerichte)* þrír rétt|ir (m2 Mz von réttur); menjú (s2, m. Art. -júið) *(fam.)*; *(festlich)* veislumáltíð, -ar, -ir (w3) **3** *(Computer)* valmynd, -ar, -ir (w3)

merken 1 *(etw. bemerken)* tak|a (stV↑) eftir e-u; verð|a (stV↑) var (m) / vör (w) við e-ð **2** *(fühlen)* finn|a (stV↑) e-ð **3** *(s. merken)* legg|ja, legg, lagði, lagt (v5) e-ð á minnið
▶ **Ich habe nichts gemerkt.**
Ég tók ekki eftir neinu.

Merkmal mark, -s, mörk (Ö! s2);

einkenni (s3); merki (s3)

merkwürdig undarleg|ur; kynleg|ur; *(eher lustig)* skrýt|inn

Messe *(Handel)* vörusýning (w2)

messen mæl|a, -i, -di, -t (v2)

Messer hníf|ur, -s, -ir (m2, Dat Ez -[fnum])

Messing látún (s2)

Metall málm|ur, -s, -ar (m2)

Meteoro|logie veðurfræð|i, -i (w8); **~loge** veðurfræðing|ur, -s, -ar (m2, Dat Ez -fræðingi, m. Art. -fræðingnum)

Meter metr|i (m1)
▶ **3,50 m** Þrír og hálfur metri

Methode aðferð, -ar, -ir (w3)

Miete leig|a (w1, Gen Mz -gna)

mieten leig|ja, -i, -ði, -t (v2)

Mieter leigjand|i, -a, leigjendur (m1); leigutak|i (m1)

Mietwagen bílaleigubíl|l (m5)

Migräne mígreni (s2)

Mikrophon hljóðnem|i (m1)

Mikroskop smásjá, -r, -r (w7)

Mikrowellengerät örbylgjuofn, -s, -ar (m3)

Milch mjólk, -ur (w3 Ez)

mild *(Wetter)* mild|ur, -, milt; *(Umgang)* blíð|ur, -, blítt; *(Urteil)* miskunnsam|ur, -söm (Ö!), -samt

militärisch hernaðarlegur

Milz milt|a (s1)

Minderheit minnihlut|i (m1)

minderjährig undir lögaldri

minderwertig léleg|ur; lítilsverð|ur, -, -vert

mindestens að minnsta kosti; í minnsta lagi

Mineral steind, -ar, -ir (w3); **~ogie** steindafræð|i, -i (w8 Ez); **~oge** steindafræðing|ur, -s, ar (m2, Dat Ez -ingi [-ingnum])

Mineralwasser *(mit Kohlensäure)* ropvatn, -s (s2 Ez) *(fam.)*; sóðavatn, -s, sóðavötn (Ö! s2)

minimal minnst|ur, -, -; lágmarks-
♦ *(Adv.)* í lágmarki

Minister ráðherr|a, -a, -ar (m1, Nom Ez unreg. auf -a); **~präsident** forsætisráðherra (m1, Nom Ez unreg. auf -a)

Ministerium ráðuneyti (s3)

Minute mínút|a *(w1, Gen Mz -tna)*
▶ **Es ist 5 Minuten vor 11.**
Klukkuna vantar fimm mínútur í ellefu.
Minze mint|a *(w1)*
mischen bland|a *(v1)*;
(Karten) rugl|a *(v1)*; stokka *(v1)*
Mischung bland|a *(Ö! w1)*
Missbrauch *(wie Dt.)* misnotkun *(w5)*
missbrauchen *(wie Dt.)* misnot|a *(v1)*
Misserfolg *(~ haben)* ver|a *(stV↑)*
árangurslaus; far|a *(stV↑)* halloka
misslingen mistak|ast *(↑ takast)*;
klikk|a *(v1) (fam.)*
Misstrauen *(allg. Haltung jds.)*
tortryggn|i, -i *(w8 Ez)*; *(in speziellem Fall,
z.B. Politik)* vantraust *(s2)*
misstrauisch tortrygg|inn
Missverständnis misskilning|ur,
-s, -ar *(m2)*
missverstehen misskil|ja, -i, -di,
-ið *(v2)* e-ð
mit með *(Dat) (als Instrument)*
~ e-m Messer með hnífi;
*(Akk) (als Ziel e-r Handlung, die nur von einem
ausgeht);* við *(Akk) (wenn zwei gegenseitig
aufeinander einwirken)* ▶ **Ich gehe mit dir zur
Polizei** *(auch gegen deinen Willen)!*
Ég fer með þig til lögreglunnar!
Sprich ~ mir! Talaðu við mig!
Mitarbeiter samstarfsmaður *(↑ maður)*
mitbringen kom|a *(stV↑)* með e-ð
mitfahren fá *(stV↑)* far;
fljót|a *(stV↑)* með *(fam.)*
▶ **Kann ich ~?** Fá ég að fljóta með?
Mitglied meðlim|ur, -s, -ir
(m2, Dat Ez -mi [-nnum])
mitkommen *(jdm. folgen)* elt|a, -i, -i,
elt *(v2) e-n* ▶ **Komm mit, folg mir!** Eltu mig!
Mitleid meðaumk|a, -ar *(w3 Ez)*
með e-um; ~ haben mit jdm.
vorkenn|a, -i, -di, -t *(v2) e-um*
mitnehmen skutl|a *(v1) e-um*
Mittag hádegi *(s3)*;
zu ~ essen borð|a *(v1)* hádegismat
Mittagessen hádegismat|ur,
-ar, -ar *(m2)*
Mitte miðj|a *(w1); (bei Positionsangaben
meist als Adj.:)* mið|ur, mið, mitt;
in der Mitte des Wegs á miðri leið;
in der Mitte des Sommers um mitt sumar
mitteilen lát|a *(stV↑)* e-n vita;

tilkynn|a, -i, -ti, -t *(v2)*
Mitteilung tilkynning *(w2)*;
auglýsing *(w2)*
Mittel **1** *(Medikament)* lyf
(s2, Dat Mz -jum, Gen Mz -ja)
2 *(Substanz, Chemikalie)* meðal, -s,
meðul *(s2; Ö! führt hier zu u Dat Mz* meðulum)
3 *(Abhilfe)* ráð *(s2)*
4 *(math.)* meðaltal, -s, -töl *(Ö! s2)*
mittels með *(Dat, Akk)*; við *(Akk)*
Mitternacht *(um 0 Uhr)* miðnætti *(s3)*;
(Zeit von 0 bis ca. 3 Uhr) miðnótt,
miðnætur *(w4 Ez)*
mittlerer mið-; í miðjunni; í miðið
♦ *(Adv.)* í miðið
Mittwinter|fest þorrablót *(s2 Ez)*; **~mo-
nat** þorr|i *(m1) (ab Freitag der 13.
Winterwoche, 19. - 26. Jan)*;
~essen *(in saurer Molke haltbar gemacht)*
þorramat|ur, -ar, -ar *(m2)*
Mittwoch miðvikudag|ur *(s. Dienstag)*
Mixer blandar|i
(m1, Dat Mz blöndurum [blöndurunum])
Möbel húsgagn, -s, húsgögn *(Ö! s2)*;
mubl|a *(w1) (fam., Iron.)*
Mode tísk|a *(w1)*;
in ~ sein ver|a *(stV↑)* í tísku
Modell líkan, -s, líkön *(Ö! s2)*
modern **1** *(modisch)* tískuleg|ur; nýtísk|ur
2 *(zeitgenössisch)* nútímaleg|ur
mögen **1** *(etw.)* lík|a *(v1) e-ð*
2 *(wollen)* vil|ja, vil, vildi, viljað *(stV↑)*
3 nicht ~ *(nicht bereit sein zu etw.)* tím|a,
-i, -di, tímt *(v2)* ekki *að gera e-ð*
möglich möguleg|ur; líkleg|ur;
alle ~en alls konar
möglicherweise *(Adv.)* mögulega;
líklega
Möglichkeit möguleik|i *(m1)*; séns, -,
sénsar *(m3)*
Möhre gulrót, -ar, -rætur *(w4)*
Moment augnablik *(s2)*
▶ **Moment!** Augnablik! *(wenn jd. warten soll) /
Biddu ... (wenn man nachhaken möchte)*
Monat mánuð|ur, mánaðar,
mánuðir *(m2)*
monatlich mánaðarleg|ur
Mönch munk|ur, -s, -ar *(m2)*
Mond tungl *(s2)*
Montag mánudag|ur *(s. Dienstag)*
Moos mos|i *(m1)*; ≈bewachsene

(auffäll. grüne) Streifen mosateygj|ur
(w1 Mz von teygja)*; ≈bewachsenes Gebiet*
mosaþemb|a *(w1)*;
isländisch ~ fjallagrös *(Ö! s2 Mz)*

Moor mýr|i *(s3); (Feuchtgebiet)*
votlendi *(s3)*

Mord morð *(s2)*

Mörder morðing|i, -ja, -jar *(m1)*

morgen á morgun; ~ früh í fyrramálið;
~abend annað kvöld

Morgen morgun|n, -s, morgnar *(A! m5)*

morgens *(an 1 Tag)* að morgni;
(jeden Morgen) á morgnana

Moschee mosk|a *(w1)*

Motiv **1** *(Bild, Foto)* mótíf *(s2)*
2 *(Beweggrund)* hvat|i *(m1)*; ástæð|a
(w1, Gen Mz -ðna)*

Motor mótor, -s, -ar
(m3, Dat Ez -r *[-rnum]); (vél, -ar, -ar (w3)*

Motorhaube húdd *(s2)*; vélarhlíf,
-ar, -ar *(w3)*

Motorrad mótorhjól *(s2)*

Motorschlitten vélsleð|i *(m1)*;
~tour vélsleðaferð, -ar, -ir *(w3)*

Mountainbike fjallahjól *(s2)*

Möwe máv|ur, -a, -ar *(m2)*

Mücke mýflug|a *(w1, Gen Mz* -gna)*;
Stech≈ mývarg|ur, -s, -ar *(m2)*;
~nschwarm mý *(s2, m. Art.* mýið,
Dat Mz mýjum, *Gen Mz* mýja)*

müde þreytt|ur; *(erschöpft vom z.B. Laufen)*
móð|ur, móð, mótt

Mühe **1** *(anstrengende Arbeit)* erfiði *(s3)*;
strit *(s2)* **2** *(Aufwand)* fyrirhöfn,
-hafnar, -hafnir *(w6)*

Mühle myll|a *(w1, Gen Mz* -lna)*

Müll rusl *(s2 Ez)*

Mülleimer ruslafat|a *(Ö! w1)*

multiplizieren margfald|a *(v1)*
með e-u (Ö! z.B. 1 Pers Mz margföldum)*
▶ **10 multipliziert mit 3**
Tíu margfaldað með þrem.

Mund munn|ur, -s, -ar *(m2)*;
(pej., grob) kjaft|ur, -s, -ar *(m2)*
▶ **Halt (gefälligst) den Mund!**
(Stein)haltu kjafti!

mündlich munnleg|ur

Mündung *(Fluss)* ós, -s, ósar *(m2)*

Mundwasser munnskol *(s2)*;

Münze mynt, -ar, -ir *(w3)*

murren röfl|a *(v1)* út af e-u

Muschel **1** *(Tier)* skeldýr *(s2)*;
skelfisk|ur, -s, -ir *(m2)*
2 *(Schale)* skel, -jar, -jar *(w3)*

Museum safn, -s, söfn *(Ö! s2)*

Musik tónlist, -ar *(w3 Ez)*;
músík, -ur *(w3) (fam.)*

Musiker tónlistamaður *(↑ maður)*

Muskel vöðv|i *(m1)*

müssen *(Zwang von außen)* þurf|a *(stV↑)*
að gera e-ð; eig|a *(stV↑) að gera e-ð;*
(eher schwächer) verð|a *(stV↑) að gera að;*
(zwangsläufig) hljót|a *(stV↑) að*
▶ **Ich muss in die Stadt fahren**
(weil ich etw. besorgen muss).
Ég þarf að fara í bæinn.
Das muss wohl so sein. Það hlýtur að vera.

Muster **1** *(regelmäßiges* ~) munstur
(s2, m. Art. -trið *A!)* **2** *(Vorlage)* fyrirmynd,
-ar, -ir *(w3)* **3** *(Waren≈)* sýnishorn *(s2)*

Mut kjark|ur, -s *(m2 Ez)*; hugrekk|i *(s3)*;
þor *(s3 Ez)*; s. selbst ~ machen hleyp|a, -i,
-ti -t *(v2)* í sig kjarki;
jdm. ~ zusprechen tal|a *(v1)* kjark í e-n;
stapp|a *(v1)* stálinu *í e-n*

mutig kjarkmikil|l, -mikil, -mikið;
hugrakk|ur, -rökk *(Ö!)*, -rakkt;
djarf|ur, djörf *(Ö!)*, djarft

Mutter **1** *(Familienmitgl.)* mamm|a
(Ö! w1) (auch Fremden gegenüber);
móðir, móður, mæður
(w unreg., Akk u. Dat. Ez móður,
Dat Mz mæðrum, *Gen Mz* mæðra) *(förm.)*
2 *(Mutter und Tochter/Töchter)*
mæðg|ur *(w1 Mz, Gen Mz* mæðgna)*;
(Mutter und Sohn/Söhne) mæðgin
(s2, Dat Mz mæðginum *[*mæðginunum*],*
Gen Mz mæðgina *[*mæðginanna*])*
3 *(Schrauben≈)* ró, róar, rær *(w4)*
▶ **Mutter und Tochter gingen in den Laden.**
Mæðgurnar fóru í búðina.

Mutterschaf ær, ær, ær
(w unreg., Akk Ez á *[*ána*], Dat Ez* á *[*ánni*],*
Dat Mz ám *[*ánum*], Gen Mz* áa *[*ánna*])*;
roll|a *(w1) (fam.)*

Muttersprachler *(isländischer* ~)
sem talar íslensku sem móðurmál

Mütze húf|a *(w1)*;
Schirm≈ derhúf|a *(w1); (aus Wolle, mit*
weichem Rand) sixpensar|i *(m1)*

N

Nabel nafl|i *(m1)*
nach **1** *(Richtung)* til *(Gen)*; á *(Akk)*;
  að *(Dat)* **2** *(räuml.)* á eftir *(Dat)*
  3 *(gemäß)* samkvæmt *(Dat)*
  ▶ nach Reykjavík suður til Reykjavíkur
nachahmen herm|a, -i, -di, -t *(v2)*
  eftir e-um
Nachbar nágrann|i *(m1)*
nachdem *(Konj.)* **1** *(zeitl.)* eftir að
  2 *(weil)* af því að; úr því að
nachdenken *(über etw.)* hugs|a *(v1)*
  um e-ð; velt|a, -i, -i, velt *(v2) e-u*
  fyrir sér; íhug|a *(v1) e-ð*
Nachfolger eftirmaður *(↑ maður)*
Nachfrage **1** *(ökon.)* eftirspurn, -ar, -ir
  (w2) **2** *(s. erkundigen)* fyrirspurn, -ar, -ir *(w2)*
Nachkomme afkomand|i, -a,
  afkomendur *(m1)*; nið|ur, -jar,
  -jar *(m2, Dat Ez* nið [niðnum],
  Dat Mz -jum, *Gen Mz* -ja)
nachlassen **1** *(Schmerz, Frost, Wind)*
  drag|a *(stV↑)* úr *e-u*; minnk|a *(v1)*
  2 *(schlechter werden)* hrak|a *(v1)*;
  hnign|a *(v1)*
nachlässig **1** *(schlampig)* óvandað|ur,
  -vönduð *(ö!)*, -vandað
  2 *(uninteressiert)* kærulaus;
  með hangandi hendi
Nachmittag síðdegi *(s3)*
nachmittags síðdegis; eftir hádegi
Nachname eftirnafn, -s, -nöfn *(ö! s2)*;
  (Familienclan) ættarnafn, -s, -nöfn *(Ö! s2)*
Nachricht *(Medien, privat)* frétt, -ar, -ir *(w3)*
nächster næst|ur, næst, næst;
  (Wochentage) kemur
  bei ~er Gelegenheit við næsta tækifæri
Nachsuche *(nach Hauptviehabtrieb)*
  eftirleit, -ar, -ir *(w3)*
Nacht nótt *(w4) (Dat Ez* nótt(u),
  Gen Ez nætur, *Nom Akk Ez* nætur,
  Dat Mz nóttum, *Gen Mz* nótta)*;
  (in Zssg.) nætur-; *~leben* næturlíf *(s2)*;
  ~verkauf nætursal|a *(ö! w1)*;
  in der ~ um nóttina; ▶ *Gute ~ !* Góða nótt!
Nachteil ókost|ur, -s, -ir *(m2)*
Nachtisch eftirrétt|ur, -s, -ir *(m2)*
nachts um nóttina
nachweisen *(etw.)* sann|a *(v1)*;

(jur.) sann|a *(v1) e-ð á e-n*
nachzahlen greið|a, -i, greiddi,
  greitt *(v2) til viðbótar*
Nacken hnakk|i *(m1)*
nackt nak|inn
Nadel **1** *(Näh≈, Spritze, Kompass≈)*
  nál, -ar, -ar *(w3)*
  2 *(ohne Auge)* prjón|n, -s, -ar *(m5)*
  3 *(Baum)* barr, -s, börr *(s2)*
Nagel **1** *(Befest.)* nagl|i *(m1)*;
  den ~ auf den Kopf treffen
  hitt|a, -i, -i, hitt *(v2)* naglann á höfuðið
  2 *(Finger/Zehe)* nögl, naglar, neglur *(w6)*
Nagellack naglalakk, -s,
  naglalökk *(Ö! s2)*
nahe **1** nálæg|ur; nærri *(Dat)*
  2 *(Verwandtschaft)* ná|inn
  ♦ *(Adv.)* *(räuml., auch ungefähr)* nálægt; nær-
  ri; *~ zum Festland* nærri landi;
  näher nær; *~ kommen* kom|a *(stV↑)* nær;
  am nächsten næst|ur, -, -
  ♦ *(Adv.)* *(zeitl.)* næst ▶ *Wann kommst du
  das ~e Mal?* Hvenær kemurðu næst?
Nähe nánd, -ar, -ir *(w2)*;
  (Umgebung) grennd, -ar *(w3)*;
  in der ~ sein ver|a *(stV↑)* nálæg|ur *(m)* /
  nálæg *(w)* e-u
nähen saum|a *(v1)*
nähern *(s. etw. ~)* nálg|ast *(v1) e-u*
Nähmaschine saumavél, -ar, -ar *(w3)*
Nahrung *(Tier, Mensch)* fæði *(s3)*;
  (Ernährung) næring *(w2)*
Naht **1** *(Faden)* saum|ur, -s, -ar
  (m2, Dat Ez -mi [-mnum]*)*
  2 *(Schweiß≈)* samskeyti *(s3 Mz)*
naiv grunnsæ|r, -, -sætt; einfald|ur,
  einföld *(ö!)*, einfalt
Name nafn, -s, nöfn *(Ö! s2)*;
  ~nsvetter nafn|i *(m1)*;
  ≈ns að nafni; *im ~ von jdm.* í nafni e-s
nämlich *(Adv.)* nefnilega
  ▶ *Das ist ~ etwas ganz anderes.*
  Það er nefnilega eitthvað allt annað
Narbe ör, örs, ör *(s2, kein Ö!)*;
  ~ von e-r Wunde ör eftir sár
Narr fífl *(s2)* ▶ *Du ~!* Fíflið þitt!
Nase nef *(s)*
Nasenloch nös, nasar, nasir *(ö! w6)*
nass blaut|ur; vot|ur, -, vott
Nation þjóð, -ar, -ir *(w3)*;
  Die Vereinten ~en Sameinuðu þjóðirnar

national þjóð(ar)-; lands-;
≈**feiertag** þjóðhátíð, -ar, -ir *(w3)*;
≈**hymne** þjóðsöng|ur, -s, -var *(m2)*;
≈**mannschaft** landslið *(s2)*;
≈**park** þjóðgarð|ur, -s, -ar *(m2)*
Nationalität þjóðerni *(s3)*
Natur 1 *(Umwelt)* náttúr|a *(w1)*
2 *(Charakter)* eðli *(s3)*;
~**schutz** náttúruvernd, -ar *(w3 Ez)*;
unter ~ stehen ver|a *(stV↑)* friðlýst|ur, -,
- / friðað|ur; ~**schutzgebiet**
náttúruverndarsvæði *(s3)*
Naturkatastrophe
náttúruhamfar|ir *(w6 Mz)*
natürlich 1 *(nicht künstl.)* náttúruleg|ur
2 *(erwartbar)* eðlileg|ur
3 *(selbstverständl.)* sjálfsagð|ur,
-sögð *(Ö!)*, -sagt
Naturwissenschaften raunvísindi
(s3 Mz); náttúruvísindi *(s3 Mz)*
Navigationsgerät GPS-tæki *(s3)*
(Ausspr. Gjepe-ess)
Nebel þok|a *(w1)*; *(Dunst)* móð|a *(w1)*;
dicker ~ niðaþoka
neben 1 *(räuml.)* við hliðina á *e-um / e-u*
2 *(außerdem)* auk *(Gen)*
Nebenfluss *(parallel)* hliðará, -r, -r *(w7)*;
(senkrecht zu Hauptfluss) þverá, -r, -r *(w7)*
Nebenkosten 1 *(Veranstaltung etc.)*
aukakostnað|ur, -ar *(m2 Ez)*
2 *(Miete)* **mit** ~ með ljósi og hita;
ohne ~ án ljóss og hita
Nebensache aukaatriði *(s3)*
nebensächlich aukaleg|ur;
(abwertend) lítilvæg|ur; ómerkileg|ur
necken stríð|a, -i, stríddi, strítt *(v2) e-um*
Neffe frænd|i, -a, frændur
(m1 Mz unreg.) (Dat Mz -ndum, Gen Mz -nda)
negativ neikvæð|ur, -, neikvætt
nehmen 1 *(ergreifen)* tak|a *(stV↑)*;
entgegen~ taka við *e-u*; **weg~** taka *e-ð* frá *e-um*
2 *(verwenden)* not|a *(v1)*
neidisch öfundsjúk|ur
neigen¹ 1 *(sich ~)* hall|a *(v1)* sér *að e-u*;
(beugen) beyg|ja, -i, -ði, -t *(v2)* sig *að e-um*
2 *(Meinung)* hall|ast *(v1) að e-u*; hneig|jast, -
ist, -ðist, -st *að e-u*; *(Zustand, Handlung)*
haf|a *(stV↑)* tilhneigingu *að e-u*
neigen² *(vt) (schiefstellen)* hall|a *(v1) e-u*
nein nei
Nelke 1 *(Blume)* goðadrottning *(w2)*

2 *(Gewürz)* negul|l, -s, neglar *(A! m5)*
nennen 1 *(bezeichnen)* kall|a *(v1) e-ð e-ð*
2 *(erwähnen)* nefn|a, -i, -di, -t *(v2)*;
minn|ast, -ist, -tist, -st *(v2) e-s*
Nerv taug, -ar, -ar *(w3)*; **auf die ~en gehen**
far|a *(stV↑)* í taugarnar *á e-um*;
die ~ verlieren far|a *(stV↑)* á taugum
nervig *(Person)* vað|a *(stV↑)* uppi;
ver|a *(stV↑)* með stæla;
(Sache) pirrandi *(unv.)*
nervös taugaóstyrk|ur;
~ **sein** ver|a *(stV↑)* á tauginni *(fam.)*
Nest hreiður, -s, hreiður *(s2)*
(m. Art -örið A!)
nett 1 *(Umgang)* almennileg|ur; indæl|l, -, -t
2 *(Aussehen)* fríð|ur, -, frítt; nett|ur, -, -;
(niedlich) smágerð|ur, -, smágert
Netz *(Fischen, Fußball,Internet)* net *(s2)*;
im ~ surfen flakka *(v1)* á netinu
neu ný|r, -, -tt; *(nochmal tun)* á ný;
von ≈em upp á nýtt; ganz ~ splunkunýr
♦ *(Adv.)* ný-; ~ **erschienen** nýútkominn
▶ **Was gibts ≈es?** Hvað er að frétta?
neugierig forvit|inn; hnýs|inn
Neuigkeit frétt, -ar, -ir *(w3)*
▶ **Das sind gute/schlechte ~en!**
Þetta voru góðar/slæmar fréttir!
Neujahr nýár *(s2)*
▶ **Frohes ~** Gleðilegt nýtt ár!
neulich um daginn
neutral hlutlaus; óhlutdræg|ur
nicht ekki; *(verstärkt, fam.)* ekkert; ~
mehr ekki lengur; ~ **so gut** ekki nógu gott
♦ *(Adv.)* vel; *([noch] nicht geschehen)*
Ó-: **nicht gekommen** ókominn
▶ **Die Maschine aus London ist noch nicht
gekommen.** Vélin frá Lundunum er ókomin.
Nichte frænk|a *(w1)*
Nichtraucher reyklaus maður;
~ **sein** ver|a *(stV↑)* reyklaus
nichts ekkert; ekki neitt;
überhaupt ~ ekki skapaður hlutur
Nichtschwimmer *(~ sein)* ver|a *(stV↑)*
ósynd|ur, -, ósynt
nicken kink|a, -i, -ti, -t *(v2)* kolli
nie aldrei
Niederlage ósigur, -s, ósigrar *(A! m3)*;
~ **erleiden** bíð|a *(stV↑)* ósigur
Niederschlag ofankom|a *(w1)*;
(mst. Regen) úrkom|a *(w1)*;
(Schnee) snjókom|a *(w1)*;

~sgebiet úrkomusvæði *(s3)*
niedlich sæt|ur, -, sætt; ver|a *(stV↑)* krútt
niedrig lág|ur
niemals aldrei
niemand enginn
Niere nýr|a *(s1)*
Nieselregen súld, -ar, -ir *(w3)*;
úð|i *(m1)*; (rigningar)sudd|i *(m1)*
niesen hnerr|a *(v1)*
nirgendwo hvergi; hvergi neins staðar
nirgendwohin hvergi
▶ **Ich gehe ~** Ég fer hvergi.
noch **1** *(immer~)* ennþá
2 *(~ mehr)* enn meira
Nonne nunn|a *(w1)*
Nord|en norður *(s2 Ez)* *(Dat Ez -röri A!)*;
~meer (Norður-)Íshaf, -s *(s2 Ez)*;
~osten norðaustur *(↑ austur)*;
~island Norðurland *(s2 Ez)*;
~westen norðvestur *(↑ vestur)*;
~wind norðanátt, -ar *(w3 Ez)*;
nach ~ (í) norður; **im ~** í norðri; fyrir norðan;
von ~ að norðan
nordisch norræn|n, -, -t
Nordistik norrænufræð|i, -i *(w8)*
nördlich *(im Nordteil)*
norðanverð|ur, -, -vert; norður-;
(aus ~er Richtung) norðlæg|ur; norðan-
♦ *(Adv.)* norðarlega
Nordlicht norðurljós *(s2 Mz)*
normal **1** *(gewöhnl.)* venjuleg|ur
2 *(seiner Natur gemäß)* eðlileg|ur
Not **1** *(groß)* nauð, -ar, -ir *(w3)*
2 *(Schwierigkeit)* herkj|ur *(w1 Mz)*;
mit Müh und ~ með herkjum
3 *(äußerer Zwang)* neyð, -ar, -ir *(w3)*
Notar lögbókand|i, -a, -bókendur *(m1)*;
≈**eller Akt** lögbókandagerð, -ar, -ir *(w3)*;
≈**elle Beglaubigung**
lögbókandavottorð *(s2)*
Notarzt bráðalækn|ir *(m4)*;
(diensthabender ~) lækn|ir *(m4)* á vakt
Notaufnahme *(Anmeld.)* bráðamóttak|a
(Ö! w1); *(behandelnde Abteil.)* slysa- og
bráðadeild, -ar, -ir *(w3)*
▶ **Wo ist die Notaufnahme?** Hvar er
bráðamóttakan? **Er ist in der Notaufnahme**
(wird dort behandelt). Hann er í bráðadeildinni.
Notausgang neyðarútgang|ur,
-s, -ar *(m2)*
Notdienst *(Krankenhaus)* bráðavakt,

-ar, -ir *(w3)*
Notfall bráðatilfelli *(s3)*
nötig nauðsynleg|ur;
bitter ~ brýn nauðsyn, -jar, -jar *(w3)*;
brýnasta þörf, þarfar, þarfir *(Ö! w3)*
♦ *(Adv.)* nauðsynlega
notieren skrif|a *(v1)* e-ð hjá sér;
punkt|a *(v1)* e-ð niður; glós|a *(v1)* *(fam.)*
Notiz **1** *(z. Erinnerung)* minnispunkt|ar
(m2 Mz v. punktur)
2 *(~ von jdm./etw. nehmen)* veit|a, -i, -ti,
veitt *(v2)* e-um / e-u athygli
Notiz|block minnisblokk, -ar, -ir *(w3)*;
~heft minnisbók *(w6)*
Notlage *(s. in e-r ~ befinden)* ver|a *(stV↑)*
í vandræðum staddur *(m)* / stödd *(w)*;
(kleine od. große) ver|a *(stV↑)* í klípu *(fam.)*;
(koll.) neyðarástand *(s2 Ez)*
Notlandung nauðlending *(w2)*
notwendig nauðsynleg|ur;
(unumgängl.) óhjákvæmileg|ur
November nóvember *(m unv.)* *(↑ April)*
nüchtern **1** *(nicht betrunken)* edrú *(unv.)*;
allsgáð|ur, -, allsgátt; *(völlig ~* bláedrú;
aus~ lát|a *(stV↑)* renna af e-um
2 *(o. Essen)* fast|a *(v1)*;
(Tablette nehmen) á fastandi maga
3 *(sachl.)* efnisleg|ur;
(objektiv) hlutlæg|ur; *(trocken)* þurr, -, þurrt
Nudel núðl|a *(w1)*
Null núll *(s2)* *(Ausspr. null ohne -ttl)*
Nummer númer *(s2)*
nun nú *(auch Ausruf)*
nur bara; **~ so** bara sísona
Nuss hnet|a *(w1)*; hnot, -ar,
hnetur *(auch: hnotir)* *(w4)*;
Hasel≈ heslihneta; **Wal≈** valhneta
nutzen **1** *(verwenden)* not|a *(v1)*;
notfær|a *(v1)* sér e-ð
2 *(Zeit, Möglichkeit)* hagnýt|a *(v1)* e-ð
3 *(nützl. sein)* gagn|ast, -ast, -aðist, -ast;
Zeit ~ hagnýta tímann
nützlich gagnleg|ur; nytsam|ur,
-söm *(Ö!)*, -samt
nutzlos gagnslaus

O

ob hvort ▶ **Weißt du, ob …?** Veist þú hvort …?
obdachlos heimilislaus

oben uppi; fyrir ofan; ~ auf etw.
ofan á (Dat); von ~ (að) ofan;
~drein í ofanálag
ober þjón|n, -s, -ar *(m5)*
oberer efr|i *(Ez m / w)*, efra *(Ez s)*,
efri *(Mz m / w / s)*
Oberfläche yfirborð *(s2)*;
≈**lich** yfirborðsleg|ur
oberhalb fyrir ofan *(Akk)*; ofan við *(Akk)*
objektiv hlutlæg|ur; objektíf|ur;
(unbeeinflussbar) óhlutdræg|ur
Obst ávext|ir *(m6 Mz von ávöxtur)*
obwohl þó að
oder eða
Ödland auðn, -ar, -ir *(w3)*;
(byggð, -ar, -ir (w3)
Ofen **1** *(Heizkörper)* (miðstöðvar)ofn,
-s, -ar *(m3)*
2 *(Back≈)* (bakara)ofn, -s, -ar *(m3)*
offen **1** *(Fenster, Tür)* op|inn
2 *(~es Wesen)* opinská|r, -, -tt;
hreinskil|inn, -in,-ið;
3 *(unerledigt)* óleyst|ur, -, -; ólok|inn
4 *(ungeklärt)* óafgreidd|ur, -, -greitt
offensichtlich augljós ♦ *(Adv.)* augljóst
▶ **Es ist ~.** Það liggur í augum uppi.
öffentlich opinber, -, -t
♦ *(Adv.)* opinbert;
≈**keit** almenning|ur, -s, -ar *(m2)*;
nicht ~ zugänglich ekki opið almenningi
offiziell opinber, -, -t ♦ *(Adv.)* opinbert
öffnen *(Tür, Flasche, Buch etc.)* opn|a *(v1)*
Öffner opnar|i *(m1)*
Öffnung op *(s2)*
Öffnungszeiten opnunartím|ar
(m1 Mz von tími)
oft oft; títt; margsinnis;
hvað eftir annað; **öfter** oftar;
am öftesten *(häufigsten)* oftast
ohne án *(Gen)*; -laus; ~ mich án mín;
~ Zucker án sykurs/sykurlaus
oho! *(Erstaunen)* vá!
Ohr eyr|a *(s1)*
Ohrring eyrnahring|ur, -s, -ar
(m2, Dat Ez -ng [-ngnum])
ökologisch vistvæn|n, -, -t;
(umweltgerecht) umhverfisvæn|n, -, -t
Oktober október *(↑ April)*
Öl **1** *(Mineral≈)* steinolí|a *(w1)* **2** *(Speise≈)*
matarolí|a *(w1)*
Olive ólíf|a *(w1)*; **~nöl** ólífuolí|a *(w1)*

Onkel **1** *(mütterl.)* móðurbróð|ir
2 *(väterl.)* föðurbróð|ir; *(f. beide auch)*
frænd|i, -a, frændur *(m1 Mz unreg.)*
(Dat Mz -dum, Gen Mz -da)
Oper óper|a *(w1)*
Operation uppskurð|ur, -ar, -ir *(m2)*;
(skurð)aðgerð, -ar, -ir *(w3)*
Opfer **1** *(das jmd. bringt)* fórn, -ar, -ir *(w3)*
2 *(das jmd. wird, nicht Unfall)* fórnarlamb,
-s, -lömb *(Ö! s2)*
3 *(Unfall≈) (Adj.)* hinn slasað|i *(m)* / hin
slasaða *(w)* (Adj. in schwacher Form)
opfern fórn|a *(v1)* e-u
Opposition *(pol.)* stjórnarandstað|a,
-andstöðu, -andstöður *(Ö! w1)*
Optiker sjóntækjafræðing|ur, -s,
-ar *(m2) (Dat Ez -ingi [-ingnum])*
orange appelsínugul|ur; rauðgul|ur
Orange appelsín|a *(w1)*
Orchester hljómsveit, -ar, -ir *(w3)*
ordentlich **1** *(aufgeräumt, gepflegt)*
snyrtileg|ur; vel bú|inn
2 *(~ sein)* reglusam|ur, -söm *(Ö!)*,
-samt; *(sorgfältig)* vandvirk|ur
3 *(bemessen)* almennileg|ur
♦ *(Adv.) (sorgfältig)* vandlega; duglega
▶ **~ gemacht!** Vel af sér vikið!
ordnen **1** *(Reihenfolge)* rað|a *(v1)* e-u;
skip|a *(v1)* e-u niður
2 *(kategorisieren)* flokk|a *(v1)* e-ð;
sorter|a *(v1) (fam.)*
Ordnung **1** *(Reihenfolge)* röð, raðar,
raðir *(Ö! w6)* **2** *(Zusammenhang)* skipun *(w5)*
3 *(Sauberkeit)* þrifnað|ur, -ar *(m2 Ez)*;
góð umgengn|i, -i *(w8 Ez)*
4 *(Reglement)* regl|a *(w1)*; röð og regla
5 *(in gewolltem Zustand)* lag, -s *(s2 Ez)*;
etw. in ~ bringen kipp|a, -i, -ti, -t *(v2)*
e-u í lag; bjarg|a *(v1)* e-u
▶ **Wir bringen das in ~ .** Við björgum því.;
Alles in ~ Allt í lagi!; Gut, in ~ ! Ágætt!
Organ *(biol.)* líffæri *(s3)*
organisieren **1** *(etw. ~)* skipulegg|ja
(↑ leggja) e-ð **2** *(s. ~)* *(in größerem Maßstab)*
bind|ast samtökum;
(im Privatbereich) ver|a *(stV↑)*
skipulagsleg|ur; skipulegg|ja
(↑ leggja) sig
Orgel orgel, -s *(s2, m. Art. -lið)*
orientieren *(s. ~)* átt|a *(v1)* sig;
(s. an etw. ~) tak|a *(stV↑)* mið af e-u

Orkan rok *(s2)*; *(schwerer ~)* fárviðri *(s3)*
Ort **1** *(Stelle)* stað|ur, -ar, -ir
(m2, Dat Ez stað [staðnum]*)*;
(~ e-s Ereignisses) vettvang|ur, -s, -ar
(m2, Dat Ez -ngi *[-ngnum])*
2 *(Siedlung)* þorp *(s2)* *(Dorf)*; bæ|r, -jar,
-ir *(m2)* *(Einzelhof od. größere Ansiedlung)*;
an vielen ~en víða
örtlich staðbund|inn
Ost|en aust|ur *(A! s2 Ez)* *(Dat Ez* austri *A!)*;
~island Austurland, -s *(s2 Ez)*;
Naher ~ Austurlönd *(Ö! s2 Mz)* nær;
ferner ~ Austurlönd *(Ö! s2 Mz)* fjær;
~wind austanátt, -ar, -ir *(w3)*;
nach ~ (í) austur; **im ~** í austri; **fyrir austan**;
von ~ að austan
Oster|n páskar *(m2 Mz)*;
~sonntag páskadag|ur, -s, -ir *(m2)*
(Dat Ez -degi*)*; **am ~sonntag** á paskadegi;
~montag annar í páskum;
am ~montag á öðrum í páskum
Österreich Austurríki *(s3 Ez)*
Österreicher(in) Austurríkismað|ur
(↑ maður)
österreichisch austurrísk|ur, -, -rískt
östlich *(im Osten)* austanverð|ur,
-, -vert; austur-
(aus ~er Richtung) austlæg|ur; austan-
Ozean (út)haf, -s, höf *(Ö! s2)*;
Atlantischer ~ Atlantshaf;
Indischer ~ Indlandshaf; **Pazifischer ~** Kyrrahaf

P

paar nokkr|ir *(m.)*, nokkr|ar *(w.)*,
nokk|ur *(s.)*; *(verschiedene)* ýms|ir *(m.)*,
ýms|ar *(w.)*, ýmis *(s.)*
Paar *(paarige Gegenstände)* par, -s, pör *(Ö!*
s2); **zwei Paar** *(bzw. zweiteilig wie Hose, Schere)*
tvennir *(m)*, tvennar *(w)*, tvenn *(s)*;
3 Paar þrennir *(m)*, þrennar *(w)*, þrenn *(s)*;
4 Paar fernir *(m)*, fernar *(w)*, fern *(s)*;
ein ~ Schuhe eitt par af skóm;
zwei Paar Socken tvenn pör af sokkum;
drei Hosen þrennar buxur
packen **1** *(Koffer)* pakk|a *(v1)* niður
2 *(greifen)* hrifs|a *(v1)*; *(Tier seine Beute)*
hremm|a, -i, -di, -t *(v2)*; þríf|a *(stV↑)* e-ð
Packung pakk|i *(m1)*
Paket *(Post, Lieferung)* pakk|i *(m1)*;

böggul|l, -s, bögglar *(A! m5)*
Palast höll, hallar, hallir *(Ö! w6)*
Panne bilun *(w5)*
Pantoffel inniskór *(↑ skór)*
Panzer **1** *(Tier)* (horn)skel, -jar, -jar *(w3)*;
skjöld|ur, skjaldar, skildir
(m6, Dat Ez skildi*)* **2** *(Militär)* skriðdrek|i *(m1)*
3 *(Eis≈)* klakabrynj|a *(w1)*
Papier pappír *(m3, Dat Ez* -ír [-írnum]*)*
Pappe papp|i *(m1)*
Paprika *(Gemüse)* paprik|a *(w1)*;
(Gewürz) paprikaduft *(s2)*
Papst páf|i *(m1)*
Paradies paradís, -ar *(w3 Ez)*
Parfüm ilmvatn, -s, -vötn *(Ö! s2)*
Park lystigarð|ur, -s, -ar *(m2)*;
skemmtigarð|ur, -s, -ar *(m2)*
park|en legg|ja, legg, lagði, lagt *(v4) e-u*;
≈**gebühr** bílastæðagjald, -s, -gjöld
(Ö! s2); *(an der Parkuhr)* stöðumælagjald,
-s, -gjöld *(Ö! s2)*;
≈**haus** bílastæðahús *(s2)*;
Auto ~ leggja bílnum;
Motorrad ~ leggja mótorhjólinu
▶ ≈ **verboten!** Bílastæði bönnuð!
Parkplatz bílastæði *(s3)*
Parkscheibe bílastæðaskíf|a *(w3)*
Parkschein bílastæðamið|i *(m1)*
Parkuhr stöðumæl|ir *(m4)*
Parlament *(allg.)* þjóðþing *(s2)*;
(isl. ~) Alþingi *(s2 Ez)*;
~gebäude Alþingishús *(s2 Ez)*
Partei flokk|ur, -s, -ar *(m2)*
Partner **1** *(Lebens≈)* mak|i *(m1)*
2 *(Geschäfts≈)* (viðskipta)aðil|i *(m1)*
3 *(Teilhaber)* meðeigand|i, -a, -eigendur *(m1)*
4 *(sonst, nicht unbedingt eng)* félag|i *(m1)*
Party partý *(s2)* *(m. Art.* -týið,
Dat Ez -týi [-týinu]*)*
Pass **1** *(Reisepass)* vegabréf *(s2)*
2 *(Gebirgsstraße)* skarð, -s, skörð *(Ö! s2)*
Passagier farþeg|i *(m1)*;
blinder ~ laumufarþegi
passen **1** *(Platz finden)* pass|a *(v1) í e-ð*;
rúm|ast *(v1) í e-u*; kom|ast *(stV↑)* fyrir *í e-u*
2 *(zeitl.)* hent|a *(v1)*
3 *(Kleidung)* pass|a *(v1) e-um* *(Aussehen, Sitz)*
4 *(gute Kombination)* far|a *(v1)* vel við *e-ð*
5 *(einverstanden sein) e-um* lík|ar *e-ð*
▶ **Das passt mir nicht.** Þetta líkar mér ekki.
Passt schon. Allt í góðu.

passend hentug|ur
passier|en 1 *(sich ereignen)* ger|ast,
-ist, -ðist, -st *(v2)*
2 *(plötzlich, eher negativ)* bját|a *(v1)* á;
kom|a *(stV↑)* upp á;
wenn etw. ~t þegar eitthvað bjátar á
3 *(unabsichtl. etw. tun)* ger|a, -i, -ði, -t *(v2)* e-ð
óvart od. oviljandi
4 *(durch Sperre)* far|a *(stV↑)* í gegnum;
jdn. ~ lassen hleyp|a, -i, -ti, -t *(v2)* e-um
í gegnum ▶ Was ist ~t? Hvað gerðist?
Dürfen wir ~? Getur þú sleppt okkur í gegn?
Passwort aðgangsorð *(s2)*; leyniorð *(s2)*
Paste hrær|a *(w1)*; *(Kosmetik)* smyrsl *(s2)*
Pat|e guðfaðir *(↑ faðir)*;
~**in** guðmóðir *(↑ móðir)*
Patensohn guðson|ur *(↑ sonur)*;
~**tochter** guðdótt|ir *(↑ dóttir)*
Patient sjúkling|ur, -s, -ar *(m2)*
Pauschalreise pakkaferð, -ar, -ir *(w3)*;
alferð, -ar, -ir *(w3)*
Pause 1 *(Arbeits≈)* hlé *(s2)* *(m. Art. hléið)*;
pás|a *(w1)* *(fam.)*
2 *(Ausruhen)* hvíld, -ar, -ir *(w3)*
Pech óheppn|i, -i *(w8)* með e-ð;
~ haben e-n hend|ir, -ti, -t *(v2 von henda)*
ólán; ~**vogel sein** ver|a *(stV↑)* óhepp|inn
Pedal fótstig *(s2)*; pedal|l, -s, -ar *(m5)* od.
pedal|i *(m1)*
peinlich *(Fehltritt)* skammarleg|ur;
smánarleg|ur; s. ~ berührt fühlen
ver|a *(stV↑)* vandræðaleg|ur
Pelz 1 *(Tier)* (loð)feld|ur, -ar, -ir *(m2)*
2 *(verarbeitet)* loðskinn *(s2)*
3 *(Kleidung)* loð-; ~**jacke** loðkáp|a *(w1)*;
~**mantel** *(für)* pels, pels, pelsar *(m3)*
Penis (getnaðar)lim|ur, -s, -ir
(m2, Dat Ez limi [limnum]); typpi *(s3)* *(fam.)*
Pension 1 *(Privatunterkunft)* gistiheimili
(s3); *(auf Bauernhöfen)* bændagisting *(w2)*
2 *(Rente)* eftirlaun *(s2 Mz)*;
(staatl.) ellilífeyr|ir, -is, ellilífsaurar
(m4 unreg., in Mz ey → au)
perfekt fullkom|inn
♦ *(Adv.)* fullkomlega *(fam.)*
Periode 1 *(regelmäßig)* bil *(s2)*;
~**nsystem** lotukerfi *(s3)*
2 *(Zeitraum)* tímabil *(s2)*
3 *(Menstruation)* blæðing|ar *(w2 Mz)*
Perle perl|a *(w1)*
Permafrost sífrer|i *(m1)*

Person 1 *(Individuum)* einstakling|ur, -s,
-ar *(m2)*; persón|a *(w1)*; hræð|a *(w1)* *(fam.)*
2 *(jur., förm.)* aðil|i *(m1)*
Personenkennzahl kennital|a
(Ö! w1, Gen Mz -lna)
persönlich 1 *(Person zugehörig)*
persónuleg|ur
2 *(höchstpersönlich)* í eigin persónu
Perspektive 1 *(Blickwinkel)* sjónarhorn *(s2)*
2 *(Zukunfts≈)* framtíðarhorf|ur *(w1 Mz)*
Perücke hárkoll|a *(w1)*
Petersilie steinselj|a *(w1)*
Pfad slóð|i *(m1)*; slóð, -ar, -ir *(w3)*
Schafs≈ kindaslóð
Pfadfinder skát|i *(m1)*;
bei den ~n sein ver|a *(stV↑)* í skátunum
Pfand veð *(s2)*; pant|ur, -s, -ar *(m2)*
Flaschen≈ skilagjald -s, -gjöld *(Ö! s2)*
Pfanne pann|a *(Ö! w1)*
Pfeffer pipar, -s *(m3 Ez)*
Pfeife 1 *(Tabak)* (reykjar)píp|a
(w1, Gen Mz -pna) **2** *(Triller≈)* (hljóð)píp|a
(w1, Gen Mz -pna); blístr|a *(w1)*
pfeifen flaut|a *(v1)*; blístr|a
Pfeil *(für Bogen; Zeichen)* ör, -var, -var *(w3)*
Pfeiler *(Stütze)* stoð, -ar, -ir *(w3)*;
(Brücken≈) stöpul|l, -s, stöplar *(A! m5)*
Pferch rétt, -ar, -ir *(m2)*;
(Schaf≈ für Trennung im Herbst) fjárrétt; *(Pfer-
de)* hestarétt
Pferd *(u.)* hross *(s2)*; *(eher)* hest|ur,
-s, -ar *(m2)*; *(nur)* hryss|a *(w1)*; mer|i, -ar, -
ar *(w8)*; *(junges ~)* fol|i *(m1)*; *(Kosewort,
auch ggf. pej.)* klár, -s, -ar *(m3)*; *(schlechtes
Reitpferd)* trunt|a *(w1)*; jálk|ur, -s, -ar *(m2)*
Pferdeverleih hestaleig|a
(w1, Gen Mz -gna)
Pflanze plant|a *(Ö! w1, Gen Mz -tna)*;
krautige ~ jurt, -ar, -ir *(w3)*
pflanzen plant|a *(v1)* e-u;
gróðurset|ja, -set, -setti, -sett *(v2)*
Pflaster 1 *(Erste Hilfe)* plástur, -s,
plástrar *(A! m3)*; ~ auf Wunde machen set|ja,
set, setti, sett *(v4)* plástur á sár
2 *(Straßen≈)* steinlagning *(w2)*
Pflaume plóm|a *(w1)*
Pflege 1 *(Sauberkeit)* þrifnað|ur, -ar *(m2 Ez)*
2 *(s. kümmern um)* (um)hirðing *(w2)*;
hirð|a *(w1)* **3** *(Kranken≈)* hjúkrun *(w5)*
4 *(Alten≈)* umönnun, -ar *(w5 Ez)*
5 *(Kind in ~)* fóstur *(s2, Dat Ez fóstri A!)*;

in ~ geben lát|a *(stV↑)* barn sitt í fóstur;
in ~ nehmen tak|a *(stV↑)* barn í fóstur;
fóstr|a *(v1)* e-n 6 *(Kosmetik)* snyrting *(w2)*;
~eltern fósturforeldr|ar *(m2 Mz)*;
~kind fósturbarn, -s, -börn *(Ö! s2)*

pflegen 1 *(Sauberkeit)* þríf|a *(stV↑)*
2 *(s. kümmern um)* hirð|a, -i, hirti, hirt *(v2)* e-ð; ann|ast *(v1)* um e-ð
3 *(Kranke)* hjúkr|a *(v1)* e-um
4 *(Alte)* ann|ast *(v1)* um e-n
5 *(Kosmetik)* snyrt|a, -i, -i, snyrt *(v2)* sig
Pflicht skyld|a *(w1)*; seine ~ erfüllen gegn|a, -i, -di, t *(v2)* skyldu sinni
pflücken tín|a, -i, -di, -t *(v2)* e-ð
Pflug plóg|ur, -s, -ar *(m2)*
pflügen plæg|ja, -i, -ði, -t *(v2)*
Pförtner dýravörður, -varðar, -verðir *(m6)*
Pfote *(Tier)* löpp, lappar, lappir *(Ö! w6)*
Pfund pund *(s2)*; *(in der Regel wird aber hálft kíló oder 500 grömm gesagt)*
Pfütze (vatns)poll|ur, -s, -ar *(m2)*
Phase 1 *(in Entwicklung)* þrep *(s2)*; skref *(s2)*; fas|i *(m1)*
2 *(Zeitraum)* tímabil *(s2)* **3** *(elektr.)* fas|i *(m1)*
Pickel *(Haut≈)* nabb|i *(m1)*; *(Eiter≈)* (graftar)ból|a *(w1)*
Picknick lautarferð, -ar, -ir *(w3)*
Pille pill|a *(w1)* *(Ausspr. wie pilla ohne ttl)*
Pilot flugmað|ur *(↑ maður)*
Pilz *(Wald; Fuß)* svepp|ur, -s, -ir *(m2, Dat Ez -pp [-ppnum])*
pinkeln piss|a *(v1)*; míg|a *(stV↑)*
Pinsel pensil|l, -s, penslar *(A! m5)*
Pinzette 1 *(für Haut)* flísatöng, -tangar, -tangir *(auch -tengur)* *(w6)*
2 *(Augenbrauen≈)* plokkar|i *(m1)*
Piste malarborinn veg|ur, -ar, -ir *(m2)*
Pistole skammbyss|a *(w1)*
Plakat veggspjald, -s, -spjöld *(Ö! s2)*; plakat, -s, plaköt *(Ö! s2)*
Plan áætlun, -ar, áætlanir *(w5)*; *(z.B. Ausflug, Ausgehen)* meining *(w2)*
planen skipuleggj|a *(↑ leggja)*
Planet hnött|ur, hnattar, hnettir *(m6)*
planmäßig eftir/samkvæmt áætlun
platt flat|ur, flöt *(Ö!)*, flatt
Platte 1 *(Stein, Glas, Koch≈)* hell|a *(w1, Gen Mz -llna)*; plat|a *(Ö! w1, Gen Mz -tna)*
2 *(Kuchen≈, Fisch≈)* fat, -s, föt *(Ö! s2)*
3 *(Schall≈)* (hljóm)plat|a *(Ö! w1,*

Gen Mz -tna) **4** *(Erd≈)* flek|i *(m1)*;
~ngrenze *(geol.)* flekamót *(s2 Mz)*
Platten *(Reifen)* sprungið dekk.
Plattenspieler plötuspilar|i *(m1)*; fón|n, -s, -ar *(m5)*
Platz 1 *(öffentl.)* torg *(s2)*
2 *(Stauraum)* rými *(s3)*; pláss *(s2)*
platzen spring|a *(stV↑)*
▶ Der Vorderreifen/Hinterreifen ist geplatzt. Framdekkið/Afturdekkið er sprungið.
platzieren set|ja, set, setti, sett *(v4)*
Platzkarte sætismið|i *(m1)*
plaudern rabb|a *(v1)*; spjall|a *(v1)* saman
Plombe *(Zahn)* tannfylling *(w2)*
▶ Die ~ ist herausgefallen. Tannfyllingin datt út.
plötzlich allt í einu
plus plús
Pokal bikar, -s, -ar *(m3)* *(Dat Ez bikari [bikarnum])*
Pol pól|l, -s, -ar *(m5)*; *(Batterie)* skaut *(s2)*; Nord≈ norðurpóll; Plus≈ plússkaut; Minus≈ mínusskaut
Polarlicht norðurljós *(s2)*
Polarmeer íshaf, -s, íshöf *(Ö! s2)*
polieren 1 *(Auto)* bón|a *(v1)*
2 *(Schuhe)* burst|a *(v1)*
3 *(Silber etc.)* fæg|ja, -i, -ði, -t *(v2)*
4 *(Text)* fág|a *(v1)*
Politik stjórnmál *(s2 Mz)*; pólitík, -ur *(w3 Ez)* *(fam.)*
Politiker stjórnmálamaður *(↑ maður)*
Polizei lögregl|a *(w1)*; lögg|a *(w1, kein Ö!)* *(fam.)*;
~wagen lögreglubíl|l, -s, -bílar *(m5)*
Polizeiwache lögreglustöð, -var, -var *(w3)*
Polizist lögreglumaður *(↑ maður)*; lögg|a *(w1, kein Ö!)* *(fam.)*
Polohemd póló skyrt|a *(w1)*
Porree blaðlauk|ur, -s, -ar *(m2, Dat Ez -lauk(i) [-lauknum])*
Portemonnaie peningabudd|a *(w1)*; (peninga)veski *(s3)*
Portion skammt|ur, -s, -ar *(m2)*
Porto burðargjald, -s, -gjöld *(Ö! s2)*
Porträt andlitsmynd, -ar, -ir *(w3)*
Porzellan postulín *(s2)*
Position 1 *(Ort)* staðsetning *(w2)*
2 *(Stellung)* stað|a *(Ö! w1)*
Post 1 *(Amt)* pósthús *(s2)*

2 *(Lieferung)* póst|ur, -s, -ar *(m2)*
Posten 1 *(Wach≈)* vörð|ur, varðar,
verðir *(m6)* **2** *(Position)* stað|a *(Ö! w1)*
Postfach póshólf *(s2)*
Postkarte póstkort *(s2)*
Postleitzahl póstnúmer *(s2)*
prahlen gort|a *(v1) af e-u;*
mont|ast *(v1) af e-u*
praktisch 1 *(nützl.)* hentug|ur;
handhæg|ur; sniðug|ur
2 *(realist.)* raunhæf|ur
Präsident forset|i, -a, -ar *(m1)*
Praxis 1 *(Arzt≈)* læknastof|a *(w1);*
(Anwalts≈) lögmannsstof|a *(w1)*
2 *(nicht Theorie)* reynd, -ar, -ir *(w3);*
(Erfahrung) reynsl|a *(w1);*
praxís *(w unv.) (fam.)*
Preis 1 *(Kosten)* verð *(s2);* prís, -s, -ar *(m3)*
2 *(z. B. Nobel≈)* verðlaun *(s2 Mz)*
Preiselbeere rauðber *(s2);*
týtuber *(s2) (Dat Mz -jum, Gen Mz -ja)*
Presse 1 *(Medien)* fjölmiðlar *(A! m5 Ez*
von -miðill); (die Presse) press|an *(w1 m. Art.)*
2 *(Maschine)* press|a *(w1)*
Priester prest|ur, -s, -ar *(m2)*
Prinz prins, -, -ar *(m3)*
Prinzip 1 *(generell)* frumregl|a *(w1)*
2 *(für s. selbst)* prinsipp *(s2)*
privat einkaleg|ur; prívat *(unv.);*
einka-; ≈**angelegenheit** einkamál *(s2);*
~**versichert** með einkatryggingu
pro á *(Akk)* ▶**1000 Kronen pro Mann.**
Þús|undkall á mann.
Probe sýnishorn *(s2)*
proben *(z.B. Chor)* æf|a, -i, -ði, -t *(v2)*
probieren pruf|a *(v1);*
(versuchen) tékk|a *(v1) á e-u*
Problem vand|i *(m1);* vandamál *(s2);*
(kleines ~) smávesen *(s2);*
ein ~ **lösen** leys|a, -i, -ti, -t *(v2)* vandamál;
≈**atisch** stríð|ur, stríð, strítt
▶ *(Das ist)* **kein Problem!** *(Það er)* ekkert mál!
Produkt afurð, -ar, -ir *(w3);* gæði *(s3 Mz);*
Milch≈e mjólkurafurðir;
landwirtschaftliche ~e landbúnaðarafurðir
Produktion framleiðsl|a *(w1)*
Professor prófessor, -s, -ar *(m2)*
Profil *(Reifen)* dekkjamunstur *(s2)*
(m. Art. -strið A!)
profitieren *(an etw.)* græð|a, -i,
græddi, grætt *(v2) á e-u*

Programm 1 *(Radio etc.)* dagskrá, -r, -r *(w7)*
2 *(Computer)* forrit *(s2);*
≈**ieren** forrit|a *(v1);* ~**ierer** forritar|i *(m1);*
~**iersprache** forritamál *(s2);*
~**ierung** forritahönnun, -ar *(Ö! w5)*
Prospekt bækling|ur, -s, -ar *(m2)*
Prostituierte *(neutr.)* vændiskon|a *(w1)*
(Gen Mz -kvenna); (pej.) hór|a *(w1)*
Protest mótmæli *(s3 Mz);*
(~marsch) kröfugang|a *(Ö! w1);*
~ **zum Ausdruck bringen**
ber|a *(stV↑)* fram mótmæli
protestieren *(in größerem Stil)*
mótmæl|a, -i, -ti, -t *(v2) e-um/e-u;*
(widersprechen) andmæl|a, -i, -ti, -t *(v2)*
e-um/e-u ▶ **Wir protestieren!**
Vér mótmælum allir!
Provinz sveit, -ar, -ir *(w3);*
landsbyggð, -ar, -ir *(w3);*
≈**iell** sveitaleg|ur; sveitó *(unv., fam.)*
Prozent prósent *(unv.)*
▶ **70 % der Isländer** Sjötíu prósent Íslendinga
Prozess *(jurist.)* réttarhald, -s, -höld
(Ö! s2); málaferli *(s3 Mz);*
~ **führen** stand|a *(stV↑)* í málaferlum
Prozessor gjörv|i *(m1);* Mikro≈ örgjörvi
prüfen 1 *(etw. Unbekanntes)* kann|a *(v1);*
(systematisch durchgehen) athuga *(v1);*
tékk|a *(v1) (fam.)*
2 *(Schule, Uni)* próf|a *(v1) e-n í e-u*
Prüfung próf *(s2);* **mündliche / schriftliche**
~ munnlegt / skriflegt próf
prügeln *(s. ~)* slást *(stV↑);*
ber|jast *(stV↑);* eig|a *(stV↑)* í áflogum
pst! þey / þei!
Publikum *(Zuschauer)* áhorfend|ur
(m1 Mz von áhorfandi);
(Zuhörer) hlustend|ur *(m1 Mz von hlustandi)*
Puder púður *(A! s2) (m. Art. -ðrið [-ðri])*
(auch: Schießpulver)
Pullover peys|a *(w1);*
isländischer Woll≈ lopapeysa
Pulver duft *(s2)*
Pumpe dæl|a *(w1);* pump|a *(w1) (fam.)*
pumpen dæl|a, -i, -ti, -t *(v2) e-u;*
pump|a *(v1) e-u (fam.)*
Punkt punkt|ur, -s, -ar *(m2)*
pünktlich stundvís, -, -t;
♦ *(Adv.)* stundvíslega; á slaginu
Pupille augastein|n, -s, -ar *(m5)*
Puppe dúkk|a *(w1)*

Pute kalkún|n, -s, -ar *(m5)*
putzen *(allg.)* hreins|a *(v1)*;
púss|a *(v1) (fam.)*
Putzfrau ræstingarkon|a
(w1) (Gen Mz -kvenna)

Q

Quad fjórhjól *(s2)*
Quadrat **1** *(geometr.)* ferning|ur, -s,
-ar *(m2)*; *(Flächeneinheit)* fer-;
~zentimeter fersentimetr|i *(m1)*;
~meter fermetr|i *(m1)*;
~kilometer ferkílómetr|i *(m1)*
2 *(hoch zwei)* veldi *(s3)*;
5 im Quadrat fimm í öðru veldi
quälen kvel|ja, kvel, kvaldi,
kvalið *(v5)*; pín|a, -i, -di, -t *(v2)*
Qualifikation **1** *(Befähigung)* hæfn|i, -i
(w8 Ez) **2** *(Berechtigung)* réttindi *(s3 Mz)*
Qualität **1** *(Beschaffenheit)* gæði *(s3 Mz)*
2 *(gute ~)* gæði *(s3 Mz)*;
kost|ir *(m2 Mz von kostur)*
Qualle marglytt|a *(w1)*
Quark kvarg, -s, kvörg *(Ö! s2)*
Quatsch *(Gerede)* bull *(s2)*;
blaður|a *(s2)*; raus *(s2)*; *(auch: was e-r tut)*
kjaftæði *(s3)*;vitleys|a *(w1)*
▶ Lass den ~! Hættu þessar vitleysu!
Quell|e **1** *(Wasser)* uppsprett|a *(w1)*;
lind, -ar, -ir *(w3)*; *(kühle Quelle, die
nie gefriert)* (kalda)vermsl *(s2)*;
warme ~ laug, -ar, -ar *(w3)*; heiße ~
hver, -s, -ir *(m3, Dat Ez hver [hvernum])*;
kohlensäurehaltige ~ ölkeld|a *(w1, Gen Mz -dna)*
2 *(Information)* heimild, -ar, -ir *(w3)*;
~wasser lindarvatn, -s *(s2 Ez)*
quer þver, -, -t ♦ *(Adv.)* þvert; *(im Isl. Adj.!)*
quer über den Fluss um lækinn þveran;
≈kopf þverhaus, -s, -ar *(m3)*
(Dat Ez haus, m. Art. hausnum)
Querstraße þvergat|a
(Ö! w1, Gen Mz -gatna)
Quittung kvittun *(w5)*
Quote *(Fischfang)* kvót|i *(m1)*

R

Rabatt afslátt|ur, -ar, afslættir *(m2)*
(Dat Ez afslætti, Dat Mz afsláttum)

▶ Könnte ich ~ bekommen?
Get ég fengið afslátt?
Rabe hrafn, -s, -ar *(m3)*; krumm|i *(m1)*
Rache hefnd, -ar, -ir *(w3)*
Rad hjól *(s2)*; Fahr≈ reiðhjól
Radio **1** *(Gerät)* útvarpstæki *(s3)*
2 *(Anstalt)* útvarp *(s2)*; im ~ í útvarpinu
Raftingtour flúðasigling *(w2)*
Rahmen **1** *(Bild)* ramm|i *(m1)*;
umgerð, -ar, -ir *(w3)*
2 *(Fenster)* gluggakarm|ur, -s, -ar *(m2)*
3 *(Fahrrad)* (hjóla)stell *(s2)*
4 *(Auto, tech.)* grind, -ar, -ur *(w3)*
5 *(Finanz≈)* ramm|i *(m1)*
Rakete **1** *(Feuerwerk)* flugeld|ur, -s,
-ar *(m2)*; blys *(s2)*
2 *(Mondfahrt)* eldflaug, -ar, -ar *(w3)*
Rand barm|ur, -s, -ar *(m2)*; jaðar, -s,
jaðrar *(A! m3)*; rönd, randar, rendur *(w6)*
Rang **1** *(Hierarchie)* stað|a *(Ö! w1)*
2 *(Theater)* sval|ir *(w6 Mz)*
rasch skjót|ur; fljót|ur
♦ *(Adv.)* skjótt; fljótt
Rasen grasflöt *(w6)*
Rasierapparat rakaravél, -ar, -ar *(w3)*
rasieren rak|a *(v1)* sig; ab~ raka e-ð af sér
Rasse tegund, -ar, -ir *(w3)*
Rast hvíld, -ar, -ir *(w3)*;
~ einlegen tak|a *(stV↑)* sér hvíld
Raststätte sjopp|a *(w1)*
Rat **1** *(Ratschlag)* ráð *(s2)*
2 *(Versammlung)* ráð *(s2)*; ráðuneyti *(s3)*;
nefnd, -ar, -ir *(w3)*; ≈los ráðþrota *(unv.)*
raten **1** *(er~)* get|a *(stV↑)* sér til e-s;
gisk|a *(v1)* á e-ð **2** *(jdm. etw. empfehlen)*
mæl|a, -i, -ti, -t *(v2)* með e-u við e-n
Rathaus ráðhús *(s2)*
Rätsel (ráð)gát|a *(w1, Gen Mz -tna)*
▶ Es ist mir ein ~. Það er mér hulin ráðgáta.
rätselhaft dularfull|ur; torskil|inn
Ratte rott|a *(w1)*
rau **1** *(Oberfläche, Wesen)* hrjúf|ur
2 *(See)* ýfð|ur, ýfð, ýft; *(Lava)* úf|inn
3 *(Wetter)* hráslagaleg|ur
4 *(Landschaft)* hrjóstrug|ur
5 *(Stimme)* rám|ur
Raub rán *(s2)*
Räuber ræning|i, -ja, -jar *(m1)*
Raub|tier rándýr *(s2)*;
~vogel ránfugl, -s, -ar *(m3)*
Rauch reyk|ur, -jar, -ir

(m2; Mz reykir = Heißquellendämpfe)
rauchen 1 *(Zigarette)* reyk|ja, -i, -ti, -t *(v2)*;
das Rauchen reyking|ar *(w2 Mz)*
2 *(aufsteig. Rauch od. Dampf)* legg|ja *(stV↑)*
reyk frá *e-u*; rjúk|a *(stV↑)*
▶ **Kann man hier ~?** Má reykja hérna?
Raucher reykingamaður *(↑ maður)*
Raum 1 *(Zimmer)* herbergi *(s3)*
2 *(Bereich)* svæði *(s3)* **3** *(Volumen)* rými *(s3)*
räumen 1 *(leeren)* tæm|a, -i, -di, -t *(v2) e-ð*
2 *(etw. verlassen)* yfirgef|a *(↑ gefa)*
3 *(evakuieren)* rým|a, -i, -di, -t *(v2)*
4 *(Weg befahrbar machen)* ryð|ja, ryð,
ruddi, rutt *(v5)*; *(Schnee ~)* mok|a *(v1)*
Raureif hrím *(s2 Ez)*; hél|a *(w1 Ez)*
Rauschbeere bláber *(s2)*
(Dat Mz -jum, *Gen Mz* -ja)
reagieren bregð|ast *(stV↑)* við
rechnen *(mit Zahlen, Risiko)*
reikn|a *(v1)* með *e-u*
Rechnung reikning|ur, -s, -ar *(m2)*
recht haben haf|a *(stV↑)* rétt fyrir sér
Recht réttindi *(s3)*
rechter hægri *(m, w Ez)*; hægra *(s Ez)*,
hægri *(m/w/s Mz)*
rechtfertigen *(s. ~ vor)* réttlæt|a, -i,
-ti, -lætt *(v2)* sig gagnvart *e-um*
rechtlich *(Adv.)* lagalega séð
rechts hægra megin; nach ~ til hægri
Rechtschreibung réttritun *(w5)*
rechtzeitig í tæka tíð
Recycling endurvinnsl|a *(w1)*
Rede ræð|a *(w1)*;
~ halten hald|a *(stV↑)* ræðu
reden *(mit jdm über etw. ~)* tal|a *(v1)* við
e-n um e-ð; ræð|a, -i, ræddi, rætt *(v2) e-ð*;
miteinander ~ tal|a *(v1)* saman;
über etw. reden tak|a *(stV↑) e-ð* í mál
▶ **Lass uns darüber ~.** Við skulum ræða málið.
Reederei útgerð, -ar, -ir *(w3)*; **~gesell-
schaft** útgerðarfélag, -s, -felög *(Ö! s2)*
Regal hill|a *(w1)*
Regel regl|a *(w1)*
regelmäßig reglubund|inn; regluleg|ur
♦ *(Adv.)* reglulega
regeln 1 *(Regel setzen)* kom|a *(stV↑)*
reglu á *e-ð (auch: ordnen)*
2 *(planen)* skip|a *(v1)*; hag|a *(v1)*
3 *(Unstimmigkeit klären)* kom|a *(stV↑)*
e-u á hreint
Regelung 1 *(Organisation)* skip|un *(w5)*; fy-

rirkomulag *(s2)*; tilhögun *(w5)*
2 *(tech.)* stýring *(w2)*
Regen 1 *(allg.)* rigning, -ar, -ar *(w2)*
2 *(Niesel≈)* súld, -ar *(w2)*
3 *(starker ~)* úrhellisrigning *(w2)*;
mígandi rigning *(Sl.)*
Regenbogen regnbog|i *(m1)*;
(mytholog.) bifröst, bifrastar *(Ö! w6 Ez)*
Regenmantel regnkáp|a *(w1)*
Regenschirm regnhlíf, -ar, -ar *(w3)*
regieren stjórn|a *(v1) e-u (ríki, borg)*
Regierung ríkisstjórn, -ar, -ir *(w3)*
Region svæði *(s3)*
Regisseur leikstjór|i *(m1)*
registrieren 1 *(in Liste)* skrá, skrái, skrá-
ði, skráð *(v2)*;
s. ~ lassen lát|a *(stV↑)* skrá sér
2 *(bemerken)* tak|a *(stV↑)* eftir *e-u*
regnen rign|a, -ir, -di, rignt *(v2) e-u*
▶ **Es regnet Asche.** Það rignir ösku.
reiben nú|a *(stV↑) e-u*; nudd|a *(v1) e-u*
reich rík|ur
reichen 1 *(z.B. Hand)* rétt|a, -i, -i,
rétt *(v2) fram*; *(geben)* rétta od. fá *e-um e-ð*
2 *(genügen)* næg|ja, -i, -ði, nægt *(v2)*;
dug|a, -i, -ði, að *(v2)*
▶ **Reich mir bitte...** Viltu fá mér ....
Das reicht. Þetta er nóg.
Reichtum auður, -s *(m3 Ez)*;
ríkidæmi *(s3)*
reif 1 *(Frucht, Person)* þroska|ður,
þroskuð, þroskað
2 *(ausgewachsen)* fullvax|inn, -in, ið
Reifen dekk *(s2, Dat Mz* -jum, *Gen Mz* -ja)*;
hjólbarð|i *(m1)*; túttur *(Sl. w1 Mz)*;
Luft aus den ~ ablassen hleyp|a, -i, -ti, -t *(v2)*
vindi úr dekkjunum; ~ aufpumpen
dæl|a,-i, -di, -t *(v2)* lofti í dekkin;
~dienst dekkjaþjónust|a *(w1)*;
hjólbarðaþjónust|a *(w1)*;
~druck loftþrýsting|ur, -s, -ar *(m2)*
í dekkjunum;
den ~ prüfen tékk|a *(v1)* loftþrýstinginn;
~panne sprungið dekk
(s2, Dat Mz -jum, *Gen Mz* -ja)*;
~wechsel dekkjaskipti *(s3)*
Reihe *(nicht unbedingt geordnet)* run|a *(w1)*;
(geordnet) röð, raðar, raðir *(Ö! w6)*
Reihenfolge röð, raðar, raðir *(Ö! w6)*
rein hrein|n, -, -t; *(Wasser, Luft)* tær, -, -t
reinigen hreins|a *(v1)*

Reinigung hreinsun *(w5)*;
  chemische ~ efnalaug, -ar, -ar *(w3)*
Reinigungsmittel hreinsunarefni *(s3)*
Reis hrísgrjón *(s2 Mz)*
Reise ferð, -ar, -ir *(w3)*
Reisebüro ferðaskrifstof|a *(w1)*
Reiseführer ferðabækling|ur,
  -s, -ar *(m2)*
reisen ferð|ast *(v1)*
Reisescheck ferðatékk|i *(m1)*
Reisender ferðamaður *(↑ maður)*
reißen[1] *(vi) (von selbst)* rifn|a *(v1)*;
  (z.B. Seil unter Ruck zer~) slitna *(v1)*
reißen[2] *(vt) (etw. zer~)* ríf|a *(stV↑)* e-ð;
  (zer~, z.B. Seil) slít|a *(stV↑)* e-ð;
  e-n Brief in Fetzen zer~ rífa bréf í tætlur;
  jdm. etw. aus den Händen ~ rífa e-ð út
  úr höndunum *á e-um;* ~d *(Fluss)* stríð|ur, -,
  strítt; straumharð|ur, -hörð *(Ö!)*, -hart
Reißverschluss rennilás, -s, -ar
  (m3, Dat Ez -lás [-lásnum]*)*
reiten ríð|a *(stV↑) e-u;*
  ver|a *(stV↑)* á hestbaki
Reit|en *(allg.)* hestamennsk|a *(w1)*;
  (Reitsport) hestaíþrótt, -ar, -ir *(w3)*;
  (das Reiten) reið, -ar, -ir *(w3)*;
  ~stil reiðlag, -s, reiðlög *(Ö! s2)*
Reiter(in) hestamaður *(↑ maður)*;
  ein guter ~ sein ver|a *(stV↑)* með
  (góða) reiðmennsku
Reitgerte svip|a *(w1)*
Reittour reiðtúr *(m3)*;
  (~ machen) ferð|ast *(v1)* á hestbaki
reizen stríð|a, -i, stríddi,
  strítt *(v2) e-um (mit etw.)* með e-u;
  skapraun|a *(v1) e-um;* esp|a *(v1)* e-n
  2 *(biol., Haut ~)* ert|a, -i, -i, ert *(v2)* e-ð
  3 *(in Versuchung führen) e-um* finnst e-ð
  freistandi *(unv); (auf~)* ögr|a *(v1)*
  ▶ Mich würde eine Bootsfahrt ~.
  Mér finnst bátsferð freistandi.
Reklamation kvörtun, -ar,
  kvartanir *(Ö! w5)*
reklamieren kvart|a *(v1) undan e-u*
Rekord met *(s2)*; Rekord- met-;
  ~verkauf metsal|a *(Ö! w1)*
Religion trúarbrögð *(Ö! s2 Mz von bragð)*
religiös trúaður, trúúð, trúað
rennen hlaup|a *(stV↑)*
Rennen hlaup *(s2)*; Wett≈ kapphlaup
Rente eftirlaun *(s2 Mz)*;

in ~ sein ver|a *(stV↑)* kominn *(m)* /
komin *(w)* á eftirlaun
Rentner ellilífeyrisþeg|i *(m1)*;
  sem kominn er á eftirlaun
Reparatur viðgerð, -ar, -ir *(w3)*
reparieren *(etw. ~)* ger|a, -i, -ði, -t *(v2)*
  e-ð við; lag|a *(v1)* e-ð
  ▶ Kannst du den Reifen ~?
Geturðu gert við dekkið?
Reporter blaðamaður *(↑ maður)*
Republik lýðveldi *(s3)*
Reserverad varahjól *(s2)*
Reservereifen varadekk
  (s2, Dat Mz -jum, *Gen Mz* -ja*)*
reservieren pant|a *(v1)*
  ▶ Ich möchte zwei Plätze ~.
  Ég ætla að panta tvö sæti.
Reservierung pöntun, -ar,
  pantanir *(Ö! w5)*
Respekt virðing *(w2)*;
  ~ genießen njót|a *(stV↑)* virðingar
respektieren sýn|a *(stV↑)* e-um virðingu
Rest *(allg.)* leif|ar *(w3 Mz)*; afgang|ur,
  -s, -ar *(m2)*; Essens≈ afgangar;
  (von Getränk) lögg, laggar, laggir *(Ö! w6)*
Restaurant veitingahús *(s2)*;
  veitingastað|ur, -ar, -ir
  (m2, Dat Ez -stað [-staðnum]*)*
retten bjarg|a *(v1) e-um*
Rettung björgun, -ar, bjarganir *(Ö! w5)*;
  ~sdienst sjúkrabíl|l, -s *(m5 Ez)*;
  ~sstaffel *(Bergwacht)* björgunarsveit,
  -ar, -ir *(w3)*; ~sweste björgunarvesti *(s3)*
Rettungsring björgunarhring|ur, -s,
  -ar *(m2, Dat Ez* —ng [-ngnum]*)*
Rettungswagen sjúkrabíl|l *(m5)*
Rezept 1 *(Arzt)* lyfseðil|l, -s, -seðlar
  (A! m5) 2 *(Kochen)* uppskrift, -ar, -ir *(w3)*
Rezeption móttak|a *(Ö! w1)*;
  afgreiðsl|a *(w1)*
Rhabarber rabarbar|i *(m1)*;
  ~marmelade rabarbarasult|a *(w1)*
richten 1 *(in Richtung drehen)* bein|a,
  -i, -di, beint *(v2) e-u til e-s;*
  (s. ~ an) snú|a *(stV↑)* sér *til e-s með* e-ð
  2 *(über jdn. ~)* dæm|a, -i, -di, -t *(v2) e-n*
  3 *(reparieren)* lagfær|a, -i, -ði, -t *(v2)*;
  græj|a *(v1) (fam.)*
Richter dómar|i *(m1)*
richtig 1 *(korrekt)* rétt|ur, -, -
  ♦ *(Adv.)* rétt; réttilega;

f. richtig halten kunn|a *(stV†)* við e-ð

2 *(betonend)* *(Adv.)* almennileg|a; alvöru

▶ Egill ist ein richtiger Geländewagen

(so wie er sein soll). Egill er alvöru jeppi.

Richtung átt, -ar, -ir *(w3)*;

in e-e ~ gehen stefn|a, -i, -di, -t *(v2)* að e-u

riechen¹ *(vi)* lykt|a *(v1)*; þef|ja *(v1)*;

~ nach etw. lykta af e-u;

(duften) ilm|a *(v1)*; ang|a *(v1)*

riechen² *(vt)* (wahrnehmen)

inn|a *(stV†)* lykt;

~ an etw.) þef|a *(v1)*; lykt|a *(v1)* af e-u

Riese jötun|n, -s, jötnar *(A! m5)*

riesig 1 *(groß)* risastór, -, -t;

ferleg|ur; gífurleg|ur; tröllvax|inn

2 *(super toll)* svaka *(unv.)*

▶ Das wird eine Riesenparty!

Þetta verður svaka partý.

Riff rif *(s2, Dat Mz* rifum, *Gen Mz* rifa)

Rind nautgrip|ur, -s, -ir

(r2, Dat Ez -pi [-pnum])

Rindfleisch nautakjöt *(s2)*

Rinde≈ börk|ur, barkar,

berkir *(m6)* **2** *(Brot≈)* (brauð)skorp|a *(w1)*

Ring *(Schmuckstück, techn.)* hring|ur,

-s, -ar *(m2, Dat Ez* -ng [-ngnum]);

(Reif, ~ um Sonne/Mond) baug|ur, -s, -ar

(r2, Dat Ez -gi [-gnum])

Ringstraße þjóðveg|ur, -ar *(m2 Ez)* nr. 1

ringsum í kring

Rippe rifbein *(s2)*

Risiko áhætt|a *(w1, Gen Mz* -ttna)

riskant áhættusam|ur;

við sjárverð|ur, -, -vert;

va hugaverð|ur, -, -vert

riskieren tak|a *(stV†)* áhættu með e-u

Riss rif|a *(w1)*; gluf|a *(w1)*

Robbe sel|ur, -s, -ir

(m2, Dat Ez sel(i) [selnum])

Rock pils, -, - *(s2)*

Roggen rúg|ur, -s *(m2)*;

≈mehl rúgmjöl *(s2)*

roh 1 *(ungekocht)* hrá|r, -, -tt

2 *(Verhalten)* ruddaleg|ur;

dór aleg|ur; hrottaleg|ur

Rohr 1 *(Röhre)* píp|a *(w1, Gen Mz* -pna);

(dünn) rör, -s, - *(s2, kein Öl)*

2 *(S-hilf)* reyr, -s *(m2 Ez)*; sef *(s2 Ez)*

Rohstoff hráefni *(s3)*

Rolle 1 *(Gegenstand)* rúll|a *(w1)*

(Aus≈pr. rulla ohne -ttl)

2 *(Theater, Film)* hlutverk *(s2)*

rollen rúll|a *(v1)* *(Ausspr.* rulla ohne -ttl)

Rollstuhl hjólastól|l, -s, -stólar *(m5)*

Rolltreppe rúllustig|i *(m1)*

Roman skáldsag|a *(Ö! w1, Gen Mz* -sagna)

Röntgenaufnahme röntgenmynd,

-ar, -ir *(w3)*

rosa bleik|ur

Rose rós|a *(w1)*

Rosenkohl rósukál *(s2)*

Rosine rúsín|a *(w1)*

Rosmarin rósmarín *(s2)*

Rost 1 *(Eisenoxid)* ryð *(s2)*;

≈en, ein≈en ryð|ga *(v1)*

2 *(Grill≈)* rist, -ar, -ir *(w3)*

▶ Mein Isländisch ist etwas eingerostet.

Ég er farinn að ryðga í málinu.

rot rauð|ur, -, rautt

Route stefn|a *(w1)*; kós, kóss *(m2 Ez)*

Rübe róf|a *(w1, Gen Mz* rófna);

~nmus rófustapp|a *(Ö! w1)*

Rücken bak, -s, bök *(Ö! s2)*

Rückenwind *(günstig)* byr, -jar, -ir

(m3, Dat Ez byr [byrnum])

Rückfahrt ferðin til baka

(s. auch „Fahrt");

~karte farmið|i *(m1)* báðar leiðir

Rückfall *(Krankheit)*

~ erleiden e-um sló niður

Rückkehr 1 *(Heimkehr)* heimkom|a *(w1)*

2 *(Wiederkehr)* afturkom|a *(w1)*

Rucksack bakpok|i *(m1)*

Rückseite bakhlið, -ar, -ir *(w3)*

Rücksicht tillit *(s2)*;

~ nehmen auf jdn. tak|a *(stV†)* tillit til e-s

Rückspiegel baksýnisspegil|l,

-s, -speglar *(A! m5)*

rückständig gamaldags *(unv.)*;

(tech. veraltet) úrelt|ur, -, -

rückwärts til baka

Rudel *(Hund, Wolf)* hóp|ur, -s, -ar

(m2, Dat Ez -pi [-pnum])

Ruder 1 *(zum Steuern)* stýri *(s3)*

2 *(zum Antreiben)* ár, -ar, -ar *(w3)*

Ruderboot árabát|ur, -s, -ar

(m2) *(Dat Ez* -ti, *m. Art.* -tnum)

rudern ró|a *(stV†)* e-u

Ruf 1 *(Ausruf)* hróp *(s2)*; óp *(s2)*;

(an jdn. gerichtet) kall, -s, köll *(Ö! s2)*;

köllun, -ar; kallanir *(Ö! w5)*

2 *(Reputation)* mannorð *(s2)*

rufen hróp|a *(v1)*; *(jdn. ~)* kall|a *(v1)*
í e-n / til e-s; **um Hilfe ~** kalla um hjálp

Ruhe 1 *(innere ~)* ró, -ar *(w3 Ez)*;
rósemd, -ar *(w3)* **2** *(Stille)* kyrrð, -ar *(w3)*;
Nacht~ svefnfrið|ur, -ar *(m2)*;
Die Nacht~ stören rask|a *(v1)* svefnfrið

ruhig *(gelassen)* róleg|ur; hæg|ur, -, -t;
hæglát|ur *(ohne Geräusch)* róleg|ur, -, -t;
(bewegungslos, See z.B.) stillt|ur, -, -
▶ **~ bleiben!** Rólegur!
Du kannst ~ hier übernachten.
Þú mátt alveg gista hérna.

rühren hrær|a, -i, -ði, -t *(v2)* e-ð

Ruine rúst, -ar, -ir *(w3)*

rund *(2-dimens.)* hringlaga *(unv.)*;
(kugelig) kúlulaga *(unv.)*; hnöttótt|ur, -, -

Runde 1 *(Gruppe)* (mann)fund|ur, -ar,
-ir *(m2)*; hóp|ur, -s, -ar *(m2)*
2 *(Gang, Fahrt)* túr, -s, -ar *(m2)*;
gang|a *(Ö! w1)*; *(~ um Reykjavíker Innenstadt)*
rúnt|ur, -s *(m2 Ez)*;
die ~ machen far|a *(stVↄ)* rúntinn
3 *(Spiel, Sport)* umferð, -ar, -ir *(w3)*

Rundreise *(um Island)* ferðalag, -s, -lög
(Ö! s2) í kringum landið; rúnt|ur, -s *(m2 Ez)*

Rune rún, -ar, -ir *(w3)*;
(einzelnes Zeichen) rúnastaf|ur, -staf,
-stafir *(m2, Dat Ez -staf [-stafnum])*

rutschen glíðn|a *(v1)*;
renn|a *(stVↄ)* til; skríðn|a *(v1)*

rutschig *(wg. Wasser)* sleip|ur;
(glatt) hál|l, hál, hált

S

Saal sal|ur, -ar, -ir *(m2, Dat Ez sal [salnum])*

Sache 1 *(Gegenstand)* hlut|ur, -ar, -ir *(m2)*
2 *(Debatte, jur.)* mál *(s2)*; **Privat≈** einkamál
▶ **Das tut nichts zur ~.**
Þetta kemur málinu ekkert við.

sachlich 1 *(sachgerecht)* efnisleg|ur
2 *(objektiv)* hlutlæg|ur
3 *(Stil)* einfald|ur, einföld *(Ö!)*, einfalt

Sachschaden (eigna)tjón *(s2)*

Sack sekk|ur, -jar, -ir
(m2, Dat Ez sekk [sekknum]);
~gasse blindgat|a *(Ö! w1, Gen Mz -tna)*

säen sá, sái, sáði, sáð *(v2)* e-u;
etw. an~ sá til e-s

Safe *(Tresor)* peningaskáp|ur, -s, -ar *(m2)*

Saft saf|i *(m1)*;
Orangen≈ djús, -s *(s2 Ez)* *(fam.)*

Säge sög, sagar, sagir *(Ö! w6)*;
Motor≈ vélsög

sag|en *(etw. zu jdm.)* seg|ja, -i, sagði,
sagt *(v3)* e-ð við e-n; *(etw. über jdn./etw. ~)*
seg|ja, -i, sagði, sagt *(v3)* e-ð um e-n;
(jdm. etw ~, bekannt vorkommen)
kann|ast *(v1)* við e-ð
▶ **Das ~t mir nichts.** Ég kannast ekki við það;
Genauer gesagt... Nánar tiltekið...;
Das hat nichts zu ~. Þetta skiptir engu máli.
Was ~st du dazu? Hvað heldur þú um þetta?
Was du nicht sagst! Þú segir nokkuð/ekki!

sägen sag|a *(v1)*

Sahne rjóm|i *(m1)*

Saison *(Touristen≈)* ferðamannatímabil *(s2)*

Sakko (spari)jakk|i *(m1)*

Salat salat, -s, salöt *(Ö! s2)*;
Kopf≈ höfuðsalat

Salbe áburð|ur, -ar, -ir *(m2)*; smyrsl *(s2)*

Salbei (lyfja)salvía *(w1)*

Salz salt, -s, sölt *(Ö! s2)*;
~fisch saltfisk|ur, -s, -ar *(m2)*;
~fleisch saltkjöt *(s2 Ez)*;
~wasser sjó|r, -s *(m2 Ez)*

salzen salt|a *(v1)*

salzig *(von Natur aus)* salt|ur, sölt, salt;
(gesalzen) saltað|ur, söltuð *(Ö!)*, saltað

Salzstreuer saltbauk|ur, -s, -ar *(m2)*

Samen *(Pflanzen)* fræ, -fræs, fræ
(s2, Dat Mz -jum, Gen Mz -ja)

sammeln 1 *(Kollektion)* safn|a *(v1)* e-u;
við|a *(v1)* e-u að sér
2 *(Beeren, Pilze)* tín|a *(v1)* e-ð
3 *(Vieh)* smal|a *(v1)* e-ð
4 *(auf~)* tín|a, -i, -di, tínt *(v2)* e-ð upp
5 *(s. an~)* safn|ast *(v1)* fyrir
6 *(s. konzentrieren)* einbeit|a, -i,
einbeitti, einbeitt *(v2)* sér að e-u / við e-ð

Sammlung safn, -s, söfn *(Ö! s2)*

Samstag laugardag|ur, -s, -ar *(m2)*
(s. Dienstag)

Sand sand|ur, -s, -ar *(m2 Ez)*
(wüstenhaft) eyðisandur

Sandsturm sandfok *(s2)*; moldrok *(s2)*

Sandale ilskó|r, -s, ilskór *(m2)*
(Dat Ez skó, Dat Mz skóm [skónum]);
sandal|i *(m1) (Dat Mz sandölum Ö!)*

sanft *(Wetter, Stimme)* blíð|ur, -, blítt;
mild|ur, -, milt;

(im Umgang) þýð|ur, -, þýtt

Sänger söngvar|i *(m1)*

Sarg kist|a *(w1, Gen Mz -tna)*

satt sadd|ur, södd *(Ö!)*, satt

▶ **Ich habe es ~!** Ég er orðinn fullsaddur *(m)* / fullsödd *(w)* á þessu!

Sattel hnakk|ur, -s, -ar
(m2, Dat Ez -kki [-kknum])

Satz **1** *(Sprache)* setning *(w2)*
2 *(Set von Dingen)* sett *(s2)* af e-u;
Besteck≈ sett af hnífapörum
3 *(Buch≈)* umbrot *(s2)*

sauber **1** *(nicht schmutzig)* hrein|n, -, -t;
etw. ~ halten hald|a *(stV↑) e-u* hreinu;
~ machen ger|a *(stV↑)* hreint
2 *(Erscheinungsbild)* snyrtileg|ur; þríf|inn
♦ *(Adv.) (sorgfältig)* vandlega; þokkalega;
≈**keit** hreinlæti *(s3)*

säubern hreins|a *(v1)*;
(mit Aufräumen) þríf|a *(stV↑)* til

sauer **1** *(Geschmack≈)* súr, -, -t
2 *(Laune)* súr, -, -t; fúl|l, -, -t;
≈**milch** súrmjólk, -ur *(w3 Ez)*;
≈**molke** *(fermentiert)* mys|a *(w1)*; súr *(s2)*
(zur Haltbarmachung);
≈**rahm** sýrður rjóm|i *(m1)*
3 *(molkegesäuerte Lebensmittel)* súrmeti
(s3); *(für Mittwinterfest)* þorramat|ur, -ar,
-ar *(m2, Dat Ez -mat [-matnum])*

Sauerstoff súrefni *(s3)*

Säufer fyllibytt|a *(w1)*; rón|i *(m1)*

saugfähig *(porös, z.B. Sand, Bims)*
gljúp|ur, -, -t

Säule súl|a *(w1)*; stoð, -ar, -ir *(w3)*

Säure sýr|a *(w1)*

Schach skák, -ar, -ir *(w3)*; tafl, -s, töfl
(Ö! s2) *(auch: Schachbrett + Figuren)*
▶ **~ und matt!** Skák og mát!

Schachtel kass|i *(m1)*;
(kleinere Packung) pakk|i *(m1)*;
flache ~ askj|a *(Ö! w1)*

schade leiðinleg|ur; leið|ur, -, leitt
♦ *(Adv.)* leitt; synd
▶ **Das ist ~!** Það var leitt / synd!

Schädel hauskúp|a *(w1)*

schaden skað|a *(v1)*; skemm|a, -i,
-di, -t *(v2)*; spill|a, -i, -ti, -t *(v2)*

Schad|en tjón *(s2)*; skað|i *(m1)*;
skemmd, -ar, -ir *(w3)*;
~haft *(mangelhaft)* gallað|ur,
göllu**ð** *(Ö!)*, gallað;

(beschädigt) skemmd|ur, -, skemmt

schädlich skaðleg|ur

Schaf *(sauð)*kind, -ar, -ur *(w3)*;
sauð|ur, -ar, -ir *(m2, Dat Ez -ði [-ðnum])*;
~e abtreiben *(ab 21. Sommerwoche)*
smal|a *(v1) e-u*; **~abtrieb** *(im Herbst)*
rétt|ir *(m2 Mz)*; göng|ur *(Ö! w1 Mz,
Gen Mz gangna)*;
~ einpferchen rétt|a *(v1)* féð / fénu;
~ trennen *(nach Ohrmarke)*
drag|a *(v1)* sundur;
verlorenes ~ *(bei Abtrieb nicht gefunden)*
eftirlegukind, -ar, -ur *(w3)*

Schafsperre *(Rohrgitter über Straßen)*
rimlahlið *(s2)*

schaffen **1** *(erschaffen)* skap|a *(v1)*
2 *(zustandebringen)* get|a *(stV↑)* gert e-ð;
ná, -i, -ði, náð *(v2) e-u* fram *od.*
tökum *á e-u*
3 *(fertig werden mit etw.)* ráð|a *(stV↑)* við e-ð
▶ **Er schafft das nicht.**
Hann ræður ekki við þetta.

Schal trefil|l, -s, treflar *(A! m5)*

Schale **1** *(Gefäß)* skál, -ar, -ar *(w3)*
2 *(Lebensmittel)* hýði *(s3)*; flus *(s2)*;
skræling|ur, -s, -ar *(m2)*;
(Ei, Nuss) skurn, -ar, -ir *(w3)*;
(Kartoffel) skræl *(s2)*

schälen flus|a *(v1)*; skræl|a, -i, -di, -t *(v2)*

Schall hljóm|ur, -s, -ar
(m2, Dat Ez -mi [-mnum]); hljóð *(s2)*

Schallplatte hljómplat|a
(Ö! w1, Gen Mz -tna)

schalten **1** *(Gang)* skipt|a, -i, -ti, -t *(v2)* um
gír **2** *(Gerät)* still|a, -i, -ti, -t *(v2)*

Schalter **1** *(Gerät)* rof|i *(m1)*
2 *(Bank≈)* gjaldker|i *(m1)*
3 *(z.B. Bücherei)* afgreiðsluborð *(s2)*

schämen skämm|ast *(v1) sín*

Schande skömm, skammar,
skammir *(Ö! w6)*; smán, -ar, -ir *(w3)*

scharf **1** *(pikant)* sterk|ur, -, -t
2 *(Klinge)* beitt|ur, -, -
3 *(Kante, Wind)* hvass, hvöss *(Ö!)*, hvasst;
(sehr spitzig) oddhvass; egghvass
4 *(Wort, Kritik)* snarp|ur, snörp *(Ö!)*,
snarpt; hvassyrt|ur
5 *(ätzend)* tærandi *(unv.)*; ætandi *(unv.)*
6 *(Denken)* nákvæmleg|ur;
skarp|ur, skörp *(Ö!)*, skarpt
♦ *(Adv.) (plötzlich)* snögglega

▶ **Es weht ein ~er Ostwind.**
Það er hvöss austanátt.

Schatten skugg|i *(m1)*

schätzen 1 *(ein~)* met|a *(stV↑)*;
álit|a *(stV↑)*; áætt|a *(v1)*
2 *(wert~)* virð|a, -i, -ti, -t *(v2)*

Schätzung mat, -s, möt *(Ö! s2)*;
(eher ungenau) ágiskun *(w5)*

schauen horf|a, -i, -ði, -t *(v2)*;
(an~) skoð|a *(v1)*;
kík|ja, -i, -ti, -t *(v2)* á e-ð *(fam.)*

Schauer 1 *(Regen≈)* skúr, -ar, -ir *(w3)*
2 *(Schnee≈)* él *(s2, Dat Mz -jum, Gen Mz -ja)*;
~wetter skúraveður *(s2, m. Art -veðrið A!)*;
(mit Schnee) éljagang|ur, -s, -ar *(m2)*

Schaufel skófl|a *(w1)*

Schaufenster búðarglugg|i *(m1)*

Schaum *(Seife, Gischt)* froð|a *(w1)*;
löður *(s2, m. Art. -ðrið A!)*;
(fest, z.B. Bau≈) frauð *(s2)*

Schauspieler leikar|i *(m1)*;
~in leikkon|a *(w1, Gen Mz -kvenna)*

Scheck tékk|i *(m1)*; ávísun *(w5)*

Scheibe 1 *(techn, Schallplatte)* skíf|a *(w1)*
2 *(abgeschnitten)* sneið, -ar, -ar *(w3)*
3 *(Glas≈)* rúð|a *(w1)*
4 *(CD, DVD)* disk|ur, -s, -ar
(m2, Dat Ez -ki [-knum])

Scheibenwischer rúðuþúrrk|a *(w1)*;
vinnukon|ur *(w1 Mz, Gen Mz -kvenna) (fam.)*

Scheide 1 *(anatom.)* leggöng *(Ö! s2 Mz)*; *(äußerl.)* sköp *(Ö! s2 Mz)*; pík|a *(w1)*
(sl., ggf. pej.) **2** *(Messer≈)* slíður
(s2, m. Art. -ðrið A!)

Scheidung skilnað|ur, -ar, -ir *(m2)*;
~ einreichen sæk|ja, -i, -ti, -t *(v3)*
um skilnað

scheinbar að því er virðist

scheinen 1 *(Anschein haben)* virð|ast,
-ist, virtist, virst *(v2)*; lít|a *(stV↑)* út fyrir e-ð
2 *(Sonne)* skín|a *(stV↑)*

Scheinwerfer *(Auto)* framljós *(s2)*;
ökuljós *(s2)*; *(Flutlicht)* ljóskastar|i *(m1)*

Schenkel *(Ober≈)* læri *(s3)*;
(Unter≈) sköflung|ur, -s, -ar *(m2)*

schenken gef|a *(stV↑)*; fær|a, -i, -ði, -t
(v2) e-ð e-um að gjöf

Schere skær|i *(s2 Mz)*

Scherz grín *(s2)*

Scheune skemm|a *(w1)*

Schicht 1 *(Material, geol.)* lag, -s,

lög *(Ö! s2)*; Asche≈ öskulag
2 *(sozial)* stétt, -ar, -ir *(w3)*
3 *(Arbeit)* vakt, -ar, -ir *(w3)*

schicken send|a, -i, -i, sent *(v2)*

Schicksal örlög *(Ö! s2 Mz)*

schieben ýt|a, -i, ýtti, ýtt *(v2)* e-u;
mok|a *(v1)* e-u (z.B. Schnee);
etw. rüber~ skák|a *(v1)* e-u til e-s *(fam.)*

Schiedsrichter dómar|i *(m1)*

schief skakk|ur, skökk *(ö!)*, skakkt

Schienbein dálk|ur, -s, -ar *(m2)*

Schiene 1 *(medizin.)* spelk|a *(w1)*
2 *(techn.)* tein|n *(m5)*

schießen skjót|a *(stV↑)*

Schiff skip *(s2)*

Schifffahrt sigling *(w2)*

Schild 1 *(Verkehrs≈, Werbe≈)* skilti *(s3)*
2 *(kleines Hinweis≈, Namens≈)* spjald, -s,
spjöld *(Ö! s2)*
3 *(Wikinger≈)* skjöld|ur, skjaldar,
skildir *(m6) (Dat Mz skildi)*

Schildvulkan dyngj|a *(w1)*

Schilf reyr *(s2)*; sef *(s2)*

Schimmel *(Pilz)* mygl|a *(w1)*;
~käse mygluost|ur, -s, -ar *(m2)*;
gráðaost|ur, -s, -ar *(m2)*

schimpfen *(fluchen)* bölv|a *(v1)*;
blót|a *(v1)*; *(jdn. ~)* skamm|a *(v1)* e-n

Schinken skink|a *(w1)*

Schirm hlíf, -ar, -ar *(w3)*;
Fall≈ fallhlíf; **Regen≈** regnhlíf;
Gleit≈ svifvæng|ur, -s, -ir
(m2, Dat Ez væng [vængnum])

Schlacht orrust|a *(w1)*

Schlacke *(vulkanisch)* klepr|i *(m1)*;
~nkegel klepragíg|ur, -s, -ir
(m2, Dat Ez -gígi [-gígnum])

Schlaf svefn, -s *(m3 Ez)*

Schlafanzug náttföt *(Ö! s2 Mz)*

schlafen sof|a *(stV↑)*;
~ gehen far|a *(stV↑)* að sofa;
far|a *(stV↑)* í háttinn;
miteinander ~ sofa hjá e-um
▶ **Ich gehe jetzt ~.** Ég er farinn að sofa.

schläfrig syfjað|ur

Schlafsack svefnpok|i *(m1)*;
~unterkunft svefnpokapláss *(s2)*

Schlaftablette svefnlyf
(s2, Dat Mz -jum, Gen Mz -ja)

Schlafzimmer svefnherbergi *(s3)*

Schlag 1 *(allg.)* högg *(s2 kein Ö!)*;

(Faust≈) barsmíд, -ar, -ar *(w3)*;
jdm. e-n ~ versetzen greiд|a, -i, greiddi,
greitt *(v2) e-um* högg
2 *(auch Umhertragen)* skell|ur, -s, -ir *(m2)*;
(reiдar)slag, -s, slög *(Ö! s2)*;
finanzieller ~ fjárhagsskellur;
ein schwerer Schicksalsschlag mikiд reiдarslag
3 *(Herzklopfen, Uhrticken)* slátt|ur, -ar,
slættir *(m2, Dat Ez slætti, Dat Mz sláttum)*;
(Glocken≈, ~anfall) slag, -s, slög *(Ö! s2)*;
~ 3 Uhr á slaginu klukkan þrjú
4 *(elektr. ~, Schicksals≈)* stuд *(s2)*;
elektrischer ~ rafmagnsstuд
Schlaganfall heilarblóдfall *(Ö! s2)*
▶ **Es besteht Verdacht auf ~.**
Þaд leikur grunur á heilarblóдfalli.
schlagen **1** *(zuschlagen)* ber|ja,
ber, barдi, bariд *(v5)*; lem|ja, lem,
lamdi, lamiд *(v5)*; bewusstlos ~ rot|a *(v1)*
2 *(besiegen)* sigr|a *(v1)*
Schläger **1** *(Golf≈)* golfkylf|a *(w1)*
2 *(Tennis≈)* tennisspaд|i *(m1)*
Schlagzeile *(Nachricht auf erster Seite)*
forsíдufrétt, -ar, -ir *(w3)*
Schlamm leдj|a *(w1)*; eдj|a *(w1)*;
drull|a *(w1)*; efj|a *(w1)*
Schlange **1** *(Warte≈)* biдröд, -raдar,
-raдir *(w6)* **2** *(Tier)* slang|a *(Ö! w1)*
schlank grann|ur, grönn, grannt
schlau klár, -, -t; glögg|ur; vel gef|inn
Schlauch *(allg., Reifen)* slang|a *(Ö! w1)*;
(wie b. Staubsauger) bark|i *(m1)*;
(Leitung) leiдsl|a *(w1)*
Schlauchboot gúmbát|ur, -s, -ar
(m2) (Dat Ez -ti [-tnum])
schlecht **1** *(Qualität)* léleg|ur
2 *(böse)* vond|ur, -, vont; ill|ur, -, illt
(Ausspr. mit spitzem i)
3 *(Übelkeit)* óglatt: mir ist ~ mér er óglatt
schleichen læд|ast, -ist, læddist,
læst *(v2)*
Schleife lykkj|a *(w1)*; slauf|a *(w1)*
schleppen **1** *(tragen)* rog|ast *(v1)*
meд e-u / undir e-u
2 *(hinter s. her≈)* haf|a *(stV↑) e-д í* eftirdragi;
(mit Mühe) tos|a *(v1) e-u* meд sér
schleudern **1** *(Wäsche)* vind|a *(stV↑)*
2 *(Auto)* miss|a, -i, -ti, -t *(v2)*
stjórn á bílnum
schließen **1** *(Tür, Weg sperren)*
lok|a *(v1) e-u*; die Tür ~ loka hurдinni

2 *(abschließen)* læs|a, -i, -ti, -t *(v2) e-u*
3 *(beenden)* ljúk|a *(stV↑)*
4 *(Schluss ziehen)* álykt|a *(v1)*
Schließfach *(Gepäck)* farangurshólf *(s2)*
schließlich loksins
schlimm *(ernst)* slæm|ur;
(böse) vond|ur, -, vont; ill|ur, -, illt
(Ausspr. mit spitzem i)
Schlitten sleд|i *(m1)*;
~ fahren renn|a, -i, -di, -t *(v2)* sér á sleдa
Schlittschuh skaut|ar *(m1 Ez von skauti)*;
ein Paar ~e einir skautar;
~ fahren hlaup|a *(stV↑)* á skautum
Schloss **1** *(Tür≈)* lás, -s, -ar
(m3, Dat Ez lás [lásnum]*)*
2 *(Vorhänge≈)* hengilás, -s, -ar
*(m3, Dat Ez -*las [-lasnum]*)*
3 *(Palast)* höll, hallar, hallir *(w6)*
Schlucht *(tief, steil)* gljúfur
(s2, m. Art. -friд A!); *(m. Bach)* gil *(s2, Dat Mz*
-jum, Gen Mz -ja*)*; *(sehr eng)* geil, -ar, -ir *(w3)*;
(Erdspalte) gjá *(w7)*
Schluck teyg|ur, -s, -ar *(m2)*;
(kleiner) sop|i *(m1)*; *(großer)* gúlsop|i *(m1)*;
(Alkohol) sjúss, -, -ar *(m3)*;
e-n ~ nehmen *(Alk.)* fá *(stV↑)* sér sjúss
schlucken kyng|ja, -i, -di, -t *(v2)*;
renn|a, -i, -di, -t *(v2) e-u* niдur
Schluss **1** *(Ende)* lok *(s2 Mz)*;
end|ir *(m4)*; endalok *(s2 Mz)*;
zum ~ aд lokum **2** *(logischer ~)* ályktun *(w5)*;
e-n ~ ziehen drag|a *(stV↑)* ályktun *af e-u*
Schlüssel lykil|l, -s, lyklar *(A! m5)*
▶ **Das ist der ~ zum Verständnis.**
Þaд er lykilatriдiд til aд geta skiliд máliд.
schmackhaft ljúffeng|ur
schmal **1** *(nicht dick)* mjó|r, -, -tt
2 *(eng)* þröng|ur
schmeck|en[1] *(vi)* bragд|ast *(v1) e-um*;
~ nach etw. ver|a *(stV↑)* bragд af *e-u*
▶ **Es ~t nach Vanille.**
Þaд er vanillubragд af þessu.
schmecken[2] *(vt) (kosten)* bragд|a *(v1)*
á e-u; ab~ smakk|a *(v1)* til
schmeicheln *(jdm. ~)* smjaдr|a *(v1)*
fyrir e-um
schmelzen[1] *(vi) (von selbst)* bráдn|a *(v1)* ▶
Der Schnee schmilzt in der Sonne.
Snjórinn bráдnar í sólinni.
schmelzen[2] *(vt) (etw. ~)* bræд|a, -i,
bræddi, brætt *(v2) e-д*

Schmerz sársauk|i *(m1)*;
(ständiger leichter ~) seyðing|ur, -s *(m2 Ez)*
(stärker u. länger) verk|ur, -jar, -ir *(m2,
Dat Ez -k [-knum])*; ~ haben finn|a *(stV↑)* til;
(seelisch) harm|ur, -s, ar *(m2)*
▶ **Ich habe Schmerzen.** Ég finn til.

Schmetterling fiðrildi *(s2)*

Schminke *(andlits)*farð|i *(m1)*

schminken mál|a *(v1)* sig

Schmuck 1 *(~stück)* skartgrip|ur,
-s, ir *(m2)* **2** *(Zierde)* skraut *(s2)*

schmücken skreyt|a, -i, -ti,
skreytt *(v2)* e-ð með e-u;
prýð|a, -i, prýddi, prýtt *(v2)* e-ð e-u

Schmutz óhreinindi *(s3 Mz)*; skít|ur,
s-, -r *(m2, Dat Ez -t [-tnum])* *(fam.)*

schmutzig óhrein|n, -, -t; skítug|ur, -, -t

Schnabel gogg|ur, -s, -ar *(m2)*

Schnaps brennivín *(s2)*; snafs, -, ar *(m3)*

schnarchen hrjót|a *(stV↑)*

Schnauze *(Katze, Hund)* trýni *(s3)*;
(Schaf, Pferd) snopp|a *(w1)*

Schnecke snigil|l, -s, sniglar *(m5 A!)*

Schnee snjó|r, -s *(m2, Dat Ez snjó/snævi,
Gen Ez auch snjóar)*; nasser ~ slabb *(s2)*

Schnee|fall snjókom|a *(w1)*;
starker ~ stórhríð, -ar, -ir *(w2)*;
~treiben skafrenning|ur, -s, -ar *(m2)*;
*(kafalds)*byl|ur, -jar, -jir *(m2)*

Schneehuhn rjúp|a *(w1)*;
auf ~jagd gehen far|a *(stV↑)* á rjupu

Schneekette snjókeðj|a *(w1)*

Schneemassen fannfergi *(s3)*

Schnee räumen mok|a *(v1)* e-ð

Schneeregen slydd|a *(w1)*;
slydduél *(s2)* *(Dat Mz -jum, Gen Mz -ja)*

Schneeschmelze hlák|a *(w1 Ez)*;
(plötzliche) ásahláka

Schneeverwehung skafl, -s, -ar *(m2)*

schneiden 1 *(zer~)* sker|a *(stV↑)*
e-ð *(sundur)*; ab~ skera e-ð af e-u
2 *(s. ~, verletzen)* sker|a *(stV↑)* sig

Schneider klæðsker|i *(m1)*;
skraddar|i *(m1)*

schneien snjó|a *(v1)*

schnell 1 *(fortbewegen)* hrað|ur,
hröð *(ö!)*, hratt ♦ *(Adv.)* hratt
2 *(handeln)* fljót|ur, -, fljótt; snögg|ur, -, -t
3 *(~ wohin fahren)* skrepp|a *(stV↑)*;
skjót|ast *(stV↑)* ▶ **Mach ~!** Vertu snöggur!

Schnellstraße hraðbraut, -ar, -ir *(w3)*

schneuzen snýt|a, -i, -ti, snýtt *(v2)* sér

Schnitt 1 *(Schneiden, ~wunde)* skurð|ur,
-ar, -ir *(m2)* **2** *(Kleidung)* snið *(s2)* á e-u;
der ~ e-s Kleides sniðið á kjóli
3 *(Gewinn)* gróð|i *(m1)*

Schnittlauch graslauk|ur, -s, -ar *(m2)*

Schnorchel snork|a *(w1)*

Schnuller 1 *(Fläschchen)* tútt|a *(w1)*
2 *(zum Beruhigen)* snuð *(s2)*

Schnupfen kvef *(s2)*

Schnur snær|i *(s3)*

Schnurrbart yfir(varar)skegg
(s2, Dat Mz -jum, Gen Mz -ja)

Schnürsenkel *(skó)*reim, -ar, -ar *(w3)*

Schock 1 *(allerg. u. psych.)* lost *(s2)*;
~ haben ver|a *(stV↑)* í losti
2 *(psychisch)* áfall, -s, áföll *(s2)*;
sjokk *(s2)* *(fam.)* *(auch bildl.)*
▶ **Ich bekam den totalen ~.**
Ég varð fyrir algjöru sjökki.

Schokolade *(Tafel, Kakao)* súkkulað|i *(s3)*

schon 1 *(bereits)* þegar **2** *(doch)* jú
3 *(in jedem Fall)* alveg
▶ **Doch, ich habe ~ Zeit.** Jú ég hef alveg tíma.

schön falleg|ur; fagur, fögur, fagurt;
(Wetter) gott; *(verstärkend)* ansi;
(erfreulich) gaman ▶ **Das ist ganz ~ groß.**
Þetta er ansi stórt. ≈ **zu hören.** Gaman að heyra.

schonen *(in Ruhe lassen)* eir|a, -i,
-ði, -t *(v2)* e-u;
(jdn. ver~) þyrm|a, -i, -di, -t *(v2)* e-um;
væg|ja, -i, -ði, -t *(v2)* e-um;
(s. nach Krankheit ~) hlíf|a, -i, -ði, -t *(v2)* sér

Schönheit feguð, -ar *(w3 Ez)*

Schornstein *(Haus, Schiff)* skorstein|n
(m5); reykháf|ur, -s, -ar *(m2)*

schräg skáhall|ur; sniðhall|ur;
(schief zu etw.) á ská; ~ sein hall|ast *(v1)*

Schrank skáp|ur, -s, -ar *(m2)*

Schranke *(z.B. zu Parkplatz)* bóm|a *(w1)*

Schraube skrúf|a *(w1, Gen Mz -fna)*;
Schiffs≈ skipsskrúfa

schrauben skrúf|a *(v1)*

Schraubenschlüssel *(skrúf)*lykil|l,
-s, -lyklar *(A! m5)*

Schraubenzieher skrúfjárn *(s2)*;
Kreuz≈ krossskrúfjárn; **Schlitz**≈ einfalt skrúfjárn

Schrecken hrekk|ur, -s, -ir
(m2, Dat Ez -kk [-knum]); skelfing *(w2)*

schrecklich hræðileg|ur;
skelfileg|ur; hörmuleg|ur;

(seel. angreifend) átakanleg|ur;
(unerwartet) voveifleg|ur

Schrei óp *(s2)*

schreiben skrif|a *(v1)*

Schreibtisch skrifborð *(s2)*

Schreibwaren skrifvör|ur
(Ö! w1 Mz von -vara)

schreien æp|a, -i, -ti, -t *(v2)*; öskr|a *(v1)*

Schrift **1** *(Buchstaben)* skrift, -ar, -ir *(w3)*;
(Hand≈) rithönd, -handar, -hendur *(w4)*
2 *(~typ)* letur *(s2, m. Art. letrið A!)*
3 *(Aufsatz, Text)* rit *(s2)*; ritning *(w2)*;
Die Heilige ~ heilög ritning;
~zeichen staf|ur, -s, -ir *(m2)*

schriftlich skrifleg|ur

Schriftsteller rithöfund|ur, -ar, -ar *(m2)*

Schritt **1** *(Gehen, Methode)* skref *(s2)*
2 *(Kleidung)* klof *(s2)*; klyft|ir *(w3 Mz)*

Schrott *(Altmetall)* brotajárn *(s2)*

Schublade skúff|a *(w1)*

schüchtern feim|inn; uppburðarlaus

Schuh skó|r, -s, -r
(m2, Dat Ez skóm [skónum]);
in die ~ schieben gef|a *(stV↑) e-um* sök á *e-u*;
~bänder skóreim|ar *(w3 Mz)*;
~creme skóáburð|ur, -ar, -ir *(m2)*;
~löffel skóhorn *(s2)*

schuld *(~ sein an etw.)* eig|a *(stV↑)* sök á *e-u*

Schuld **1** *(Verantwortung)* sekt, -ar, -ir *(w3)*
(auch: Geldstrafe); sök, sakar, sakir *(Ö! w6)*;
~gefühl sektartilfinning *(w2)*;
~ eingestehen ját|a *(v1)* sekt sína
2 *(Schulden)* skuld, -ar, -ir *(w3)*;
~ bezahlen greið|a, -i, greiddi, greitt *(v2)*
skuld; **~ einfordern** innheimt|a *(v1)* skuld

schulden skuld|a *(v1) e-um e-ð*
▶ **Ich schulde dir 5000 ISK.**
Ég skulda þér fimmþúsund krónur.

schuldig **1** *(jur.)* sek|ur; s. **~ bekennen** ját|a
(v1) sig sekan *(m)* / seka *(w)*;
jdn ~ sprechen dæm|a, -i, -di, -t *(v2)*
e-n sekan / seka
2 *(Ge'd)* **~ sein** skuld|a *(v1) e-um e-ð*

Schule skól|i *(m1)*

Schüler nemand|i, -a, nemendur *(m1)*

Schuljahr skólaár *(s2)*

Schulter öxl, axlar, axlir *(w6)*;
(Rückseite) herð|ar *(w3 Mz)*;
~ zucken yppt|a, -i, -i, yppt *(v2)* öxlum

Schuppe **1** *(Fisch)* hreistur
(s2, m. Art. -trið A!)

2 *(Haare, Haut≈)* flas|a *(Ö! w1)*;
~nflechte sór|i *(m1)*

Schürze svunt|a *(w1)*

Schuss skot *(s2)*

Schüssel skál, -ar, -ar *(w3)*

Schuster skósmið|ur, -s, -ir
(m2, Dat Ez -smið [-smiðnum])

schütteln hrist|a, -i, -i, hrist *(v2) e-ð*;
den Kopf ~ hrista höfuðið

schütten **1** *(gießen)* hell|a, -i, -ti, -t *(v2) e-u*
2 *(regnen)* hellirign|a, -ir, -di, -t *(v2)*

Schutz *(s. selbst)* vörn, varnar, varnir
(Ö! w6); **Selbst≈** sjálfsvörn;
(etw. das schützt) verj|a *(w1)*;
(andere) vernd, -ar *(w3 Ez)*;
Kinder≈ barnavernd;
Katastrophen≈ Almannavarnir ríkisins

schützen **1** *(s. selbst od. andere)* ver|ja, ver,
varði, varið *(v5) e-n gegn e-u*
2 *(jdn. be~, verteidigen)* vernd|a *(v1)*
e-n fyrir e-u (Bedrohung) / gegn e-u (Krankheit)
3 *(f. geschützt erklären)* frið|a *(v1)*

Schutzhelm (öryggis)hjálm|ur,
-s, -ar *(m2)*

schwach **1** *(Körperkraft)* veik|ur;
máttlaus; *(erschöpft)* örmagna *(unv.)*
2 *(Leistung, Strom, Stimme, Wind u.v.m.)*
lítil|l, -, lítið; kraftlaus; lág|ur; létt|ur, -, -
3 *(langweilig)* tilþrifalítil|l, -, -lítið
4 *(nicht widerstandsfähig g. Druck, Schlag,
Versuchung)* breysk|ur

Schwäche veikleik|i *(m1)*;
(zerbrechlich, Versuchung) breyskleik|i *(m1)*

Schwager mág|ur, -s, -ar *(m2)*

Schwägerin mágkon|a
(w1, Gen Mz -kvenna)

Schwamm **1** *(Bade≈)* svamp|ur, -s, -ar *(m2)*
2 *(Schimmelbefall)* myglusvepp|ur, -s, -ir
(m2, Dat Ez -svepp [-sveppnum])

Schwan svan|ur, -s, -ir *(m2)*

schwanger ófrísk *(w)*; ólétt *(w)*;
im 2. Monat ~ komin tvo mánuði á leið

Schwanz **1** *(Katze)* róf|a *(w1, Gen Mz rófa)*
2 *(Hund, Maus, Fuchs)* skott *(s2)*
3 *(Pferd)* tagl, -s, tögl *(Ö! s2)*
4 *(Rind, Ratte)* hal|i *(m1)*
5 *(Schaf, Seehund)* dyndil|l, -s,
dyndlar *(A! m5)*
6 *(Fisch, Drache)* sporð|ur, -s, -ar *(m2)*
7 *(Wal)* stirtl|a *(s. auch Finne) (w1)*
8 *(Vogel)* stél *(s2)*

schwarz svart|ur, svört *(Ö!)*, svart;
≈**er Tod** *(isl. Schnaps)* Svartidauð|i *(m1)*
schwarzfahren svindl|a *(v1)* sér í strætó
Schwefel brennistein|n, -s *(m5 Ez)*
schweigen þegja, -i, þagði, þagað *(v5)*;
zum ≈ bringen þagg|a *(v1)* niður í e-um
▶ **Schweig!** Þegiðu!
Schwein svín *(s2)*
Schweinefleisch svínakjöt *(s2)*
Schweiß svít|a *(w1)*
Schweiz Sviss *(s2)*
Schweizer(in) Svisslending|ur *(m2, ♀ u. ♂)*
schweizerisch svissnesk|ur
Schwellung bólg|a *(w1)*
schwer **1** *(Gewicht)* þung|ur
2 *(~ befahrbar)* þungfær, -, -t
3 *(schwierig)* erfið|ur, -, erfitt;
torveld|ur, -, torvelt;
schwerfallen eig|a *(stV↑)*
bágt / erfitt með e-ð
Schwert sverð *(s2)*
Schwester systir *(w unreg)*
Schwieger- tengda-;
~**mutter** tengdamamm|a *(Ö! w1)*;
~**vater** tengdapabb|i *(m1)*;
~**sohn** tengdason|ur *(↑ sonur)*;
~**tochter** tengdadótt|ir *(↑ dóttir)*
schwierig **1** *(Aufgabe)* erfið|ur, -, erfitt
2 *(Charakter)* stríð|ur, stríð, strítt
3 *(~ auszuführen)* torveld|ur, -, torvelt;
tor-; *(wenn es lange dauert)* sein-;
~ **zu bewerkstelligen** seinunn|inn
4 *(Piste)* torfær, -, -t; *(nicht ganz schlimm,
aber langwierig)* seinfar|inn;
~**e Strecke** torfær|a *(w1)*; torleiði *(s3)*
Schwierigkeit **1** *(nicht einfach zu lösen)*
erfiðleik|i *(m1)*; *(Problem)* vandamál *(s2)*
2 *(widrige Umstände, oft finanziell)*
örðugleik|ar *(m2 Mz)*
3 *(verfahrene Situation)* klúður
(s2, m. Art. -öríð); vandræði *(s3)*; klíp|a *(w1)*
▶ **Er kam in ziemliche ~en.**
Það fór allt í klúður hjá honum.
Schwimmbad *(nur Freibad)* sundlaug,
-ar, -ar *(w3)*; *(mit Innenanteil)* sundhöll,
-hallar, -hallir *(Ö! w6)*
Schwimmbecken *(sund)laug, -ar,
-ar *(w3)*
schwimmen synd|a, -i, synti, synt *(v2)*;
~ **gehen** far|a *(stV↑)* í sund
Schwimmen *(Betätigung / Sport)* sund *(s2)*

Schwimmer **1** *(Sport≈)* sundkapp|i *(m2)*
2 *(Angel, Netz)* flotholt *(s2)*
Schwimmflosse *(Tiere)* sundfit, -jar,
-jar *(w3)*
Schwimmflügel sundkút|ur, -s, -ar *(m2)*
Schwimmweste björgunarvest|i *(s3)*
schwindeln *(lügen)* skrökv|a *(v1)* e-u;
(jdn. an≈) skrökva að e-um
schwindlig **1** *(Kreislauf etc.)* e-um
svim|ar *(v1)* **2** *(Höhenangst)* ver|a *(stV↑)*
lofthrædd|ur, -, -hrætt
schwitzen svitn|a *(v1)*
schwul samkynhneigð|ur *(form.)*;
hinseginn *(fam.)*; hýr, -, -t *(sl.)*
schwül molluleg|ur
See¹ *(Binnensee)* vatn, -s, vötn *(Ö! s2)*
See² *(Meer)* haf, -s, höf *(Ö! s2)*; sæ|r,
sjávar *(m2 Ez, Akk sæ, Dat sævi)*;
~**gang** sjógang|ur, -s *(m2 Ez)*;
~**hund** sel|ur, s-, ir *(m2)*;
~**hundjunges** kóp|ur, -s, -ar *(m2)*;
≈**krank** sjóveik|ur;
~**meile** sjómíl|a *(w1, Gen Mz -lna)*;
~**not** sjávarhásk|i *(m1)*;
~**sturm** *(vom Meer)* særok *(s2)*
Seele sál, -ar, -ir *(w3) (Gen Mz -lna)*
Seemann sjómaður *(↑ maður)*
Segel segl *(s2)*; ~ **hieven** híf|a *(v1)* seglin
sehen **1** *(allg.)* sjá *(stV↑)*
2 *(zu ~ sein, offen vor jdm. daliegen,
z.B. Landschaft, Berge o. Tatsachen)*
blas|a, -ir, -ti, blasið *(v2)* við e-um
3 *(schauen auf jdn./etw.)* lít|a á e-n/e-ð *(stV↑)*
4 *(jdn. treffen)* hitt|a, -i, -i, hitt *(v2)* e-n
▶ **Wir werden ~ .** Sjáum til.
Sehenswürdigkeit athyglisverð|ur
stað|ur, -ar, -ir *(m2, Dat Ez stað [staðnum])*;
merkisstað|ur, -ar, -ir
(m2, Dat Ez -stað [-staðnum])
sehr mjög; mikið; afar; rosalega *(fam.)*;
voða *(fam.)*
Seide silki *(s3)*
Seife sáp|a *(w1)*
Seil reipi *(s3)*
sein *(Hilfsverb)* ver|a *(stV↑)*
Seis|mik jarðskjálftafræð|i, -i *(w8 Ez)*;
~**mologe** jarðskjálftafræðing|ur, -s, -ar
(m2, Dat Ez -ingi [-ingnum]);
~**mogramm** jarðskjálftarit *(s2)*
seit síðan; ~ **gestern** síðan í fyrradag;
~**her**, ~**dem** síðan (þá) ▶**Ich bin seither**

jedes Jahr nach Island gekommen.
Ég hef komið árlega til Íslands síðan.
Seite *1 (Flanke von / an etw.)* hlið, -ar,
-ar *(w3)* á e-u; zu beiden ~ á báðar hliðar;
báðum megin;
auf der linken/rechten ~ von jdm./etw.
vinstra / hægra megin við e-n/e-ð;
zur ~ legen legg|ja *(↑ legg|ja)* e-ð til hliðar;
jdm. zur ~ stehen stand|a *(stVt)* á hlið e-um;
Vorder~ framhlið; Rück~ bakhlið
2 *(Buch~)* blaðsíð|a *(w1) (Abk.: bls.)*
▶ **Es steht auf S. 53.**
Það stendur á blaðsíðu fimmtíu og þrjú.
seitlich til hliðar; hliðar-
Sekretär(in) ritar|i *(m1) (für und)*
Sekt kampavín *(s2)*
Sekunde sekúnd|a *(w1, Gen Mz -dna)*;
~nbruchteil sekúndubrot *(s2)*
selbst sjálf|ur *(m)* / sjálf *(w)* / sjálft *(s)*;
von ~ af sjálfu sér; sjálfkrafa
▶ **Das versteht sich von ~.** Þetta segir sig sjálft.
Selbstbedienung sjálfsafgreiðsl|a *(w1)*
Selbstbeteiligung sjálfsábyrgð,
-ar, -ir *(w3)*
selbstgebrannter land|i *(m1)*
selbstgebrautes Bier gambr|i *(m1)*
Selbstmord sjálfsmorð *(s2)*
selbstständig sjálfstæð|ur, -,
sjálfstætt
selbstverständlich sjálfsagð|ur,
sjálfsögð, sjálfsagt ▶ ~! Sjálfsagt!
Sellerie seljurót, -ar, seljurætur *(w4)*
selten *(Adj.)* sjáldgæf|ur; sjaldséð|ur
♦ *(Adv.)* sjaldan
seltsam furðuleg|ur; undarleg|ur
Semester *(halbes Jahr)* misseri *(s3)*;
Frühjahrs~ vormisseri; Herbst~ haustmisseri
Seminar námskeið *(s2)*
senden **1** *(schicken)* send|a, -i, -i, sent
(v2) e-ð **2** *(Fernsehen)* sjónvarp|a *(v1)* e-u
3 *(Rundfunk)* útvarp|a *(v1)* e-u.
Sendung **1** *(Paket)* pakk|i *(m1)*;
(Auslieferung) sending *(w2)*
2 *(Rundfunk)* útsending *(w2)*
3 *(Fernsehen)* (sjónvarps)þátt|ur, -ar,
-þættir *(m2, Dat Ez -þætti, Dat Mz -þáttum)*
Senf sinnep *(s2)*
senken lækk|a *(v1)* e-u
September september *(m unv) (↑ August)*
Serie **1** *(Abfolge, auch geol.)* syrp|a *(w1)*;
röð, raðar, raðir *(Ö! w6)*

2 *(Fernseh≈, Buch≈)* þáttaröð, -raðar,
-raðir *(Ö! w6)*; serí|a *(w1)*
Service **1** *(Dienstleistung)* þjónust|a *(w1)*
2 *(Kaffee≈)* bollastell *(s2)*;
(Essgeschirr≈) matarstell *(s2)*
servieren **1** *(privat)* þjón|a *(v1)* e-um
til borðs **2** *(Restaurant)* ber|a *(stVt)* fram
Serviette munnþurrk|a *(w1)*;
servíett|a *(w1)*
Sessel hægindastól|l, -s, -ar *(m5)*
setzen **1** *(positionieren, festlegen)*
set|ja, set, -ti, sett *(v4)*
2 *(s. hin~)* set|jast, sest, settist, sest *(v4)*
▶ **Setz dich.** Fáðu þér sæti. / Tylltu þér. *(fam.)*
Sex kynlíf *(s2)*; ~ haben stund|a *(v1)* kynlíf
Shampoo hársáp|a *(w1)*;
sjampó *(s2) (fam.)*
sicher **1** *(gefahrlos)* örugg|ur; óhult|ur,- ,-
2 *(zuverlässig)* áreiðanleg|ur; traust|ur
3 *(selbstsicher)* sjálfsörugg|ur
4 *(gewiss)* vissuleg|ur; s. ~ sein ver|a *(stVt)*
viss *um* e-ð ♦ *(Adv.)* örugglega; vissulega;
áreiðanlega; absolut ~ *(vertrauenswürdig)*
(alveg) pottþétt; *(gewiss)* víst
▶ **Bist du ~?** Ertu viss? **Aber sicher!** Jú víst!
Sicherheit öryggi *(s3)*;
s. in ~ befinden ver|a *(stVt)* hólp|inn
Sicherheitsgurt *(Auto)* öryggisbelti *(s3)*;
(Flugzeug) sætisól, -ar, -ar *(w3)*
▶ **Bitte ~ anlegen!** Spennið beltin!
Sicherheitsnadel öryggisnæl|a *(w1)*
sichern *(etw. ~ vor)* trygg|ja, -i, -ði, -t
(v2) e-ð fyrir e-u
Sicherung *(elektr.)* öryggi *(s3)*;
vartapp|i *(m1)*
▶ **Die ~ ist durchgebrannt.** Öryggið er farið.
Sicht **1** *(klare Sicht)* skyggni *(s3)*;
gute ~ gott skyggni
2 *(~ der Dinge)* skoðun *(w5)*
sichtbar sýnileg|ur; sjáanleg|ur
Siedlungsgebiet *(außerh. Stadt)*
byggðarlag, -s, -lög *(Ö! s2)*;
sveitabyggð, -ar, -ir *(w3)*;
(verstreute Einzelgehöfte) dreifbýli *(s3)*
Sieg *(~ über jdn.)* sigur, -s, sigrar
(m3 A!) yfir e-um
siegen sigr|a *(v1)*;
haushoch ~ burst|a *(v1)* e-um;
stand|a *(stVt)* með pálmann
í höndunum
Sieger sigurvegar|i *(m1)*;

Signal merki *(s3)*;
~ **geben** gef|a *(stV↑)* merki
Silbe atkvæði *(s3)*
Silber silfur *(s2 Ez, m. Art. -frið A!)*;
aus ~ úr silfri
singen syng|ja *(stV↑)*
sinken *(Schiff)* sökkv|a *(stV↑)* í e-ð
Sinn 1 *(Bedeutung)* merking *(w2)*; **im wahr-sten ~e des Wortes** í orðsins fyllstu merkingu;
in übertragenem ~ í yfirfærðri merkingu
2 *(Zweck)* tilgang|ur, -s, -ar *(m2)* með e-u;
markmið *(s2)* **3** *(Vernunft)* vit *(s2 Mz)*
4 *(die 5 ~e)* skilningarvit *(s2 Mz)*;
(einzelner davon) skyn;
Gehörs≈ heyrnarskyn; heyrn, -ar, -ir *(w3)*;
Gesichts≈ sjón, -ar, -ir *(w3)*
5 *(~ ergeben)* ver|a *(stV↑)* vit í e-u;
keinen ~ ergeben þýð|a, -i, þýddi,
þýtt ekkert
sinnlich munúðarfull|ur;
lostagjarn, -gjörn *(Ö!)*, -gjarnt
sinnlos 1 *(zwecklos)* tilgangslaus
2 *(unvernünftig)* vitlaus
sinnvoll 1 *(zweckmäßig)* hagnýt|ur
2 *(mit Bedeutung)* skynsamleg|ur
3 *(nicht sinnentleert)* nytsamleg|ur;
gagnleg|ur
Sitte sið|ur, -ar, -ir *(m3)*
Situation *(individuelle Lage)* stað|a
(Ö! w1); *(Umstände)* hag|ur, -s, -ir
(m2, Dat Ez hag [hagnum]);
kringumstæð|ur *(w1 Mz, Gen Mz -ðna)*
Sitz sæti *(s3)*
sitzen 1 *(allg.)* sit|ja *(stV↑)* í / á e-u;
auf Stuhl ~ sitja í stól; **auf Pferd ~** sitja á hesti
2 *(passen)* pass|a *(v1)*
3 *(fest/locker ~, z.B. Schraube)* ver|a *(stV↑)*
fast|ur, föst *(Ö!)*, fast / laus; **fest~**
(wg. Wetter) ver|a *(stV↑)* veðurteppt|ur;
(in Sand oder Schlamm fest~) fest|ast,
-ist, -ist, -ast *(v2)*
4 *(jdn. ~ lassen)* svík|ja *(stV↑)* e-n;
(etw. nicht auf s. ~ lassen) svar|a *(v1)* fyrir sig
▶ **Bleib ~!** Sittu kyrr!
Sitzplatz sæti *(s3)*
Sixpack *(Bier)* (bjór)kipp|a *(s3)*
Skandinavist norrænufræðing|ur,
-s, -ar *(m2, Dat Ez -ingi [-ingnum])*;
~**ik** norræn fræði *(s3 Mz)*
Ski skíði *(s3)*
Skifahrer skíðamaður *(↑ maður)*

Skilift skíðalyft|a *(w1)*
Skistock skíðastaf|ur, -s, -ir
(m2, Dat Ez -staf [-stafnum])
Skizze *(gezeichnet)* skiss|a *(w1)*; riss *(s2)*;
(auch Text o.ä.) drög *(Ö! s2 Mz)* til e-s
Skulptur höggmynd, -ar, -ir *(w3)*
Skyr *(isländ. Milchprodukt)* skyr *(s2)*
Smartphone farsím|i *(m1)*
so svona *(unv.)*; svoleiðis *(unv.)*;
~ **was** þvílík|ur, -, -t; ~ **dass** þannig að; ▶
So etwas! *(Verwunderung)* Það er naumast!
(wenn unangenehm) Mikil ósköp!
sobald *(Konj.)* um leið og
Socke sokk|ur, -s, -ar
(m2, Dat Ez -kk(i) [-kknum]);
zusammengehörige ~n samstæðir sokkar
Sofa sóf|i *(m2)*
sofort strax
sogar jafnvel
Sohle 1 *(Fuß≈)* il, -jar, -jar *(w3)*
2 *(Schuh≈)* sól|i, -ar, -ir *(m1)*
Sohn son|ur, -ar, synir *(m2, Dat Ez /
Akk Mz syni, Dat Mz sonum, Gen Mz sona)*;
Sohn von ... *(Patronym)* -son
(wie sonur, nur Nom Ez ohne -ur);
Mutter und ~ mæðgin *(↑ Mutter)*;
Vater und ~ feðgar *(↑ Vater)*
▶ **Ich sage es Jón Guðmundsson.**
Ég segi það Jóni Guðmundssyni *(Dat)*.
Jón und Sigurður, die Söhne von Guðmundur.
Jón og Sigurður Guðmundssynir.
solange *(Konj.)* svo lengi sem;
(Adv.) *(während)* á meðan
solcher slík|ur, -, -t; þvílík|ur, -, -t
Soldat hermaður *(↑ maður)*
sollen ver|a *(stV↑)* beð|inn um að gera
e-ð; eig|a *(stV↑)* að ▶ **Du sollst dort anrufen.**
Þú ert beðinn um að hringja þangað.
Sommer sumar, -s, sumur *(s2)*;
erster ~tag sumardagurinn fyrsti
(am Do nach dem 17. bzw. 18.4., s. rímspillisár);
im nächsten ~ næsta sumar
▶ **Fröhlichen ~!** *(Gruß zum Sommerbeginn)*
Gleðilegt sumar!
Sommerhaus sumarbústað|ur, -ar,
-ir *(m2, Dat Ez -stað [-staðnum])*
Sommerreifen sumardekk
(s2, Dat Mz -jum, Gen Mz -ja)
Sommersonnenwende
sumarsólstöð|ur *(Ö! w1 Mz)*
Sonderangebot sértilboð *(s2)*

sondern heldur

Sonne sól, -ar, -ir
~w3, Akk Ez auch sólu, Gen Mz -lna);

~nschein sólskin (s2);

~ntag sólskinsdag|ur, -s, -ar
(m2, Dat Ez -degi)

Sonnenbrand sólbrun|i (m1);
~ bekommen sólbrenn|a (↑ brenna)
(auch: braun werden in der Sonne)

Sonnencreme sólkrem (s2)

Sonnenstich sólsting|ur, -s, -ir
(m2, Dat Ez -ng [-ngnum])

sonnig (Wetter) blíð|ur, -, blítt;
(oft Sonnenschein) sólrík|ur

Sonntag sunnudag|ur, -s, -ar
(m2, Dat Ez -degi) (s.Dienstag)

sonst annars

Sorge áhyggj|ur (w1 Mz);
(Grund zur ~) áhyggjuefni (s3) ▶ Du
brauchst dir keine ~n deswegen zu machen.
Þú þarft ekki að hafa neinar áhyggjur af því.

sorgen 1 (für jdn. /etw.) hirð|a, -i, hirti,
h rt (v2) e-ð; ann|ast (v1) um e-ð
2 (s. Sorgen machen) haf|a (stV↑)
áhyggjur vegna e-s od. af e-u

Sorgfalt vandvirkn|i, -i (w8)

sorgfältig (Arbeit) vandleg|ur;
(Mensch) vandvirk|ur ♦ (Adv.) vandlega

Sorte tegund, -ar, -ir (w3);
sort, -ar, -ir (w3)

Sortiment (vöru)úrval (s2 Ez)

Soße (eher dünn) sós|a (w1);
(dicke ~ aus Milch und Mehl) jafning|ur, -s
(m2 Ez); uppstú(f) (s2) (meist zu hangikjöt)

Souvenir minjagrip|ur, -s, ir (m2)

soviel (in dieser Menge) það mikið

soweit (Konj.) eftir því sem
▶ Soweit mir bekannt ist ...
Eftir því sem ég veit ...
Wann ist es ~? (Geburt) Hvenær áttu að eiga?

sowie sem og

sowieso hvort eð er

sowohl ... als auch ... bæði ... og;
(bei 2 ungleichen Dingen; s. báðir - beide)
hvor (Ez m, s) / hvort tveggja (Ez s),
hvorir (Mz m) / hvorar (Mz w) /
hvor (Mz s) tveggja
▶ ~ Dänen ~ Schweden Hvorir tveggju
Danir og Svíar; Möchtest du Kaffee oder Tee?
Ich möchte ~. Hvort viltu kaffi eða te?
Ég vil hvort tveggja.

---

sozial (sam)félagsleg|ur; félags-;
(politisch) jafnaðar-;
≈**demokratie** jafnaðarstefn|a (w1)

sozialistisch (eher Mitte) sósíalísk|ur;
jafnaðar-; (eher links) alþýðu-;
~e Republik alþýðulýðveldi (s3)

Spalte 1 (Öffnung allg.) rif|a (w1); rauf,
-ar, -ar (w3); gluf|a (w1)
2 (geol., meist nichtvulkan.) gjá (w7);
(mst. vulkanisch) sprung|a (w1);
Gletscher~ jökulsprung|a

Spaltenausbruch sprungugos (s2)

spalten (etw. ~) kljúf|a (stV↑);
(s. ~) klofn|a (v1) (auch: zerfallen, z.B. Uran)

spannen 1 (etw. an~, etw. um~ mit etw.)
spenn|a, -i, -ti, -t (v2); Gurt ~ spenna belti;
Bogen ~ spenna boga 2 (auf~, Zugspannung)
streng|ja, -i, -di, -t (v2)
3 (Kleidung) ver|a (stV↑) þröng|ur, -, -t

Spannung (Strom, Krimi) spenn|a (w1)

sparen spar|a (v1)

Spargel spergil|l, -s, sperglar (A! m5)

Sparkasse sparikass|i (m1)

sparsam 1 (Auto, Leben) sparneyt|inn;
sparsam|ur, -söm (Öl), -samt
2 (geizig) nísk|ur

Spaß gaman (s2 Ez) (Dat gamni);
ver|a (stV↑) skemmtileg|ur;
s. e-n ~ aus etw. machen ger|a, -i, -ði,
-t (v2) e-ð sér til gamans;
haf|a (stV↑) gaman af e-u;
nur e-n ~ machen ver|a (stV↑) að grínast
▶ Das war doch nur ~! Ég var bara að grínast!
Das macht ~. Það er gaman.
Viel ~! Góða skemmtun!

spät (Adj.) sein|n, -, -t ♦ (Adv.) seint

spätestens í síðasta lagi

Spatz tittling|ur, -s, -ar (m2)

spazieren fá (stV↑) sér göngutúr

Spaziergang göngutúr, -s, -ar (m3)

Speck spik (s2); Robben≈ selspik

Speichel munnvatn (s2 Ez)

Speicher 1 (Lagerraum) (háa)loft (s2)
2 (Lagerraum) geymsl|a (w1)
3 (Daten≈) minni (s3)

Speise mat|ur, -ar, -ar
(m2, Dat Ez mat [matnum])

Speisekarte matseðil|l, -s,
-seðlar (A! m5)

Speisesaal matsal|ur, -s, -ir
(m2, Dat Ez -l [-lnum]); mötuneyti (s3)

Spende styrk|ur, -s, -ir
(s2, Dat Ez -k [-knum])
sperren **1** *(Weg, Webseite)* lok|a *(v1)*
2 *(verbieten)* bann|a *(v1)*
▶ **Weg gesperrt.** Lokaður vegur. / Lokað.
Spezialität sérmat|ur, -ar, -ar
(m2, Dat Ez -mat [-matnum])
speziell **1** *(für sich, abgesondert)*
sérstak|ur, -stök *(Öl)*, -stakt
2 *(anders als andere)* sérstæð|ur, -, -stætt
♦ *(Adv.)* sérstaklega; sér-
Spiegel spegil|l, -s, speglar *(A! m5)*
Spiel **1** *(allg., Match)* leik|ur, -s, -ir *(m2, Dat Ez -k [-knum])* **2** *(Karten)* spil *(s2)*
spielen **1** *(Kinder)* leik|a *(stV↑)* sér
2 *(Karten, Glücksspiel)* spil|a *(v1)* á spil
3 *(Musik)* spil|a *(v1)* á e-u
4 *(Fußball)* leik|a *(stV↑)* fótbolta
Spielplatz *(Kinder)* leikvöll|ur,
-vallar, -vellir *(m6)*
Spielzeug leikfang, -s, -föng *(Öl s2)*; dót *(s2)*; **~kiste** dótaskúff|a *(w1)*
Spikesreifen nagladekk
(s2, Dat Mz -jum, Gen Mz -ja)
Spinat spínat, -s *(s2 Ez)*
Spinne köngulö, köngulóar,
köngulær *(w7)*
Spirale **1** *(geom. Form)* spíral|l, -s, -ar *(m5)*
2 *(Metallfeder u. dgl.)* gorm|ur, -s, -ar *(m2)*
3 *(Verhütung)* lykkj|a *(w1)*
spitz **1** *(mit Spitze)* oddskarp|ur,
-skörp *(Öl)*, -skarpt **2** *(scharfkantig; Winkel)*
hvass, hvöss *(Öl)*, hvasst;
~er Winkel hvasst horn; **~e Lava** hvasst hraun
3 *(Wort, Bemerkung)* hvassyrt|ur, -, -
Spitze **1** *(allg.)* odd|ur, -s, -ar *(m2)*;
(aus Metall) brodd|ur, -s, -ar *(m2)*
2 *(Land≈)* odd|i *(m1)*; tang|i *(m1)*
3 *(Berg≈)* hnjúk|ur, -s, -ar
(m2, Dat Ez -ki [-knum]); tind|ur, -s, -ar *(m2)*
Splitter flís, -ar, -ar *(w3)*
Sport íþrótt, -ar, -ir *(w3)*
sportlich **1** *(trainiert)* vask|ur,
vösk *(Öl)*, vaskt; stælt|ur, -, -
2 *(Termin)* tæp|ur, -, -t; drjúg|ur, -,
-t; ögrandi *(unv.)*
Sportplatz íþróttavöll|ur, -vallar,
-vellir *(m6)*
spotten *(~ über jdn./etw.)* hæð|a, -i,
hæddi, hætt *(v2) e-n/e-ð*; spott|a *(v1) e-n*;
ger|a, -i, -ði, -t *(v2)* gys að e-um

Sprach|e (tungu)mál *(s2)*; tung|a
(w1, Gen Mz -ngna);
die isländische ~ íslensk|an *(w1 m. Art)*;
íslensk tunga; **die ~ verschlagen**
verð|a *(stV↑)* kjaftstopp;
~gefühl máltilfinning *(w2)*;
~gebrauch málnotkun *(w5)*;
málvenj|a *(w1)*; **~lehre** málfræð|i, -i *(w8)*
Spray úð|i *(m1)*; sprei *(s2) (sl.)*
sprechen *(mit jdm.)* tal|a *(v1) við e-n*;
(über etw.) tal|a *(v1) um e-ð*; gut ~
(s. gut ausdrücken, z.B. in Fremdsprache)
haf|a *(stV↑)* góðan talanda
Sprechstunde viðtalstím|i *(m1)*
springen stökk|va *(stV↑)*; hopp|a *(v1)*
Spritze *(Injektion; Feuerwehr)* spraut|a *(w1)*
spritzen **1** *(sprudeln)* vell|a *(stV↑)*
2 *(Injektion, etw. ver~)* spraut|a *(v1) e-u*
sprühen úð|a *(v1) e-u*;
(Funken) sindr|a *(v1)*; gneista *(v1)*
Sprung **1** *(Hüpfer)* stökk|ur, -s, -ir *(m2)*
2 *(z.B. in Porzellan)* sprung|a *(w1)*;
auf e-n ~ vorbeikommen kík|ja, -i,
-ti, -t *(v2)* inn
spucken spú|a, -i, -ði, -að *(v2)*;
(erbrechen) gubb|a *(v1)*; kast|a *(v1)* upp
spülen **1** *(allg., ab~, aus~)* skol|a *(v1)*;
s. Staub ab~ skola af sér rykið
2 *(Geschirr)* þvo, þvær, þvoði, þvegið *(v2)* upp
3 *(Toilette)* sturt|a *(v1)* niður
Spülmaschine uppþvottavél,
-ar, -ar *(w3)*
Spur **1** *(einzelner Abdruck)* far, -s,
för *(Öl s2)*; spor *(s2)*
2 *(zusammenhängend)* slóð, -ar, -ir *(w3)*
3 *(Rückstände von Ereignis)* (um)merki *(s3)*
4 *(Fahr≈)* akrein, -ar, -ar *(w3)*
5 *(sehr wenig)* snefil|l, -s *(m5 Ez)*
▶ **Keine ~!** Ekki í því minnsta.
spüren finn|a *(stV↑)* e-ð / fyrir e-u;
(Sinnesorgan) skynj|a *(v1)*
▶ **Hast du das Erdbeben heute Nacht gespürt?**
Fannstu skjálftann í nótt?
Staat ríki *(s3)*; *(von innen gesehen)*
hið opinbera; **Vereinigte ~en** Bandaríkin
(s2 Mz m. Art.)
staatlich *(öffentlich)* opinber, -, -t; ríkis-;
þjóðar-
Staatsangehörigkeit þjóðerni *(s3)*
Staatsanwalt ríkissaksóknar|i *(m1)*
Stab prik *(s2)*

Stachel 1 *(Insekt)* gadd|ur, -s, -ar *(m2)*
2 *(Pflanze)* þyrn|ir *(m4)*;
~draht gaddavír, -s, -ar *(m3)*
Stadt *(kleinere)* kaupstað|ur, -ar, -ir
(m2, Dat Ez -stað [-staðnum]*);*
(größer) borg, -ar, -ir *(w3)*; **Groß**≈ stórborg
Stadtplan kort *(s2)* (af bænum)
Stadtteil bæjarhlut|i *(m1)*; (borgar)hver-
f *(s3)*
Stahl stál *(s2)*
Stall *(Schaf*≈) fjárhús *(s2)*;
(Pferde≈) hesthús *(s2)*; *(Kuh*≈) fjós *(s2)*;
(Hühner≈) hænsnakof|i *(m1)*
Stamm 1 *(der Hauptteil von etw., Wort*≈)
s~ofn, -s, -ar *(m2)*
2 *(Baum)* trjábol|ur, -s, -ir *(m2)*;
tréstofn, -s, -ar *(m2)*
3 *(Familie)* ætt, -ar, -ir *(w3)*
stammen *(herrühren von etw.)* staf|a *(v1)*
af e-u **2** *(Familie)* ver|a *(stV↑)* ættað|ur
Stand 1 *(Lage)* stað|a *(Ö! w1)*
2 *Verkaufs*≈) bás, -s, -ar *(m3)*
ständig stöðug|ur ♦ *(Adv.)* stöðugt; sí-
Stange *(eher dünner)* tein|n, -s, -ar *(m5)*;
(dic≈er) stöng, stangar, stangir *(Ö! w6)*
stark 1 *(allg.)* sterk|ur
2 *(vertrauenserweckend)* rammgerð|ur, -, -gert
3 *(k~aftvoll)* öflug|ur **4** *(dick)* sver, -, -t
5 *(bedeutsam)* stór-, mikil|l, mikil,
mi<ið; há|r, há, hátt;
~er Regen mikil od. grenjandi rigning
Stärke 1 *(Kraft, Tragfähigkeit)*
sty~kleik|i *(m1)*;
(sportl. Kraft, Ausdauer) þrótt|ur, -ar *(m2)*
2 *(~ e-s Medikaments, e-r Säure etc.)* styrkur,
-s, - r *(m2)*; **Medikamenten~** lyfjastyrkur
3 *(Dicke)* þykkt, -ar, -ir *(w3)*
4 *(Wäsche*≈) sterkj|a *(w1)*
Start 1 *(Flugzeug)* flugtak, -s, -tök *(Ö! s2)*
2 *(Beginn)* start, -s, stört *(Ö! s2) (fam.)*
starten start|a *(v1)* e-u *(fam.)*
Station *(Bus)* stoppistöð, -var, -var *(w3)*;
áfar gastað|ur, -ar, -ir *(m2,*
Dat Ez -stað [-staðnum]*); (Essenspause)*
áning *(w2)*; **~ machen** *(auf Reise)*
æja, æi, áði, áð *(v2)*
Stativ statíf *(s2)*
statt í staðinn fyrir
stattfinden eig|a *(stV↑)* sér stað
Statue stytt|a *(w1)*
Stau (umferðar)tepp|a *(w1)*;

tapp|i *(m1) (fam.)*; **~damm** stífl|a *(w1)*;
~see (uppistöðu)lón *(s2)*
Staub ryk *(s2)*
staubsaugen ryksug|a *(v1)*
Staubsauger ryksug|a *(w1)*
staunen e-n furð|ar e-ð / á e-u *(v1)*;
furð|a *(v1)* sig á; ver|a *(stV↑)* hissa á e-u
stechen 1 *(Nadel)* sting|a *(stV↑)*
2 *(Insekt)* bít|a *(stV↑)* **3** *(Karte)* tromp|a *(v1)*
Steckdose innstung|a *(w1, Gen Mz* -ngna)
stecken 1 *(etw. wo hinein*≈*, unter etw. ≈)*
sting|a *(stV↑)* e-u í / undir e-ð
2 *(≈bleiben)* fest|a, -i, -i, fest *(v2)* sig
3 *(fest*≈) sit|ja *(stV↑)* fast;
ver|a *(stV↑)* strand *(unv., fam.)*
Stecker *(tengi*)kló, -ar, -klær *(w4)*
Stecknadel títuprjón|n, -s, -ar *(m5)*
stehen 1 *(fest auf e-m Platz; in e-m Text)*
stand|a *(stV↑)* **2** *(≈bleiben)* stans|a *(v1)*
3 *(~ lassen)* lát|a *(stV↑)* vera
4 *(unter Einfluss ~)* ver|a *(stV↑)* undir
áhrifum e-s
stehlen stel|a *(stV↑)* e-u frá e-um
steif stíf|ur; *(unflexibel)* stinn|ur;
(schwer beweglich) stírð|ur, -, stírt
Steigbügel ístað, -s, ístöð *(Ö! s2)*
steigen¹ *(vi) (Wasser, Wärme)*
stíg|a *(stV↑)*; *(Flugzeug)* hækk|a *(v1)*
steigen² 1 *(~ auf etw. drauf)* stíg|a
(stV↑) ofan á e-ð
2 *(ein~/aus~)* far|a *(stV↑)* inn í e-ð / út úr e-u
steigern auk|a *(stV↑)* e-ð;
(erhöhen) hækk|a *(v1)* e-u;
(vergrößern) stækk|a *(v1)*
steil bratt|ur, brött *(Ö!)*, bratt;
sehr ~ snarbrattur
Stein 1 *(einzelner ~)* stein|n, -s, ar *(m5)*
2 *(Material, Ge*≈) grjót *(s2)*;
~hart grjótharð|ur, -hörð *(Ö!)*, -hart
3 *(Obst)* kjarn|i *(m1)*
Steinbeere hrútaber *(s2)*
(Dat Mz -jum, *Gen Mz* -ja)
steinern úr grjóti; *(versteinert)*
steinrunn|inn
Steinlaus grjótnagar|i *(m1) (befallene*
Felsen haben zahllose Steinläuse; meist im Basalt)
Steinmännchen *(Wegmarkierung)*
varð|a *(Ö! w1)*
Steinschlag grjóthrun *(s2)*
Stelle 1 *(Ort)* stað|ur, -ar, -ir *(m2)*
(Dat Ez stað, *m. Art.* staðnum*)*

2 *(Arbeit, Position)* stað|a *(Ö! w1)*
3 *(kleiner Bereich, Fleck)* blett|ur, -s, -ir *(m2)*
4 *(math.)* staf|ur *(Ö! w1, Dat Ez staf [stafnum])*; **4-stellige Zahl** fjögurra stafa tala; **auf der ~** þegar (í stað)
stellen set|ja, set, -ti, sett *(v4)*; **jdm. e-e Frage ~** spyr|ja, spyr, spurði, spurt *(v5)* **e-n** spurningu; **Wecker ~** still|a, -i, -ti, -t *(v2)* vekjara; **höher ~** *(Lautstärke, Temperatur)* hækk|a *(v1)*; **niedriger ~** lækk|a *(v1)*
Stempel stimpil|l, -s, stimplar *(A! m5)*
stempeln stimpl|a *(v1)*
sterben *(allg.)* dey|ja *(stV↑)*; *(pietätvoll)* anda|st *(v1)*; *(durch Unfall)* lát|ast *(stV↑)*
Stern stjarn|a *(Ö! w1)*
stets alltaf
Steuer 1 *(Abgabe)* skatt|ur, -s, -ar *(m2)*; **~bescheid** álagningarseðil|l, -s, -seðlar *(A! m5)* **2** *(Lenker)* stýri *(s3)*
steuern *(Fahrzeug)* stýr|a, -i, -ði, -t *(v2)* **e-u**
Stich 1 *(Insekt)* bit *(s2)*
2 *(Messer o.ä.)* stung|a *(w1, Gen Mz -ngna)*
3 *(Schmerz, Nadelstich)* sting|ur, -s, -ir *(m2, Dat Ez* sting [stingnum]*)*
sticken saum|a *(v1)* **e-ð** út
Stiefel stígvél *(s2)*
Stiefmutter stjúpmóð|ir *(↑ móðir)*
Stiefvater stjúpfað|ir *(↑ faðir)*
Stiel 1 *(Blatt, Frucht)* stilk|ur, -s, -ar *(m2)*
2 *(Löffel≈)* handfang, -s, -föng *(Ö! s2)*
3 *(Eis am ~)* íspinn|i *(m1)*
Stift 1 *(Schreib≈)* penn|i *(m1)*
2 *(Verbindungs≈)* stifti *(s3)*
Stil stíl|l, -s, -ar *(m5)*; *(Charakteristik)* svipmót *(s2)*
still 1 *(geräuschlos)* kyrr, -, -t
2 *(Verhalten)* stillt|ur, -, -; hæglát|ur
Stille kyrrð, -ar *(w3 Ez)*
Stimme rödd, raddar, raddir *(Ö! w6)*
stimmen 1 *(zutreffen)* stand|a *(stV↑)* heima; kom|a *(stV↑)* heim við e-ð; ver|a *(stV↑)* rétt; pass|a *(v1) (fam.)*; stemm|a, -i, -di, -t *(v2)*
2 *(Instrument)* still|a *(v1)*
3 *(wählen)* greið|a, -i, greiddi, greitt *(v2)* atkvæði
Stimmung 1 *(Gemütszustand)* skap *(s2 Ez)* *(persönlich)*; stuð *(s2)* *(richtige ~ für etw.)*; stemning *(w2)*

(Atmosphäre); **in der ~ sein** ver|a *(stV↑)* í skapi **til e-s 2** *(fröhliche ~ e-r Gruppe)* stuð *(s2)*; líf og fjör *(unv.)*
stinken lykt|a *(v1)* illa
Stirn enni *(s3)*; **~ runzeln** hrukk|a *(v1)* enni
Stock *(zum Gehen)* staf|ur, -s, -ir *(m2, Dat Ez* staf [stafnum]*)*
Stockwerk hæð, -ar, -ir *(w3)* *(Zählung beginnt im Erdgeschoss = fyrsta hæð, erster ~ = önnur hæð)*
Stoff *(Substanz, Textil, Grundlage)* efni *(s3)*
stolpern hras|a *(v1)* um e-ð; *(auch bildl., stoßen auf etw.)* hnjót|a *(stV↑)* um e-ð
stolz stolt|ur, -, - af e-u
Stolz stolt *(s2)*
stopfen 1 *(hinein~)* troð|a *(stV↑)* e-u í e-ð
2 *(ausbessern)* stopp|a *(v1)*
Stöpsel tapp|i *(m1)*; lok *(s2)*
stören 1 *(unterbrechen)* trufl|a *(v1)* við e-ð
2 *(auf die Nerven gehen)* pirr|a *(v1)* e-n; far|a *(stV↑)* í pirrurnar á e-um
3 *(Stille, Schlaf etc.)* rask|a *(v1)*
▶ **Entschuldige bitte die ~ung!** Fyrirgefðu ónæðið!
stornieren afpant|a *(v1)* e-ð; afturkall|a *(v1)* pöntun
Stornierung afpöntun, -ar, afpantanir *(Ö! w5)*
Störung 1 *(e-s Ablaufes)* truflun *(w5)*
2 *(Belästigung)* ónæði *(s3)*
3 *(Betriebs≈)* bilun *(w5)*
Stoß 1 *(allg.)* högg *(s2)*; *(Ellbogen)* olnbogaskot *(s2)*; hnipping *(w2)*
2 *(Erdbeben≈)* (jarðskjálfta)kipp|ur, -s, -ir *(m2)* **3** *(Stapel)* bunk|i *(m1)*
Stoßdämpfer höggdeyf|ir *(m4)*
stoßen 1 *(schubsen)* hrind|a *(stV↑)*; **weg~** hrinda e-u frá sér; **s. ab~** stjak|a *(v1)* frá e-u
2 *(mit Ellbogen)* hnipp|a, -i, -ti, -t *(v2)* í e-n
3 *(s. an etw. ~)* rek|a *(stV↑)* sig á e-ð
4 *(auf etw. ~)* rek|ast *(stV↑)* á e-ð
Stoßstange stuðar|i *(m1)*
strafbar *(~ sein)* ver|a *(stV↑)* refsiverð|ur, -, -vert
Strafe *(Geld~)* (fjár)sekt, -ar, -ir *(w3)*; *(nicht Geld≈)* refsing *(w2)*
Strahl 1 *(Wasser≈)* bún|i *(m1)*
2 *(Licht≈)* geisli *(s3)*
strahl|en 1 *(phys. allg.)* geisl|a *(v1)*
2 *(Sonne)* skín|a *(stV↑)*; **~ung** geislun *(w5)*
Strand strönd, strandar, strandir *(w6)*;

am ~ við sjávarsíðuna

Straße *(allg.)* gat|a *(Ö! w1, Gen Mz -tna)*;
(gr. Stadt≈) stræti *(s3)*; braut, -ar, -ir *(w2)*;
(Überland≈, Hochland≈) veg|ur, -ar, -ir *(m2)*;
leið, -ar, -ir *(w3)*;
~nbelag *(veg)*klæðning *(w2)*
► Neuer ~nbelag. Nýlögð klæðning.

Straßenschwelle hraðahindrun *(w5)*

Strauch runn|ur, -ar, -ir *(m2)*

Strauß *(Blumen)* (blóm)vönd|ur,
vandar, vendir *(m6)*

Strecke *(math.)* vegalengd,
-ar, -ir *(w3)*; *(kurze ~)* spott|i *(m1)*

strecken **1** *(spannen)* teyg|ja, -i, -ði,
-t *(v2)*; aus~ teygja út; **strekk**|ja, -i, -ti, -t *(v2)*
2 *(verlängern)* drýg|ja, -i, -ði, -t *(v2)*

streicheln strjúk|a *(stV↑)*;
(tätscheln) klapp|a *(v1)*

streichen **1** *(anmalen)* mál|a *(v1)*
2 *(durchstreichen)* strik|a *(v1)* út
3 *(absagen)* fell|a, -i, -di, -t *(v2)* niður

Streichholz eldspýt|a *(w1, Gen Mz -tna)*

Streifen rák, -ar, -ir *(w3)*; rönd, randar,
rendur *(w6)*; stríp|a *(w1)* *(fam.)*

Streik verkfall, -s, -föll *(Ö! s2)*

Streit deil|a *(w1)*; rifrildi *(s3)*

streiten *(s. ~ über etw.)* ríf|a|st *(stV↑)* um e-
ð; **deil**|a, -i, -di, -t *(v2)* um e-ð; *(eher nörgeln,
keifen)* þras|a *(v1)*

streng strang|ur, ströng *(Ö!)*, strangt;
(unnachgiebig) gallharð|ur, -hörð *(Ö!)*, -hart

Stress streit|a *(w1)*; stress *(s2)*; im ~ sein
ver|a *(stV↑)* í stressað|ur

Strich strik *(s2)*

stricken prjón|a *(v1)*

Strickjacke prjónaskyrt|a *(w1)*

Stroh hálm|ur, -s *(m2 Ez)*

Strohhalm **1** *(z. Trinken)* sogrör, -s, sogrör
(s2, kein Ö!) **2** *(ein Halm)* strá *(s2 Ez, m. Art.
stráið)*

Strom **1** *(elektrisch)* rafmagn *(s2 Ez)*
2 *(Fluss)* fljót *(s2)*; elf|ur, -ar, -ar
(w8, Akk u. Dat Ez elfi);
≈aufwärts móti straumi
≈abwärts niður strauminn;
~schnelle flúð, -ar, -ir *(w3)*

Stromausfall rafmagnsleysi *(s3)*
► Es ist ~. Það er rafmagnslaust.

ström|en streym|a, -i, -di, -t *(v2)*;
≈ung straum|ur, -s, -ar
(m2, Dat Ez -mi [-mnum]);

starke **≈ung** straumkast, -s, -köst *(Ö! s2)*

Strudel *(Wasser)* (hring)ið|a *(w1)*;
(Trichter) svelg|ur, -s, -ir *(m2)*

Strumpf sokk|ur, -s, -ar
(m2, Dat Ez -kk(i) [-kknum])

Strumpfhose sokkabux|ur
(w1 Mz, Gen Mz -xna)

Stück **1** *(Einzel≈)* stykki *(s3)*
2 *(Teil e-s Ganzen)* hlut|i *(m1)*
3 *(von etw.)* part|ur, -s, -ar;
(z. B. Fleisch) bit|i *(m1)*
4 *(Weg≈)* spölkorn *(s2)*
5 *(Musik)* verk *(s2)*
6 *(Theater)* leikrit *(s2)*
► ~ für ~ smám saman

Student stúdent|ur, -s, -ar *(m2)*;
nem|i *(m1)*

studieren *(allg.)* stund|a nám;
(best. Fach) ver|a *(stV↑)* í ...-námi
► Ich studiere Geologie an der Universität
Islands. Ég er í jarðfræðinámi við Háskóla Íslands.

Studium nám *(s2)*

Stufe **1** *(Treppe)* þrep *(s2)*
2 *(Niveau)* stig *(s2)*

Stuhl stól|l, -s -ar *(m5)*

stumm **1** *(nicht sprechen können)* mállaus
2 *(schweigsam)* þögul|l, -, -t

stumpf **1** *(Messer)* bitlaus
2 *(Glanz, Blick)* dauf|ur, -, -t; sljó|r, -, -tt

Stunde (klukku)tím|i *(m1)*;
klukkustund, -ar, -ir *(w3)*;
Viertel≈ korter *(s2)*; halbe ~ hálftím|i;
Dreiviertel≈ þrjú korter;
► In e-r halben ~ eftir hálftíma.

stur þrjósk|ur; þver, -, -t

Sturm *(billige Zelte platt)* hvassviðri *(s3)*;
(viele Zelte platt) storm|ur, -s, -ar *(m2)*;
(alle Zelte platt) rok *(s2)*;
~feld vindstreng|ur, -s, -ir *(m2)*

stürmen **1** *(Wind)* geis|a *(v1)*
2 *(rennen)* þjót|a *(stV↑)*; æð|a, -i, æddi,
ætt *(v2)*; los~ hend|ast, -ist, hentist,
henst af stað
► Es stürmt. Stormurinn geisar.

sturmfest fokheld|ur, -, fokhelt

Sturz fall, -s, föll *(Ö! s2)*

stürzen¹ *(vi)* **1** *(fallen)* dett|a *(stV↑)*;
fall|a *(stV↑)*; um~ velt|a *(stV↑)* um koll

stürzen² *(vt)* **1** *(umwerfen)* velt|a,
-i, -ti, -t *(v2)* e-u um
2 *(Diktator)* steyp|a, -i, -ti, -t *(v2)* af stóli

Sturzflut *(Gletscher, Meer)*
hamfaraflóð *(s2)*
Stute hryss|a *(w1)*
subtrahieren drag|a *(stV↑)* frá e-u
Suche leit, -ar, -ir *(w3)*
suchen *(nach etw.)* leit|a *(v1)* að e-u
Süd|en suður *(s2 Ez) (Dat Ez* suðri *A!)*;
~osten suðaustur *(↑ austur)*;
~island Suðurland *(s2 Ez)*;
~westen suðvestur *(↑ vestur)*;
~wind sunnanátt, -ar *(w3 Ez)*;
nach ~ *(í)* suður; im ~ í suðri; fyrir sunnan;
von ~ að sunnan
südlich *(im S-Teil befindlich)*
sunnanverð|ur, -, -vert; suður-;
(aus ~er Richtung) suðlæg|ur; sunnan-
Summe upphæð, -ar, -ir *(w3)*;
große ~ mikil upphæð
summen 1 *(Insekt)* suð|a *(v1)*
2 *(Melodie)* raul|a *(v1)*; *(bisschen schräg)*
dúll|a *(Ausspr. dulla ohne -ttl)* *(v1)*
Sumpf foræði *(s3)*; fen
(s2, Dat Mz -jum, *Gen Mz* -ja)
Sünde synd, -ar, -ir *(w3)*;
~ begehen drýg|ja, -i, -ði, -t *(v2)* synd
Supermarkt stórmarkað|ur, -ar, -ir *(m2)*
Suppe súp|a *(w1)*
Surfbrett brimbretti *(s3)*;
(mit Segel) seglbretti *(s3)*
surfen 1 *(im Netz)* vafr|a *(v1)* á netinu
2 *(Wellen)* ver|a *(stV↑)* á brimbretti
süß *(Geschmack, Aussehen)* sæt|ur
Süßigkeiten sælgæti *(s3)*;
nammi *(s3) (fam.)*; *(selbstgemischt im Kiosk)*
bland *(s2)* í poka
Süßstoff sætuefni *(s3)*
Sweatshirt langermabol|ur, -s, -ir *(m2)*
sympathisch geðþekk|ur;
viðkunnanleg|ur;
viðfelld|inn;
(offen, freundlich) almennileg|ur
Synagoge bænahús *(s2)* gyðinga
System kerfi *(s3)*
systematisch kerfisbund|inn

T

Tabak tóbak *(s2 Ez)*
Tabelle tafl|a *(Ö! w1)*;
~ erstellen set|ja, set, setti, sett e-ð

upp í töflu
Tablett bakk|i *(m1)*
Tablette tafl|a *(Ö! w1)*;
~ einnehmen tak|a *(stV↑)* inn töflu
Tafel 1 *(Anzeige≈)* upplýsingatafl|a
(Ö! w1, Mz -ngatöflur)
2 *(festliche ~)* veisluborð *(s2)*
3 *(Schul≈)* (skóla)tafla *(Ö! w1)*
Tag dag|ur, -s, -ar *(m2) (Dat Ez* degi)*;
den ganzen ~ allan daginn; ~ für ~ dag eftir dag;
täglich dagleg|ur ♦ *(Adv.)* daglega
tagsüber að degi til
Taille mitti *(s3)*
Tal dal|ur, -s, -ir *(m2, Dat Ez* dali [dalnum])
Talent hæfileik|i *(m1)*; gáf|ur
(w1 Mz, Gen Mz -fna)
Tampon tíðatapp|i *(m1)*
Tank tank|ur, -s, -ar *(m2, Dat Ez* -ki [-knum])
tanken fyll|a, -i, -ti, -t *(v2)* á *(tankinn)*
Tankstelle bensínstöð, -var, -var *(w3)*
Tante *(mütterl.seits)* móðursystir *(↑ systir)*;
(väterl.seits) föðursystir;
(für beide) frænk|a *(w1)*
Tanz dans, -, -ar *(m3)*
tanzen *(mit jdm.)* dans|a *(v1)* við e-n;
stíg|a *(stV↑)* dans
Tapete veggfóður, -s, - *(s2, m. Art.-örið A!)*
tapfer kjarkmikil|l, -, -mikið;
hugrakk|ur, -rökk *(Ö!)*, -rakkt;
(kühn) djarf|ur, djörf *(Ö!)*, djarft
Tarif *(fester Preis, ~lohn)* taxt|i *(m1)*;
~lohn taxtakaup *(s2 Mz)*;
~vertrag kjarasamning|ur, -s, -ar *(m2)*
Tasche *(Hand~, Trage~)* task|a *(Ö! w1)*
2 *(in Kleidung)* vas|i *(m1)*
Taschendieb vasapjóf|ur, -s, -ar *(m2)*
Taschenlampe vasaljós *(s2)*
Taschenmesser vasahníf|ur, -s, -ar
(m2, Dat Ez -fi [-fnum])
Taschenrechner vasareikn|ir *(m4)*;
vasatölv|a *(w1, kein Ö!)*
Taschentuch *(Papier)* nefklút|ur,
-s, -ar *(m2, Dat Ez* -ti [-tnum])*;
(Stoff) vasaklút|ur, -s, -ar
(m2, Dat Ez -ti [-tnum])
Tasse boll|i *(m1)*; ~ Kaffee kaffibolli;
~ Tee tebolli
Tastatur 1 *(Computer)* lyklaborð *(s2)*
2 *(Instrument)* hljómborð *(s2)*
Taste 1 *(Computer)* takk|i *(m1)*
2 *(Instrument)* nót|a *(w1, Gen Mz* -tna)

tasten *(nach etw.)* fálm|a *(v1)* eftir *e-u*
Tat 1 *(allg.)* gerð, -ar, -ir *(w3)*
2 *(Verbrechen)* glæp|ur, -s, -ir
  ☞*m2, Dat Ez -pi [-pnum])*; auf frischer ~
  ertappen stand|a *(stV↑)* *e-n* að verki;
  grip|a *(stV↑)* *e-n* glóðvolgan *(fam.)*
Tätigkeit 1 *(Aufgabe, mit der man betraut ist)*
  starf, -s, störf *(Ö! s2)*;
  (*Betriebsamkeit)* starfsem|i, -i *(w8 Ez)*
  2 *(Vulkan, Erdbeben, Geysir)* virkn|i, -i *(w8 Ez)*
Tatsache staðreynd, -ar, -ir *(w3)*
Tau dögg, daggar, daggir *(w6)*
taub 1 *(Gehör)* heyrnarlaus
  2 *(Gliedmaßen)* dof|inn
Taube dúf|a *(w1, Gen Mz -fna)*
tauchen kaf|a *(v1)*
Tauchen *(Tauchsport)* köfun, -ar,
  kafanir *(Ö! w6)*
Taucherausrüstung kafarabúning|ur,
  -s, -ar *(m2)*
tauen þiðn|a *(v1)*; tak|a *(stV↑)* upp *e-ð*
  ▶ Der Schnee taut. Snjóinn *(Akk!)* tekur upp.
Taufe skírn, -ar, -ir *(w3)*
taufen skír|a, -i, -ði, -t *(v2)* *e-n*
tauschen 1 *(etw. gegen etw. ~)* skipt|a,
  -i -i, skipt *(v2)* á *e-u* fyrir *e-ð*
  2 *(mit jdm. ~)* skipt|ast, -ist, -ist,
  skipst *(v2)* á *við e-n*
täuschen 1 *(jdn. ~)* blekk|ja, -ti, -ti,
  -t *(v2)* *e-n* **2** *(s. ~, irren)* *e-um* skjátl|ast *(v1)*
  ▶ Wenn ich mich nicht täusche ...
  Ef mér skjátlast ekki ...
Tauwetter hlák|a *(w1)*; þíðviðri *(s3)*
Taxi leigubíl|l *(m5)*
Taxifahrer leigubílstjór|i *(m1)*
Technik *(allg.)* tækn|i, -i *(w8 Ez)*;
  (G*erät)* tæknibúnað|ur, -ar, -ir *(m2)*
Techniker tæknimaður *(↑ maður)*
technisch tæknileg|ur
  ♦ *‹Adv.)* tæknilega
Tee te *(s2, m. Art. teið)*; schwarzer ~ svart te;
  gr*ü*ner grænt te; **Kuchen≈** ávaxtate; **Kamillen≈**
  kamillute; **Pfefferminz≈** piparmintute
Teich tjörn, tjarnar, tjarnir *(Ö! w6)*;
  (*eher kleiner)* poll|ur, -s, -ar *(m2)*
Teig deig *(s2)*; **Kuchen≈** kökudeig;
  ~ **kneten** hnoð|a *(v1)* deig
Teil 1 *(vom Ganzen)* hlut|i *(m1)*;
  pa*r*t|ur, -s, -ar *(m2)*; zum ~ að hluta til
  2 *(Bauteil)* (í)hlut|ur, -ar, -ir *(m2)*
  3 *(Einzel≈)* bút|ur, -s, -ar *(m1)*; stykki *(s3)*

4 *(An≈)* hlut|ur, -ar, -ir *(m2)*
  (Dat Ez hlut [hlutnum])
teilen 1 *(auf~, zer~)* skipt|a, -i, -i, skipt
  (v2) *e-u*; unter s. auf~ skipta *e-u* sín á milli
  2 *(s. gabeln, Weg, Fluss)* grein|ast, -ist,
  -dist, -st *(v2)* **3** *(~ durch)* *(math.)* deil|a,
  -i, -di, -t *(v2)* *e-ð* með *e-u*
teilnehmen *(dasein, zuhören)*
  mæt|a, -i, -ti, mætt *(v2)*;
  (aktiv mitmachen) tak|a *(stV↑)* þátt
Teilnehmer þátttakand|i, -a,
  -takendur *(m1)*
teilweise að hluta til
Telefon *(Festnetz~)* sím|i *(m1)*;
  (Mobil~) gems|i *(m1)*
Telefonbuch símaskrá, -r, -r *(w7)*
Telefongespräch símtal, -s, -töl *(Ö! s2)*
telefonieren *(anrufen, mit jdm. ~)*
  hring|ja, -i, -di, -t *(v2)* í *e-n*; slá *(stV↑)*
  á þráðinn *(fam.)*; bjall|a *(v1)* í *e-n* *(fam.)*
Teller disk|ur, -s, -ar
  (m2, Dat Ez -ski [-sknum])*;
  flacher ~ grunnur diskur; **tiefer** djúpur diskur
Tempel *(heidn.)* hof *(s2)*
Temperatur hitastig *(s2)*
Tennis tennis, -s *(m3 Ez)*
Teppich *(gólf)*teppi *(s3)*
  (auch: Teppichboden)
Termin tím|i *(m1)*;
  ~ **vereinbaren** finn|a *(stV↑)* tíma;
  (Arzt speziell) fá *(stV↑)* viðtalstíma;
  (Geburts≈) ver|a *(stV↑)* sett á <*Datum*>;
  ~ **halten** mæt|a, -i, -ti, mætt *(v2)*
  á rettum tíma
Terrasse verönd, verandar,
  verandir *(Ö! w6)*
Tetanus stífkramp|i *(m1)*
teuer 1 *(Preis)* dýr, ~, -t; ~ **zu stehen kommen**
  reyn|ast, -ist, -dist, -st *e-um* dýrkeypt
  2 *(lieb und ~)* dýrmæt|ur
Teufel djöful|l, -s, djöflar *(A! m5)*;
  kölsk|i *(m2)*; andskot|i *(m1)*;
  fjand|i *(m1)*; fjár|i *(m1)* *(können*
  außer kölski alle zum Schimpfen
  verwendet werden; s. a. „verdammt")
  Teufels≈ djöfuls / andskotans / fjandans
  ▶ Zum Teufel! Fjandakornið! Fjárans!
  Der ~ solls holen! Fari það til fjandans! /
  Fjandinn hafi það!
Text text|i *(m1)*
Theater leikhús *(s2)*;

~aufführung leikhússýning *(w2)*

Thema þema *(s1)*; efni *(s3)*;
Gesprächs≈ umræðuefni;
beim ~ bleiben hald|a *(stV↑)* sér við efnið

Theorie kenning *(w2)*

Thermometer hitamæl|ir *(m5)*

Thymian garðablóðberg *(s2)*

tief 1 *(Gewässer, Schlucht, Schlaf, Gedanke)*
djúp|ur **2** *(Stimme, Klang)* dimm|ur
3 *(Tonhöhe)* lág|ur
4 *(~greifend)* djúpstæð|ur, -, -stætt
5 *(Winter, Sommer)* mið|ur, -, mitt;
im ~sten Winter í miðjum vetri

tiefgefroren *(Gefriertruhe)*
djúpfryst|ur, -, -;
(in der Natur) gaddfreð|inn

tiefhängend *(Wolken)* drungaleg|ur;
þungbú|inn

Tief lægð, -ar, -ir *(w3)*;
~ausläufer lægðardrag, -s,
-drög *(Ö! s2)*; Sturm≈ djúp lægð

Tiefe 1 *(im Wasser, Abgrund)* dýpi *(s2)*
2 *(Strecke n. unten; Klanghöhe)* dýpt, -ar *(w3 Ez)*
3 *(Gedanke)* djúpfærn|i, -i *(w8)*

Tiefland láglendi *(s3)*

Tieftemperaturgebiet *(geol.)*
lághitasvæði *(s3)*

Tier dýr *(s2)*; skepn|a *(w1)*;
(eher negativ) kvíkindi *(s3)*
♦ *(Adv.)* ≈**isch** óskaplega;
hrikalega *(fam.)*

Tierarzt dýralækn|ir *(m5)*

Tinte blek *(s2)*;
Schreib≈ skrifblek Zeichen≈ teikniblek

Tintenfisch smokkfisk|ur, -s, -ar *(m2)*

tippen 1 *(schreiben)* vélrit|a *(v1)*;
pikk|a *(v1)* (unbeholfen)
2 *(auf etw. ~, raten)* tipp|a *(v1)* á e-ð *(fam.)*
3 *(etw. an~)* snert|a, -i, -i, snert *(v2)*
við e-u lauslega **4** *(Lotto)* tipp|a *(v1)*

Tisch borð *(s2)*; Ess≈ borðstofuborð;
Schreib≈ skrifborð; Wohnzimmer≈ stofuborð

Tischler trésmið|ur, -s, -ir
(m2, Dat Ez -smið [smiðunum])

Titel 1 *(Buch)* titil|l, -s, titlar *(A! m5)*
2 *(Zeitung)* fyrirsögn, -sagnar, -sagnir *(w6)*
3 *(akad. Grad)* titil|l, -s, titlar *(A! m5)*;
gráð|a *(w1)*

Toast 1 *(Brot, getoastet)* ristað brauð *(s2)*
2 *(e-n ~ ausbringen)* skál|a *(v1)* fyrir e-u

Tochter dótt|ir, -ur, dætur

(w unreg., Akk u. Dat. Ez dóttur,
Dat Mz dætrum, *Gen Mz* dætra)*;
Tochter von ... *(Patronym)* -dótt|ir
(wie dóttir)*; **Mutter und ~** mæðgur
(↑ Mutter); **Vater und ~** feðgin *(↑ Vater)*
▶ Ich gebe es Jóna Guðmundsdóttir.
Ég læt Jónu Guðmundsdóttur *(Akk!)* hafa þetta.
Jóna und Anna, die Töchter von Guðmundur. Jó-
na og Anna Guðmundsdætur.

Tod dauð|i *(m1)*

tödlich ban(a)-; ~ giftig baneitrað|ur

Toilette salerni *(s3)*; klósett *(s2) (fam.)*;
(in öffentl. Gebäuden) snyrting *(w2)*

Toilettenpapier salernis- /
klósettpappír, -s, -ar
(m2, Dat Ez -pappír [-pappírnum])*

toll geggjað|ur; geðveik|ur; flott *(unv.)*
(Adv.) ógeðslega ▶ **Toll!** Flott!
Tolle (saugeile) Musik! Alveg geðveik tónlist!

Tomate tómat|(ur), -s, -ar *(m2 od. m3)*

Ton 1 *(hörbar)* tón|n, -s, -ar *(m5)*
2 *(Erde)* leir, -s *(m3 Ez, Dat Ez* leir [leirnum])*

Tonne 1 *(Behälter)* tunn|a *(w1)*
2 *(Gewichtseinheit)* tonn *(s2)*
▶ 50 t fimmtíu tonn; ein Brocken von 5 t
fimm tonna hlunkur *(s. Kilo)*

Tönung skol *(s2)*

Topf pott|ur, -s, -ar *(m2)*;
Blumen≈ blómapottur

Tor 1 *(Eingang)* hlið *(s2)*;
(Garage) hurð, -ar, -ir *(w3)*
2 *(Fußball)* mark, -s, mörk *(Ö! s2)*;
ein ~ schießen skor|a *(v1)* mark

Torte tert|a *(w1)*; Sahne≈ rjómaterta

Torwart markvörð|ur, -varðar,
-verðir *(m6)*

tot dá|inn *(auch: verstorben)*;
lát|inn; all|ur, öll *(Ö!)*, allt

töten drep|a *(stV↑)*

Tourismus 1 *(Branche)*
ferðamannabrans|i *(m1)*
2 *(Reisetätigkeit in e-m Land)* turism|i *(m1)*

Tourist ferðamaður *(↑ maður)*;
túrist|i *(m1)*

Trab brokk *(s2)*; *(leichten)*
~ reiten ríð|a *(stV↑)* á *(léttu)* brokki

Tradition hefð, -ar, -ir *(w3)*;
sið|ur, -ar, -ir *(m2) (Dat Ez* sið [siðnum])*;
nach alter ~ að gömlum sið;
~ell hefðbund|inn

tragen 1 *(schleppen)* ber|a *(stV↑)*

2 *(Kleidung)* ver|a *(stV↑)* í *e-u*
▶ **Er trägt kurze Hosen.** Hann er í stuttbuxum.
Träger 1 *(Dach≈ am Auto)* þakgrind, -ar, -ur *(w3)*
2 *(technisch)* burðareining *(w2)*; stoð, -ar, -ir *(w3)*
3 *(Balken am Haus)* burðarbit|i *(m2)*
4 *(an Kleid)* hlýr|i *(m1)*;
Hosen≈ axlarband, -s, -bönd *(Ö! s2)*;
~kleid hlýrakjól|l, -, -kjólar *(m5)*
t≈agisch hörmuleg|ur;
etw. ~ nehmen tak|a *(stV↑)* e-ð nærri sér
Tragödie sorgarleik|ur, -s, -ar
(m2, Dat Ez -k [-knum])
Train|er þjálfar|i *(m1)*;
~ing þjálfun *(w3 Ez)*
trainieren þjálf|a *(v1)*
Traktor dráttarvél, -ar, -ar *(w3)*
Trampelpfad troðning|ur, -s, -ar *(m2)*
trampen ferð|ast *(v1)* á puttanum
Träne tár *(s2)* *(auch: kleine Tasse Kaffee/Tee, Schluck Alkohol)*
Transport flutning|ur, -s, -ar *(m2)*
transportieren flyt|ja, flyt, flutti, flutt *(v5)*
trauen *(s. etw. ~, wagen)* þor|a *(v1)* e-ð
Trauer sorg, -ar, -ir *(w3)*;
(still, tiefe Betroffenheit) hryggð, -ar, -ir *(w3)*
Traum draum|ur, -s, -ar
(m2, Dat Ez -mi [-mnum]); ~ deuten ráð|a *(stV↑)* draum; e-n ~ verwirklichen lát|a *(stV↑)* draum rætast
▶ **Ich habe mir diesen ~ verwirklicht.** Ég lét þennan draum rætast.
träumen 1 *(nachts)* *(von etw. ~)* e-n dreym|ir, -di, -t *(v2)* e-ð
2 *(Wunsch)* e-n dreym|ir *(v2)* um e-ð
▶ **Ich habe lange davon get~t,** hierherzukommen. Mig hefur lengi dreymt um að koma hingað.
traurig 1 *(Gefühl)* dapur, döpur *(Ö!)*, dapurt **2** *(Umstand)* sorgleg|ur
treffen *(begegnen, Ziel)* hitt|a, -i, -i, hitt *(v2)*; Ins Schwarze ~ hitta í mark
▶ **Ich habe ihn zufällig getroffen.** Ég hitti hann af tilviljun.
Treffen fund|ur, -ar, -ir *(m2)*; zu e-m ~ kommen mæt|a, -i, -ti, mætt *(v2)* *(á fund)*
treiben¹ *(vi)* **1** *(im Wasser ~)* e-ð *(Akk!)* rek|ur *(stV↑)* e-ð
▶ **Das Boot ~t an Land.**

Bátinn *(Akk!)* rekur á land.
treiben² *(vt)* **1** *(Geschäft be~, Pferd an~, ver~)* rek|a *(stV↑)*; ein Unternehmen be~ reka fyrirtæki; Pferde vor s. her~ reka hesta; jdn. aus dem Land ver~ reka e-n úr landi
2 *(Fischerei, Handel, Hobby, Sport, Studium)* stund|a *(v1)*
3 *(Maschine an~)* kný|ja, kný, knúði, knúinn *(v5)*; motorgetrieben vélknú|inn
4 *(Blüte aus~)* brum|a *(v1)*
5 *(etw. Unbedeutendes tun)* rísl|a *(v1)*; garf|a *(v1)*; *(eher vergeblich, überflüssig)* vesen|ast *(v1)*; *(zweifelhaft)* brall|a *(v1)*
▶ **Was treibst du so?** Hvað er að frétta af þér?
Treibeis hafís, -s *(m3 Ez)*
Treibstoff eldsneyti *(s3)*
trennen skil|ja, skil, -di, -ið *(v4)* e-ð sundur; aðskil|ja *(wie skilja)*; skipt|a, -i, -i, skipt *(v2)* e-ð sundur
Trennung 1 *(Lebensgemeinschaft)* skilnað|ur, -ar, -ir *(m2)*
2 *(Unterschied)* aðgreining *(w2)*
Treppe tröpp|ur *(Ö! w1 Mz)*; stig|i *(m1)*
treten 1 *(mit dem Fuß ~)* spark|a *(v1)* e-u/e-um **2** *(auf etw. ~)* traðk|a *(v1)* á e-ð **3** *(etw. nieder~)* tramp|a *(v1)*; troð|a *(stV↑)* e-ð niður; die Vegetation nieder~ troða gróðrið niður
treu trygg|ur; *(bes. in Beziehung)* trú|r, -, -tt
Trichter trekt, -ar, -ir *(w3)*
Trick *(Kunstgriff)* úrræði *(s3)*; *(eher negativ)* bragð, -s, brögð *(Ö! s2)*; ~ anwenden beit|a, -i, -ti, -t *(v2)* e-n brögðum; trix, -, - *(s2)* *(fam.)*
Trickfilm teiknimynd, -ar, -ir *(w3)*
trinkbar drekkandi *(unv.)*
trinken drekk|a *(stV↑)*; *(ein Gläschen ~)* fá *(stV↑)* sér í glas; *(ein paar mehr Gläschen)* dett|a *(stV↑)* í það
Trinkgeld þjórfé *(s2 Ez, m. Art. -féð, Gen Ez -fjár)*; drykkjupening|ar *(m2 Mz von peningur)*
Trinkwasser drykkjarvatn *(s2 Ez)*; ~brunnen vatnsból *(s2)*; ~versorgung *(Anlage)* vatnsveit|a *(w1)*; ~leitung vatnsveitustokk|ur, -s, -ar *(m2)*
trocken 1 *(ohne Wasser, abgetrocknet; Text, Vorlesung etc.)* þurr, -, -t
2 *(Humor)* kaldhæð|inn; gráglett|inn
3 *(ehem. Alkoholiker)* þurr, -, -t
Trockenheit *(zum Heumachen)* þurrk|ur, -s, -ar *(m2)*;

(längere Periode) þurrk|ar
(m2 Mz von þurrkur)
trocknen *(vi, vt) (von s. aus und etw. ~)*
þurrk|a *(v1) (auch: abwischen)*;
s. die Hände ~ þurrka sér um hendurnar
Trommel 1 *(Musik)* tromm|a *(w1)*
(eher modern); bumb|a *(w1) (sehr groß)*
2 *(rotierend)* troml|a *(w1)*
3 *(zum Aufwickeln, z.B. Kabel)* kefli *(s3)*
4 *(Revolver)* hólk|ur, -s, -ar *(m2)*
Trompete trompet *(s2)*
Tropen *(Region)* hitabelti *(s2)*
tropfen drjúp|a *(stV↑)*;
(auslaufen) lek|a *(stV↑) af / úr e-u*
▶ **Da tropft was.** Það er eitthvað sem lekur.
Tropfen 1 *(einzelner)* drop|i *(m1)*;
ein paar ~ dreitil|l, -s, dreitlar *(A! m5)*
2 *(Flüssigkeit zum ≈weise verwenden)*
drop|ar *(m1 Mz von dropi)*
Trost huggun *(w5)*
trösten hugg|a *(v1) e-n*;
s. mit etw. ~ hugga sig við e-ð; *(aufmuntern)*
(hug)hreyst|a, -i, -i, hreyst *(v1) e-n*
trotz *(Präp.)* þrátt fyrir *(Akk)*;
~dem dass *(Konj.)* þrátt fyrir það að
trotzdem samt (sem áður);
jafn … fyrir því
▶ **Ich komme ~.** Ég kem samt.
Das ist ~ falsch. Það er jafn vitlaust fyrir því.
trübe 1 *(Wetter)* skýjað|ur *(allg. bewölkt)*
2 *(Flüssigkeit)* gruggug|ur;
ótær, -, -t; *(mit Schlieren/Flocken)* skýjað|ur
3 *(Stimmung)* dapur, döpur *(ö!),* dapurt
tschüss! bless!
T-Shirt stuttermabol|ur, -s, -ir *(m2)*
Tube túp|a *(w1)*
Tuch 1 *(Kleidung, Taschen≈)* klút|ur, -s,
-ar *(m2, Dat Ez -ti [-tnum]);* Hals≈ hálsklútur
2 *(zum Abwischen)* tusk|a *(w1)*
Tulpe túlípan|i *(m1)*
tun ger|a, -i, -ði, -t *(v2)*;
etw. damit zu ~ haben haf|a *(stV↑)*
með e-ð að gera; kom|a *(stV↑) e-u* við;
etw. für jdn. ~ gera e-ð fyrir e-n;
so ~ als ob lát|ast *(stV↑) vera e-ð*;
es mit jdm. zu ~ bekommen ver|a *(stV↑)*
að mæta *e-um;* **viel zu ~ haben** ver|a *(stV↑)*
brjálað að gera ▶ **Er tat nur so, als**
wäre er zornig. Hann lést bara vera reiður.
Tundra túndr|a *(w1)*;
(Permafrostboden) freðmýr|i, -ar, -ar *(w8)*

Tunnel jarðgöng *(ö! s2 Mz)*;
im ~ í jarðgöngunum
Tür hurð, -ar, -ir *(w3)*
Türgriff 1 *(am Auto, längliche Türklinke)*
handfang, -s, -handföng *(ö! s2)*
2 *(runder Knauf)* hurðarhún|n, -s, -ar *(m5)*
Türsperrknopf *(innen)* láshnapp|ur,
-s, -ar *(m2, Dat Ez -ppi [-ppnum])*
Turm turn, -s, -ar *(m3)*
Turnschuh íþróttaskó|r *(↑ skór)*
Tüte pok|i *(m1)*
typisch dæmigerð|ur, -, -gert *fyrir e-n/e-ð*

U

übel 1 *(böse)* ill|ur, -, illt *(Aussprache*
mit spitzem i)
2 *(mit Brechreiz)* e-um er flökurt;
~ werden verð|ur *(↑ verða)* flökurt *af e-u*
▶ **Mir wird (davon) ~.**
Mér verður flökurt (af þessu).
Übelkeit ógleð|i, -i *(w8 Ez)*;
(mit Brechreiz) klígj|a *(w1)*
üben æf|a, -i, -ði, -t *(v2)*
über 1 *(Position)* yfir *(Dat)*; fyrir ofan *(Akk)*
2 *(an Position hinbewegen)* yfir *(Akk)*
3 *(quer über)* yfir (um) *(Akk)*
4 *(über etw. hinaus)* upp yfir *(Akk)*
5 *(zeitl., länger als)* meira en
6 *(Thema)* um *(Akk)*
▶ **Es ist sonnig ~ den Bergen.**
Það er bjart yfir fjöllunum.
Der Fluss tritt ~ die Ufer.
Áin flæðir yfir bakkana.
Es dauert ~ eine Woche.
Það tekur meira en viku.
überall allstaðar; *(wenn etw. überall*
verteilt ist) út um allt
überbacken *(gratinieren)* gratíner|a *(v1)*
Überblick yfirsýn, -ar, -ir *(w3)*;
yfirlit *(s2) yfir e-ð*
überbrückt brú|aður, brúuð, brúað;
(un)überbrückter Fluss (ó)brúuð á
übereinstimmen *(Meinung)*
ver|a *(stV↑)* sammála *um e-ð*
überfahren 1 *(Unfall)* keyr|a, -i, -ði,
-t *(v2)* yfir e-n
2 *(jdm. das Wort abschneiden)* vað|a *(stV↑)*
yfir höfuðið *á e-um*
Überfahrt ferð, -ar, -ir *(w3) til e-s*;

~ nach Island (skips)ferð til Íslands
Überfall 1 (Angriff) árás, -ar, -ir (w3)
 2 (Raub) rán (s2)
überfallen 1 (angreifen) ráð|ast (stV↑)
 á e-n / að e-um **2** (ausrauben) ræn|a,
 -i, -di, -t (v2) e-u frá e-um; **Bank** ~ ræna banka
überflüssig (zuviel von etw.) ofauk|inn
 af e-u; (ohne Notwendigkeit) þarflaus
überführen 1 (wo anders hinbringen)
 flyt|ja, flyt, flutti, flutt (v5) e-ð
 2 (jur.) sann|a (v1) e-ð á e-n
überfüllt troðfull|ur
Übergang 1 (über Fluss, Furt) vað,
 -s, vöð (Ö! s2) **2** (zu e-m anderen Gebäude)
 leið, -ar, -ir (w3) til e-s
 3 (in anderen Zustand) umskipti (s3);
 (Anpassung) aðlögun, -ar, aðlaganir
 (Ö! w5); (Zeitspanne) millibil (s2)
 4 ~**slösung** bráðabirgðalausn,
 -ar, -ir (w3)
übergeben 1 (aushändigen) afhend|a, -i,
 afhenti, afhent (v2) e-um e-ð
 2 (erbrechen) kast|a (v1) upp;
 gubb|a (v1) (fam.)
überhaupt yfirhöfuð (fam.); á annað
 borð (eher literar.); ~ nicht alls ekki
 ▶ **Kann er ~ kommen?**
 Getur hann komið yfirhöfuð?
überholen 1 (mit dem Auto) keyr|a,
 -i, -ði, -t (v2) framúr
 2 (reinigen) tak|a (stV↑) e-ð í gegn;
 (reparieren) lag|a (v1)
überlasten ofreyn|a, -i, -di, -t
 (v2) e-ð við e-ð
überleben lif|a, -i, -ði, lifað (v2) e-ð af
überlegen (nachdenken) velt|a, -i, -ti, -t
 (v2) e-u fyrir sér; legg|ja, legg, lagði,
 lagt (v5) höfuðið í bleytu;
 (planen) hugs|a (v1) um e-ð;
 pæl|a, -i, -di, pælt (v2) í e-u (fam.);
 spá, -i, -ði, -ð (v2) í e-ð (fam.)
 ▶ **Ich ~e, nach Akureyri zu fahren.**
 Ég er að spá í að fara norður til Akureyrar.
übermäßig hóflaus; óhófleg|ur
 ♦ (Adv.) óhóflega; ákaflega
Übermaß ofgnótt, -ar, -ir (w3) e-s
übermorgen hinn daginn
übernachten gist|a, -i, -i, gist (v2)
Übernachtung gisting (w2)
übernehmen 1 (Aufgabe) tak|a (stV↑)
 e-ð að sér **2** (geschäftl.; e-e Funktion ~;

 auch maschinell) yfirtak|a (↑ **taka**)
 3 (etw. von jdm. ~) tak|a (stV↑) við e-u frá e-um
 4 (s. ~, zuviel tun) ofbjóð|a (↑ **bjóða**) sér
überprüf|en 1 (Motor, Rechnung, Text etc.)
 yfirfar|a (↑ **fara**) e-ð;
 ≈**ung** yfirferð, -ar, -ir (w3)
 2 (Wahrheitsgehalt nachprüfen)
 tékk|a (v1) e-ð / á e-u
überqueren (s. über etw. bewegen)
 far|a (stV↑) þvert yfir e-ð (ein Äquivalent für
 „Überquerung" gibt es nicht)
überraschen (jdn. mit etw. ~)
 kom|a (stV↑) e-um að óvart með e-u
überrascht 1 (völlig ~ sein) ver|a (stV↑)
 (aldeilis) hissa; ver|a (stV↑) bit á e-n
 2 (von etw. Unerwartetem ~ werden) e-ð
 kem|ur (↑ **koma**) e-um í opna skjöldu;
 (aus völlig unerwarteter Richtung) e-ð **kem**|ur
 úr hörðustu átt; ger|ast, -ist, -ðist, gerst
 (v2) e-um að óvörum
 ▶ **Seine Reaktion hat mich völlig ~.**
 Viðbrögð hans komu mér í opna skjöldu.
Überraschung 1 (etw. Unerwartetes)
 óvænt|ur, -, - (wird mit Adj. übersetzt);
 (Geschenk) óvænt gjöf (w6);
 (Freude) óvænt gleð|i , -i (w8 Ez);
 (Ereignis) óvæntur atburður
 2 (Erstaunen) forundrun (w5 Ez)
überred|en (jdn. zu etw. ~) tel|ja, tel,
 taldi, talið (v5) um fyrir e-um;
 telja e-n á að gera e-ð / á sitt mál;
 ≈**ung** fortölur (Ö! w1 Mz)
Überschrift yfirskrift, -ar, -ir (w3)
Überschwemmung flóð (s2)
übersetzen 1 (Sprache) þýð|a, -i,
 þýddi, þýtt (v2)
 2 (mit Fähre) (vi) far|a (út) til e-s;
 zu den Westmännerinseln ~ fara út til Eyja;
 (vt) (etw. über ein Gewässer bringen) flyt|ja,
 flyt, flutti, flutt (v5) e-ð yfir
Übersetzer þýðand|i, -a, þýðendur (m1)
Übersetzung þýðing (w2)
überspringen¹ (vi) (s. ausbreiten,
 Virus, Feuer) breið|ast, -ist, breiddist,
 breist (v2) út (s. ausbreiten);
 ber|ast (stV↑) á milli (wird übertragen)
überspringen² (vt) **1** (Hindernis)
 stökk|va (stV↑) yfir e-ð
 2 (etw. auslassen) hlaup|a (stV↑) yfir e-ð
übertragen 1 (Krankheit) smit|ast (v1)
 2 (TV/Radiosendung) send|a, -i, -i, sent (v2)

3 *(Aufgabe)* fel|a *(stV↑) e-um e-ð*

4 *(Liste, Konto o.ä.)* yfirfær|a, -i, -ði, -t *(v2) e-ð*

übertreiben ýk|ja, -i, -ti, ýkt *(v2)*;
öfg|a *(v1) (mst. negativ)*

Übertreibung ýkj|ur *(w1 Mz von ýkja)*;
öfg|ar *(w3 od. m2 Mz)*;
(sprachlich) ofhvörf *(Ö! s2)*

Überwachung 1 *(Kontrolle)* eftirlit *(s2)*

2 *(e-s Ortes mit Kamera)* (mynd)gæsl|a *(w1)*

3 *(mit Messgeräten, z.B. Vulkane wie Katla)*
vöktun, -ar, vaktanir *(Ö! w5)*

4 *(Datenverkehr)* hlerun *(w5)*;

~skamera öryggismyndavél,
-ar, -ar *(w3)*

überweisen ávís|a *(v1) e-u*;
jdm. Geld ~ ávísa *e-um* peningum

Überweisung ávísun *(w5)*

überwiegend *(Adj.)* yfirgnæfandi *(unv.)*
♦ *(Adv.)* að mestu leyti

überzeugen sannfær|a, -i, -ði, -t
(v2) e-n um e-ð; **~d** sannfærandi *(unv.)*

Überzeugung sannfæring *(w2)*

überziehen 1 *(Bett)* breið|a, -i,
breiddi, breitt *(v2)* yfir *(rúm)*

2 *(z.B. mit Glasur, schützender Schicht)* húð|a
(v1) e-ð **3** *(Konto)* yfirdrag|a *(↑ draga)*

4 *(sich schnell etwas ~)* skell|a, -i,
-ti, -t *(v2)* sér í e-ð

üblich venjuleg|ur;
~erweise venjulega; að jafnaði
▶ **Wie ~.** Eins og venjulega.

übrig 1 *(Rest)* afgangs *(unv.) (eher weniger,
was man u.U. nicht mehr verwendet)*

2 *(noch etw. da für andere)* aflag|a *(Ö! w1)*;
noch etw. übrig haben eig|a *(stV↑) e-ð* aflögu
♦ *(Adv.)* eftir

übrigbleiben *(von etw.)* verð|a *(stV↑)* eftir

übrigens vel á minnst

Übung æfing *(w2)*;
(eher körperl., Training) þjálfun *(w5)*

Ufer *(Fluss≈)* (ár)bakk|i *(m1)*;
(Meeres≈) (sjávar)strönd, strandar,
strandir *(auch:* **strendur***) (w6)*

Uhr 1 *(Armband~)* úr *(s2)*; armbandsúr

2 *(größere Uhr)* klukk|a *(w1, Gen Mz -kkna)*

3 *(Uhrzeit)* klukkan
▶ **Wieviel ~ ist es?** Hvað er klukkan?
Es ist zehn Minuten nach zwei.
Klukkan er tíu mínútur gengin í þrjú.
Es ist halb drei. Klukkan er hálfþrjú.

Ultraschall úthljóð *(s2)*;

~untersuchung ómskoðun *(w5)*

um 1 *(Präp.)* (~ *herum*) (í) kringum *(Akk)*

2 *(Konj.)* (um zu) til þess að

umarmen faðm|a *(v1) e-n að sér*;
tak|a *(stV↑)* utan *um e-n*

umbinden bind|a *(stV↑) e-ð* (utan) um e-ð

umbringen drep|a *(stV↑) e-n*

umdrehen snú|a *(stV↑) e-u* við

Umfang 1 *(math.)* ummál *(s2)*

2 *(Menge)* umfang, -s, -föng *(Ö! s2)*

3 *(inhaltliche Reichweite, z.B. e-s Textes)*
yfirgrip *(s2)*

umfangreich umfangsmikil|l, -,
-mikið; *(inhaltlich)* víðtæk|ur;
yfirgripsmikil|l, -, -mikið

umfassen 1 *(beinhalten)* ná, -i, -ði,
náð *(v2)* yfir **2** *(Buch)* spann|a *(v1)*

umgeben umlyk|ja, -lyk, -lukti,
-lukið *(v5) e-ð e-u*; **von Bergen ~es
Siedlungsgebiet** fjöllum umlukt byggðarlag

Umgebung 1 *(auf dem Land)* umhverfi *(s3)*

2 *(Stadt)* nágrenni *(s3)*; grennd, -ar *(w3 Ez)*

umgehen¹ *(vermeiden)* forð|ast *(v1) e-ð*;
sneið|a, -i, sneiddi, sneitt *(v2)* hjá *e-u*

2 *(um etw. herum)* far|a *(stV↑)* í kring um *e-ð*

umgehen² *(~ mit etw.: verwenden; Umgang
haben mit)* umgang|ast *(stV↑) e-n/e-ð*

umgekehrt öfug|ur *(auch: gegensätzlich,
verkehrt herum)* ♦ *(Adv.)* öfugt;
in ~er Reihenfolge í öfugri röð

umkehren *(zurückfahren)* snú|a *(stV↑)* við

umkippen *(Auto: von Straße abkommen)*
velt|a *(stV↑)* ▶ **Der Wagen schleuderte
wegen Glätte und kippte um.**
Bíllinn rann til í hálkunni og valt.

Umkreis svæði *(s3) um e-ð*;
im ~ von 20 km um Hekla
í tuttugu kílómetra radíus frá Heklu

Umleitung hjáleið, -ar, -ir *(w3)*

umrechnen *(Wechselkurs, Einheit etc.)*
umreikn|a *(v1) e-ð yfir í e-ð*

umrühren hrær|a, -i, -ði, -t *(v2)*

umschalten *(einstellen)* still|a, -i, -ti,
-t *(v2)* á e-ð; *(von sich aus, z.B. Ampel)*
skipt|a, -i, -i, skipt *(v2)* (yfir) á e-ð

Umschlag 1 *(Brief)* umslag, -s, -slög *(Ö! s2)*

2 *(Kompresse)* umbúð|ir *(w3 Mz)*;
(Wunde) sáravaf, -s, -vöf *(Ö! s2)*

3 *(Buch)* káp|a *(w1)*

umsehen 1 *(sich, über d. Schulter)* lít|a
(stV↑) um öxl sér *(Ö! s2)*

2 *(suchen nach etw.)* svip|ast, -ast, -aðist, -ast *(stVt)* um *eftir e-u*; *(die Gegend erkunden)* rölt|a, -i, -i, rölt *(v2)* um; skoð|a *(v1)* sig um

umsonst 1 *(nichts bezahlen)* ókeypis

2 *(vergeblich)* árangurslaust; til einskis

Umstand 1 *(Umstände)* kringumstæð|ur; aðstæð|ur *(w1 Mz, Gen Mz -ðna)*; *(Zustand)* aðstað|a *(Ö! w1)*

2 *(Mühe)* fyrirhöfn *(w6)*; umstang *(s2 Ez)*

3 mildernde ~ málsbót, -ar, -bætur *(w4)*

4 *(versch.)* unter ~en ef tækifæri er til; in anderen ~en ólétt; den ~en entsprechend eftir atvikum; miðað við aðstæður

umsteig|en *(z.B. Bus, Flugzeug)* skipt|a, -i, -i, skipt *(v2)* *(í aðra rútu / flugvél)*; ≈ekarte skiptimið|i *(m1)*

Umtausch skipti *(s3)* *fyrir e-ð*

umtauschen *(etw. ~ in)* skipt|a, -i, -i, skipt *(v2)* *e-u í e-ð*

Umweg krók|ur, -s, -ar *(m2)*; krókaleið, -ar, -ir *(w3)*

Umwelt umhverfi *(s3 Ez)*

umweltfreundlich umhverfisvæn|n, -, -t

Umweltschutz umhverfisvernd, -ar, -ir *(w3)*

umwerfen 1 *(zu Fall bringen)* hrind|a *(stVt)* *e-u* um koll

2 *(Plan zunichte machen)* kollvarp|a *(v1)* *e-u*; *(ändern)* breyt|a, -i, -ti, breytt *(v2)* *e-u*

3 *(etw. über etw. darüberwerfen)* kast|a *(v1)* *e-u* yfir *e-ð*

Umwerfer *(Fahrrad)* skipt|ir *(m4)*

umziehen 1 *(s., Kleidung)* skipt|a, -i, -i, skipt *(v2)* um föt

2 *(Wohnung)* flyt|ja, flyt, flutti, flutt *(v5)*

Umzug 1 *(Wohnung)* flutning|ur, -s, -ar *(m2)* **2** *(Parade)* skrúðgang|a *(Ö! w1)*; *(Protest≈)* kröfugang|a *(Ö! w1)*

un- 1 ó- *(weitere Verwendung als im Deutschen; auch: (noch) nicht)*; noch nicht gekommen ókom|inn

2 *(nicht genug, falsch)* van-;

~fähig vanhæf|ur;

~ausgeschlafen vansvefta *(unv.)*;

~passend vansæmandi *(unv.)*;

~dankbar sein vanþakk|a *(v1)*

unabhängig óháð|ur, -, - *(Dat)*; ~ davon, ob ... óháð því hvort ...

unangenehm óþægileg|ur;

ónotaleg|ur; *(lästig)* hvimleið|ur, -, -leitt; *(etw. bedauern)* e-um þyk|ir *(↑ þykja)* e-ð leitt

▶ Mir ist das ausgesprochen ~. Mér þykir þetta óskaplega leitt.

unanständig ósiðað|ur; ósæmileg|ur; *(unpassend)* óviðeigandi *(unv.)*; *(grob)* ruddaleg|ur; *(obszön)* klámfeng|inn

unausgesprochen *(~ um etw. bitten)* mæl|ast, -ist, -dist, -st *(v2)* til e-s; far|a *(stVt)* fram á e-ð

unbedingt *(Adv.)* endilega

unbefugt óviðkomandi

unbegrenzt ótakmarkað|ur, -takmörkuð *(Ö!)*, -takmarkað

unbekannt óþekkt|ur

unbequem 1 *(Lage)* óþægileg|ur

2 *(widerspenstig)* þrá|r, -, -tt; stríð|ur, -, strítt

unbesiedelt *(~es Gebiet)* óbyggð, -ar, -ir *(w3)*

unbrauchbar handónýt|ur, -, -nýtt

und og; *(bei gewissem Gegensatz)* en; er und Palli þeir Palli; ja und? hvað með það?

und so weiter og svo framvegis *(Abk.)* osfr.)

undankbar vanþakklát|ur

unecht óekta *(unv.)*

unendlich *(in Zeit u. Raum)* óendanleg|ur; endalaus

♦ *(Adv.)* óendanlega; endalaust

unentbehrlich ómissandi *(unv.)*

unentschieden 1 *(sich nicht entschieden haben)* óráð|inn; tvístígandi *(unv.)* yfir e-u

2 *(Angelegenheit)* óútkljáð|ur, -, -; óákveð|inn *(auch: Person)*

3 *(Sport)* (~ spielen) ger|a, -i, -ði, -t *(v2)* jafntefli *(s3)* við e-n

unerträglich óbærileg|ur; óþolandi *(unv.)*

unerwartet óvænt|ur, -, -

unfähig vanhæf|ur *(↑ van-)*; óhæf|ur

Unfall *(allg.)* slys *(s2)*; *(weniger schlimm)* óhapp, -s, óhöpp *(Ö! s2)*; *(vom Weg abgekommen)* útafakstur *(m3)*; *(umgekippt)* bílvelt|a *(w1)*; *(mit Todesfolge)* banaslys *(s2)*

ungeduldig óþolinmóð|ur, -, -mótt; *(erwartungsvoll)* óþreyjufull|ur

ungefähr rúmleg|ur; rúm|ur

♦ *(Adv.)* rúmlega
ungenau ónákvæm|ur
ungenügend ófullnægjandi *(unv.)*
ungerade *(math.)* ójafn, ójöfn *(Ö!)*,
ójafnt; ~ Zahl oddatal|a *(Ö! w1, Gen Mz -lna)*
ungerecht óréttlát|ur; óréttsýn|n, -, -t;
≈**igkeit** óréttlæti *(s3 Ez)*
ungern *(jd. will etw. ~ machen) (Adj.)*
ófús, -, -t ♦ *(Adv.)* ófúsleg|a; helst ekki
▶ Ich mache es ~.
Ég ætla að gera það helst ekki.
ungeschickt 1 *(bei der Arbeit)*
klaufaleg|ur ♦ *(Adv.)* klaufalega;
óhönduglega;
~er Mensch klauf|i *(m1)*; klunn|i *(m1)*;
~ arbeiten klauf|ast *(v1)* við e-ð
2 *(ungeeignet)* ónothæf|ur
ungesund 1 *(z.B. Essen)* óholl|ur;
óheilnæm|ur
2 *(Gesundheitszustand)*
óheilbrigð|ur, -, -brigt; vanheil|l, -, -t
3 *(Aussehen)* veikluleg|ur; lasleg|ur
ungewiss óviss; ≈**heit** óviss|a *(w1)*
ungewöhnlich 1 *(nicht üblich)*
óvenjuleg|ur;
(den Sitten zuwider) óvanaleg|ur
2 *(außergewöhnlich)* sérstak|ur,
-stök *(Ö!)*, -stakt; sérstæð|ur, -, -stætt
♦ *(Adv.)* sérstaklega
unglaublich ótrúleg|ur ▶ ~! Ótrúlegt!
ungleich ólík|ur; ekki eins;
(bei zusammengehörigen Paaren)
ósamstæð|ur, -, -stætt
Unglück óhapp, -s, óhöpp *(Ö! s2)*;
(Unfall) slys *(s2)*;
~**svogel** óheillakrák|a *(w1)*
unglücklich 1 *(Gefühl)*
óhamingjusam|ur, -söm *(Ö!)*, -samt
2 *(dumm gelaufen)* óhepp|inn;
óheppileg|ur;
~**erweise** óheppilega;
(Ungeschicklichkeit) af slysni
ungültig ógilt|ur, -, -;
(für ~ erklären) ger|a, -i, -ði, -t *(v2)*
ógildan *(m)* / ógilda *(w)* / ógilt *(s)*
(z.B. Fahrkarte);
rift|a, -i, -i, rift *(v2) e-u* (Vertrag)
unhöflich ókurteis, -, -t; dónaleg|ur
Uniform einkennisbúning|ur, -s, -ar *(m2)*
Universität háskól|i *(m1)*;
~ **Islands** Háskóli Íslands

unklar 1 *(Erinnerung, Vorstellung, auch:
Sprechweise)* óskýr, -, -t ; óljós
2 *(undeutlich: Sicht, Aussage)* ógreinileg|ur
3 *(unsicher, z.B. Zukunft)* óviss
unmittelbar 1 *(räuml./zeitl. direkt an)*
(rétt) næst|ur, -, -; sem liggur
(↑ **liggja**) / kemur (↑ **koma**) rétt næst *e-u*
2 *(ohne Umweg)* bein|n, -, -t
♦ *(Adv.)* (alveg) rétt; beint
▶ ~ an der Straße Alveg rétt við veginn;
~ **danach** rétt á eftir *e-u*
unmöglich 1 *(nicht zu bewältigen)*
ómöguleg|ur; ógerleg|ur; ver|a *(stV↑)*
e-um ofvíða **2** *(nicht zu verwenden)* ótæk|ur
3 *(indiskutabel)* ómöguleg|ur; óhæf|ur;
ósæmileg|ur; ~ **sein** ver|a *(stV↑)* út í hött ▶
Das ist ~! Þetta er ómögulegt!
unnötig ónauðsynleg|ur; þarflaus;
óþarfi *(unv.)*
Unordnung óreið|a *(w1)*;
(Verwirrung) rugling|ur, -s *(m2 Ez)*
unpünktlich *(verspätet)* sein|n, -, t;
(grundsätzlich) óstundvís(leg|ur)
Unrecht rangindi *(s3 Mz)*;
jdm. ~ tun beit|a, -i, -ti, -t *e-um* rangindum;
~ **haben** haf|a *(stV↑)* rangt fyrir sér
Unruhe 1 *(ständige Bewegung,
auch vulk.)* ókyrrð, -ar *(w3 Ez)*
2 *(innerlich)* eirðarleysi *(s3)*; óró|i *(m1)*
3 *(in Gruppe)* kurr *(m3 Ez)*;
(Aufregung) æsing *(w2)*
unschuldig ósek|ur
unsicher 1 *(gefährlich; ohne Selbstvertrauen)*
óörugg|ur **2** *(in Gefahr)* ótrygg|ur
3 *(ungewiss)* óviss **4** *(nicht vertrauenswürdig)*
ótraust|ur, -, - **4** *(verunsichert)* flóttaleg|ur
unsichtbar ósýnileg|ur
Unsinn bull *(s2)*; rugl *(s2)*; vitleys|a *(w1)*;
~ **reden** blaðr|a *(v1)*; bull|a *(v1)*
unsympathisch óviðfelld|inn;
ógeðfelld|ur, -, -fellt
unten 1 *(Position)* niðri; fyrir neðan *(Akk.)*;
weiter ~ neðar; **ganz** ~ neðst niður;
von ~ **herauf** að neðan
2 *(fertig sein, mittellos)* ver|a *(stV↑)* í rúst
unter 1 *(Position)* undir *(Dat)*;
fyrir neðan *(Akk)*
2 *(in die Position bewegen)* undir *(Akk)*
♦ *(Adv.)* undir; ~ **anderem** meðal annars;
~ **uns gesagt** milli okkar sagt
unter anderem meðal annars

unterbrechen 1 *(Pause machen)*
ger|a, -i, -ði, -t *(v2)* hlé á *e-u*
2 *(Strom, Telefon)* rjúf|a *(stV↑)*
3 *(jdn. beim Sprechen)* gríp|a *(stV↑)*
fram í *fyrir e-um*
Unterbrechung 1 *(Pause)* hlé
(s2, m. Art. hléið*, Dat Ez* hléi [hléinu]*, Dat Mz*
hléum [hléunum]*, Gen Mz* hléa [hléanna]*)*
2 *(Strom, Telefon)* rof *(s2)*
3 *(jdn. beim Sprechen)* innskot *(s2)*
unterbringen 1 *(etw. aufräumen)*
kom|a *(stV↑) e-u* fyrir
2 *(Übernachtung)* útveg|a *(v1) e-um*
húsaskjól; hýs|a, -i, -ti *(v2) e-um*
unterdrücken 1 *(Lachen, Husten)*
hald|a *(stV↑) e-u* niðri í sér
2 *(Protest)* bæl|a, -i, -di, -t *(v2) e-ð* niður
3 *(jdn. kleinhalten)* undirok|a *(v1) e-n*
unterer neðr|i *(Ez m / w)*,
neðra *(Ez s)*, neðri *(Mz m / w / s)*
Unterführung *(oberirdisch)* undirgöng
(Ö! s2); *(Tunnel)* neðanjarðargöng *(Ö! s2)*
Untergang 1 *(Sonne)* sólsetur
(s2, m. Art. -trið A!*)* **2** *(Schiff)* skiptap|i *(m1)*;
sjóslys *(s2)* *(allg. Schiffsunglück)*
3 *(e-s Unternehmens)* endalok *(s2 Mz)*
untergehen 1 *(Sonne)* set|jast,
sest, settist, sest *(v2)*
2 *(Schiff)* sökkv|a *(stV↑)*
3 *(Firma)* far|a *(stV↑)* á hausinn
unterhalb fyrir neðan *(Akk)*
unterhalten 1 *(Gespräch)* spjall|a *(v1)* sa-
man; rabb|a *(v1)* saman
2 *(s. amüsieren)* skemmt|a *(v1)* sér
3 *(etw. instandhalten)* hald|a *(stV↑) e-u* við
4 *(jdn. finanziell)* framfær|a, -i, -ði, -t *(v2) e-n*
Unterhalt *(finanziell)* framfæri *(s3)*
Unterhaltung 1 *(Gespräch)* samtal,
-s, samtöl *Ö! s2)*
2 *(Vergnügen)* skemmtun *(w5)*
3 *(Instandhaltung)* viðhald, -s, -höld *(Ö! s2)*
▶ Gute ~! Góða skemmtun!
Unterhemd nærbol|ur, -s, -ir *(m2)*
Unterhose nærbux|ur *(w1 Mz,*
Gen Mz -xna*)*; 1 / 2 / 3 / 4 ~n einar / tvennar /
þrennar / fernar nærbuxur *(Wort existiert nur als*
Mz, deshalb diese Sonderformen bis 4)
unterkühlt ofkæld|ur, -, ofkælt;
≈ofkæling *(w2)*
Unterkunft *(kurzzeitig)* húsaskjól *(s3)*;
(länger) húsnæði *(s3)*

unternehmen *(etw. ~ gegen jdn. /etw.)* að-
haf|ast, -hefst, -hafðist,
-hafst *(↑ hafa)* í málinu *gegn e-um*
Unternehmen 1 *(Firma)* fyrirtæki *(s3)*;
~ gründen stofn|a *(v1)* fyrirtæki;
~ betreiben rek|a *(stV↑)* fyrirtæki
2 *(gepl. Tätigkeit)* framkvæmd, -ar, -ir *(w3)*
Unterricht kennsl|a *(w1)*
unterrichten kenn|a, -i, -di, -t *(v2)*
untersagt óheimil|l, -, -t
unterschätzen vanmet|a *(↑ meta)*
unterscheiden (~ in) aðgrein|a,
-i, -di, -t *(v2) e-ð í /*
(~ voneinander) aðgreina *e-ð frá e-u*
Unterschied (mis)mun|ur, -ar, -ir
(m2) á e-u; e-n ~ machen ger|a,
-i, -ði, -t *(v2)* greinarmun *á e-u*
unterschiedlich misjafn, -jöfn *(Ö!)*,
-jafnt; mismundandi *(unv.)*
unterschreiben undirrit|a *(v1) e-ð*;
skrif|a *(v1)* undir *e-ð*
Unterschrift undirskrift, -ar, -ir *(w3)*;
undirritun *(w5)*
unterstreichen *(Strich machen, betonen)*
strik|a *(v1) undir*; undirstrika *(v1)*
unterstützen 1 *(gering)* aðstoð|a *(v1) e-n*
2 *(in weiterem Umfang)* styð|ja, styð, studdi,
stutt *(v5) e-n*;
renn|a, -i, -di, -t *(v2)* stoðum undir *e-n*
3 *(finanziell)* styrk|ja, -i, -ti, -t *(v2) e-n til e-s*
Unterstützung 1 *(kl. Hilfe)* aðstoð, -ar *(w3)*
2 *(finanziell)* styrk|ur, -s, -ir
(m2, Dat Ez -rk [-rknum]*)*
untersuchen athug|a *(v1) e-ð*;
skoð|a *(v1)*
Untersuchung 1 *(Arzt)* læknisskoðun *(w5)*
2 *(Zoll, Polizei)* rannsókn, -ar, -ir *(w3)*;
(Suche) leit, -ar, -ir *(w3) að e-u*
Unterwäsche nærföt *(Ö! s2)*
unterwegs *(allg.; ohne best. Ziel)* á ferðinni;
(mit konkretem Ziel) á leiðinni *til e-s*;
(Reise eher) ver|a *(stV↑)* á ferðalagi
▶ Wohin bist du ~? Hvaða ferðalag er á þér?
unübersichtlich *(Kuppe wg. Gegenverkehr)*
blindhæð, -ar, -ir *(w3)*
unverantwortlich ábyrgðarlaus
unvermeidlich óhjákvæmileg|ur;
óumflýjanleg|ur
unvernünftig óskynsam|ur, -söm *(Ö!)*,
-samt; *(Risiko)* óvarleg|ur
unvorsichtig ógæt|inn; óvarkár, -, -t

Unwetter óveður *(s2, m. Art. -ðrið A!)*
unwillkürlich ósjálfráð|ur, -, -rátt
unwohl **1** *(nicht ganz gesund)* slappur
2 *(Bedenken haben)* ef|ast *(v1)*
unzufrieden óánægð|ur, -, -
unzuverlässig ótraust|ur, -, -;
(s. als ~ erweisen) klikk|a *(v1)*
Urin þvag *(s2 Ez)*; hland *(s2 Ez)*
Urkunde skjal, -s, skjöl *(Ö! s2)*
Urlaub frí *(s2, m. Art. fríið, Dat Ez frí [fríinu],
Dat Mz fríjum, Gen Mz frija)*
Ursache orsök, -sakar, -sakir *(Ö! w6)*
Ursprung upprun|i *(m1)*
ursprünglich upprun|aleg|ur
Urteil dóm|ur, -s, -ar
(m2, Dat Ez -mi [-mnum])
USB-Stick minnislykil|l, -s, -lyklar *(A! m5)*

V

Vagina leggöng *(Ö! s2)*
Vase (blóma)vas|i *(m1)*
Vater **1** *(Familienmitgl.)* pabb|i *(m1)*
(auch Fremden gegenüber); faðir, föður *(Ö!)*,
feður *(m unregl., Akk u. Dat. Ez föður,
Dat Mz feðrum, Gen Mz feðra) (förm.)*
2 *(Vater und Sohn/Söhne)* feðg|ar *(m1 Mz)*;
(Vater und Tochter) feðgin
*(s2, Dat Mz feðginum [feðginunum],
Gen Mz feðgina [feðginanna])*
▶ Vater und Sohn gingen in den Laden.
Feðgarnir fóru í búðina.
Vegetarier grænmetisæt|a
(w1) (für und) ▶ Ich bin ~.
Ég borða einungis grænmetisfæði.
vegetarisch grænmetis-; úr grænmeti
Ventil ventil|l, -s, ventlar *(A! m5)*;
(Sicherheits~) (öryggis)lok|i *(m1)*
Ventilator vift|a *(w1)*
verabreden **1** *(Absprache)* koma|st
(stV↑) að samkomulagi *við e-n um e-ð*
2 *(s. mit jdm. für ein Treffen ~)* mæl|a,
-i, -ti, -t *(v2)* sér mót *við e-n*
Verabredung **1** *(Absprache)*
samkomulag, -s, -lög *(ö! s2)*
2 *(Treffen)* stefnumót *(s2) við e-n*
verabschieden **1** *(s. ~)* kveð|jast,
kveðst, kvaddist, kvast *(v5)*
2 *(jdn. ~)* kveð|ja, -, kvaddi, kvatt *(v5) e-n*
veraltet úrelt|ur; *(altmodisch)* gamaldags

verändern breyt|a, -i, -ti, -t *(v2) e-u; s. ~*
breyt|ast, -ist, -tist, breyst *(v2)*
Veränderung breyting *(w2)*
veranstalten *(Konzert, Meeting)*
hald|a *(stV↑)*
Veranstaltung **1** *(Meeting abhalten)* fun-
da(r)höld *(Ö! s2 Mz von hald)*
2 *(Konzert etc.)* viðburð|ur, -ar, -ir *(m2)*
verantwort|en svar|a *(v1)* ábyrgð
fyrir e-ð; ~lich ábyrg|ur;
≈**ung** ábyrgð, -ar, -ir *(w3)*;
~ tragen für etw. ber|a *(stV↑)* ábyrgð *á e-u*;
zur ~ ziehen drag|a *(stV↑) e-n* til ábyrgðar *fy-
rir e-ð*; auf meine ~ á mína ábyrgð;
auf eigene ~ á eigin ábyrgð
Verband **1** *(medizin.)* sáraumbúð|ir
(w3 Mz von búð) **2** *(Organisation)*
samband, -s, sambönd *(Ö! s2)*
Verbandskasten sjúkrakass|i *(m1)*
verbessern **1** *(Fehler korrigieren)*
leiðrétt|a, -i, -i, leiðrétt *(v2)*
2 *(besser machen)* bæt|a, -i, -ti, bætt *(v2)*
Verbesserung **1** *(Fehlerkorrektur)*
leiðrétting *(w2)* **2** *(allg.)* (úr)bót *(w4)*
verbieten bann|a *(v1) e-ð*
verbilligt lækkað|ur í verði *um e-ð*
▶ um 500 ISK verbilligt
lækkað í verði um fimmhundruð krónur
verbinden **1** *(Wunde)* bind|a *(stV↑)* um sár
2 *(Verbindung herstellen)* gef|a *(stV↑)*
samband *við e-n* **3** *(chem.)* bind|ast *(stV↑)*
Verbindung **1** *(Telefon, Beziehung)*
samband, -s, sambönd *(Ö! s2)*;
~en haben haf|a *(stV↑)* sambönd;
~en spielen lassen kipp|a, -i, -ti,
kippt *(v2)* í spottanum
2 *(z.B. Seil; log. Zusammenhang)*
tengsl *(s2, mst. Mz)*;
in ~ mit í tengslum við *e-ð*
Verbot bann, -s, bönn *(Ö! s2)*
verboten bannað|ur, bönnuð *(Ö!)*,
bannað ▶ Eintritt ~ . Óviðkomandi aðgangur
bannaður. **Parken** ~ . Bifreiðarstöður bannaðar.
Rauchen ~! Reykingar bannaðar!
Verbrauch neysl|a *(w1)*
Verbraucherschutz
neytendasamtök *(Ö! s2 Mz von samtak)*
verbrauchen eyð|a, -i, eyddi,
eytt *(v2) e-u*
Verbrechen glæp|ur, -, -ir
(m2, Dat Ez -pi [-pnum]); *(förml.)* afbrot *(s2)*

Verbrecher glæpamaður (↑ maður)

verbreiten (z.B. Neuigkeit) dreif|a, -i, -ði, -t (v2) e-u

verbreitern breikk|a (v1) e-ð um e-ð

verbrennen¹ (vi) (von s. aus ~; auch: Säure, Gras in Sonne etc.; DVD etc. brennen) brenn|a (stV↑); s. ~ brenn|a (stV↑) á e-u

verbrennen² (vt) (etw. ~) brenn|a, -i, -di, -t (v2) e-u

Verbrennung (medizin.) brunasár (s2)

ve bringen (Zeit) ver|ja, ver, varði, varið (v5) e-um; (eher verschwenden) eyð|a, -i, eyddi, eytt (v2) e-u;

Verdacht grun|ur, -s (s2); grundsemd, -ar, -ir (w3)

verdächtig grunsamleg|ur

Verdächtiger hinn grunaði (Adj. in schwacher Form)

verdammt 1 (~ zu etw.) (til)neydd|ur, -, -neytt til e-s 2 (Kraftausdruck) helvíti (mit Adj.) / helvítis (m. Hauptwort); ~ gut helvíti gott; ~e Karre helvítis bíll; hel~ísk|ur; bölvað|ur
▶ ≈! Skrambans! Árans vandræði!

verdauen melt|a, -i, -i, melt (v2)

Verdauung 1 (Vorgang) melting (w2) 2 (Organe) meltingarfæri (s3 Mz)

verderben¹ (vi) spill|ast, -ist, -tist, spillst (v2); verdorben ónýt|ur, -, ónýtt
▶ Die Milch ist verdorben. Mjólkin er ónýt.

verderben² (vt) (etw. ~) spill|a, -i, -ti, -t (v2) e-u; skemm|a, -i, -di, -t (v2) e-ð

verdienen 1 (Geld) þén|a (v1); vinn|a (stV↑) sér e-ð inn (v1) 2 (an etw. ~) hagn|ast (v1) á e-u 3 (z. B. Lob, Tadel) eig|a (stV↑) e-ð skilið
▶ Er hat es nicht besser ~. Hann á ekki betra skilið.

verdoppeln tvöfald|a (v1) upp í e-ð

verehren 1 (Vorbild) dá|st, dáist, dáðist, dást (v1) að e-um 2 (religiös) dýrk|a (v1) e-n

Verein (Club) félag, -s, félög (Ö! s2)

vereinfachen einfald|a (v1)

vereinigen samein|a (v1); samlag|a (v1) e-u; s. ~ samein|ast (v1)

Vereinigung 1 (das Zusammenlegen) sameining (w2) 2 (organisatorisch, z.B. Firmen) samtök (Ö! s2 Mz)

vereisen ís|a (v1); ≈ung ísing (w2)

verengt (Straße / Brücke auf 1 Fahrspur)

einbreið|ur, -, -tt; ~e Brücke einbreið brú

Verfahren 1 (techn. ~) aðferð, -ar, -ir (w3) 2 (Gerichts≈) meðferð, -ar, -ir (w3)

Verfassung 1 (Zustand) ástand (s2 Ez); in guter ~ í góðu ástandi 2 (polit.) þjóðarskrá (w7)

verfolgen elt|a, -i, -i, elt (v2) e-n

verführen tæl|a, -i, -di, -t (v2) e-n; (in Versuchung führen) freist|a (v1) e-s; (nachgeben) lát|a (stV↑) freistast af e-u

vergangen lið|inn; (aufgehört) hætt|ur, -, -

Vergangenheit 1 (geschichtl.) fortíð, -ar, -ir (w3) 2 (Grammatik) þátíð, -ar, -ir (w3)

vergeblich árangurslaus

vergessen gleym|a, -i, -di, -t (v2) e-u; etw. völlig ~ steingleyma ▶ Ich habe es zu Hause ~ . Ég er búinn að gleyma því heima.

vergewaltigen nauðg|a (v1) e-um

Vergewaltigung nauðgun (w5); jdn. anzeigen wegen ~ kær|a, -i, -ði, -t (v2) e-n fyrir nauðgun

vergewissern s. gang|a (stV↑) úr skugga um e-ð ▶ Ich möchte mich ~, ob … Ég ætla að ganga úr skugga um hvort …

vergiften (jdn. ~) eitr|a (v1) fyrir e-um

Vergiftung eitrun (w5)

Vergleich 1 (allg.) samanburð|ur, -ar, -ir (m2); im ~ í samanburði við e-ð 2 (vor Gericht) kom|ast (stV↑) að samkomulagi

vergleichen ber|a (stV↑) e-ð saman við e-ð; ger|a, i, -ði, -t (v2) samanburð

vergnügen (s.~) skemmt|a, -i, -i, skemmt (v2) sér

Vergnügen skemmtun (w5)
▶ Viel ~! Góða skemmtun!

vergrößern 1 (allg.) stækk|a (v1) um e-ð 2 (steigern) auk|a (stV↑) e-ð um e-ð

verhaften handtak|a (↑ taka)

verhalten 1 (s. benehmen) hegð|a, -i, -i (v1) sér; lát|a (stV↑) 2 (Umstände: es verhält s.) e-u er háttað od. varið; stand|a (stV↑) á e-u ▶ Wenn es so ist, dann … Ef þannig stendur á þá …

Verhalten hegðun (w5)

Verhältnis 1 (math. Relation) hlutfall, -s, -föll (Ö! s2) 2 (persönl. Beziehung) samband, -s, -bönd (Ö! s2) 3 (~se, Umstände) kringumstæð|ur (w1 Mz, Gen Mz -ðna);

(wirtschaftl.) kjör *(s2 Mz, kein Ö!)*

verhandeln 1 *(geschäftlich)* sem|ja, sem, samdi, samið *(v5)*
2 *(gerichtlich)* rétt|a *(v1) í málinu*

Verhandlung *(Gericht)* meðferð, -ar, -ir *(w3)*

verheiratet gift|ur, -, -; *(mit Frau)* kvænt|ur

verhindern kom|a *(stV↑) í veg fyrir e-u;* hindr|a *(v1) e-n í e-u*

Verhör yfirheyrsl|a *(w1);* ≈en yfirheyr|a, -i, -ði, -t *(v2) e-n*

Verhütungsmittel getnaðarvörn, -varnar, -varnir *(Ö! w6)*

verirren *(s. ~)* vill|ast, -ist, -tist, villst *(v2)*

Verkauf sal|a *(Ö! w1)*

verkaufen selja, sel, -di, -t *(v4)*

Verkäufer sölumaður *(↑ maður)*

Verkehr *(Fahrzeuge)* umferð, -ar *(w3 Ez)*
2 *(geschlechtl.)* samfar|ir *(w6 Mz);* kynmök *(Ö! s2 Mz)*

Verkehrsbüro ferðaskrifstof|a *(w1)*

Verkehrsmittel samgöngutæki *(s3)*

verkehrt 1 *(falsch)* rang|ur, röng *(Ö!),* rangt 2 *(umgekehrt)* öfug|ur, -, -t

verkleinern *(vi, vt)* minnk|a *(v1) um e-ð;* smækk|a *(v1) um e-ð*

verkürzen stytt|a, -i, -i, stytt *(v2) e-ð*

Verlag forlag, -s, forlög *(Ö! s2)*

verlangen kref|jast, krefst, krafðist, krafist *(v5) e-s af e-um; (indirekt, ohne es zu sagen)* far|a *(stV↑) fram á e-ð;* mæl|ast, -ist, -tist, mælst *(v2) til e-s*

verlängern 1 *(Länge)* (fram)leng|ja, -i, -di, -t *(v2)*
2 *(Dokument)* endurnýj|a *(v1)*

Verlängerung 1 *(Länge)* (fram)lenging *(w2)* 2 *(Dokument)* endurnýjun *(w5)*

verlangsamen hæg|ja, -i, -ði, -t *(v2) á e-u*

verlassen¹ *(Person, Ort)* yfirgef|a *(↑ gefa) e-n*

verlassen² *(s. auf jdn. ~)* reið|a, -i, reiddi, reitt *(v2)* upp á e-n; stól|a *(v1) upp á e-n (fam.)*

Verleih 1 *(das Verleihen)* (út)lán *(s2)*
2 *(Geschäft)* leig|a *(w1, Gen Mz -ga)*

verleihen 1 *(etw.)* lán|a *(v1) e-um e-ð*
2 *(vermieten)* leig|ja, -i, -ði, -t *(v2) e-um e-ð*
3 *(Kraft, Mut)* veit|a, -i, -ti, -t *(v2) e-um e-ð*

verletzen meið|a, -i, meiddi, meitt *(v2)*

verletzt meidd|ur, -, meitt

Verletzung 1 meiðsli *(s3)*

2 *(Beleidigung)* móðgun *(w5)*

verlieben *(s. in jdn. ~)* verð|a *(stV↑)* ást-fang|inn *af e-um;* verð|a *(stV↑)* skot|inn *í e-um*

verlieren 1 *(Gegenstand)* týn|a, -i, -di, -t *(v2) e-u; (durch Zerstörung)* glat|a *(v1) e-u* 2 *(Zeit, Überblick, Haare etc.)* miss|a, -i, -ti, -t *(v2) e-ð* 3 *(Wettkampf)* tap|a *(v1)*

verlobt trúlofað|ur

Verlust 1 *(allg.)* miss|ir *(m4); (total, durch Zerstörung)* glötun *(w5 Ez)*
2 *(bes. finanziell)* tap, -s, töp *(s2)*

vermehren¹ *(vi)* 1 *(mehr werden)* e-u fjölg|ar *(v1)*
2 *(s. fortpflanzen)* fjölg|a *(v1) sér*
▶ **Die Einwohner in der Stadt wurden mehr.** Íbúum í bænum hefur fjölgað.

vermehren² *(vt)* 1 *(etw. Zählbares ~)* fjölg|a *(v1) e-u*
2 *(etw. nicht Zählbares ~)* auk|a *(stV↑) e-ð*

vermeiden forð|ast *(v1) e-s;* sneið|a, -i, sneiddi, sneitt *(v2) hjá e-u / e-um*

vermieten leig|ja, -i, -ði, -t *(v2) e-um e-ð*

vermindern 1 *(nicht Zählbares)* minnk|a *(v1); (beschränken)* skerð|a, -i, skerti, skert *(v2)*
2 *(etw. Zählbares)* e-u fækk|ar *(v1)*

vermischen bland|a *(v1) e-ð e-u*

vermissen sakn|a *(v1) e-s*
▶ **Er vermisst sie.** Hann saknar hennar.

Vermögen 1 *(Geld)* eign, -ar, -ir *(w3); (Gesamtbesitz z.B. e-r Firma)* fjármun|ir *(m2 Mz von munur)* 2 *(Reichtum)* auðæfi *(s3)*
3 *(Leistungsfähigkeit etc.)* get|a *(w1)*

vermuten ger|a, -i, -ði, -t *(v2)* ráð fyrir *e-u*
▶ **Ich vermute es.** Ég geri ráð fyrir því.

Vermutung ágiskun *(w5)*

vernachlässigen 1 *(s. nicht kümmern)* vanræk|ja, -i, -ti, -t *(v2) e-ð*
2 *(weglassen)* hlaup|a *(stV↑) yfir e-ð*

verneinen neit|a *(v1) e-u; Frage ~* neita spurningu

vernichten tortím|a, -i, -di, -t *(v2);* eyðilegg|ja *(↑ leggja)*

Vernunft sans, -ar *(w3 Ez); (keine) ~ walten lassen* tak|a *(stV↑)* (engum) sönsum

vernünftig 1 *(rational)* skynsamleg|ur
2 *(vorsichtig)* varleg|ur

veröffentlichen *(Text)* birt|a, -i, -i, birt *(v2) e-ð; (Buch, CD etc. herausgeben)* gef|a *(stV↑)* e-ð út

verpacken pakk|a *(v1)* e-ð inn
Verpackung umbúð|ir *(w3 Mz von umbúð)*
verpassen miss|a, -i, -ti, -t *(v2)* af e-u
verpflegen *(s. ~)* sjá *(stV↑)* fyrir sér
Verpflegung (vegar)nesti *(s3)*
verpflichten skuldbind|a *(↑ binda)*
e-n til e-s
verraten 1 *(Verrat begehen)* bregð|ast
(stV↑) e-um 2 *(mitteilen)* seg|ja, segi,
sagði, sagt *(v3)* frá e-um;
(etw. aufdecken) ljóstr|a *(v1)* upp um e-n
Verräter svikar|i *(m1)*
verringern 1 *(Zählbares)* fækk|a *(v1)* e-u
2 *(nicht Zählbares)* rýr|a, -i, -ði, -t *(v2)*;
drag|a *(stV↑)* úr e-u
verrückt brjálað|ur; geggjað|ur
versammeln safn|a *(v1)* saman;
kom|a *(stV↑)* saman;
s. ~ safn|ast *(v1)* saman
Versammlung 1 *(Meeting)* fund|ur, -ar, -ir
(m2) 2 *(Zusammenkunft)* samkom|a *(w1)*
3 *(Menge)* mannsöfnuð|ur, -safnaðar,
-söfnuðir *(ö! m2)*
versäumen *(Termin)* miss|a, -i, -ti,
-t *(v2)* e-u
verschieben frest|a *(v1)*; fær|a, -i,
-ði, -t *(v2)* e-ð til
verschieden 1 *(divers)* margvísleg|ur;
ýmisleg|ur; mismunandi *(unv.)*
2 *(andersartig)* frábrugð|inn e-u; ólík|ur e-u
♦ *(Adv.)* öðruvísi *(unv.)*
verschlechtern versn|a *(v1)*
Verschluss 1 *(Deckel)* lok *(s2)*
2 *(Kamera)* lokar|i *(m1)*
verschmutzen *(äußerlich)* óhreink|a *(v1)*
e-ð; skít|a *(stV↑)* e-ð út *(fam.)*;
(vermischen mit etw., Umwelt ~) meng|a *(v1)*
Verschmutzung *(äußerlich)* óhreinindi
(s3); skít|ur, -s, -ir *(m2, Dat Ez -t [-tnum])*;
(etw. Hineingemischtes, Umwelt≈)
mengun *(w5)*
verschreiben 1 *(sich)* misrit|a *(v1)*
2 *(jdm., Rezept)* ávís|a *(v1)* e-u
3 *(s. intensiv widmen)* helg|a *(v1)* sér e-u
verschütten *(vergießen)*
hell|a, -i, -ti, -t *(v2)* e-u niður
verschwenden só|a *(v1)* e-u;
sólund|a *(v1)* e-u
verschwinden 1 *(aus Sichtweite)* hverf|a
(stV↑) 2 *(unauffindbar sein)* týn|ast,

-ist, -dist, týnst *(v2)*
3 *(heimlich abhauen)* lát|a *(stV↑)* sig hverfa
▶ Verschwinde! Drullastu út!
versichern 1 *(gegen Schaden)* trygg|ja,
-i, -ði, -t *(v2)* e-ð gegn e-u
2 *(jdm. etw. beteuern)* fullviss|a *(v1)*
e-n um e-ð; lof|a *(v1)* e-um e-ð
Versicherung trygging *(w2)*;
Unfall≈ slysatrygging *(w2)*;
Kasko≈ kaskótrygging
versinken sökkv|a *(stV↑)*;
far|a *(stV↑)* í kaf
versöhnen *(s. mit jdm. ~)* sætt|ast,
-ist, -ist, sæst *(v2)*
versorgen 1 *(jdm. etw. beschaffen)*
útveg|a *(v1)* e-um e-ð
2 *(jdm. etw. geben)* sjá *(stV↑)* e-um fyrir e-ð;
veit|a, -i, -ti, -t *(v2)* e-um e-ð
3 *(ärztlich)* meðhöndl|a *(v1)*
Versorgung 1 *(System f. Wasser, Strom etc.)*
veit|a *(w1, Gen Mz -tna)*; Wasser~ vatnsveita;
(Planung) ráðstöfun, -ar, -stafanir *(ö! w5)*
2 *(Lebensunterhalt)* framfærsl|a *(w1)*
3 *(ärztl. ~)* læknisþjónust|a *(w1)*
verspäten *(s. ~)* kom|a *(stV↑)* of seint;
e-um seink|ar *(v1)* ▶ Wir werden uns
leider verspäten. Okkur seinkar því miður.
Verspätung seinkun *(w5)*
versprechen 1 *(jdm. etw. ~)* lof|a
(v1) e-um e-ð; 2 *(s. ~, Fehler machen)*
mismæl|a *(v1)* sig
Versprechen loforð *(s2)*
Verstand skilning|ur, -s *(m2 Ez)*;
(Urteilsfähigkeit) dómgreind, -ar *(w3 Ez)*
verständigen 1 *(s. verständlich machen)*
ger|a, -i, -ði, -t *(v2)* sig skiljanlegan
2 *(benachrichtigen)* ger|a, -i, -ði, -t *(v2)*
e-um viðvart
verständlich skiljanleg|ur
verstärken styrk|ja, -i, -ti, -t *(v2)*;
efl|a, -i, -di, -t *(v2)*; *(vermehren)* auk|a *(stV↑)*
Verstauchung tognun *(w5)*
verstecken fel|a, fel, faldi, falið *(v5)* e-ð
versteckt fal|inn
verstehen 1 *(Sprache)* skil|ja, -, -di,
-ið *(v4)* 2 *(jdn. überhaupt hören können)*
heyr|a, -i, -ði, -t í e-n
3 *(kapieren)* skil|ja, -, -di, -ið *(v4)*;
botn|a *(v1)* í e-u *(fam.)*; fatt|a *(v1)* e-ð
4 *(s. auf etw. ~, etw. beurteilen können)*
haf|a *(stV↑)* vit á e-ð

▶ **Das verstehe ich**
überhaupt nicht. Ég botna ekkert í þessu.
verstopf|en stífl|a *(v1)* e-ð;
~t *(Toilette)* stíflað|ur
Verstopfung 1 *(Leitung etc.)* stífla
(w1, Gen Mz -flna)
2 *(Toilettengang)* harðlífi *(s3)*;
hægðartregð|a *(w1)*
verstorben heit|inn, -in *(nach dem*
Vornamen eingefügt) **der verstorbene Jón**
Jónsson Jón heitinn Jónsson
Versuch tilraun, -ar, -ir *(w3)*
versuchen reyn|a, -i, -di, -t *(v2)*; pruf|a
(v1) (fam.); **~ bei jdm. anzurufen**
tékk|a *(v1)* á e-um
Versuchung freisting *(w2)*
verteidigen *(auch jur.)* ver|ja, ver,
varði, varið *(v5)* e-n gegn e-u
Verteidigung vörn, varnar,
varnir *(Ö! w6); (jur.)* málsvörn
verteilen dreif|a, -i, -ði, -t *(v2)* e-u;
(austeilen) úthlut|a *(v1)* e-um e-u *(od. e-ð)*
vertiefen 1 *(z.B. Loch)* dýpk|a *(v1)*
2 *(Thema)* far|a *(stV↑)* nánar út *í e-ð*
3 *(s. in etw. ~)* sökkv|a, -i, sökkti,
sökkt *(v2)* sér *í e-ð*
Vertrag samning|ur, -s, -ar *(m2)*
vertrauen treyst|a, -i, -i, treyst *(v2)* e-um
Vertrauen traust *(s2 Ez)*
vertraulich *(~e angelegenheit)*
trúnaðarmál *(s2);* ♦ *(Adv.)* í trúnaði
vertreten 1 *(ersetzen)* ver|a *(stV↑)*
staðgengill e-s **2** *(Meinung)* styð|ja,
styð, studdi, stutt *(v5)*
Vertreter 1 *(Ersatz)* staðgengil|l,
-s, -nglar *(A! m5)*
2 *(Repräsentant)* umboðsmaður *(↑ maður)*
verursachen vald|a *(stV↑)* e-u
verurteilen 1 *(allg. und jur.)* dæm|a,
-i, -di, -t *(v2)* e-n
2 *(nur jur.)* sakfell|a, -i, -di, -t *(v2)* e-n
vervollständigen fullger|a, -i, -ði, -t *(v2)*
verwalten stjórn|a *(v1)*
Verwaltung stjórnsýsl|a
(w1, Gen Mz -sýslna); stjórn, -ar, -ir *(w3)*
verwandt 1 *(familiär)* tengd|ur, -, tengt
2 *(von der Art her)* skyld|ur, -, skylt
Verwandte frændfólk *(s2);* skyldfólk
(s2); **~r** ætting|i, -ja, -jar *(m1);*
skyldmenni *(s3) (selten; meist nennt man die*
direkte Bezeichnung wie **frændi, frænka)**

Verwandtschaft 1 *(Familienbande*
kollektiv) ætt, -ar, -ir *(w3)*
2 *(Zusammengehörigkeit)* skyldleik|i *(m1)*
verwechseln 1 *(eins mit dem anderen)*
rugl|a *(v1)* e-u saman
2 *(etw. Falsches nehmen)*
tak|a *(stV↑)* e-ð misgripum
3 *(Personen)* ruglast *(v2)* á e-um
verwenden not|a *(v1)* e-ð
Verwendung notkun *(w5);* afnot *(s2)*
verwirklichen ger|a, -i, -ði, -t *(v2)*
að veruleika; *(Projekt)* framkvæm|a,
-i, -di, -t *(v2); (Traum)* lát|a *(stV↑)* rætast
verwirr|en rugl|a *(v1);* **~t** ruglað|ur
verwunden sær|a, -i, -ði, -t *(v2)* e-n;
meið|a, -i, meiddi, meitt *(v2)*
verwundet *(seel. u. körperl.)*
særð|ur, -, sært; meidd|ur, meidd, meitt
verzeihen afsak|a *(v1)* e-ð;
fyrirgef|a *(↑ gefa)*
verzichten afsal|a *(v1)* sér e-u;
sjá *(stV↑)* af e-u
verzieren skreyt|a *(v1)*
verzögern¹ *(vi)* **1** *(später werden)*
seink|a *(v1);* drag|ast *(stV↑)*
2 *(langsamer werden)* hæg|ja,
-i, -ði, -t *(v2)* á sér
verzögern² *(vt)* **1** *(etw. behindern)*
tef|ja, tef, tafði, tafið *(v5)* e-n *od. fyrir e-um*
2 *(zurückstellen)* slá *(stV↑)* e-ð á frest
3 *(langsamer machen)* hæg|ja, -i, -ði, -t *(v2)*
á e-u; drag|a *(stV↑)* úr hraða
Verzögerung 1 *(eher nicht beeinflussbar)*
töf, tafar, tafir *(Ö! w6)*
2 *(Aufschub)* frestun *(w5)*
verzweifelt örvæntingarfull|ur
Videokamera myndbandsupptökuvél,
-ar, -ar *(w3)*
Vieh fé *(s2 Ez, m. Art. féð, Dat Ez*
fé [fénu], Gen Ez fjár [fjárins]);
búpening|ur, -s, -ar *(m2);*
~sperre *(Rohrgitter über Straßen)*
rimlahlið *(s2);* **~treiber** *(für Schafabtrieb*
Ende Sommer) smal|i *(m1);*
gangnamaður / smalamaður *(↑ maður)*
viel *(Adj.)* **1** *(viele, zählbar)* marg|ir *(m Mz)*,
marg|ar *(w Mz)*, mörg *(Ö! s Mz)*
2 *(nicht zählbar)* mikill, mikil, mikið;
fullt af e-u; *(beträchtlich)*
slatti *af e-u;* **~e Leute** fullt af fólki;
ganz schön ~ Bücher slatti af bókum

♦ *(Adv.) ~* von etw. mikið af *e-u*

vielleicht kannski

vielmals margsinnis

▶ **Danke ~!** Kærar þakkir!

Vierteljahr önn, annar, annir *(Ö! w6)*

24 Stunden sólarhring|ur, -s, -ar
(m2, Dat Ez -hring [-hringnum]*)*

Villa vill|a *(m1)* (Aussprache ohne -ttl-)

violett fjólublá|r

Visitenkarte
nafnspjald, -s, -spjöld *(Ö! s2)*

Vogel fugl, -s, -ar *(m3); (Spleen)* dell|a *(w1)*

Vogelbeere reyn|ir *(m4)*

Volk þjóð, -ar, -ir *(w3)*

Volksfest *(Kirmes)* útihátíð, -ar, -ir *(w3)*

voll 1 *(gefüllt mit etw.)* full|ur *af e-u*

2 *(betrunken)* (blind)full|ur

♦ *(Adv.) (völlig)* algerlega; fullkomlega;
ýkt *(fam.);* **jdn. nicht für ~ nehmen** tak|a *(stV↑)*
e-n (ekki) alvarlega;

zur ~en Stunde á heila tímanum.

▶ **Das finde ich ~ gut.** Þetta finnst mér ýkt gott.

vollenden fullkomn|a *(v1);*
(abschließen) ljúk|a *(stV↑) e-u*

völlig *(Adv.)* algerlega; gersamlega

volljährig myndug|ur

vollkommen fullkom|inn

♦ *(Adv.)* fullkomlega

vollständig 1 *(komplett)* fullkom|inn

2 *(ganz)* heil|l, -, -t

3 *(nicht ganz; falsch)* van- (↑ un-)

Volumen rúmmál *(s2);*
(nicht genau gemessen) rúmtak, -s,
rúmtök *(Ö! s2)*

von 1 *(räuml.)* frá *(Dat);* úr *(Dat);*
~ wo? hvaðan? **~ hier** héðan

2 *(zeitl.) ~* **wann?** síðan hvenær?
~ jetzt an héðan í frá **3** *(Urheber)* af *(Dat);*
hjá *(Dat)* **4** *(Autor, Komponist)* eftir *(Akk)*

▶ **Das ist von Mozart.** Þetta er eftir Mozart.

vor 1 *(räuml.)* fyrir framan *(Gen);* fyrir *(Dat)*
2 *(in Reihe, auch Geschehen)* á undan *(Dat)*
3 *(Bewegung vor etw. hin)* fyrir *(Akk)*
4 *(zeitl. in der Zukunft)* fyrir *(Akk);*
die Nacht vor aðfaranótt (↑ *nótt).*
Nacht vor Dienstag aðfaranótt þriðjudagsins
5 *(Uhrzeit)* **Es ist fünf ~ zwölf.** Klukkuna vantar
fimm mínútur í tólf. **6** *(wegen)* af *(Dat);*
vor lauter Angst af tómri hræðslu

♦ *(Adv.) (vorwärts)* fram;
~ und zurück fram og tilbaka

▶ **Ich war vor dir in der Reihe.**
Ég var á undan þér í biðröðinni.

Voraus *(im ~)* fyrirfram

▶ **Vielen Dank im ~** Með fyrirfram þökk

voraussagen spá, -i, -ði, -ð *(v2)*
fyrir *um e-ð*

voraussetzen 1 *(ausgehen von etw.)*
gang|a *(stV↑)* út frá *e-u*
2 *(erforderlich sein)* kref|jast, krefst,
krafðist, krafist *(v5) e-s*

Voraussetzung forsend|a *(w1);*
(Bedingung) skilyrði *(s3);* **unter der ~, dass…**
að þeim forsendum að … / með því skilyrði að …

vorbehalten *(s. etw. ~)* áskil|ja, áskil,
-di, -inn *(v4)* sér e-ð

vorbei 1 *(räuml.)* framhjá *(Dat)*
2 *(zeitl., vergangen)* lið|inn *(hjá)*

vorbeifahren keyr|a, -i, -ði, -t *(v2)*
framhjá *e-u*

vorbeigehen gang|a *(stV↑)* framhjá *e-u*

vorbeischauen *(mit dem Auto ~)* renn|a
(stV↑) við; líta *(stV↑)* inn *(hjá) e-um (fam.)*

vorberei|ten undirbú|a *e-ð (wie búa);*
s. ~ undirbúa sig; **~tet** undirbú|inn

Vorbereitung undirbúning|ur, -s,
-ar *(m2);* viðbúnað|ur, -ar, -ir *(m2)*

Vorbild fyrirmynd, -ar, -ir *(w3);*
(Beispiel) fordæmi *(s3)*

vorderer framanverð|ur, -, -vert;
fremri *(m/w Ez),* fremra *(s Ez),*
fremri *(m/w/s Mz)*

Vorfahrt forgang|ur, -s, -ar *(m2);*
rétt|ur, -ar, -ir *(m2) (fam.);*
~ haben / gewähren eig|a *(stV↑) /*
veit|a, -i, -ti, veitt *(v2) e-um* réttinn

vorgeschichtlich forsöguleg|ur

vorgestern í fyrradag

vorhaben *(planen)* spá, -i, -ði, -ð *(v2) í e-ð;*
pæl|a, -i, -di, -t *(v2) í e-u*

▶ **Was hast du vor?** Hvað ertu að pæla?

Vorhang 1 *(Fenster)* gluggatjald, -s,
-tjöld *(Ö! s2); (Gardine)* gardín|a *(w1)*
2 *(z.B. vor kleinem Raum)* forhengi *(s3)*

vorher áður en

Vorhersage spá *(w7);* **Wetter~** veðurspá

vorhersagen spá, -i, -ði, -ð *(v2)*
fyrir *um e-ð*

vorig fyrri *(m/w Ez),* fyrra *(s Ez),*
fyrri *(m/w/s Mz)*

vorkommen 1 *(existieren)* ver|a *(stV↑)* til
2 *(geschehen)* kom|a *(stV↑)* fyrir

3 *(hervorkommen)* kom|a *(stV↑)* fram
4 *(den Anschein haben)* þyk|ja, -ir, þótti, þótt
(v3); (s. ~, glauben von s.) þyk|jast,
-ist, þóttist, þóst *(v3)*
Vorlaufzeit fyrirvar|i *(m1)*
  (auch: Bedingung)
vorläufig til bráðabirgða(r)
  ♦ *(Adv.)* fyrst um sinn
Vorlesung fyrirlestur, -lestrar,
-lestrar *(m2 A!)*
vorletzter næstsíðast|ur
Vormittag fyrir hádegi; ≈s fyrir hádegi
vorn *(Adv.)* frammi; nach ~ fram;
  von ~ að framan; *(am Beginn)* í upphafi;
  ~ auf / an etw. *(am vorderen Teil)*
  framanverð|ur, -, -vert *(Adj.)*;
  ~e auf der Halbinsel á framanverðu nesinu;
  von ~ anfangen byr|ja *(v1)* upp á nýtt
Vorname eiginnafn, -s, -nöfn *(ö! s2)*;
  fornafn, -s, -nöfn *(ö! s2)*
Vorrat forð|i *(m1)*; birgð|ir *(w3 Mz)*;
  Essens≈ matarbirgðir
Vorraum forstof|a *(w1)*; skál|i *(m1)*;
  hol *(s2)*; ~ mit Fernseher sjónvarpshol
Vorrichtung *(út)*búnað|ur, -ar, -ir *(m2)*
Vorschlag tillag|a *(ö! w1)* að e-u;
  uppástung|a *(w1, Gen Mz -ngna)*;
  e-n ~ machen sting|a *(stV↑)* upp á e-u
vorschlagen legg|ja, legg, lagði,
  lagt *(v5)* e-ð til;
  ger|a, -i, -ði, -t *(v2)* tillögu um e-ð
vorschreiben fyrirskip|a *(v1)* e-um e-ð
Vorschrift regl|a *(w1)*; skipun *(w5)*;
  fyrirmæli *(s3 Mz)*
Vorschuss fyrirframgreiðsl|a
  (w1, Gen Mz -greiðslna)
Vorsicht varúð, -ar *(w3 Ez)*;
  (Umsicht) varkárn|i, -i *(w8 Ez)*;
  aðgát, -ar *(w4 Ez)*;
  ~ walten lassen sýn|a, -i, -di, -t *(v2)* varúð
  ▶ Vorsicht! Varúð!
vorsichtig varkár, -, -t;
  (umsichtig) aðgæt|inn; varfær|inn
Vorsitz formennsk|a *(w1)*;
  ~ender formaður *(↑ maður)*
Vorspeise forrétt|ur, -ar, -ir *(m2)*
Vorstadt úthverfi *(s3)*
vorstellen 1 *(jdn. bekannt machen)*
  kynn|a, -i, -ti, -t *(v2)* e-n fyrir e-um
2 *(s. jdn. vorstellen)* kynn|a, -i, -ti, -t *(v2)* sig
3 *(s. etw. imaginieren)* ímynd|a *(v1)* sér e-ð;

s. etw. ~ können get|a *(stV↑)* séð e-ð fyrir sér
Vorstellung 1 *(Imagination)* ímyndun *(w5)*
2 *(Bühne)* sýning *(w2)*
Vorteil kost|ur, -ar, -ir *(m2)*;
  (Profit) hagnað|ur, -ar *(m2 Ez)*
Vortrag erindi *(s3)*
vorübergehend tímabund|inn
  ♦ *(Adv.)* til skamms tíma; skamma hríð
Vorurteil fordóm|ur, -s, -ar
  (m2, Dat Ez -mi [-mnum])
Vorwahl svæðisnúmer *(s2)*
Vorwand yfirskin *(s2)*; undanbragð,
  -s, undanbrögð *(ö! s2; meist in Mz)*;
  ~ vorschieben ver|a *(stV↑)* með vífilengjur
Vorwarn|zeit *(z.B. vor Eruption)*
  viðvörunartím|i *(m1)*; **~ung** fyrirvar|i
  (m1); ohne ~ *(Adv.)* fyrirvaralaust
vorwärts fram
Vorwurf átöl|ur *(ö! w1, Gen Mz -lna)*
  ámæli *(s3)*
vorzeitig of snemma
vorziehen 1 *(bevorzugen)* tak|a *(stV↑)* e-ð
  fram yfir; vil|ja *(stV↑)* e-ð heldur
2 *(nach vorne bringen)* flyt|ja, flyt, flutti,
  flutt *(v5)* e-ð fram
Vulkan *(Berg)* eldfjall, -s, eldfjöll *(ö! s2)*;
  (wo Aktivität ist/war) eldstöð, -var, -var *(w3)*;
  gosstöð|var *(w3 Mz)*
Vulkanausbruch eldgos *(s2)*
Vulkanismus eldvirkn|i, -i *(w8 Ez)*

W

Waage vog, -ar, -ir *(w3)*
wach vakandi *(unv.)*;
  ~ werden vakn|a *(v1)*
Wachs vax, -, vöx *(ö! s2)*;
  ~kerze vaxkerti *(s3)*
wachsen 1 *(s. entwickeln)* vax|a *(stV↑)*;
  (gedeihen) dafn|a *(v1)*
2 *(größer werden)* stækk|a *(v1)*
3 *(mit Wachs behandeln)* vex|a, -i, -ti, -t *(v2)* e-ð
Wade kálf|i *(m1)*
Waffe vopn *(s2)*
wagen þor|a, -i, -ði, -að *(v2)* e-ð;
  (eher höheres Risiko) vog|a *(v1)* e-ð
Wagen vagn, -s, -ar *(m2)*
Wagenheber tjakk|ur, -s, -ar *(m2)*
Wahl 1 *(Auswahl vor Entscheidung)*
  *(val)*kost|ur, -ar, -ir *(m2)*;

völ, valar *(Ö! w6 Ez)* **2** *(das Ausgewählte)*
(úr)val *(s2 Ez)* **3** *(das Auswählen)* val *(s2 Ez)*;
~en *(polit.)* kosning|ar *(w3 Mz)*

wählen 1 *(aussuchen)* velja, vel, valdi,
valið *(v5) um e-ð / e-ð út*
2 *(abstimmen)* kjós|a *(stV↑) e-n*

wahr sann|ur, sönn *(Ö!)*, satt
▶ Nicht ~? Ekki satt? *(Antwort: jú, nicht já)*

während 1 *(Konj.)* á meðan
2 *(~ etw. andauert)* á meðan á *e-u* stendur
3 *(Zeitraum)* um *(Akk)*;
~ des Ausbruches á meðan á gosinu stóð;
~ des Sommers um sumarið

Wahrheit sannleik|ur *(m2 nur Nom;*
Akk, Dat, Gen wechselt zu m1: sannleika*)*

wahrscheinlich líkleg|ur; sennileg|ur
♦ *(Adv.)* líklega; sennilega;
að öllum líkindum

Währung *(allg.)* gjaldmiðil|l, -,
-miðlar *(A! m5)*; *(nichtisländische ~)*
gjaldeyr|ir *(m4, in Mz ery -> au)*

Waise munaðarleysing|i *(m1)*

Wal hval|ur, -s, -ir *(m2, Dat Ez* hvali
[hvalnum]*)*; Nar≈ náhvalur;
Schwert≈ háhyrning|ur, -s, -ar *(m2)*;
~beobachtung hvalaskoðun *(w5)*;
~fang hvalveið|ar *(w8 Mz)*;
~fluke sporðblað|k|a *(Ö! w1)*;
~fontäne hvalablástur, -s, -blástrar
(A! m3 Dat Mz -blæstri)

Wald skóg|ur, -ar, -ar *(m2)*; *(isländischer*
niedriger ~) kjarrskógur; hrísluskógur

Wand vegg|ur, -jar, -ir
(m2, Dat Ez vegg [veggnum]*)*

Wanderung göngutúr, -s, -ar *(m2)*;
~ machen ver|a *(stV↑)* á göngutúr

Wange kinn, -ar, -ar *(w3)*; vang|i *(m1)*

wann hvenær

Wanne 1 *(Bade≈)* baðkar, -s,
baðkör *(Ö! s2)*; *(bað)ker *(s2)*
2 *(Öl≈)* olíupann|a *(Ö! w1)*
3 *(Haushalts≈)* bal|i *(m1)*;
(aus Holz) stamp|ur, -s, -ar *(m2)*

Wanze veggjalús, -ar, -lýs
(w4, Mz unreg., Dat Mz lúsum, *Gen Mz* lúsa*)*

Wappen skjaldarmerki *(s3)*

Ware var|a *(Ö! w1)*; varning|ur, -s *(m2 Ez)*

warm 1 *(Umgebung bei Wetter, Kleidung,*
Haus) hlý|r, -, -tt
2 *(Gegenstand, Flüssigkeit)* heit|ur, -, -t;
(lau~) volg|ur, -, t;

etw. ~ halten hald|a *(stV↑) e-u* heitu;
s. ~laufen hit|a *(v1)* sig upp;
~laufen lassen ~ lát|a *(stV↑) e-ð* hitna
3 *(Empfang)* hlý|r, -, -tt
4 *(~e Quelle)* volgr|a *(w1)* ▶ Mir ist schön ~.
Ég er nógu hlýr. Mir ist zu ~. Mér er of heitt.

Wärme 1 *(phys.)* hit|i *(m1)*
2 *(angenehme Umgebungstemp.)* yl|ur, -jar
(m2 Ez, Dat Ez yl [ylnum]*)*; hlýj|a *(w1 Ez)*;
(Wetter) hlýindi *(s3 Mz)*; *(sehr warm für*
isländische Verhältnisse) steikjandi hiti

wärmen 1 *(s. auf~)* hlýj|a *(v1)* sér
2 *(etw. auf~)* hit|a *(v1) e-ð* upp

warnen var|a *(v1) e-n* við *e-u*

Warnung aðvörun, -ar,
aðvaranir *(Ö! w5)*; *auch:* viðvörun

warten 1 *(ab~)* bíð|a *(stV↑)*;
auf jdn./etw. ~ bíð|a eftir *e-um / e-u*
2 *(instandhalten)* viðhald|a *e-u*
▶ Warte mal! Bíddu!
Na warte! Þú skalt fá fyrir ferðina!
Worauf wartest du? Eftir hverju ertu að bíða?

Wartezimmer biðstof|a *(w1)*

warum af hverju

was hvað

was für ein... *(wie beschaffen)* hvernig
▶ Was für ein Auto hast du? Hvernig bíl átt þú?

Wasch|anlage *(Auto)* þvottastöð,
-var, -var *(w3)*; **~platz** *(Auto, zum*
Selbstwaschen) þvottaplan, -s, -plön *(Ö! s2)*

Waschbecken vask|ur, -s, -ar *(m2)*

Wäsche *(Kleidung)* fatnað|ur, -ar, -ir
(m2) **2** *(Waschgut)* þvott|ur, -s, -ar *(m2)*

waschen 1 *(allg., auch Wäsche)* þvo,
þvæ, þvoði, þvegið *(v1)*
2 *(Geschirr)* vask|a *(v1)* upp *(fam.)*

Wäscherei *(chem. Reinigung)*
efnalaug, -ar, -ar *(w3)*

Wäschetrockner þurrkar|i *(m1)*

Waschmaschine þvottavél, -ar, -ar *(w3)*

Waschpulver þvottaduft *(s2)*

Waschraum snyrting *(w2)*

Wasser vatn *(s2 Ez)*

wasserdicht vatnsþétt|ur, -, -

Wasserfall foss, -, -ar *(m2)*

Wasserhahn (vatns)kran|i *(m1)*

Wasserkocher hraðsuðukann|a *(Ö! w1)*

Wasserschutzgebiet
vatnsverndarsvæði *(s3)*

Wassertiefe vatnsdýpi *(s2)*

Watte bómull, -ar *(w3 Ez)*

Wechsel skipti *(s3)*
Wechselgeld *(Kleingeld)* skiptimynt, -ar, -ir *(w3)*
wechselhaft *(Wetter)*
umhleypingasam|ur, -söm *(ö!)*, -samt; rysjótt|ur, -, -
wechseln 1 *(etw. gegen etw. austauschen)*
skipt|a, -i, -i, - *(v2)* e-u út *fyrir e-ð*;
2 *(Geld umtauschen)* skipt|a, -i, -i, skipt *(v2)* e-u yfir *í e-ð* **3** *(Geld kleinmachen)*
skipt|a, -i, -i, skipt *(v2)* e-u í smámynt
wecken vek|ja, vek, vakti, vakið *(v3)*
Wecker vekjaraklukk|a
(w1, Gen Mz -kkna)
weder ... noch hvorki ... né
weg *(hinweg)* burt; *(los)* af stað;
(weg sein) í burtu; **~fahren** keyr|a, -i, -ði, -t *(v2)* af stað *(los)* / burt *(weg)*;
~gehen far|a *(stV↑)* burt,
~laufen hlaup|a *(stV↑)* burt;
~nehmen *(jdm. etw.)* tak|a *(stV↑)* e-ð frá *e-um*
Weg veg|ur, -ar, -ir *(m2)*; *vom ~ abkommen*
(in Graben fahren) far|a *(stV↑)* út af
wegen vegna *(Gen)*; út af
weh|en *(Wind)* blás|a *(stV↑)*
▶ *Der Wind ~t von Osten.* Það er austanátt.
wehtun¹ *(vi)* *(schmerzen)* verk|ja *(v1)* í e-ð
(selten, förm.) ▶ *Mir tut der Arm weh.*
Ég finn til í handleggnum.
wehtun² *(vt)* *(körperl. Schmerz verursachen)*
vald|a *(stV↑)* sársauka; *(stärker)* pín|a, -i, -di, -t *(v2)* e-n
Weibchen kvendýr *(s2)*; kven-;
Vogel≈ kvenfugl, -s, -ar *(m3)*; *(vielfach eigene Bezeichnungen, ↑ Bär, Fuchs etc.)*
weiblich 1 *(allg.)* kvenkyns *(unv.)*;
2 *(Aussehen)* kvenleg|ur
weich 1 *(bei Berührung)* mjúk|ur;
(nachgiebig) lin|ur **2** *(schlapp, kraftlos)* slapp|ur, slöpp *(ö!)*, slappt
Weide beit, -ar, -ir
(w3); *auf der ~ sein* ver|a *(stV↑)* á beit;
~land *(für Schafe über den Sommer)* afrétt, -ar, -ir *(w3)* od. afrétt|ur, -ar, -ir *(m2)*
weigern veigr|a *(v1)* sér við e-u
Weihnacht|en *(pl)* jól *(s2 Mz)*;
~sfeier jólaglögg *(s2 Ez)*;
~sgnom jólasvein|n, -s, -ar *(m5)*
weil því; enda; vegna þess að
Weile stund, -ar, -ir *(w3)*;
(kleine ~) stundarkorn *(s2)*; *(etw. länger)*

drykklöng stund ▶ *Es dauerte eine ganze ~.*
Þetta tók drykklanga stund.
Wein vín *(s2)* *(auch: Alkohol allg.)*;
Rot≈ rauðvín; **Weiß≈** hvítvín; **Rosé** rósavín
weinen grát|a *(stV↑)*;
fell|a, -i, -di, -t *(v2)* tár *(förm.)*
Weintraube vínber *(s2, Dat Mz -jum, Gen Mz -ja)*
weise vitur, vitur, viturt;
spak|ur, spök *(ö!)*, spakt
Weise *(Art)* hátt|ur, -ar, hættir *(m2, Dat Ez hætti, Dat Mz háttum, Gen Mz hátta)*;
auf diese ~ með þessum hætti / á þennan hátt
weiß hvít|ur
weißt du ... *(Füllwort)* þú veist ...
weit 1 *(Strecke, Zeitraum)* lang|ur, löng *(ö!)*, langt **2** *(ausgedehnt)*
víðáttumiki|l|, -mikil, mikið
3 *(Kleidung)* víð|ur, -, vítt
♦ *(Adv.)* *(Strecke, Zeitraum)* langt;
~er lengra; **am ~esten** lengst;
~ weg langt í burtu;
(weitaus) miklu; *(~ verbreitet)* víða
▶ *Ist es noch ~ bis dahin?* Er langt þangað?
weiter víðar; áfram; framvegis;
~gehen *(fortgesetzt werden)*
hald|a *(stV↑)* e-u áfram, **~machen**
(fortsetzen) hald|a *(stV↑)* e-u áfram
Weizen hveiti *(s3)*
welche(r,s) *(bei Auswahl)* hvaða
▶ *Welcher Wagen ist meiner?*
Hvaða bíll er minn?
welken skræln|a *(v1)*; visn|a *(v1)*
Wellblech bárujárn *(s2)*;
~dach bárujárnsþak, -s, -þök *(ö! s2)*
Welle 1 *(Wasser)* ald|a *(ö! w1)*
2 *(phys.)* bylgj|a *(w1, Gen Mz. -gna)*;
~ngang öldugang|ur, -s, -ar *(m2)*
Welt veröld, veraldar, veraldir *(ö! w6)*;
heim|ur, -s, -ar *(m2)*
Weltall alheim|ur, -s *(m2 Ez)*
wenden 1 *(drehen)* velt|a, -i, -i, velt *(v2)* e-u;
(oben nach unten) hvolf|a, -i, -di, -t *(v2)* e-u
2 *(zurückfahren)* snú|a *(stV↑)* við
3 *(s. an jdn. wenden)* snú|a *(stV↑)* sér til *e-s*
wenig 1 *(zählbar)* fá|r, -, fátt; **~er** færri;
am ~sten fæst|ur; *einige* ~e fáir, fáar, fá;
zu ~ of fáir **2** *(nicht zählbar)* lítil|l, -, litið;
~er minni; **am ~sten** minnst|ur;
zu ~ of lítið; ♦ *(Adv.)* lítið;
~er minna; am ~sten minnst

▶ Ich verstehe (spreche) nur ~.
Eg skil (tala) bara lítið.

wenigstens að minnsta kosti

wenn 1 *(wenn)* þegar **2** *(falls)* ef

wer 1 *(wer von 2)* hvor *(nur m od. w)*;
hvort *(gemischt)* **2** *(wer von mehr als 2)*
hver *(nur m od. w)*; hvert *(gemischt)*

Werbung *(Reklame)* auglýsing *(w2)*

werden verð|a *(stV↑)*; besser ~ batn|a *(v1)*;
schlechter ~ versn|a *(v1)*

werfen kast|a *(v1) e-u;* hend|a, -i, henti,
hent *(v2) e-u (auch: weg~);* *(in hohem Bogen,
scaleudern)* fleyg|ja, -i, -ði, -t *(v2) e-u*

Werk 1 *(Firma)* verksmiðj|a *(w1)*
2 *(Stück Arbeit, Tun und Ergebnis)* verknað|ur,
-ar, -ir *(m2)* **3** *(Kunst≈)* verk *(s2)*

Werkstatt verkstæði *(s3)*

Werktag virkur dag|ur, -s, -ar
(m2, Dat Ez degi)

Werkzeug verkfæri *(s3)*;
(Geräte) tæki *(s3)*

wert *(etw. ~ sein)* ver|a *(stV↑) e-s* virði

Wert 1 *(finanzieller ~)* verðgildi *(s3)*;
(im ~) steigen / sinken
hækka *(v1)* / lækka *(v1)*
2 *(ideeller ~)* verðmæti *(s3)*; virði *(s3)*
▶ Im Wert von 500 Euro.
Að andvirði fimmhundruð evra.

wertlos verðlaus

Wertsachen verðmæti *(s3 Mz)*

wertvoll verðmæt|ur

Wesen 1 *(Geschöpf)* ver|a *(w1)*
(eher menschlich); skepn|a *(w1)*
(eher tierartig); skrímsli *(s3)* *(eher ungeheuer)*
2 *(Natur)* eðli *(s3)*;
Das (innere) Wesen des Landes eðli landsins

wesentlich 1 *(seiner Natur gemäß)*
eðlislæg|ur **2** *(hauptsächlich)* veruleg|ur;
talsverður ♦ *(Adv.)* verulega; talsvert

Wespe geitung|ur, -s, -ar *(m2)*

wessen hvers *(bei mehreren)*; hvors *(bei 2)*

Weste vesti *(s3)*

Westen vest|ur *(A! s2 Ez) (Dat Ez vestri A!)*;
~island Vesturland, -s *(s2 Ez)*;
~wind vestanátt, -ar, -ir *(w3)*;
nach ~ (í) vestur; im ~ í vestri; fyrir vestan;
von ~ að vestan

westlich 1 *(im W-teil befindlich)*
vestanverð|ur, -, -vert; vestur-;
(aus ~er Richtung) vestlæg|ur; vestan-
2 *(kulturell)* vestræn|n, -, -t;

~e Kultur vestræn menning

Wettbewerb samkeppni *(s3)*

Wette veðmál *(s2)*

wetten veðj|a *(v1) e-u;* ~ um legg|ja,
legg, lagði, lagt *(v5) e-ð* undir
▶ Ich wette, dass ... Ég þori að veðja að ...

Wetter veður *(s2 Ez) (m. Art. veðrið A!)*;
~amt veðurstof|a *(w1)*;
~aussichten veðurhorf|ur *(w1 Mz)*;
~karte veðurkort *(s2)*;
~station veður(athugunar)stöð,
-var, -var *(w3)*; wolkenverhangenes ~
dumbungsveður; sonnig-kaltes ~ gluggaveður;
schlechtes ~ vont veður;
sehr schlechtes ~ *(Sturm)* brjálað /
kolvitlaust / bandvitlaust veður

Wettervorhersage veðurspá *(w7)*

wichtig mikilvæg|ur;
~ tun ríf|a *(stV↑)* kjaft

wickeln 1 *(auf~, z.B. Draht)* vef|ja,
vef, vafði, vafið *(v5) e-u* upp
2 *(Kind)* set|ja, set, setti, sett *(v4)*
bleyju *utan um e-n*

Widder hrút|ur, -s, -ar *(m2, Dat Ez*
-ti [-tnum]*); (einjährig, kastriert)* gelding|ur,
-s, -ar *(m2)*; *(kastriert)* sauð|ur, -ar,
-ir *(m2, Dat Ez -ði [-ðnum])*

widersprechen 1 *(Gegenansicht äußern)*
andmæl|a, -i, -ti, -t *(v2)*
2 *(s. ~, nicht zusammenpassen)* stang|ast
(v1) á við *e-u;* ver|a *(stV↑)* í mótsögn *við e-ð*

Widerspruch 1 *(Gegenansicht)* andmæli
(s3) **2** *(nicht Zusammenpassendes)* ósamræ-
mi *(s3)*; mótsögn, -sagnar, -sagnir *(Ö!
w6)*; ≈sprüchlich mótsagnakennd|ur, -,
-kennt

Widerstand mótstað|a *(Ö! w1)*

widerstehen 1 *(standhalten)* stand|ast
(stV↑) e-ð **2** *(aktiv kämpfen gegen etw.)*
sporn|a *(v1)* við / gegn *e-u*

widmen tileink|a *(v1)* sér *e-u;*
helg|a *(v1)* sig *e-u*

wie *(Adv.)* **1** *(so wie)* eins og
2 *(auf welche Weise)* hvernig
3 *(wie groß, viel)* hvað; hversu
4 *(wie sehr)* hve mikið
5 *(wie groß, viel)* hvað; hversu
6 *(Konj.)* eins og **7** *(Ausruf)* en ...!
▶ ~ viele sind das? Hvað eru þetta margir?
~ geht es dir? Hvað segir þú?; Hvernig líður þér?
Hversu margir eru þetta? **Wie schön!** En fallegt!

„wie bitte" sagen hvá, -i, -ði,
hváð *(v2)* *eftir e-u*
wie viel 1 *(zählbar)* hversu marg|ir *(m)*,
marg|ar *(w)*, mörg *(ö! s)*;
2 *(nicht zählbar)* hversu mikið *af e-u*
wieder aftur
wiederholen 1 *(nochmal tun od. sagen)*
endurtak|a *(↑ taka)* **2** *(mit gewissem
Nachdruck)* ítrek|a *(v1)*; árétt|a *(v1)* *e-ð við e-n*
Wiederholung endurtekning *(w2)*;
(Nachhaken) ítrekun *(w5)*
wiegen 1 *(Gewicht haben/messen)*
veg|a *(stV↑)* **2** *(Kind ~)* vagg|a *(v1)* *e-u*
Wiese 1 *(bewirtschaftet)* tún *(s2)*
2 *(nicht bewirtsch.)* engi *(s3)*
wieso af hverju
Wikinger víking|ur, -s, -ar *(m2)*;
~zeit víkingaöld *(w6 Ez)*
wild 1 *(von / in Natur)* villt|ur, -, -
2 *(maßlos; übergeschnappt)* tryllt|ur;
hamslaus
Wild villibráð, -ar, -ir *(w3)*
Wille vilj|a *(w1)*
willkommen velkom|inn
Wimper augnhár *(s2)*;
ohne mit der ~ zu zucken
án þess að blikka augu
Wimperntusche maskar|i *(m1)*
Wind 1 *(allg.)* vind|ur, -s, -ar *(m2)*;
(schwache Brise) gol|a *(w1)*;
(frische Brise) kald|i *(m1)*;
(starker ~) strekking|ur, -s, -ar *(m2)*;
~böe (vind)sveip|ur, -s, -ir *(m2)*;
~pocken hlaupaból|a *(w1, Gen Mz -lna)*
~richtung vindátt, -ar, -ir *(w3)*;
~stärke vindstig *(s2)*; *(Sturm)* veðurhæð
(w3 Ez); **~stille** logn *(s2)*;
~stoß vindhviõ|a *(w1)*
Windel bleyj|a *(w1)*
Windschutzscheibe framrúð|a *(w1)*
Winkel *(Geometrie; Ecke)* horn *(s2)*;
spitzer ~ hvasst horn; stumpfer ~ gleitt horn
winken veif|a *(v1)* *með e-u*
Winter vetur, vetrar, vetur
*(m3 unreg. Nom u. Akk Mz vetur,
Dat Mz vetrum A!)*;
~dunkelheit skammdegi *(s3)*
Winterreifen vetrardekk
(s2, Dat Mz -jum, Gen Mz -ja)
Winterweg vetrarveg|ur, -ar, -ir *(m2)*
(um lokalen Tiefschnee zu umfahren)

Winterweide *(Pferde)* útigang|a
(Ö1 w1, Gen Mz -gangna); auf der ~ sein
lif|a, -i, -ði, -að *(v2)* á útigangi
winzig örlítil|l, -, -lítið
Wirbel 1 *(Strudel)* (hring)ið|a *(w1)*
2 *(an Wirbelsäule)* hryggjalið|ur, -s, -ir
(m2, Dat Ez lið|i [liðnum])
Wirbelsäule
hryggjarsúl|a *(w1, Gen Mz -súlna)*
wirk|en 1 *(Medikament)* verk|a *(v1)*
2 *(s. aus~, funktionieren)* virk|a *(v1)*;
hríf|a *(stV↑)* á e-n
3 *(Anschein erwecken)* virk|a *(v1)* á e-n
▶ Das Medikament ~t gut. Lyfið verkar vel.;
~sam virk|ur; **~ungslos** áhrifalaus
wirklich *(real)* raunveruleg|ur;
(wahr) virkileg|ur ♦ *(Adv.)* virkilega;
(Aussage verstärkend) í raun og veru
▶ Ach ~? Er það(virkilega)?
Wirklichkeit (raun)veruleik|i *(m1)*;
(Erfahrung, Realität) raun, -ar, -ir *(w3)*;
(Wahrheit) reynd, -ar, -ir *(w3)*
Wirkung verkun *(w5)*; áorkan
(w5, unreg. immer -an statt -un)
Wirt veitingamaður *(↑ maður)*;
gestgjaf|i *(m1)*
Wirtschaft 1 *(Ökonomie)* efnahagslíf *(s2)*;
(System) efnahagskerfi *(s3)*
2 *(Wissenschaft)* viðskiptafræð|i, -i *(w8)*
2 *(Gasthaus)* veitingahús *(s2)*
wirtschaftlich 1 *(Ökonomie betreffend)*
efnahagsleg|ur **2** *(sparsam)* hagsýn|n, -, -t
wischen *(ab~, weg~)* þurrk|a *(v1)* *(af)*;
(feucht durch~) þríf|a *(stV↑)*
wissen vit|a *(stV↑)*; *(eher lose ~ von etw.)*
kann|ast *(v1)* *við e-ð* ▶ Davon weiß
ich nichts. Ég kannast ekki við það.
Wissenschaft vísindi *(s3)*;
fræð|i, -i *(w8 Ez)* *(als w8 Ez eng umgrenztes
Wissensgebiet)*; fræði *(s3 Mz)*
(als s3 Mz „die Wissenschaften" generell);
≈lich vísindaleg|ur
Wissenschaftler vísindamaður
(↑ maður)
Witterung *(einiger Tage bis Monate)*
veðrátt|a *(w1)*
Witwe ekkj|a *(w1, Gen Mz -kkna)*
Witwer ekkil|l, -s, ekklar *(A! m5)*
Witz brandar|i *(m1)*
▶ Guter ~! Sá var góður! *(oft iron.)*
witzig fynd|inn;

(treffend) orðhepp|inn; **sehr ~** bráðfyndinn

wo hvar; **~ anders** annars staðar

Woche vik|a *(w1, Gen Mz* vikna*)*;
in e-r ~ eftir viku; **jede ~** í hverri viku;
nächste ~ næstu viku; **vor e-r ~** fyrir viku síðan

Wochenende helg|i, -ar, -ar *(w8)*;
über das ~ um helgina; **nächstes ~** næstu helgi;
an den ~n um helgarnar

woher hvaðan

wohin hvert

wohl 1 *(wahrscheinlich) (Adv.)* líklega;
~ nicht tæplega **2** *(gut) (Adv.)* vel;
s. ~fühlen kunn|a *(stV↑)* vel við sig
e-s staðar; fíl|a *(v1)* sig **e-s staðar**
3 *(wird wahrscheinlich)* mun|u
(mun, munt, mun, munum *etc.*) gera e-ð
▶ **Er wird wohl kommen.** Hann mun koma.

wohnen bú|a *(stV↑)*

Wohnmobil húsbíl|l, -s, -ar
(m5, Dat Ez -bíl *[*-bílnum*])*

Wohnsitz lögheimili *(s3)*

Wohnung íbúð, -ar, -ir *(w3)*

Wohnwagen hjólhýsi *(s3)*

Wohnzimmer stof|a *(w1)*

Wolf úlf|ur, -s, -ar *(m2)*

Wolke ský, skýs, ský *(s2, m. Art.* skýið,
Dat Mz skýjum, *Gen Mz* skýja*)*;
~nbruch skýfall *(s2)*; **≈ig** skýjað|ur;
~nschleier skýjahul|a *(w1)*;
≈nlos skýjalaus; heiðskír, -, -t

Wolle úll, -ar *(w3 Ez)*;
~decke ullarteppi *(s3)*; **~gras** fíf|a *(w1)*

wollen 1 *(vorhaben)* ætl|a *(v1)* að gera e-ð
2 *(unbedingt)* vil|ja *(stV↑)* ▶ **Ich will mir das
einmal ansehen.** Ég ætla að kíkja á þetta.
Ich will das zurückhaben! Ég vil fá þetta aftur!

Wort orð *(s2)*

Wörterbuch orðabók, -ar,
orðabækur *(w4)*

Wortschatz orðaforð|i *(m1)*

Wrack 1 *(Schiffs≈)* flak, -s, flök *(Ö! s2)*
2 *(Auto≈)* bílhræ *(s2, m. Art.* hræið*)*

Wunde sár *(s2)*

Wunder 1 *(Verwunderliches)* furð|a *(w1)*;
undur, -s, - *(s2, m. Art.* -drið A!*)*
2 *(Übernatürliches)* kraftaverk *(s2)*
▶ **Kein ~, dass …** Engin furða þótt …

wunderbar dýrleg|ur;
(v. a. Wetter) dásamleg|ur

wundern *(s. ~)* undr|ast *(v1)* e-ð

Wunsch ósk, -ar, -ir *(w3)*

wünsch|en 1 *(s. etw. ~)* ósk|a *(v1)* sér e-s;
2 *(jdm. etw. ~)* ósk|a *(v1)* e-um e-s
3 *(etw. fordern)* ósk|a *(v1)* eftir e-u
▶ **Was ~st du dir?** Hvers óskar þú þér? **Ich ~e
dir alles Gute!** Ég óska þér alls hins besta!
Er ~t dich zu sprechen. Hann óskar eftir
að fá að tala við þig.

würdig 1 *(Charakter)* virðuleg|ur
2 *(~ für etw.)* e-s verð|ur

Würfel tening|ur, -s, -ar *(m2)*

Wurm *(allg.)* orm|ur, -s, -ar *(m2)*;
(Regen≈) ánamaðk|ur, -s, -ar *(m2)*
(Aussprache wie maþkur*)*

Wurst 1 *(dicke)* bjúg|a *(s1)*
2 *(Würstchen)* pyls|a *(w1)*
3 *(Aufschnitt)* álegg *(s2)*

Wurzel rót, -ar, rætur *(w6)*

Wüste eyðimörk, -markar, -merkur *(w4)*;
öræfi *(s3 Mz)*

Wut reið|i, -i *(w8)*; *(heftig)* heift, -ar, -ir *(w3)*;
~anfall bræðiskast, -s, -köst *(Ö! s2)*

wütend *(bál)*reið|ur, -, reitt; *(ösku)*ill|ur

Z

zäh 1 *(nichtflüssig)* seig|ur
2 *(zähflüssig)* seigfljótandi *(unv.)*
3 *(durchhalten)* þrautseig|ur

Zahl tal|a *(Ö! w1, Gen Mz* -lna*)*;
gerade / ungerade ~ jöfn tala / oddatala

zahlen borg|a *(v1)*

zählen tel|ja, tel, taldi, talið *(v5)*;
~ bis telja upp að e-u; **mit~** telja með;
~ auf jdn. reið|a, -i, reiddi, reitt *(v2)* sig á e-n

zahlreich fjölmarg|ur,
-mörg *(Ö!)*, -margt

Zahlung borgun *(w5)*

zahm 1 *(von Natur aus)* spak|ur
spök *(Ö!)*, spakt *(Pferde z.B.)*; gæf|ur
2 *(gezähmt)* tam|inn

Zahn tönn, tannar, tennur *(w6)*;
~arzt tannlækn|ir *(m4)*;
~bürste tannburst|i *(m1)*;
~fleisch tannhold *(s2)*;
~pasta tannsáp|a *(w1)*;
~spange tannspöng, -spangar,
-spangir *(auch:* spengur*) (w6)*;
~stocher tannstöngul|l, -s,
-stönglar *(A! m5)*

Zange töng, tangar, tangir *(w6)*
Zapfen 1 *(techn.)* pinn|i *(m1)*;
  titt|ur, -s, -ir *(m2)* **2** *(Nadelbaum)*
  köngul|l, -s, könglar *(A! m5)*
zart 1 *(fein)* mjúk|ur; mild|ur
  2 *(empfindlich)* viðkvæm|ur
zärtlich ástúðleg|ur; mjúkleg|ur
Zauber 1 *(Attraktivität)* töfr|ar *(m1 Mz)*
  2 *(Magie)* gald|ur, -s, galdrar *(A! m3)*;
  (geheimes Wissen) fjölkynng|i, -i *(w8 Ez)*
Zauberer galdramað|ur *(↑ maður)*
Zaumzeug beisli *(s3)*
Zaun girðing *(w2)*
Zebrastreifen gangbraut, -ar, -ir *(w3)*
Zecke blóðmaur, -s, -ar *(m3)*
Zehe tá, -ar, tær *(w7)*
Zeichen tákn *(s2) um e-ð*
zeichnen teikn|a *(v1)*
Zeichnung teikning *(w2)*
zeigen sýn|a, -i, -di, -t *(v2) e-um e-ð*
  ▶ Das wird sich ~. Þetta kemur í ljós.
Zeile lín|a *(w1)*
Zeit 1 *(allg.)* tím|i *(m1)*;
  2 *(best. Zeitabschnitt)* tíð, -ar, -ir *(w3)*;
  tímabil *(s2)*; **zur falschen ~** ótímabær, -, -t;
  in letzter ~ undanfarið; **es ist höchste ~**
  það er orðið ▶ **Die ~ ist um.** Tími er liðinn.
  Ich habe jetzt keine ~ dafür.
  Ég má ekki vera að þessu.
Zeitschrift tímarit *(s2)*
Zeitung dagblað, -s, -blöð *(Ö! s2)*
Zelt tjald, -s, tjöld *(Ö! s2)*
Zeltplatz tjaldstæði *(s3)*
Zentimeter sentimetr|i *(m1)*
zentral *(gelegen)* miðlæg|ur; mið-; aðal-
Zentrale miðstöð, -var, -var *(w3)*
Zentrum miðj|a *(w1)*;
  miðpunkt|ur, -s, -ar *(m2)*
zerbrechen¹ *(vi)* brotn|a *(v1) (auch übertr.)*;
  (spröde wie Eis z.B.) brest|a *(stV↑)*
zerbrechen² 1 *(eher versehentl.)*
  brjót|a *(stV↑) e-ð*
  2 *(eher absichtl.)* mölv|a *(v1)*
zerbrechlich brothætt|ur, -, -
Zeremonie athöfn, -hafnar, -hafnir *(Ö! w6)*
zerfallen *(in viele kleine Teile)* moln|a *(v1)*
zerreißen¹ *(vi)* rifn|a *(v1)*;
  (Seil, Kabel) slitn|a *(v1)*
zerreißen² *(vt)*ríf|a *(stV↑) e-ð*
zerstör|en eyðilegg|ja *(↑ leggja)*;
  (völlig) tortím|a, -i, -di, -t *(v2) e-u*;

  ~t í rúst *(unv.)*; **am Boden ~ sein**
  ver|a *(stV↑)* í rusli *(fam.)* *yfir e-u*
Zerstörung eyðilegging *(w2)*;
  (völlige Auslöschung) eyðing *(w2)*
Zettel mið|i *(m1)*
Zeug drasl *(s2 Ez)*
Zeuge vitni *(s3)* *(auch: ~naussage)*; *(vor
  Gericht)* **als ~ aussagen** vitn|a *(v1)* *(fyrir rétti)*
Zeugnis 1 *(Arbeits≈)* umsögn,
  -sagnar, -sagnir *(Ö! w6)*
  2 *(Schul≈)* einkunn|ir *(w3 Mz von einkunn)*
Ziege geit, -ar, -ur *(w3)*
Ziegel *(Stein)* tígulstein|n, -s, -ar *(m5)*
ziehen 1 *(Tür, Schalter etc.)* tog|a *(v1) e-ð*
  2 *(schwerer, hinter s. her)* drag|a *(stV↑) e-ð*
  3 *(hoch≈)* lyft|a, -i, -i, lyft *(v2) e-u*
Ziel 1 *(Absicht)* markmið *(s2)*
  2 *(Zielpunkt)* mark, -s, mörk *(Ö! s2)*
zielen 1 *(Waffe)* mið|a *(v1) á e-n*
  2 *(ab~ auf)* mið|a *(v1) við*
ziemlich *(schwächer)* talsvert;
  töluvert; *(stärker)* ansi
Zigarette sígarett|a *(w1)*;
  sígó *(w unv.) (fam.)*; rett|a *(w1) (fam.)*
  ▶ **Hast du mal eine ~?** Áttu nokkuð sígó?
Zigarre vindil|l, -s, vindlar *(A! m5)*
Zimmer herbergi *(s3)*
Zimmermädchen hótelþern|a *(w1)*
Zimt kanil|l, -s *(m5 Ez)*
Zinn tin *(s2 Ez)*
Zins vext|ir *(m6 Mz von vöxtur)*
Zirkus fjölleik|ar *(m2 Mz von leikur)*;
  ~zelt fjölleikatjald, -s, -tjöld *(Ö! s2)*;
  sirkus, -, -ar *(m3) (fam.)*
Zitrone sítrón|a *(w1)*
zittern titr|a *(v1)*;
  (eher stärker) skjálf|a *(stV↑)*
zögern hik|a *(v1) við að gera e-ð*
Zoll toll|ur, -s, -ar *(m2)*
Zollabfertigung tollafgreiðsl|a *(w1 Ez)*
Zollamt tollstöð, -var, -var *(w3)*
Zollbeamter tollvörð|ur *(m6)*
Zoo dýragarð|ur, -s, -ar *(m2)*
Zopf flétt|a *(w1, Gen Mz -tt(n)a)*
zu 1 *(hin ~)* *(Präp.)* til *(Gen)*; að *(Dat)*
  2 *(~ sehr)* of; **~ viel** of mikið
  3 *(geschlossen)* lokað
Zubehör fylgihlut|ur, -ar, -ir *(m2)*;
  (zusätzl.) aukabúnað|ur
Zubereitung *(Küche)* matreiðsl|a *(w1)*
züchten rækt|a *(v1)*

Zucker sykur *(s2, m. Art. -krið A!)*
zudecken breið|a, -i, breiddi,
  breitt *(v2)* yfir e-ð;
  (überdecken) þek|ja, þek, þakti, þakið *(v5)*
zuerst fyrst
Zufall tilviljun *(w5)*;
  aus reinem ~ af hreinni tilviljun
zufällig *(Adv.)* af tilviljun; etw. ~ tun
  (pos. u. neg.) slys|ast *(v1)* til e-s / á að; e-um
  verður *(↑ verða) + Partizip (z.B. litið von* líta*)*
  ▶ Ich blickte ~ aus dem Fenster.
  Mér varð litið út um gluggann.
zufrieden ánægð|ur
Zug lest, -ar, -ir *(w3)*
Zugang aðgang|ur, -s, -ar *(m2)*
zugänglich 1 *(Information, Laden, Webseite)*
  aðgengileg|ur **2** *(Person)* almennileg|ur
Zügel taum|ur, -s, -ar
  (m2, Dat Ez -mi [-mnum]*)*
zugleich *(Adv.)* *(zeitl.)* samtímis *með e-u*;
  (parallel, als Folge) jafnframt
zuhören hlust|a *(v1)* á e-n
zukleben *(Brief)* ljúk|a *(stV↑)* e-u;
  (Loch) setj|a, set, setti, sett *(v4)* bót á e-ð
zuknöpfen hnepp|a, -i, -ti, hneppt *(v2)*
  e-u að sér; **zugeknöpft** *(kaum zugänglich)*
  stiröbusaleg|ur; **aufknöpfen** hneppa frá sér
Zukunft framtíð, -ar, -ir *(w3)*
zukünftig í framtíð; framtíðar-
zulassen 1 *(jur.)* leyf|a, -i, -ði, -t *(v2)* e-um e-ð
  2 *(ohne Widerstand)* lát|a *(stV↑)* e-ð
  viðgangast
zuletzt *(Adv.)* síðast
zumachen ljúk|a *(stV↑)* e-u
Zündkerze (raf)kerti *(s3)*
zunehmen 1 *(zählbar)* e-u fjölg|ar *(v1)*
  2 *(nicht zählbar)* e-ð auk|ast *(stV↑)*
  3 *(Gewicht)* fitn|a *(v1)* ▶ Die Schafe
  werden mehr und der Mist nimmt zu.
  Fénu fjölgar og taðið eykst að sama skapi.
Zuneigung *(eher schwächer)* velvild,
  -ar *(w3 Ez)*; *(knisternder)* kærleik|ar
  (m1 od. m2 Mz)
Zunge tung|a *(w1, Gen Mz.* -ngna*)*
zurechtkommen *(mit etw.)* ráð|a *(stV↑)*
  við e-ð; *(mit Umständen* ~*)* bjarg|a *(v1)* sér;
  ver|a *(stV↑)* sjálfbjarga *(unv.)*
zurück til baka; *(Bewegung)*
  hin und ~ fram og tilbaka
  ▶ Eine Fahrkarte hin und ~ Farmiði báðar leiðir.
zurückerstatten endurgreið|a,

  -i, -greiddi, -greitt *(v2)*
zurückfahren far|a *(stV↑)* tilbaka
  (auch: ~gehen)
zurückgeben skil|a *(v1)* e-u
zurückgehen *(Gletscher)* hop|a *(v1)*
zurückhaltend feim|inn
zurückkehren kom|a *(stV↑)* aftur;
  (heimkehren) kom|a *(stV↑)* heim
zurücklegen 1 *(an ursprüngl. Platz)* legg|ja,
  legg, lagði, lagt *(v5)* tilbaka
  2 *(Strecke)* kom|ast *(stV↑)*
zurücktreten 1 *(nach hinten)* stíg|a *(stV↑)*
  skref aftur (á bak) **2** *(von Amt)*
  seg|ja, -i, sagði, sagt *(v5)* af sér
zurzeit *(im Augenblick)* að svo stöddu;
  (weitergefasst) eins og stendur
zusammen 1 *(gemeinsam)* saman
  2 *(mit)* ásamt *(Dat)*
  3 *(alles ~, Summe)* samanlagt;
  (komplett alles) allt (heila) klabbið
zusammenarbeiten
  vinn|a *(stV↑)* saman *með e-um við e-ð*
zusammenbrechen hrynj|a,
  hryn, hrundi, hrunið *(v5)*
zusammendrücken þjapp|a *(v1)*
  e-u saman
Zusammenfassung samantekt,
  -ar, -ir *(w3)*
Zusammenhang samhengi *(s3)*;
  in diesem ~ í þessu samhengi
zusammenhängen¹ *(vi)* *(logisch* ~*)*
  hang|a, -ir, hékk, héngum, hangið *(v3)*
  saman *með e-u / við e-ð*
zusammenhängen² *(vt)*
  1 *(verbinden)* tengj|a, -i, -di, -t *(v2)* e-ð við e-ð
zusammensetzen *(s. ~ aus)*
  samanstand|a *(↑ standa)* af e-u
Zusammenstoß *(Autos, Konflikt)*
  árekstur, -s, -trar *(A! m3)*
zusammenstoßen rek|ast *(stV↑)* á
zusammentreffen 1 *(zufäll. Begegnung)*
  hitt|ast, -ist, -ist, hist *(v2)*
  2 *(geschehen)* eig|a *(stV↑)* sér
  stað samtímis
zusammenziehen 1 *(z.B. wg. Kälte)*
  drag|ast *(stV↑)* saman
  2 *(wohnen)* tak|a *(stV↑)* saman
zusätzlich *(Adj.)* frekari *(Ez m / w)* ,
  frekara *(Ez s)*, frekari *(Mz m/w/s)*; auka-
  ♦ *(Adv.)* frekar
Zuschauer áhorfand|i, -a, -endur *(m1)*

Zuschlag **1** *(Kosten)* álag, -s, -lög *(Ö! s2)*
2 *(den ~ bekommen)* fá *(stV↑)* e-ð
zusehen horf|a, -i, -ði, -t *(v2)* á e-ð
▶ **Sieh zu, dass …** Vertu snöggur að …
Zustand ástand *(s2 Ez)*
zuständig ábyrg|ur á e-u;
~ **sein für etw.** vera *(stV↑)* í verkahring e-s
▶ **Ich bin dafür nicht ~.**
Þetta er ekki í mínum verkahring.
zusteigen far|a *(stV↑)* inn í e-ð
zustellen *(Post)* ber|a *(stV↑)* út *(póstinn)*
zustimmen samþykk|ja, -i, -ti, -t *(v2)* e-u
Zustimmung samþykki *(s3)*
Zutat **1** *(~en in Lebensmitteln)* innihald
(s2 Ez) **2** *(zum Kochen)* (hrá)efni *(s3)*
zuteilen úthlut|a *(v1)* e-um e-u
zutiefst *(Adv.)* innilega
zutrauen treyst|a, -i, -i, treyst *(v2)* sér
▶ **Ich traue mir nicht zu, dass**
… Ég treysti mér ekki að …
Zutritt aðgang|ur, -s, -ar *(m2)*
zuverlässig **1** *(Charakter; Technik)*
áreiðanleg|ur **2** *(wahrhaftig)* sannsögul|l, -, -t
zuvor á undan

zuziehen *(Vorhang)* drag|a *(stV↑)* fyrir
zwar að vísu
Zweck tilgang|ur, -s, -ar *(m2)*;
(Ziel) markmið *(s2)*;
den ~ haben gang|a *(stV↑)* út á e-ð
Zweifel ef|i *(m1)*; vaf|i *(m1)*
zweifelhaft vafasam|ur, -söm *(Ö!)*,
-samt; *(evtl. gefährlich)* hæp|inn
zweifellos *(Adv.)* eflaust
zweifeln ef|a(st) *(v1)* um e-ð;
tvær grímur renn|a *(stV↑)* á e-n
Zweig *(Baum)* sprot|i *(m1)*
2 *(Fach)* grein, -ar, -ar *(w3)*
Zwerg dverg|ur, -s, -ar
(m2, Dat Ez -gi [-gnum])
Zwiebel *(Küchen≈)* (mat)lauk|ur, -s, -ar
(m2, Dat Ez -ki [-knum])
Zwilling tvíbur|i *(m1)*
zwingen neyð|a, -i, neyddi, neytt *(v2)*
e-n til e-s; *(bedrängen)* þving|a *(v1)*
zwischen á milli *(Gen)*
Zwischenlandung millilending *(w2)*
Zylinder *(techn., math.)* sívalning|ur,
-s, -ar *(m2)*

Humorvolles aus dem
Reise Know-How Verlag

Die Fremdenversteher
Deutsche Ausgabe der englischen Xenophobe's® Guides.

**Amüsant und sachkundig.
Locker und heiter.
Ironisch und feinsinnig.**

Mit typisch britischem Humor werden Lebensumstände, Psyche, Stärken und Schwächen der Isländer unter die Lupe genommen.

Die Fremdenversteher
Weitere Titel der Reihe: So sind sie, die ...

- Amerikaner
- Australier
- Belgier
- Engländer
- Franzosen
- Deutschen
- Italiener

- Japaner
- Niederländer
- Österreicher
- Polen
- Schweden
- Schweizer
- Spanier

Je 108 Seiten | € 8,90 [D]